Karsten Voss
Sebastian Herkel
Doreen Kalz
Thomas Lützkendorf
Anton Maas
Andreas Wagner

Performance von Gebäuden

Kriterien · Konzepte · Erfahrungen

Herausgeber
FIZ Karlsruhe
Leibniz-Institut für Informationsinfrastruktur

Fraunhofer IRB Verlag

EnOB
Forschung für Energieoptimiertes Bauen

Impressum

FIZ Karlsruhe GmbH macht im öffentlichen Auftrag wissenschaftliche Informationen zugänglich und verbreitet sie.

FIZ Karlsruhe
Leibniz-Institut für Informationsinfrastruktur

Zu den Dienstleistungen gehören der BINE Informationsdienst und die Kommunikation für die Forschungsinitiative EnOB – Forschung für Energieoptimiertes Bauen. Im Auftrag des Bundesministeriums für Wirtschaft und Energie (BMWi) werden aktuelle Ergebnisse aus der Energieforschung und dem Schwerpunktthema energieoptimiertes Bauen präsentiert.

Das Fachbuch »Performance von Gebäuden – Kriterien · Konzepte · Erfahrungen« basiert auf den in zahlreichen Forschungsprojekten gesammelten Erfahrungen.

Weitere Informationen:
www.enob.info und www.bine.info

Fachliches Lektorat:
Johannes Lang und Jutta Perl-Mai,
Kommunikation Forschungsinitiative EnOB
Tel.: +49 228 92379-0
E-Mail: redaktion@enob.info

Bibliografische Information der Deutschen Nationalbibliothek:
Die Deutsche Nationalbibliothek verzeichnet diese Publikation in der Deutschen Nationalbibliografie; detaillierte bibliografische Daten sind im Internet über www.dnb.de abrufbar.

ISBN (Print): 978-3-8167-9583-4
ISBN (E-Book): 978-3-8167-9584-1

Gestaltung und Satz:
triolog GbR, Freiburg · www.triolog-web.de

triolog

Titelbilder:
Stephan Baumann, Karlsruhe (Gebäude)
Johannes Lang, BINE Informationsdienst, Bonn (Personenbild)

Druck:
M.P. Media-Print Informationstechnologie GmbH, Paderborn

Verlag und Vertrieb:
Fraunhofer IRB Verlag
Fraunhofer-Informationszentrum Raum und Bau IRB
Nobelstraße 12, 70569 Stuttgart
Telefon +49 711 970-2500
Telefax +49 711 970-2508
irb@irb.fraunhofer.de
www.baufachinformation.de

Fraunhofer IRB Verlag

Zum Geleit

Die Bundesregierung hat mit der Vorlage des Nationalen Aktionsplans Energieeffizienz (NAPE) und der Effizienzstrategie Gebäude (ESG) die Energieeffizienz an die Spitze ihrer energiepolitischen Agenda gesetzt. Das langfristige Ziel im Gebäudesektor ist klar formuliert: Bis zum Jahr 2050 soll ein nahezu klimaneutraler Gebäudebestand durch eine angemessene Kombination aus Energieeffizienz und erneuerbaren Energien erreicht werden. Schon ab 2021 sollen Neubauten den Standard eines Niedrigstenergiegebäudes einhalten; für Gebäude der öffentlichen Hand gilt dies bereits ab 2019. Dies stellt private und gewerbliche Eigentümer, Kommunen und soziale Einrichtungen vor große Herausforderungen – auch im Hinblick auf die technische Umsetzbarkeit. Denn beim Bau energieeffizienter Gebäude und besonders bei der Sanierung besteht zum Teil noch erheblicher Erfahrungs- und Erkenntnisbedarf für ausgewogene architektonische und technologische Strategien. Und zwar sowohl für Planung und Bau als auch für die Nutzungsphase.

Die Energieforschung leistet einen wichtigen Beitrag wenn es darum geht, die dafür notwendigen Energieinnovation für den Bausektor zu entwickeln, zu optimieren und ihren Weg zum Markteintritt zu ebnen. Insbesondere wissenschaftlich begleitete Demonstrationsprojekte sind und bleiben ein wichtiger Schlüssel, um den Markt für neue Konzepte und Technologien anzuregen. Fundierte Performanceanalysen von Gebäuden und Komponenten sind unverzichtbar, um Weiterentwicklungen anzustoßen und Akteure zu überzeugen. Auf dieser Weise werden energieeffiziente Gebäude mit zukunftssicheren Strategien für den gesamten Lebenszyklus umgesetzt.

Das Bundesministerium für Wirtschaft und Energie fördert deshalb Planung, Realisierung und das wissenschaftliche Monitoring von energieoptimierten Demonstrationsgebäuden im Rahmen des 6. Energieforschungsprogramms im Förderschwerpunkt Energieoptimiertes Bauen (EnOB). In der achtjährigen Laufzeit der EnOB-Begleitforschung wurden 55 Demonstrationsprojekte, darunter 16 Schulen, gefördert - deren erhöhter Planungsaufwand, innovative Komponenten und deren energetisches Monitoring. Forschungsergebnisse, Performanceanalysen der Gebäude und ihrer Komponenten sind ohne das große Engagement von Bauherren, Architekten und Fachplanern, beteiligten Firmen, Hochschulen und Forschungseinrichtungen nicht denkbar. Ihnen allen herzlichen Dank für die wertvolle Mitwirkung!

Dass diese Publikation mit der aktuellen Querauswertung und Analyse der ambitionierten Projekte vorliegt, dafür danke ich dem gesamten Team der EnOB-Begleitforschung, das seine Erfahrungen und Erkenntnisse hier zusammenfasst und anschaulich präsentiert. Ich bin überzeugt dass dieses Buch die Umsetzung der Forschungsergebnisse in die Praxis stützt und fördert.

Ministerialrat Dr. Frank Heidrich
Bundesministerium für
Wirtschaft und Energie

Inhalt

Performance von Gebäuden

Das vorliegende Buch folgt auf ein 2005 erschienenes Werk unter dem Titel „Bürogebäude mit Zukunft". Viele Autoren waren damals wie heute dabei. Den Grundstock beider Bücher bilden die Arbeiten rund um die zahlreichen Demonstrationsgebäude der Forschungsinitiative Energieoptimiertes Bauen (EnOB) des Bundesministeriums für Wirtschaft und Energie (BMWi). Sie erlauben eine anschauliche Verbindung von Theorie und Praxis.

Mit dem Titel „Performance von Gebäuden" wird der Blick in diesem Buch verstärkt auf die Nutzungsphase von Gebäuden gelenkt. Die Kernfragen lauten: Was leistet ein Gebäude für seinen Besitzer, seine Nutzer und die Gesellschaft und welche Inanspruchnahme von Ressourcen und welche Umweltwirkungen sind mit seinem Betrieb verbunden. Unterschiedliche Akteure interessieren sich aus verschiedenen Blickwinkeln für die Gebäudeperformance. Das Buch richtet sich daher an Akteure der Immobilienwirtschaft, an Planer und Betreiber von Gebäuden und an Studierende.

Nach einer Standortbestimmung und der Erläuterung von Zielen, Zielgruppen, Akteuren und deren Interesse bei einer Beurteilung der Performance von Gebäuden wird in drei Hauptkapiteln die Gebäudeperformance jeweils auf den Ebenen von Energie und Umwelt, Ökonomie sowie Nutzerzufriedenheit diskutiert. Darauffolgende Analysen aus den Bereichen Bauklimatik, Baukonstruktion und Anlagentechnik vertiefen ausgewählte Detailaspekte anhand von Praxisbeispielen. Die vorgestellten Strategien, Konzepte und Technologien beim Planen und Betreiben von Gebäuden unterstützen dabei, die Performance von Gebäuden in der Nutzungsphase aufrechtzuerhalten oder zu verbessern.

Da die gestalterische Qualität von Gebäuden einen ganz wesentlichen Teil der (Nutzer)Akzeptanz darstellt, adressiert ein separates Kapitel die Schnittstelle zwischen Gestaltung und Nachhaltigkeit. Eine Zusammenstellung von praktisch anwendbaren Planungs- und Bewertungshilfen verweist auf allgemein zugängliche Werkzeuge und Informationsquellen. Der Anhang enthält die Liste der evaluierten Gebäude. Die zahlreichen Literaturangaben und Quellenverweise sollen dazu motivieren, gezielt auf den einen oder anderen Forschungsbericht oder Publikationen zuzugreifen, um weitere Details zu erfahren.

Karsten Voss
Bergische Universität Wuppertal

Andreas Wagner, Thomas Lützkendorf
Karlsruher Institut für Technologie

Doreen Kalz, Sebastian Herkel,
Fraunhofer-Institut für Solar Energiesysteme

Anton Maas
Universität Kassel

Danke

Das BMWi, vertreten durch den Projektträger Jülich fördert seit vielen Jahren forschungsintensive Demonstrationsprojekte. Die Förderung adressiert Bauherren und Forschungseinrichtungen. Ohne engagierte Bauherren und deren Planer gäbe es diese Art der angewandten Forschung nicht. Ohne die vielen motivierten Mitarbeiter an den Hochschulen und Forschungseinrichtungen wäre die umfangreiche Auswertung der Ergebnisse nicht zu leisten. Ein zentraler Bestandteil der Forschungsinitiative EnOB ist auch ihre Begleitforschung. Sie bildet die wissenschaftliche Klammer aller Demonstrationsprojekte. Wir haben diese Aufgabe gerne wahrgenommen und bedanken uns für die Förderung sowie die fruchtbare Kooperation mit dem Projektträger, den Forschern, Planern und Bauherren. Die Lektoratsarbeit für dieses Buch durch Jutta Perl-Mai und Johannes Lang vom BINE Informationsdienst hat wesentlich dazu beigetragen, die komplexen Themen verständlicher zu machen. Gerne haben wir wieder mit Andreas Weindel und Hans-Peter Schäuble von Triolog zusammengearbeitet, damit das Buch ein überzeugendes Gesicht bekommt. Patrick Sonneborn hat an der Universität Wuppertal mit großer Sorgfalt die Koordination aller Beiträge bis zur Drucklegung des Buches übernommen.

1 Eine Standortbestimmung

Thomas Lützkendorf
Karsten Voss

Gebäude weisen eine lange Nutzungsdauer auf. Sie müssen daher nicht nur aktuelle sondern auch künftige Anforderungen erfüllen. Dies beeinflusst die Dauer ihrer Nutzbarkeit bzw. ihrer Vermiet- und Vermarktbarkeit und damit auch ihre Werthaltigkeit und Wertentwicklung. Damit wird die Analyse der sich weiterentwickelnden Anforderungen an Bauwerke zu einer ständigen Managementaufgabe – sei es, um auf äußere Faktoren wie Klimaänderungen zu reagieren, sei es, um Änderungen von Gesetzen oder neue Regeln der Technik zu beachten.

Im Sinne einer Standortbestimmung werden im nachfolgenden Kapitel 1.1 aktuelle Herausforderungen und Trends analysiert und hinsichtlich ihrer Konsequenzen für die Planung oder den Betrieb von Gebäuden beschrieben. Veränderungen mit großem Einfluss auf die Entwicklung von Wirtschaft und Gesellschaft werden dabei oft unter der Bezeichnung „Megatrends" zusammengefasst. Dazu zählen u. a. die Verknappung von Ressourcen, der bereits einsetzende Klimawandel sowie der demografische Wandel. Ein einsetzender Wertewandel im Sinne einer stärkeren Wahrnehmung von Verantwortung gegenüber Umwelt und Gesellschaft sowie das Vorantreiben der technischen Entwicklungen in Kombination mit der Weiterentwicklung gesetzlicher Anforderungen sind bereits Reaktionen darauf. Der Klimawandel verändert die Anforderungen, weil – insbesondere in den Städten – ein erhöhter sommerlicher Temperaturstress bewältigt werden muss. Auch in wärmeren Sommern soll ein angemessenes Raumklima gewährleistet werden. Dazu helfen ein verbesserter Sonnenschutz ebenso wie leistungsfähigere Lüftungsmaßnahmen, nachrüstbare Kühlkonzepte mit niedrigem Energiebedarf und eine „vorausschauende" Gebäudeautomation (→ Kapitel 1.2).

Die Energiewende ist ein zentrales Thema in Deutschland, das mit der Formulierung ambitionierter Ziele einhergeht. Die Bundesregierung strebt als ein wesentliches Element den „nahezu klimaneutralen Gebäudebestand 2050" an. Wie dieses Ziel erreicht werden kann, wird u. a. mit Szenarien im Rahmen von Simulationsmodellen untersucht. Die Modelle berücksichtigen die baulichen Veränderungen ebenso wie die Veränderungen bei der Versorgung mit Wärme, Kälte und elektrischer Energie. Gebäude werden zukünftig nicht nur als Energieverbraucher betrachtet, sondern als Teil des Energiesystems. Eine zentrale Rolle spielen dabei die gebäudeeigenen Energiespeicher und -wandler in Verbindung mit innovativen Regelungskonzepten. Für die Immobilienwirtschaft ergeben sich daraus neue Aufgaben beim Planen, Bauen und Betreiben von Gebäuden und Liegenschaften (→ Kapitel 1.3).

Die Energiewende findet nicht nur in Deutschland statt. Die europäischen Nachbarstaaten beschreiten – je nach Kontext – andere Transformationspfade. Am Beispiel von Dänemark und der Schweiz werden dazu Entwicklungsrichtungen aufgezeigt (→ Kapitel 1.4).

1.1 Herausforderungen und Trends

Thomas Lützkendorf

Die Immobilienwirtschaft unterliegt einem ständigen Wandel. Zu den Einflussfaktoren zählen sich ändernde Anforderungen und Wertvorstellungen der Nutzer, Entwicklungen im gesellschaftlichen und politischen Umfeld, technischer Fortschritt und sich verändernde Umwelt-, Standort- oder Marktbedingungen.

Dabei sind die Akteure der Immobilienwirtschaft mit diversen Herausforderungen konfrontiert, die bei der Projektentwicklung und beim Management von Einzelobjekten und Gebäudebeständen zu bewältigen sind [Ref. 1.1-1].

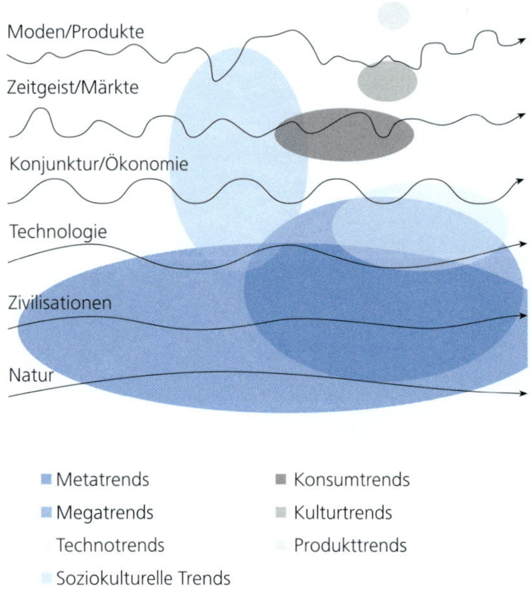

Bild 1.1-1
Typologie von Trends
(Quelle: Gondring [Ref. 1.1-1])

Umweltrelevante Trends und ihre Konsequenzen

Zu den Megatrends mit starkem Einfluss auf die Bau- und Immobilienwirtschaft in Deutschland gehören

- die Verknappung an Ressourcen, darunter fossile Energieträger, und
- der bereits einsetzende Klimawandel mit regional unterschiedlichen Konsequenzen.

In den kommenden Jahrzehnten wird der Verbrauch von Primärenergieträgern und Rohstoffen weltweit ansteigen und zur Ressourcenverknappung beitragen, sofern nicht massiv umgesteuert wird [Ref 1.1-2]. Gleichzeitig wachsen ohne Gegenmaßnahmen die Emissionen von Treibhausgasen mit den entsprechenden Auswirkungen auf das lokale und globale Klima [Ref 1.1-3], [Ref 1.1.-4]. Die Konsequenzen des Klimawandels für den Baubereich und der daraus resultierende Handlungsbedarf werden in Kapitel 1.2 diskutiert.

Ressourcenverknappung und Klimawandel werden von der Immobilienwirtschaft einerseits als unmittelbare Risiken identifiziert. Die mit dem Klimawandel verbundenen Risiken werden dabei höher eingeschätzt als die aus der Ressourcenverknappung resultierenden (Bild 1.1-2). Die Immobilienwirtschaft geht davon aus, dass die Politik künftig die energetischen Anforderungen an Gebäude weiter erhöhen wird [Ref 1.1-5]. Die aus der Klimaschutzstrategie und der Energiewende in Deutschland resultierenden Anforderungen, Konsequenzen und Lösungsansätze werden in Kapitel 1.3 vorgestellt.

Andererseits ergeben sich Chancen und eine deutlich verbesserte Wettbewerbsposition für Anbieter von Planungs-, Bau- und Managementleistungen, die zu klimaneutralen, energiesparenden und ressourcenschonenden Gebäuden beitragen. Dies gilt insbesondere für solche Konzepte und Maßnahmen, die gleichzeitig alle funktionalen Anforderungen erfüllen, eine hohe Nutzerzufriedenheit garantieren und dies mit einer gestalterischen

Qualität verbinden. Insbesondere die Bauwirtschaft kann von der Notwendigkeit einer Anpassung von Immobilien an den Klimawandel und einer Transformation der Gebäudebestände in Richtung Nachhaltigkeit profitieren (Bild 1.1-3).

Um einen klimaneutralen Gebäudebestand in Deutschland bis 2050 zu erreichen, werden die Anforderungen an die energetische Qualität von Gebäuden und zur Nutzung von erneuerbarer Energie ebenso weiterentwickelt wie entsprechende Beratungs- und Förderprogramme. Bauherren und Investoren, die sich nur an der aktuellen Gesetzeslage orientieren, laufen Gefahr, bereits nach wenigen Jahren mit ihren Gebäuden nicht mehr dem aktuellen Neubauniveau zu entsprechen. Deshalb sollten die sich bereits jetzt abzeichnenden künftigen Anforderungen und energetischen Standards [Ref 1.1-7, Ref.1.1-8] analysiert und ggf. in Kombination mit der Nutzung von Fördermitteln [Ref 1.1-9] umgesetzt werden.

Übergeordnete Themen wie die Ressourceneffizienz tragen dazu bei, dass Gebäude weniger isoliert innerhalb einzelner Phasen (Planung, Herstellung, Errichtung, Betrieb und Nutzung) sondern vielmehr über ihren vollständigen Lebenszyklus betrachtet und beurteilt werden. Damit rücken auch die Art der Produktauswahl für Gebäudehülle und -technik, Fragen der technischen Zuverlässigkeit und Langlebigkeit sowie der Wartungs-, Instandhaltungs-, Rückbau- und Recyclingfreundlichkeit von Bauteilen und Komponenten stärker in den Fokus. Gleichzeitig wirken sich wandelnde Rahmenbedingungen und die Veränderung im Energiemix des Wärme- und insbesondere des Strommarktes (→ Kapitel 1.3) auf Planungsentscheidungen aus. Zunehmend wird die Ökobilanz als Teilaspekt einer Lebenszyklusanalyse eingesetzt, um die Auswirkungen dieser Entscheidungen beschreiben, bewerten und beeinflussen zu können. Analysiert werden dabei insbesondere Ressourceninanspruchnahme und unerwünschte Wirkungen auf die lokale und globale Umwelt.

Durch die Bereitstellung von Daten und Hilfsmitteln zur Ökobilanzierung wird diese handhabbar [Ref 1.1-10]. Neben traditionellen Indikatoren der ökologischen Bewertung von Planungsvarianten und Gebäuden wie dem einmaligen und laufenden Aufwand an Primärenergie gewinnt der lebenszyklusbezogene carbon footprint von Gebäuden an Bedeutung. Der carbon footprint beschreibt den durch Herstellung, Errichtung, Nutzung, Instandsetzung, Rückbau und Entsorgung verursachten Beitrag zum Treibhauseffekt [Ref 1.1-11, Ref. 1.1-12].

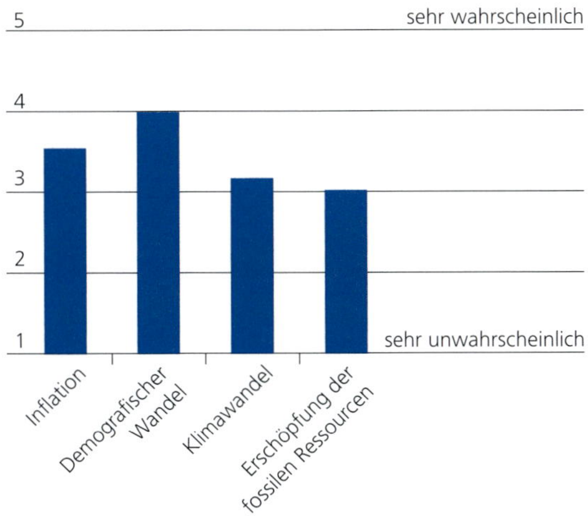

Bild 1.1-2
Ausgewählte Risikofaktoren in der Immobilienwirtschaft. Antworten auf die Frage: „Für wie wahrscheinlich halten sie eine kurz- bis mittelfristige Beeinflussung der Immobilienmarktentwicklung in Deutschland durch die folgenden Risikofaktoren?“ (Quelle: Jones Lang LaSalle, 2015 [Ref 1.1-5])

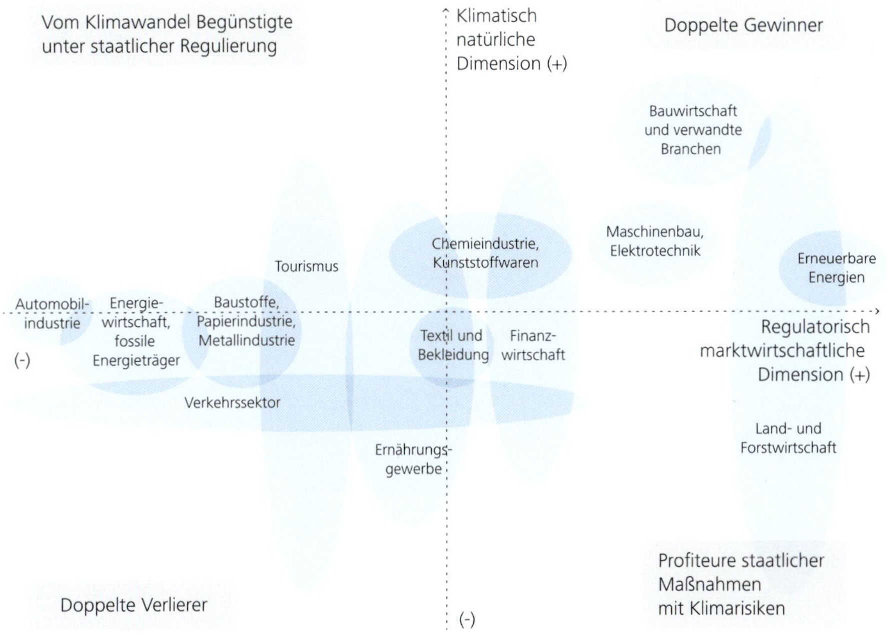

Bild 1.1-3
Gewinner- und Verliererbranchen des Klimawandels (Quelle: Deutsche Bank Research, 2007 [Ref.1.1-6])

Wertewandel

Die Einstellungen der Menschen wandeln sich im Laufe der Zeit. Dies gilt auch für Bauherren, Investoren und institutionelle Nutzer von Gebäuden. So übernehmen Anbieter und Nachfrager von Bauleistungen oder Immobilien heute stärker Verantwortung mit Blick auf die Erhaltung der natürlichen Lebensgrundlagen. Ein Beispiel ist die Integration derartiger Aspekte in den Deutschen Nachhaltigkeitskodex der Wohnungswirtschaft (Bild 1.1-4). Die Auseinandersetzung mit Fragen der Auswirkungen des eigenen Handelns auf Umwelt und Gesellschaft kann selbst als Megatrend angesehen werden. Auslöser sind

- die Integration der Nachhaltigkeitsaspekte in die Unternehmensmission, die Unternehmensziele und Erfolgsfaktoren
- die Pflicht zur Nachhaltigkeitsberichterstattung
- die Möglichkeit einer Imageverbesserung bzw. das bestehende Reputationsrisiko bei erkennbar nicht energiesparendem und umweltschonendem Handeln
- das Erkennen und Anerkennen von Zusammenhängen zwischen Nachhaltigkeitsthemen und der Vermiet- und Vermarktbarkeit von Immobilien mit den jeweiligen Konsequenzen für Wertermittlung und Wertentwicklung.

Sachverständige für die Wertermittlung von Immobilien beginnen, die energetische Qualität sowie die Nachhaltigkeit von Gebäuden stärker in den Methoden und Ergebnissen ihrer Beurteilung zu berücksichtigen [Ref 1.1-14, Ref 1.1-15]. Der Gebäude-Energieausweis gewinnt damit an Bedeutung.

Demografischer Wandel

Ein weiterer Megatrend ist der demografische Wandel (Bild 1.1-5). Dieser betrifft nicht nur die Migration sondern insbesondere die Veränderung der Altersstruktur der Bevölkerung.

Diese Veränderungen wirken sich bei den verschiedenen Gebäudetypen und Nutzungsarten unterschiedlich aus. Insbesondere bei Wohnbauten gibt es Konsequenzen für das Planen und Betreiben von Gebäuden, die sich aus der Änderung der Anzahl und der Größe der Haushalte bis hin zu einem veränderten Anforderungsniveau und Verhalten der Nutzer ergeben. In der Tendenz stellen ältere Bewohner höhere Anforderungen an den thermischen Komfort im Winter und im Sommer, sie verweilen länger unmittelbar in der Wohnung, haben einen meist höheren Warmwasserbedarf und haben durch einen Verbleib in größeren Wohnungen einen Einfluss auf den Energieverbrauch pro Kopf. An diesem Beispiel wird deutlich, dass künftig

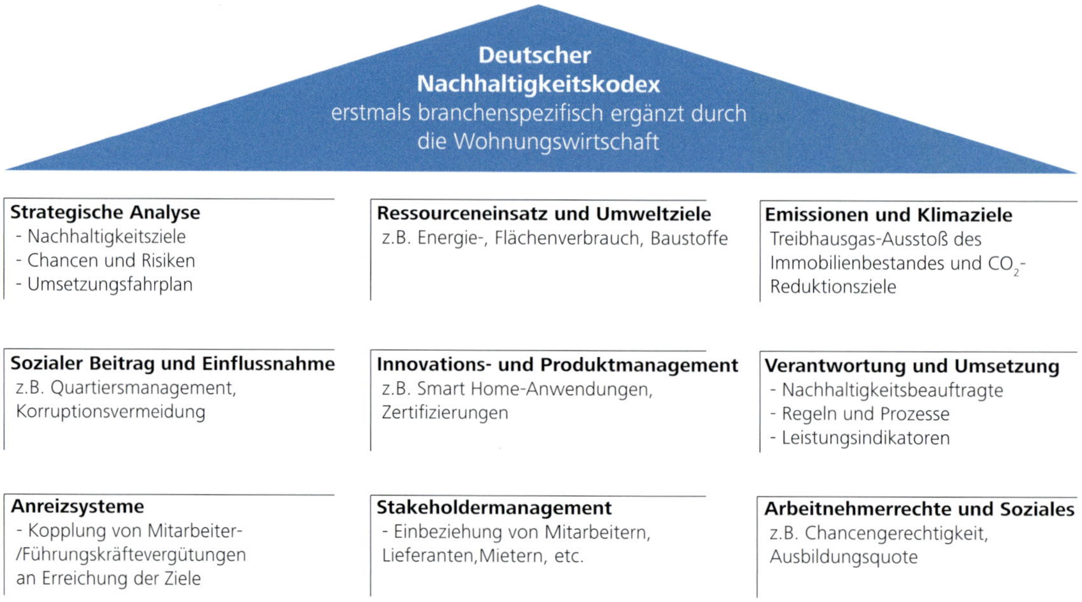

Bild 1.1-4
Deutscher Nachhaltigkeitskodex der Wohnungswirtschaft (Quelle: GdW [Ref. 1.1-13])

neben den Einflüssen von Gebäuden auf den Energieverbrauch (Effizienz) auch der von Lebensstilen und Nachfrageverhalten (Suffizienz) analysiert werden sollte.
Für Unternehmen der Wohnungswirtschaft wird es mit Blick auf Immigranten wichtig, die Hinweise zum richtigen Heizen und Lüften, zur Bedienung der Gebäudetechnik sowie zur Erläuterung der Betriebskostenabrechnung in mehreren Sprachen vorzuhalten.

Ein weiteres, im vorliegenden Buch nicht tiefer behandeltes Thema, ist die Barrierefreiheit. Diese führt zu einem verstärkten Einsatz von Aufzügen im Wohnungsbau. Die zunehmende Nachfrage nach Gebäuden mit Aufzügen wirkt sich sowohl auf die Nebenkosten als auch auf den Energieverbrauch aus. Aufzüge werden zu einem für die Energie- und Emissionsbilanz relevanten Bauteil [Ref 1.1-17].

Professionalisierung und Ökonomisierung

Die Wohnungs- und Immobilienwirtschaft wird immer professioneller und orientiert sich stärker an ökonomischen Kriterien. Dies führt letztlich dazu, dass sämtliche Handlungsmöglichkeiten hinsichtlich ihrer wirtschaftlichen Vorteilhaftigkeit und Konsequenzen analysiert werden. Dies geht weit über die Betrachtung von Baukosten und die mögliche Einsparung von Energiekosten hinaus und bezieht die Auswirkungen der energetischen Qualität von Gebäuden auf deren Vermietbarkeit und Vermarktbarkeit, deren Wertstabilität und Wertentwicklung sowie beispielsweise das Image des Unternehmens mit ein. Gemäß der Immobilienwertermittlungsverordnung (ImmoWertV) wird seit 2010 die energetische Beschaffenheit als den Gebäudewert beeinflusssendes Merkmal betrachtet [Ref 1.1-18]. In einer Reihe von Städten wird die energetische Beschaffenheit von Wohnbauten bereits im Mietspiegel erwähnt und berücksichtigt [Ref 1.1-19] [Ref.1.1-20]. Für die Analyse der Wirtschaftlichkeit von Lösungen wird zunehmend die Lebenszykluskostenrechnung im engeren und im weiteren Sinne verwendet ([Ref. 1.1-21], → Kapitel 4). Auch die von der Europäischen Kommission veröffentlichten Grundlagen für die Formulierung von „kostenoptimalen" Anforderungen an die energetische Qualität von Gebäuden basieren inzwischen auf dem Ansatz der Ermittlung von „global cost" [Ref 1.1-21]. Dieses Vorgehen ist einer Lebenszykluskostenrechung ähnlich.

Technischer Fortschritt

Die Bau-, Wohnungs- und Immobilienwirtschaft sieht sich mit den Resultaten des technischen Fortschritts konfrontiert. Es gibt eine Vielzahl neuer oder weiterentwickelter Produkte, die zur Verbesserung der energetischen Qualität von Gebäuden beitragen können.

Experimental- und Demonstrationsbauvorhaben ermöglichen die Erprobung dieser neuen Produkte und Systeme. Dies ist ein wichtiger Schritt, zumal

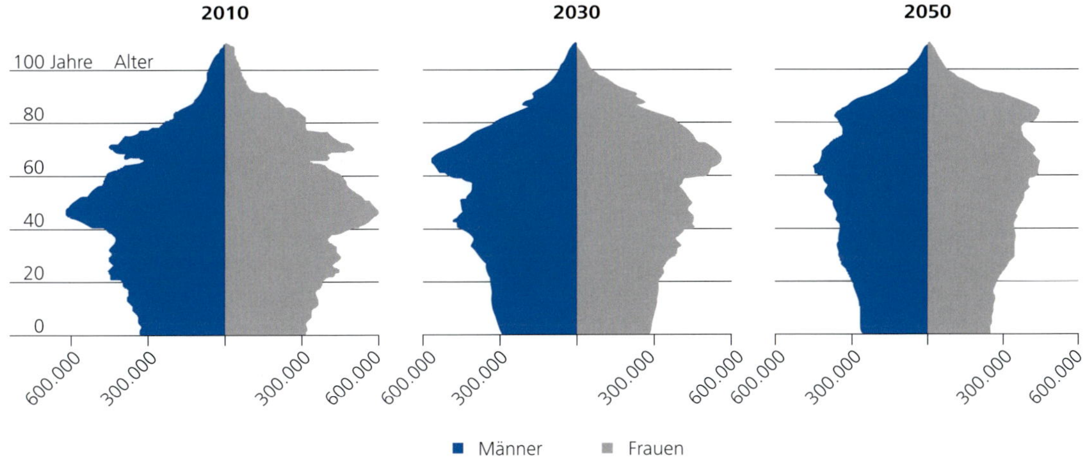

Bild 1.1-5
Demografische Entwicklung in Deutschland
(Quelle: Statistisches Bundesamt [Ref 1.1-16])

Wirksamkeit und Zuverlässigkeit der Innovationen noch nicht gesichert sind. Im Vordergrund steht zunächst die Demonstration der technischen Machbarkeit. Die im Rahmen der Forschungsinitiative EnOB durchgeführten Objektanalysen addresssieren auch Experimentalbauvorhaben.

Investoren sehen in der Verwendung von Komponenten im Experimentalstadium auch ein Risiko. Mit den Demonstrationsbauten sollen die Zuverlässigkeit, die ökonomische und ökologische Vorteilhaftigkeit und die Eignung für den Einsatz in der Baupraxis nachgewiesen und unterstützt werden.

Zusammenfassend lässt sich feststellen, dass man in der Bau-, Wohnungs- und Immobilienwirtschaft die erheblichen Herausforderungen sieht. Es existieren Methoden und Lösungen zu deren Bewältigung.

Referenzen, Anmerkungen

Ref 1.1-1
Gondring, H.: Zukunft der Immobilie. Megatrends des 21. Jahrhunderts – Auswirkungen auf die Immobilienwirtschaft. Köln: Immobilien Manager Verl., 2012

Ref 1.1-2
Organisation for Economic Co-Operation and Development (OECD), Paris (France) (Ed.): Environmental outlook to 2030. 2008. DOI: http://dx.doi.org/10.1787/9789264040519-en

Ref. 1.1-3
Organisation for Economic Co-Operation and Development (OECD), Paris (France) (Ed.): Environmental outlook to 2050. The Consequences of Inaction. 2012. DOI: http://dx.doi.org/10.1787/9789264122246-en

Ref. 1.1-4
Umweltbundesamt (UBA), Berlin (Hrsg.): Monitoringbericht 2015 zur Deutschen Anpassungsstrategie an den Klimawandel. Bericht der Interministeriellen Arbeitsgruppe Anpassungsstrategie der Bundesregierung. 2015

Ref. 1.1-5
Jones Lang LaSalle GmbH, Hamburg (Hrsg.): Risikofaktoren am gewerblichen Immobilienmarkt und Ausblick 2015. Ergebnisse einer online-Befragung durch JLL-Research im Spätherbst 2014. 2014

Ref 1.1-6
Heymann, E.: Klimawandel und Branchen: Manche mögen's heiß. Deutsche Bank Research, Frankfurt a.M. (Hrsg.): 2007. Aktuelle Themen. 388

Ref 1.1-7
Bundesministerium für Wirtschaft und Energie (BMWi), Berlin (Hrsg.): Ein gutes Stück Arbeit. Mehr aus Energie machen. Nationaler Aktionsplan Energieeffizienz. 2014

Ref 1.1.-8
Bundesministerium für Umwelt, Naturschutz, Bau und Reaktorsicherheit (BMUB), Berlin (Hrsg.): Aktionsprogramm Klimaschutz 2020. Kabinettsbeschluss vom 3. Dezember 2014. 2014

Ref 1.1-9
Bundesministerium für Wirtschaft und Energie (BMWi), Berlin (Hrsg.): Förderdatenbank zu Förderprogrammen des Bundes, der Länder und der EU www.foerderdatenbank.de

Ref 1.1-10
Bundesministerium für Umwelt, Naturschutz, Bau und Reaktotsicherheit (BMUB), Berlin (Hrsg.): ÖKOBAUDAT – Informationsportal Nachhaltiges Bauen. http://www.oekobaudat.de/

Ref 1.1-11
Lützkendorf, T.: Ökobilanz oder carbon footprint – Ansätze zur Bewertung der ökologischen Nachhaltigkeit im Lebenszyklus von Gebäuden. In: Gesellschaft für Immobilienwirtschaftliche Forschung e. V. (gif), Wiesbaden (Hrsg.): Vortragsdokumentation des 17. Forums „Nachhaltigkeit in der Immobilienwirtschaft – alter Wein in neuen Schläuchen?". Berlin, 27. Nov. 2012

Ref 1.1-12
Zentraler Immobilien Ausschuss e. V. (ZIA), Berlin (Hrsg.): Nachhaltigkeit – Kodex, Berichte und Compliance. Perspektiven der Immobilienwirtschaft. 2013

Ref 1.1-13
Arbeitsgemeinschaft Großer Wohnungsunternehmen (AGW), Frankfurt a.M. (Hrsg.): Deutscher Nachhaltigkeitskodex erstmals branchenspezifisch ergänzt durch die Wohnungswirtschaft. 15.09.2014. http://web.gdw.de/uploads/pdf/Pressemeldungen/DNK-Haus.pdf (Aufruf: 01.12.2015)

Ref 1.1-14
Center for Corporate Responsibility and Sustainability an der Universität Zürich (CCRS) (Hrsg.): Nachhaltigkeit und Wertermittlung von Immobilien. Leitfaden für Deutschland, Österreich und die Schweiz (NUWEL). 2011 http://www.nuwel.ch (Aufruf 01.12.2015)

Ref. 1.1-15
Forschungsprojekt RenoValue – a training toolkit to integrate energy efficiency and renewable energy into property valuation practices. http://www.renovalue.eu (Aufruf 01.12.2015)

Ref 1.1-16
Statistisches Bundesamt, Wiesbaden (Hrsg.): Koordinierte Bevölkerungsvorausberechnung für Deutschland. https://www.destatis.de/bevoelkerungspyramide (Aufruf 01.12.2015)

Ref 1.1-17
International Organization for Standardization (ISO), Genf (Schweiz) (Hrsg.): ISO 16745:2015 Environmental performance of buildings -- Carbon metric of a building -- Use stage. 2015

Ref 1.1-18
Verordnung über die Grundsätze für die Ermittlung der Verkehrswerte von Grundstücken (Immobilienwertermittlungsverordnung - ImmoWertV). 2010

Ref 1.1-19
Bundesministerium für Verkehr, Bau und Stadtentwicklung (BMVBS), Berlin (Hrsg.): Hinweise zur Integration der energetischen Beschaffenheit und Ausstattung von Wohnraum in Mietspiegeln. Arbeitshilfen für die kommunale Mietspiegelerstellung. 2013

Ref 1.1-20
Stadt Darmstadt (Hrsg.): Mietspiegel für Darmstadt 2014.

Ref 1.1-21
Deutscher Verband für Facility Management (GEFMA) e.V., Bonn (Hrsg.): Lebenszykluskostenrechnung im FM. Einführung und Grundlagen. Ausgabe 2010-09. GEFMA/IFMA 220–1

1.2 Klimawandel und Gebäude

Anton Maas
Karsten Voss

Praxiserfahrungen und Ergebnisse aus dem wissenschaftlichen Monitoring von Büro- und Verwaltungsgebäuden können zeigen, dass in Gebäuden ohne aktive Kühlung bereits heute im Sommer zeitweise eingeschränkte Komfortbedingungen vorliegen (→ Kapitel 6.1). Vor dem Hintergrund der sich abzeichnenden globalen Klimaveränderung werden die Herausforderungen künftig noch anspruchsvoller. Das gilt insbesondere für bereits bestehende Bauten.
Gemäß der Prognosen ist in Mitteleuropa mit einer deutlichen Zunahme von extremen Hitzeperioden im Sommer zu rechnen [Ref 1.2-1]. Die Hitzewellen im Juni und August 2003, im Juli 2006 und der heiße Sommer 2015 waren dafür eindrucksvolle Beispiele, ebenso wie das gehäufte Auftreten von Starkregenereignissen und daraus folgenden Überschwemmungen.

Künftig wird insbesondere in den Städten die Anzahl von Hitzestressperioden für Menschen ansteigen, intensiver ausgeprägt sein und länger andauern. Ausschlaggebend dafür sind die Phänomene des Stadtklimas, die sich mit den Begriffen „urbane Wärmeinsel" oder „urbanes Wärmearchipel" zusammenfassen lassen [Ref 1.2-2]. Das größte Risiko für eine Überwärmung besteht in Gebäuden mit schlechtem Baustandard [Ref 1.2-3]. Auch mikroklimatische Effekte, wie sie beispielsweise an besonnten Plätzen oder Fassaden auftreten, müssen stärker in der Planung berücksichtigt werden.

Klimaveränderungen

Im Zuge öffentlich-rechtlicher Nachweise zur Energieeinsparverordnung und zum sommerlichen Wärmeschutz werden die sogenannten Testreferenzjahre (TRY) des Deutschen Wetterdienstes (DWD) zugrunde gelegt. Aufgrund regional unterschiedlicher klimatischer Verhältnisse wird Deutschland dabei in 15 Klimaregionen eingeteilt. Für jede dieser Regionen werden individuelle Datensätze zur Verfügung gestellt. Die aktuell gültigen Testreferenzjahre sind seit Frühjahr 2011 verfügbar und ersetzen die bis dato gültigen Testreferenzjahre aus dem Jahr 2004 [Ref. 1.2-4]. Weitere Quellen für Klimadatensätze werden in Kapitel 11.2.3 vorgestellt.

Hauptgrund der Neufassung der Testreferenzjahre war die Berücksichtigung der beobachteten Klimaveränderungen und der daraus resultierenden erforderlichen Anpassungen. Für die Erstellung der TRYs 2004 lag eine 30-jährigen Klimaperiode von 1961 bis 1990 zugrunde. Demgegenüber wurde für die Erstellung der TRYs 2011 die Beobachtungsperiode von 1988 bis 2007 herangezogen, womit schon erste Effekte des Klimawandels in Deutschland berücksichtigt sind.

Die Veränderungen können anhand „meteorologischer Ereignistage" anschaulich dargestellt werden. Bild 1.2-1 zeigt die Auswertung der sogenannten Sommertage, das sind Tage mit einer Tageshöchsttemperatur > 25 °C. Die Auswertung erfolgt

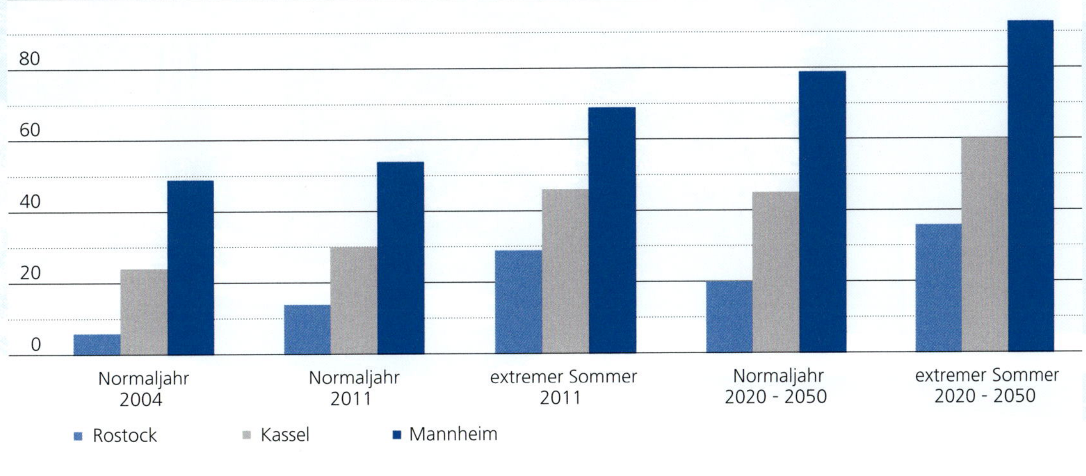

Bild 1.2-1
Häufigkeit von Sommertagen in unterschiedlichen Klimadatensätzen. Als Sommertage zählen Tage mit einer Höchsttemperatur über 25 °C. (Quelle: Universität Kassel)

für 3 ausgewählte Standorte: Rostock steht stellvertretend für die kühle Küstenregion, Mannheim für sommerwarme Regionen und Kassel ist ein mittlerer Standort. In dem Datensatz von 2011 ist zusätzlich zu dem Normaljahr, das den Durchschnitt repräsentiert, ein sogenannter „Extremsommer" aufgenommen. Dies ist eine am Stück real gemessene Wetteraufzeichnung, hier aus dem Jahr 2006. Die Werte der beiden rechten Säulenpaare wurden aus Klimasimulationsrechnungen für den Zeitraum 2020 bis 2050 generiert (2035 steht stellvertretend für den genannten Zeitraum). Die zugrunde gelegten Klimadaten wurden vom DWD unter Verwendung verschiedener regionaler Klimamodelle entwickelt [Ref. 1.2-4]. Der kontinuierliche Anstieg der Sommertage ist deutlich zu erkennen.

Städtische Wärmeinsel

Der (nächtliche) Wärmeinseleffekt ist ein typisches Phänomen des Stadtklimas und zeichnet sich im Vergleich zum weniger bebauten Umland durch erhöhte Temperaturen zwischen 2 und 5 Kelvin, in Extremfällen bis zu 10 Kelvin aus (Bild 1.2-2). Grund hierfür ist die Veränderung der Wärmebilanzen von Oberflächen durch städtische Strukturen. Die tagsüber in der Bausubstanz gespeicherte Wärme wird abends und nachts durch eingeschränkte Wärmeabstrahlung und reduzierte Luftbewegung infolge der Bebauung verzögert abgegeben.

Mit den neuen Testreferenzjahren können mittels einer Software die Klimadatensätze so modifiziert werden, dass die Auswirkungen des Stadtklimas im Vergleich zum ländlichen, ungestörten Klima näherungsweise abgebildet werden. Abhängig von der Stadtgröße, bemessen an der Anzahl der Einwohner, wird den Bereichen Stadtrand, Stadtgebiet und Stadtzentrum eine erhöhte Lufttemperatur aufgeprägt. Bild 1.2-3 zeigt die Effekte beispielhaft für Berlin. Der Standort Berlin ist der TRY-Referenzregion Potsdam zugeordnet, die im Normaljahr während 240 Stunden eine Temperatur über 25 °C aufweist. Die Berücksichtigung des Stadtklimaeffekts zeigt, dass im Stadtzentrum derartige Temperaturen mehr als 100 Stunden häufiger auftreten als am Referenzstandort. Anders ausgedrückt: Die Planung eines Gebäudes im Berliner Stadtzentrum führt unter Verwendung der Standard-Klimadatensätze zu einer deutlichen Unterschätzung realistischer Sommerverhältnisse.

Mikroklima

Das Mikroklima beschreibt kleinräumige klimatische Verhältnisse in einem Stadtraum bis hinein in die Umgebung einzelner Gebäude. Bodenbeschaffenheit, Verdunstungsprozesse, Absorptions- und Reflexionseigenschaften von Gebäudeoberflächen, Sonneneinstrahlung, Verschattung und Strömungsverhältnisse haben einen Einfluss auf das Mikroklima und wirken sich insbesondere auf die lokalen Temperaturen aus.

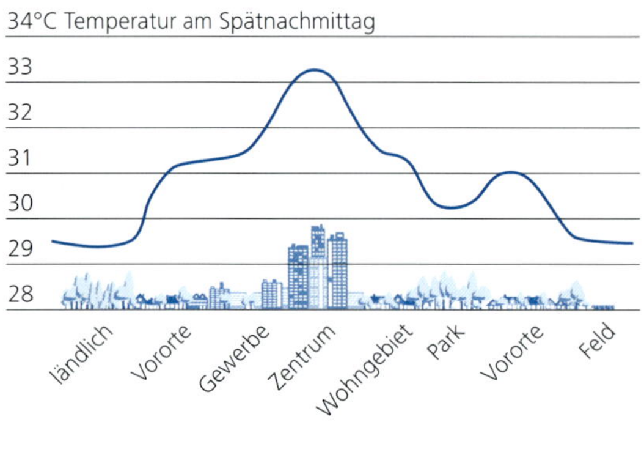

Bild 1.2-2
Schematische Darstellung des Stadtklimaeffekts (Quelle: nach Heat Island Group, überarbeitet durch Universität Kassel)

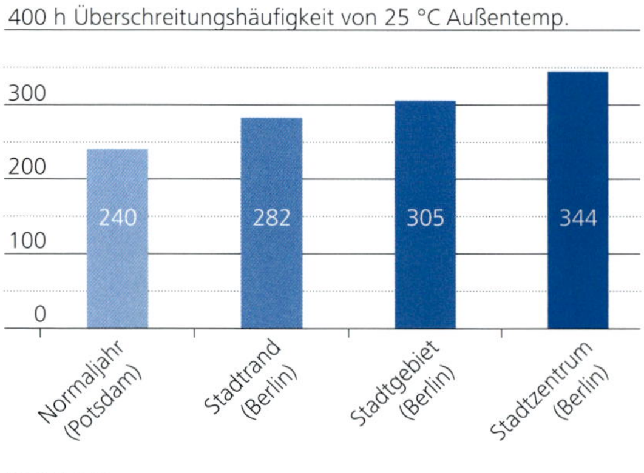

Bild 1.2-3
Auswirkung des Stadtklimaeffekts am Beispiel von Berlin (Quelle: Universität Kassel)

Im Kontext der Forschungsarbeiten zu diesem Buch wurden an ausgewählten Gebäuden die Lufttemperaturen an besonnten Fassaden unterschiedlicher Bauart gemessen und durch Messungen an einer experimentellen Raumzelle ergänzt [Ref. 1.2-6]. Die Installation der notwendigen Sensorik an der Fassade ist in Bild 1.2-4 beispielhaft für ein Verwaltungsgebäude in Remscheid (REB) gezeigt. Dort wurde die Veränderung der Lufttemperatur im Bereich der Einströmöffnung eines fassadenintegrierten Zuluftelementes gemessen (Bild 1.2-5, → Kapitel 8.7). Nachts sind die Ansaugtemperaturen etwa 1,5 Kelvin höher als die Umgebungstemperaturen. Im Lüftungselement wird die Zuluft weiter um 1 Kelvin erwärmt, so dass sie mit einem Temperaturzuwachs von ca. 2,5 Kelvin in den Raum einströmt. Bei hohen solaren Strahlungsintensitäten ist die aus der Fassadengrenzschicht angesaugte Frischluft um bis zu 12 Kelvin wärmer als die Luft in der Umgebung einer Wetterstation auf dem Gebäudedach. Dies wirkt sich auf die Temperatur der Zuluft einer Lüftungsanlage ebenso merklich aus wie bei der gewöhnlichen Fensterlüftung.

Auswirkungen auf den Energiebedarf und die sommerlichen Raumtemperaturen

Anhand beispielhafter Berechnungen für ein Verwaltungsgebäude am Referenzstandort Potsdam und am sommerheißen Standort Mannheim werden die Einflüsse veränderter Klimabedingungen auf den Energiebedarf für Heizen und Kühlen sowie auf das sommerliche Raumklima aufgezeigt [Ref 1.2-7].

Bild 1.2-6 zeigt zunächst die Ergebnisse für die Nutzenergiebedarfe Heizen und Kühlen sowie die dazugehörigen Maximalleistungen. Aufgrund der Zunahme der winterlichen Außentemperaturen sinkt der Heizenergiebedarf je nach Standort um etwa 20 bis 25 %. Die Änderung der maximal erforderlichen Heizleistung bewegt sich in ähnlichen Größenordnungen.

Bei Vorhandensein einer aktiven Kühlung nimmt der Energiebedarf zu und führt ausgehend vom „alten" Datensatz (1961-1990) bei beiden Standorten nahezu zu einer Verdopplung des Bedarfs.

Mit den aktuellen Wetterdaten (2000-2009) liegen die Temperaturen beim Modellgebäude ohne Kühlung schon etwa 650 Stunden oberhalb von 26 °C und nehmen in jedem Szenario weiter zu (Bild 1.2-7). Selbst unter Anwendung des toleranteren „adaptiven Komfortmodells" (→ Kapitel 6.1), wären die Verhältnisse ohne Anpassungen am Gebäude bzw. an der Lüftungsstrategie (Nachtlüftung) zukünftig nicht mehr im Akzeptanzbereich.

Bild 1.2-4
Anordnung von Temperaturmessfühlern an einer Fassade (Quelle: Universität Wuppertal)

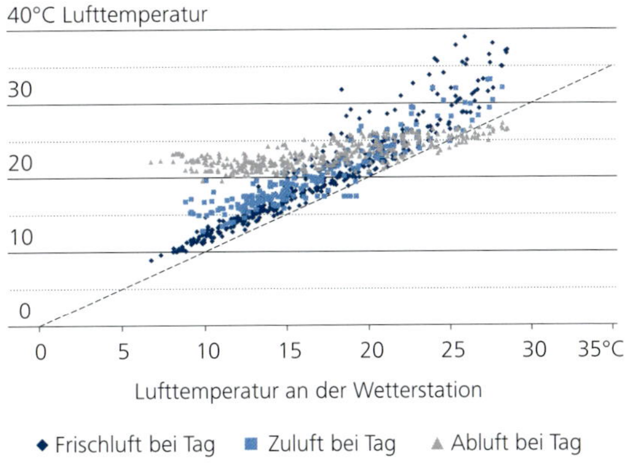

Bild 1.2-5
Zuluft- und Ablufttemperatur für einen Raum mit fassadenintegriertem Zuluftelement in Abhängigkeit von der Lufttemperatur an einer Wetterstation auf dem Gebäudedach. Zusätzlich ist die Ansaugtemperatur (Frischlufttemperatur) vor der Fassade dargestellt. (Quelle: Universität Wuppertal)

Was folgt daraus?

Klimadatensätze und Rechenverfahren erlauben einen Ausblick auf die Auswirkungen des Klimawandels für bestehende und neue Gebäude. Mit den Verfahren kann die Robustheit eines Gebäudekonzepts schon in der Planung mit Parameterstudien geprüft werden, dies betrifft insbesondere die im Sommer anspruchsvolleren Bedingungen. Zusätzliche Belastungen durch mikroklimatische Verhältnisse speziell an innerstädtischen Standorten oder an Gebäudefassaden sind mehr als bisher zu beachten, da in vielen Fällen bereits der Grenzbereich des thermischen Komforts erreicht sein wird.

Während der im Zuge der Klimaveränderung abnehmende Heizwärmebedarf für eine gewisse Entlastung der Energieversorgung sorgt und damit zum Ressourcen- und Klimaschutz beiträgt, wächst die sommerliche Belastung. Allein ein wirksamer Sonnenschutz und passive Kühlkonzepte, wie die nächtliche Lüftung in Verbindung mit der Aktivierung der Gebäudemasse, werden nicht mehr ausreichen, die Gebäude im Komfortbereich zu halten. Dies gilt in besonderer Weise für die sommerheißen Regionen Deutschlands, aber auch zunehmend für die bislang gemäßigten und sommerkühlen Regionen. Diese Tatsache stellt eine besondere Herausforderung für die klimaverträgliche Ertüchtigung von Bestandsgebäuden dar, während bei Neubauten leistungsfähige energieeffiziente Kühlkonzepte vorgesehen werden müssen (→ Kapitel 6).

Mit Gebäudeautomationssystemen kann man die Gebäude unter Einbeziehung von Wetterprognosen auf besonders extreme Verhältnisse „vorbereiten". Das betrifft die Kühlstrategie ebenso wie die Steuerung von Lüftungs- und Sonnenschutzsystemen im Sinne eines „Hitzeperiodenmodus" (→ Kapitel 11.1.2).

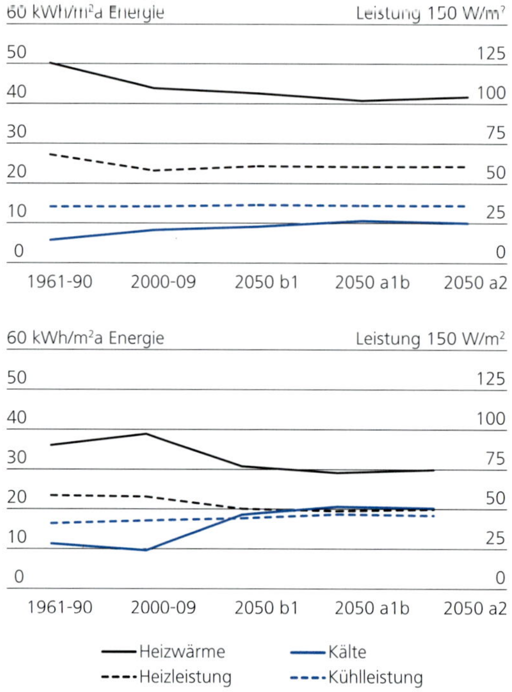

Bild 1.2-6
Simulationsergebnisse für den spezifischen Nutzenergiebedarf (Heizwärme, Kälte) und die spezifischen Leistungen (Heizleistung, Kühlleistung) in Abhängigkeit von den Klimadaten bzw. Klimaszenarien an den Standorten Potsdam (oben) und Mannheim (unten). Zugrunde gelegt ist eine Büronutzung. Details zu den Szenarien in [Anm 1.2-1] (Quelle: Universität Wuppertal).

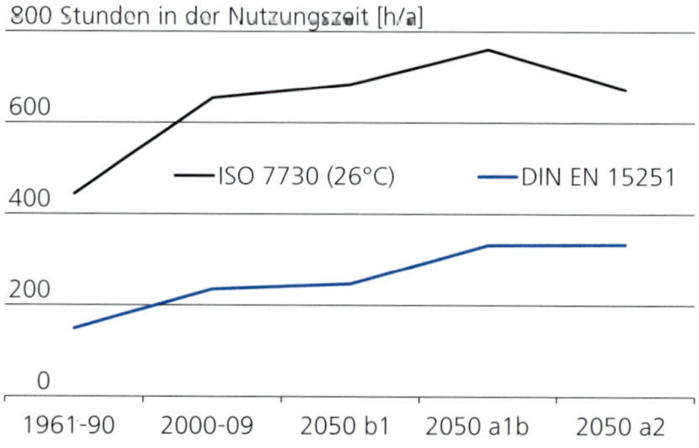

Bild 1.2-7
Überschreitungshäufigkeit des oberen Sollwertes der Raumtemperatur gemäß DIN EN ISO 7730 (Akzeptanzbereich B) bzw. der Kategorie II gemäß DIN EN 15251 während der Nutzungszeit für den Referenzstandort Potsdam; Büronutzung, 2.882 Nutzungsstunden jährlich (Quelle: Universität Wuppertal).

Referenzen, Anmerkungen

[Anm 1.2-1] Im Rahmen der internationalen Klimaforschungsaktivitäten wurden Szenarien mit unterschiedlichem zeitlichen Horizont erstellt. Die Szenarien unterscheiden sich in den Annahmen hinsichtlich der ökonomischen, ökologischen, sozialen und technischen Entwicklungen der Gesellschaft. Die drei hier betrachteten globalen Szenarien sind:

Szenario B1:
Informations- und Dienstleistungsgesellschaft, Effizienztechnologien, gleichmäßiger Übergang zu erneuerbarer Energie, nachhaltige Prinzipien, soziales Gleichgewicht und globale Gerechtigkeit. Daraus folgt ein vergleichsweise niedriger Klimawandel mit global 2 Kelvin Temperaturerhöhung zwischen 1961-90 und 2100

Szenario A1B:
starkes wirtschaftliches Wachstum, rasante Einführung neuer Technologien, Bevölkerungsentwicklung 2050 maximal, Balance zwischen der Nutzung fossiler und regenerativer Brennstoffe. Daraus folgt ein mittlerer Klimawandel mit global 3 Kelvin Temperaturerhöhung

Szenario A2:
heterogenes Bevölkerungswachstum und wirtschaftliche Entwicklung, weltweit langsamer technologischer Fortschritt und langsame Umstellung auf erneuerbare Energien. Dies bedingt einen hohen Klimawandel mit global 3,5 Kelvin Temperaturerhöhung.

Ref 1.2-1
Pachauri, R. K.; Allen, M. R.; Barros, V. R. u. a.: CLIMATE CHANGE 2014. Synthesis Report. Intergovernmental Panel on Climate Change (IPCC), Genf (Schweiz) (Ed.). 2014
http://www.de-ipcc.de/de/200.php
(Aufruf 01.12.2015)

Ref 1.2-2
Katzschner, L., Maas, A. und Schneider, A.: Das städtische Mikroklima: Analyse für die Stadt- und Gebäudeplanung. In: Bauphysik, Jg. 31 (2009), H. 1, S. 18-24

Ref 1.2-3
Pafferott, J., Becker, P.: Erweiterung des Hitzewarnsystems um die Vorhersage der Wärmebelastung in Innenräumen. In: Bauphysik, Jg. 30 (2008), H. 4, S. 237–243

Ref 1.2-4
Bundesamt für Bauwesen und Raumordnung (BBR), Bonn (Hrsg.); Climate & Environment Consulting Potsdam GmbH, Potsdam (Hrsg.); Deutscher Wetterdienst (DWD), Offenbach a. Main (Hrsg.): Aktualisierte und erweiterte Testreferenzjahre (TRY) von Deutschland für mittlere und extreme Witterungsverhältnisse. Projektbericht. Juli 2011.
http://www.bbsr.bund.de/EnEVPortal/DE/Regelungen/Testreferenzjahre/Testreferenzjahre/03_ergebnisse.html?nn=437706 (Aufruf 01.12.2015)

Ref 1.2-5
Webs. M.; Deutschländer, T.; Christoffer, J.: Testreferenzjahre von Deutschland für mittlere
und extreme Witterungsverhältnisse TRY. In: Deutscher Wetterdienst, Offenbach a. Main. Abt. Klima und Umweltberatung (Hrsg.): Klimastatusbericht 2004. S. 199-204

Ref 1.2-6
Voß, T.; Voss, K.: Einflussfaktoren auf Energiebedarf und sommerliche Raumtemperaturen bei fassadenintegrierten Zuluftelementen. In: Passivhaus Institut, Darmstadt (Hrsg.): Tagungsband zur 17. Internationalen Passivhaustagung. Frankfurt a. M., 19.-21. April 2013.

Ref 1.2-7
Voss, K. und Künz, C.: Klimadaten und Klimawandel – Untersuchungen zum Einfluss auf den Energiebedarf, den Leistungsbedarf und den thermischen Komfort von Gebäuden. In: Bauphysik, Jg. 34 (2012), H. 5, S. 189-196

1.3 Energiewende im Gebäudesektor

Hans-Martin Henning
Sebastian Herkel

Die Transformation des Gebäudebestandes hin zu klimaneutralen Gebäuden ist eine zentrale Säule der von der deutschen Politik vorgezeichneten Klimaschutzstrategie. Das Hauptziel der Energiewende ist die Reduktion der Treibhausgase. Um das Emissionsziel von 2050 zu erfüllen, müsste Deutschland jährlich 2,8 % weniger CO_2 ausstoßen.

Im Eckpunktepapier Energieeffizienz formuliert das Bundesministerium für Wirtschaft und Energie: „Bis 2050 wollen wir einen nahezu klimaneutralen Gebäudebestand realisieren. Klimaneutral heißt, dass die Gebäude nur noch einen sehr geringen Energiebedarf aufweisen und der verbleibende Energiebedarf (Minderung des Primärenergiebedarfs um 80 % bis 2050) zum überwiegenden Teil durch erneuerbare Energien gedeckt wird." [Ref. 1.3-2].

Aufgrund des steigenden Anteils erneuerbarer Energien im betrachteten Zeitraum sind weitere Präzisierungen dieses Zieles notwendig, um quantifizierbare und damit überprüfbare Kriterien für notwendige Änderungen im Gebäudebestand zu erhalten. Steht Energie aus erneuerbaren Quellen - mit Rücksicht auf Flächen- und Standortverfügbarkeit bzw. mit nachhaltiger Bewirtschaftung der Ressourcen - in sehr großem Umfang preiswert zur Verfügung, sind geringere Anstrengungen bei der Energieeffizienz notwendig als bei einem knappen Angebot.

Die Veränderung des gesamten Energiesystems hat Konsequenzen für die Definition sinnvoller Ziele und Entwicklung notwendiger Pfade zur Steigerung der Gebäudeperformance.

Gebäude spielen in mehrfacher Hinsicht eine wichtige Rolle für die Energiewende. Eine effizientere Gebäudehülle reduziert den Nutzenergiebedarf. Durch eine Umstellung der Wärme- und Kälteversorgung auf Erneuerbare Energie erfolgt eine Dekarbonisierung und durch größere Speicher erfolgt ein Beitrag zur Flexibilisierung der Stromversorgung (→ Kapitel 8.9).

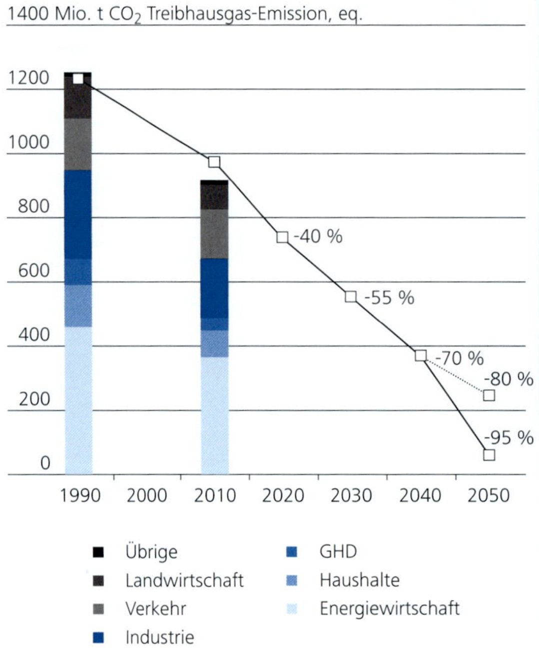

Bild 1.3-1
Treibhausgas-Emissionen in Deutschland. Weiter dargestellt sind die langfristigen CO_2-Reduktionsziele gemäß der Pläne der deutschen Bundesregierung,Bezugsjahr 1990.
(Quelle: Fraunhofer ISE, [Ref. 1.3-1])

Sanierung der Gebäude und Dekarbonisierung der Wärme- und Kälteversorgung

Die Wechselwirkung zwischen den verschiedenen Sektoren des Energiesystems lässt sich in technoökonomischen Energiesystemmodellen abbilden. Daraus können Szenarien für die Entwicklung des zukünftigen Energiesystems abgeleitet werden.

2013 wurden 35 % der Endenergie für Heizung und Warmwasser verbraucht. Analysen unterschiedlicher Szenarien zeigen, dass bei den Effizienzgewinnen die Reduktion des Heizwärmebedarfs die größte Position ist - und mit rund 40 bis 60 Mrd. €/a für die energetische Gebäudesanierung auch den größten Kostenanteil darstellt [Ref. 1.3-1 und 1.3-4].

Biomasse	335 TWh/a
Wind offshore	258 TWh_{el}/a
Wind onshore	390 TWh_{el}/a
Photovoltaik	248 TWh_{el}/a

Tabelle 1.3-1
Technisch erschließbare Potenziale erneuerbarer Energien unter Berücksichtigung von gesellschaftlichen und naturschutzrechtlichen Belangen (Quellen [Ref. 1.3-1,-3])

Szenario: Kostenoptimales Energiesystem mit einer CO_2-Reduktion von etwa 85 %

Für die Berechnung eines Energiesystems, das die Klimaschutzziele der Bundesregierung mit möglichst niedrigen Gesamtkosten erfüllt, wurde das Regenerative Energien-Modell Deutschland REMod-D entwickelt [Ref 1.3-1 und 1.3-5]. Es erlaubt die Modellierung der kompletten Energieversorgung mit einer zeitlichen Auflösung von Stunden unter Einbeziehung aller Verbrauchssektoren, der Stromerzeugung und der Speicherung. REMod-D bildet das komplette Energiesystem mit seinen Abhängigkeiten, Energieflüssen und den zeitlichen Schwankungen von Energieangebot und Energienachfrage ab. Zur Bereitstellung von Strom und Wärme dienen neben konventionellen Kraftwerken auch erneuerbare Energien. Die Energiespeicherung erfolgt über Pumpspeicher-Kraftwerke, Batterien, Wärmespeicher auf Basis von Wasser und über die Elektrolyse von Wasserstoff mit der Option, synthetisches Methan oder flüssige Brennstoffe zu erzeugen. Große zentrale Wärmespeicher, wie sie in Dänemark seit vielen Jahren in der Fernwärmeversorgung im Einsatz sind, können Überschusswärme speichern und auch mit Überschussstrom beladen werden. Die Stromerzeugung mit Brennstoffen besorgen hauptsächlich Gas- und Dampf (GuD)-Kombikraftwerke und Anlagen der Kraftwärmekopplung. Wärme liefern unter anderem elektrische Wärmepumpen, Wärmenetze, Gas-Wärmepumpen, Brennwertkessel, solarthermische Kollektoren und Anlagen der Kraftwärmekopplung.

Ein mögliches Szenario, das den klimapolitischen Zielen entspricht, könnte folgendermaßen aussehen: Der Gebäudebestand wird so saniert, dass er nur noch 40 - 50 % des heutigen Heizwärmebedarfs benötigt. Dies entspricht im Mittel aller Gebäude einer ambitionierten energetischen Sanierung. Es sind ca. 20 % der Gebäude an ein Wärmenetz angeschlossen. Dies ermöglicht eine effiziente Wärmeversorgung auch in verdichteten innerstädtischen Gebieten. Zugleich kann durch in das Wärmenetz einspeisende KWK-Anlagen die komplementäre Stromerzeugung teilweise gedeckt werden.

Die installierten Leistungen fluktuierender Stromerzeuger werden in diesem Zielsystem dominiert durch Windkraftanlagen und Photovoltaik. Einzelgebäude werden überwiegend durch Wärmepumpen versorgt.

In Abhängigkeit der getroffenen Annahmen für die Szenarien zeigen die Ergebnisse, dass zum Teil die Systeme stark unterschiedlich zusammensetzen. So kann mit zunehmender Gebäudesanierung die installierte Leistung fluktuierenden Stromerzeuger reduziert werden. Ebenfalls zeigt sich, dass der Anteil der Wärmebereitstellung durch solarthermische Anlagen je nach betrachtetem CO_2-Reduktionsziel stark zunimmt. Nahezu unveränderlich bleibt jedoch die Bedeutung elektrischer Wärmepumpen und Anlagen der Kraftwärmekopplung für das System. In Kombination mit thermischen Speichern leisten diese Anlagen einen wichtigen Beitrag zur Flexibilisierung des Gesamtsystems.

Die gesamten jährlichen Kosten für Erhalt und Betrieb des im Szenario skizzierten Energiesystems betragen rund 190 Mrd. € pro Jahr (in Euro 2013) und liegen damit in der Größenordnung der Kosten unserer heutigen Energieversorgung. Die Analysen zeigen, dass es grundsätzlich möglich ist, die Klimaschutzziele der Bundesregierung für 2050 zu erreichen. Die Kosten für den Wärme- und Stromsektor liegen dabei in der gleichen Größenordnung wie

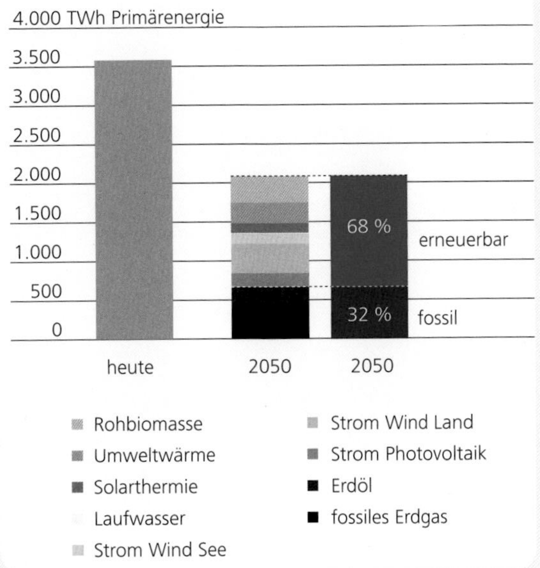

Bild 1.3-2
Energiebedingtes Primärenergieaufkommen und -zusammensetzung im Jahr 2050 für das 85-%-Szenario (mittlerer und rechter Balken) im Vergleich zum Primärenergieaufkommen heute (linker Balken)
(Quelle Fraunhofer ISE, Werte für 2010 aus [Ref 1.3-7], Randbedingungen gemäß [Ref 1.3-8])

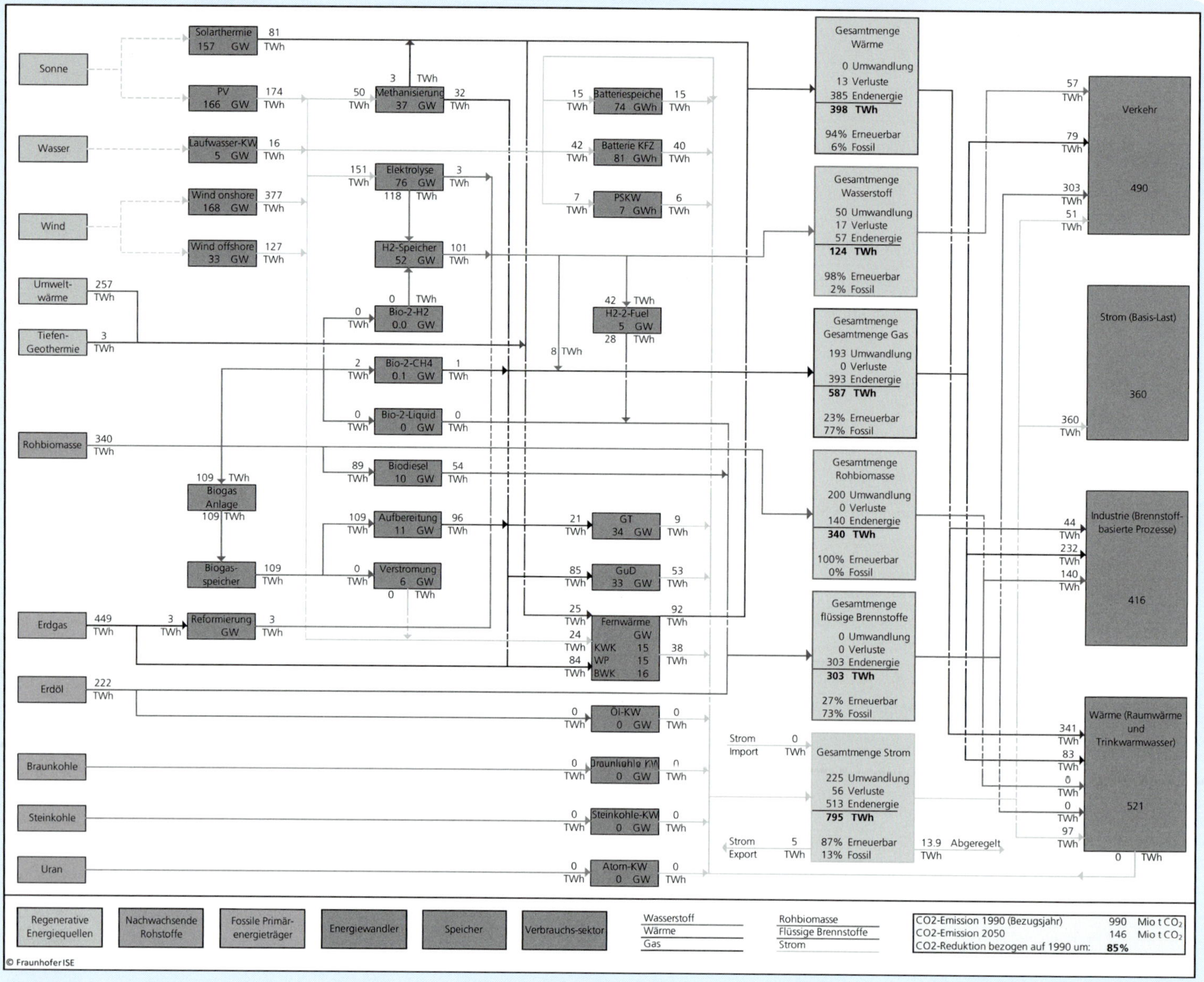

Bild 1.3-3
Systemmodell REMoD-D
(Quelle [Ref 1.3-5])

Tabelle 1.3-2
Systemmodell REMoD-D
(Quelle [Ref 1.3-5])

Strom	GW_{el}	Wärme	GW_{th}
Photovoltaik	166	Solarthermie	150
Wind Onshore	168	Elektrische Wärmepumpen	138
Wind Offshore	33	Gas-Wärme-pumpen	57
KWK	15	Wärmenetz, davon	43
		KWK	12
		Solarthermie	38
		Wärmepumpen	15
		Spitzenlastkessel	16

bisher. Dafür müsste allerdings die Energieeffizienz in allen Bereichen gesteigert werden: In dem hier betrachteten Szenario muss der Wärmebedarf im Gebäudebestand um mindestens 50 % des heutigen Wertes reduziert werden, der Stromeinsatz für die heutigen Zwecke um 25 % sinken und der Verkehr zu wesentlichen Anteilen mit effizienteren Antrieben als dem heutigen Verbrennungsmotor betrieben werden. Der Anteil erneuerbarer Energie am Primärenergieverbrauch beträgt rund 67 %, der verbliebene Anteil flexibler, fossiler Energie setzt sich aus einem Drittel Erdöl und aus zwei Drittel Erdgas zusammen.

Je nach Annahmen über die Entwicklung der Kosten für einzelne Technologien und der Bewertung der Erschließbarkeit von Potenzialen für erneuerbare Energien ergibt sich ein Zielkorridor für die Minderung des Heizwärmebedarfs aller Gebäude um 40 bis 60 %. *Um den Raumwärmebedarf tatsächlich auf 40 % des heutigen Wertes zu bringen, muss energetische Sanierung deutlich preisgünstiger werden.*

Der zweite zentrale Ansatz für den Gebäudesektor ist die Dekarbonisierung der Heizungstechnologien und die Reduktion des Endenergieeinsatzes zur Gebäudekonditionierung. Hierbei geht es sowohl um den Wechsel der Energieträger als auch um Effizienzgewinne bei der Versorgungstechnik. In einem energetisch sanierten Gebäudebestand wird in den oben genannten Szenarien der verbleibende Wärmebedarf vor allem mit Wärmepumpen und mit Wärme aus Kraftwärmekopplung (KWK) gedeckt. Der größte Anteil des Stroms für die Wärmepumpen kommt dabei entweder aus erneuerbaren Energien oder der KWK.

Der Umfang der sanierten Gebäude und deren konditionierten Flächen bestimmt die Sanierungsrate, die in den letzten Jahren mit rund 0,8 % deutlich unter den angestrebten 2 % lag. Die Sanierungstiefe wird durch die energetische Qualität der gewählten Maßnahmen in den einzelnen Gebäuden definiert und beeinflusst so wesentlich die Investitionskosten für die Sanierung. Neben den beiden beschriebenen Aspekten einer Transformationsstrategie im Gebäudesektor wird die Sicherung der Qualität - zum Beispiel durch Überwachung der Gebäudeperformance – immer wichtiger, um die Sanierungswirkung sicherzustellen.

Netzdienliche Gebäude

Mit einem weiter steigenden Anteil von fluktuierendem, erneuerbarem Strom aus Wind und Sonne in Deutschland nimmt der Zeitpunkt des Strombezuges aus dem öffentlichen Netz eine wichtige Rolle ein. Mal ist Strom an sonnen- und windreichen Tagen im Überfluss vorhanden, mal muss er aufwändig mit Spitzenlast-Kraftwerken erzeugt werden. Bereits im Juni 2014 wurde Deutschland für einige Stunden komplett von Wind- und Son-

Netzbasierte Referenzgrößen zur Beurteilung netzdienlicher Gebäude

Um die Anforderungen an netzdienliche Gebäude konkret definieren zu können, muss zunächst die Verfügbarkeit von Strom objektiv bemessen werden. Wichtige mögliche Referenzgrößen sind der Wert des Stroms an der Börse, der EEX-Day-Ahead-Preis (EEX), die Residuallast (RES) und der Anteil von Wind- und Sonnenstrom im deutschen Energiemix (WPV).

Der EEX-Preis ist ein Maß für den monetären Wert von Strom, während die Residuallast die elektrische Leistung beziffert, welche von konventionellen Kraftwerken erzeugt werden muss, um die Stromlast zu decken. Der Anteil von Wind und PV im Strommix kann hinzugezogen werden, um zu bestimmen, wie „grün" der verbrauchte Strom ist.

Die in Bild 1.3-4 dargestellten über ein Jahr gemittelten Tagesverläufe der zwei genannten Referenzgrößen zeigen für die heutige Situation und die Prognose für das Jahr 2033 deutliche Unterschiede auf. Aus Sicht der Residuallast ist ein Strombezug nachts zu bevorzugen, erkennbar durch geringe Residuallasten. Zu vermeiden ist ein Strombezug in den Morgen- und Abendstunden. In Bezug auf den Anteil von Wind und PV sollte der Stromverbrauch größtenteils in den Mittagsstunden stattfinden und dafür nachts vermieden werden.

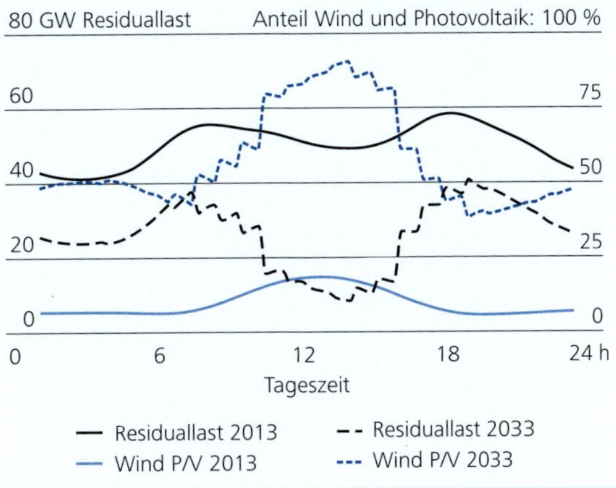

Bild 1.3-4
Aggregierte Tagesverläufe von zwei netzbasierten Referenzgrößen: Residuallast und Anteil von Wind und PV im Strommix.
(Quelle Fraunhofer ISE)

nenstrom versorgt [Ref 1.3-9]. Hochrechnungen zeigen, dass dies bei angenommenen installierten Leistungen von rund 65 GW_p PV und 90 GW_p Windkraft im Jahr 2033 an über 1.250 Stunden, d. h. für fast zwei Monate des Jahres, der Fall sein wird. [Ref 1.3-10].

Aus Sicht des Stromnetzes wird es immer wichtiger, die sogenannte Residuallast, das ist die nach Abzug der fluktuierenden Erzeuger Wind und Sonne verbleibende Last, durch regelbare Erzeuger, Verbraucher und Speicher zu decken. Das Ziel „netzdienlicher" Stromverbraucher ist es daher, einen möglichst hohen Anteil ihres Netzstrombezuges in Zeiträume mit einer besonders hohen Stromverfügbarkeit zu verlagern. Dies kann durch „netzreaktive" Betriebskonzepte erreicht werden. Hierbei wird ein externes Signal für die Regelung der Verbraucher genutzt, um die „Netzdienlichkeit" des Gebäudes zu steigern.

Gebäude verbrauchen elektrischen Strom und stehen somit in Interaktion mit Stromnetz und Kraftwerken. Dennoch werden Gebäude in der klassischen Sicht als passive Verbraucher betrachtet. Bislang übliche Optimierungsmaßnahmen und tarifliche Anreize beschränken sich darauf, den absoluten Betrag des Strombezuges zu minimieren, da dieser sich letztlich in der Stromrechnung widerspiegelt. Für Nullenergiegebäude wurden darüber hinaus Betriebs- und Speicherstrategien entwickelt, mit denen sich der lokal produzierte Strom zu einem möglichst hohen Anteil vor Ort nutzen lässt (→ Kapitel 8.9).

Ein wichtiger Aspekt für die Umsetzung der Energiewende im Gebäudebereich sind die handelnden Akteure. Der Nutzen eines netzdienlichen Betriebs liegt zunächst bei den Teilnehmern der Strombörse – Gebäude haben in der Regel zu kleine Lasten, um am Strommarkt teilnehmen zu können. Eine weitere Voraussetzung für einen flächendeckenden Einsatz netzreaktiver Konzepte sind somit ökonomische Anreize durch entsprechende, noch zu entwickelnde Geschäftsmodelle. Durch netzreaktive Betriebskonzepte können Gebäude in Zukunft zur Entlastung des Energiesystems beitragen, indem sie nicht nur als Verbraucher, sondern auch als Energiespeicher und gegebenenfalls auch als Energieerzeuger auftreten.

Referenzen, Anmerkungen

Ref 1.3-1
Palzer, A.; Henning, H..M.: A Future German Energy System with a Dominating Contribution from Renewable Energies: A Holistic Model Based on Hourly Simulation. In: Energy Technology, Vol. 2 (2014), S. 13-18. DOI: 10.1002/ente.201300083

Ref 1.3-2
Bundesministerium für Wirtschaft und Energie (BMWi), Berlin (Hrsg.): Eckpunkte Energieeffizienz. 2010 http://www.bmwi.de/BMWi/Redaktion/PDF/E/eckpunkte-energieeffizienz,property=pdf,bereich=bmwi,sprache=de,rwb=true.pdf (Aufruf 01.12.2015)

Ref 1.3-3
Rohrig, K.; Richts, C., Bofinger, S. u. a.: Energiewirtschaftliche Bedeutung der Offshore-Windenergie für die Energiewende. Kurzfassung. Fraunhofer-Institut für Windenenergie und Energiesystemtechnik (IWES), Bremerhaven (Hrsg.) [Dez. 2013]

Ref 1.3-4
Pehnt, M.; Mellwig, P.; Claus, L. u. a.: 100 % Wärme aus erneuerbaren Energien? Auf dem Weg zum Niedrigstenergiehaus im Gebäudebestand. Endbericht. Band 2: Szenarien und Perspektiven des Gebäudebestandes. Institut für Energie- und Umweltforschung Heidelberg (IFEU) GmbH, Heidelberg (Hrsg.). FKZ 0325358A. 2014

Ref 1.3-5
Henning, H.-M.; Palzer, A.: Was kostet die Energiewende? – Wege zur Transformation des deutschen Energiesystems. Fraunhofer-Institut für Solare Energiesysteme (ISE), Freiburg i. Br. (Hrsg.). Nov. 2015

Ref 1.3-6
International Energy Agency (IEA), Brussels (Belgium) (Ed.): Energy Technology Perspectives 2012. Pathways to a Clean Energy System. 2012. ISBN 978 92 64 17488 7 https://www.iea.org/publications/freepublications/publication/ETP2012_free.pdf (Aufruf 01.12.2015)

Ref 1.3-7
Bundesministerium für Wirtschaft und Energie (BMWi) (Hrsg.): Zahlen und Fakten Energiedaten. BMWi, August 2013 http://www.bmwi.de/DE/Themen/Energie/Energiedaten-und-analysen/Energiedaten/gesamtausgabe,did=476134.html (Aufruf 01.12.2015)

Ref 1.3-8
Randbedingungen für die Szenarien: Für die Biomasse wurde ein nachhaltiges Potenzial von 335 TWh angenommen, das sind etwa 10 % mehr als heute. Biomasse ist einfach speicherbar und damit besonders wertvoll für die Stromerzeugung in der Kombination mit fluktuierenden Energien. Zugleich ist Biomasse aber auch für viele andere Anwendungen wie Prozesswärme in Gewerbe und Industrie nutzbar. Für die Mobilität im Jahr 2050 wurde angenommen, dass der straßengebundene Verkehr aus einem Mix unterschiedlicher Antriebskonzepte basierend auf Elektrizität, Wasserstoff für Brennstoffzellen, gasförmigen und flüssigen Brennstoffen besteht. Der Netto-Stromverbrauch für 2050 - ohne Strom für Wärme und motorisierten Individualverkehr – wurde um 25 % reduziert mit 375 TWh angenommen. Für die Kosten der meisten Technologien wurden die Langfristkosten der IEA Energy Technology Perspectives 2012 angesetzt. [Ref 1.3-6].

Ref 1.3-9
Klein, K.; Kalz, D.; Herkel, S.: Messdaten- und simulationsgestützte Untersuchung von Lastverschiebungsstrategien für einen netzdienlichen Betrieb von Nichtwohngebäuden. In: Deutscher Kälte- und Klimatechnischer Verein (DKV) e.V., Düsseldorf (Hrsg.): Deutsche Kälte- und Klimatagung. Jahrestagung des deutschen Kälte- und Klimatechnischen Vereins. Düsseldorf, 19.-21. November 2014. ISBN 978-3-932715-50-1 http://publica.fraunhofer.de/documents/N-319981.html (Aufruf 01.12.2015)

Ref 1.3-10
Klein, K.; Kalz, D.; Herkel, S.: Netzdienlicher Betrieb von Nichtwohngebäuden: Analyse und Vergleich netzbasierter Referenzgrößen und Definition einer Bewertungskennzahl. In: Bauphysik, Jg. 36 (2014), H. 2, S. 49-58 DOI: 10.1002/bapi.201410019 (Aufruf 01.12.2015)

1.4 Internationale Trends

Andreas Wagner

Die Performance von Gebäuden sowie der Zusammenhang mit Klimawandel, Verfügbarkeit von Ressourcen und der (zukünftigen) Energieversorgung sind Themen, die auch im internationalen Kontext bedeutsam sind.

Internationale Forschungsaktivitäten

Zum einen zielen länderübergreifende Forschungsaktivitäten – z. B. im Rahmen der ‚IEA Building Related Technology Agreements' [Ref 1.4-1] oder gefördert über das EU-Rahmenprogramm für Forschung und Innovation [Ref 1.4-2] – darauf ab, Wissen und unterschiedliche Herangehensweisen zusammenzufassen und gemeinsam weiterzuentwickeln. Projekte aus den IEA-Programmen EBC (Energy in Buildings and Communities), SHC (Solar Heating and Cooling) und HPP (Heat Pump Programme), die im engen Zusammenhang mit den Inhalten dieses Buches stehen, sind z. B.

- Reliable Building Energy Performance Characterisation Based on Full Scale Dynamic Measurements [Ref 1.4-3],
- Total Energy Use in Buildings: Analysis and Evaluation Methods [Ref 1.4-4],
- Energy Flexible Buildings [Ref 1.4-5],
- Net Zero Energy Solar Buildings [Ref 1.4-6],
- Advanced Lighting Solutions for Retrofitting Buildings [Ref 1.4-7],
- Heat pump concepts for Nearly Zero-Energy Buildings [Ref 1.4-8].

Verstärkt werden in der IEA auch Themen wie ‚Bestandssanierung', ‚Energie in Quartieren und Städten' und ‚Nutzer im Gebäude' bearbeitet. Auch innerhalb der REHVA [Ref 1.4-9] und der ASHRAE [Ref 1.4-10], den beiden großen Organisationen der Heizungs-, Lüftungs- und Klimabranche in Europa und den USA, ist das Thema ‚Building (Energy) Performance' in Form von Mess- und Planungsmethoden, Benchmarks etc. präsent.

Internationale Energieeffizienzpolitik

Eine andere Ebene stellen energiepolitische Programme, Vorgaben oder Verordnungen dar, die länderbezogen oder -übergreifend formuliert sind und dann im Weiteren in Normen und Richtlinien verankert werden. Prominentes Beispiel für eine politische Vorgabe ist der deutsche Atomausausstieg und die damit verbundene Energiewende (→ Kapitel 1.3). Den Rahmen für die mittelfristige europäische Energie- und Klimapolitik bilden die in 2009 in die europäische Gesetzgebung verankerten „2020-Ziele" [Ref 1.4-11]:

- Reduktion der Treibhausgasemissionen um 20 %,
- Erhöhen des Anteils an erneuerbaren Energien um 20 % und
- Reduktion des Energieverbrauchs um 20 % gegenüber dem Basisjahr 1990.

Bis 2050 wird eine weitgehende Eliminierung der Treibhausgasemissionen angestrebt. Die EU Energy Performance of Buildings Directive (EPBD, [Ref 1.4-12]) schafft dabei den Rahmen für den Gebäudesektor. Eine Analyse der Implementierung der EPBD in den EU-Mitgliedsstaaten – auch hinsichtlich der unterschiedlichen Ausprägungen – bietet [Ref 1.4-13].

Umsetzung der Klima- und Energieziele für 2020

Auf Basis der genannten energiepolitischen Zielsetzungen haben die Mitgliedsstaaten der EU begonnen, jeweils ihre Weichenstellungen vorzunehmen und Maßnahmen auf verschiedenen Ebenen in die Wege zu leiten. Die bisher erreichten Ergebnisse in den einzelnen Ländern variieren stark und hängen von den länderspezifischen Strategien, dem Nachdruck bei der Umsetzung, aber z. T. auch von tagespolitischen und wirtschaftlichen Entwicklungen ab. Bild 1.4-1 zeigt qualitativ, wo die einzelnen Länder im Jahr 2013 hinsichtlich Treibhausgasemissionen, erneuerbare Energien und Energieeffizienz in Bezug zu den Zielsetzungen für 2020 stehen [Ref 1.4-14].

Die Treibhausgasemissionen der gesamten EU waren bereits in 2013 sehr nahe an dem Reduktionsziel (19 % unter dem Ausgangswert von 1990), so dass dieses Ziel sehr wahrscheinlich sogar übererfüllt werden kann. In [Ref 1.4-14] werden neben einem Gesamtüberblick auch länderspezifische Daten und Profile vorgestellt, die eine genaue Analyse der Situation in den einzelnen Ländern ermöglichen. In allen Mitgliedsstaaten sind weitere deutliche Anstrengungen zur nachhaltigen Implementierung ökonomischer und (gesellschafts)politischer Maßnahmen für das Erreichen der Ziele notwendig, insbesondere für die Teilziele bei „erneuerbare Energien" und „Energieeffizienz".

Ambitionierte Energiepolitik in Dänemark

Am Beispiel Dänemark soll gezeigt werden, wie durch eine klare und durchgängige Energiepolitik – hierzu gehören technologische Innovationen ebenso wie stabile politische und anreizgebende regulatorische Rahmenbedingungen – und mit gesellschaftlichem Konsens die Abhängigkeit von fossilen Energieträgern deutlich reduziert werden kann.

Im dänischen Modell zur Umsetzung der Klima- und Energieziele für 2020 dominieren zwei Technologien, die wesentlichen Einfluss auf das gesamte Energiesystem haben: Durch den gezielten Ausbau der Windenergie – Dänemark hat mit 46 % Anteil der Windkraft an der inländischen Stromproduktion den höchsten, nicht wasserkraftbasierten Anteil an erneuerbaren Energien in der Welt – konnten in 2014 fast 40 % des gesamten Stromverbrauchs gedeckt werden. Für 2020 werden 50 % anvisiert [Ref 4.1-15]. Darüber hinaus erfolgt die Wärmeversorgung von Haushalten in Dänemark zu mehr als 60 % über Nah- und Fernwärme. Mehr als 70 % dieser Wärme wird über Kraft-Wärme-Kopplung erzeugt, in 2013 betrug dabei der Anteil an regenerativ erzeugter Wärme fast 45 %, vgl. Bild 1.4-2.

Die Kraft-Wärme-Kopplung – insbesondere in Form kleiner dezentraler Blockheizkraftwerke (BHKW) – stellt ein zweites wichtiges Standbein für die Stromversorgung dar und ist – zusammen mit thermischen Speichern – auch ein wesentlicher Baustein für das Management der Gesamtstromversorgung. Hinzu kommt die Einbindung in das nordische Stromnetz, das über die Synergie von Wasser- und Windkraft sowie thermischen Kraftwerken die fluktuierende Energieerzeugung aus erneuerbaren Energien durch Ver- und Ankauf auszugleichen hilft [Ref 1.4-15].

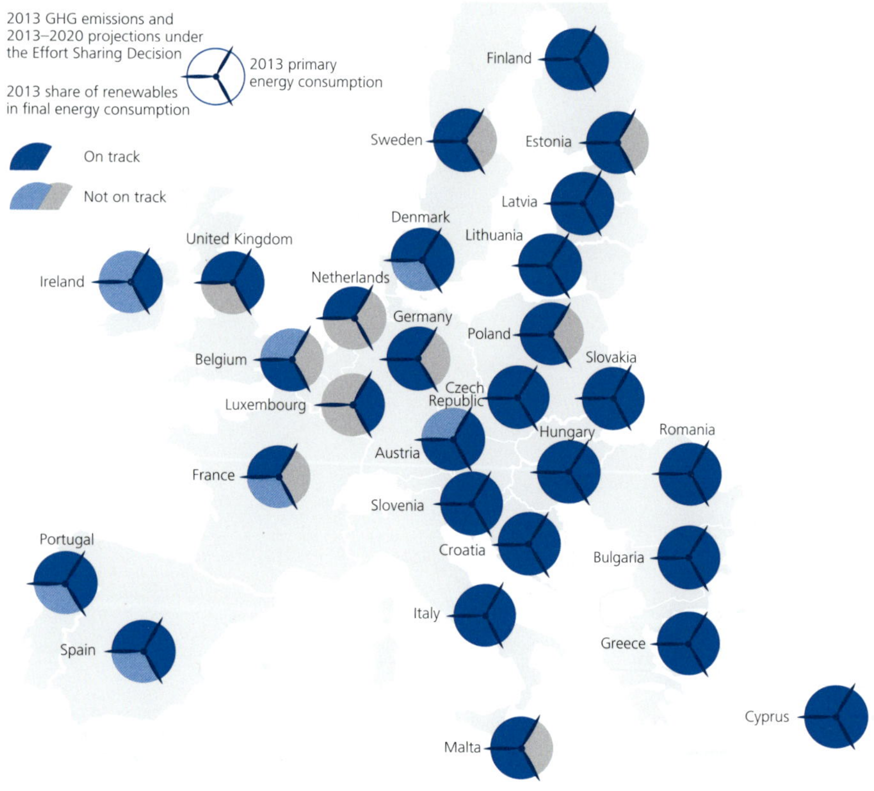

Bild 1.4-1
Fortschritt der EU-Mitgliedsstaaten bei der Umsetzung der 2020-Klima- und Energieziele, Stand 2013. (Quelle: European Environment Agency [Ref 1.4-14])

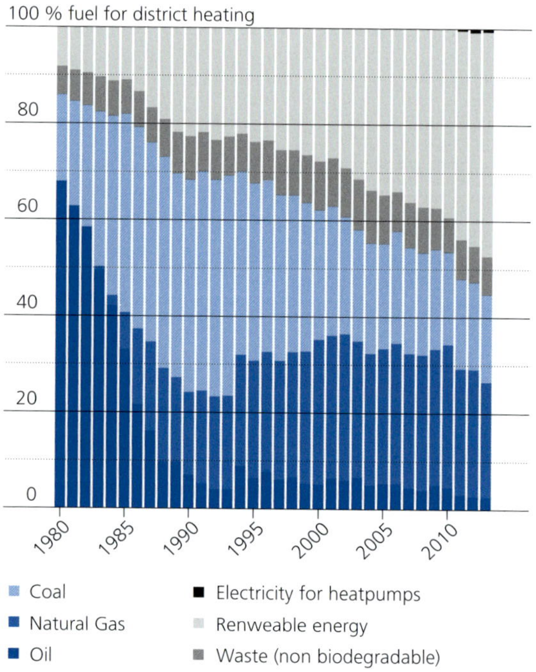

Bild 1.4-2
Anteile verschiedener Energieträger an der Fernwärmeversorgung in Dänemark.
(Quelle: Danish Energy Agency (2014) [Ref 1.4-15])

Als ein weiterer konsequenter Schritt in Richtung einer kompletten Deckung des dänischen Strom- und Wärmebedarfs über erneuerbare Energien ab 2035 wurde Anfang 2013 die Installation von Öl- und Gaskesseln in Neubauten verboten (Ausnahme: Biogaskessel). Ab 2016 gilt dies auch für Ölkessel in Bestandsgebäuden, wenn ein Fernwärme- oder Gasanschluss möglich ist [Ref 1.4-16]. Neben der Fernwärme werden zukünftig Biomasse, Solarthermie sowie Wärmepumpen eine größere Rolle für die Wärmeversorgung spielen. Bis 2050 soll der Übergang zu einer Gesellschaft gänzlich ohne fossile Energieträger vollzogen sein.

2000 W Gesellschaft Schweiz

Ein Ansatz mit ganz anderem Ausgangspunkt stammt aus der Schweiz, der zunächst die einzelne Person in den Mittelpunkt stellt und ihr nur so viele Ressourcen zubilligt, dass diese nachhaltig genutzt und global gerechter verteilt werden können. Weiterhin wird der Pro-Kopf-Ausstoß an Treibhausgasemissionen gemäß den globalen Klimaschutzorgaben des Intergovernmental Panel on Climate Change (IPCC [Ref 1.4-17]) limitiert.

Für die Schweiz bedeutet dies eine Absenkung des Energieverbrauchs (ausgedrückt als personenbezogene durchschnittliche Dauerleistung auf Basis Primärenergie gesamt) von 6.300 W im Basisjahr 2005 auf 2.000 W in 2100.

Die 2.000 W entsprechen dem globalen Durchschnitts-Energieverbrauch pro Person im Jahr 2005 (siehe Bild 1.4-3). Es geht also nicht primär um eine Senkung des globalen Energieverbrauchs, sondern zunächst um eine gerechtere Verteilung. Die Treibhausgas-Emissionen müssen bis 2100 auf 1 Tonne CO_2-eq pro Person und Jahr beschränkt werden, um den globalen Temperaturanstieg auf 2 Kelvin zu begrenzen (Tab. 1.4-1). Entsprechende Reduktionsfaktoren für Zwischenabschnitte werden daraus interpoliert [Ref 1.4-18].

Die Reduktionsfaktoren werden auf unterschiedliche Bilanzierungsräume – Gebäude, Areale, Städte, Gemeinden, Regionen, Kantone und das gesamte Land – angewendet, wobei bei der Bilanzierung Energieaufwendungen und Emissionen, die mit Warenströmen und Dienstleistungen über die Systemgrenzen verbunden sind, besonders berücksichtigt werden müssen. Basis für die Energiebilanzierung ist immer der Endenergieverbrauch innerhalb der jeweiligen Grenzen, aus dem dann der Primärenergiebedarf und die Treibhausgasemissionen mit vereinbarten Faktoren berechnet werden. Bild 1.4-4 zeigt die anzuwendende Systematik.

Obwohl das Modell (noch) nicht Bestandteil der Schweizer Energiepolitik ist, gibt es eine rege Beteiligung auf verschiedenen Ebenen. So haben zahlreiche Kantone ihre Energiepolitik darauf ausgerichtet. Auf kommunaler Ebene hat z.B. die Stadt Zürich in einer Volksabstimmung im Jahr 2008 eine Änderung der Gemeindeordnung beschlossen, um zur 2000-Watt-Gesellschaft zu werden [Ref 1.4-19]. Ein Kriterienkatalog „Energiestadt auf dem Weg in die 2000-Watt-Gesellschaft" konkretisiert die Ziele, bricht sie auf einfach verständliche Anforderungen

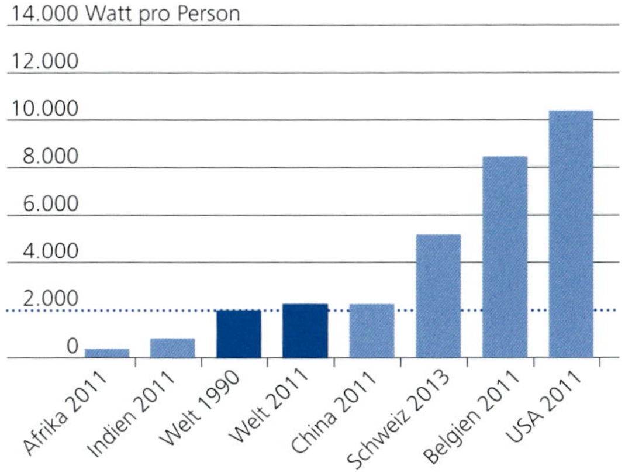

Bild 1.4-3
Primärenergiebedarf weltweit, umgerechnet in eine personenbezogene durchschnittliche Dauerleistung für das Jahr 2005. (Quelle: www.2000watt.ch [Ref 1.4-18])

Jahr	2005	2012	2050	2100
Durchschnittliche Leistung der gesamten Primärenergie pro Person in Watt	6.300	5.900	3.500	2.000
informativ: Durchschnittliche Leistung der Primärenergie nicht erneuerbar pro Person in Watt	5.800	5.300	2.000	500
Treibhausgasemissionen in Tonnen pro Person und Jahr	8,6	7,7	2,0	1,0

Tabelle 1.4-1
Ist- und Zielwerte des Schweizer Modells der 2000 W Gesellschaft. (Quelle: www.2000watt.ch [Ref 1.4-18])

herunter und zeigt die Beurteilung auf. Neben Zürich erfüllen Lumino, Basel und Buchs diese Kriterien und sind Pilotstädte. Allerdings ist man selbst bei den besten Gemeinden in der Schweiz mit durchschnittlich 4.000 W Dauerleistung pro Einwohner vom proklamierten Ziel noch weit entfernt [Ref 1.4-18]. In Deutschland hat Radolfszell im Jahr 2010 den Beschluss gefasst; mittlerweile sind es 10 Kommunen im Bodenseeraum, die dieses Ziel ebenfalls erreichen wollen [Ref 1.4-19].

Für Gebäude ist der SIA Effizienzpfad Energie anzuwenden [Ref 1.4-20]. Er berücksichtigt neben dem Energieverbrauch für den Betrieb auch die graue Energie für die Erstellung und die Mobilität. Der SIA-Effizienzpfad Energie wurde bereits erfolgreich bei Neubauten und Umbauten angewendet. Bei Arealen kommt das sogenannte Energiestadt-Label als zweite Anforderung dazu. Auch hier gibt es eine Reihe von Projekten, die als 2000-Watt-Areal ausgezeichnet wurden, siehe z. B. Bild 1.4-5 [Ref 1.4-18].

Im Unterschied zu den Ansätzen der meisten anderen Länder stellt das Schweizer Modell der 2000-Watt-Gesellschaft in punkto Energieverbrauch ein Gerechtigkeitsmodell in den Mittelpunkt. Als partizipatorischer Bottom-Up-Ansatz hat es die Chance, verschiedene Akteure auf den verschiedenen Ebenen anzusprechen und damit eine breite Akzeptanz zu erhalten.

Bild 1.4-4
Bilanzierungsrahmen der 2000 W Gesellschaft (Quelle: www.2000watt.ch [Ref 1.4-18])

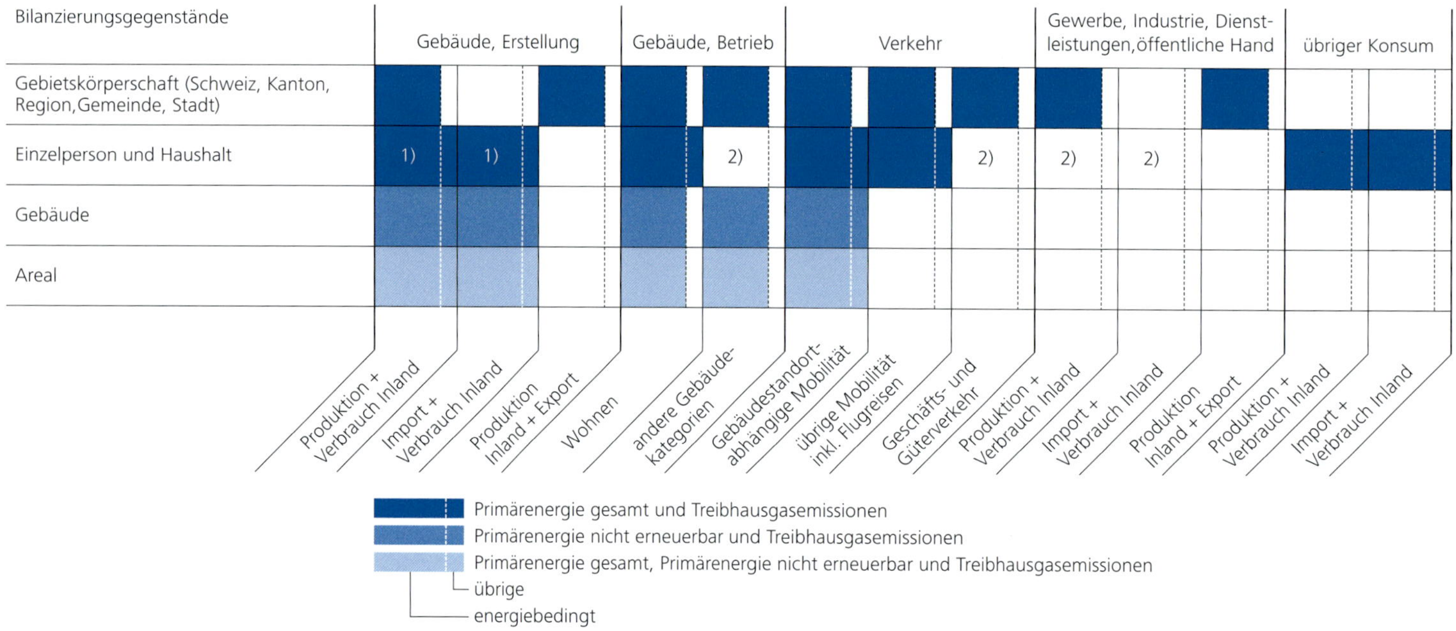

1): nur Wohnbauten, übrige Bauten indirekt über „übriger Konsum" berücksichtigt
2): indirekt über „übriger Konsum" berücksichtigt

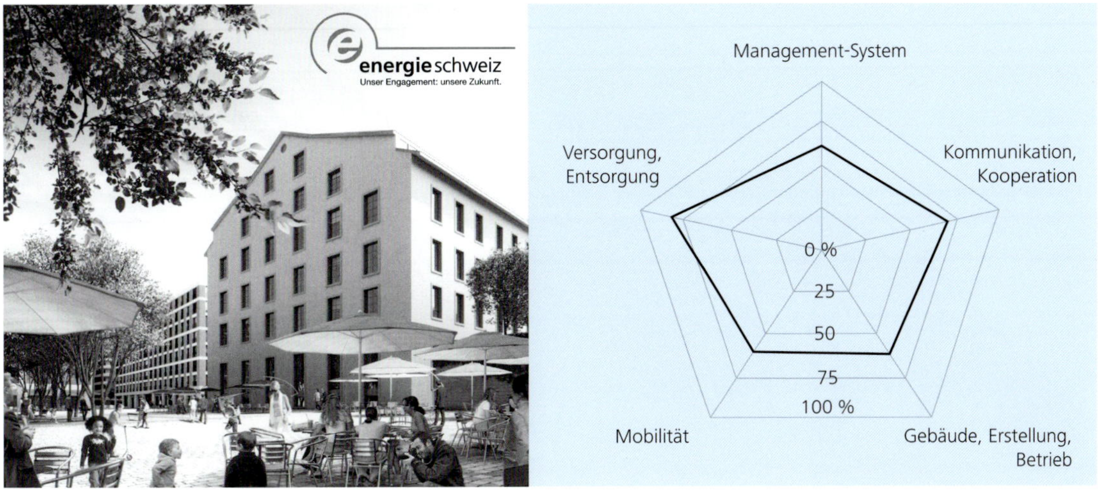

Bild 1.4-5
Resultate 2000 Watt-Kriterienkatalog, Pilotvorhaben Greencity-Areal in Zürich (Quelle: www.2000watt.ch [Ref 1.4-18]

Referenzen, Anmerkungen

Ref 1.4-1
International Energy Agency's Energy in Buildings and Communities Programme
http://www.iea-ebc.org/strategy/brias/
(Aufruf 10.11.2015)

Ref 1.4-2
Deutsches Horizon2020 Portal
http://www.horizon2020.de/
(Aufruf 10.11.2015)

Ref 1.4-3
EBC Annex 58 Reliable Building Energy Performance Characterisation Based on Full Scale Dynamic Measurements
http://www.iea-ebc.org/projects/ongoing-projects/ebc-annex-58/
(Aufruf 10.11.2015)

Ref 1.4-4
EBC Annex 53 Total Energy Use in Buildings: Analysis & Evaluation Methods
http://www.iea-ebc.org/index.php?id=141
(Aufruf 10.11.2015)

Ref 1.4-5
EBC Annex 67 Energy Flexible Buildings
http://www.iea-ebc.org/projects/ongoing-projects/ebc-annex-67/
(Aufruf 10.11.2015)

Ref 1.4-6
Net Zero Energy Solar Buildings
http://task40.iea-shc.org/
(Aufruf 10.11.2015)

Ref 1.4-7
Advanced Lighting Solutions for Retrofitting Buildings
http://task50.iea-shc.org/
(Aufruf 10.11.2015)

Ref 1.4-8
Heat pump concepts for Nearly Zero Energy Buildings. IEA HPP Annex 40
http://www.annex40.net/
(Aufruf 10.11.2015)

Ref 1.4-9
Federation of European Heating, Ventilation and Air Conditioning Associations (REHVA),
http://www.rehva.eu/about-us/?L=0%27
(Aufruf 10.11.2015)

Ref 1.4-10
American Society of Heating and Air-Conditioning Engineers (ASHAE)
https://www.ashrae.org/
(Aufruf 10.11.2015)

Ref 1.4-11
European Commission, Brussels (Belgium) (Ed.):
2020 climate & energy package
http://ec.europa.eu/clima/policies/strategies/2020/documentation_en.htm
(Aufruf 10.11.2015)

Ref 1.4-12
Directive 2010/31/EU of the European Parliament and of the Council 19 May 2010 on the energy performance of buildings (recast). In: Office Journal of the European Union. L 153/13 v. 18.6.2010
http://eur-lex.europa.eu/LexUriServ/LexUriServ.do?uri=OJ:L:2010:153:0013:0035:EN:PDF
(Aufruf 10.11.2015)

Ref 1.4-13
Economidou, M.: Energy performance requirements for buildings in Europe. In: REHVA Journal, Vol. 49 (2012), Issue 2 (March), p. 16-21
http://www.rehva.eu/fileadmin/hvac-dictio/03-2012/energy-performance-requirements-for-buildings-in-europe.pdf
(Aufruf 10.11.2015)

Ref 1.4-14
European Environment Agency, Copenhagen (Denmark) (Ed.): Trends and projections in Europe 2014. Tracking progress towards Europe's climate and energy targets for 2020. 2014. ISBN 978-92-9213-491-4, doi:10.2800/2286
http://www.eea.europa.eu/publications/trends-and-projections-in-europe-2014
(Aufruf 10.11.2015)

Ref 1.4-15
Danish Energy Agency, Copenhagen (Denmark) (Ed.): The Danish Energy Model – Innovative, Efficient and Sustainable. 2014. http://www.ens.dk/sites/ens.dk/files/energistyrelsen/Publikationer/dk_model_revideret.pdf
(Aufruf 03.12.2015)

Ref 1.4-16
Danish Ministry of Climate, Energy and Building, Copenhagen (Denmark) (Ed.): DK Energy Agreement, March 22 2012.
http://www.energie-experten.org/uploads/media/DK_Energy_Agreement_March_22_2012.pdf
(Aufruf 10.11.2015)

Ref 1.4-17
IPPC – Intergovernmental Panel on climate change
www.ipcc.ch/
(Aufruf 10.11.2015)

Ref 1.4-18
Fachstelle 2000-Watt-Gesellschaft c/o Amstein+Walthert AG, Zürich (Schweiz) (Hrsg.):
2000-Watt-Gesellschaft: eine Einführung. Arbeitsinstrument für Präsentationen zur 2000-Watt-Gesellschaft. Version 8 – 29.09.2014
http://www.2000watt.ch/die-2000-watt-gesellschaft/
(Aufruf 10.11.2015)

Ref 1.4-19
2000-Watt-Gesellschaft
https://de.wikipedia.org/wiki/2000-Watt-Gesellschaft
(Aufruf 10.11.2015)

Ref 1.4-20
Schweizerischer Ingenieur- und Architektenverein (SIA), Zürich (Schweiz) (Hrsg.): SIA-Effizienzpfad Energie. Und: SIA-Effizienzpfad Energie - Ergänzungen und Fallbeispiele zum Merkblatt SIA 2040. 2011
http://www.sia.ch/de/themen/energie/effizienzpfad-energie/
(Aufruf 10.11.2015)

2 Die Performance von Gebäuden erfassen und beurteilen

Karsten Voss

Für den englischen Begriff „Performance" und seine Anwendung auf Gebäude fehlt eine deutsche Entsprechung. „Leistungsfähigkeit" wäre eine naheliegende Übersetzung, trifft aber bei genauer Betrachtung nicht umfänglich zu. Ein Blick an die Börse zeigt die Interpretation von Performance im Sinne von „Wertentwicklung". In dieser Weise wäre die immobilienwirtschaftliche Performance eines Gebäudeportfolios zu verstehen. In der Welt der Informationstechnik beschreibt die Performance die Schnelligkeit der Bearbeitung von definierten Aufgaben durch eine zu testende Hardware. In Analogie dazu ließen sich Aufzüge in Gebäuden bewerten, aber nicht ganze Gebäude. Daher wird mit Kapitel 2.1 zunächst der Performancebegriff auf den verschiedenen Betrachtungsebenen eines Gebäudes beschrieben.

Mit Kapitel 2.2 wird dargestellt, warum und wie eine Performancebetrachtung den Blick auf die Nutzungsphase richtet. Aufgrund der Langlebigkeit von Gebäuden und einer wachsenden gesellschaftlichen Veränderungsdynamik sind Annahmen für die Nutzung mit großen Unsicherheiten behaftet. Daher ist es entscheidend, dass ein neu geplantes oder saniertes Gebäude solchen Unsicherheiten gerecht wird. Bekannte Stichworte dafür sind „Flexibilität" oder „Robustheit". Im Kontext von Nachhaltigkeit spielen solche Eigenschaften eine große Rolle, um einem frühzeitigen Abriss oder unverhältnismäßige Umbaumaßnahmen weit vor dem Ende der prognostizierten Lebensdauer zu vermeiden.

In verschiedenen Phasen setzten sich unterschiedliche Akteure mit der Performance eines Gebäudes auseinander. Wie Kapitel 2.3 verdeutlicht, ist die Verfügbarkeit zielgruppengerechter Indikatoren und Vergleichswerte (Benchmarks) entscheidend. Bauherren oder Investoren definieren, welche Performance jenseits von gesetzlichen und normativen Anforderungen erwartet wird. Planer sind dafür verantwortlich, dass ein Gebäude die vereinbarte Performance erreicht (performance based design) und langfristig einhalten kann (designed for manageability). Entsprechen Nutzung und Nutzerverhalten sowie die klimatischen Verhältnisse den Annahmen während der Planung, wird die Performance eine geschuldete Leistung (performance as predicted). Planerverträge können erfolgsabhängige Komponenten für den Erfüllungsgrad von Performanceerwartungen enthalten.

Eine dezidierte Nachhaltigkeitsbewertung von Gebäuden hat in Deutschland noch keine lange Tradition. Wie Kapitel 2.4 aufzeigt hat sie erst durch den „Runden Tisch Nachhaltiges Bauen" 2001 auf Bundesebene Fuß gefasst, woraus umfangreiche Leitfäden und ein Bewertungssystem für Bundesbauten entstanden. Die Deutsche Gesellschaft für Nachhaltiges Bauen setzt seit 2007 die Arbeiten außerhalb der Bundesbauten mit einem eigenen Ansatz fort. Zu den methodischen Grundlagen der Nachhaltigkeitsbewertung liegen mittlerweile internationale, europäische und nationale Normen vor.

Unternehmen der Immobilienwirtschaft erkennen zunehmend den Bedarf für eine Nachhaltigkeitsanalyse ihrer Gebäudebestände als Teil einer Portfolioanalyse. In Kapitel 2.5 wird aufgezeigt, wie Indikatoren, Benchmarks und Berichtsformate von Einzelbauten für ein Portfolio fortgeschrieben werden.

2.1 Performance von Gebäuden – Einordnung und Interpretation

Thomas Lützkendorf
Karsten Voss

„Performance" ist ein aus dem Angelsächsischen stammender Begriff, der in der Industrie und Finanzwirtschaft häufig gebraucht wird, oft im Zusammenhang mit „Key Performance Indicators" (KPI's) als Instrument für das innerbetriebliche Controlling. Mit diesen Indikatoren werden Kennwerte erfasst und interpretiert, die unternehmerische Leistungen und Erfolge beschreiben. Dieses Vorgehen kann auf praktisch alle Prozesse angewendet werden mit dem Ziel, frühzeitig Abweichungen von Zielvorgaben zu erkennen und darauf reagieren zu können.

Zunehmend wird auch in der Bau- und Immobilienwirtschaft der Performanceansatz genutzt, zumeist in einem spezifischen Kontext. Und auch die Unternehmen dieser Branchen werden über Schlüsselkennwerte und Erfolgsfaktoren geführt.

Performancebasierte Unternehmensführung

Unternehmerische Aktivitäten in der Immobilienwirtschaft werden den einzelnen Verantwortungs- und Handlungsebenen

- Unternehmen (Investmentebene)
- Gebäudebestand (Portfolioebene)
- Einzelgebäude (Objektebene)

zugeordnet (Bild. 2.1-1).

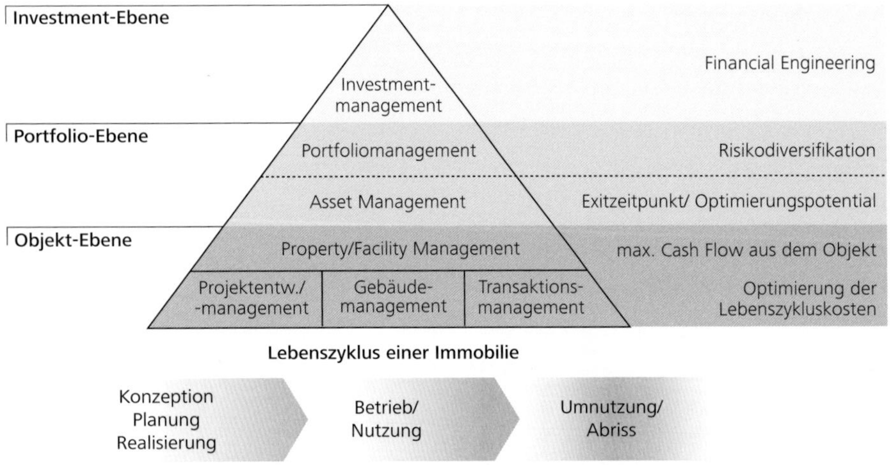

Bild 2.1-1
Handlungsebenen und Aufgaben eines immobilienwirtschaftlichen Managements (in Anlehnung an gif – Gesellschaft für immobilienwirtschaftliche Forschung e.V. [Ref. 2.1-1])

Für die Unternehmens-, Portfolio- und Objektebene werden Zielvorgaben in Form von Kennwerten formuliert. Die Erfolgsmessung erfolgt anschließend auf Basis von Performancekennwerten. Die einzelnen Handlungsebenen sind über Zielvorgaben „von oben nach unten" einerseits und die Erfolgsmessung und Berichterstattung „von unten nach oben" andererseits miteinander verbunden (Bild 2.1-1).

Die Immobilienwirtschaft verwendet den Performanceansatz auf Unternehmensebene und auch auf der Portfolioebene zur Verwaltung ihrer Immobilien. Hierbei wird beispielsweise der finanzielle Erfolg (Wertzuwachs, Rendite) gemessen. Angaben zu Einzelbauwerken für die Performance in der Nutzungsphase bilden die Grundlage für ein aktives Portfoliomanagement [Ref 2.1-2]. Eine Sonderform ist das energetische Portfoliomanagement [Ref 2.1-3] (→ Kapitel 2.3), das die energetische Qualität vorhandener Gebäude berücksichtigt und Handlungsstrategien für Einzelobjekte ableitet.

Die Erfassung und Beurteilung einer Performance ist ein in der Immobilienwirtschaft hilfreicher und üblicher Ansatz, jedoch sind die Verwendung von Begriff und Ansatz durchaus vielschichtig.

Entwicklung des Performance-Ansatzes

Der Performance-Ansatz kann für unterschiedliche Aufgaben genutzt werden. Er unterstützt Entscheidungen und das Controlling auf Unternehmensebene ebenso wie eine Beurteilung von Gütern und Dienstleistungen. Zu diesen kann festgestellt werden, ob und inwieweit erwartete Leistungen erbracht, geplante Funktionen erfüllt oder eine notwendige Gebrauchstauglichkeit erreicht werden. Häufig wird geprüft bzw. festgestellt, ob und inwieweit vorausgesetzte oder vereinbarte Merkmale und Eigenschaften erreicht werden (Konformität). Der Performanceansatz wurde in Bezug auf Güter zunächst aus der Perspektive von Nutzern oder Konsumenten entwickelt. Deren Interesse konzentrierte sich darauf, den unmittelbaren Nutzen eines Produkts oder einer Dienstleistung zu bewerten bzw. die Einhaltung von Nutzeranforderungen zu überprüfen. Dies kann als eine Bewertung der funktionalen und technischen Qualität interpretiert werden. Allmählich wurde der Performancebegriff jedoch erweitert und umfasst heute auch ökonomische, ökologische oder soziale Aspekte.

Ursprünglich wurde zwischen einer Beurteilung der Performance rein aus Nutzersicht und einer sich auf die Dimensionen Wirtschaft, Gesellschaft und Umwelt konzentrierenden Nachhaltigkeitsbewertung unterschieden. Inzwischen wurden beide Aufgaben zusammengeführt und bilden heute den Ansatz der Beschreibung und Bewertung einer „overall performance / total quality" im Sinne einer Gesamtqualität.

In Deutschland wird eine deutliche Nähe zwischen dem Performance- und dem Qualitätsbegriff gesehen. Dies trifft insbesondere für den erweiterten Ansatz zu. Nach der inzwischen nicht mehr gültigen DIN EN ISO 8402 [Ref 2.1-4] wurde unter Qualität „die Gesamtheit von Merkmalen einer Einheit bezüglich ihrer Eignung, festgelegte und vorausgesetzte Erfordernisse zu erfüllen" verstanden. Die aktuelle Norm DIN EN ISO 9000 [Ref 2.1-5] definiert Qualität als den „Grad, in dem ein Satz inhärenter Merkmale (eines Produkts) Anforderungen erfüllt". Danach ist es erforderlich, den vorausgesetzten und vereinbarten Merkmalen und Eigenschaften jeweils die tatsächlich und dauerhaft Erreichten vergleichend gegenüber zu stellen und den Grad der Zielerreichung zu beurteilen.

Unterschieden werden kann der Zeitpunkt der Auseinandersetzung mit Fragen zur Performance. Möglich sind sowohl eine Orientierung an den Nutzeranforderungen als Ausgangspunkt für Entwurf und Planung (performance based design) als auch die Überprüfung der Performance in der Nutzung (performance analysis). Für Industrieanlagen und Immobilien existiert im angelsächsischen Raum das Konzept einer planungs-, realisierungs- und betriebsbegleitenden Qualitätssicherung und Leistungsmessung (commissioning). Bereits in der Planung kann eine vereinbarte Performance vertraglich gebunden werden (performance contracting).

Der Performance-Begriff im Baubereich

Bei Industrieprodukten wird die Performance im Vorfeld einer Markteinführung durch Prototypen oder Feldtests entwicklungsbegleitend evaluiert und optimiert. Dies ist teilweise auch bei Bauprodukten und haustechnischen Systemen für ausgewählte Parameter der Fall. Der eigentliche Praxistest ist für Bauprodukte und haustechnische Systeme jedoch nur unter realen Nutzungsbedingungen im eingebauten Zustand möglich. Es bedarf daher einer speziellen Herangehensweise, um die gewünschte Performance zu erreichen. Ansätze sind einerseits die Förderung von Demonstrationsbauvorhaben einschließlich der Veröffentlichung verallgemeinerungsfähiger Erfahrungen. Diesen Weg beschreitet das BMWi mit seiner Forschungsinitiative EnOB. Andererseits notwendig ist die systematische Inbetriebnahme und Einregulierung sowie die Überprüfung der Performance in der Nutzungsphase.

Es ist jedoch erforderlich, auch außerhalb geförderter Projekte die Planungs-und Betreiberkompetenz weiter zu entwickeln. Noch zu wenig erfolgt eine Rückübertragung von Erfahrungen aus der Nutzungsphase in die Planung nachfolgender Bauvorhaben. Gerade die Messung und Beurteilung der Performance von Gebäuden in deren Nutzungsphase lässt einen Erfahrungsschatz entstehen, der die Planung und die Auswahl geeigneter Varianten bei Hülle und Gebäudetechnik unterstützt.

In der Bau- und Immobilienwirtschaft wird der Performanceansatz im Kontext von Gebäudebeständen und Einzelbauwerken bzw. deren Teile und Komponenten verwendet für ein Portfolio bzw. Teilbestände von Gebäuden

- komplette Gebäude (z. B. building performance)
- Einzelaspekte (z. B. indoor climate performance)
- Gebäude-/Bauwerksteile (z. B. building envelope performance)
- Bauteile und haustechnische Systeme (z. B. coefficient of performance).

Der Performance-Ansatz umfasst insbesondere bei einer Anwendung für Gebäude deren

- unmittelbare Funktionalität (functional performance / serviceability)
- ökonomische Vorteilhaftigkeit (economic performance)

- Umweltqualität (environmental performance)
- soziale und kulturellen Werte (social performance) sowie
- technische Merkmale und Eigenschaften (technical performance).

Bild 2.1-2 bietet zusammenfassend einen Überblick zu den Betrachtungsgegenständen / Handlungsebenen und Teilaspekten der Nutzung des Performance-Ansatzes im Baubereich. Diese Abbildung liefert gleichzeitig die Grundlage für die Einordnung der Kapitel 2 bis 5 (Gebäudeebene) und Kapitel 6 bis 8 (Bauteil- und Systemebene) in den Gesamtkontext des Buches.

Für Betrachtungen auf der Portfolioebene wird auf Kapitel 2.5 verwiesen, so dass es nachfolgend vorrangig um die Erfassung und Beurteilung der Performance von Gebäuden sowie ihrer Teile und Komponenten geht.

Performance von Gebäuden

Der Performanceansatz bei Gebäuden unterstützt in der Planung den Dialog und die Zielfindungsdiskussion zwischen Auftraggeber / Bauherr und Planer sowie Auftragnehmer. Der Bauherr formuliert im Rahmen seiner Möglichkeiten und Kenntnisse Anforderungen an das künftige Gebäude, die sich aus der geplanten Nutzung ergeben. U. a. geht es einerseits um Wünsche nach hoher Nutzerzufriedenheit ohne diese genauer spezifizieren zu können. Andererseits legen Bauherren und Investoren bereits in frühen Phasen der Planung detaillierte Anforderungen in Form von Raumbüchern vor, in deren Ausgestaltung frühere Betriebserfahrungen einflossen. Bei der zusammenfassenden Darstellung der Nutzeranforderungen handelt es sich häufig um ein Zielsystem mit möglichen Zielkonflikten. Typisch sind u. a. Probleme bei der gleichzeitigen Berücksichtigung eines angestrebten energetischen Standards, eines vorgegebenen Komfortniveaus, eines definierten Kostenrahmens und vom Bauherrn bereits entwickelten Vorstellungen zur gestalterischen und/oder baulichen Lösung. Derartige Zielkonflikte sind zu identifizieren und zu lösen. Hilfreich sind Planungs- und Bewertungssysteme, mit denen Zusammenhänge und Wechselwirkungen zwischen Teilzielen sichtbar gemacht werden können. Dies leisten u. a. komplexe Nachhaltigkeitsbewertungssysteme im planungsbegleitenden Einsatz (→ Kapitel 2.4).

Heutige Nutzeranforderungen gehen deutlich über funktionale und technische Themen hinaus und beziehen Anforderungen an

- die ökonomische Qualität (design to cost; design to life cycle cost),
- die ökologische Qualität (design for environment) und
- die soziale Qualität

mit ein. Es wird beispielsweise empfohlen, bereits in frühen Phasen der Planung Anforderungen an die energetische Qualität (Festlegung eines energetischen Standards), an das Behaglichkeitsniveau bzw. an die Nutzerzufriedenheit oder die Höhe der Nutzungs- bzw. Lebenszykluskosten zu formulieren. Möglich ist auch die Vorgabe eines zu erreichenden Nachhaltigkeitsniveaus auf der Basis eines ausgewählten Zertifizierungssystems. Für Bauten der Öffentlichen Hand auf Bundesebene wird z. B. beim Neubau von Bürogebäuden ein zu erreichendes Nachhaltigkeitsniveau vorgegeben, dessen Einhaltung unter Verwendung des Bewertungssystems Nachhaltiges Bauen (BNB) (→ Kapitel 2.4) nachzuweisen ist [Ref. 2.1-6]. Eine planungs- und ausführungsbegleitende Bewertung der Nachhaltigkeit ist eine Möglichkeit, die Qualitätssicherung zu unterstützen und die geplante Performance nach den Vorgaben des Bauherrn (und der Gesellschaft) in der Nutzung zu erreichen (Bild 2.1-4). Einen Überblick zum Ansatz des performance based building liefern [Ref. 2.1-7] und [Ref. 2.1-8].

Bild 2.1-2
Betrachtungsebenen und Teilaspekte des Performanceansatzes im Baubereich (Quelle: KIT)

Betrachtungsebene	Teilaspekt: funktional	technisch	energetisch/ökologisch	ökonomisch	sozial
Portfolio	■■	■■■	■■	■	■■■
Gebäude	■	■■■	■■	■■	■
Bauwerksteile	■	■	■	■■	■■■
Raum	■■	■■■	■■■	■■■	■
Bauteil-/System	■	■	■■	■■	■■■
Einzelkomponenten	■■■	■	■■	■■	■■■

Performance von Gebäuden messen und beurteilen

Eigentümer von Gebäuden interessiert heute überwiegend die Performance der Gebäude in der Nutzungsphase. Vermiet- und Vermarktbarkeit, Gebrauchstauglichkeit und Flexibilität, Betriebsverhalten und -kosten, Energieverbrauch und Nutzerzufriedenheit oder auch Reinigungs-, Wartungs- und Anpassungsfreundlichkeit sind ihnen wichtiger als die Beschreibung der technischen bzw. baulich-konstruktiven Lösung im Detail. Einsetzbar sind Instrumente wie

- Controlling der Betriebskosten
- Monitoring des Energieverbrauchs
- Analyse der Mieter- oder Nutzerzufriedenheit.

In der Breite des Marktes besteht beim Monitoring des Energieverbrauchs und insbesondere bei der Analyse der Nutzerzufriedenheit noch ein erheblicher Nachholbedarf. Über den Wunsch oder die Notwendigkeit einer Erstellung von Nachhaltigkeitsberichten, mit verpflichtenden Angaben zur Betriebsökologie, entsteht jedoch inzwischen ein Handlungsdruck, derartige Daten zu erheben und sogar zu veröffentlichen (→ Kapitel 2.4). Es gibt daher durchaus einen Bedarf an geeigneten Kennwerten aus der Praxis (→ Kapitel 3).

Um die Leistungsfähigkeit oder Qualität kompletter Gebäude beurteilen zu können, bedarf es geeigneter Vorgehensweisen und Bewertungsmaßstäbe (Bild 2.1-3).

Soll-Ist-Vergleiche

Im Zuge der Gebäudeplanung werden durch den Bauherrn oder das Planungsteam Anforderungen definiert und dabei teils quantifizierbare Erwartungen formuliert. Dazu gehören auch Kostenschätzungen und Berechnungen zum Energiebedarf, je nach Planungsphase und Konkretisierungsstand mit angemessenen Unsicherheiten. Die Feststellung der tatsächlichen Nutzungskosten und des Energieverbrauchs liefert die Grundlage für einen Soll-/Ist-Vergleich und damit für eine Beurteilung der Performance im weiteren Sinne. Die dafür benötigten Soll-Werte resultieren aus modellbasierten Ansätzen. Wichtig ist zu prüfen, ob die in der Planung berücksichtigten Annahmen und Systemgrenzen mit den in der Nutzungsphase tatsächlich auftretenden Gegebenheiten übereinstimmen. Es kann notwendig werden, zu Beginn der Nutzungsphase oder in ihrem Verlauf Soll-Werte nachzujustieren und fortzuschreiben – hier im Sinne einer Anpassung des Modells an die sich ändernden Gegebenheiten. So wurden bei einigen wissenschaftlich begleiteten Bauvorhaben die Zielwerte für den Energieaufwand im Betrieb scheinbar nicht erreicht. Eine Überprüfung der tatsächlichen Nutzung ergab eine deutlich höhere Mitarbeiterzahl und eine deutlich längere Arbeitszeit als zunächst angenommen. Daraufhin mussten die Soll-Werte angepasst werden. Ein Beispiel für ein solches Vorgehen liefert der Neubau des Umweltbundesamtes in Dessau (Bild 2.1-5).

Bild 2.1-3
Verschiedene Möglichkeiten, bei Gebäuden die Performance zu messen (Quelle: KIT)

Bild 2.1-4
Der Neubau „Haus 2019" des Umweltbundesamtes in Berlin erreichte als „Effizienzhaus Plus" in Holzbauweise den BNB-Standard in Gold (Quelle: UBA)

Für die Beurteilung des Energieverbrauchs von Gebäuden in der Nutzungsphase ist zu beachten, dass die in die Energiebedarfsberechnung einbezogenen Größen u. U. nicht alle Energieverbraucher (z. B. Aufzüge) umfassen, die jedoch in die spätere Messung des Energieverbrauchs einfließen. Klima und Nutzerverhalten sind im realen Betrieb meist anders als bei den Berechnungen des Energiebedarfs angenommen. Daher wird empfohlen, zu trennen zwischen einer Energiebedarfsberechnung für den Nachweis nach EnEV und einer verbrauchsnahen Prognose des Energieaufwands (→ Kapitel 3.4).

Benchmarking

Eigenschaften wie der Energieverbrauch oder die Nutzungskosten eines Gebäudes können mit statistischen bzw. empirischen Werten verglichen werden. Verfügbare Nutzungskostendaten gibt es in [Ref 2.1-9] und [Ref 2.1-10]. Energiekennwerte sind beispielsweise in der VDI 3807 [Ref 2.1-11] enthalten. Im Vergleich mit derartigen Werten kann ein Gebäude als durchschnittlich, überdurchschnittlich oder unterdurchschnittlich eingestuft werden. Dabei ist zu beachten, dass Vergleichswerte i. d. R. in die Vergangenheit blicken und die Werte hocheffizienter Gebäude noch nicht auf Durchschnittswerte durchschlagen. Die Erfahrungen aus der Analyse der für dieses Buch untersuchten Gebäude zeigen, dass es bei energetisch optimierten Gebäuden zu deutlichen Einsparungen bei Energieverbrauch und Energiekosten gegenüber gewöhnlichen Gebäuden kommt.

Um Benchmarks sinnvoll anwenden zu können, ist eine Vergleichbarkeit notwendig. Dafür sollten neben der Gebäude- und Nutzungsart auch die Intensität der Nutzung, die Standortsituation sowie die technische Ausstattung des Gebäudes beschrieben werden bzw. bekannt sein. Sinnvoll ist eine erweiterte Beschreibung der im Gebäude vorhandenen Flächen nach Größe und Art der Nutzung, in Anlehnung an die Nutzungszonen der DIN 18599 [Ref 2.1-12]. Weitere Grundlagen für Benchmarks sind Normen und Gesetze, Förderprogramme sowie der Vergleich mit unternehmensinternen Kennwerten.

Befragungen

Ausdruck einer guten Performance von Gebäuden ist letztlich die Zufriedenheit der Nutzer und Besucher. Sie lässt sich durch Befragungen erfassen (→ Kapitel 5). Nach Fertigstellung des Gebäudes werden die Nutzer befragt, wie zufrieden sie mit dem Gebäude und mit seiner Gestaltung sowie den verschiedenen Funktionen sind und auch welche Nutzungserfahrungen gemacht wurden. Zufriedenheit ist ein Indikator für die Akzeptanz des Gebäudes bei seinen Nutzern [Ref. 2.1.-13].

Bild 2.1-5
Neubau des Umweltbundesamtes in Dessau
(Quelle: UBA/Marcus Bredt).

Bedeutung einer Einzelraumbetrachtung

Die Einhaltung wesentlicher Raum- und Komfortparameter ist Voraussetzung für eine hohe Nutzerzufriedenheit. Die Überprüfung dieser Parameter erfolgt auf der Ebene von einzelnen Räumen. Interessant sind dabei insbesondere diejenigen Parameter, welche einen hohen Einfluss auf die Nutzerzufriedenheit haben. Sie werden auf der Ebene von einzelnen Räumen formuliert und durch Messungen dort überprüft (→ Kapitel 6). Die VDI 6041 [Ref 2.1-14] sieht hierfür den Begriff des Gebäude- und Behaglichkeitsmonitorings vor.

Bei der Datenauswertung und Beurteilung der Verhältnisse wird der Fokus auf repräsentative und kritische Räume gelegt oder das gewichtete Mittel betrachtet.

Performance von Bauteilen

Ein Bauwerksteil (z. B. die Gebäudehülle) setzt sich aus Bauteilen (Wand, Fenster etc.) zusammen. Es existieren jeweils spezifische Kennwerte, die in eine Performancemessung einbezogen werden können – z. B. die Luftdichtheit der Hülle oder die Wärmebrüken im Bereich von Vorhangfassaden (→Kapitel 7).

Die Außenhülle von Gebäuden besteht aus teilweise komplexen Bauteilen mit vielfältigen Funktionen. Die Prüfung der Erfüllung dieser Funktionen (Wärmeschutz, Feuchteschutz, Schallschutz, Brandschutz in Verbindung mit Dauerhaftigkeit, Wartungsfreundlichkeit sowie Rückbau- und Recyclingfreundlichkeit etc.) setzt ein Erfassen und Auswerten technischer Parameter voraus. Ob Produktinnovationen in diesem Bereich zielführend sind oder Gebäudehüllen letztlich die gesetzten Anforderungen erfüllen, kann messtechnisch nicht nur an Testständen sondern vor allem auch an real genutzten Gebäuden ermittelt werden. Dies ist Aufgabe eines technischen Langzeit-Monitorings, für das im Rahmen der Forschungsinitiative EnOB Konzepte und Leitfäden entwickelt wurden (→ Kapitel 11.4). Eine Umsetzung wird in erster Linie über zahlreiche Forschungsvorhaben ermöglicht. Diese bilden die Basis für verallgemeinerbare Aussagen für Industrie und Baupraxis.

Performance von Anlagen und Systemen

Technische Systeme und Anlagen haben je nach Typ unterschiedliche Funktionen und damit spezifische Anforderungen an die Performance. In der Energietechnik ist das Verhältnis vom Nutzen (Output) zum Aufwand (Input) ein ganz wesentlicher Maßstab. Der als „COP, Coefficient of Performance" oder als „Leistungs- bzw. Arbeitszahl" eingeführte Begriff bezeichnet das Verhältnis von Nutzen zu Aufwand auf der Ebene von Leistungen (konstanter Betriebspunkt) oder Energiemengen (Zeitraum mit unterschiedlichen Betriebspunkten). Beides kann gemessen und anschließend bewertet werden und weist Parallelen zum Effizienzansatz auf. Bei einem geeigneten Messkonzept sind derartige Analysen auch für das Facility-Management bzw. für Anlagenbetreiber möglich. Mit der Norm VDI 6041 [Ref. 2.1-14] verfügt das Facility-Management über eine Grundlage für das technische Monitoring von Gebäuden und gebäudetechnischen Anlagen.

Für die Messung, Beurteilung und Beeinflussung der Anlagen- und Systemperformance müssen die Kennwerte sowie die Art ihrer Erhebung und Auswertung an die konkreten technischen Komponenten angepasst werden. Hierzu bietet Kapitel 8 Beispiele.

Performance-Kennwerte

Kennwerte sind Hilfsmittel, die genutzt werden, um die Performance von Bauwerken, Bauteilen oder Systemen zu beschreiben, zu beurteilen und zu kommunizieren. Sie sind als Zielvorgabe ein Instrument für die Planung und als Soll-Ist-Vergleich für die Erfolgskontrolle im Betrieb.

Die nachstehenden Hinweise liefern eine Grundlage für die in Kapitel 3 und Kapitel 4 beschriebene Bildung und Interpretation von Energie-, Emissions- und Kostenkennwerten.

Allgemein wird unter einem (spezifischen) Kennwert ein Quotient verstanden, der einen absoluten Zahlenwert (berechnet oder gemessen) im Zähler auf eine bestimmte Größe im Nenner bezieht, die in Bezug zum Gegenstand der Betrachtung und zur Fragestellung steht. Dabei kann ein Kennwert auch auf einen Zeitpunkt oder einen Zeitraum bezogen werden. Im Falle eines Zeitraumes wird dieser oft zur zweiten Bezugsgröße.

In Tabelle 2.1-1 sind typische Belegungen der Zahlenwerte (im Zähler) und ausgewählte Bezugsgrößen (im Nenner) aus den Themenbereichen Energie, Ökologie und Ökonomie aufgeführt. Sie lassen sich miteinander kombinieren. Weitere Bezugsgrößen sind je nach Anwendungsfall und Fragestellung denkbar – siehe beispielsweise die Norm VDI 3807 [Ref 2.1-11].

Werden die in Tabelle 2.2.-1 aufgezählten Zahlenwerte im Zähler ohne Bezugsgrößen im Nenner wiedergegeben, spricht man auch von absoluten Kennwerten (im Gegensatz zu spezifischen).
Für alle Kennwerte ist es notwendig, die Transparenz und Vergleichbarkeit sicherzustellen, so beispielsweise durch:

- einheitliche Verwendung und eindeutige Deklaration von Bezugsgrößen (Nenner),
- eindeutige Abgrenzung und Beschreibung von Systemgrenzen und Bilanzierungsumfängen,
- transparente Darstellung vorausgehender Messmethoden und Rechenschritte zur Ermittlung der Zahlenwerte (Zähler),
- eindeutige Zeit- und Zeitraumbezüge.

Tabelle 2.1-1
Mögliche Belegungen von Zähler und Nenner zur Bildung von Kennwerten. (Quelle: KIT)

Zähler (Zahlenwerte)
Aufwand an Nutzenergie
Aufwand an Endenergie
Aufwand an Primärenergie
Emission von Klimagasen
Emission von Luftschadstoffen
Baukosten
Nutzungskosten
Lebenszykluskosten
Nenner (Bezugsgrößen)
Flächen
Rauminhalte
Anzahl Mitarbeiter / Arbeitsplätze
Anzahl Betten (Krankenhaus, Hotel)
Anzahl Besucher (Krankenhaus)
Anzahl Bewohner
[...]
Kalenderjahr / Monat / Tag
Abrechnungszeitraum

Die Bildung und Interpretation geeigneter und aussagefähiger Kennwerte, die an den konkreten Betrachtungsgegenstand, die Fragestellung sowie die Motive und Interessen der jeweiligen Akteure angepasst sind, ist eine wesentliche Grundlage der Performancemessung. Dies schließt die Formulierung von Soll-Werten und die Auswahl geeigneter Benchmarks und Orientierungsgrößen ein.

Performance-Management als Dienstleistung und Geschäftsmodell

Zur nachvollziehbaren und belastbaren Beurteilung der Performance von Gebäude, Bauteilen und Systemen werden geeignete Methoden wie Messungen oder Befragungstechniken, umfangreiche Erfahrungen und zweckdienliche Bewertungsmaßstäbe benötigt. Hierfür können auch externe Dienstleister herangezogen werden. Im Markt existieren bereits Anbieter zur Qualitätssicherung und kontinuierlichen Verbesserung im Gebäudebetrieb.

Dass die meisten Gebäude heute trotz verfügbarer Kompetenz unter ihren Möglichkeiten betrieben werden, liegt auch an mangelnden ökonomischen Anreizen, aber auch an der Tatsache, dass ein nicht optimaler Gebäudebetrieb quasi als „normal" hingenommen wird. Es erscheint hilfreich, eine angemessene (= bezahlbare) Form der Performance-Analyse als Werkzeug der Betriebsführung, Qualitätssicherung und Ressourceneffizienz in der Breite einzuführen (→ Kapitel 9.1 und 9.4). Dazu bedarf es einer Weiterentwicklung von Methoden und Auswerteroutinen sowie geeigneter Geschäftsmodelle. Die Erfassung von Aufwand und Nutzen einer Performance-Messung und -Beeinflussung im Baubereich wird so selbst zu einem Gegenstand der Forschung.

Beitrag des Informationsmanagements

Anforderungen an das Gebäude und seine Nutzbarkeit sowie zahlreiche Daten, die zur Beurteilung der Performance herangezogen werden, stellen Informationen dar, die lebenszyklusbegleitend vorgehalten, aktualisiert und ausgewertet werden sollten. Ein geeignetes Informationsmanagement ist damit eine Voraussetzung für die Performancemessung. Allerdings kommen Informationen über die Performance in der Nutzungsphase oft nicht bei denen an, die das Gebäude ursprünglich geplant haben. Lernen aus Erfahrung ist daher nur eingeschränkt möglich. Andersherum fließen Belange und Vorgaben derer, die für den Gebäudebetrieb verantwortlich sind, selten in vollem Umfang in die Planung ein. Daher kommt einem zweckdienlichen Informationsmanagement eine hohe Bedeutung zu. Grundlagen hierfür liefert auch das Building Information Modeling (BIM), siehe Kapitel 9 und [Ref 2.1-15].

Referenzen, Anmerkungen

Ref 2.1-1
Gesellschaft für Immobilienwirtschaftliche Forschung e.V., Wiesbaden (Hrsg.): Begrifflichkeiten/Managementebenen/Funktionsbereiche http://www.gif-wiki.de/w/Begrifflichkeiten/Managementebenen/Funktionsbereiche (Aufruf 03.12.2015)

Ref 2.1-2
Kook, M.; Sydow, H.: Strategisches Portfoliomanagement in der Immobilienwirtschaft. Ein Leitfaden für Theorie und Praxis. Freiburg i.Br.: Haufe Verl., 2011. 2. Aufl., ISBN 978 3 87292 246 5. Hammonia bei Haufe Bd.6547

Ref 2.1-3
Verband der Wohnungswirtschaft Niedersachsen, Bremen (vdw) e.V. (Hrsg.): Energieeffizienz im Wohnungsbau. Sept. 2007

Ref 2.1-4
Deutsches Institut für Normung DIN e. V., Berlin (Hrsg.): DIN EN ISO 8402:1995 Qualitätsmanagement - Begriffe [Dokument zurückgezogen, wurde ersetzt durch : DIN EN ISO 9000:2015-11 Qualitätsmanagementsysteme - Grundlagen und Begriffe (ISO 9000:2015); Deutsche und Englische Fassung EN ISO 9000:2015]
Berlin: Beuth, 2015

Ref 2.1-5
Deutsches Institut für Normung DIN e. V., Berlin (Hrsg.): DIN EN ISO 9000: 2005 Qualitätsmanagementsysteme – Grundlagen und Begriffe [Dokument zurückgezogen, wurde ersetzt durch : DIN EN ISO 9000:2015-11 Qualitätsmanagementsysteme - Grundlagen und Begriffe (ISO 9000:2015); Deutsche und Englische Fassung EN ISO 9000:2015]
Berlin: Beuth, 2015

Ref 2.1-6
Bundesministerium für Verkehr, Bau und Stadtentwicklung (BMVBS), Berlin (Hrsg.): Leitfaden Nachhaltiges Bauen. April 2013
Im Zuständigkeitsbereich des Bundesbauministeriums wurde der Leitfaden Nachhaltiges Bauen (Stand April 2013) mit Runderlass vom 05.07.2013 verbindlich eingeführt.

Ref 2.1-7
VTT Technical Research Centre of Finland Ltd (Ed.): Forschungsergebnisse und Berichte zum Performance Based Building Thematic Network, 2004 http://cic.vtt.fi/projects/pebbu/index2.html
(Aufruf 03.12.2015)

Ref 2.1-8
Lützkendorf, T.; Speer, T.:
Alleviating asymmetric information in property markets: building performance and product quality as signals for consumers. In: Building Research & Information. Special issue "Performance-based Building", Vol. 33 (2005), Issue 2, p. 182-195
DOI:10.1080/0961321042000323815

Ref 2.1-9
Jones Lang LaSalle GmbH (JLL), Frankfurt a. M. (Hrsg.): OSCAR - Office Service Charge Analysis Report. Erscheint jährlich
http://www.jll.de/germany/de-de/research/oscar (Aufruf 03.12.2015)

Ref 2.1-10
Prof. Uwe Rotermund Ingenieurgesellschaft mbH & Co KG, Höxter (Hrsg.): FM-Benchmarking Bericht. 2015
http://fm-benchmarking.de/index.php/benchmarking/bericht-bestellen
(Aufruf 03.12.2015)

Ref 2.1-11
Verein Deutscher Ingenieure (VDI), Düsseldorf (Hrsg.):VDI 3807 Blatt 2: 2014 Verbrauchskennwerte für Gebäude – Verbrauchskennwerte für Heizung, Strom und Wasser. Berlin: Beuth Verl., 2014

Ref 2.1-12
Deutsches Institut für Normung DIN e. V., Berlin (Hrsg.): DIN V 18599-10:2011-12 Energetische Bewertung von Gebäuden - Berechnung des Nutz-, End- und Primärenergiebedarfs für Heizung, Kühlung, Lüftung, Trinkwarmwasser und Beleuchtung - Teil 10: Nutzungsrandbedingungen, Klimadaten. Berlin: Beuth-Verl., 2011

Ref 2.1.-13
Wagner, A.; Höfker, G.; Lützkendorf, T.; Moosmann, C.; Schakib-Ekbatan, K.; Schweiker, M.: Nutzerzufriedenheit in Bürogebäuden. Empfehlungen für Planung und Betrieb. Stuttgart: Fraunhofer IRB Verl., 2015.
ISBN 978-3-8167-9305-2

Ref 2.1-14
Verein Deutscher Ingenieure (VDI), Düsseldorf VDI (Hrsg.): 6041:2015-04: Facility-Management - Technisches Monitoring von Gebäuden und gebäudetechnischen Anlagen. Entwurf. Berlin: Beuth Verl., 2015

Ref. 2.1-15
Essig, B.: BIM und TGA - Engineering und Dokumentation der Technischen Gebäudeausrüstung. Deutsches Institut für Normung (DIN) e. V., Berlin (Hrsg.). Berlin: Beuth Verl., 2015. ISBN 978-3-410-25733-2

2.2 Die Bedeutung der Nutzungsphase

Thomas Lützkendorf
Karsten Voss

Nutzeranforderungen bzw. -erwartungen zu erfüllen ist, ein zentraler Zweck des Planens, Bauens und Bewirtschaftens von Gebäuden. Die Phase der Nutzung, in der dies nicht nur sicherzustellen sondern idealerweise kontinuierlich zu verbessern gilt, ist damit sowohl der bedeutendste als auch der längste Abschnitt im Lebenszyklus einer Immobilie. Der Lebenszyklus von Gebäuden wird modellhaft in Phasen unterteilt. Ein typisches Phasenmodell mit Darstellung von Varianten eines zyklischen Verlaufs bietet der Deutsche Verband für Facility Management e.V. (GEFMA) mit Bild 2.2-1.

Darin wird dargestellt, dass der tatsächliche Verlauf der Nutzungsphase unterschiedlich sein kann und nicht immer sicher zu prognostizieren ist. In der Planung geht man daher stets von Annahmen und Szenarien aus, die dokumentiert und später mit den tatsächlichen Gegebenheiten der Nutzung verglichen werden müssen. Annahmen werden u.a. getroffen für

- Nutzungsdauer
- Art der Nutzung
- Nutzerverhalten und Nutzungsintensität
- Wartungs- und Instandsetzungszyklus
- Zyklus von Ersatzinvestitionen
- Klima am Standort.

Eine andere Form der Darstellung bietet DIN EN 15978 [Ref 2.2-2] – vorgestellt in Bild 2.2-2. Der Lebenszyklus wird hier in Module unterteilt, denen ausgewählte Informationen zu Zahlungsflüssen, Stoffströmen, Energieaufwand oder Wirkungen auf die Umwelt zugeordnet werden können. Zusätzlich kann ein Recyclingpotenzial (Modul D) ausgewiesen werden.

Anforderungen als Ausgangspunkt

Bereits während der Abschätzung des Baubedarfs, der Formulierung der Aufgabenstellung und der Planung stellen die Analyse, die Abwägung und die Festlegung von Nutzeranforderungen eine wesentliche Aufgabe dar. Eine Orientierung an DIN 18205 wird empfohlen [Ref 2.2-3]. Dabei ist zu unterscheiden, ob die künftigen Nutzer und ihre detaillierten Anforderungen bereits zum Zeitpunkt der Planung bekannt sind oder ob ein Mindestmaß an Flexibilität für noch unbekannte Nutzer und deren spezifische Bedürfnisse aufrechterhalten werden muss. Beispiel für Planungsaufgaben mit bekanntem Nutzungsprofil sind Schulbauten. Hier sind dier Anzahl der Nutzer sowie die Art und Intensität der Nutzung inkl. Anforderungen an Raumluftqualität, Raumlufttemperatur und klaren Anforderungen an das Raumprogramm (Bild 2.2-3) bekannt, auch wenn Art und Umfang der Nutzung der Räume außerhalb des eigentlichen Schulbetriebs (z.B. für Arbeitsgemeinschaften, Elternabende, Bürgerversammlungen) stark variieren können.

Eine vergleichsweise große Unsicherheit hinsichtlich der spezifischen Anforderungen einzelner Nutzer tritt z.B. bei größeren Mehrzweckgebäuden mit Mischnutzung als Investorenprojekt und bei Shopping-Centern auf. Unsicherheiten bestehen hier z. B. hinsichtlich des Kühlbedarfs, des Beleuchtungskonzepts, des Raumzuschnitts oder von Art und Umfang gastronomischer Einrichtungen.

Selbst bei bereits in der Planung bekannten Nutzeranforderungen kann nicht davon ausgegangen werden, dass sie zum Zeitpunkt der Inbetriebnahme noch in dieser Form gelten und unverändert weiter-

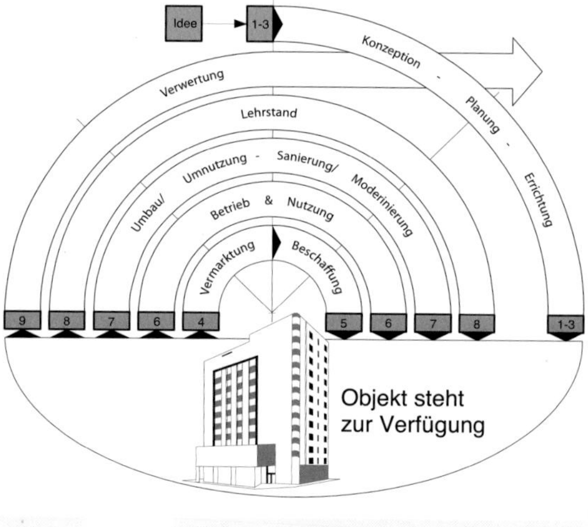

Bild 2.2-1
Modellhafte Beschreibung des Lebenszyklus von Gebäuden (Quelle: GEFMA 100-1:2004 [Ref 2.2-1])

bestehen. Dies hat Konsequenzen sowohl hinsichtlich der Aktualisierung von Soll-Werten als auch für die Planung selbst. Eine angemessene Flexibilität und Anpassbarkeit bereits während der Planung zu sichern, wird zu einer wesentlichen Planungsaufgabe. Die Notwendigkeit, ein Gebäude an künftige Herausforderungen anpassen zu können, resultiert dabei nicht nur aus dem möglichen Wechsel der Nutzer und/oder den sich wandelnden Anforderungen, sondern auch aus Veränderungen der „Umwelt". Dies schließt Weiterentwicklungen gesetzlicher Anforderungen oder von Wertvorstellungen der Akteure im Immobilienmarkt ebenso ein wie die lokalen Folgen des Klimawandels (→ Kapitel 1.2).

Funktionalität und Nutzerzufriedenheit

Gebäude werden geplant, gebaut und betrieben, um einerseits die Ziele von Bauherren bzw. von Investoren zu erreichen und andererseits die geplanten bzw. aktuell benötigten Funktionen zu erfüllen. Entscheidend hierfür ist die Nutzungsphase. Weiteres Ziel ist eine hohe Zufriedenheit der Nutzer. Dies können sowohl institutionelle Nutzer im Sinne eines Unternehmens oder einer Behörde als auch individuelle Nutzer im Sinne von Mitarbeitern oder Besuchern sein. Am Beispiel von Bürogebäuden wird das Thema der Beschreibung, Bewertung und Beeinflussung der Nutzerzufriedenheit in einer Veröffentlichung behandelt, die im Rahmen der Begleitforschung zu EnOB entstanden ist (→ Kapitel 5, [Ref 2.2-4]).

Möglichkeiten der Einflussnahme in der Nutzungsphase

In der Literatur werden häufig die Aufgabenstellung und die frühen Phasen der Planung als diejenigen Arbeitsschritte charakterisiert, bei denen sowohl die größte Entscheidungsfreiheit im Sinne von Handlungsspielräumen als auch die umfangreichsten Möglichkeiten der Einflussnahme bestehen [Ref 2.2-5]. Es ist dabei wichtig zu unterscheiden, wann die Entscheidungen auf welcher Basis fallen (u. a. Berechnungen und Prognosen in der Planungsphase) und wann sie sich auswirken (z. B. in der Nutzungsphase). Dennoch kann und darf die Nutzungsphase nicht hinsichtlich der Möglichkeit einer aktiven Einflussnahme unterschätzt werden. Auch hier bestehen erhebliche Handlungsmöglichkeiten. Dies betrifft sowohl die direkte Beeinflussung des Verhaltens der Nutzer, Effekte der Inbetriebnahme und Einregulierung sowie die Optimierung des Gebäudebetriebs als auch das Ausgestalten eines Prozesses der kontinuierlichen Verbesserung. Tabelle 2.2-1 und Bild 2.2-4 fassen die Einflussmöglichkeiten zusammen.

Anteil der Nutzungsphase an Ökobilanz und Lebenszykluskosten

In vielerlei Hinsicht ist die Nutzung die entscheidende Phase im Lebenszyklus einer Immobilie. So dominiert noch immer der Energieverbrauch in der Nutzungsphase die Inanspruchnahme von Energieträgern sowie die CO_2-Emissionen (siehe Bild 2.2-5 und 2.2-6 [Ref 2.2-6]).

Bild 2.2-2
Modell des Lebenszyklus von Gebäuden in Modulen (Quelle: DIN EN 15978, 2012 Wiedergegeben mit Erlaubnis von DIN Deutsches Institut für Normung e. V. Maßgebend für das Anwenden der DIN-Norm ist deren Fassung mit dem neuesten Ausgabedatum, die bei der Beuth Verlag GmbH, Am DIN Platz, Burggrafenstraße 6, 10787 Berlin, erhältlich ist.: 2012 [Ref 2.2-2])

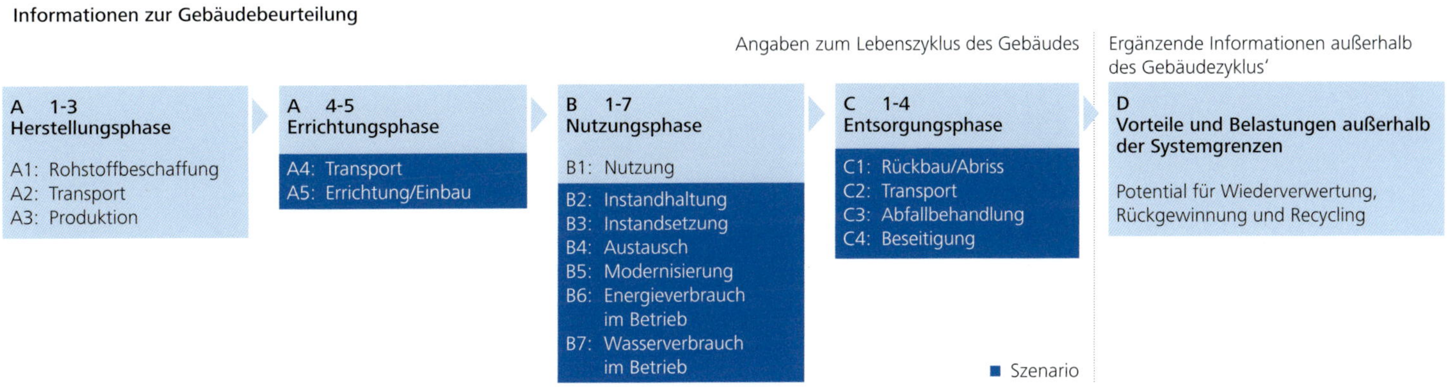

Bei energetisch optimierten Gebäuden mit geringem Energieverbrauch in der Nutzungsphase gewinnt die Herstellung und Instandhaltung relativ gegenüber dem Betrieb an Bedeutung. Bei Gebäuden mit dem Anspruch einer ausgeglichenen oder positiven Energiebilanz werden Energieaufwand und Umweltbelastung infolge Herstellung und Instandhaltung zu bestimmenden Größen [Ref. 2.2-7].

Die Kosten der Nutzung übersteigen langfristig die der Herstellung und Errichtung – siehe Bild 2.2-7. Die jeweiligen Verhältnisse werden stark durch die Bauweise sowie die konkrete Gebäude- und Nutzungsart beeinflusst. Hierauf haben z.B. das Energiekonzept und seine bauliche sowie haustechnische Umsetzung einen großen Einfluss.

Bauarbeiten in der Nutzungsphase

Arbeiten zur Wartung und Instandsetzung sowie zur Modernisierung fallen in der Nutzungsphase an. Damit ergeben sich zusätzliche Anforderung an die Wartungs-, Reinigungs-, Instandsetzungs- oder auch Umbau- und Rückbaufreundlichkeit von Bauteilen und insbesondere technischen Anlagen. Die Arbeiten müssen i.d.R. im genutzten Zustand ausgeführt werden und dürfen sowohl Nutzung als auch Nutzer kaum beeinträchtigen. Auch in diesem Zusammenhang ist es notwendig, aus den Anforderungen in der Nutzungsphase Schlussfolgerungen für die Planung zu ziehen.

Ein Sonderfall ist die Planung von größeren (Um)-Baumaßnahmen in der Nutzungsphase. Eine Planung für Umbau- oder Modernisierungsmaßnahmen unter Beibehaltung der Nutzungsart schließt i.d.R. die Analyse der aktuellen Nutzungsqualität ein sowie den vorgefundenen Zustand von Baukonstruktionen und Haustechnik. Für derartige Planungsaufgaben ist es von Vorteil, auf eine gute Objektdokumentation zurückgreifen zu können. Möglich sind Hausakten, Objektdokumentationen oder Informationssysteme. Zu deren Erstellung kann auf ein Building Information Modeling (BIM) zurückgegriffen werden [Ref 2.2-8]. Die Objektinformationen sollten während der Nutzungsphase systematisch fortgeschrieben – u.a. durch das Einpflegen von Wartungsprotokollen, Nachweisen zu Instandsetzungs- und Modernisierungsmaßnahmen, Angaben zu Verbräuchen usw. – und zu einer lebenszyklusbegleitenden Objektdokumentation ausgebaut werden. Schwerpunkt ist die regelmäßige Dokumentation von Daten aus der Nutzungs-

Tabelle 2.2-1
Zeitpunkt von Entscheidungen/Aktivitäten sowie Zeitpunkt und Art ihrer Auswirkungen (Quelle: KIT)

		Auswirkungen auf				
			Nutzungsphase			
Aktivität	**ausgeführt in Phase**	Baukosten	Nutzungskosten	Energieaufwand	Emissionen	Nutzerzufriedenheit
Festlegung Bedarf	Bedarfsplanung	■	■	■	■	□
Festlegung energetischer Standard	Bedarfsplanung	■	■	■	■	□
Festlegung Orientierung	Planung	■	■	■	■	□
Festlegung Kubatur und Flächen	Planung	■	■	■	■	□
Auswahl der Energieträger	Planung	□	■	■	■	
Option für Nachrüstung	Planung	■				
Qualitätssicherung Bau	Ausführung		■	■	■	■
Inbetriebnahme/Einregulierung	Übergabe		■	■	■	■
Information und Motivation der Nutzer	Nutzung		■	■	■	■
Inspektion und Wartung	Nutzung		■	■	■	□
Betriebsweise	Nutzung		■	■	■	■
Betriebsoptimierung	Nutzung		■	■	■	□
Auswahl Energieversorger	Nutzung		■	■	■	
Nachrüstung ern. Energie	Nutzung	■	■	■	■	

■ starker Einfluss □ schwacher Einfluss

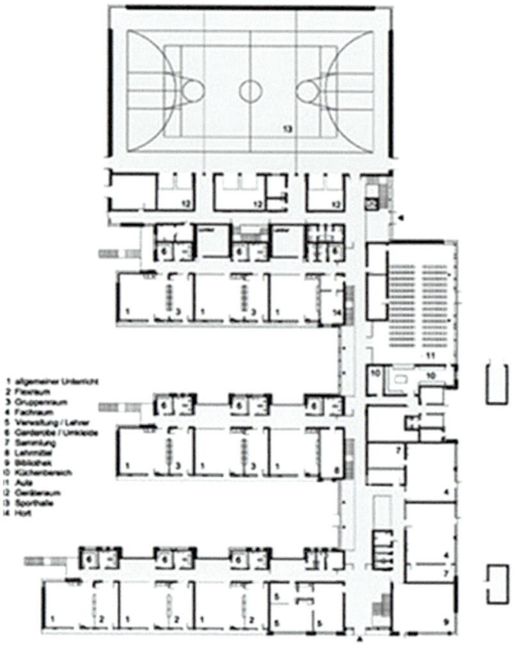

Bild 2.2-3
Grundriss der Schule Hohen-Neuendorf.
(Quelle: IBUS Architekten und Ingenieure, Berlin/Bremen)

phase. Es ergeben sich Synergieeffekte mit der Messung der Performance.

Während der Nutzungsphase des Gebäudes kann sich die Art der Nutzung ändern. Das Potenzial von Gebäuden, auf entsprechende Änderungen zu reagieren, wird als Drittverwendungsfähigkeit bezeichnet. Für die Planung einer Umnutzung müssen damit völlig neue Anforderungen an die Nutzung definiert und berücksichtigt werden, u.a. für das Energiekonzept und für die Energiebedarfsberechnung. Mit Bild 2.2-8 wird ein Beispiel vorgestellt.

Auswirkungen auf den ökonomischen Wert

Fragen der Wertstabilität und Wertentwicklung von Immobilien konzentrieren sich i.d.R. weniger auf deren ursprüngliche Herstellung und die damit verbundenen Kosten, sondern viel stärker auf die derzeitige und künftige Vermiet- und Vermarktbarkeit unter Einbeziehung der aktuellen und künftigen „Leistungsfähigkeit" oder auch „Marktfähigkeit" der Immobilie. Diese wird sowohl durch die derzeitige Nutzbarkeit und Nutzungsqualität beeinflusst als auch durch den Grad der Anpassbarkeit an künftige Nutzeranforderungen (→ Kapitel 4.4).

Bild 2.2-4
Einfluss- und Handlungsmöglichkeiten in den Lebenszyklusphasen eines Gebäudes mit Auswirkungen auf die Umweltperformance (hier Energieaufwand und Emissionen in der Nutzungsphase) (Quelle: KIT)

Konsequenzen für die Planung

Eine Anerkennung der hohen Bedeutung der Nutzungsphase hat Konsequenzen für die Gestaltung des Planungsprozesses. Einerseits wird es notwendig, die Anforderungen an die Nutzung möglichst frühzeitig und präzise zu formulieren. Planerinnen und Planer können hier Bauherren bei der Bedarfsplanung unterstützen. Diese wird zunehmend als „Phase Null" in Anlehnung an die Leistungsphasen der HOAI bezeichnet (Bild 2.2-9).

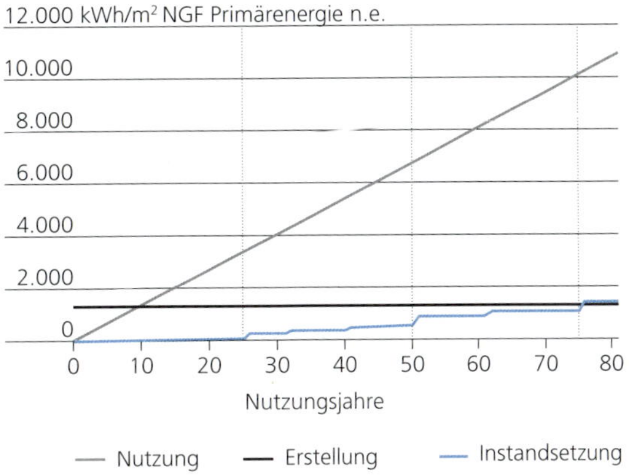

Bild 2.2-5
Einfluss einzelner Lebenszyklusphasen auf die Primärenergie. Simulationsrechnungen für die Sanierung eines Verwaltungsgebäudes in Remscheid (EBR) (Quelle: Universität Wuppertal, 2007 [Ref. 2.2-6])

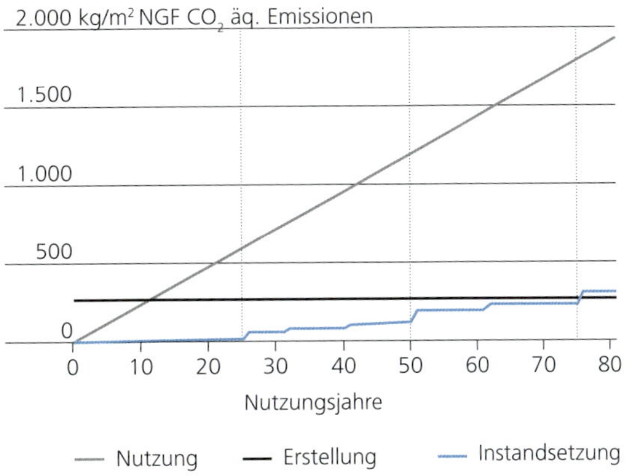

Bild 2.2-6
Einfluss einzelner Lebenszyklusphasen auf die Klimagasemissionen. Simulationsrechnungen für die Sanierung eines Verwaltungsgebäudes in Remscheid (EBR)
(Quelle: Universität Wuppertal, 2007 [Ref. 2.2-6])

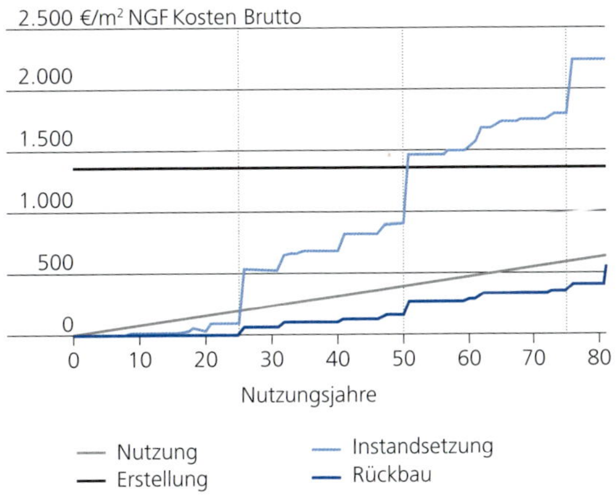

Bild 2.2-7
Einfluss einzelner Lebenszyklusphasen auf die Bau- und Nutzungskosten. Simulationsrechnungen für die Sanierung eines Verwaltungsgebäudes in Remscheid (EBR)
(Quelle: Universität Wuppertal, 2007 [Ref 2.2-6])

Weiterhin ist es sinnvoll, stärker als bisher den Übergang zwischen Fertigstellung und Inbetriebnahme zu begleiten und insbesondere die Einregulierung zu überwachen, um die geplante Performance auch tatsächlich zu erreichen. In Bild 2.2-9 wird vorgeschlagen, dies als „Phase 10" zu betrachten". Diese kann auch weit in die Phase des Betriebs und der Bewirtschaftung verlängert werden, einerseits um Betriebserfahrungen zu sammeln und andererseits um die Einregulierung über einen längeren Zeitraum zu begleiten. Eine derartige Erweiterung des Aufgabenspektrums ist in der Ausgestaltung von Verträgen zwischen Bauherren und Planern zu berücksichtigen. Anwenden lassen sich die im Forschungsprojekt erarbeiteten Leitfäden zum Monitoring (→ Kapitel 11.2.4).

Bild 2.2-8
Im Juni 2011 bezog AS Solar seinen neuen Firmensitz an der Nenndorfer Chaussee in Hannover. Die grundlegend sanierte Industriehalle erreicht Plusenergie-Niveau. Es handelt sich damit um ein Beispiel für die Umnutzung eines Gebäudes in Verbindung mit der Realisierung eines anspruchsvollen Energiekonzeptes.
(Quelle: AS Solar GmbH, Tom Baerwald)

Bild 2.2-9
Ergänzung der Leistungsphasen nach HOAI durch eine „Phase0" und eine „Phase 10" (Quelle: Bundesstiftung Baukultur, 2015 [Ref. 2.2-9]

Phase 0
Voruntersuchungen,Vordenken, Projektdefinition
Beteiligung, Verhandeln

Phase 1-5
Planung

Phase 6-9
Umsetzung

Phase 10
Betrieb, Bewirtschaftung

Referenzen, Anmerkungen

Ref 2.2-1
Deutscher Verband für Facility Management e. V. (GEFMA) e. V., Bonn (Hrsg.): Facility Management – Grundlagen. 2004. GEFMA 100-1

Ref 2.2-2
Deutsches Institut für Normung DIN e. V., Berlin (Hrsg.): DIN EN 15978:2012-10 Nachhaltigkeit von Bauwerken - Bewertung der umweltbezogenen Qualität von Gebäuden – Berechnungsmethode. Berlin: Beuth Verl., 2012

Ref 2.2-3
Deutsches Institut für Normung DIN e. V., Berlin (Hrsg.): DIN 18205:2015-11 [NEU]
Bedarfsplanung im Bauwesen. Normentwurf. Berlin: Beuth Verl., 2015

Ref 2.2-4
Wagner, A.; Höfker, G.; Lützkendorf, T. u. a.: Nutzerzufriedenheit in Bürogebäuden. Empfehlungen für Planung und Betrieb. Stuttgart: Fraunhofer IRB Verl., 2015. ISBN 978-3-8167-9305-2

Ref 2.2-5
König, H.; Kohler, N.; Kreißig, J. u. a.: Lebenszyklusanalyse in der Gebäudeplanung – Grundlagen, Berechnung, Planungswerkzeuge. München: Institut für internationale Architektur-Dokumentation GmbH & Co. KG, 2009. ISBN 978-3-920034-30-0, Detail Green Books

Ref 2.2-6
Kugel, D.: Lebenszyklusbetrachtungen als ökonomisches und ökologisches Einsparpotential in der Gebäudeplanung und -bewirtschaftung, Master Thesis, Universität Wuppertal, 2007

Ref 2.2-7
Lützkendorf, T.; Foliente, G.; Balouktsi, M. u. a.: Net-zero buildings: incorporating embodied impacts, Building Research and Information. Vol 43 (2014), Issue 1, p. 62-81

Ref 2.2-8
Egger, M.; Hausknecht, K.; Liebich, T.; Przybylo, J.: BIM-Leitfaden für Deutschland. Information und Ratgeber. Endbericht. Bundesinstitut für Bau-, Stadt- und Raumforschung (BBSR), Bonn (Hrsg.). 2013

Ref 2.2-9
Bundesstiftung Baukultur, Potsdam (Hrsg.): Baukulturbericht 2014-2015. Gebaute Lebensräume der Zukunft – Fokus Stadt. Sept. 2015. ISBN 978 3 88118 535 6

2.3 Akteure und ihre Interessen

Thomas Lützkendorf

Verschiedene Akteure haben Einfluss auf Gebäude in ihrer Nutzungsphase: Dies sind zunächst einmal die Bauherren und die in ihrem Auftrage handelnden Planer, außerdem die ausführenden Unternehmen, die Hersteller von Bauprodukten und die Anbieter von Dienstleistungen sowie die Betreiber, Verwalter und auch die Nutzer. Die Performance von Gebäuden in der Nutzungsphase wird beeinflusst durch Entscheidungen in der Planungsphase, durch die Qualität der Ausführung, durch die Performance einzelner Komponenten und Systeme sowie deren Zusammenwirken, durch das Verhalten der Nutzer und die Art und Weise, wie das Gebäude betrieben wird.

Rollen und Ziele der Beteiligten

Das Interesse der verschiedenen Akteure daran, das tatsächliche Verhalten von Gebäuden in der Nutzungsphase zu erfassen, zu beurteilen und zu beeinflussen ergibt sich aus ihrer jeweils im Lebenszyklus der Immobilie eingenommenen Rolle (Bild 2.3-1).

Akteursrollen können gut am Beispiel der Öffentlichen Hand verdeutlicht werden. Öffentliche Organisationen können als Investor oder Bauherr auftreten, als Eigentümer, Erwerber, Mieter oder institutioneller Nutzer sowie als Betreiber oder Verwalter. Zugleich agiert die Öffentliche Hand als Gesetz-, Richtlinien- oder Fördergeber.

Eine alternative Systematik von Akteuren und Rollen zeigt Bild 2.3-2. Hier erfolgt eine Unterscheidung in Anbieter, Nachfrager und Umsetzer. Mit der Gruppe der Umsetzer erfolgt durch Einbeziehung nicht nur der Planer sondern beispielsweise auch der Finanzdienstleister eine Erweiterung der im engeren Sinne am Bau Beteiligten. Finanzierer beziehen heute die energetische Qualität in die Risikoanalyse einer Projektfinanzierung ein [Ref 2.3-1]. Es ist daher wichtig, Investoren bereits während der Planung durch die Übergabe von Unterlagen zur energetischen Qualität des Gebäudes bei der Zusammenstellung von Unterlagen für die Finanzierung zu unterstützen. Dabei ist zu klären, ob der Informationsbedarf der Bank über den Nachweis der Einhaltung von Anforderungen der Energieeinsparverordnung und den Energiebedarfsausweis hinausgeht.

Den jeweiligen Rollen der Akteure können Interessen zugeordnet werden (Bild 2.3-3), aus denen sich Handlungsziele und -möglichkeiten ergeben.

Gebäude drücken auch Ziele und Haltungen der Bauherren und Investoren aus. Diese wollen zuneh-

Akteure	Mögliche Rollen und Rollenkombinationen									
	Bauherr	Eigentümer	Erwerber	Vermieter	Mieter	Verwalter	Betreiber	inst. Nutzer	indiv. Nutzer	Dienstleister
Einrichtungen der öffentlichen Hand	■	■	■	■	■	■	■	■		
Unternehmen allgemein (CREM)	■	■	■	■	■	■	■	■		
Wohnungs-/Immobilienwirtschaft	■	■	■	■		■	■			
Haushalte als Investor	■	■	■	■	■	■	■		■	
Haushalte als Nutzer									■	
Mitarbeiter									■	
Facility Management						■	■			■
Energieversorgung										■

Bild 2.3-1
Ausgewählte Akteure und ihre möglichen Rollen im Lebenszyklus einer Immobilie (Quelle: KIT)

Bild 2.3-2
Systematik von Akteuren im Baubereich (Quelle: Dietrich, 2005 [Ref. 2.3-2])

mend zeigen, dass sie beim Thema Energieeffizienz und Nachhaltigkeit eine Vorreiterrolle einnehmen und bereit sind, soziale und ökologische Verantwortung zu übernehmen. Die Energie- und Umweltperformance eines Gebäudes hat damit Rückwirkungen auf das Ansehen des Bauherren oder Investors – die Immobilienwirtschaft bezeichnet dies als „Reputationsrisiko". Diese Betrachtungsweise überträgt sich auf das Verhalten von Unternehmen, die Bürogebäude als Unternehmenszentrale anbieten möchten. Sie fragen verstärkt energieeffiziente und nachhaltige Gebäude nach und richten ihre Entscheidung zur Anmietung auch an derartigen Objektmerkmalen aus.

Bild 2.3-3
Zusammenhang zwischen Rollen und Interessen (Quelle: KIT)

	Rollen								
Interesse an	Bauherr	Eigentümer	Erwerber	Vermieter	Mieter	Verwalter	Betreiber	inst. Nutzer	indiv. Nutzer
Funktionalität	■	■	■	□	■			■	■
Baukosten/Preis	■		■						
Nutzungskosten	□	■	■	□	■	□		■	
Gewinn				■					
Werthaltigkeit		■	■	■					
Energieaufwand	□	□	□	□	□	□	■	■	□
Wirkung auf die Umwelt	□	□	□	□	□	□	□	■	□
Komfort	□	□	□	□	■	□	□	□	■
Image	■	■	■	■		□		■	□

■ direkt □ indirekt

Bedarf an Informationen in der Nutzungsphase

Bei einem Vergleich zwischen einem geplanten und in der Nutzungs- und Betriebsphase tatsächlich eintretendem Verhalten des Gebäudes bzw. bei einem Vergleich zwischen den aktuellen Nutzeranforderungen und den tatsächlichen Gegebenheiten stellen sich den beteiligten und betroffenen Akteuren Fragen (→ Infobox).

Beispiele für Fragestellungen in der Nutzungsphase

- Konnte die geplante baulich-technische Qualität tatsächlich realisiert werden? Erweisen sich die Bauteile und Komponenten als funktional, zuverlässig und dauerhaft? Wurden und werden geplante technische Parameter erreicht und dauerhaft sichergestellt?
- Treten die angenommene Art und Intensität der Nutzung ein? Trifft das angenommene Verhalten der Nutzer zu?
- Treten die angenommenen klimatischen und sonstigen Rahmenbedingungen ein?
- Können die aktuell bestehenden Nutzeranforderungen erfüllt werden? Besteht eine Flexibilität und Anpassbarkeit gegenüber sich ändernden Anforderungen, beispielsweise wegen sich wandelnder Nutzeranforderungen, veränderter Nutzungen, dem Klimawandel, neuer gesetzlicher Anforderungen usw.?
- Sind die das Gebäude nutzenden Institutionen zufrieden (Mieterzufriedenheit)? Können ihre an das Gebäude und sein Verhalten gerichteten Erwartungen erfüllt werden?
- Sind die das Gebäude nutzenden oder besuchenden Personengruppen zufrieden (Nutzerzufriedenheit)? Wird das Gebäude akzeptiert? Bestehen ausreichend Möglichkeiten der persönlichen Einflussnahme auf Umgebungsbedingungen? Treten vermehrt spezifische Krankheitsbilder auf oder kommt es zu Beschwerden?
- Waren die angenommenen Möglichkeiten der Energieversorgung tatsächlich gegeben und zu den angenommenen Konditionen verfügbar?
- Treten die prognostizierten Energieverbräuche ein? Treten die in der Planung abgeschätzten Verbräuche an sonstigen Medien ein?
- Welche unerwünschten Wirkungen auf die Umwelt treten auf (beispielsweise Emission an Klimagasen, Emission an Luftschadstoffen, Ausgasungen und Auswaschungen in die lokale Umwelt)
- Treten die prognostizierten Nutzungskosten (inkl. Betriebskosten) tatsächlich ein?
- Stellen sich der erwartete Vermietungsgrad bzw. die angenommene Miethöhe tatsächlich ein?
- Wie ist die künftige Vermiet- und Vermarktbarkeit einzuschätzen?

Es wird deutlich, dass ein prinzipielles Interesse an

- funktionalen und technischen Fragen
- ökonomischen Fragen
- energetischen und ökologischen Aspekten

ebenso besteht wie an den Themen

- der Zufriedenheit der Organisation
- der individuellen Zufriedenheit

mit dem Objekt und seinen Nutzungsbedingungen.

Aus der Nachfrage nach derartigen Informationen ergeben sich Anforderungen an die Messung und Beurteilung der Performance von Gebäuden in ihrer Nutzungsphase. Dieser Informationsbedarf unterscheidet sich hinsichtlich der Betrachtungsebene (Bauwerk, Räume, Komponenten) und der interessierten Akteure in Wahrnehmung ihrer aktuellen Rolle (z. B. Facility-Manager/Betreiber oder Investor/Vermieter). Das Interesse der Akteure steht dabei auch in einem Zusammenhang mit ihren Aufgaben sowie Einfluss- und Handlungsmöglichkeiten. Letztlich sollen die Ergebnisse einer Performancemessung sie bei der Wahrnehmung ihrer Aufgaben und Ziele sowie der Vorbereitung von Entscheidungen unterstützen oder sie in die Lage versetzen, Dritte mit Informationen zu versorgen (beispielsweise die Bereitstellung von Daten für die Nachhaltigkeitsberichterstattung durch das Facility-Management).

Nachstehend werden anhand einiger Beispiele die bestehenden Handlungsmöglichkeiten ausgewählter Akteure erläutert.

Wichtig ist in diesem Zusammenhang die Erkenntnis, dass die Performance von Gebäuden nicht ausschließlich durch dessen Merkmale und Eigenschaften sowie die tatsächlichen Gegebenheiten am Standort (u.a. das Klima) sondern auch durch das Verhalten und die Einwirkungen von Akteuren beeinflusst wird.

Handlungsmöglichkeiten der Facility Manager

Das Facility-Management bzw. Gebäudemanagement hat in der Phase der Nutzung und Bewirtschaftung größerer Objekte die Verantwortung für die Aufrechterhaltung und Verbesserung der Nutzungsfähigkeit von Gebäuden. Entsprechende Aktivitäten können in technische und kaufmännische Aspekte unterschieden werden (Bild 2.3-4).

Beim kaufmännischen Teil geht es um die Bewirtschaftung und Verwaltung der Gebäude. Hierzu zählen die Erfassung und Beeinflussung der Betriebskosten sowie die Beschaffung und vertragliche Bindung von Energiedienstleistungen. Das technische Gebäudemanagement sorgt für das Funktionieren der technischen Anlagen und koordiniert Inspektions-, Wartungs- und Instandsetzungsarbeiten. Das Leistungsbild des Facility-Managements orientiert sich zunehmend auch an den Prinzipien eines nachhaltigen Gebäudebetriebs (→ Kapitel 9). Dies beinhaltet das Energie- und Wassermanagement einschließlich dem Monitoring des Energieverbrauchs, das Controlling der Betriebskosten und die Erfassung der Nutzerzufriedenheit sowie die Überwachung der Raumluft- und Trinkwasserqualität [Ref 2.3-4]. Letztlich geht es also um die Erfassung, Beurteilung und Beeinflussung des realen Zustands und Verhaltens von Gebäuden in ihrer Nutzungs- und Betriebsphase einschließlich einer Information, Motivation und Einbeziehung der unmittelbaren Nutzer. Zusätzliche Aufgaben erwachsen dem Facility-Management durch die Gewinnung und Aufbereitung von Daten für die Nachhaltigkeitsberichterstattung oder im Zusammenhang mit der Gewinnung von Energie im oder am Gebäude [Ref 2.3-5]

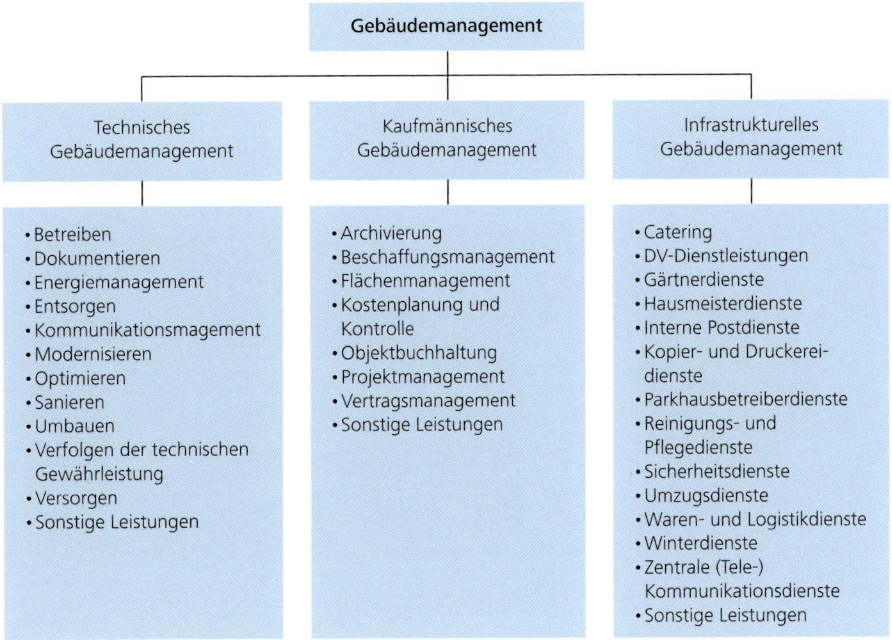

Bild 2.3-4
Aufgaben des Facility Managements (Quelle: Popp [Ref 2.3-3])

Handlungsmöglichkeiten der Nutzer

Die Nutzer von Gebäuden haben ein besonderes Interesse an den Bedingungen, die sich unmittelbar auf ihren persönlichen Komfort (thermisch, visuell und akustisch) sowie auf die die Qualität der Raumluft auswirken (→ Kapitel 5). Diese Faktoren beeinflussen ihre Gesundheit und Zufriedenheit und können sich auf ihre individuelle Leistungsfähigkeit auswirken. Die Gruppe der Nutzer selbst beeinflusst wiederum über ihr Verhalten in erheblichem Umfang den Verbrauch an Energie und Wasser und damit auch die Betriebskosten. Es ist daher wichtig, die Nutzer über ihren Einfluss auf die Gebäudeperformance regelmäßig zu informieren und zu einem energiesparenden Verhalten zu motivieren.

Gebäude nutzende Organisationen beeinflussen den Energieverbrauch mit der Gestaltung von Arbeitsprozessen, mit der Art und Intensität der Nutzung sowie mit der Wahl der Geräteausstattung und mit den Maßnahmen zur Information, Motivation und Beeinflussung ihrer Mitarbeiter oder der Nutzer. Diese Maßnahmen können sowohl Informationen zum Energieverbrauch als auch zu den Energiekosten umfassen. Bild 2.3-5 zeigt, wie im Plusenergie-Kinderhaus in Höhenkirchen (Bild 2.3-6) die Nutzer über den Energieverbrauch informiert werden.

Weitere Möglichkeiten zur Einflussnahme auf Nutzer sind Anreiz-Systeme. Ein Beispiel dafür ist das Fifty/Fifty Energiesparen an Schulen [Ref. 2.3-6]. Dabei werden Schüler und Lehrer zum energiesparenden Verhalten motiviert. Die Hälfte der eingesparten Energiekosten zahlt der Schulträger an die Schule aus. Das Konzept ist bereits in den neunziger Jahren entstanden, viele positive Erfahrungen liegen vor.

Handlungsmöglichkeiten der Planer

Planer üben mit ihren Entwurfsentscheidungen Einfluss auf die Nutzungsphase aus. Es stellt sich jedoch die Frage, ob und welche Erfahrungen aus dem realen Betrieb von Gebäuden für künftige Planungen gewonnen werden können. Ansätze wie die post occupancy evaluation (POE) [Ref 2.3-7] unter Mitwirkung von Planern, bei der eine nutzungs- und nutzerorientierte Erfolgsüberprüfung nach Inbetriebnahme erfolgt, sind in Deutschland nicht weit verbreitet. Ein wachsendes Interesse an der Nutzungsphase zeigt jedoch die Veröffentlichung von Kennwerten für Nutzungskosten durch das Baukosteninformationszentrum Deutscher Architektenkammern (BKI) [Ref 2.3-8]. Im Zusammenhang mit der Aufgabe, bereits in der Planung die Nutzungs- bzw. Lebenszykluskosten abzuschätzen, wächst der Bedarf an Erfahrungswerten zur technischen Zuverlässigkeit und Lebensdauer sowie zum Zyklus und zum finanziellen Aufwand für Inspektions-, Wartungs- und Instandsetzungsarbeiten sowie Ersatzinvestitionen. In verschiedenen Forschungsprojekten aus der Forschungsinitiative EnOB wird auf dieses Interesse mit der Einführung eines Langzeitmonitorings reagiert.

Kooperationsformen und Vertragsbeziehungen

Da die Performance von Gebäuden sowohl durch Merkmale und Eigenschaften auf die Investoren und Betreiber Einfluss haben, als auch durch das Verhalten der Nutzer beeinflusst wird, bietet sich eine Kooperation und ein Ausgleich von Interessen an. Hierfür stehen innovative Kooperationsmodelle und Vertragsformen zur Verfügung. Der „grüne Mietvertrag" ist ein relativ neues Modell, mit dem die Interessen von Vermietern, Betreibern und Nutzern ausbalanciert werden können [Ref 2.3-9]. Die das Gebäude nutzende Organisation kann sich zur Einhaltung einer maximalen Belegungsdichte und

Bild 2.3-5
Beispiel für die des Energieverbrauchs in einem Gebäude - Startseite des öffentlich zugänglichen Touch-Screens im Eingangsbereich
(Quelle: Fraunhofer IBP)

Bild 2.3-6
Plusenergie-Kinderhaus in Höhenkirchen
(Quelle: Fraunhofer IBP)

Geräteausstattung verpflichten und damit innere Wärmelasten begrenzen. Außerdem kann sich der Gebäudenutzer zur Übergabe von bestimmten Energieverbrauchskennwerten an den Betreiber verpflichten. Typische Beispiele für die Nutzung „grüner Mietverträge“ sind vermietete Bürogebäude und Shopping-Center.

Eine Besonderheit im Verhältnis der verschiedenen Akteure zueinander sind Modelle wie Public Private Partnership (PPP) bzw. Öffentlich-Private Partnerschaften (ÖPP) und entsprechende Betreibermodelle (Build-operate-transfer BOT) [Ref 2.3-10], [Ref 2.3-11]. Die Anbieter derartiger Modelle verpflichten sich zur Herstellung und Aufrechterhaltung einer definierten Objektperformance. Dies schließt den Komfort der Nutzer ebenso ein wie das Erreichen eines definierten energetischen Standards oder bestimmter Energie- oder Emissionskennwerte. Positive Erfahrungen mit einem PPP-Modell liegen beim Regionshaus Hannover vor (Bild 2.3-7). Hier wurde per Vertrag vereinbart, einen bestimmten energetischen Standard zu erreichen und das Gebäude unter definierten Rahmenbedingungen über 20 Jahre zu betreiben.

Ein weiteres Beispiel ist das Energieeinspar-Contracting [Ref. 2.3-12]. Es wird auch als energy performance contracting bzw. als energy savings performance contracting bezeichnet. Bei dieser Vertragsform, die teils durch die öffentliche Hand in Anspruch genommen wird, übernimmt ein Energieeinspar-Contractor als Anbieter die Planung, Finanzierung und Realisierung von Maßnahmen zur Energieeinsparung in einem vertraglich geregelten Umfang. Der Contractor erhält als Gegenleistung über eine vereinbarte Laufzeit einen Anteil von den eingesparten Energiekosten. Die Deutsche Energie-Agentur (dena) unterhält ein Kompetenzzentrum Contracting für Gebäude [Ref. 2.3-13]. Ein Beispiel für die Aufgabenteilung beim Energieeinsparcontracting zwischen beteiligten Akteuren zeigt Bild 2.3-8.

Für diese spezielle Form der Akteurskonstellation existieren Musterverträge und Leitfäden.

Bild 2.3-7
Regionshaus Hannover
(Quelle: Universität Wuppertal)

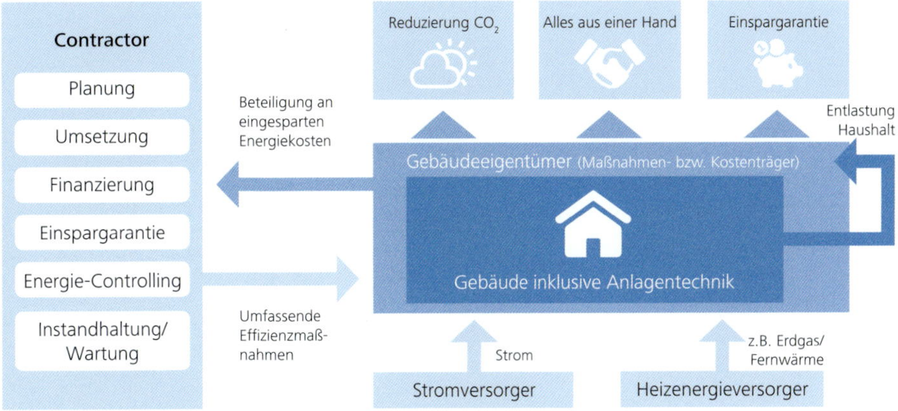

Bild 2.3-8
Am Energieeinsparcontracting beteiligte Akteure und ihre Aufgaben (Quelle: Deutsche Energieagentur dena [Ref. 2.3-14])

Referenzen, Anmerkungen

Ref 2.3-1
Bundesverband Öffentlicher Banken Deutschlands (VÖB), Berlin (Hrsg.): VÖB-ImmobilienAnalyse. Instrument zur Beurteilung des Chance- / Risikoprofils von Immobilien. Stand: September 2006. 2006

Ref 2.3-2
Dietrich, R.: Entwicklung werthaltiger Immobilien. Einflussgrößen – Methoden – Werkzeuge. Berlin: Vieweg Teubner, 2005. ISBN 978-3-519-00499-8

Ref 2.3-3
Popp, K.: Strategisches Facility Management zur Steigerung des Shareholder Values. Stuttgart: Fraunhofer IRB Verlag, 2001. ISBN 978 3 8167 5311 7, Schriftenreihe Planung, Technologie, Management und Automatisierung im Bauwesen. Bd. 2

Ref 2.3-4
Deutscher Verband für Facility Management (GEFMA) e V., Bonn (Hrsg.): Nachhaltigkeit im Facility Management. Grundlagen und Konzeption. Ausgabe 2014-10. GEFMA 160

Ref 2.3-5
Michl, P.; Unholzer, M.; Ströbele, Lützkendorf, T.: Energiemanagement und Gebäudeautomation – Konsequenzen für das Facility-Management ?! In: Facility Management. Frankfurt a. M., 26.-28. Febr. 2013. Tagungsband. Berlin: VDE Verl., 2013. S. 485 494

Ref 2.3-6
Fifty/Fifty Energiesparen an Schulen www.fifty-fifty.eu (Aufruf 04.12.2015)

Ref 2.3-7
Higher Education Funding Council for England (HEFCE), Bristol (UK) (Ed.): Guide to Post Occupancy Evaluation. 2006
http://www.smg.ac.uk/documents/POEBrochureFinal06.pdf
(Aufruf 04.12.2015)

Ref 2.3-8
Baukosteninformationszentrum Deutscher Architektenkammern (Hrsg.): Nutzungskosten Gebäude 2014/2015. Köln: Müller, 2014. ISBN 978 3 481-03079 7

Ref 2.3-9
greenLease Projektgruppe (Hrsg.): Der grüne Mietvertrag für Deutschland. Regelungsempfehlungen zur nachhaltigen Nutzung und Bewirtschaftung von Immobilien. 2012
http://www.der-gruene-mietvertrag.de/download.html (Aufruf 04.12.2015)

Ref 2.3-10
Littwin, F.; Schöne, F.J. (Hrsg.): Public Private Partnership im öffentlichen Hochbau. Stuttgart: Kohlhammer, 2006. ISBN 978-3-17-018970-6

Ref 2.3-11
Wolter, M.: BOT im Bauwesen. Grundlagen, Risikomanagement, Praxisbeispiele. Berlin: Springer, 2004. ISBN 978-3-642-18539-7

Ref 2.3-12
Hessisches Ministerium für Umwelt, Energie, Landwirtschaft und Verbraucherschutz, Wiesbaden (Hrsg.): Energieeinspar-Contracting in öffentlichen Liegenschaften.Leitfaden. 2012

Ref 2.3-13
Deutsche Energie-Agentur (DENA), Berlin (Hrsg.):, Kompetenzzentrum Contracting für Gebäude
www.dena.de/projekte/gebaeude/kompetenzzentrum-contracting-fuer-gebaeude.html (Aufruf 04.12.2015)

Ref 2.3-14
Deutsche Energie-Agentur (DENA), Berlin (Hrsg.): Energiespar-Contracting: Mit Garantie gespart.
http://www.kompetenzzentrum-contracting.de/contracting-modelle/energiespar-contracting/ (Aufruf 04.12.2015)

2.4 Systeme zur Bewertung der Nachhaltigkeit

Thomas Lützkendorf

Nachhaltigkeit

Der Begriff „Nachhaltige Entwicklung" wurde 1987 von der Brundtland Kommission (Weltkommission für Umwelt und Entwicklung) im Bericht „Unsere gemeinsame Zukunft" definiert und erläutert. Danach gilt eine Entwicklung dann als nachhaltig, wenn sie „ ... den Bedürfnissen der heutigen Generation entspricht, ohne die Möglichkeiten künftiger Generationen zu gefährden, ihre eigenen Bedürfnisse zu befriedigen ...." [Ref 2.4-1].

Die Inhalte und Ziele von Nachhaltigkeit werden z. T. auch mit alternativen Begriffen wie „Zukunftsfähigkeit" umschrieben. Eine Grundlage bildet der Ansatz der Generationengerechtigkeit, sowohl innerhalb der heutigen als auch zwischen derzeitigen und künftigen Generationen.

Die Möglichkeiten und Kriterien einer Beschreibung und Bewertung des Beitrages zu einer nachhaltigen Entwicklung müssen jeweils an den konkreten Betrachtungsgegenstand angepasst und in die Verantwortungsbereiche und Entscheidungsabläufe der jeweiligen Akteure integriert werden.

Mit der Einbeziehung von Kategorien des Aufwandes (insbesondere an Ressourcen), des Nutzens (hier der Befriedigung von Bedürfnissen) sowie die Abschätzung der Folgen für Umwelt und Gesellschaft ergeben sich Bezüge zum Begriff der Performance.

Nachhaltige Gebäude

Gebäude werden als nachhaltig betrachtet, wenn sie bei Erfüllung funktionaler und technischer Anforderungen in Kombination mit einer hohen gestalterischen und städtebaulichen Qualität eine überdurchschnittlich gute ökologische, ökonomische und soziale Performance aufweisen. Dies in Planung und Bewirtschaftung von Gebäuden systematisch zu überprüfen, ist eine Aufgabe der Nachhaltigkeitsbewertung.

Gebäude sind Teil der gebauten Umwelt und wirken sich auf unsere Lebens- und Arbeitsbedingungen aus. Ihre gestalterische und städtebauliche Lösung beeinflusst die Qualität des öffentlichen Raums (→ Kapitel 10). In ihrem gesamten Lebenszyklus verursachen sie erhebliche Energie- und Stoffströme mit teils unerwünschten Wirkungen auf die lokale und globale Umwelt. Ökonomisch repräsentieren sie sowohl aus betriebs- als auch aus volkswirtschaftlicher Sicht einen finanziellen Wert. Ihre soziale, funktionale, technische, ökologische und ökonomische Qualität hat damit einen Einfluss auf die nachhaltige Entwicklung. Diese soll so ausgestaltet werden, dass eine wirtschaftliche Entwicklung im Gleichklang mit sozialer Gerechtigkeit und Schutz der natürlichen Lebensgrundlagen gewährleistet wird. Um die allgemeinen Inhalte und Ziele einer nachhaltigen Entwicklung zu beschreiben, wird meist die Brundtland-Definition herangezogen (→ Infobox).

Nachhaltigkeit im Bauwesen

In den vergangenen Jahren hat sich im Bauwesen und in der Immobilienwirtschaft ein einheitliches, an die Besonderheiten und Bedürfnisse der Branche angepasstes Verständnis von Nachhaltigkeit herausgebildet. Dabei geht es auch um die Frage, was unter einem nachhaltigen Gebäude zu verstehen ist (→ Infobox).

Im Ergebnis der internationalen Normung (insbesondere Normungsarbeiten von ISO TC 59 SC 17 [Ref 2.4-2]) und der europäischen Normung (u. a. CEN TC 350 [Ref 2.4-3]) liegen anwendungsbereite Grundlagen für die Bewertung der Nachhaltigkeit von Gebäuden vor. Einen Überblick hierzu liefert [Ref 2.4-4]. Künftig sollen bereits in der Bedarfsplanung, in der Aufgabenstellung und in den frühen Phasen der Planung zusätzlich spezielle Anforderungen an die umweltbezogene, soziale und ökonomische Qualität von Gebäuden formuliert werden (Bild 2.4-1). Die weiterentwickelte DIN 18205 [Ref 2.4-5] zur Bedarfsplanung wird dies aufgreifen.

Bewertungssysteme

Parallel zur Normung werden weltweit Systeme zur Beschreibung und Bewertung der Nachhaltigkeit von Einzelbauwerken erarbeitet, erprobt und eingesetzt [Ref 2.4-7]. In Deutschland sind dies vor allem das Deutsche Gütesiegel Nachhaltiges Bauen der Deutschen Gesellschaft für Nachhaltiges Bauen (DGNB) sowie für den Bereich der öffentlichen Hand das Bewertungssystem Nachhaltiges Bauen (BNB) [Ref 2.4-8], [Ref 2.4-9]. Mit ihren Systemvarianten für ausgewählte Gebäude- und Nutzungsarten formulieren sie spezifische Anforderungen und Bewertungsmaßstäbe für unterschiedliche Bauaufgaben. Innerhalb der Systemfamilie von BNB liegt mit dem Modul „Nutzen und Betreiben" eine Variante vor, die sich speziell einer Bewertung von existierenden Gebäuden in der Nutzungsphase widmet (→ Kapitel 11.4.1).

Die Bewertungssysteme BNB und DGNB haben eine identische Struktur sowie vergleichbare Kriterien und Gewichtungen. Sie gehen von einer gleichberechtigten Betrachtung ökologischer, ökonomischer, sozialer (inklusive funktionaler) sowie technischer Aspekte aus und beziehen eine Bewertung der Prozessqualität (Planung und Ausführung) sowie eine Beschreibung der Standortqualität ein. Bild 2.4-2 zeigt den prinzipiellen Aufbau.

In die Beschreibung und Bewertung der ökologischen Qualität eines Gebäudes werden u.a. einbezogen

- Inanspruchnahme von Ressourcen
- Wirkungen auf die globale Umwelt
- Risiken für die lokale Umwelt.

Die Ergebnisse einer Ökobilanz werden in der Planung als Grundlage für die Beurteilung von Ressourceninanspruchnahme und Umweltwirkungen herangezogen. In die Ökobilanz fließen neben dem Energiebedarf in der Nutzungsphase die Energie- und Stoffströme infolge der Herstellung, Errichtung und Instandhaltung ein, ergänzt um die Auswirkungen von Rückbau und Entsorgung. Bei der Beurteilung der Nutzungsphase werden der Einsatz an Energieträgern und die resultierenden Emissionen an Klimagasen ausgewertet.

Für die Beurteilung der sozialen Qualität werden verschiedene Kriterien wie Sicherheit, Gesundheit und Komfort der Nutzer betrachtet. In der Entwurfsphase bilden Planungsergebnisse die Grundlage. Bei einer Anwendung in der Nutzungsphase können Messergebnisse zu ausgewählten Parametern

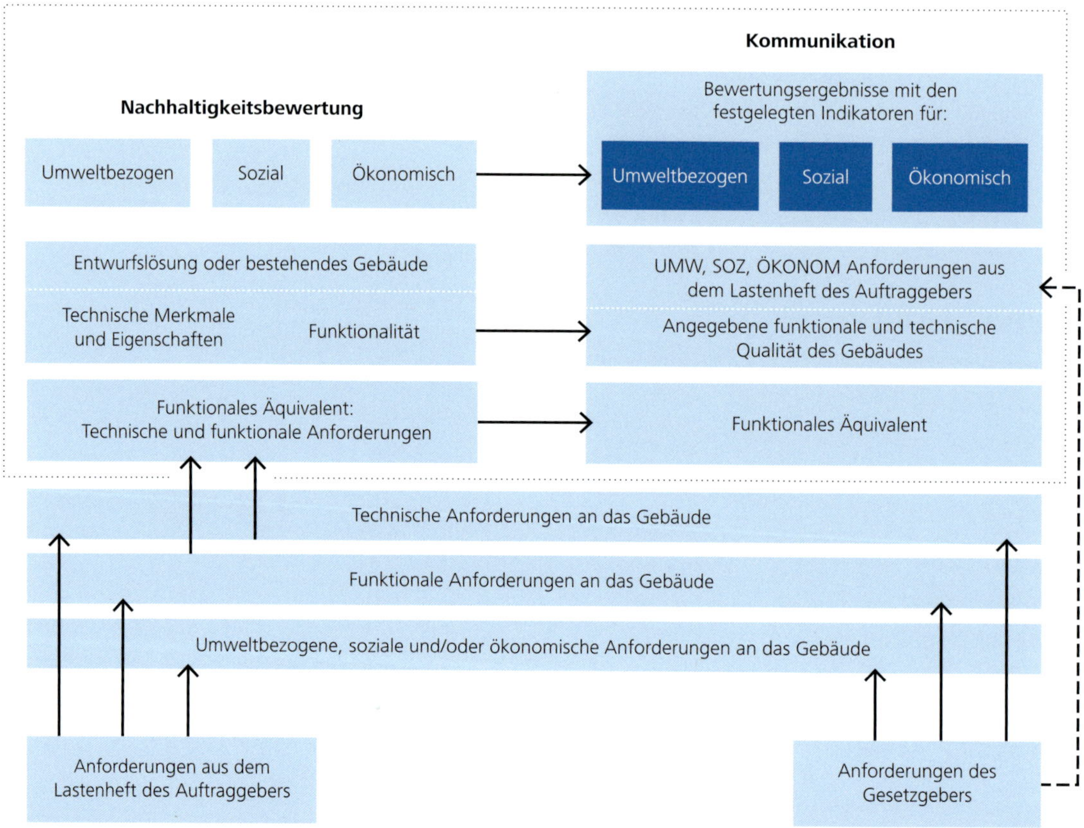

Bild 2.4-1
Integration von Nachhaltigkeitsaspekten in die Formulierung von Anforderungen (Quelle: DIN EN 15643-1:2010 Wiedergegeben mit Erlaubnis von DIN Deutsches Institut für Normung e. V. Maßgebend für das Anwenden der DIN-Norm ist deren Fassung mit dem neuesten Ausgabedatum, die bei der Beuth Verlag GmbH, Am DIN Platz, Burggrafenstraße 6, 10787 Berlin, erhältlich ist. [Ref 2.4-6])

des Raumklimas durch Befragungen der Nutzer hinsichtlich ihrer Zufriedenheit ergänzt werden.

Die Beschreibung und Bewertung der ökonomischen Qualität basiert auf den Ergebnissen einer Lebenszykluskostenrechnung. In diese fließen in der Entwurfsphase neben den geplanten Baukosten die Ergebnisse einer Prognose von Nutzungskosten ein. Angaben zum Energiebedarf sind hierbei eine wesentliche Grundlage (→ Kapitel 3.4). In der Nutzungs- und Betriebsphase werden die tatsächlichen Kosten erfasst und ausgewertet. Für eine Beurteilung der ökonomischen Performance in dieser Phase ist es hilfreich, zunächst auf Basis einer Beschreibung der tatsächlichen Nutzung und aktueller Preise aktuelle Soll-Vorgaben für die Nutzungskosten zu ermitteln.

Die planungs- und ausführungsbegleitende Nachhaltigkeitsbewertung unterstützt die Zielformulierung, die Planung und Ausführung sowie den späteren Betrieb. Sie ist geeignet, die Qualität des Gebäudes gegenüber Dritten zu kommunizieren sowie bei Bedarf in einem Label zusammenzufassen (Zertifizierung). Von besonderem Wert für die Zusammenfassung und Weitergabe wesentlicher Informationen zum Gebäude sind die entstehenden Dokumentationsunterlagen.

Im laufenden Betrieb steht die begleitende Nachhaltigkeitsbewertung für eine Erfolgskontrolle, sie unterstützt die Betriebsoptimierung und kontinuierliche Verbesserung. Die Ergebnisse einer Nachhaltigkeitsbewertung repräsentieren einen Gebäudezustand zu einem ausgewählten Zeitpunkt (beispielsweise Zeitpunkt der Übergabe oder konkretes Betriebsjahr).

In Deutschland werden auch internationale Nachhaltigkeitsbewertungssysteme eingesetzt – darunter LEED [Ref 2.4-11] und BREEAM [Ref 2.4-12]. Sie verfügen ebenfalls über Systemvarianten, die eine Beschreibung und Bewertung auch existierender Gebäude oder speziell der Nutzungsphase (z. B. BREEAM in use) unterstützen. Einen Überblick zu den in Europa eingesetzten Zertifizierungssystemen liefert die Europäische Nachhaltigkeitsstatistik [Ref 2.4-13]. Die in Deutschland entwickelten und eingesetzten Nachhaltigkeitsbewertungssysteme haben den Vorteil, dass sie an die Bedingungen und Anforderungen vor Ort gut angepasst sind und eine Übernahme von Daten aus Planung und Facility Management ermöglichen. Eine Sonderstellung nimmt BREEAM-DE Bestand [Ref 2.4-14] ein. Dieses System unterstützt die Steuerung der Gebäude-Performance durch eine jährliche Rezertifizierung.

Unterstützung der Planung

In frühen Phasen der Planung unterstützen Systeme zur Nachhaltigkeitsbewertung die Diskussion über die Projektziele und helfen, die zu definierenden Anforderungen zu strukturieren. Innerhalb von BNB wurden hierfür Hilfsmittel für eine Zielvereinbarung entwickelt und eingeführt (Bild 2.4.3).

In der Planungsphase fungieren Bewertungssysteme als Checkliste und erlauben bei einem planungsbegleitenden Einsatz die Beurteilung und Auswahl von Entwurfsvarianten. Sie befördern eine systemati-

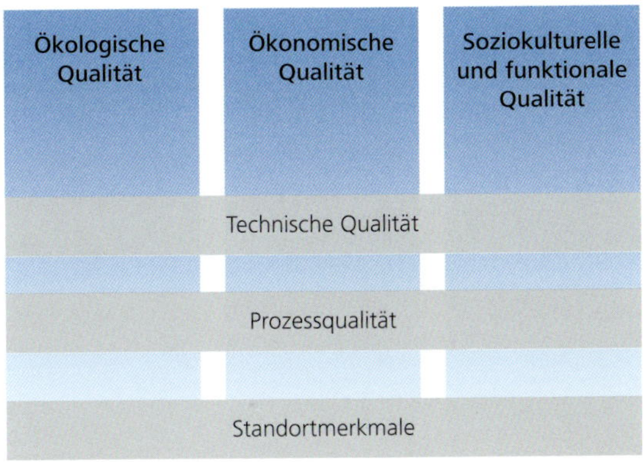

Bild 2.4-2
Hauptkriteriengruppen des Bewertungssystems Nachhaltiges Bauen BNB (identisch mit DGNB) (Quelle: BMUB, 2014 [Ref 2.4-10])

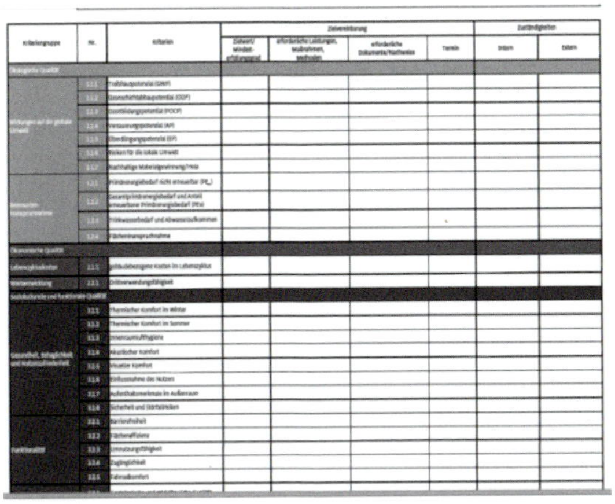

Bild 2.4-3
Auszug aus der Tabelle zur Zielvereinbarung nach Anlage B5 des Leitfadens Nachhaltiges Bauen (Quelle: BMUB, 2014 [Ref 2.4-10])

sche Verbesserung der Planungs- und Bauqualität und garantieren eine umfassende Objektdokumentation. Das Bewertungsergebnis repräsentiert die Gebäudequalität mit Blick auf die Nachhaltigkeit zum Zeitpunkt der Übergabe und Inbetriebnahme.

Das Energiekonzept nimmt während der Planung einen großen Einfluss auf die nachhaltigkeitsrelevanten Objekteigenschaften und auf das Ergebnis der Bewertung. Es wirkt sich unmittelbar auf folgende Bewertungskriterien aus:

- thermischer Komfort und Innenraumhygiene
- visueller Komfort
- Wirkungen auf die globale Umwelt (beeinflusst sowohl durch Art und Menge von Bauprodukten und haustechnischen Systemen im Zusammenhang mit Herstellung, Errichtung und Instandhaltung als auch durch den Energieverbrauch in der Nutzungsphase)
- Primärenergiebedarf (beeinflusst sowohl durch Art und Menge von Bauprodukten und haustechnischen Systemen im Zusammenhang mit Herstellung, Errichtung und Instandhaltung als auch durch den Energieverbrauch in der Nutzungsphase)
- gebäudebezogene Kosten im Lebenszyklus (beeinflusst durch Bau- und Instandsetzungskosten ebenso wie durch die Energiekosten)
- Flächeneffizienz (beeinflusst durch Art und Umfang benötigter Technikflächen)
- Wärmeschutz als Teil der technischen Qualität
- Qualität der Bauausführung (beeinflussbar durch Qualitätsüberprüfung der Hülle)
- Schaffung von Voraussetzungen für eine optimale Bewirtschaftung
- systematische Inbetriebnahme (z. B. hydraulischer Abgleich).

Wie gut Gebäude, die nach den Prinzipien einer integralen Planung entworfen und frühzeitig energetisch optimiert wurden, bei einer Bewertung der Nachhaltigkeit abschneiden, zeigen ausgewählte Modellprojekte der Forschungsinitiative EnOB, wie beispielsweise das Regionshaus Hannover (Bild 2.4-4) oder das Dienstleistungs- und Verwaltungszentrum in Eberswalde (Bild 2.4-5) sowie weitere, in Tabelle 2.4-1 angegebene Objekte.

Die Motive, die zu einer Bewertung der Nachhaltigkeit von Neubauten führen, wandeln sich. Von einem ursprünglich imagegetriebenen Vorgehen, welches bei der öffentlichen Hand durch Signale von Verantwortung gegenüber Umwelt und Gesellschaft noch immer seine Entsprechung findet, erfolgt ein allmählicher Übergang zu einem wertge-

Tabelle 2.4-1
Übersicht zu Modellprojekten der Forschungsinitiative EnOB, die einer externen Nachhaltigkeitsbewertung unterzogen wurden.
(Quelle: Forschungsinitiative EnOB)

Objekt		**Bewertung (Zertifikat/Stufe)**	**Baujahr**
Grundschule Hohen Neuendorf	Neubau	BNB / Gold	2011
Verwaltungszentrum Barnim	Neubau	BNB1 / Gold	2007
Verwaltungszentrum Barnim -	Bestandsgebäude	DGNB / Gold2	2007
Neues Regionshaus Hannover	Neubau	BNB1 / Gold	2007
Umweltbundesamt Dessau	Neubau	BNB1 / Gold	2005
ZUB – Zentrum für umweltbewusstes Bauen		DGNB / Silber	2001
Bürogebäude Z3, Züblin AG	Neubau	DGNB / Gold	2012
Kreissparkasse Göppingen	Neubau	DGNB / Gold	2011
Hamburger Behörde für Stadt-Entwicklung	Neubau	DGNB / Gold	2013
Solar Info Center Freiburg	Neubau	LEED / Platin	2003

Bild 2.4-4
Dienstleistungs- und Verwaltungszentrum in Eberswalde (Paul Wunderlich Haus). Das Gebäude wurde mit „DGNB Gold" ausgezeichnet.
(Quelle: Landkreis Barnim)

Bild 2.4-5
Foyer des Regionshaus Hannover. Das Gebäude wurde mit „DGNB Gold" ausgezeichnet.
(Quelle:© Fotodesign Andreas Braun, Hameln)

triebenen Ansatz. Inzwischen sehen viele Investoren den Zusammenhang zwischen der Nachhaltigkeit von Immobilien, ihrer dauerhaften Vermiet- und Vermarktbarkeit und ihrer Wertentwicklung (→ Kapitel 4.4.).

Beitrag zur Betriebsoptimierung

Die Bewertungssysteme sind auch in der Nutzungs- bzw. Betriebsphase anwendbar. Hier können sie zur Beurteilung des gegenwärtigen Zustandes eingesetzt werden – auch im Zuge einer Portfolioanalyse oder zur Vorbereitung einer Modernisierungsplanung. Weitere Einsatzmöglichkeiten sind die Erfolgskontrolle nach Abschluss der Inbetriebnahme oder von Modernisierungsvorhaben. Bewertungsgrundlage ist jeweils das tatsächliche Verhalten des Gebäudes in der Nutzungsphase. Durch die eingesetzten Methoden des Energieverbrauchsmonitorings, des Betriebskostencontrollings sowie der Nutzerzufriedenheitsanalyse ergeben sich Parallelen zu den Aufgaben des Facility Managements. Das Facility Management hat zwischenzeitlich eigene Anforderungen zur Integration von nachhaltigkeitsbezogenen Aufgaben in das Leistungsbild erarbeitet [Ref 2.4-14]. Eine weitere Arbeitsgrundlage liefert das BNB-Modul „Nutzen und Betreiben"(→ Kapitel 11.4.1). Es wird im Aktionsprogramm Klimaschutz 2020 erwähnt und zur verstärkten Anwendung empfohlen [Ref 2.4-15]. Erfahrungen hierzu liegen in einer Anwendung für das Verwaltungszentrum in Eberswalde (Paul-Wunderlich-Haus) vor. In der Tendenz nähern sich die Aufgaben der Performancemessung und der Bewertung der Nachhaltigkeit in der Nutzungsphase an. Eine Aufnahme in das Leistungsbild des Facility-Managements liefert die Grundlage für einen Prozess der kontinuierlichen Verbesserung.

Ein wesentlicher Aspekt der Nachhaltigkeitsbewertung in der Betriebs- und Nutzungsphase ist die Bildung von Kennwerten (→ Kapitel 3). Diese basieren auf den gebäudebezogenen Merkmalen und Eigenschaften, setzen jedoch auch eine Verknüpfung mit externen Daten voraus. Dies betrifft auch die Ermittlung von Primärenergie- und Emissionskennwerten. Bei den Energieversorgern können konkrete Angaben zu den Primärenergie- und Emissionsfaktoren abgefragt und bei der Beschaffung von Energiedienstleistungen berücksichtigt werden.

Referenzen, Anmerkungen

Ref 2.4-1
United Nations. World Commission on Environment and Development, New York (USA) (Ed.): Our Common Future. Brundtland Report. 1987. https://en.wikisource.org/wiki/Brundtland_Report (Aufruf 4.12.2015)

Ref 2.4-2
International Organization for Standardization (ISO), Geneve (Switzerland). Technical Committee (TC) (Ed.): ISO/TC 59/SC 17Sustainability in buildings and civil engineering works. 2002. http://www.iso.org/iso/iso_technical_committee?commid=322621 (Aufruf 4.12.2015)

Ref 2.4-3
European Committee for Standardization (CEN), Brussels (Belgium) (Ed.):Technical Committee (TC) 350 Sustainability of construction works http://portailgroupe.afnor.fr/public_espacenormalisation/CENTC350/index.html (Aufruf 04.12.2015)

Ref. 2.4.-4
Lützkendorf, T.: Normen als Verständigungsgrundlage und Handlungsanleitung beim nachhaltigen Bauen. In: Bauer, M.; Hausladen, G.; Hegger, M.; Hegner, H.-D.; Lützkendorf, T.; Radermacher, F.-J.; Sedlbauer, K.; Sobek, W.: Nachhaltiges Bauen. Zukunftsfähige Konzepte für Planer und Entscheider. Berlin: Beuth Verl., 2011. ISBN 978 3 410 20547 0

Ref 2.4-5
DIN 18205:1996 Bedarfsplanung im Bauwesen, Berlin: Beuth Verl, 1996

Ref 2.4-6
DIN EN 15643-1:2010 Nachhaltigkeit von Bauwerken - Bewertung der Nachhaltigkeit von Gebäuden - Teil 1: Allgemeine Rahmenbedingungen; Deutsche Fassung
EN 15643-1:2010 Sustainability of construction works – Sustainability assessment of buildings – Part 1: General framework
Berlin: Beuth Verl, 2010

Ref 2.4-7
Ebert, T.; Essig, N.; Hauser, G.: Zertifizierungssysteme für Gebäude. Nachhaltigkeit bewerten, Internationaler Systemvergleich, Zertifizierung und Ökonomie. München: Institut für Internationale Architektur-Dokumentation, 2010. ISBN 978-3-920034-46-1, Detail Green Books

Ref 2.4-8
Deutsche Gesellschaft für Nachhaltiges Bauen (DGNB) e. V., Stuttgart (Hrsg.): Bewertungssystem zum Deutschen Gütesiegel Nachhaltiges Bauen www.dgnb.de (Aufruf 4.12.2015)

Ref 2.4-9
Bundesministerium für Umwelt, Naturschutz, Bau und Reaktorsicherheit (BMUB), Berlin (Hrsg.): Informationsportal Nachhaltiges Bauen www.nachhaltigesbauen.de (Aufruf 4.12.2015)

Ref 2.4-10
Bundesministerium für Umwelt, Naturschutz, Bau und Reaktorsicherheit (BMUB), Berlin (Hrsg.): Leitfaden Nachhaltiges Bauen. Sept. 2014

Ref 2.4-11
US Green Building Council (US GBC), Washington D.C. (USA) (Ed.): Assessment System „Leadership in Energy & Environmental Design" (LEED) (Aufruf 4.12.2015)

Ref 2.4-12
Building Research Establishment (BRE), Watford (UK) (Ed.): BRE Environmental Assessment Method (BREEAM) www.breeam.org (Aufruf 4.12.2015)

Ref 2.4-13
RICS Deutschland Ltd, Frankfurt a. M. (Hrsg.): Grün kommt. Europäische Nachhaltigkeitsstatistik 2015. Going for Green. Sustainable Building Certification Statistics Europe 2015. Insight www.rics.org (Aufruf 04.12.2015)

Ref 2.4-14
Deutsches Privates Institut für Nachhaltige Immobilienwirtschaft (DIFNI), Frankfurt a. M. (Hrsg.): Nachhaltigkeitsbewertungssystem BREEAM DE Bestand.
www.breeam.de

Ref 2.4-15
GEFMA 160:2014 Nachhaltigkeit im Facility Management, Deutscher Verband für Facility Management www.gefma.de (Aufruf 4.12.2015)

Ref 2.4-16
Bundesministerium für Umwelt, Naturschutz, Bau und Reaktorsicherheit (BMUB): Klimaschutzbericht 2015 zum Aktionsprogramm Klimaschutz 2020 der Bundesregierung. Nov. 2015 www.bmub.bund.de http://www.bmub.bund.de/fileadmin/Daten_BMU/Pools/Broschueren/klimaschutzbericht_2015_bf.pdf (Aufruf 4.12.2015)

2.5 Energetische Portfolioanalyse und Nachhaltigkeitsbericht

Thomas Lützkendorf
Matthias Unholzer

Mit den Themen der energetischen Portfolioanalyse und der Nachhaltigkeitsberichterstattung in Unternehmen und anderen Institutionen wird der Übergang von einer Betrachtung von Einzelbauwerken zur Auseinandersetzung mit kompletten Gebäudebeständen vollzogen. Informationen zu Einzelbauwerken bilden auch hierfür weiterhin die Grundlage. Eine mögliche Vorgehensweise kann am Beispiel eines großen Discounters vorgestellt werden. Hier wurden die Ergebnisse eines EnOB-Projektes verwendet (Bild 2.5.1), um für die Entwicklung des Gebäudebestandes Strategien und bauliche Lösungen für die Verbesserung der energetischen Qualität zu erproben.

Sowohl die Unternehmen der Wohnungs- und Immobilienwirtschaft als auch sonstige Unternehmen mit eigenen Gebäudebeständen benötigen Grundlagen und Daten für die Steuerung und Weiterentwicklung ihrer Gebäudebestände. Hierbei stehen derzeit auch eine Verbesserung der Energieeffizienz und ein stärkerer Beitrag zur nachhaltigen Entwicklung im Fokus. Die Unternehmen verwenden zunehmend Methoden der Portfolioanalyse und eines darauf aufbauenden Portfoliomanagements [Ref 2.5-1]. Teilweise hat sich der Ansatz einer speziellen energetischen Portfolioanalyse herausgebildet. Gleichzeitig veröffentlichen Unternehmen als Bestandteil ihres Nachhaltigkeitsberichts auch Kennwerte, die einen Bezug zur energetischen Qualität ihrer Gebäudebestände aufweisen. Größere Unternehmen unterliegen künftig der Pflicht zur

Bild 2.5-1
Energieeffizienter Supermarkt mit Nutzung von Tageslicht, Erdwärme/-kälte und Abwärme (Quelle: Aldi Süd)

Veröffentlichung eines Nachhaltigkeits- bzw. CSR-Berichts (Bericht zur Corporate Social Responsibility) [Ref 2.5-2] bzw. zur Erstellung eines Energieaudits unter Beachtung der DIN EN 16247 [Ref 2.5-3], [Ref 2.5.4].

Energetische Portfolioanalyse

Die Portfolioanalyse im Kontext der vorliegenden Publikation fokussiert auf die energetischen Aspekte. Meist wird von einer Erfassung und Analyse der Energieverbräuche aller Einzelbauwerke im Gebäudebestand (Portfolio) ausgegangen, an die sich ein „energetischer Schnellcheck" anschließt. Hierfür stehen Hilfsmittel (→ Kapitel 11.2.3) und Informationsquellen zur Verfügung [Ref 2.5-6].

Auf der Basis von Energieverbrauchskennwerten, (→ Kapitel 3.2), und unter Nutzung von Benchmarks für ausgewählte Gebäude- und Nutzungsarten werden im Sinne einer Grobanalyse diejenigen Einzelbauwerke identifiziert, die einen überdurchschnittlich hohen Energieaufwand aufweisen. Diese können anschließend einer Detail- oder Feinanalyse unterzogen werden (Bilder 2.5-2 und 2.5-3).

Bild 2.5.-3 zeigt am Beispiel der Liegenschaften einer Forschungseinrichtung, wie Gebäude mit hohem spezifischem Wärmeverbrauch und hohem absolutem Wärmeverbrauch im Rahmen einer Grobdiagnose identifiziert werden können.

Modernisierungsmaßnahmen an bestehenden Gebäuden werden im Ergebnis komplexer Überlegungen und Einschätzungen geplant und ausgeführt. Es wird geprüft, ob die künftige Nutzbarkeit gegeben, ein Sanierungsstau vorhanden ist oder ob gesetzliche Vorgaben (Brandschutz, Barrierefreiheit) eine Modernisierung erforderlich machen. Alternativ zu einer gesonderten energetischen Portfolioanalyse bietet sich die Integration von energiebezogenen Merkmalen und Eigenschaften in die etablierte Portfolioanalyse an. Hierfür eignet sich insbesondere die dreidimensionale Untersuchung der Abhängigkeit des Vermietungserfolgs von der Objekt- und Standortqualität [Ref 2.5-7]. So können beispielsweise in die Beschreibung und Bewertung der Standortqualität Angaben zu Stand und Trend des Klimawandels (u. a. Außenlufttemperaturen, → Kapitel 1.2) und in die Beschreibung und Bewertung der Objektqualität die Energieeffizienzklasse der Gebäude sowie die Qualität des sommerlichen Wärmeschutzes einbezogen werden.

Eine mögliche Zwischenstufe hierfür ist die Kombination aus energetischer, technischer und kaufmännischer Betrachtung aller Einzelobjekte eines Gebäudebestandes (Bild 2.5-4).

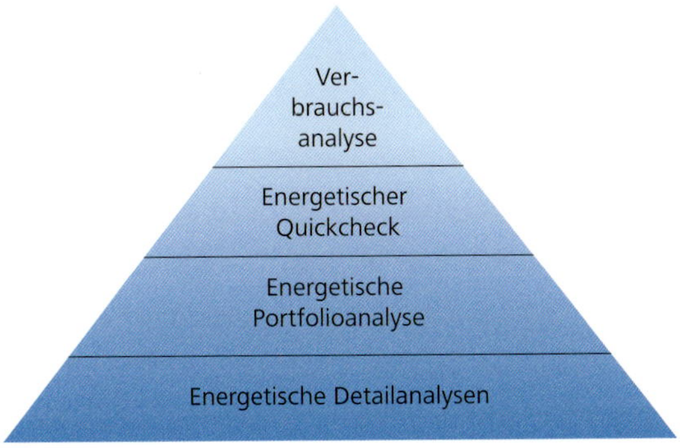

Bild 2.5-2
Schematische Darstellung: Von der Grob- zur Feindiagnose; (Quelle: Raschper, 2007 [Ref. 2.5-5])

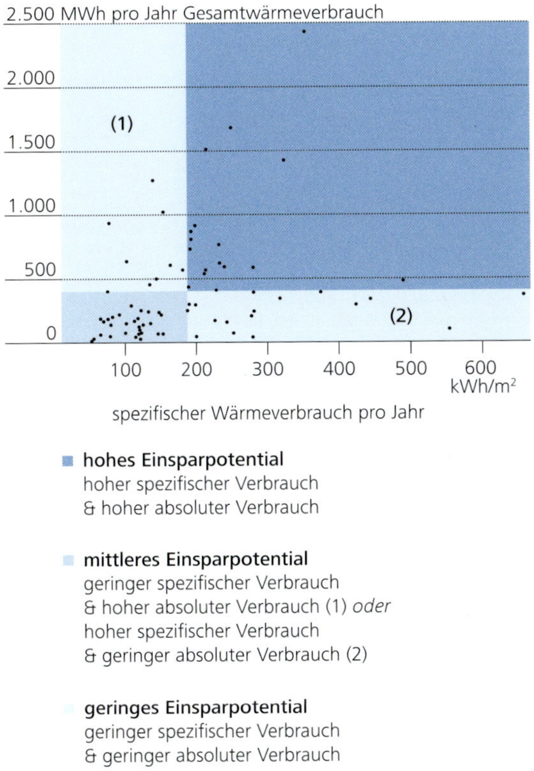

Bild 2.5-3
Grobdiagnose am Beispiel des Gebäudebestandes einer Forschungseinrichtung (Quelle: KIT, 2011 [Ref. 2.5-6])

Mit diesem Ansatz kann vermieden werden, dass Immobilien energetisch saniert werden, auch wenn deren Vermietbarkeit nicht mehr sinnvoll gegeben ist oder deren technische und funktionale Qualität mittelfristig eine Weiternutzung in Frage stellt. Die komplexe Betrachtung technischer, wirtschaftlicher und energetischer Merkmale bei der Weiterentwicklung von Einzelimmobilien innerhalb eines Portfolios ermöglicht die Kopplung der energetischen Modernisierung mit ohnehin erforderlichen Sanierungs- oder Umbaumaßnahmen bzw. der Umsetzung einer Aufwertungsstrategie.

Nachhaltigkeitsbericht

Mit einem Nachhaltigkeitsbericht zeigen Unternehmen, ob und inwieweit sie ökologische und soziale Verantwortung übernehmen. Eine Orientierung zu einer diesbezüglichen Berichterstattung bieten u.a. DIN ISO 26000 [Ref 2.5-8] sowie ein entsprechender Leitfaden [Ref 2.5-9]. Nachhaltigkeitsberichte orientieren sich heute überwiegend am Standard der Global Reporting Initiative (GRI) [Ref 2.5-10]. Für Unternehmen der Bau- und Immobilienwirtschaft existiert eine branchenspezifische Lösung [Ref 2.5-11].

Ein Teilaspekt aller Berichte ist die Darstellung und Analyse des Energieverbrauchs für den Betrieb des eigenen bzw. des genutzten Gebäudebestandes sowie die daraus resultierenden Wirkungen auf

Bild 2.5-4
Dreidimensionale Darstellung der Kriterien einer Portfolioanalyse unter Einbeziehung einer energetischen Betrachtung
(Quelle: Raschper, 2007 [Ref 2.5-5])

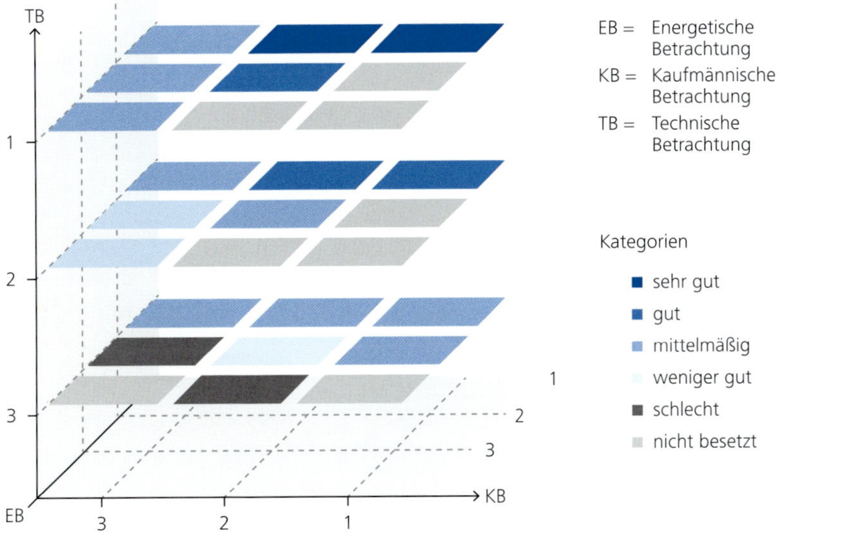

die globale und lokale Umwelt. Häufig bilden derartige Angaben in Kombination mit Aussagen zur Mobilität den Berichtsteil Betriebsökologie.

Tabelle 2.5-1 gibt einen Überblick zu Kriterien der Nachhaltigkeitsberichterstattung, die in der Betriebsökologie dem Bau und Betrieb von Gebäuden zugeordnet werden.

Angaben zu Energieverbräuchen und Umweltauswirkungen werden veröffentlicht von Unternehmen der Wohnungswirtschaft (Bild 2.5-5), Bankengruppen (Bild 2.5-6 und 2.5-7) oder Forschungseinrichtungen (Bild 2.5-8).

Es wird deutlich, dass aktuell insbesondere der Trend bei Energieaufwand und Wirkungen auf die Umwelt analysiert wird. Hierbei gilt, dass sich wesentliche Parameter, wie Art und Umfang einbezogener Gebäude oder Art und Intensität der Nutzung, ändern können. Dies sollte ausdrücklich vermerkt und transparent dargestellt werden. Ein Vergleich mit absoluten Benchmarks wird für die einzelnen Gebäude- und Nutzungsarten empfohlen und könnte künftig Bestandteil einer tiefergehenden Analyse sein. Empfehlungen zum Nachhaltigkeitsmanagement und zur Nachhaltigkeitsberichterstattung unter Beachtung von Anforderungen an Transparenz und Vergleichbarkeit liegen im Ergebnis des Forschungsvorhabens LeNa vor [Ref. 2.5-15].

Energieverbrauch und CO_2-Emission

Energieverbrauchsklassen Endenergieverbrauch	2014 Gesamtbest.	2014 Neubau	2013 Gesamtbest.	2013 Neubau	2012 Gesamtbest.	2012 Neubau
A+: < 30 kWh/m²/Jahr	0,00 %	–	0,00 %	–	0,00 %	–
A: < 50 kWh/m²/Jahr	0,46 %	–	1,05 %	–	0,00 %	–
B: < 75 kWh/m²/Jahr	0,93 %	–	1,05 %	–	0,00 %	–
C: < 100 kWh/m²/Jahr	5,56 %	–	7,89 %	–	6,88 %	–
D:< 130 kWh/m²/Jahr	17,13 %	–	18,43 %	–	19,83 %	–
E:< 160 kWh/m²/Jahr	18,06 %	–	22,11 %	–	23,75 %	–
F: < 200 kWh/m²/Jahr	25,00 %	–	24,21 %	–	30,00 %	–
G: < 250 kWh/m²/Jahr	20,37 %	–	15,26 %	–	15,63 %	–
H: > 250 kWh/m²/Jahr und mehr	12,50 %	–	10,00 %	–	4,38%	–
Durchschnittsverbrauch kWh/m²/Jahr	**189,6**	–	**183,0**	–	**187,9**	–
Gesamtverbrauch MWh/Jahr:	**265.071**	–	**227.280**	–	**203.102**	–

CO_2-Emission	2014 Gesamtbest.	2014 Neubau	2013 Gesamtbest.	2013 Neubau	2012 Gesamtbest.	2012 Neubau
zwischen 0 und 5 CO_2/m²/Jahr	0,00 %	–	0,00 %	–	0,00 %	–
zwischen 6 und 10 CO_2/m²/Jahr	0,46 %	–	1,05 %	–	0,00 %	–
zwischen 11 und 20 CO_2/m²/Jahr	1,39 %	–	4,21 %	–	1,25 %	–
zwischen 21 und 35 CO_2/m²/Jahr	33,33 %	–	37,37 %	–	38,75 %	–
zwischen 36 und 55 CO_2/m²/Jahr	45,83 %	–	42,11 %	–	50,00 %	–
zwischen 56 und 80 CO_2/m²/Jahr	17,13 %	–	13,68 %	–	10,00 %	–
zwischen 81 CO_2/m²/Jahr und mehr	1,85 %	–	1,58 %	–	0,00 %	–
Durchschnittsemissionen kg CO_2/m²/Jahr	**54,78**	–	**50,37**	–	**50,85**	–
Gesamtemission t CO_2/Jahr	**76.584**	–	**62.558**	–	**52.197**	–

Bild 2.5-5
Energieverbrauch und CO_2-Emissionen im CSR-Bericht eines Wohnungsunternehmens (Quelle: GWG München [Ref 2.5-12])

STROM- UND WÄRMEVERBRAUCH

in Kilowattstunden (kWh)	2014	2013*	2012
STROMVERBRAUCH			
Stromverbrauch gesamt	26.531.396	27.969.761	26.947.829
davon Ökostrom	26.437.313	27.815.961	26.942.158
Spezifischer Stromverbrauch (kWh/FTE)	7.281	7.787	8.734
WÄRMEVERBRAUCH			
Wärmeverbrauch gesamt	13.335.658	15.316.858	13.796.408
Spezifischer Wärmeverbrauch (kWh/FTE)	3.660	4.264	4.352

* Unsere Umweltkennzahlen weisen seit 2013 durchgängig eine Abdeckung von 100 Prozent in Deutschland auf. Die Ableitung der CO_2-Verbräuche haben wir angepasst und orientieren uns seit 2013 in allen Kennzahlen an den VfU-Umrechnungswerten. Damit konnten wir die Qualität der Umrechnung deutlich verbessern. CO_2-Kennzahlen fallen mit der Betrachtung vor- und nachgelagerter Prozesse damit höher aus als in den Vorjahren.

Im Jahr 2014 konnten wir unsere Strom- und Fernwärmeverbräuche reduzieren. Einerseits haben wir weniger Strom für den Betrieb unserer Rechenzentren benötigt, andererseits zahlen sich die diversen energetischen Maßnahmen der vergangenen Jahre aus. Und der milde Winter sorgte für einen geringeren Fernwärmeverbrauch.

CO_2-EMISSIONEN AUS STROM UND WÄRME

in Kilogramm (kg)	2014	2013*	2012	2011
CO_2-Emissionen Strom gesamt	406.514	482.820	2.500,5	98,4
Spezifische CO_2-Emissionen Strom (kg/FTE)	112	134	0,81	0,03
CO_2-Emissionen durch Wärme	1.312.229	1.507.177	2.859.636	2.235.072
Spezifische CO_2-Emissionen Wärme (kg/FTE)	360	420	902	679

* Unsere Umweltkennzahlen weisen seit 2013 durchgängig eine Abdeckung von 100 Prozent in Deutschland auf. Die Ableitung der CO_2-Verbräuche haben wir angepasst und orientieren uns seit 2013 in allen Kennzahlen an den VfU-Umrechnungswerten. Damit konnten wir die Qualität der Umrechnung deutlich verbessern. CO_2-Kennzahlen fallen mit der Betrachtung vor- und nachgelagerter Prozesse damit höher aus als in den Vorjahren.

Der geringere Stromverbrauch 2014 spiegelt sich auch in geringeren CO_2-Emissionen wider. Zusätzlich sind die spezifischen CO_2-Emissionen aufgrund der größeren Mitarbeiterzahl 2014 gesunken. Im Jahr 2013 hatte der Stromverbrauch gegenüber 2012 aufgrund der erhöhten Abdeckung und der gestiegenen Mitarbeiterzahl am Standort Frankfurt zugenommen. Da mit den VfU-Umrechnungsfaktoren auch vor- und nachgelagerte Prozesse in der Grünstrom-Nutzung mit CO_2 berechnet werden, fallen die CO_2-Werte hier deutlich höher aus als in den Vorjahren. Auch die Belastung durch Fernwärme wurde mit den VfU-Faktoren aktualisiert.

Bild 2.5-6
Daten zum Strom- und Wärmeverbrauch im Nachhaltigkeitsbericht einer Bankengruppe (Quelle: DZ Bank [Ref 2.5-13])

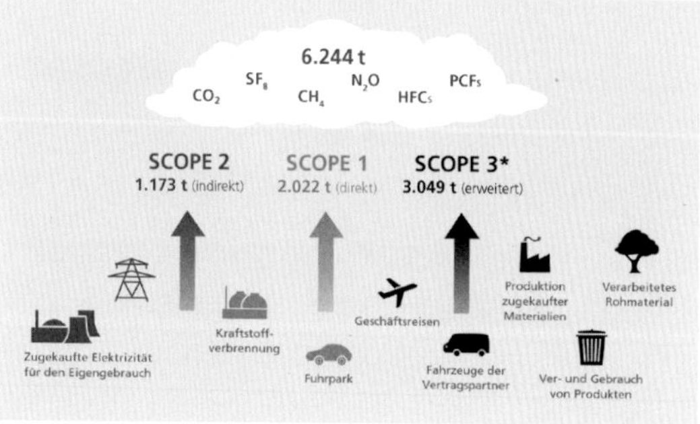

Bild 2.5-7
Carbon Footprint einer Bankengruppe mit Zuordnung von Emissionen zu Scope 1 - 3
(Quelle: DZ Bank [Ref 2.5-13])

G4-EN3	Energieverbrauch innerhalb der Organisation
G4-EN4	Energieverbrauch ausserhalb der Organisation
G4-EN5	Energieintensität
G4-EN6	Verringerung des Energieverbrauchs
G4-EN7	Senkung des Energiebedarfs für Produkte und Dienstleistungen
G4-EN15	Direkte Treibhausgasemissionen (Scope1)
G4-EN16	Indirekte energiebezogene Treibhausgasemissionen (Scope 2)
G4-EN17	Weitere indirekte Treibhausgasemissionen (Scope 3)
G4-EN18	Intensität der Treibhausgasemissionen
G4-EN19	Reduzierung der Treibhausgasemissionen
G4-EN20	Emissionen Ozon abbauender Stoffe
G4-EN21	NOx, SOx und andere signifikante Emissionen

Tabelle 2.5-1
Ausgewählte Indikatoren einer Nachhaltigkeitsberichterstattung zum Thema Energieverbrauch und Emissionen (Quelle: Global Reporting Initiative – GRI [Ref 2.5-11])

Nachhaltigkeitsberichte werden von externen Agenturen geprüft, beurteilt und einem Rating unterzogen. Dieses kann sich auch auf den Börsenwert des Unternehmens oder das Image der Organisation auswirken. Für viele Unternehmen ist gerade dieser Umstand entscheidender Beweggrund für bestimmte Maßnahmen wie den Auf- und Ausbau von Energie- und Umweltmanagementsystemen, die energetische Analyse und Verbesserung eigener Gebäudebestände, die Neuausrichtung der Beschaffung von Energie und Energiedienstleistungen oder die Errichtung oder Anmietung von Gebäuden, die über eine überdurchschnittliche energetische bzw. Nachhaltigkeitsqualität verfügen. Die Berichterstattung zur Nachhaltigkeit kann zum Antrieb für die energetische Aufwertung des unternehmenseigenen Gebäudebestandes sowie für die Umstellung der Energieversorgung auf erneuerbare Energien werden.

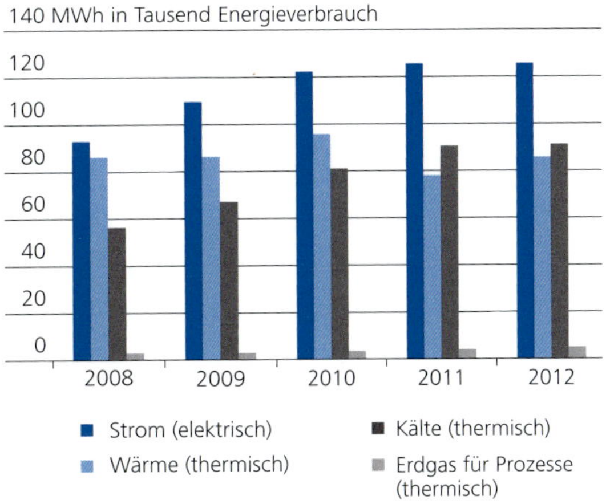

Bild 2.5-8
Angaben zum Strom- und Wärmeverbrauch im Nachhaltigkeitsbericht einer Forschungseinrichtung
(Quelle: Forschungszentrum Jülich [Ref 2.5-14])

Referenzen, Anmerkungen

Ref 2.5-1
Schulte, K.-W.; Thomas, M. (Hrsg.): Handbuch Immobilien-Portfoliomanagement. Köln: ImmobilienManager Verl., 2007. ISBN 978 3 89984 136 7

Ref 2.5-2
EU-Richtlinie zur Erweiterung der Berichterstattung von bestimmten großen Unternehmen und Konzernen hinsichtlich nichtfinanzieller und die Diversität betreffender Informationen („Corporate Social Responsibility") ; Amtsblatt der EU vom 15.11.2014

Ref 2.5-3
Gesetz zur Teilumsetzung der Energieeffizienzrichtlinie und zur Verschiebung des Außerkrafttretens des § 47g Absatz 2 des Gesetzes gegen Wettbewerbsbeschränkungen vom 15.04.2015. In: Bundesgesetzblatt Teil 1 (2015), Nr. 15 vom 21.04.2015, S. 578-582 (beschreibt relevante Veränderungen des Gesetzes über Energiedienstleistungen und andere Energieeffizienzmaßnahmen vom 4.11.2010, BGBl. I S. 1483)

Ref 2.5-4
DIN EN 16247-1:2012 Energieaudits – Teil 1: Allgemeine Anforderungen. Deutsche Fassung EN 16247-1:2012
Energy audits – Part 1: General requirements. Englisch
Berlin: Beuth Verl., 2012

Ref 2.5-5
Raschper, N.: Energetische Portfolioanalyse – vom Energiebenchmark zur energetischen Gebäudeaufwertung. In: iwb aktuell. (2007), H. 31

Ref 2.5-6
Gendolf, B.; Wagner, A.: Energetisches Benchmarking – Systematisches Erschließen von Energieeinsparpotenzialen im Immobilienbestand des campus Nord am KIT durch datenbankgestütztes Monitoring. Bericht. Karlsruher Institut für Technologie – KIT (Hrsg.). 2011

Ref 2.5-7
Sydow, M.; Kook, H.: Strategisches Portfoliomanagement in der Immobilienwirtschaft, Hammonia, 2010. ISBN 978-3-87292-246-5

Ref. 2.5-8
DIN EN 26000:2011 Leitfaden zur gesellschaftlichen Verantwortung. Deutsche Fassung
ISO 26000:2010 Guidance on social responsibility. Englisch
Berlin: Beuth Verl., 2011

Ref 2.5-9
Bundesministerium für Arbeit und Soziales, Berlin (Hrsg.): Die DIN ISO 26000 Leitfaden zur gesellschaftlichen Verantwortung von Organisationen – Ein Überblick. 2011

Ref 2.5-10
Global Reporting Initiative (GRI), Amsterdam (Netherlands) (Ed.): G4 Leitlinien zur Nachhaltigkeitsberichterstattung. Berichterstattungsgrundsätze und Standardangaben. 2013

Ref 2.5-11
Global Reportiung Initiative (GRI)), Amsterdam (Netherlands) (Ed.): G4 Sector Disclosures. Construction and Real Estate. 2014,
https://www.globalreporting.org/resourcelibrary/German-G4-Part-One.pdf (Aufruf 4.12.2015)

Ref 2.5-12
GWG München (Hrsg.): Gut zu wohnen. Jahresbericht. CSR-Report. 2014
http://www.gwg-muenchen.de/wp-content/uploads/2015/07/GWG-Jahresbericht-und-CSR-Report-2014.pdf (Aufruf 4.12.2015)

Ref 2.5-13
DZ Bank AG, Frankfurt a. M. (Hrsg.): Nachhaltigkeitsbericht 2014
https://www.nachhaltigkeit.dzbank.de/content/dam/nachhaltigkeit/bilder/NF/2014/DZ_BANK_Nachhaltigkeitsbericht_2014.pdf (Aufruf 4.12.2015)

Ref 2.5-14
Forschungszentrum Jülich (Hrsg.): Nachhaltigkeitsbericht 2012/2013. Vernetzen, forschen, weiterdenken. 2014
http://www.fz-juelich.de/SharedDocs/Downloads/PORTAL/DE/publikationen/themenhefte/nachhaltigkeitsbericht_2012_13.html (Aufruf 4.12.2015)

Ref 2.5-15
BMBF-Forschungsvorhaben „LeNa – Leitfaden für das Nachhaltigkeitsmanagement in außeruniversitären Forschungseinrichtungen", 2015
www.lena-projekt.de (Aufruf 4.12.2015)

3 Energie- und Umweltperformance

Karsten Voss

Demonstrationsprojekte zum energieoptimieren Bauen liefern mit ihren gemessenen Energieverbräuchen eine wesentliche Grundlage zur Definition von zukünftigen gesetzlichen Standards. Deshalb wurde im Rahmen der Forschungsinitiative EnOB eine öffentlich zugängliche Datenbank erstellt, die seit 2014 einen schnellen und umfassenden Zugriff auf eine kontinuierlich wachsende Zahl von Modellprojekten mit ihren Daten und Betriebsergebnissen ermöglicht (→ Kapitel 11.5). Für Verwaltungsgebäude und für weitere, bisher weniger erforschte Gebäudetypologien werden in Kapitel 3.2 aussagekräftige Energie- und Emissionskennwerten präsentiert. Die methodischen Grundlagen bereitet Kapitel 3.1 vor. Für einige Gebäude werden zusätzlich Langzeitbetrachtungen des Energieverbrauchs über einen Zeitraum von zehn Jahren vorgestellt. In diesem Zeitraum sind Wartung- und Instandhaltung, Umbaumaßnahmen, Nutzerwechsel etc. eingeschlossen.

Von besonderem Interesse ist die vergleichende Betrachtung der Energiekennwerte mit den in Kapitel 4 thematisierten Baukostenkennwerten und der projektübergreifenden Betrachtung der eingesetzten Technologien in Kapitel 8.1.

Gebäude mit ausgeglichener Energie- und Emissionsbilanz werden als „Null- und Plusenergiegebäude" bisher insbesondere bei kleinen Wohnbauten thematisiert. Der Fokus liegt neben der Energieeinsparung auf dem Beitrag der erneuerbaren Energien zur positiven Energiebilanz. Die evaluierten Projekte zeigen, dass es heute unter günstigen Voraussetzungen auch bei Nichtwohngebäuden gelingen kann, den jährlichen Energieverbrauch primärenergetisch durch lokale Solarenergienutzung auszugleichen bzw. den damit verbundenen Klimagasemissionen entsprechende Gutschriften durch Netzeinspeisungen gegenüberzustellen (→ Kapitel 3.3). Solche Voraussetzungen liegen insbesondere bei Schulen und Kindergärten vor, während bei mehrgeschossigen Verwaltungsgebäuden die Chancen mit jedem weiteren Stockwerk immer mehr schwinden.

Bereits beim Bauantrag für ein Gebäude wird im Rahmen des Ordnungsrechts eine Berechnung des Energiebedarfs verlangt. Dabei ist es aus ordnungsrechtlicher Sicht nicht prioritär, in dieser frühen Planungsphase bereits eine hohe Übereinstimmung von Bedarf (Rechenwert) und Verbrauch (Messwert) zu erreichen. Andererseits besteht in der Praxis die Erwartung, dass der beträchtliche Aufwand zu mehr nützt, als zu einem schlichten Nachweis. Aber erst durch angepasste Energiebedarfsberechnungen sind die Ergebnisse auch für die vergleichende Berechnung von Lebenszykluskosten nutzbar. Der für realisierte Gebäudeprojekte mit Kapitel 3.4 vorgestellte Vergleich von berechneten Bedarfs- und gemessenen Verbrauchswerten hilft, den Grad der Übereinstimmung einschätzen und die Ursachen für Abweichungen besser verstehen zu können.

3.1 Einführung in die Methodik

Matthias Unholzer
Thomas Lützkendorf

Die kennwertgestützte Beschreibung und Analyse der Energie- und Umweltperformance wird inzwischen planungs- und nutzungsbegleitend eingesetzt, sie ist nicht länger nur den Spezialisten vorbehalten. Während Energiekennwerte von Gebäuden und deren Grundlagen den Fachplanern bekannt sind, kommt es im Kontakt mit Akteuren der Bau-, Wohnungs- und Immobilienwirtschaft häufiger zu Missverständnissen und fehlerhafter Interpretation.

Zu den Energiekennwerten kommen die Emissionskennwerte hinzu. Da für diese normativ noch keine Grundlagen eingeführt sind, gibt es hier Schwierigkeiten mit unklaren Begriffen, Systemgrenzen, Randbedingungen oder Bezugsgrößen. Unsicherheiten treten bei der Auswahl und Anwendung geeigneter Emissionsfaktoren für die Ermittlung der Kennwerte auf. Neben den Klimagasemissionen werden zunehmend auch Emissionen von Luftschadstoffen betrachtet, um die Umweltperformance von Gebäuden in der Nutzungsphase zu bewerten. Emissionskennwerte ergänzen die Energie- und Kostenkennwerte (Bild 3.1-1). Eine umfassende Erläuterung von Energie- und Emissionskennwerten mit zahlreichen Quellenverweisen gibt es in [Ref 3.1-1].

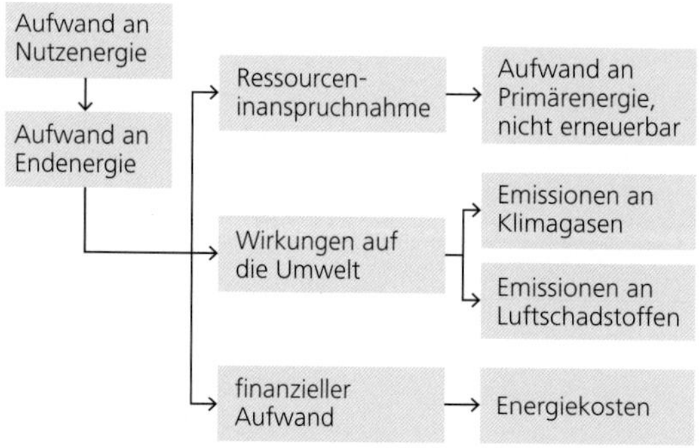

Bild 3.1-1
Angaben zum Energieaufwand als Basis spezifischer Auswertungsmöglichkeiten bei der Performancemessung (Quelle: KIT)

Grundlagen für die Bildung von Kennwerten

Energie- und Emissionskennwerte werden aus Rechen- bzw. Messwerten und Bezugsgrößen gebildet. Dabei sind klare Definitionen und Systemgrenzen erforderlich. Zusätzlich sind Art und Intensität der Gebäudenutzung anzugeben. Die Nutzungsart wird neben einer Zuordnung zu einem Gebäudetypus bei Nichtwohngebäuden idealerweise durch eine Erläuterung zur Nutzungsaufteilung hinterlegt, beispielsweise mit Angaben zum Anteil für Büros, Besprechungsräume, Restaurant, etc. Derartige Angaben lassen sich zur Beschreibung eines „funktionalen Äquivalents" zusammenfassen.

Nachstehende Erläuterungen beziehen sich auf Energiekennwerte, gelten aber sinngemäß auch für Emissionskennwerte.

In Deutschland ist der konditionierte Anteil der Nettogrundfläche nach DIN 277 Bezugsgröße für Energiekennwerte bei Nichtwohngebäuden [Ref 3.1-2]. Hingegen kommt bei Wohngebäuden noch die sogenannte „Nutzfläche" beim öffentlich-rechtlichen Energieausweis zur Anwendung. Sie ergibt sich beim Energiebedarfsausweis durch Umrechnung aus dem beheizten Gebäudevolumen und beim Energieverbrauchsausweis – wenn nicht anders ermittelbar – aus der Wohnfläche [Ref 3.1-3], [Anm. 3.1-1]. Je nach Fragestellung und Gebäudetyp sind weitere Bezugsgrößen sinnvoll, beispielsweise die Anzahl der Betten bei Hotels und Krankenhäusern, die Wasseroberfläche bei Schwimmbädern, die Bewohnerzahl in Wohngebäuden oder der Umsatz eines Unternehmens. Beispiele mit konkreten Mittel- und Richtwerten für ausgewählte Gebäude- und Nutzungsarten finden sich in [Ref 3.1-4]. Flächenbezogene Energiekennwerte können bei Bedarf mit Umrechnungsfaktoren vergleichbar gemacht werden, wenn sie, wie in der Schweiz üblich, auf die Brutto-Grundfläche (BGF) bezogen vorliegen [Ref. 3.1-5].

Kennwerte werden für einen Bezugszeitraum ermittelt. Dies sind üblicherweise zwölf Monate. Diese können sich über ein Kalenderjahr oder eine Abrechnungsperiode erstrecken.

Energiekennwerte

Energiekennwerte beschreiben die Nachfrage nach Energie bzw. den Aufwand an Ressourcen in Form von Energieträgern. In der Bewertung der Umweltqualität von Gebäuden wird die Inanspruchnahme von nicht-erneuerbaren Energieträgern als Beitrag zur Ressourcenverknappung quantifiziert. Mit Einführung der EnEV 2014 liefern Endenergiekennwerte die Grundlage zur Einordnung von Gebäuden in eine Energieeffizienzklasse für Wohngebäude oder bei allen Gebäuden für die Zuordnung zu einem Vergleichswert [Ref. 3.1-6].

Bei Energiekennwerten sind im Interesse von Transparenz und Vergleichbarkeit folgende Parameter zu beschreiben:

- die Art der Ermittlung
- (berechnete Bedarfswerte mit Angabe der Berechnungsgrundlagen bzw. gemessene Verbrauchswerte)
- Angaben zur energetischen Umwandlungsstufe (Nutz-, End-, Primärenergie)
- Art und Umfang berücksichtigter Verbrauchsgruppen (Heizung, Warmwasserbereitung, Beleuchtung usw.)
- Art und Umfang einer Bereinigung (zeitliche Bereinigung; Witterungs- und/oder Standortbereinigung)
- die Bezugsgröße (Flächenart) und der Bezugszeitraum (i. d. R. ein Jahr).

Bedarfskennwerte werden in der Regel aus einer Energiebedarfsberechnung unter den normierten Randbedingungen mit der jeweils gültigen EnEV ermittelt. Da die projektspezifischen Randbedingungen hierbei nur bedingt berücksichtigt werden können, sind für eine konkrete Prognose des Energieaufwands in der Nutzungsphase modifizierte Berechnungen erforderlich (→ Kapitel 3.4). Darüber hinaus werden Rechenverfahren wie z. B. das Passivhausprojektierungspaket (PHPP) oder dynamische Simulationen eingesetzt, die im Interesse einer verbrauchsnahen Prognose des zu erwartenden Energieaufwands normative Randbedingungen verlassen [Ref 3.1-7], [Ref 3.1-8].

Energieverbrauchskennwerte geben einen gemessenen Energieverbrauch wieder. Dieser wird für Angaben im Energieausweis von Bestandsgebäuden genutzt. Idealerweise erfolgt die Verbrauchserfassung auf Basis eines systematischen Messkonzeptes. Erläuterungen hierzu liefern die Kapitel 11.2.2 und 11.2.3.

Konkret wird der Energiebedarfs- oder Energieverbrauchskennwert in folgender Form dargestellt:

$$\text{Energiekennwert} = \frac{\text{Energieaufwand}}{\text{Bezuggröße x Bezugszeitraum}}$$

Je nach Stufe der energetischen Umwandlung handelt es sich bei der Beschreibung des Energieaufwands entweder um Nutz-, End- oder Primärenergie in der Einheit Kilowattstunden (kWh) (siehe Infobox Energieumwandlungsstufen und Bild 3.1-2). Angaben zum Aufwand an Energieträgern z. B. Liter Öl (l) oder Kubikmeter Erdgas (m^3) können

Energieumwandlungsstufen

Nutzenergie

Oberbegriff für Nutzwärme, Nutzkälte, Nutzenergie für Trinkwarmwasser, Beleuchtung, Befeuchtung (Nutzenergie ist für den Nutzer unmittelbar wahrnehmbar und i. d. R. schwer messbar.)

Endenergie

Energiemenge, die der Anlagentechnik (Heizungsanlage, raumlufttechnische Anlage, Warmwasserbereitungsanlage, Beleuchtungsanlage) an der Systemgrenze Gebäude zur Verfügung gestellt wird. Endenergie ist eindeutig messbar und bildet damit die Basis für die Berechnung von Emissionen und Energiekosten.

Primärenergie

Energiemenge, die zusätzlich zum Energieinhalt des notwendigen Brennstoffs und der Hilfsenergien für die Anlagentechnik auch die Energiemengen einbezieht, die durch vorgelagerte Prozessketten außerhalb des Gebäudes bei der Gewinnung, Umwandlung und Verteilung der jeweils eingesetzten Brennstoffe bzw. Stoffe entstehen. Der nicht erneuerbare Anteil der Primärenergie stellt die Ressourceninanspruchnahme dar.

über den Heizwert in Kilowattstunden (kWh) umgerechnet werden (Tab. 3.1-1). Eine Umrechnung des Aufwandes an Endenergie in Primärenergie erfolgt unter Verwendung von Primärenergiefaktoren (Tab. 3.1-2).

Bei Primärenergiefaktoren kann es je nach Anwendungsfall notwendig sein, offizielle Rechenwerte nach Tabelle 3.1-2 im Rahmen öffentlich-rechtlicher Nachweise zu verwenden oder die konkreten Angaben von Stromversorgern bzw. Nah- und Fernwärmelieferanten oder Contractoren zu nutzen. Der AGFW (Energieeffizienzverband für Wärme, Kälte und KWK e.V) veröffentlicht eine Liste deutscher Städte, deren Fernwärmeversorger über ein Zertifikat zu ihrem erzeugerspezifischen Primärenergiefaktor verfügen [Ref. 3.1-12].

Primärenergiefaktoren und Emissionsfaktoren für Netzstrom unterliegen durch Veränderungen im Erzeugungsmix einer zeitlichen Dynamik (Bild 3.1-3). Nach [Ref 3.1-11] ist eine Fortschreibung der Primärenergiefaktoren auf Grundlagen der jeweiligen Datensätze in GEMIS [Ref. 3.1-13] möglich. Es bleibt abzuwarten, wie künftig normativ mit den jeweils aktuellen Zuständen im Netz und dem nachweisli chen Erwerb von „Ökostrom" umgegangen wird.

Wichtig bei der Ermittlung und Interpretation des Endenergieaufwands ist die Angabe der Systemgrenzen. So ist bei einem Endenergiekennwert für die Heizung beispielsweise anzugeben, ob der Energieaufwand ausschließlich für die Raumheizung oder auch für die Trinkwarmwasserbereitung zu verstehen ist. Ein Stromverbrauchskennwert bezieht sich ggf. auf die Bereiche nach EnEV (bei Nichtwohngebäuden für Lüftung, Kühlung, Hilfsstrom und fest eingebaute Beleuchtung) oder den Gesamtverbrauch einschließlich nutzerspezifische Einrichtungen, wie z. B. Tischleuchten, Arbeitshilfsmittel und PCs, ... etc..

Um Heizenergiekennwerte unterschiedlicher Zeiträume und Standorte von Gebäuden miteinander vergleichen zu können, ist eine Witterungs- und Standortbereinigung durchzuführen. Dabei ist zu beachten, dass nur die Heizenergie zur Bereitstellung von Raumwärme bereinigt wird, nicht jedoch die zur Trinkwassererwärmung [Ref 3.1-5] [Ref 3.1-14]. Kühlenergieverbräuche werden nicht klimabereinigt, da sie wesentlich von anderen Faktoren als der Außentemperatur bestimmt werden, beispielsweise von der Solarstrahlung oder internen Wärmequellen.

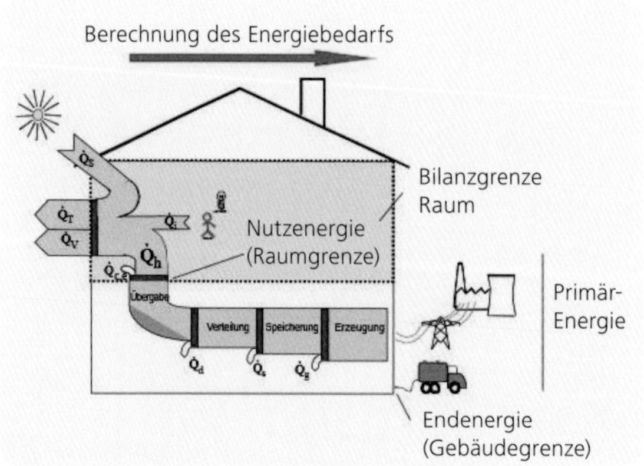

Bild 3.1-2
Darstellung der energetischen Umwandlungsstufen und ihrer Systemgrenzen (Quelle: Ref. 3.1-9)

Emissionskennwerte – Klimagase

Die durch den Betrieb von Gebäuden verursachten Emissionen von Klimagasen und Luftschadstoffen werden lokal nicht gemessen. Sie werden unter Verwendung von spezifischen Emissionsfaktoren aus den Angaben zum Endenergiebedarf oder Energieverbrauch errechnet.

Ein Emissionsfaktor mit Bezug zum Endenergieaufwand tritt i. d. R. in folgender Form auf:

$$\text{Emissionsfaktor} = \frac{\text{Emissionsmenge}}{1\ \text{kWh}}$$

Die Emissionsmenge ist dabei die Gewichtsangabe (z.B. in g) des emittierten Gases. Bei der Auswahl und Nutzung von Emissionsfaktoren ist auf den Nutz- oder Endenergiebezug zu achten.

Der Emissionskennwert ergibt sich aus einem Energiekennwert und dem Emissionsfaktor.

$$\text{Emissionskennwert} = \text{Energiekennwert} \times \text{Emissionsfaktor}$$

$$= \frac{\text{Emissionsmenge}}{\text{Bezuggröße} \times \text{Bezugszeitraum}}$$

Es werden die gleichen Bezugszeiträume wie bei Energiekennwerten herangezogen.

In erster Linie werden die „Klimagasemissionen" thematisiert. Dabei werden neben dem CO_2 weitere klimarelevante Emissionen in einem Treibhauspotenzial zusammengefasst und in Form von „CO_2-Äquivalenten" ausgedrückt. Tabelle 3.1-3 enthält entsprechende Emissionsfaktoren für beispielhafte Energieträger. Weitere Tabellen enthält Kapitel 11.1.1.

Emissionsfaktoren für Strom und Fernwärme unterliegen einer Dynamik. So sind z. B. die Emissionsfaktoren für den deutschen Strommix von 1990 bis 2010 von 768 g/kWh auf 620 g/kWh gesunken (siehe Bild 3.1-3).

Grundlagen und Vorgehensweisen für die Ermittlung und Darstellung der Emissionen von Klimagasen in der Nutzungsphase sind mit ISO 16745 inzwischen Gegenstand der internationalen Normung [Ref 3.1-16]. Weitere Betrachtung zur Emission von Klimagasen im vollständigen Lebenszyklus führen zur Ermittlung eines „carbon footprint" [Ref 3.1-17].

Emissionskennwerte - Luftschadstoffe

Die Emission von Luftschadstoffen, wie z. B. Feinstaub oder NOx, sind bei Wärmeerzeugern in unterschiedlichem Maße nicht nur vom Energieträger sondern auch vom Kessel und von der Qualität des Verbrennungsprozesses abhängig.

Alternativ zu Durchschnittswerten oder Rechengrößen existieren für Strom, Nah- und Fernwärme spezifische Werte, die unmittelbar bei den Erzeugern abzufragen sind bzw. Datensammlungen entnommen werden können (vergleichbar zu erzeugerspezifischen Primärenergiefaktoren).

Energieträger	Heizwert
Erdgas H	10 kWh/m³
Erdgas L	9 kWh/m³
Leichtes Heizöl EL	10 kWh/l
Schweres Heizöl	10,9 kWh/l
Flüssiggas	13 kWh/kg
Holz (lufttrocken)	4,1 kWh/kg
Holzpellets	5 kWh/kg
Holzhackschnitzel	650 kWh/SRm.

Tabelle 3.1-1
Untere Heizwerte für Energieträger
(Quelle: Heizkostenverordnung 2009 Ref. 3.1-10)

Hinweis: Es handelt sich um durchschnittliche, festgelegte Rechengrößen. Die realen Brenn- bzw. Heizwerte variieren in Abhängigkeit der Qualität des jeweiligen Energieträgers.

Emissionen von Luftschadstoffen infolge der Wärmeerzeugung während der Nutzungsphase von Gebäuden hängen u. a. von Faktoren ab:

- Qualität des Energieträgers (z. B. Schwefelgehalt von Heizöl EL),
- Nennleistung (kW) sowie Ausführung des Heizkessels und des Brenners (im Folgenden zusammen Wärmeerzeuger genannt),
- Betriebsweise des Wärmeerzeugers (Taktung),
- Wartungszustand des Wärmerzeugers.

Die Berechnung von Emissionskennwerten zu Luftschadstoffen folgt dem gleichen Prinzip wie bei CO_2-Emissionskennwerten. Ein wesentlicher Unterschied liegt jedoch darin, dass die zugrundeliegenden Emissionsfaktoren nach den oben genannten

Tabelle 3.1-2
Primärenergiefaktoren nach DIN V 18599 Teil 1. Gemäß EnEV, Anlage 1 gilt ab dem 1.1.2016 abweichend zur DIN 18599 der Faktor 1,8 für den nicht erneuerbaren Anteil beim Allgemeinen Strommix
(Quelle: DIN V 18599 [Ref. 3.1-11])

		Primärenergiefaktor	
Energieträger		**insgesamt**	**davon nicht erneuerbar**
Fossile Brennstoffe	Heizöl EL	1,1	1,1
	Heizöl H	1,1	1,1
	Flüssiggas	1,1	1,1
Biogene Brennstoffe	Biogas	1,5	0,5
	Bioöl	1,5	0,5
	Holz	1,2	0,2
Nah-/Fernwärme aus KWK	fossil	0,7	0,7
	erneuerbar	0,7	0
Nah-/Fernwärme a us Heizwerken	fossil	1,3	1,3
	erneuerbar	1,3	0,1
Strom	Strommix allgemein	2,8	1,8
	Verdrängungsstrommix	2,8	2,8
Umweltenergie	Solarenergie	1,0	0,0
	Erdwärme, Geothermie	1,0	0,0
	Umgebungswärme	1,0	0,0
	Umgebungskälte	1,0	0,0

	g /kWh Endenergie	
Energieträger	**CO_2-Äquivalente (einschl. Vorketten)**	**CO_2**
Heizöl	315	312
Erdgas	245	227

Tabelle 3.1-3
Beispiele für Emissionsfaktoren mit Endenergiebezug - CO_2 und CO_2-Äquivalente, Stand 2010
(Quelle:Ref 3.1-13)

Einflussgrößen zusätzlich differenziert werden müssen. So sind spezifisch für Nennleistung und Taktung geeignete Emissionsfaktoren in der Literatur verfügbar [Ref 3.1-18].

Ein weiterer wesentlicher Unterschied zu den global wirkenden CO_2-Emissionen ist die Wirkung auf die lokale Umwelt. Hier treten unterschiedliche Ausbreitungsradien auf, innerhalb derer sich Konzentrationen (Immissionen) einstellen. Die Ausbreitungsradien und die Verweildauern hängen einerseits von der Art der Luftschadstoffe und andererseits von den Witterungsbedingungen ab. Gemessene Konzentrationen an Luftschadstoffen bilden die Grundlage für die Beurteilung der Luftqualität am Standort von Gebäuden. Durch die Wahl von Energieträger und Wärmeerzeuger hat ein Investor oder Betreiber damit einen Einfluss auf die Umweltsituation am Standort.

Kapitel 11.1.1 enthält ausgewählte, tabellierte Werte zu typischen Emissionskennwerten für Luftschadstoffe.

Die Berücksichtigung der Emissionen an Luftschadstoffen im vollständigen Lebenszyklus führt zur Notwendigkeit der Erstellung kompletter Ökobilanzen. In Deutschland liegen die hierfür benötigten Daten u.a. in einer frei zugänglichen Datenbank vor [Ref 3.1-20].

Ausblick

Die Bedeutung von Energie- und Emissionskennwerten wird im Zusammenhang mit der Nachhaltigkeitsbewertung, Nachhaltigkeitsberichterstattung, Portfolioanalyse und Wertermittlung zunehmen. Das nachfolgende Kapitel enthält dazu die Ergebnisse aus den untersuchten Projekten. Dabei wird auf die Analyse der Luftschadstoffe wegen der geschilderten Komplexität der Datenermittlung verzichtet, jedoch werden Energie- und Klimagaskennwerte ausgewiesen.

Eine Einbeziehung des Energieaufwandes für die Herstellung, Errichtung und Instandhaltung in die Formulierung von Anforderungen an die energetische Qualität von Gebäuden wird ebenso diskutiert werden wie das Ausweisen des im Gebäude vergegenständlichten Energieaufwandes als ein Recyclingpotenzial. Für die Unterstützung des Planungsprozesses existieren in der Schweiz bereits Benchmarks für die „graue Energie", die zur Herstellung und Errichtung der Gebäude benötigt wird [Ref 3.1-21]. Im Zusammenhang mit der Interaktion von Gebäuden mit Wärme- und Stromnetzen (→ Kapitel 8.9) wird sich stärker als bisher die Frage stellen, nicht nur welcher sondern auch wann ein leitungsgebundener Energieträger bezogen wird. Zeitlich aufgelöste Primärenergie- und Emissionsfaktoren einschließlich ihres Trends für die kommenden Jahre stehen bereits zur Verfügung [Ref 3.1-22].

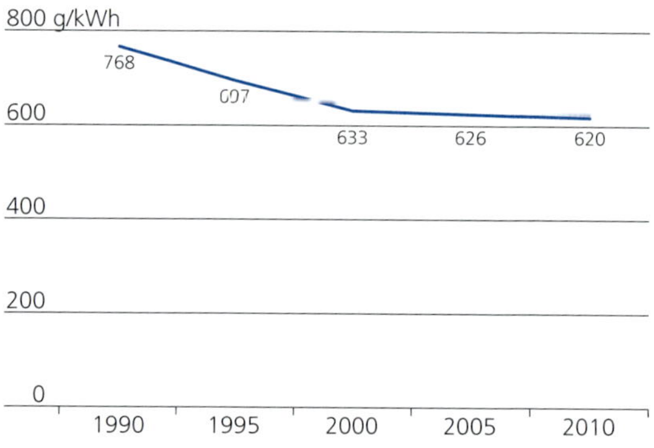

Bild 3.1-3
Die Entwicklung der Emissionsfaktoren zu CO_2-Äquivalenten des deutschen Strommixes von 1990 bis 2010, einschl. Vorketten
(Quelle: KIT, Daten aus Ref 3.1-15)

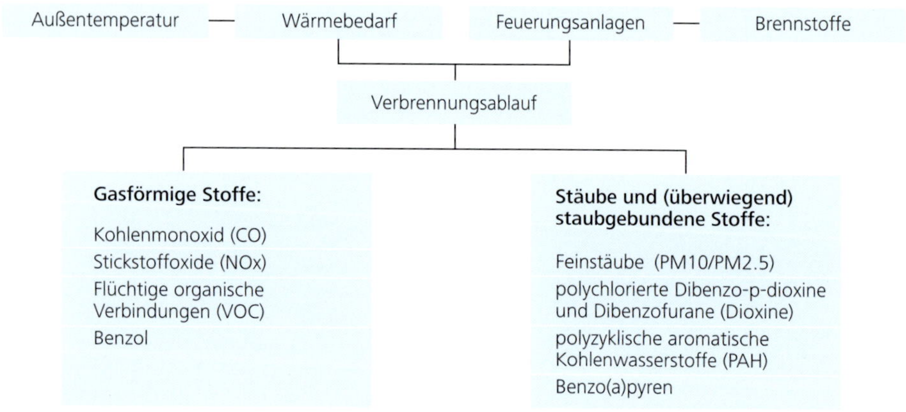

Bild 3.1-4
Luftschadstoffe und ihre Einflussfaktoren bei Verbrennungsvorgängen zur Beheizung von Gebäuden
(Quelle: Ref. 3.1-19)

Anm.3.1-1
Mit der Neufassung der DIN 277 im Januar 2016 haben sich die Flächenbezeichnungen teilweise verändert.

Ref 3.1-1
Lützkendorf, T.; Unholzer, M.: Energetische und ökologische Kennwerte für Gebäude. 2013 http://www.enob.info/de/publikationen/publikation/details/energetische-und-oekologische-kennwerte-fuer-gebaeude/ (Aufruf 04.12.2015)

Ref 3.1-2
DIN 277-1:2005: Grundflächen und Rauminhalte von Bauwerken im Hochbau - Teil 1: Begriffe und Ermittlungsgrundlagen. Berlin: Beuth Verl., 2005

Ref 3.1-3
Verordnung zur Berechnung der Wohnfläche (Wohnflächenverordnung – WoFlV) vom 25.11.2003 http://www.gesetze-im-internet.de/bundesrecht/woflv/gesamt.pdf (Aufruf 04.12.2015)

Ref 3.1-4
Verein Deutscher Ingenieure (VDI), Düsseldorf (Hrsg.): Verbrauchskennwerte für Gebäude, Heizenergie-, Wasser- und Stromverbrauchskennwerte. VDI-Richtlinie 3807, Blatt 2. 2014

Ref 3.1-5
Verein Deutscher Ingenieure (VDI), Düsseldorf (Hrsg.): Energie- und Wasserverbrauchskennwerte für Gebäude, Grundlagen VDI-Richtlinie 3807, Blatt 1. 2013

Ref 3.1-6
Energieeinsparverordnung, nichtamtliche Lesefassung, zur Zweiten Verordnung zur Änderung der Energieeinsparverordnung vom 18. November 2013 (BGBl. I S. 3951) https://www.bmwi.de/BMWi/Redaktion/PDF/E/enev-nichtamtliche-lesefassung-zur-zweiten-verordnung-zur-aenderung-derenergieeinsparverordnung,property=pdf,bereich=bmwi2012,sprache=de,rwb=true.pdf (Aufruf 04.12.2015)

Ref 3.1-7
Passivhaus Projektierungspaket (PHPP). Tool für die Planung von Passivhäusern. Version 9 (2015) www.passiv.de (Aufruf 04.12.2015)

Ref 3.1-8
TU Dresden. Institut für Bauklimatik (Hrsg.): Therakles – Das dynamische Raummodell. Kostenfreie PC-Simulationssoftware http://tu-dresden.de/die_tu_dresden/fakultaeten/fakultaet_architektur/ibk/software/therakles/therakles_index_html www.enob.info/de/software-und-tools/ (Aufruf 04.12.2015)

Ref 3.1-9
DIN V 4701-10:2003: Energetische Bewertung heiz- und raumlufttechnischer Anlagen.Teil 10: Heizung, Trinkwassererwärmung, Lüftung. Berlin: Beuth-Verl., 2003

Ref 3.1-10
Verordnung über die verbrauchsabhängige Abrechnung der Heiz- und Warmwasserkosten (Verordnung über Heizkostenabrechnung -HeizkostenV) in der Fassung der Bekanntmachung vom 5. Oktober 2009 (BGBl. I S.3250) http://www.gesetze-im-internet.de/heizkostenv/index.html#BJNR002610981BJNE000904308 (Aufruf 04.12.2015)

Ref 3.1-11
Deutsches Institut für Normung DIN e. V., Berlin (Hrsg.): DIN V 18599-1: Energetische Bewertung von Gebäuden. Berechnung des Nutz-, End- und Primärenergiebedarfs für Heizung, Kühlung, Lüftung, Trinkwarmwasser und Beleuchtung.Teil 1: Allgemeine Bilanzierungsverfahren, Begriffe, Zonierung und Bewertung der Energieträger. Berlin: Beuth Verl., 2011

Ref 3.1-12
AGFW Der Energieeffizienzverband für Wärme, Kälte und KWK e.V., Frankfurt am Main https://www.agfw.de/erzeugung/energetische-bewertung/enev-und-fernwaerme/ (Aufruf 04.12.2015)

Ref 3.1-13
GEMIS - Globales Emissions-Modell integrierter Systeme http://www.iinas.org/gemis-de.html (Aufruf 04.12.2015)

Ref 3.1-14
Bundesinsitut für Bau- Stadt- und Raumforschung (BBSR), Bonn (Hrsg.): Bekanntmachungen für die Erstellung von Energieausweisen vom 07.04.2015, http://www.bbsr-energieeinsparung.de/EnEVPortal/DE/EnEV/Bekanntmachungen/bekanntmachungen_node.html (Aufruf 04.12.2015)

Ref 3.1-15
Thamling, N.; Weinert, K.; Claaßen, T.: Wissenschaftliche Methodik zur Ermittlung von CO_2-Emissionen in Bundesliegenschaften im Jahr 1990. Endbericht. Prognos AG, Berlin (Hrsg.). [2012]

Ref 3.1-16
International Organization for Standardization (ISO), Geneva (Swiss) (Ed.): ISO 16745:2015: Environmental performance of buildings — Carbon metric of a building — Use stage. http://www.iso.org/iso/catalogue_detail.htm?csnumber=57576

Ref 3.1-17
DIN CEN ISO/TS 14067 (SPEC 35801): Treibhausgase – Carbon Footprint von Produkten – Anforderungen an und Leitlinien für Quantifizierung und Kommunikation. Berlin: Beuth Verl., 2014

Ref 3.1-18
Umweltbundesamt, Berlin (Hrsg.): Ermittlung der mittleren Emissionsfaktoren zur Darstellung der Emissionsentwicklung aus Feuerungsanlagen im Bereich der Haushalte und Kleinverbraucher. 2000. Texte. 14/2000

Ref 3.1-19
Umweltbundesamt, Dessau (Hrsg.): Modellrechnungen zu den Immissionsbelastungen bei einer verstärkten Verfeuerung von Biomasse in Feuerungsanlagen der 1. BImSchV. 2010. Texte. 37/2010 https://www.umweltbundesamt.de/publikationen/modellrechnungen-zu-den-immissionsbelastungen-bei (Aufruf 04.12.2015)

Ref 3.1-20
ÖKOBAUDAT, Baustoffdatenbank des Ministeriums für Umwelt, Naturschutz, Bau und Reaktorsicherheit (BMUBS), 2014, http://www.oekobaudat.de/

Ref 3.1-21
SIA 2032, Graue Energie von Gebäuden, 2010, http://shop.sia.ch/normenwerk/architekt/sia%202032/d/D/Product

Ref 3.1-22
Graabak, I.; Feilberg, N.: CO_2 emissions in a different scenarios of electricity generation in Europe, Sintef Energy Research, TR A7058, 2011

3.2 Energie- und Emissionskennwerte

Cornelia Moosmann
Susanne Hendel
Karsten Voss
Matthias Unholzer

Der Energieverbrauch eines Gebäudes wird primär von seiner Nutzung bestimmt. Zudem bestehen in der Regel Unterschiede zwischen Neubauten und Bestandsgebäuden, auch wenn letztere umfassend saniert wurden. Die Verbräuche sanierter Bestandsgebäude sind jedoch sehr viel kleiner als die des unsanierten Gebäudebestands, zu dem ebenfalls Kennwerte vorliegen [Ref. 3.2-1].

Weitere Einflussgrößen des Energieverbrauchs sind die Nutzungsintensität, das Nutzerverhalten und die Betriebsführung (→ Kapitel 3.4). Die Auswirkungen dieser Faktoren zeigen sich insbesondere, wenn die Energieverbräuche eines Gebäudes über mehrere Jahre erfasst und verglichen werden (→ Kapitel 3.2.2).

Die nachfolgend dargestellten Energiekennwerte basieren auf der messtechnischen Begleitung von Demonstrationsprojekten (Monitoring). Dazu wurde die messtechnische Ausstattung im Vergleich zu üblichen Zählerkonzepten wesentlich erweitert. Die detaillierte Analyse des Energieverbrauchs von Bestandsgebäuden ohne eine solche Ausstattung ist nur unter Zuhilfenahme von speziellen Analysewerkzeugen möglich (→ Kapitel 11.2.3).

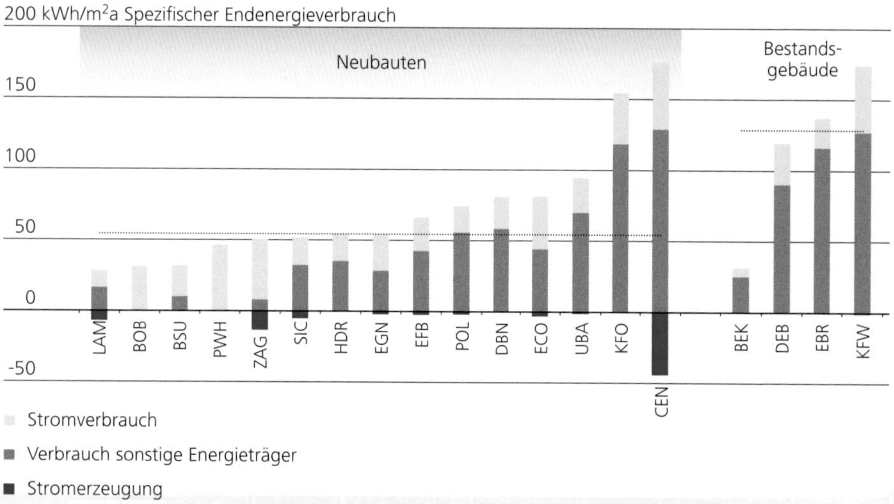

Bild 3.2-1
Endenergieverbräuche für Wärme, Kälte, Beleuchtung und Lüftung in 19 untersuchten Verwaltungsgebäuden. Der Medianwert (Anm. 3.2-1) der Endenergieverbräuche (ohne Stromgutschriften) der 15 Neubauten liegt bei 54 kWh/m²a, der Medianwert der vier Bestandsgebäude bei 129 kWh/m²a. (Quelle: Forschungsinitiative EnOB)

Die Verbrauchsdaten der Demonstrationsgebäude liegen in Form von Jahres- oder Monatswerten in einer öffentlich zugänglichen Datenbank vor, bei einigen Gebäuden auch in höherer zeitlicher Auflösung (→ Kapitel 11.5). Die nachfolgend vorgestellte Querschnittsauswertung bezieht sich auf Projekte, die bereits abgeschlossen sind oder deren Monitoring bereits fortgeschritten ist. Neuere Projekte und Analysen können in den Datenbanken eingesehen werden.

3.2.1 Verbrauchskennwerte verschiedener Nutzungstypologien

Die Nutzungstypologie eines Gebäudes nimmt wesentlichen Einfluss auf seinen Energieverbrauch. Aus der Nutzungstypologie ergeben sich Nutzungszeiten und -intensität, Wärmequellen bzw. -lasten sowie grundlegende Verbrauchsstrukturen. In Büroräumen beispielsweise spielt neben dem Wärmebedarf auch der Energiebedarf für Beleuchtung und Lüftung eine zentrale Rolle für die Gesamtenergieeffizienz. Bei Wohnnutzungen und Hotels dagegen dominiert der Wärmebedarf, ebenso in Schwimmbädern.

Energieverbrauchskennwerte von Verwaltungsgebäuden

Die untersuchten Verwaltungsgebäude weisen sehr unterschiedliche Endenergiekennwerte auf (Bild 3.2-1). Während 13 der hier gezeigten Neubauten und ein saniertes Bestandsgebäude einen Endenergieverbrauch von unter 100 kWh/m²a aufweisen – zum Teil sogar unter 50 kWh/m²a und damit extrem niedrig – liegen zwei der Neubauten und drei der sanierten Bestandsgebäude deutlich höher.

Beim Gebäude „Campus Energy 21" (CEN) in Bietigheim-Bissingen wird der Endenergieverbrauch vom Betrieb eines Erdgas-BHKWs bestimmt. Dieses erzeugt einen großen Anteil des Stroms, der im Gebäude benötigt wird. Die dabei anfallende Wärme wird im Gebäude selbst und über einen Wärmeverbund in den angrenzenden Bestandsgebäuden desselben Unternehmens genutzt. In der Grafik ist nur der Endenergieverbrauch ausgewiesen, der für das Gebäude selbst anfällt.

Die „Ostarkade" in Frankfurt (KFO) weist ebenfalls einen vergleichsweise hohen Endenergieverbrauch auf. In diesem Gebäude wird die Heizwärme überwiegend mit Holzpellet-Kesseln erzeugt, deren Nutzungsgradgrad im Messzeitraum bei nur 60 % lag (→ Kapitel 8.6). Da Holzpellets primärenergetisch sehr viel günstiger bewertet werden als Erdgas, ist das Gebäude trotz des höheren Endenergieverbrauchs primärenergetisch günstiger als ein vergleichbares Gebäude mit Gaskessel. Der niedrige Nutzungsgrad der Holzpellet-Kessel war zum Teil auf Mängel beim Einbau (wie z. B. fehlende Dämmung) zurückzuführen, die im Anschluss an das Monitoring beseitigt wurden.

Die untersuchten Bestandsgebäude weisen mit im Mittel 129 kWh/m²a einen deutlich höheren Endenergiebedarf auf als die Neubauten mit 54 kWh/m²a. Ursache dafür ist der oft höhere Endenergieverbrauch für Heizwärme (Medianwert der Bestandsgebäude 105 kWh/m²a, Medianwert der Neubauten 38 kWh/m²a; Anm. 3.2-1). Das Beispiel des Gebäudes ebök in Tübingen (BEK), ein zum Passivhaus saniertes Bestandsgebäude, zeigt jedoch, dass auch im Gebäudebestand extrem niedrige Endenergieverbräuche realisiert werden können.

Die gemessenen Endenergieverbräuche bilden die Grundlage zur Ermittlung von Primärenergie und Klimagaskennwerten.

Bild 3.2-2 zeigt den Medianwert der Primärenergiekennwerte der 19 Verwaltungsgebäude verglichen mit dem Anforderungsniveau der EnEV 2007, 2014 und 2016. Grundlage der berechneten Anforderungswerte bildet ein einheitliches Modellgebäude. Deutlich zu erkennen ist die Vorreiterrolle der Demonstrationsvorhaben für die Fortschreibung der EnEV-Anforderungen.

Der Vergleich von Endenergieverbrauch und Klimagasemissionen zeigt, dass die Höhe des Endenergieverbrauchs keinen Rückschluss auf die Höhe der Klimagasemissionen zulässt. Große Stromverbräuche der Gebäude führen beim derzeit vorliegenden Stromerzeugungsmix zu höheren Werten der Klimagasemissionen. Dementsprechend schneiden Nur-Strom-Gebäude wie das Balanced Office Building in Aachen (BOB) und das Paul-Wunderlich-Haus in Barnim (PWH) weniger positiv ab als beim Vergleich der Endenergieverbrauchswerte. Gebäude mit auffallend niedrigen Klimagasemissionen wie die Bürogebäude Lamparter (LAM), Pollmeier (POL) und ebök (BEK) zeichnen sich durch einen besonders niedrigen Stromverbrauch aus. Da für viele der untersuchten Gebäude keine Informationen vorliegen, ob bzw. in welchem Maß Ökostrom bezogen wurde, wurde für den Strombezug aller Gebäude der Emissionsfaktor für konventionell erzeugten Strom angesetzt.

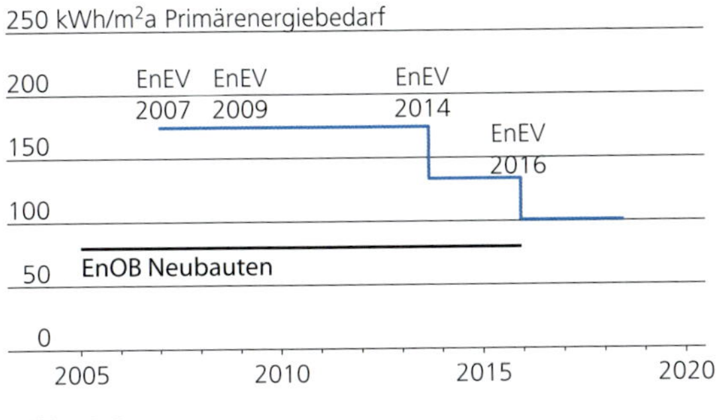

Bild 3.2-2
Medianwert der gemessenen Primärenergiekennwerte der 19 EnOB-Demonstrationsprojekte aus der Typologie Verwaltungsgebäude (Neubau) im Vergleich mit einem Modellgebäude und Anforderungen gemäß EnEV 2007/2009/2014/2016. Primärenergiefaktoren und Klimadaten wurden einheitlich gemäß EnEV 2016 gewählt.
(Quelle: Forschungsinitiative EnOB)

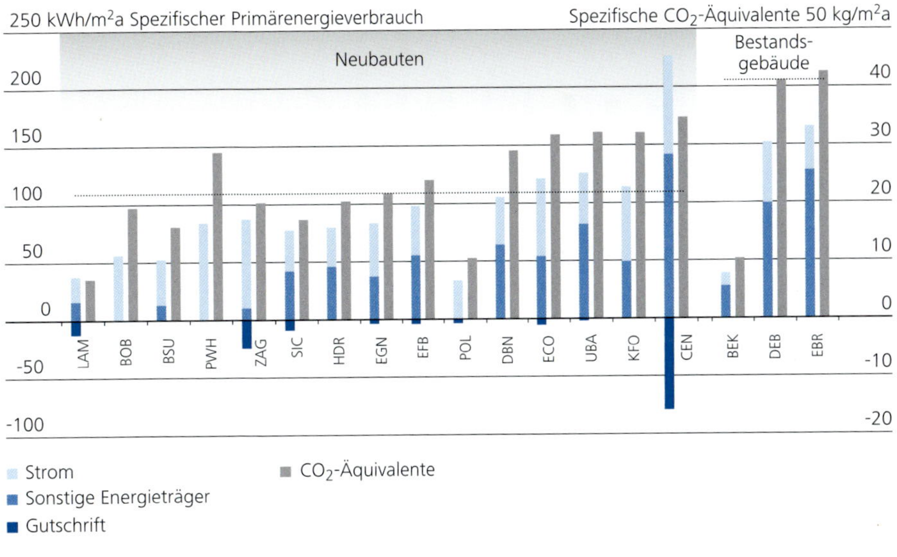

Bild 3.2-3
Primärenergieverbrauch und Klimagasemissionen für Wärme, Kälte, Beleuchtung und Lüftung in 18 untersuchten Verwaltungsgebäuden geordnet nach dem Endenergieverbrauch. Der Medianwert der Klimagasemissionen (CO_2-Äquivalente, ohne Stromgutschriften) der 15 Neubauten liegt bei 22 kg/m²a, der Medianwert der drei Bestandsgebäude bei 41 kg/m²a.
(Quelle: Forschungsinitiative EnOB)

Holz und Holzpellets weisen einen sehr günstigen Faktor für Klimagasemissionen auf, was sich in den niedrigen Emissionswerten der Gebäude Pollmeier (POL) und Ostarkade (KFO) widerspiegelt. Holz und Holzpellets führen allerdings zu einer im Vergleich mit Erdgas deutlich höheren Feinstaubbelastung, die in diesen Wert nicht eingeht (→ Kapitel 8.6).

Betrachtet man die Stromverbräuche der Verwaltungsgebäude, so zeigt sich kein systematischer Unterschied zwischen Neubauten und Bestandsgebäuden (Bild 3.2-4). Die Gebäude Balanced Office Building (BOB), ECOTEC (ECO), Z3 (ZAG) und Paul-Wunderlich-Haus (PWH) nutzen Wärmepumpen als Wärmeerzeuger. Sie weisen erwartungsgemäß einen höheren Stromverbrauch für Wärmeerzeugung und -verteilung auf als andere Gebäude. In Gebäuden mit Bauteilaktivierung wie Energon (EGN), Balanced Office Building (BOB) und „Campus Energy 21" (CEN) wird Wärme mit Hilfe mehrerer Pumpen über viele Meter Leitungen im Gebäude verteilt, was ebenfalls einen etwas höheren Stromverbrauch im Bereich Wärme zur Folge hat (→ Kapitel 8.4).

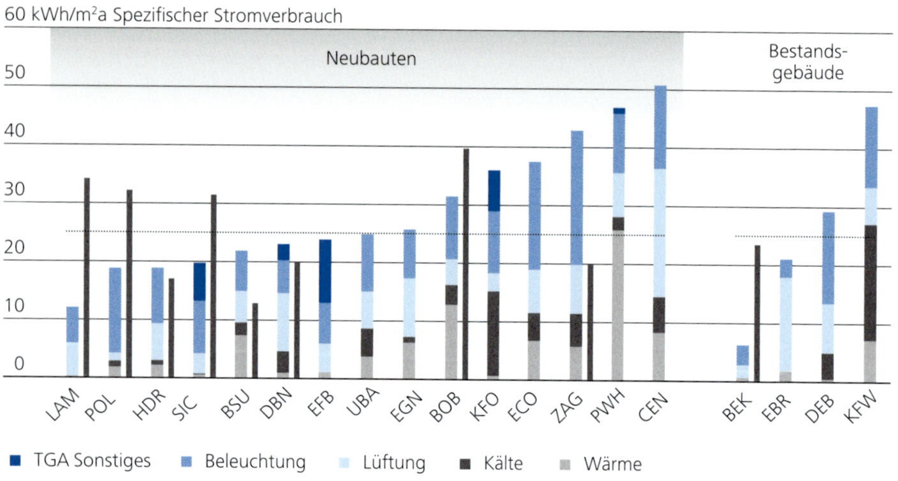

Bild 3.2-4
Stromverbräuche für Gebäudetechnik (Wärme, Kälte, Beleuchtung und Lüftung) sowie Nutzerstromverbräuche in 19 untersuchten Verwaltungsgebäuden. Der Medianwert der Stromverbräuche für Gebäudetechnik (ohne Stromgutschriften) liegt für Neubauten und Bestandsgebäude bei jeweils 25 kWh/m²a. (Quelle: Forschungsinitiative EnOB)

Der Stromverbrauch der Nutzer (z. B. für EDV) wurde in neun der Gebäude gemessen. Er übersteigt in einigen Fällen den Stromverbrauch der Gebäudetechnik deutlich (Bild 3.2-4). Der Anteil des Stromverbrauchs der Gebäudetechnik liegt in den neun Gebäuden bei 44 %, der Anteil des Nutzerstromverbrauchs bei 56 % (Medianwert).

Bild 3.2-5 zeigt die prozentualen Anteile des Stromverbrauchs für Wärme, Kälte, Beleuchtung und Lüftung am Stromverbrauch der Gebäudetechnik. Es wurden jeweils nur die Gebäude berücksichtigt, die Strom für die entsprechende Konditionierung aufwenden.

Die Anteile der Wärmeerzeugung und -verteilung mit einem Medianwert von 11 % (19 Gebäude) sowie der Kälteerzeugung und -verteilung mit einem Medianwert von 13 % (15 Gebäude, davon 11 mit Kompressionskältemaschinen) sind eher gering. Der Stromverbrauch der Gebäudetechnik wird dominiert von der elektrischen Beleuchtung mit im Mittel 34 % (Medianwert aus 19 Gebäuden) gefolgt vom Stromverbrauch der Lüftungsanlagen mit 24 % (ebenfalls 19 Gebäude).

Energieverbrauchskennwerte von Schulen

In den untersuchten Schulen werden sehr unterschiedliche Konzepte zur Energieeffizienz und Energieversorgung umgesetzt. Es werden drei Neubauten und ein Sanierungsobjekt miteinander verglichen.

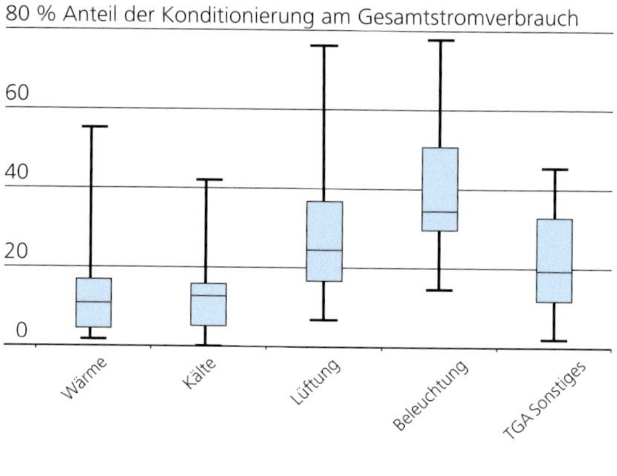

Bild 3.2-5
Boxplot der prozentualen Anteile des Stromverbrauchs für Wärme, Kälte, Beleuchtung und Lüftung am Stromverbrauch der Gebäudetechnik in 19 untersuchten Verwaltungsgebäuden. In den Boxplots (Anm. 3.2 3) wurden jeweils nur die Gebäude berücksichtigt, die Strom für die entsprechende Konditionierung aufwenden.
(Quelle: Forschungsinitiative EnOB)

Die gemessenen Endenergieverbräuche reichen von 32 kWh/m²a bis 58 kWh/m²a (Bild 3.2-6). Es zeigt sich kein signifikanter Unterschied zwischen den Neubauten und dem sanierten Projekt (GYS), das einen Endenergieverbrauch unter deren Durchschnitt aufweist. Die Unterschiede beim Verbrauch für „sonstige Energieträger" sind auf die Unterschiede bei der Versorgungstechnik zurückzuführen. Eine Übersicht der technischen Gebäudekonzepte zeigt die Technologie-Tabelle im Anhang. Das Science College Overbach (SIC) und die Gebhard Müller Schule in Biberach (GMS) sind durch ihre Wärmpumpensysteme „Nur-Strom-Gebäude". Der Holzpelletkessel wird in Biberach nur als Spitzenlastkessel betrieben. [Ref 3.2-11] Als Wärmequelle wird in Biberach das Grundwasser genutzt, beim Science College Overbach das Erdreich. Beide Schulen kombinieren damit eine Betonkernaktivierung. Diese „Nur Strom"-Konzepte führen zu niedrigen Endenergieverbräuchen, zeigen aber bei den Primärenergie- und Emissionskennwerten vergleichsweise hohe Werte. Der höhere TGA Stromverbrauch der Gebhard Müller Schule ist auf die Schwierigkeiten der hydraulischen Auslegung zurückzuführen, siehe hierzu Kapitel 8.4. Die Grundschule Niederheide (GNH) hat durch eine große Solarstromanlage und die damit verbundene Gutschrift sowie die niedrigen Primärenergie- und Klimagasfaktoren der Holzpellets besonders günstige Primärenergie- und Klimagaskennwerte (→ Kapitel 3.4).

Da alle Gebäude mit einem hohen energetischen Standard errichtet oder saniert wurden, entscheiden hier vor allem die unterschiedlichen technischen Konzepte. Die CO_2-Emissionen sind gleichermaßen stark von den Energieverbräuchen und den gewählten Energieträgern abhängig, was der Vergleich der Bilder 3.2-6 Endenergieverbräuche und 3.2-7 Primärenergieverbräuche und CO_2-Emissionen zeigt.

Beispiel: „Hotel am Viktualienmarkt", München

In Hotels wird der Energieverbrauch zumeist vom Wärmeverbrauch dominiert, der insbesondere von der Warmwasserversorgung bestimmt wird. Zum Schutz vor Legionellen im Brauchwasser wird häufig eine hohe Vorlauftemperatur der zentralen Warmwasserbereitung gewählt, was insbesondere bei sporadischem Warmwasserbedarf (nur morgens und abends) und niedriger Belegungsrate zu sehr hohen Wärmeverlusten der Verteilung führt und den sinnvollen Betrieb von solarthermischen Anlagen erschwert. Die Alternative, Warmwasser mit dezentralen Elektroboilern zu erzeugen, ist stromintensiv.

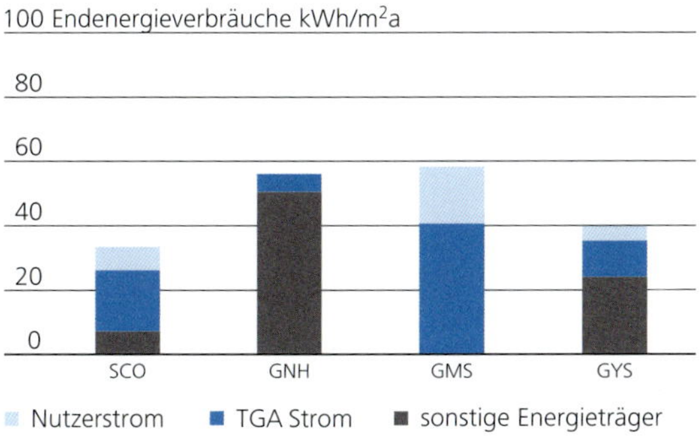

Bild 3.2-6
Endenergieverbräuche für TGA Strom (Hilfsstrom Wärme, Hilfsstrom Kälte, Beleuchtung und Lüftung), Nutzerstrom und Endenergieverbräuche für sonstige Energieträger von 4 untersuchten Schulen: SCO(2014), GNH(2013), GMS(2005), GYS(2013). Die Projekte SCO, GNH und GMS sind Neubauten und die Schule GYS ist eine sanierte Schule. Es wurden Energiekennwerte aus verschiedenen Jahren gewählt, um die Jahresverbräuche aus Jahren zu vergleichen, in denen vollständige Messdaten vorliegen.
(Quelle: Forschungsinitiative EnOB)

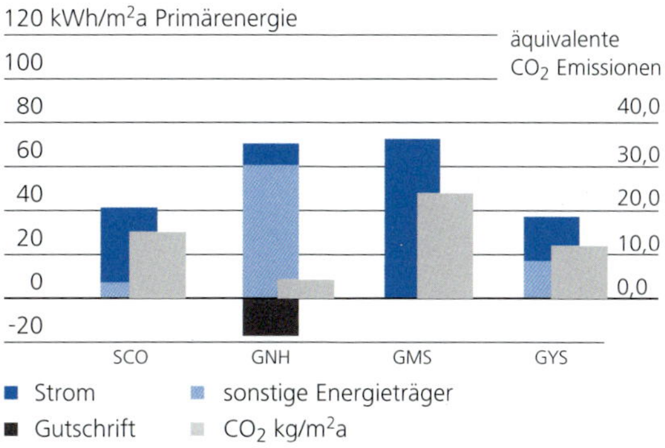

Bild 3.2-7
Primärenergie- und Emissionskennwerte bezogen auf die Verbräuche für Wärme, Kälte, Beleuchtung und Lüftung einschließlich Gutschriften, der vier Schulen.
(Quelle: Forschungsinitiative EnOB)

Bild 3.2-8
Badezimmer im „Hotel am Viktualienmarkt" in München. Der Energieverbrauch von Hotels wird stark vom Warmwasserverbrauch beeinflusst (Quelle: DP Vermögensverwaltung GmbH & Co.KG).

Bild 3.2-9
Endenergieverbrauchskennwerte Wärme und Strom des Hotels am Viktualienmarkt (CDF); zum Vergleich die Kennwerte 34 weiterer Hotels und Referenzwerte eines Dreisterne- bzw. Viersternehotels nach EnEV 2009 (Quelle: Forschungsinitiative EnOB, [Ref. 3.2-2], [Ref. 3.2-3])

Bei der Sanierung eines Nachkriegsgebäudes zum Nur-Strom-Gebäude wurden im „Hotel am Viktualienmarkt" dezentrale Wärmepumpen eingesetzt. Diese erzeugen Warmwasser, Heizwärme oder Kälte direkt in dem Hotelzimmer, in dem sie gebraucht werden, um Verteilverluste zu minimieren. Als Niedertemperatur-Wärmequelle für die 43 Kleinstwärmepumpen dienen Wärmeüberschüsse (Lasten) aus anderen Hotelzimmern, die über eine zentrale Verteilleitung „verschoben" werden, um den Bedarf in anderen Zimmern zu decken. Wenn diese Wärmequelle nicht ausreicht, wird das Wasser mit elektrischen Heizpatronen in den zentralen Pufferspeichern nacherwärmt. Der direkt-elektrische Anteil für Heizung und Warmwasser betrug im Messzeitraum 4,8 kWh/m²a.

Neben der Art der Wärmeerzeugung und -verteilung wird der Energieverbrauch eines Hotels stark davon beeinflusst, ob es sich um einen einfachen Beherbergungsbetrieb handelt oder um ein Hotel mit einem großen Serviceangebot mit energieintensiven Nutzungen (Gastronomie, Tagungsräume, Wellnessbereich ...). Hinzu kommt die Auslastung als wesentlicher Faktor. Das erschwert die Vergleichbarkeit der Energieverbräuche von Hotels und die Einordnung, ob ein Hotel energieeffizient ist oder nicht [Ref. 3.2-2]. Weitere Analysen zu diesem Thema werden seit 2015 in einem Forschungsvorhaben gemeinsam mit 30 Hotels erarbeitet: www.check-in-energieeffizienz.de.

Der Vergleich des Münchner Hotels mit den Strom- und Wärmeverbräuchen von 34 anderen Hotels und mit den Verbrauchs-Referenzwerten nach EnEV 2009 zeigt den sehr niedrigen Endenergieverbrauch dieses Nur-Strom-Hotels. Der Stromverbrauch liegt mit 61 kWh/m²a unter dem Medianwert der anderen Hotels von 71 kWh/m²a. Das ist besonders bemerkenswert, weil auch die Wärmeerzeugung in diesem Wert enthalten ist. Die 34 anderen Hotels weisen im Mittel einen zusätzlichen Endenergiebedarf für Wärme von 139 kWh/m²a auf.

Beispiele: Sportbad Lünen sowie Sport- und Wellnessbad Kelsterbach

Der Energieverbrauch von Schwimmbädern wird ebenfalls vom Wärmeverbrauch dominiert. Dabei schlagen die Beckenwassererwärmung, die Erwärmung der Zuluft sowie der Stromverbrauch der Lüftungsanlagen besonders zu Buche. Trotz dieser Gemeinsamkeiten vieler Schwimmbäder unterscheidet sich der Energieverbrauch deutlich je nach Art des Schwimmbades. Das Sportbad in Lünen weist einen Endenergiebedarf Wärme von 252 kWh/m²a und einen Stromverbrauch von 156 kWh/m²a auf [Ref. 3.2-4]. Das Sport- und Wellnessbad in Kelsterbach benötigt mit 1.021 kWh/m²a fast viermal so viel Wärme und mit 436 kWh/m²a fast dreimal so viel Strom [Ref. 3.2-5]. Die Aufteilung des Endenergieverbrauchs auf die verschiedenen Konditionierungen ist sehr ähnlich, wie Bild 3.2-10 zeigt.

Zum höheren Wärmebedarf des Wellnessbades tragen die teilweise höheren Beckenwassertemperaturen im Wellnessbereich bei sowie zwei ganzjährig betriebene beheizte Außenbecken. Der hohe Stromverbrauch des Sport- und Wellnessbades ist in erster Linie dem Verbrauch von Sauna und Dampfbad geschuldet.

Neben diesen nutzungsspezifischen Unterschieden hat auch die Betriebsweise der Lüftungsanlagen im Wellnessbad zu dem insgesamt hohen

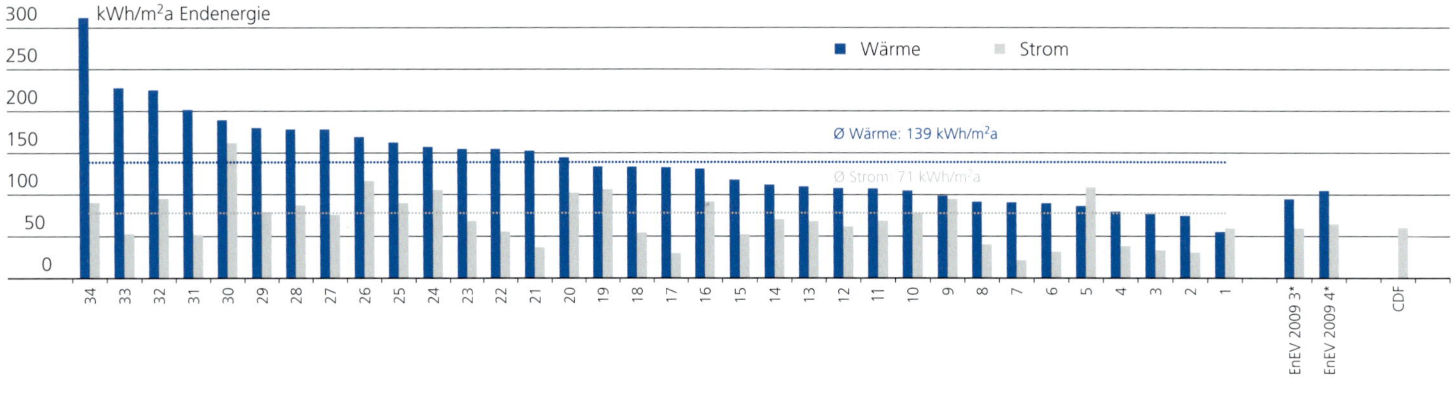

Energieverbrauch beigetragen. Die Lüftungsanlagen wurden im Messzeitraum nicht ideal betrieben, was sowohl zu einer Erhöhung des Stromverbrauchs als auch zu einem erhöhten Verbrauch der Lufterwärmung führte.

Beispiele: Museum Ritter Waldenbuch und Kunsthalle Mannheim

In Museen müssen konservatorische Anforderungen eingehalten werden. Die Temperatur und die relative Luftfeuchte dürfen nur in einer sehr geringen Bandbreite schwanken (20 – 22 °C bzw. 50 – 55 %). Die Luft muss im Sommer energieintensiv entfeuchtet und im Winter befeuchtet werden.

Wie in Hotels und Schwimmbädern unterscheiden sich auch in Museen die Gebäudetechnik und die Energieverbräuche einzelner Häuser deutlich.

Das Museum Ritter in Waldenbuch (MUR) wurde 2005 fertig gestellt. Zur Wärme- und Kälteerzeugung stehen Holzpelletkessel, eine solarthermische Anlage sowie eine Absorptionskältemaschine mit Erdsonden zur Verfügung, die im Winter als Wärmepumpe betrieben wird. Die Beleuchtung erfolgt über Tages- und Kunstlichtlichtdecken und großzügige Fenster, die in den sogenannten „Landschaftszimmern" die Außenwände fast vollständig einnehmen (→ Kapitel 6.3). Die Beleuchtungsstärke in den Ausstellungsräumen liegt bei 1.000 lx vertikaler Beleuchtungsstärke. Diese für Ausstellungsflächen sehr hohe Beleuchtungsstärke – üblich sind Werte um 100 lx – bringt einen ebenfalls hohen Kunstlichtstromverbrauch mit sich und einen hohen Kältebedarf. Der Wärmebedarf ist ebenfalls hoch, hier schlägt die Erwärmung der Luft in der (entgegen der Planung durchgehend betriebenen) Lüftungsanlage zu Buche [Ref. 3.2-6]. Diese fällt nicht nur im Winter bei niedrigen Außentemperaturen an, sondern auch im Sommer, wenn die Luft nach der Entfeuchtung nacherwärmt werden muss. In diesem Gebäude wird der Energiebedarf somit auch vom Wunsch der Betreiber, die Kunst in hellem Licht zu zeigen, und vom architektonischen Konzept mit einem starken Außenbezug der Landschaftszimmer beeinflusst, die zu der sehr hohen gewünschten Beleuchtungsstärke in den Ausstellungsräumen führen.

Die Kunsthalle Mannheim (KHM) ist ein denkmalgeschütztes Gebäude aus dem Jahr 1907. Die Außenwände wurden innenseitig gedämmt, in die Dämmebene wurden Niedertemperatur-Heiz- und Kühlflächen integriert. Die Wärmeversorgung erfolgt über einen Fernwärmeanschluss, die Kälteerzeugung mittels einer solarthermischen Anlage mit Absorptionskältemaschine sowie über eine Kompressionskältemaschine. Die Beleuchtung erfolgt auch in diesem Gebäude über Tageslicht-

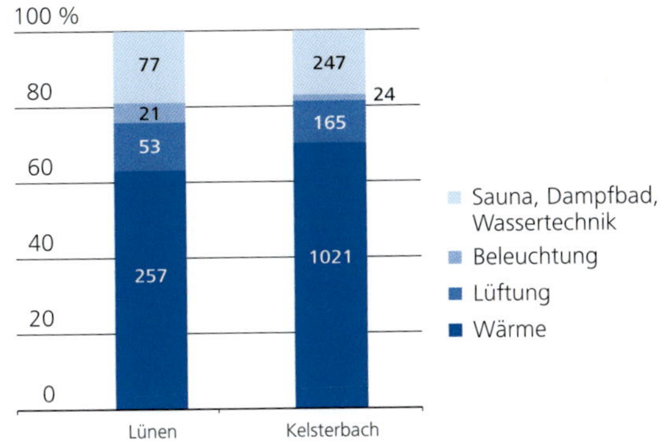

Bild 3.2-10
Prozentuale Verteilung des Endenergieverbrauchs im Sportbad Lünen und im Sport- und Wellnessbad Kelsterbach. Die Beschriftung zeigt die Endenergieverbräuche [kWh/m²a]. (Quelle: Forschungsinitiative EnOB, [Ref. 3.2-4], [Ref. 3.2-5])

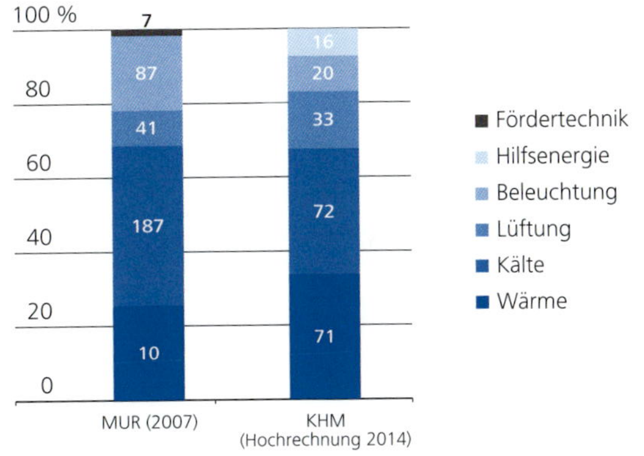

Bild 3.2-11
Prozentuale Verteilung des Endenergieverbrauchs im Museum Ritter Waldenbuch und in der Kunsthalle Mannheim. Die Beschriftung zeigt die Endenergieverbräuche [kWh/m²a]. (Quelle: Forschungsinitiative EnOB, [Ref. 3.2-6], [Ref. 3.2-7])

decken und Fenster [Ref. 3.2-7]. Die Beleuchtungsstärke in den Ausstellungsräumen liegt bei 50 bis 110 lx vertikaler Beleuchtungsstärke [Ref. 3.2-8]. Trotz der Fenster und der Tageslichtdecken weist das Gebäude keinen starken Außenbezug auf. Die niedrigere Beleuchtungsstärke und geringere Solareinträge resultieren in niedrigeren Kühllasten, auch der Energieverbrauch für Lüftung und Wärme ist deutlich niedriger als im Museum Ritter in Waldenbuch (MUR).

3.2.2 Langzeitentwicklung des Verbrauchs

Für zwei Verwaltungsgebäude und eine Berufsschule liegen aufgrund des besonderen Engagements der beteiligten Akteure Messwerte zur Langzeitentwicklung des Energieverbrauchs vor. Dies erlaubt in Ergänzung der vorgestellten Untersuchungen die Beurteilung der Dauerhaftigkeit der Verbrauchswerte. Über den gesamten Zeitraum wurde in unterschiedlichem Maße Aufwand für das Energiemonitoring betrieben: Zu Beginn erfolgte ein hoher, mit Mitteln der Forschungsinitiative EnOB unterstützter Aufwand mit aktiven Eingriffen in die Betriebsführung über zwei Jahre. Im Anschluss daran wurde die Verbrauchsentwicklung meist weniger detailliert, teils nur „passiv" beobachtet und erst bei außergewöhnlichen Entwicklungen durch Maßnahmen begleitet. Die Bilder 3.2-12 bis 3.2-14 dokumentieren die Verbrauchsentwicklung der Heizwärme- und Stromverbräuche. Die Stromverbräuche sind getrennt in diejenigen Verbräuche, die normativ betrachtet werden, und die nutzungsspezifischen Verbräuche (=alle übrigen).

Balance Office Building BOB, Aachen

Das Gebäude wird ausschließlich über Strom versorgt. Dazu übernehmen Erdsonden über Wärmepumpen die Heizung und im Direktbetrieb die Kühlung. Dennoch wird der Stromverbrauch über die Verbräuche der typischen Büronutzung dominiert. Ein erhöhter anfänglicher Heizwärmeverbrauch pendelte sich in Folge ebenso auf einem stabil niedrigen Niveau ein, wie der dazugehörige TGA-Stromverbrauch. Das vergleichsweise schlanke technische Konzept bewährt sich. Der Energiebedarf für die Heizung könnte bei Folgeprojekten weiter gesenkt werden, wenn das Hydraulikkonzept an die Erkenntnisse des 10-jährigen Monitorings angepasst wird (→ Kapitel 8.4).

EnerGon, Ulm

Auch das EnerGon wird über Erdsonden und eine Betonkertemperierung (BKT) gekühlt, jedoch über

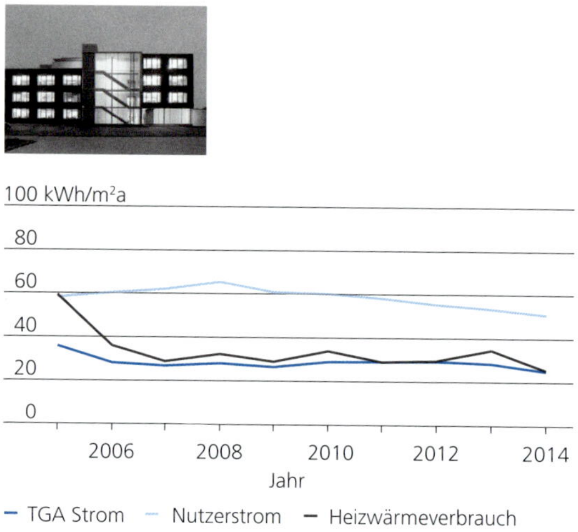

Bild 3.2-12
Zeitliche Entwicklung der Verbrauchswerte des „Balanced Office Building" (BOB) in Aachen über einen Zeitraum von 10 Jahren. Die Daten wurden nicht klimabereinigt. Der TGA-Stromverbrauch beinhaltet auch den Verbrauch der Erdsonden-Wärmepumpen zur Deckung des Wärmeverbrauchs des Gebäudes.
(Quelle BOB efficiency design AG [Ref. 3.2-9])

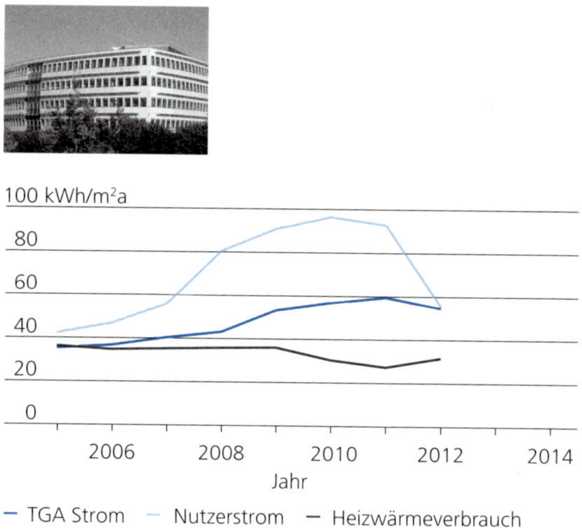

Bild 3.2-13
Zeitliche Entwicklung der Verbrauchswerte des Verwaltungsgebäudes EnerGon in Ulm über einen Zeitraum von 8 Jahren. Die Daten wurden nicht klimabereinigt.
(Quelle Hochschule Ulm [Ref. 3.2-10])

Fernwärme beheizt. In dem für Büroarbeit konzipierten Gebäude ergibt sich der ungleichmäßige und zwischenzeitlich stark ansteigende Verlauf des Nutzer-Strombedarfs aus der Belegungshistorie. Nach zunächst nur teilweiser Vermietung im Zeitraum 2004 bis 2006 mit moderat zunehmendem Nutzerstrom wurden zum Jahresbeginn 2007 die verbleibenden circa 40 Prozent Mietfläche von einem Elektronikkonzern bezogen, der zahlreiche Büroräume als Elektronik-Entwicklungslabore nutzte. Wegen des damit verbundenen hohen Stromverbrauchs aufgrund der Laborausstattung (= Nutzerstrom) und wegen zusätzlicher Raumkühlgeräte (TGA-Strom) ist eine signifikante Zunahme des Stromverbrauchs zu erkennen. Dies endete 2011 bei einem neuerlichen Mieterwechsel. Der ebenfalls ab 2007 zu erwartende Rückgang des Heizwärmebedarfs tritt um etwa zwei Jahre verzögert ein, weil durch eine Fehlbedienung der Gebäudeleittechnik in den Jahren 2007 und 2008 Fernwärme in die Erdwärmesonden geleitet wurde.

Gebhard-Müller-Schule, Biberach

Das Schulgebäude nutzt einen Grundwasserbrunnen als Wärmesenke zur Kühlung und als Wärmequelle einer Wärmepumpe in Verbindung mit einer BKT. 2005 war das erste vollständig erfasste Betriebsjahr mit noch nicht optimiertem Betrieb. Das Intensivmonitoring griff in den Jahren 2006 und 2007 und führte zu deutlich niedrigerem Wärmeverbrauch und sinkendem TGA-Stromverbrauch. Im Jahr 2009 erfolgte keine Weiterleitung der Verbrauchsdaten an das Betriebspersonal, so dass Fehler in der Betriebsführung zunächst nicht auffielen und erst nachfolgend korrigiert wurden. Der Wärmeverbrauch ging 2010 und 2011 wieder zurück. Der wiederholte Anstieg 2012 und 2013 korreliert mit einem Mehrbetrieb der Lüftungsanlagen, was sich auch im Stromverbrauch niederschlägt. Trotz dieses Wiederanstiegs bleibt der Stromverbrauch um 25 % geringer als im ersten Betriebsjahr 2005.

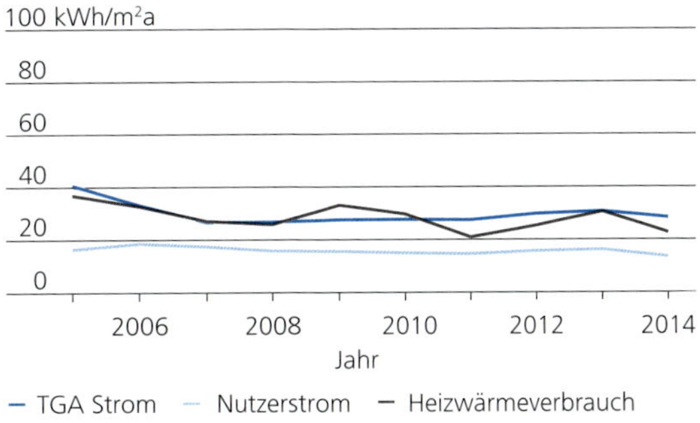

Bild 3.2-14
Zeitliche Entwicklung der Verbrauchswerte der Gebhard-Müller-Schule in Biberach über einen Zeitraum von 10 Jahren. Die Daten wurden nicht klimabereinigt. Der TGA-Stromverbrauch beinhaltet auch den Verbrauch der Grundwasserwärmepumpen zur Deckung des Wärmeverbrauchs des Gebäudes.
(Quelle Hochschule Biberach [Ref. 3.2-11])

Referenzen, Anmerkungen

Anm. 3.2-1
Medianwert: statistisches Lagemaß; der Medianwert oder Zentralwert einer Stichprobe ist der Wert, der an mittlerer Stelle steht, wenn alle Werte der Größe nach sortiert werden. Jeweils die Hälfte der Werte liegt ober- und unterhalb des Medianwertes.

Anm. 3.2-2
Boxplot: Im Boxplot sind unterschiedliche statistische Größen dargestellt. Der mittlere schwarze Strich liegt bei dem Wert des Medians der Daten. Die Box reicht vom unteren Quartil bis zum oberen Quartil, d. h. sie umfasst 50 % der Daten. Die Striche am Ende der Verlängerung der Box heißen Whisker. Diese liegen maximal 1,5-mal dem Abstand zwischen Median und unterem/oberen Quartil entfernt. Werte unter- bzw. oberhalb der Whisker werden als Ausreißer bezeichnet.

Ref. 3.2-1
Hörner: Typologische Kenngrößen von Nichtwohngebäuden im Bestand. Instiut Wohnen und Umwelt (IWU), Darmstadt (Hrsg.). Sept. 2015 http://www.enob.info/fileadmin/media/Publikationen/EnOB/Analysen/Querschnittsanalyse_TEK_x.pdf (Aufruf 04.12.2015)

Ref. 3.2-2
Bernard, S., Voss, K.: Energieverbrauch in der Hotellerie: Zunehmende Bedeutung für Ressourcen- und Klimaschutz. In: DBZ Deutsche Bauzeitschrift- DBZ Spezial. (2012), 10, S. 38–41

Ref. 3.2-3
Zauner J.: persönliche Mitteilung, Hochschule Rosenheim, 2015

Ref. 3.2-4
Peper, S., Grove-Smith, J.: Monitoring Passivhaus-Hallenbad Lippe-Bad Lünen. Passivhaus Institut, Darmstadt (Hrsg.). 2013

Ref. 3.2-5
Garrecht, H., Klein, M., Reeb, S.: Ressourcenschonende baulich-technische Konzepte bei Schwimmbädern: Monitoring und Betriebsoptimierung beim Freizeitbad Kelsterbach. Abschlussbericht. FKZ 0327431K. Technische Universität Darmstadt. Fachgebiet Werkstoffe im Bauwesen (Hrsg.). 2013

Ref. 3.2-6
Wagner, A.; Knapp, T.: Museum Ritter Waldenbuch. Regenerative Energieversorgung im Museumsbau: Monitoring und Betriebsoptimierung im Museum Ritter in Waldenbuch. Abschlussbericht. FKZ 0329084D. Universität Karlsruhe. Bauphysik und Technischer Ausbau (Hrsg.). 2009

Ref. 3.2-7
Reiß, J.: Texte und Datenbankeinträge zum Vorhaben „Generalsanierung der Kunsthalle Mannheim", www.enob.info. Fraunhofer IBP, 2015

Ref. 3.2-8
Huckemann, V.: persönliche Mitteilung, Hochschule Bochum, 2015

Ref. 3.2-9
Frohn, B.: persönliche Mitteilung, BOB efficiency design AG, Aachen, 2015

Ref. 3.2-10
Lindemann G., Mengedoth, G.: persönliche Mitteilung, Hochschule Ulm, 2015

Ref. 3.2-11
Schulgebäude im Langzeitmonitoring. BINE-Projektinfo 9/2015, FIZ Karlsruhe GmbH. BINE Informationsdienst, Bonn (Hrsg.)
www.bine.info

3.3 Kennwerte von Gebäuden mit ausgeglichener oder positiver Energiebilanz

Karsten Voss

Bei den sogenannten Null- und Plusenergiegebäuden wird der Ausgleich des Energieverbrauchs durch eine mindestens ebenso hohe lokale Energiebereitstellung aus erneuerbaren Energien angestrebt. Die Bilanz wird nicht zu jedem Zeitpunkt sondern in der Jahressumme betrachtet. Im englischen Sprachraum haben sich dafür die Begriffe „net zero energy buildings" bzw. „net energy plus buildings" etabliert, während sich im deutschen Sprachraum der Zusatz „netto" nicht durchgesetzt hat. Wegen der gesunkenen Kosten vieler Komponenten und steigenden Energiebezugskosten beschränkt sich das Interesse an diesem Gebäudekonzept nicht mehr nur auf motivierte Bauherren von Einfamilienhäusern [Ref 3.3-1, Ref 3.3-2, Ref 3.3-3]. Zur Beschreibung der Energie- und Umweltperformance solcher Gebäude in der Planungs- und Betriebsphase bedarf es erweiterter Bilanzierungsverfahren und Kennzahlen.

Methodisch besteht eine Nähe zu den im Jahr 2010 mit der EU-Gebäuderichtlinie thematisierten „nearly zero energy buildings". In der deutschen Übersetzung der Richtlinie sind daraus die „Niedrigstenergiegebäude" geworden. Neben einer sehr hohen Gesamtenergieeffizienz ist ein signifikanter Anteil des verbleibenden Energiebedarfs durch erneuerbare Energien zu decken [Ref 3.3-4]. Nationale Energiestandards und Berechnungsverfahren für Neubauten müssen bis 2020 auch in Deutschland diesen Gebäudestandard definieren und einführen. Neben der EnEV und der DIN V 18599 [Ref 3.3-5] betrifft das auch das Erneuerbare-Energien-Wärmegesetz (EEWärmeG) mit den darin enthaltenen Quotenregelungen für den Anteil der erneuerbaren Energie an der Wärme- und Kälteversorgung von Gebäuden [Ref 3.3-5]). Eine über alle Bereiche einschließlich der Stromversorgung durchgängige Methodik zur Berechnung des Anteils erneuerbarer Energie an der Gesamtenergieversorgung von Gebäuden (Strom, Wärme und Kälte) beinhaltet der Entwurf zur Neufassung der DIN EN15603 „Energieeffizienz von Gebäuden" von 2013 [Ref 3.3-6]. Der dort vorgestellte Algorithmus ist so ausgelegt, dass ein Nullenergiegebäude eine Quote von 100 % erfüllt. Dabei werden Anlagen zur Nutzung erneuerbarer Energie vor Ort oder importierte erneuerbare Energie aus Netzen gleichwertig einbezogen.

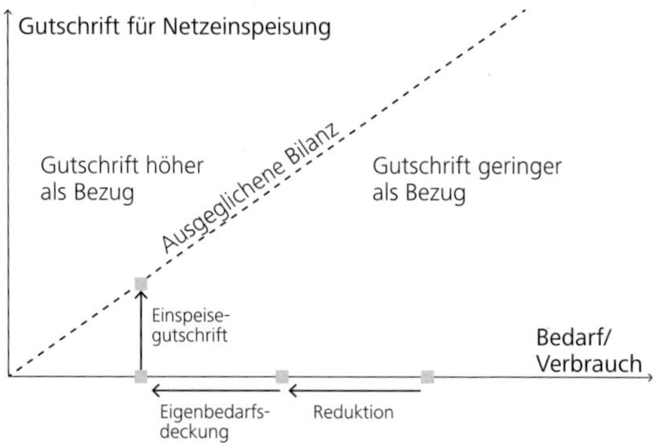

Bild 3.3-1
Prinzip der Jahresbilanz für Null- und Plusenergiegebäude (Quelle: Universität Wuppertal)

Definitionen und Berechnungsverfahren

Vergleicht man die bei realisierten Projekten angewendeten Bilanzierungsverfahren für Null- und Plusenergiegebäude, so variieren die jeweils praktizierten Ansätze sowohl in Deutschland als auch international erheblich [Ref 3.3-7]. Dies hat zur Folge, dass sich Ergebnisse und Schlussfolgerungen je nach Verfahren unterscheiden. Daraus resultiert ein bis dato „diffuses" Verständnis der Thematik. Die Berechnungen stützen sich meist auf die jeweils national eingeführten Rechenverfahren zur Energiebedarfsermittlung und erweitern sie unter Einbeziehung von Gutschriften für die Einspeisung in Energienetze. Auch das „Effizienzhaus Plus Programm" der Bundesregierung geht so vor [Ref 3.3-8].

.Bild 3.3-1 verdeutlicht das Grundprinzip der Bilanzierung von Verbrauch oder Bedarf und Gutschriften. Es liegt allen in der Praxis eingesetzten Verfahren zu Grunde. Unterschiede bestehen in Details, sie prägen die Ergebnisse aber wesentlich [Ref 3.3-9]. Die Diagonale im Diagramm kennzeichnet Gebäude mit ausgeglichener Jahresenergiebilanz. Bilanzergebnisse für Plusenergiegebäude liegen darüber, herkömmliche Gebäude darunter. Die Darstellung zeigt, dass der Weg zum Ausgleich der

Bilanz ohne vorherige Bedarfsreduktion sehr hoher Gutschriften bedarf. Erst durch eine konsequente Energieeinsparung und die Eigenbedarfsdeckung durch erneuerbare Energien reichen die Dachflächen für die benötigten Solaranlagen aus.

Vier Festlegungen sind für ein einheitliches Verständnis von Null- und Plusenergiegebäuden erforderlich:

Indikatoren: Meist werden Bedarf/Verbrauch und Gutschriften in Primärenergie (Anteil nicht erneuerbar) ausgedrückt. Auch die Klimagasemissionen bzw. Emissionsgutschriften können gegenübergestellt werden. Manche Verfahren stellen Anforderungen für den Bilanzausgleich auf mehreren Ebenen. Für ein „Effizienzhaus Plus" wird beispielsweise eine mindestens ausgeglichene End- und Primärenergiebilanz eingefordert, was eindeutig Konzepte mit Wärmepumpen favorisiert [Ref 3.3-9]. Die jeweiligen Umrechnungsfaktoren sind anzugeben, da sie teilweise einem zeitlichen Wandel und Sonderregelungen unterliegen (→ Kapitel 3.1) [Ref 3.3-11]. Zu den nationalen Besonderheiten zählt in Deutschland die ungleiche Gewichtung von bezogenem und eingespeisten Strom. Werden die Energiekosten als Indikator verwendet und damit Einnahmen aus der Netzeinspeisung den Energiekosten gegenübergestellt, so zeigt sich, dass als Folge einer ausgeglichenen Energiebilanz nicht unbedingt auch die Energiekosten ausgeglichen werden. Das gilt insbesondere beim Einsatz von Biomasse, da die primärenergetische Bewertung nicht mit der monetären Bewertung einhergeht.

Bilanzgrenze: Die EU-Gebäuderichtlinie und die deutsche Gesetzgebung thematisieren als Energiebedarfe nur denjenigen zum Heizen und zur Trinkwassererwärmung einschließlich der Hilfsenergie sowie bei Nichtwohngebäuden zusätzlich den Bedarf für Kühlung und Beleuchtung. Auf dieser Grundlage fallen nutzungsspezifische Energiebezüge aus der Betrachtung, werden aber sowohl anteilig durch erneuerbare Energie vor Ort gedeckt als auch meist bei der Verbrauchsmessung mit erfasst. Auch die Elektromobilität wird bei manchen Projekten in die Energiebilanz einbezogen. Noch komplexer wird der Sachverhalt, wenn Gebäudeensembles oder Quartiere betrachtet werden. Normative Verfahren haben grundsätzlich nur Einzelgebäude im Fokus. Gleichwohl werden Null- oder Plusenergiequartiere bis hin zu Städten in der Praxis thematisiert und bilanziert.

Bilanzierungszeitraum: Üblicherweise werden Jahresbilanzen betrachtet, die aus Monatsbilanzen hergeleitet werden. Es ist aber auch eine Erweiterung auf die Gebäudeerstellung oder den vollständigen Lebenszyklus eines Gebäudes möglich. In letzteren Fällen sind pro Jahr bilanzielle Überschüsse erforderlich, um den Aufwand für die Gebäudeerstellung oder zusätzlich die Instandsetzung wieder auszugleichen (→ Kapitel 2.2).

Anrechnungsregeln: Die Energiebereitstellung über Anlagen zur Nutzung erneuerbarer Energie am Gebäude bzw. auf dem Grundstück führt i.d.R. dazu, dass ein Teil der Energie vor Ort den Bedarf/Verbrauch deckt und der Rest in Netze eingespeist wird. Da die Anteile teilweise unterschiedlich gewichtet werden, sind Anrechnungsregeln erforderlich. Gemäß EnEV werden z. B. nur Stromerträge bis zur Höhe des monatlichen Bedarfs/Verbrauchs angerechnet (Stand 2016). Für den eingespeisten Strom tritt der Konflikt auf, dass er einerseits Teil der Energiebilanzbetrachtung für das Gebäude wird, andererseits aber auch für die Berechnung des Anteils erneuerbarer Energien im nationalen Strommix und den daraus abgeleiteten Primärenergie- und Emissionsfaktoren herangezogen wird. Erst wenn in allen vier vorgestellten Bereichen einheitliche Festlegungen gemacht werden, können Gebäude nach dem Null- und Plusenergiekonzept miteinander sinnvoll verglichen werden. Solche Festlegungen existieren in Deutschland noch nicht (Stand 2016).

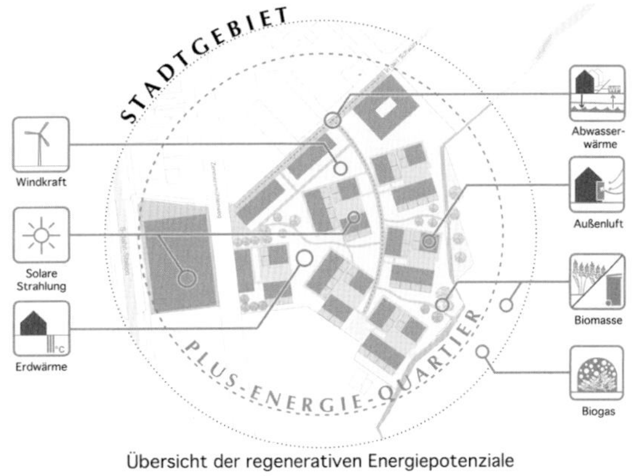

Bild 3.3-2
Konzeptstudie für ein 3 ha großes Mischgebiet aus Wohnen und Gewerbe in Oberursel. Ziel ist unter anderem die Nutzung von Synergien zwischen den Gebäudetypologien für mindestens ausgeglichene Jahresenergiebilanz auf Quartiersebene. (Quelle: TU Darmstadt, Fachgebiet Entwerfen und Energieeffizientes Bauen, Prof. Manfred Hegger [Ref 3.3-12])

„Nur-Strom-Gebäude"

Einfacher verständlich wird das Bilanzierungsprinzip bei Null- und Plusenergiegebäuden, die nur den Energieträger Strom nutzen. Zur technischen Ausstattung gehören üblicherweise eine Wärmepumpe und eine Solarstromanlage. Hier erfolgt eigentlich eine eindeutige Energie- bzw. Strombilanz ohne zusätzliche Bewertung durch Umrechnungsfaktoren (Primärenergie-, Emissionsfaktoren). In Deutschland wird diese Bilanzierung aktuell durch die unterschiedliche primärenergetische Gewichtung von bezogenem und eingespeisten Strom verzerrt (→ Kapitel 3.1, Tabelle 3.1-2).

Bei einer Jahresbilanz mit nur einem Verbrauchsstromzähler und einem Solarstromzäher ist zu beachten, dass sämtlicher Stromverbrauch erfasst wird, also neben dem Verbrauch der technischen Anlagen auch der nutzungsspezifische Strom. Durch den mehr oder weniger deutlich erhöhten Strombezug von Wärmepumpen in der kalten Jahreszeit wird das Netz im mitteleuropäischen Klima vor allem im Winter beansprucht, da der hauseigene Solarstrom - gegenläufig zum Verbrauch - vorwiegend im Sommer bereitgestellt wird. Unter den nachfolgend vorgestellten Praxisbeispielen ist das Kinderhaus in Höhenkirchen ein Nur-Strom-Gebäude.

Planungswerkzeuge

Die Planung von Null- und Plusenergiegebäuden erfordert in einer frühen Projektphase die Gegenüberstellung von Energiebedarf und Gutschriften. Wegen der noch nicht erfolgten Erweiterung der normativen Regeln für die Berechnung im Rahmen der EnEV (Stand 2016), werden in der Planungspraxis andere Verfahren eingesetzt. Ein Beispiel dafür ist das frei verfügbare Werkzeug EnerCalc (→ Kapitel 11.2.1). Es ermöglicht seit 2013 die Bilanzierung auf der Basis von Endenergie, Primärenergie und Emissionen und bietet dazu unterschiedliche Rechenregeln an. Auch das Passivhaus-Projektierungspaket (PHPP) bietet seit 2015 Algorithmen zur Bilanzbildung für ein sogenanntes „Passivhaus Plus" an [Ref 3.3-13]. In der Schweiz ist bereits seit 2011 die Berechnungsvorschrift „Minergie A" die Grundlage [Ref 3.3-14].

Eine besondere Schwierigkeit bei den Berechnungsverfahren liegt in der Trennung von Eigenbedarfsdeckung und Netzeinspeisung. Die oben genannten Werkzeuge basieren ebenso wie die EnEV auf Monatsbilanzen. Werden beispielsweise der Strombedarf und die solare Stromerzeugung monatlich bilanziert, wird eine Eigenverbrauchsdeckung berechnet (in Bild 3.3-3: virtuelle Eigenbedarfsdeckung), die deutlich über der liegt, die bei der Messung mit einem Zähler oder der Berechnung mit hoher zeitlicher Auflösung ermittelt wird. Das liegt u. a. daran, dass - ohne Stromspeicher im

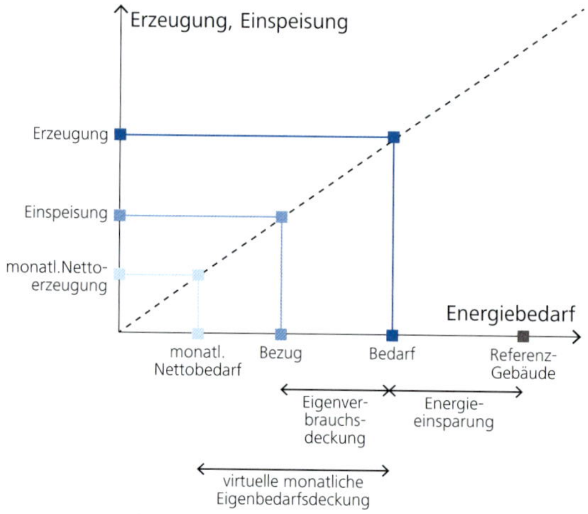

Bild 3.3-3
Unterschiede zwischen einer Bilanzierung auf der Basis von Jahresbedarf und -erzeugung, von Einspeisung und Bezug (= Messung oder Berechnung mit hoher zeitlicher Auflösung) und von „virtueller" Einsparung und Bezug auf Basis einer normativen Energiebilanzierung
(Quelle: Universität Wuppertal)

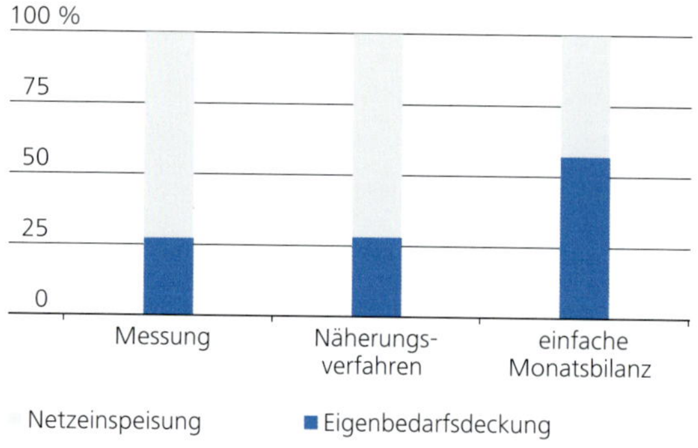

Bild 3.3-4
Gemessene Jahresanteile von Eigenbedarfsdeckung und Netzeinspeisung für ein Wohnhaus verglichen mit einer einfachen monatlichen Bilanzierung und einem Näherungsverfahren unter Berücksichtigung von Zeitprofilen von Strahlungsverfügbarkeit und Strombedarf
(Quelle M. Lichtmeß [Ref 3.3-16])

Gebäude - innerhalb des Monats ein nächtlicher Bedarf ebenso nicht solar gedeckt werden kann wie hohe Verbräuche in Zeiten mit niedriger Einstrahlung [Ref 3.3-15]. Deshalb wurde ein Verfahren entwickelt, das zwar die monatliche Bilanzierung beibehält, aber durch Berücksichtigen von standardisierten Zeitverläufen der Solarstrahlung und der Stromverbräuche unterstützt [Ref 3.3-16]. Die Validierung mit Messwerten eines Wohnhauses zeigt eine sehr gute Übereinstimmung (Bild 3.3-4). Auch die Integration eines Batteriespeichers lässt sich damit beschreiben. Monatsbilanzverfahren können also durchaus weiterentwickelt werden, um Null- und Plusenergiegebäude praxisnah zu beschreiben.

Praxisbeispiele

Neben vielen Wohnhäusern entstanden in den l etzten Jahren auch eine Reihe von Nichtwohngebäuden als Null- und Plusenergiegebäude. Viele davon wurden bis 2014 im Rahmen der Arbeitsgruppe „Towards Net Zero Energy Solar Buildings" der Internationalen Energieagentur in einem Online-Informationsportal erfasst [Ref 3.3-17] und evaluiert [Ref 3.3-1].

Ein Kindergarten als „Nur-Strom-Haus"

Kindergärten bieten mit ihrer regulär eingeschossigen Bauweise geometrisch gute Voraussetzungen. Bedingt durch ihre Größe und eine vergleichsweise geringe Stromintensität lassen sich mit marktüblichen Ansätzen Null- und Plusenergiegebäude realisieren. Beispielhaft dafür steht der Kindergarten in Höhenkirchen. Er basiert auf der Passivhausbauweise in Kombination mit einer Energieversorgung durch eine Erdreichwärmepumpen sowie Solarstrom- und Solarthermie-Anlagen. Bild 3.3-6 zeigt die beispielhafte Auswertung der Jahresenergiebilanz. Dabei sind verbrauchsseitig alle Stromverbräuche einbezogen, also auch die nutzungsspezifischen Verbräuche. In Bild 3.3-7 ist deutlich zu erkennen, dass ein niedriger Heizwärmebedarf und eine effiziente Wärmepumpentechnik die Basis des Erfolgs bilden: Der Jahresverlauf des Stromverbrauchs ist nahezu konstant (gleichmäßige Steigung) und zeigt nur einen schwachen Anstieg in den Wintermonaten. Der saisonale Verlauf der Stromerzeugung zeigt erwartungsgemäß das größte Plus im Sommer. Die jährliche Eigenverbrauchsdeckung lag nach Messungen der

Bild 3.3-5
Einstieg in das Portal zur Dokumentation von Null- und Plusenergiegebäuden [Ref 3.3-15].
(Quelle: Universität Wuppertal)

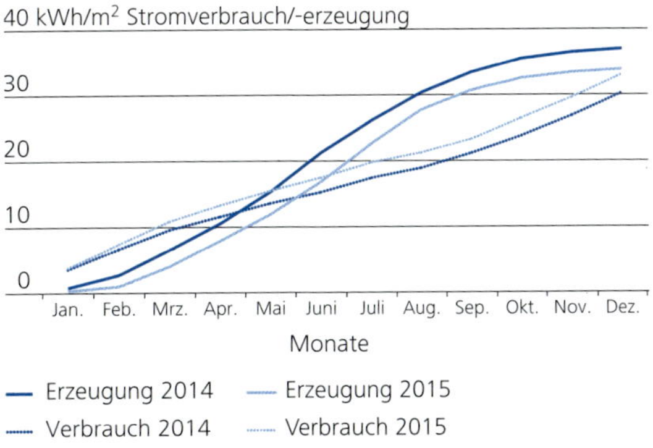

Bild 3.3-6
Gegenüberstellung von Stromverbrauch und -erzeugung im Jahresverlauf 2014 und 2015 für das Kinderhaus Höhenkirchen (1.286 m² NGF, PV 48 kWp bzw. 37 W/m²NGF). In 2015 war die Bilanz ausgeglichen, in 2014 positiv. Anm.: Der höhere Verbrauch 2015 resultiert aus längeren Laufzeiten der RLT-Anlage sowie zeitweise sturmbedingtem Ausfall der Solarthermie. Der niedrigere Ertrag wurde durch einige sturmbedingt beschädigte Module verursacht, die erst durch großfläche Anlagendemontage ausgetauscht werden konnten.
(Quelle: Daten Hochschule Rosenheim, Foto Fraunhofer IBP)

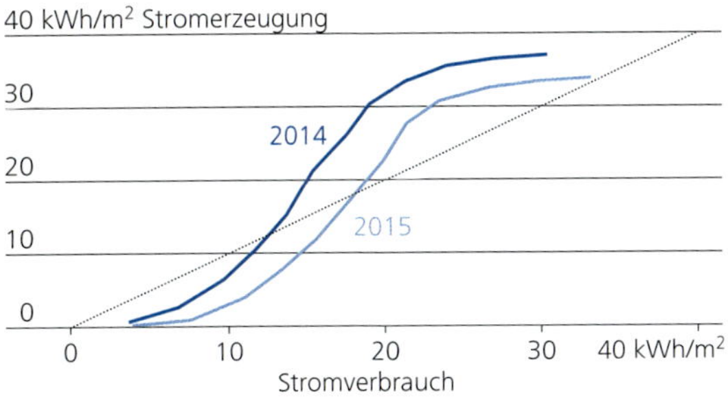

Bild 3.3-7
Kumulierter Jahresverlauf für Stromerzeugung und -verbrauch im Kinderhaus Höhenkirchen. Basis sind Monatswerte.
(Quelle: Daten Hochschule Rosenheim)

Hochschule Rosenheim 2014 bei 37 % und demnach die Einspeisung bei 63 %. In den Wintermonaten erreicht die Eigenverbrauchsdeckung mit bis zu 75 % das Maximum, in den Sommermonaten mit 24 % das Minimum.

Plusenergiegrundschule mit kombinierter Solarstrom-/Holzpellet-Versorgung

Auch Schulen bieten mit ihrer Zwei- bis maximal Dreigeschossigkeit bessere geometrische Randbedingungen für Null- und Plusenergiegebäude als die meist kompakteren und höheren Verwaltungsgebäude. Schulen sind wie Kindergärten wenig stromintensiv. Der Energiebezugsfläche steht - verglichen zum Verwaltungsbau - meist eine größere Dachfläche zur Solarenergienutzung gegenüber.

Bei der 2010 fertiggestellten, 3-zügigen Grundschule mit angegliederter Sporthalle in Hohen Neuendorf war der Bau eines Plusenergieschule erklärtes Planungsziel. Basis dazu war die primärenergetische Betrachtung. Als Bilanzraum wurden von vornherein nur die normativ erfassten Bedarfe definiert, nicht der nutzungsspezifische Bedarf. Die Energieversorgung basiert neben einer 55 kW$_P$ Solarstromanlage (8 W$_p$/m²NGF) auf einer 220 kW Pelletheizung (→ Kapitel 8.5) und sollte ursprünglich mit einem Pellet-BHKW ergänzt werden. Eine entsprechende Anlage war allerdings zum Zeitpunkt der Fertigstellung des Gebäudes nicht marktreif und ist es bis heute nicht (Stand 2016). Ein Pellet-BHKW führt in der Primärenergiebilanz dazu, dass der Bezug eines Energieträgers mit geringem Primärenergiefaktor (0,2) den Netzstrombezug mit seinem vergleichsweise hohem Primärenergiefaktor verdrängt. Obwohl die solaren Stromerträge das Planungsziel nahezu erreichten, fehlt in der gemessenen Energiebilanz das BHKW zur Eigenbedarfsdeckung. Zudem war der Stromverbrauch in der Sporthalle durch die intensivere, außerschulische Nutzung deutlich höher als geplant, so dass das Plus in der Bilanz nicht erreicht wurde [Ref. 3.3-18].

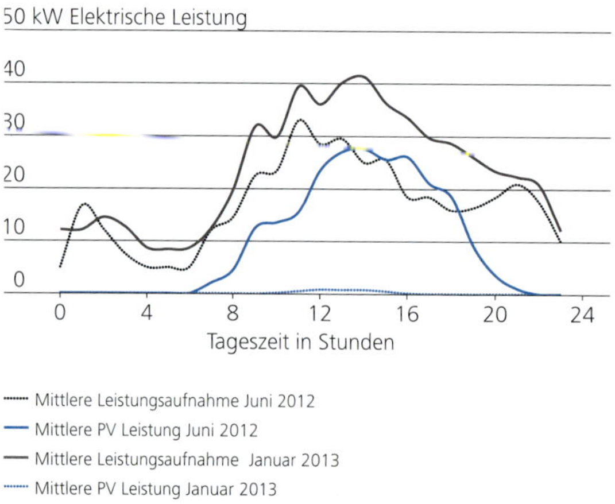

Bild 3.3-8
Gegenüberstellung von Leistungsaufnahme und solarer Stromerzeugung als mittlere Tagesverläufe für einen typischen Sommer- und einen Wintermonat für die Grundschule in Hohen Neuendorf
(Quelle: HTW Berlin)

Bild 3.3-9
Das 2012 errichtete Verwaltungsgebäude in Cölbe bietet auf 2.054 m² NGF Arbeitsplätze für 100 Mitarbeiter. Das Energiekonzept beruht auf einem Passivhaus mit Wärmeversorgung durch einen Pelletkessel und eine Solaranlage (53 m², 3 m³ Pufferspeicher), die im Sommer eine Adsorptionskältemaschine bedient. Die Abwärme der IT-Zentrale wird genutzt bzw. im Sommer über einen Brunnen abgeführt. Eine 175 kW$_p$ Solarstromanlage dient der Stromversorgung und mit ihren Einspeisegutschriften dem primärenergetischen Jahresbilanzausgleich. Anm.: Das Gebäude wird durch einen Besitzerwechsel erst seit Anfang 2014 vollständig betrieben. Zum Zeitpunkt der Erstellung dieses Buch lagen noch keine umfänglichen Bilanzdaten vor.
(Quelle: Fotografie Neuhaus)

Im gesamten Messzeitraum wurden 67 % des Solarstroms zur Eigenbedarfsdeckung genutzt. Diese vergleichsweise hohe Quote liegt einerseits an der klein dimensionierten Anlage und andererseits an der hohen zeitlichen Korrelation von Erzeugung und Verbrauch (Bild 3.3-8). Die Solarstromanlage ist – verglichen mit dem Kinderhaus – deshalb von vornherein kleiner ausgelegt, da der nutzungsbedingte Stromverbrauch in der Planung nicht in die Bilanzierung einbezogen wurde und durch die Verwendung von Pellets zum Heizen primärenergetisch nur wenige Gutschriften als Ausgleich erforderlich werden.

Plusenergie im Bestand

Da bei der energetischen Sanierung von Bestandsgebäuden meist nicht ganz der wärmetechnische Standard von Neubauten erreicht werden kann, sind Null- und Plusenergiegebäude im Bestand noch eine Seltenheit. Die wenigen bekannten Projekte nutzen als Energieträger für die Wärmebereitstellung fast alle Biomasse zentral (Kessel) oder dezentral (Nah-, Fernwärme). Damit wird der Primärenergiebedarf in diesem Bereich von vornherein niedrig gehalten. Eine positive Endenergiebilanz gelingt nicht.

Neben den bereits aus zahlreichen Veröffentlichungen bekannten Neubauten der Solarfabrik (Freiburg), von Solvis (Braunschweig) und von Wagner Solar (Cölbe, siehe Bild 3.3-9) griff 2011 die AS Solar den Gedanken auf und wandelte eine abbruchreife Industriehalle zur Firmenzentrale als Plusenergiegebäude um (Bild 3.3-10). Eine neue Gebäudehülle in Passivhausqualität und eine Lüftung mit Wärmerückgewinnung senken den Wärmebedarf um 90 %. Die Energieversorgung stützt sich dabei auf eine 268 kW_p Solarstromanlage (38 W_p/m^2NGF) auf dem Dach und einen Holzpelletkessel ergänzt durch 150 m² Röhrenkollektoren an drei Fassaden. Die Kollektoren dienen auch der solaren Kühlung.

Plusenergie als studentisches Experiment

Die europäische Variante des „Solar Decathlon" wendet sich an Null- und Plusenergiehäuser im Rahmen eines studentischen Planungs- und Realisierungswettbewerbs für Wohnhäuser im Kleinformat [Ref 3.3-20, Ref 3.3-21]. Austragungsorte für die „Wettkampfphase" waren Madrid (2010, 2012) und Versailles (2014), wobei sich acht deutsche Teams mit finanzieller Förderung durch die Forschungsinitiative EnOB beteiligten, Kapitel 10.2 zeigt einige der kleinen Gebäude als Beispiele für die Gebäudeintegration von Solarsystemen. In

Bild 3.3-10
Energieverbräuche zwischen August 2014 und Juli 2015 für die Firmenzentrale der AS Solar in Hannover. Die solare Kühlung war wegen mangelndem Kühlbedarf nicht in Betrieb. (Quelle: Ostfalia Hochschule)

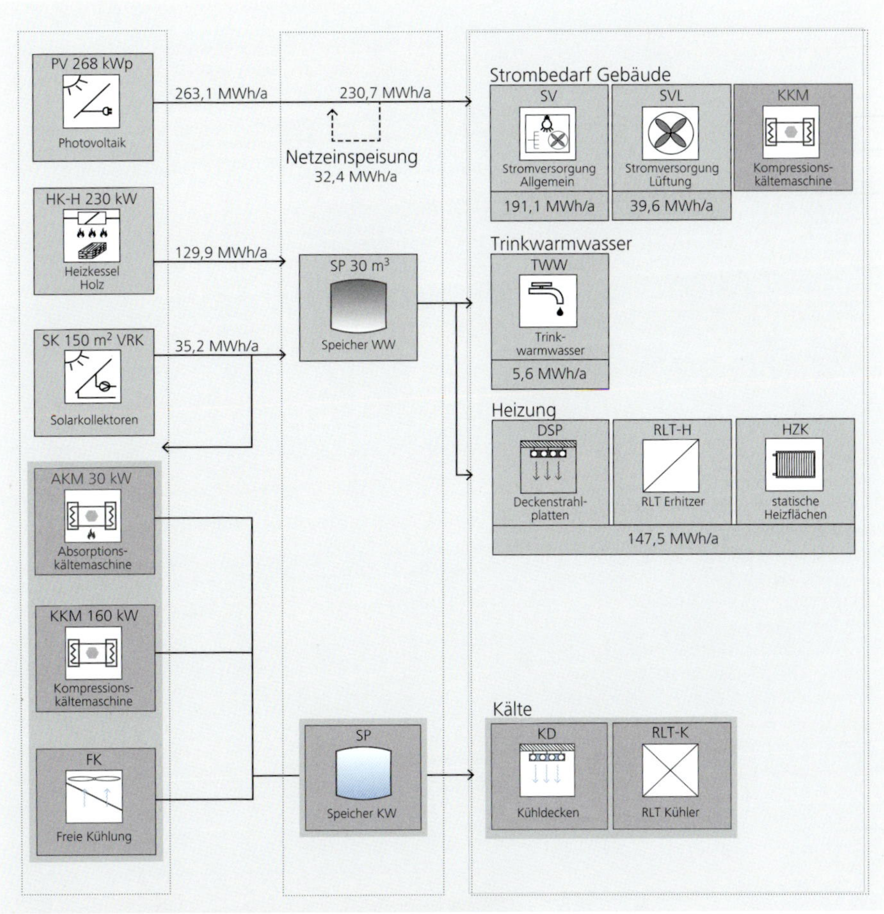

Bild 3.3-11
2016 ist der Baubeginn für die Sanierung eines typischen, 8 stöckigen Berliner Wohnhauses aus den 50er Jahren zum Plusenergiehaus geplant. Hybridkollektoren auf dem Dach und eine PV-Fassade werden mit einem Niedertemperaturwärmespeicher im Erdreich und einem Batteriespeicher kombiniert. Die lokalen Energieerträge sollen den gesamten Bedarf der Gebäudetechnik ausgleichen und ca. 30 % am Haushaltsstromverbrauch der 64 Wohnungen in der Jahresbilanz decken. (Quelle IBUS, Berlin)

Anbetracht des großen Engagements und des finanziellen Aufwands ist die Nachnutzung der Wettbewerbsbauten ein wichtiges Thema. Der Wettbewerbsbeitrag der Universität Wuppertal (Bild 10.2-7) wurde als real genutztes Wohnhaus mit einem 2-Personen-Haushalt durch ein Messprogramm begleitet. Dabei wurde in der Praxis eine ausgeglichene Jahresbilanz des „Nur-Strom-Hauses" trotz deutlich erhöhtem Verbrauch erreicht. Über das Jahr betrachtet lag die real am Bezugszähler gemessene Eigenverbrauchsdeckung bei 20 %. Wird dieser Wert aus den Messwerten von Erzeugungs- und Verbrauchszählern mit 5-minütlichen Mittelwerten bestimmt, wäre der Wert rechnerisch bereits 30 %. Dies unterstreicht den Einfluss der zeitlichen Auflösung der Messwerte auf das Ergebnis. Eine Vergleichbarkeit zwischen Projekten setzt voraus, dass vergleichbar vorgegangen wird.

Einer höheren Eigenverbrauchsdeckung war nicht zuträglich, dass der Stromverbrauch besonders nachmittags und abends hoch war. Beide Bewohner des Haushalts arbeiteten tagsüber. Auch im Winter deckte sich das Zeitprofil des Strombedarfs oft nicht mit dem des Solarangebots. So wurde beispielsweise an sonnigen Tagen die Wärmepumpe aufgrund der hohen solaren Einträge durch die großen Fensterelemente tagsüber nicht betrieben. Per Simulation wurde nachgewiesen, dass mit der Integration eines Batteriespeichers mit einer Nennkapazität von rund 7 kWh knapp 60 % Eigenbedarfsdeckung erreichbar wäre. Mit den damals verfügbaren Konzepten wären dabei allerdings Lade- und Entladeströmen enge Grenzen gesetzt, so dass die Lösung nicht zum Praxiseinsatz kam. Realisiert wurde ein 1-phasiges System, das den zeitweise netzautarken Betrieb des Gebäudes mit eingeschränkten Verbrauchern ermöglichte.

Was folgt daraus?

Die untersuchten Beispiele zeigen, dass der technische Aufwand für Null- oder Plusenergiegebäude je nach Gebäudetypologie unterschiedlich hoch ausfällt. Die Betrachtung der Baukosten weist die meisten der Gebäude als unauffällig aus (Bild 4.2-4, → Kapitel 4). Die gemessenen Betriebsergebnisse unterstreichen, dass die anspruchsvollen Ziele in der Praxis erreicht werden, wenn vor allen Dingen die Verbrauchswerte auf dem erwartet niedrigen Niveau liegen. In manchen Bereichen fehlen noch geeignete Systeme und Komponenten.

Bei der Eigenverbrauchsdeckung unterscheiden sich die Betriebsergebnisse der Projekte je nach Verbrauchsprofil und Dimensionierung der Energiewandler deutlich. Mit der Einführung von Batterien sind wesentlich höhere Deckungsraten im Strombereich zu erwarten (→ Kapitel 8.4). Trotz des wachsenden ökonomischen Anreizes sind hohe Eigenverbrauchsdeckungsraten energetisch gesehen nicht generell von Vorteil, solange das Niederspannungsnetz eingespeisten Strom im Nahbereich um ein Gebäude mit geringsten Verteilverlusten anderen Verbrauchern zur Verfügung stellt.

Bild 3.3-12
Jahreszeitlicher Verlauf von Stromproduktion, -verbrauch, -bezug sowie Eigenverbrauchsdeckung und Eigenstromversorgung für das experimentelle Nullenergiehaus vom Solar Decathlon Europe 2010, Die Eigenstromversorgung, also der Anteil der Stromproduktion der direkt im Gebäude genutzt wird, lag bei 20 %. Die Eigenverbrauchsdeckung, also der Anteil des Stromverbrauchs, der direkt durch die Solarstromanlage bereitgestellt werden konnte, lag bei 21 %.
(Quelle: Universität Wuppertal)
(Foto: Peter Keil)

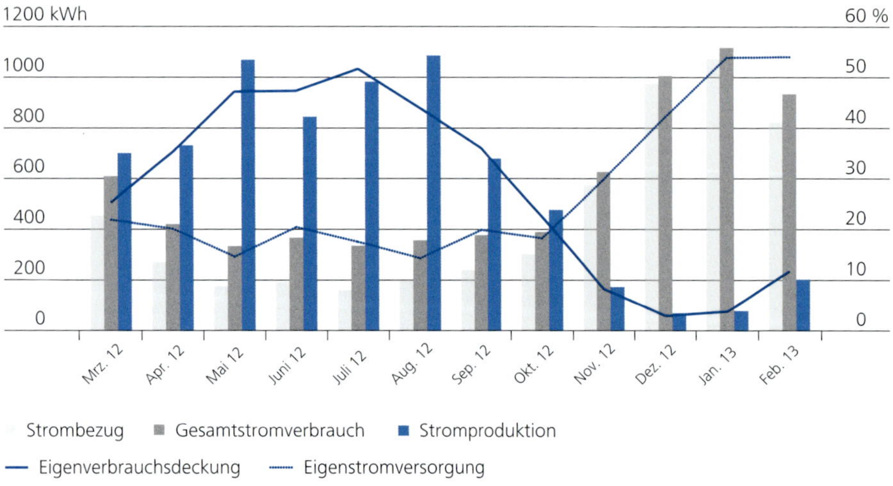

Von großer Bedeutung für das Thema ist die Novellierung der EnEV und der damit verbundenen normativen Werkzeuge für die Behandlung des Standards „Niedrigstenergiehaus“. Damit auch Null- und Plusenergiegebäude sinnvoll abgebildet werden können, müssen dazu insbesondere

- Algorithmen zur realitätsnahen Bestimmung der Eigenbedarfsdeckung/Einspeisung und
- ein Berechnungsverfahren für den Anteil erneuerbare Energie eingeführt sowie
- die Primärenergiefaktoren (erneuerbarer und nicht erneuerbarer Anteil für Einspeisung und Bezug) aktualisiert werden.

Im übertragenen Sinne wären dann auch Energiekonzepte für Quartiere abzubilden. Das Konzept „Effizienzhaus Plus“ ist wegen seiner eingeschränkten Anwendbarkeit bei größeren, mehrgeschossigen Bauten und seinem Fokus auf die strombasierte Wärmebereitstellung nicht als normativer Standard zu erwarten.

Generell zielführend wäre neben einer Ressourcenbetrachtung (Primärenergie) die normative Einführung von Emissionsfaktoren, damit die Umweltwirkung von Gebäudeenergiesystemen konsequent mit behandelt wird. Bei Fahrzeugen ist dieser Schritt bereits erfolgt.

Referenzen, Anmerkungen

Ref 3.3-1
Voss, K., Musall, E. (Hrsg.): Nullenergie gebäude. München: Detail Verl., 2011. ISBN 978-3-920034-50-8

Ref 3.3-2
Musall, E.: Klimaneutrale Gebäude – Internationale Konzepte, Umsetzungsstrategien und Bewertungsverfahren für Null- und Plusenergiegebäude. Dissertation, Universität Wuppertal. 2015

Ref 3.3-3
Null- und Plusenergiegebäude. Rahmenbedingungen, Bilanzierung und Planungsansätze. BINE Themeninfo II/2015. FIZ Karlsruhe GmbH. BINE Informationsdienst, Bonn (Hrsg.) http://www.bine.info/fileadmin/content/Publikationen/Themen-Infos/II_2015/themen_0215_internetx.pdf (Aufruf 4.12.2015)

Ref 3.3-4
Directive 2010/31/EU of the European Parliament and of the Council of 19 May 2010 on the energy performance of buildings. In: Official Journal of the European Union. L 153 (2010), p. 13-35

Ref 3.3-5
Verordnung über energiesparenden Wärmeschutz und energiesparende Anlagentechnik bei Gebäuden (EnEV), Zweite Verordnung zur Änderung der Energieeinsparverordnung, 2013 http://www.bmub.bund.de/themen/bauen/energieeffizientes-bauen-und-sanieren/energieeinsparverordnung/ (Aufruf 4.12.2015)

Ref 3.3-6
Gesetz zur Förderung Erneuerbarer Energien im Wärmebereich EEWärmeG. 2009 http://www.bundesanzeiger-verlag.de/fileadmin/BIV-Portal/Dokumente/ee_waermeg.pdf (Aufruf 4.12.2015)

Ref 3.3-7
DIN EN 15603: Energieeffizienz von Gebäuden - Gesamtenergiebedarf und Festlegung der Energiekennwerte (Entwurfsfassung). Berlin: Beuth-Verl., 2013 [Entwurf wurde zurückgezogen]

Ref 3.3-8
Marszal, A.; Heiselberg, P.; Bourrelle, J. u. a.: Zero energy building – A review of definitions and calculation methodologies. In: Energy and Buildings. Vol. 43 (2011), p. 971-979

Ref 3.3-9
Bundesinstitut für Bau-, Stadt- und Raumforschung (BBSR), Bonn (Hrsg.): Wohnhäuser mit Plusenergie-Niveau : Definition und Berechnungsmethode. 2011 und http://www.forschungsinitiative.de/effizienzhaus-plus/modellvorhaben/netzwerk/ (Aufruf 4.12.2015)

Ref 3.3-10
Sartori, I.; Napolitano, A.; Voss, K.: Net zero energy buildings: A consistent definition framework. In: Energy and Buildings. Vol. 48 (2012), p. 220-232

Ref 3.3-11
Musall, E.; Voss, K.: Renewable Energy Ratio in Net Zero Energy Buildings, REHVA Journal. (2014), No. 5, p.14-18

Ref 3.3-12
Plusenergiequartier Oberursel http://www.eneff-stadt.info/de/pilotprojekte/projekt/details/plusenergie-quartier-oberursel/ (Aufruf 4.12.2015)

Ref 3.3-13
Passivhaus Institut Darmstadt (Hrsg.): Gebäudeplanungstool zur Umsetzung der Energiewende stark erweitert. Pressemitteilung v 08.04.2015. http://www.ig-passivhaus.de/upload/2015_04_08_Energiebilanzierungstool_PHPP-9_Pressemitteilung.pdf (Aufruf 4.12.2015)

Ref 3.3-14
Geschäftsstelle MINERGIE®, Bern (Schweiz) http://www.minergie.ch (Aufruf 4.12.2015)

Ref 3.3-15
Frank, M.; Loga, T; Schaede, M. u. a.: Eigendeckung des Strombedarfs von Niedrigstenergiehäusern durch Photovoltaik-Anlagen – Verrechnung mit unterschiedlichen Zeitschrittweiten ergänzend zur EnEV. In: Bauphysik. Jg. 37 (2015), H. 2, S. 81-95

Ref 3.3-16
Lichtmeß, M.: Vereinfachte Bestimmung der Eigenstromnutzung von PV-Anlagen. 2015. EnOB-Publikation http://www.enob.info/de/publikationen/publikation/details/vereinfachte-bestimmung-der-eigenstromnutzung-von-pv-anlagen/ (Aufruf 4.12.2015)

Ref 3.3-17
Internationale Projekte zum klimaneutralen Wohnen und Arbeiten http://www.enob.info/de/nullenergie-plusenergie-klimaneutrale-gebaeude-im-stromnetz-20/internationale-projekte-zum-klimaneutralen-wohnen-und-arbeiten/ (Aufruf 4.12.2015)

Ref 3.3-18
Frische Luft im Schulneubau. BINE Projektinfo 16/2014. FIZ Karlsruhe GmbH. BINE Informationsdienst, Bonn (Hrsg.) http://www.bine.info/publikationen/projektinfos/publikation/frische-luft-im-schulneubau/ (Aufruf 4.12.2015)

Ref 3.3-19
Plusenergieschulen in Detmold, Stuttgart und Rostock http://www.eneff-schule.de http://www.eneff-schule.de/index.php/Demonstrationsobjekte/Demonstrationsobjekte-Allgemein/demonstrationsobjekte.html (Aufruf 4.12.2015)

Ref 3.3-20
Solar Decathlon Europe http://www.solardecathlon.eu (Aufruf 4.12.2015)

Ref 3.3-21
Voss, K. u. a.: Solar Decathlon Europe - Dabei sein ist nicht alles. In: Kratz, M. (Hrsg.): EnOB-Symposium 2014: Energieinnovationen in Neubau und Sanierung, Neues aus der Forschung für mehr Energieeffizienz, Raumkomfort, Wirtschaftlichkeit und Nachhaltigkeit. Essen, 20.-21. März 2014. Tagungsband. Forschungszentrum Jülich. Projektträger Jülich (PtJ) (Hrsg.). S.9-15 http://www.enob.info/fileadmin/media/Publikationen/EnOB/Tagungsdokumentationen/Tagungsbeitraege_EnOB-Symposium_2014x.pdf (Aufruf 4.12.2015)

3.4 Bedarf versus Verbrauch

Karsten Voss
Alexander Saurbier

Mit einem Fokus auf Wohnbauten haben sich eine Reihe von Untersuchungen damit befasst, wie gut Energiebedarfs- und Verbrauchswerte übereinstimmen. Dabei stand der Wärmebedarf bzw. der daraus resultierende Endenergiebedarf im Vordergrund. Es stellte sich für Bestandsbauten heraus, dass die berechneten Werte den Verbrauch bei nicht oder nur in geringem Umfang sanierten Altbauten in der Regel überschätzen und bei energetisch sanierten Gebäuden unterschätzen. Diese Effekte wirken sich wesentlich auf die Wirtschaftlichkeitsbeurteilung von Sanierungsmaßnahmen aus [Ref 3.4-1] [Ref 3.4-2].

Die Gründe dafür liegen vor allen Dingen im Nutzerverhalten: Hohe Energiekosten bieten speziell im Wohnungsbau einen monetären Anreiz, sich sparsamer zu verhalten. Daraus resultieren eine räumlich und zeitlich eingeschränkte Beheizung (Teilbeheizung) von Gebäuden und eine deutlich reduzierte Lüftung bei niedrigen Außentemperaturen zu Lasten der Luftqualität. Die Fensterlüftung führt temporär zu starken Komfortdefiziten, wodurch die Öffnungszeiten mit sinkender Außentemperatur abnehmen. Nach erfolgter Sanierung werden solche Verhaltensweisen oft abgelegt, man spricht vom sogenannten „Rebound-Effekt" [Ref 3.4-3]. Der thermische Komfort wird deutlich höher und die Luftqualität besser. Insofern wird bei einer Wirtschaftlichkeitsbetrachtung von Sanierungsmaßnahmen nicht Gleiches mit Gleichem verglichen.

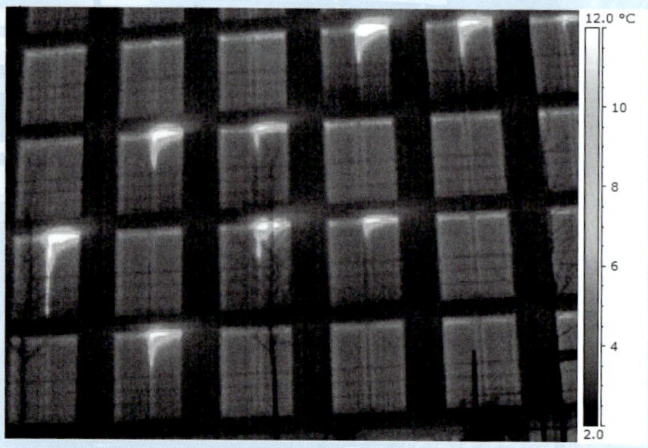

Bild 3.4-1
Winterliche Thermografie einer Fassade für ein Studentenwohnheim. Deutlich zu erkennen sind geöffnete Fenster trotz Vorhandensein einer Lüftung mit Wärmerückgewinnung.
(Quelle: Universität Wuppertal)

Ein weiterer Aspekt ist die bei einer umfassenden Sanierung von Wohngebäuden zunehmende Bedeutung des Wärmebedarfs für die Trinkwassererwärmung gegenüber der Raumheizung. Die Schwankungsbreite der Wasserverbräuche ist nach Personenzahl pro Wohnfläche und deren Nutzerverhalten erheblich.

Energiebedarfsausweis und Realität

Im Rahmen einer Stichprobe wurden von 16 EnOB-Gebäuden - darunter 9 Verwaltungsbauten und 4 Schulen - die Angaben aus dem Energieausweis mit den gemessenen Verbrauchswerten verglichen. Dabei stammen die Verbrauchswerte meist aus dem zweiten Jahr nach Inbetriebnahme. Bedarfs- und Verbrauchswerte wurden auf die gleiche Energiebezugsfläche normiert. Sehr häufig weichen die Flächenangaben im Energieausweis von der festgestellten Energiebezugsfläche ab. Normative Berechnungen des Energiebedarfs wurden aus Gründen eines bundeseinheitlichen Anforderungsniveaus mit einem einheitlichen Referenzwetterdatensatz für Deutschland durchgeführt (Potsdam). Allein daher sind Abweichungen bei Bedarf und Verbrauch gegeben.

Bild 3.4-2 zeigt die festgestellten Korrelationen von Bedarf und Verbrauch am Beispiel der Heizwärme. Punkte nahe der Diagonalen decken sich mit einer hohen Übereinstimmung. Die Werte streuen sowohl nach unten (Verbrauch geringer als Bedarf) als auch nach oben (Verbrauch höher als Bedarf). Die beiden dünnen Linien begrenzen das Feld des halben bzw. doppelten Verbrauchs verglichen mit dem Bedarf.

Für viele der untersuchten Gebäude liegen Bedarf und Verbrauch an Heizwärme im Bereich einer - in Anbetracht der festen Randbedingungen durch das normative Verfahren - durchaus akzeptablen Übereinstimmung. Viele Projekte liegen mit ihrem Verbrauch unter den Bedarfswerten, was demnach von der Eingangsthese abweicht. Bei besonders energieeffizienten Gebäuden bewirken höhere Verbräuche trotz niedrigen absoluten Werten hohe relative Abweichungen (GMS).

Drei Gebäude weisen deutlich niedrigere Heizwärmeverbräuche als berechnet auf, darunter auch das Gebäude mit Fensterlüftung (HDR) und der Supermarkt (ASU). Ursache hierfür ist bei der Fensterlüftung, dass in Zeiten mit besonders niedrigen Außentemperaturen und hohem Wärmebedarf aus Komfortgründen (Kaltluft) weniger als lufthygienisch angemessen gelüftet wird (→ Kapitel 6.2). Zudem entfällt bei Abwesenheit die Lüftung. Diese Effekte werden bei zentralen Lüftungsanlagen mit von der Außentemperatur und Anwesenheit unabhängigen, meist konstanten Luftmengen nicht genutzt. Die sehr niedrigen Wärmebedarfswerte von Gebäuden mit wirkungsvoller Wärmerückgewinnung erreichen Gebäude mit Fensterlüftung aber nicht. Beim Verwaltungsgebäude in Remscheid (EBR) ist vor allen Dingen die sehr intensive Nutzung und damit Lüftung des gesamten Sozialtraktes Ursache des Mehrverbrauchs um den Faktor 3 für diesen Bereich. Beim Supermarkt (ASU) sind die großen Unterschiede den Annahmen zur Kältetechnik und den Abweichungen zwischen den geplanten und den realen Nutzungszeiten bzw. -intensitäten des Gebäudes geschuldet. Die Kühlmöbel für die Lebensmittel bilden im Winter Wärmesenken, die den Wärmeverbrauch stark beeinflussen. Durch Abdeckungen (Glastüren, isolierte Rollläden) lässt sich der Einfluss reduzieren, und durch die Nutzung der Abwärme aus der Kälteerzeugung vollständig decken.

Die Auswertung der Korrelation von Bedarf und Verbrauch für den Bereich der elektrischen Energie für die Lüftung und Beleuchtung lieferte keine belastbaren Ergebnisse. Ursächlich ist die Tatsache, dass beide Verbräuche oft nicht so vollständig messtechnisch erfasst wurden, dass mit einer EnEV-Berechnung vergleichbare Gebäudekennwerte ermittelt werden konnten. Darüber hinaus stammen die meisten normativen Energieausweise der untersuchten Gebäude aus einem Zeitraum mit Schwächen bei der Umsetzung der normativen Berechnungsverfahren in Softwareprogrammen. In Summe erscheinen Übereinstimmungen daher eher zufällig als belastbar. Seit 2009 existiert eine Qualitätssicherung für DIN V 18599 Software über eine Gütegemeinschaft [Ref 3.4-4]. Mit Beiblatt 1 macht die DIN V 18599 seit 2010 methodische Hinweise zum Bedarfs-/Verbrauchsabgleich [Ref 3.4-5]. Neben der bekannten Witterungsbereinigung des Heizwärmeverbrauchs werden Hinweise darauf gegeben, welche Eingabedaten der normativen Berechnung signifikante Auswirkung auf den berechneten Energiebedarf haben und daher bei einem Bedarfs-/Verbrauchsabgleich anzupassen sind. Besonders zu berücksichtigen sind dabei:

- Nutzungszeiten von Räumen
- Betriebszeiten von Anlagen
- Solltemperaturen für Heizen/Kühlen
- Luftwechselzahlen
- installierte Leistung der Beleuchtung.

Parameterstudien

Zur Evaluierung der Einflüsse aus Klimadaten und Nutzung wurden für 19 EnOB-Gebäude - darunter 10 Verwaltungsgebäude und 4 Schulen - vereinfachte, normative Rechenmodelle erstellt. Die Rechenmodelle aus der Planung der Gebäude standen für die Auswertung nicht zur Verfügung. Die zum Vergleich einheitlich eingesetzte Software „EnerCalC" wird in Kapitel 11.2.1 vorgestellt.

Zunächst erfolgte die Berechnung des Nutz- und Endenergiebedarfs mit dem normativen Referenzklimadatensatz. Im Rahmen eines schrittweisen Vorgehens wurden anschließend nacheinander folgende Anpassungen vorgenommen:

- Klimadatensatz der objektspezifischen Klimaregion einführen
- Außentemperaturen des Jahres der Verbrauchsmessungen berücksichtigen
- Normative Nutzungsprofile in Bezug auf Belegungen und Nutzungszeiten der Realität annähern.

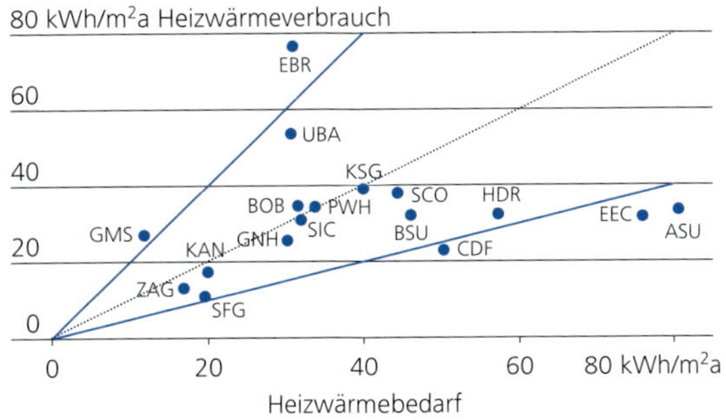

Bild 3.4-2
Korrelation der gemessenen Heizwärmeverbräuche mit den berechneten Bedarfswerten aus der Phase der Erstellung der Energieausweise.
(Quelle: Universität Wuppertal und Forschungsinitiative EnOB)

Bild 3.4-3 fasst die Ergebnisse am Beispiel des Heizwärmebedarfs bzw. -verbrauchs zusammen.

In Anbetracht des hohen Detaillierungsgrads einer normativen Berechnung ist es bemerkenswert, dass allein die Tatsache, dass alle Nachweise mit einem bundeseinheitlichen Klimadatensatz erstellt werden müssen, gegenüber der jeweils standortspezifischen Klimaregion bei den untersuchten Beispielen Unterschiede von bis zu 25 % des Heizwärmebedarfs ausmachen. Die größten Unterschiede gelten für besonders warme oder kühle Standorte. Im Zuge der nächsten EnEV-Novelle zum „Niedrigstenergiehausstandard" erscheint es zielführend, Klimadaten der Klimazone des Standortes anzuwenden. Je niedriger die Bedarfs- bzw. Verbrauchswerte ausfallen, desto deutlicher zeigen sich die Auswirkungen. Daher steigt die Notwendigkeit einer standortgenauen Berechnung mit steigender Energieeffizienz.

Bei der Mehrzahl der Projekte konnte durch Einpflegen der Außentemperaturen des Messjahres und Anpassung der Nutzungsintensitäten der Gebäude eine weiter verbesserte Übereinstimmung von Bedarf und Verbrauch erreicht werden (±10 %). Auffällig ist das Projekt NBW, eine Sanierung eines Studentenwohnheims zum Passivhaus. Hier bewirkt das kontraproduktive Nutzerverhalten beim Umgang mit der Fensterlüftung (trotz Vorhandensein einer Lüftung mit WRG) nachweislich den erhöhten Verbrauch. Die nutzungsbedingt typische Fluktuation unter den Mietern erlaubt es nicht, das Nutzerverhalten längerfristig zu beeinflussen.

Was folgt daraus?

Für die Planungsphase von Gebäuden ist entscheidend, dass Berechnungswerkzeuge für den Energiebedarf zunächst bei Variantenvergleichen Unterschiede korrekt ausweisen. Sie unterstützen damit die Entscheidungsfindung. Eine sehr hohe Übereinstimmung der Ergebnisse mit den späteren Verbrauchswerten ist bei Verwendung der Berechnungsrandbedingungen nach Energieeinsparverordnung aus den aufgezeigten Gründen nicht zu erwarten. Gleichwohl wecken Energieausweise bei manchen Akteuren in der Immobilienwirtschaft diesbezüglich Erwartungen im Sinne einer „Verbrauchsvorhersage".

Für derartige Vorhersagen bedarf es - wie dargestellt - modifizierter Verfahren, die einerseits auf der Methodik des normativen Verfahrens beruhen, andererseits aber gezielte Modifikationen bei den Klimadaten und Nutzungsprofilen zu Grunde legen [Ref. 3.4-5]. Dadurch wird - durch Kopplung mit spezifischen Energiebezugskosten - der Stellenwert der Energiekosten an den Nutzungskosten eines Gebäudes in der Planung besser abbildbar, sofern die nutzungsbedingten Bedarfswerte ergänzend erfasst werden.

Aufgrund der hohen Informationsdichte einer Energiebedarfsberechnung wurde in Forschungsarbeiten bereits geprüft, wie Informationen aus den Berechnungswerkzeugen exportiert und für die Qualitätssicherung und Betriebsführung nutzbar gemacht werden können [Ref 3.4-6]. Dabei liegt ein Schwerpunkt auf „Checklisten", mit denen z. B. Einstellungen für Anlagenbetriebszeiten überprüft werden können. Damit steigt der Wert von Berechnungen aus der Planungsphase eines Gebäudes durch konsequente Informationsübergabe (→ Kapitel 9.1).

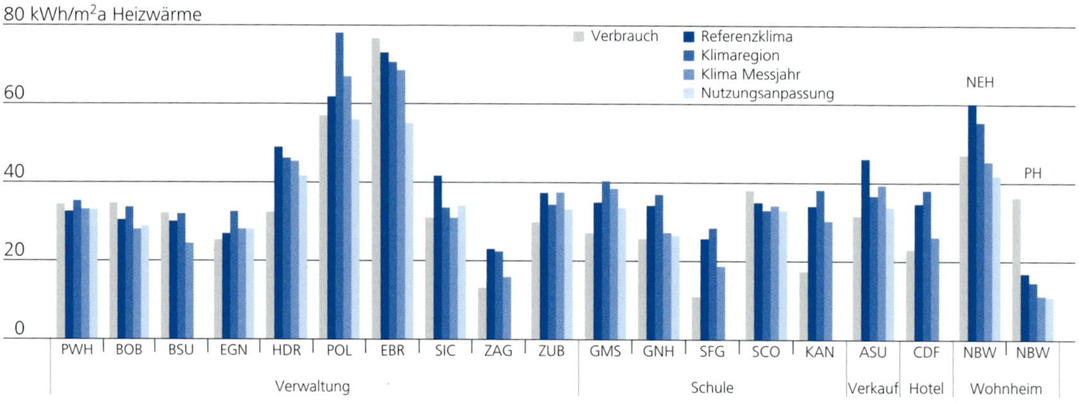

Bild 3.4-3
Entwicklung des berechneten Heizwärmebedarfs als Folge von schrittweiser Annäherung der Randbedingungen an den realen Betrieb der Gebäude. Dies betrifft die Standortanpassung, die Außentemperaturen des Jahres der Verbrauchserfassung und die Anpassung von Nutzungsintensität (Quelle: Universität Wuppertal und Forschungsinitiative EnOB)

ENERGIEAUSWEIS für Nichtwohngebäude

gemäß den §§ 16 ff. Energieeinsparverordnung (EnEV)

Gültig bis: 27.01.2024 **Aushang**

Gebäude

Hauptnutzung/ Gebäudekategorie	Kindergarten
Sonderzone(n)	
Adresse	An der Altlaufstraße 85635 Höhenkirchen-Siegertsbrunn
Gebäudeteil	
Baujahr Gebäude	2013
Baujahr Wärmeerzeuger	2012
Baujahr Klimaanlage	
Nettogrundfläche	1.286 m²

Primärenergiebedarf „Gesamtenergieeffizienz“

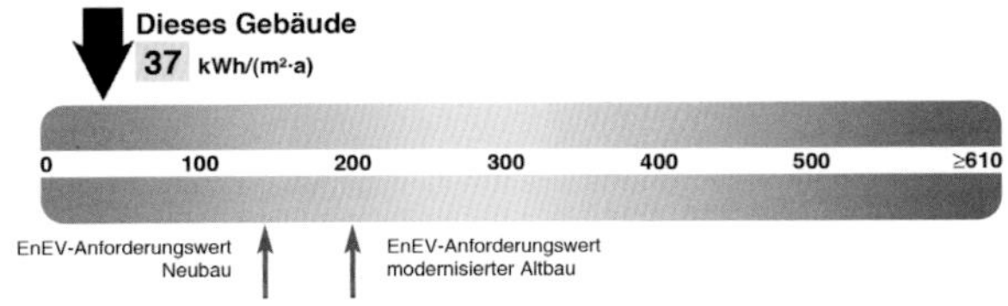

Aufteilung Energiebedarf

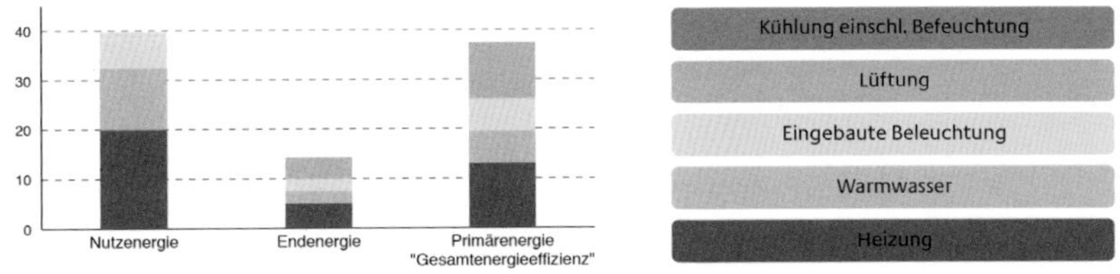

Aussteller
Univ.-Prof. Dr.-Ing. Gerd Hauser
Ingenieurbüro Prof. Dr. Hauser GmbH
Gottschalkstraße 28a
34127 Kassel

28.01.2014
Datum

Unterschrift des Ausstellers

Referenzen, Anmerkungen

Ref 3.4-1
Deutsche Energie-Agentur GmbH (DENA), Berlin (Hrsg.): Auswertung von Verbrauchskennwerten energieeffizient sanierter Wohngebäude. Begleitforschung zum dena Modellvorhaben Effizienzhäuser. 2013

3Ref 3.4-2
Hörner, M.; Jedek, Chr.; Cischinsky, H.: Die Diskrepanz zwischen Energiebedarf und -verbrauch bei Nichtwohngebäuden - Ein empirischer Ansatz. In: Bauphysik. Jg. 37 (2015), H. 5, S. 284-295

Ref 3.4-3
Osterhage, T., Cali, D., Streblow, R. u. a.: Ergebnisse einer energetischen Sanierung: Abweichung zwischen Energiebedarf und -verbrauch - Ist nur der Nutzer schuld? In: Bauphysik. Jg, 37 (2015), H. 2

Ref 3.4-4
Gütegemeinschaft 18599 e. V., Köln
http://www.18599siegel.de
(Aufruf 04.12.2015)

Ref 3.4-5
Deutsches Institut für Normung DIN e. V., Berlin (Hrsg.): DIN V 18599 Beiblatt 1:2010-01: Energetische Bewertung von Gebäuden. Berechnung des Nutz-, End- und Primärenergiebedarfs für Heizung, Kühlung, Lüftung, Trinkwarmwasser und Beleuchtung. Beiblatt 1: Bedarfs-/Verbrauchsabgleich. Berlin: Beuth Verl., 2010

Ref 3.4-6
Plesser, St. u. a.: Entwicklung einer Methodik zur Integralen Qualitätssicherung über den gesamten Gebäude-Lebenszyklus auf Basis der DIN V 18599. Schlussbericht. Universität Braunschweig. Institut für Gebäude- und Solartechnik (IGS) (Hrsg.). 2015

BESUCHER
P
P
MITARBEITER
ANLIEFERUNG
POSTSTELLE
ANLIEFERUNG
BETRIEBS-
RESTAURANT

4 Die ökonomische Performance

Thomas Lützkendorf

Sind energetisch optimierte Gebäude ökonomisch vorteilhaft? Um das zu beantworten, muss man Fragen zu den Bau- und Nutzungskosten sowie zur Wirtschaftlichkeit und Werthaltigkeit klären.

In Kapitel 4 werden hierfür sowohl die methodischen Grundlagen als auch Kostenkennwerte analysierter Gebäude vorgestellt.

Welche Rolle spielen Kostenkennwerte und was ist zu beachten, wenn man sie angibt oder interpretiert? Kostenkennwerte werden als Hilfsmittel in der Planung und Analyse verwendet. Sie können nur dann sinnvoll interpretiert werden, wenn ihre Transparenz und Vergleichbarkeit gesichert sind. Mit der Vorstellung von Kennwerten für Bau-, Nutzungs- und Lebenszykluskosten wird eine Basis für die Ermittlung, Aufbereitung und Darstellung von Kostendaten in der Planung und Bewirtschaftung geschaffen (→ Kapitel 4.1). Die normativen Grundlagen für die Ermittlung von Bau- und Nutzungskosten werden ebenso erläutert wie die Auswahl geeigneter Bezugsgrößen.

In welcher Größenordnung liegen die Kosten besonders energieeffizienter Gebäude bei unterschiedlichen Gebäude- und Nutzungsarten? Weichen sie deutlich von denen durchschnittlicher Gebäude ab? In einer Analyse werden die auf einen einheitlichen Preisstand umgerechneten Baukosten von Neubau- und Modernisierungsvorhaben angegeben und mit Werten aus der Literatur zu entsprechenden Gebäude- und Nutzungsarten verglichen (→ Kapitel 4.2). Die Ergebnisse liefern einen Beitrag zur aktuell auch kontrovers geführten Diskussion zu den Kosten und zur ökonomischen Vorteilhaftigkeit von Gebäuden mit überdurchschnittlicher energetischer Qualität.

Fallen bei energetisch optimierten Gebäuden in der Nutzugsphase tatsächlich geringere Energiekosten an und welche Auswirkungen ergeben sich für Wartungs- und Instandhaltungskosten? Relevante Kostenpositionen aus der Nutzungsphase analysierter Gebäude werden zur Beantwortung dieser Fragen mit etablierten Kennwerten aus der Immobilienwirtschaft verglichen (→ Kapitel 4.3). Insbesondere die Kosten für die Wärmeversorgung liegen deutlich unter denen durchschnittlicher Gebäude und damit im erwarteten Bereich. Außerdem werden die Kosten für die Wartung von Bauteilen und Komponenten der Gebäudetechnik analysiert und mit Durchschnittswerten verglichen.

Die Beurteilung der ökonomischen Performance geht über reine Kostenbetrachtung hinaus und bezieht Betrachtungen zur Wirtschaftlichkeit, Wertstabilität und Wertentwicklung ein. Die Ermittlung der Bau- und Nutzungskosten von Gebäuden stellt damit auch eine Grundlage für die Kostenvergleichs- und Wirtschaftlichkeitsrechnung dar. Diese wird für die Beurteilung der ökonomischen Konsequenzen einer Weiterentwicklung von Anforderungen an die energetische Qualität von Neu- und Bestandsbauten benötigt. Die Auswahl geeigneter Methoden und Randbedingungen für eine Wirtschaftlichkeitsrechnung wird derzeit intensiv diskutiert und hat einen Einfluss auf das Ergebnis. Vorgestellt und erläutert werden statische und dynamische Verfahren, die Möglichkeiten der Betrachtung energiebedingter Mehrkosten sowie die Konsequenzen einer Festlegung von Energiepreissteigerungsrate und Diskontierungszinssatz (→ Kapitel 4.4).

4.1 Grundlagen zu Kostenkennwerten

Matthias Unholzer
Thomas Lützkendorf
Olivera Obadovic

Um zu untersuchen, ob und inwieweit energetisch optimierte Gebäude kostengünstig, wirtschaftlich und wertbeständig sind, stehen u. a. folgende Methoden zur Verfügung:

- Kostenermittlung,
- Kostenvergleichsrechnung,
- Lebenszykluskostenrechnung,
- Wirtschaftlichkeitsrechnung,
- Wertermittlung.

Eine gemeinsame Ausgangsbasis bilden Angaben zu den Zahlungsflüssen im Lebenszyklus der Immobilie. Betrachtet werden dabei sowohl der finanzielle Aufwand (die Kosten bzw. die Auszahlungen) als auch der finanzielle Nutzen (die Einnahmen bzw. die Einzahlungen), soweit z. B. eine Miete erzielt wird. Derartige Daten bilden die Grundlage für die Beurteilung der ökonomischen Performance.

Eine Reihe von immobilienökonomischen Fragen waren auf Basis vorliegender Kostendaten zu beantworten:

- In welcher Bandbreite liegen die Bauwerkskosten von energieoptimierten Gebäuden im Vergleich zu konventionellen Gebäuden?
- Welche Einflüsse spielen dabei eine Rolle?
- Treten die erwarteten Einsparungen bei den Energiekosten in der Nutzungsphase tatsächlich ein?
- Sind Befürchtungen, dass aufwendige Haustechnikkonzepte höhere Wartungs- und Instandsetzungskosten verursachen, gerechtfertigt? [Ref 4.1-1]

Objektive Grundlagen für derartige Analysen liefern Kennwerte für Bau- und Nutzungskosten.

Kennwerte für die Baukosten

Nach DIN 276 werden mehrere Stufen bei der Ermittlung von Baukosten unterschieden [Ref 4.1-2]:

- Kostenrahmen,
- Kostenschätzung,
- Kostenberechnung,
- Kostenanschlag,
- Kostenfeststellung.

Abgerechnete Baukosten (Kostenfeststellung) sind die aussagekräftigsten für die Bildung von Kennwerten. Wenn Zusammenhänge zwischen Baukosten und der energetischen Performance von Gebäuden analysiert werden, sind die Kostengruppen 300 (Bauwerk - Baukonstruktionen) und 400 (Bauwerk - Technische Anlagen) an erster Stelle zu betrachten. Diese beiden Kostengruppen werden auch als „Bauwerkskosten" bezeichnet (Bild 4.1-1). Die Kostengruppe 500 (Außenanlagen) ist im Rahmen der Auswertungen nur interessant, wenn sie mit dem Energiekonzept des Gebäudes direkt oder indirekt zusammen hängt (z. B. Kosten für die Ansaugvorrichtungen von Lüftungsanlagen oder Erdwärmetauscher in Außenanlagen). Baunebenkosten (Kostengruppe 700), die im Rahmen der Planung und z. B. der Erarbeitung des Energiekonzepts anfallen, werden im Rahmen der folgenden Betrachtungen und Analysen nicht berücksichtigt. Dies gilt auch für die Kostengruppen 100 (Grundstück), 200 (Herrichten und Erschließen) und 600 (Ausstattung und Kunstwerke).

Zur Ermittlung eines Kennwerts für die Bauwerkskosten oder die Baukosten ergibt sich somit:

$$\text{Kostenkennwert} = \frac{\text{Kosten je einbezogene Kostengruppe}}{\text{Bezugsgröße}}$$

Gesamtkosten
100 Grundstück
200 Herrichten und Erschließen

Bauwerkskosten
300 Bauwerk - Baukonstruktionen
400 Bauwerk - Technische Anlagen

500 Außenanlagen
600 Ausstattung und Kunstwerke
700 Baunebenkosten

Bild 4.1-1
Kosten im Bauwesen nach DIN 276 [Ref 4.1-2]
(Quelle: KIT [Ref 4.1-3])

Als Bezugsgröße ist in der Immobilienbranche die Brutto-Grundfläche einschließlich der Bereiche a, b und c (BGF a, b, c) nach DIN 277 üblich (Infobox zur DIN 277 und [Ref 4.1-4, Anm 4.1-1]). In der Wohnungswirtschaft spielt als Bezugsgröße auch die Wohnfläche nach Wohnflächenverordnung eine Rolle [Ref 4.1-5]. Zu einem Baukostenkennwert ist in jedem Falle mit anzugeben:

- Mehrwertsteuer enthalten/nicht enthalten (brutto/netto) mit Mehrwertsteuersatz
- Kostenstand (Monat/Jahr).

Zum Vergleich von Baukosten verschiedener Baujahre (Kostenstände) ist eine Preisindexierung erforderlich. Preisindizes werden vom Statistischen Bundesamt zur Verfügung gestellt [Ref 4.1-6]. Sollen regional bedingte Preisunterschiede bereinigt werden, können Regionalfaktoren genutzt werden, die z. B. vom BKI (Baukosteninformationszentrum Deutscher Architektenkammern) angeboten werden [Ref 4.1-7].

Die Auswertung von Baukosten, um beispielsweise Kostenvergleichsrechnungen durchzuführen, setzt vergleichbare technische und funktionale Eigenschaften der betrachteten Gebäude voraus. Es wird deutlich, dass zahlreiche Einflussfaktoren die Baukosten beeinflussen – auch solche, die nicht direkt mit dem Energiekonzept zusammenhängen. Insofern ist eine qualifizierte Analyse der Baukosten nur möglich, wenn alle auftretenden Einflussfaktoren bekannt sind. Das BKI schlägt hierzu die Einordnung des zu analysierenden Gebäudes in einen Baustandard vor (einfach, mittel, hoch [Ref 4.1-7]). Ein zentraler Lösungsansatz, um den vielfältigen Einflussfaktoren auf die Baukosten gerecht zu werden, ist zudem die generelle Betrachtung von möglichen Bandbreiten der Baukosten (Korridore). Insbesondere der angesprochene Baustandard der Gebäude lässt die Angaben von möglichen Bandbreiten der Baukosten zu. Sowohl die Einordnung eines analysierten Gebäudes in einen Korridor als auch der Vergleich von Baukosten werden damit transparenter.

Kennwerte für die Nutzungskosten

Nutzungskosten setzen sich nach DIN 18960 aus den Kapitalkosten, den Objektmanagementkosten, den Betriebskosten und den Instandsetzungskosten zusammen [Ref 4.1-8]. Dabei umfassen die Betriebskosten (Nutzungskostengruppe 300) die Kosten für Energie, Wasser, Reinigung sowie für die Wartung der Baukonstruktionen und Technischen Anlagen. Die Nutzungskostengruppe 400 enthält den finanziellen Aufwand für die Instandsetzung von Baukonstruktionen und technischen Anlagen. Diese Kostengruppen stehen im Kontext zur (energetischen) Performance von Gebäuden. Nutzungskosten werden zumeist auf einen Zeitraum bezogen. Der Flächenbezug erfolgt i. d. R. auf die BGF a, b, c, die NGF a, b, c [Anm 4.1-1] oder die Wohnfläche.

$$\text{Nutzungskostenkennwert} = \frac{\text{abgerechnete Kosten je einbezogener Nutzungskostengruppe}}{\text{Bezugsgröße x Bezugszeitraum}}$$

Der Bezugszeitraum ist eindeutig anzugeben, z. B. als Kalenderjahr oder Abrechnungsperiode. Nutzungskostenkennwerte sind wie Baukostenkennwerte jeweils mit der Angabe brutto oder netto zu versehen. Nutzungskosten unterschiedlicher Abrechnungsperioden können mit geeigneten Preisindizes vergleichbar gemacht werden.

Lebenszykluskostenkennwerte

Die Lebenszykluskostenrechnung und weiterführende Betrachtungen zum Verhältnis von Aufwand und Nutzen, wie z. B. die Wirtschaftlichkeitsrechnung (→ Kapitel 4.4), basieren auf lebenszyklusübergreifenden Kostendaten. Zu Beginn ist die Entscheidung zu treffen, welche Lebenszyklusphasen, welcher Betrachtungszeitraum insgesamt und welche Kostenarten für die Analysen herangezogen werden sollen. Die GEFMA Richtlinie 200 [Ref 4.1-9] schlägt zu den Kostenarten eine sehr weit aufgefächerte Kostengliederung vor, die sich von der Planungs- über die Errichtungs- und Nutzungsphase bis hin zur Verwertungsphase (Umnutzung, Rückbau, Entsorgung) erstreckt. Darin sind die Kostengruppen der DIN 276 (Baukosten) und der DIN 18960 (Nutzungskosten) enthalten. Um die Baukosten und die Nutzungskosten (Folgekosten) auf die rein gebäudebezogenen Kosten im Lebenszyklus einzuschränken, ist eine Auswahl der Kostenarten zu treffen. Das Bewertungssystem Nachhaltiges Bauen für Büro- und Verwaltungsgebäude (BNB) [Ref 4.1-10] gibt im Bewertungskriterium zu Lebenszykluskosten eine Auswahl vor, an der sich die Ausführungen zum ökonomischen Monitoring der Bau- und Nutzungskosten in diesem Kapitel und den folgenden Kapiteln weitgehend orientieren. In Form eines kompakten Kennwertes für Lebenszykluskosten können die Baukosten und die auf den Zeitpunkt der Inbetriebnahme abgezinsten Folgekosten als Kapitalwert zusammengefasst werden. Diese Methode wird im BNB angewandt, und zwar über einen Betrachtungszeitraum von 50 Jahren. Eine vergleichbare Vorgehensweise wird in der GEFMA Richtlinie 220-1 vorgeschlagen [Ref 4.1-11], jedoch mit kürzerem Betrachtungszeitraum. Dabei ist zu beachten, dass die Berechnung von Lebenszykluskosten einerseits die Bereitstellung vollständiger Daten und andererseits die Festlegung auf notwendige Randbedingungen und Annahmen voraussetzt, wie z. B. einen Kalkulationszinssatz, Tarife für den Energiebezug, Stundensätze für Dienstleistungen usw. Von einer Lebenszykluskostenrechnung im engeren Sinne wird gesprochen, wenn Einzahlungen außen vor bleiben, wie z. B. Erlöse aus Vermietung und Verpachtung. Werden die Erfolgsvariablen (Einzahlungen) berücksichtigt, spricht man auch von einem Lebenszykluserfolg [Ref 4.1-11] oder einer Lebenszykluskostenrechnung im weiteren Sinne [Ref 4.1-12].

Orientiert man sich an den oben genannten Vorgaben des BNB [Ref 4.1-10] oder an den Empfehlungen der GEFMA [Ref 4.1-11], so werden die danach ermittelten Lebenszykluskosten auf eine Bezugsgröße, wie z. B. die BGF a, b, c [Anm 4.1-1], bezogen. Dieser Lebenszykluskostenkennwert wird mitunter auch als LZK-Kennzahl bezeichnet. [Ref 4.1-11]

$$\text{LZK-Kennzahl} = \frac{\text{Kapitalwert der Lebenszykluskosten}}{\text{Bezugsgröße}}$$

Als Hilfsmittel zur Abschätzung und Berechnung von Lebenszykluskosten existieren frei verfügbare Lebenszykluskostenrechner, wie z. B. das Tool zum BNB [Ref 4.1-13] oder vom Umweltbundesamt [Ref 4.1-14].

DIN 277

Grundflächen und Rauminhalte

Fassung von Februar 2005, [Ref 4.1-4, Anm 4.1-1]

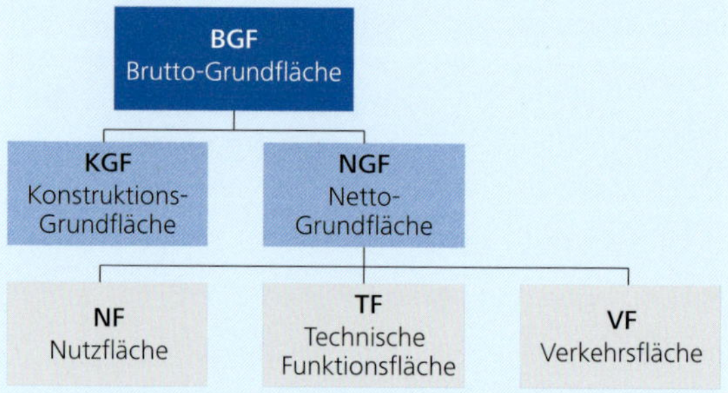

Flächenarten nach DIN 277

Die Grundflächen sind nach Zugehörigkeit zu folgenden Bereichen zu unterscheiden:

a: überdeckt und allseitig in voller Höhe umschlossen

b: überdeckt, jedoch nicht allseitig in voller Höhe umschlossen

c: nicht überdeckt

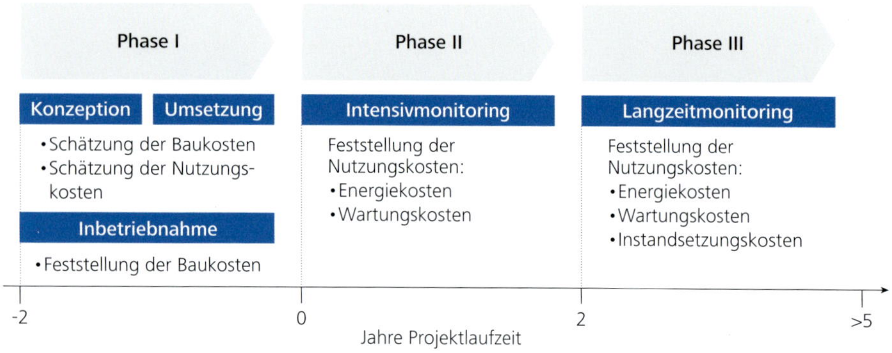

Bild 4.1-2
Die drei Phasen des ökonomischen Monitorings
(Quelle: EnOB Monitoring Leitfaden [Ref 4.1-15])

Rückschlüsse auf die einzelnen jährlichen Zahlungsflüsse und ihre Ursachen lässt die LZK-Kennzahl ohne Kenntnis weiterer Details nicht zu. Zur tiefergehenden Analyse von lebenszyklusbezogenen Zahlungsflüssen eignet sich der Vollständige Finanzplan (VoFi), der wiederum alle Daten zur Berechnung der LZK-Kennzahl liefert (→ Kapitel 4.4).

Ökonomisches Monitoring

Das Monitoring beginnt mit der Kostendatenabfrage. Die Baukostenabfrage richtet sich i. d. R. an den Bauherrn oder den Architekten. Die Nutzungskosten werden üblicherweise beim Eigentümer oder dem Betreiber abgefragt. Praktische Hinweise und Arbeitshilfsmittel, wie z. B. an den oben genannten Normen ausgerichtete Erfassungstabellen, werden im Monitoring-Leitfaden der Forschungsinitiative EnOB zur Verfügung gestellt (→ Kapitel 11.2.4, [Ref 4.1-15]). Die Bau- und Nutzungskosten sollen möglichst genau einzelnen Komponenten und Bauteilen zugeordnet werden. In der Praxis gelingt dies nicht immer, insbesondere bei den Nutzungskosten. Im Minimum sind diese bei den technischen Anlagen zu untergliedern, beispielsweise in Heizung, Lüftung, Klimatisierung, Aufzüge, Beleuchtung, Sicherheitstechnik etc. – im Idealfall nach einzelnen Komponenten bzw. Bauteilen, wie Wärmeerzeuger, Pumpen, Lüftungsgeräte, Ventile, Thermostate etc.

Bei den Baukosten bildet die Kostenfeststellung nach DIN 276-1 (Kosten im Hochbau) eine gute Grundlage für aussagekräftige Analysen. Sie werden nach Fertigstellung und Inbetriebnahme eines Gebäudes abgefragt. Dies entspricht der Phase I des ökonomischen Monitorings in Bild 4.1-2. Die Phasen II und III betreffen die Nutzungsphase. Nutzungskosten werden jährlich anhand vorhandener Belege, Abrechnungen und ggf. Dienstleistungsverträge (z. B. Wartungsverträge) erfasst und nach DIN 18960 (Nutzungskosten im Hochbau) strukturiert.

Bild 4.1-3 bietet zusammenfassend einen Überblick zu allen oben genannten relevanten Kosten einer Kostenanalyse (fett markiert). Zudem soll diese Abbildung veranschaulichen, dass Instandsetzungskosten regelmäßig, z. B. für planmäßige Reparaturen, als auch unregelmäßig, z. B. für Ersatzinvestitionen, auftreten können.

Instandhaltungskosten

Nach DIN 31051 (Grundlagen der Instandhaltung) [Ref 4.1-17] steht Instandhaltung zusammenfassend für Inspektion (= Kontrolle des Ist-Zustandes), Wartung (= Erhaltung des Soll-Zustandes) und Instandsetzung (= Wiederherstellung des Soll-Zustandes). Die Instandsetzung tritt in zwei Formen auf: als kleinere Instandsetzung im Sinne einer Reparatur oder als große Instandsetzung im Sinne einer Ersatzinvestition.

Gerade große Instandsetzungen sind erfahrungsgemäß schwer zu erfassen, weil sie außerhalb von Garantie- und Gewährleistungsfristen erst nach einigen Jahren Betriebszeit auftreten. Daher sind deren Kosten nur über längere Zeiträume, z. B. im Rahmen einer langfristig ausgelegten Beobachtung erfassbar. Inspektions- und Wartungskosten können auf Basis von Einzelnachweisen oder im Rahmen von Wartungsverträgen ermittelt werden. Enthalten Wartungsverträge auch Instandsetzungsleistungen, sind diese herauszurechnen und der entsprechenden Kostengruppe zuzuordnen. Man spricht dann auch von Vollwartungsverträgen, die insbesondere bei Aufzügen oftmals anzutreffen sind. Die VDI-Richtlinie 3810 Blatt 6 (Instandhalten und Betreiben gebäudetechnischer Anlagen - Aufzüge) [Ref 4.1-18] enthält Hinweise für die Umlagefähigkeit der Kostenbestandteile von Vollwartungsverträgen (bei Vermietungen). Hiermit lässt sich der Anteil von Instandsetzungsleistungen prozentual abschätzen.

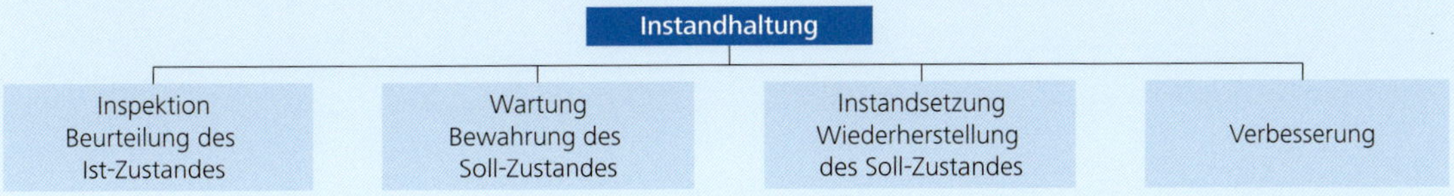

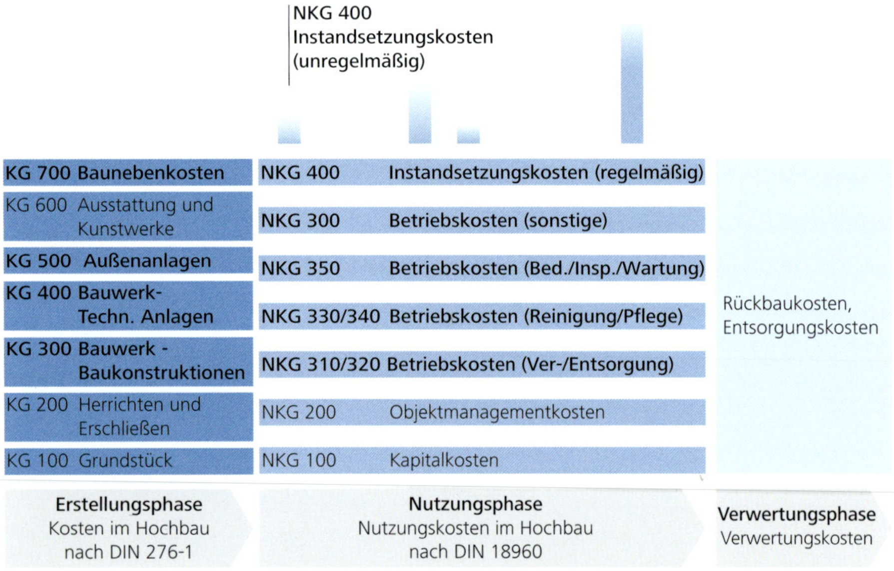

Bild 4.1-3
Übersicht der anfallenden Kosten im Lebenszyklus von Immobilien bei klassischer Trennung von Baukosten und Nutzungskosten ohne Berücksichtigung von Einzahlungen
(Quelle: EnOB Monitoring Leitfaden [Ref 4.1-15])

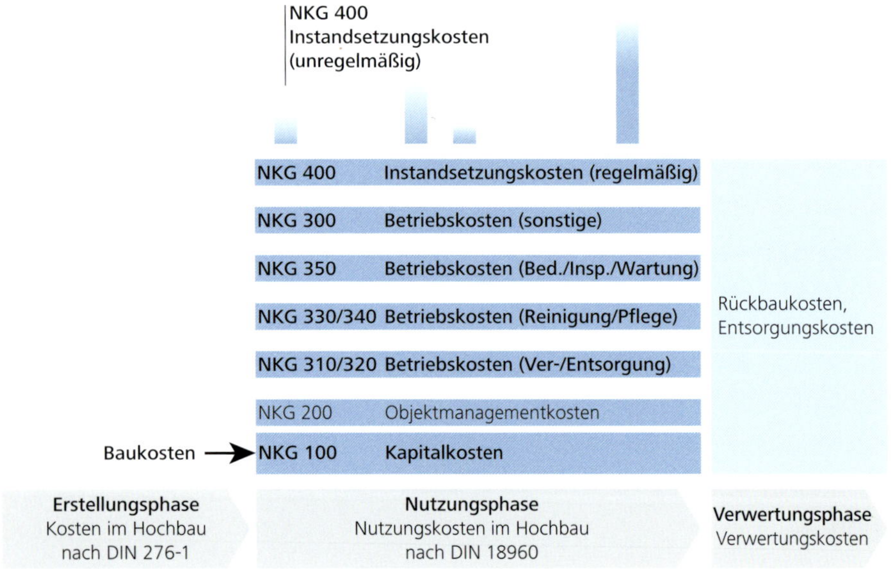

Bild 4.1-4
Übersicht der anfallenden Kosten im Lebenszyklus von Immobilien unter Berücksichtigung tatsächlich anfallender Zahlungsströme (Quelle: KIT [Ref 4.1-16])

Energiekosten basieren i. d. R. auf den gemessenen Verbräuchen der Endenergieträger sowie den Abrechnungen der Energieversorger. Sie werden sowohl vom Standort, der Witterung, als auch vom Versorgungstarif beeinflusst. Deshalb ist es empfehlenswert, zusätzlich zu Energiekosten immer die zugrundeliegenden Energieverbrauchsmengen anzugeben. Diese ermöglichen dann, einerseits zu Vergleichszwecken mit verschiedenen Tarifen die Energiekosten zu berechnen und andererseits eine ggf. gewünschte Witterungsbereinigung durchzuführen.

In Bild 4.1-3 werden Einnahmen aus der Energielieferung an Dritte (z. B. durch Stromerzeugung aus PV) nicht berücksichtigt, da sich die dargestellten Kostengruppen klar an der Struktur der Normen DIN 276 und DIN 18960 orientieren. Methodisch ist es jedoch naheliegend, die beschriebenen Einnahmen den Energiekosten gegenüberzustellen. Dabei ist die gleiche Transparenz gefordert wie bei den Energiekosten: die genaue Kenntnis der erzeugten und ggf. eingespeisten Energiemenge sowie der Tarife einer Vergütung (z. B. Einspeisevergütung). In Darstellungen und Analysen sollten keinesfalls die Vergütungen mit den Kosten aufgerechnet werden. Eine separate Darstellung von Vergütungen und Kosten ist immer sinnvoll, um das Energiekonzept des Gebäudes ohne Informationsverlust ökonomisch beurteilen zu können.

Eine alternative Darstellung der gebäudebezogenen Kosten im Lebenszyklus lässt sich herleiten, wenn man sich ausschließlich an den tatsächlich auftretenden Zahlungsströmen orientiert. In der Praxis ist in vielen Fällen davon auszugehen, dass Baukosten (fremd)finanziert werden. Die Auszahlung der Baukosten erfolgt demzufolge nicht direkt nach der Fertigstellung in einem Block, sondern verteilt über einen Zeitraum nach Fertigstellung in Form der Tilgungs- und Zinszahlungen. Den Unterschied illustriert Bild 4.1-4 (im Vergleich zu Bild 4.1-3).

In den Kapiteln 4.2 und 4.3 werden Baukostenkennwerte und Nutzungskostenkennwerte verschiedener Demonstrationsbauten vorgestellt und die Ergebnisse durch internes und externes Benchmarking beurteilt. Intern werden die Gebäude gleicher Nutzungsarten untereinander (z. B. Bürogebäude) verglichen, extern werden sie an öffentlich zugänglichen Kostenkennwerten anderer, jeweils vergleichbarer Gebäudetypen gemessen.

Referenzen, Anmerkungen

Anm 4.1-1
Mit der Neufassung der DIN 277 im Januar 2016 haben sich die Flächenbezeichnungen teilweise verändert.

Ref 4.1-1
Lützkendorf, T.; Unholzer, M.; Spars, G.; Obadovic, O., Bartels, D.: Energiekonzepte und ihre Auswirkungen auf ausgewählte Nutzungskosten von EnOB. 2010. EnOB-Fachartikel http://www.enob.info/fileadmin/media/Publikationen/EnOB/Fachartikel/Nutzungskosten_2010_Fachbeitrag_X.pdf (Aufruf 04.12.2015)

Ref 4.1-2
Deutsches Institut für Normung DIN e. V., Berlin (Hrsg.): DIN 276-1:2008: Kosten im Bauwesen – Teil 1: Hochbau. Berlin: Beuth Verl., 2008

Ref 4.1-3
KIT, Eigene Darstellung auf Grundlage der DIN 276-1:2008: Kosten im Bauwesen- Teil 1: Hochbau

Ref 4.1-4
Deutsches Institut für Normung DIN e. V., Berlin (Hrsg.): DIN 277-1:2005: Grundflächen und Rauminhalte von Bauwerken im Hochbau – Teil 1: Begriffe und Ermittlungsgrundlagen. Berlin: Beuth Verl., 2005

Ref 4.1-5
Verordnung zur Berechnung der Wohnfläche (Wohnflächenverordnung – WoFlV). Wohnflächenverordnung vom 25. November 2003 (BGBl. I S. 2346) http://www.gesetze-im-internet.de/woflv/index.html (Aufruf 04.12.2015)

Ref 4.1-6
Konjunkturindikatoren - Preise https://www.destatis.de/DE/ZahlenFakten/Indikatoren/Konjunkturindikatoren/Preise/bpr110.html (Aufruf 04.12.2015)

Ref 4.1-7
Baukosteninformationszentrum Deutscher Architektenkammern (BKI) GmbH, Stuttgart (Hrsg.): BKI Baukosten Gebäude Neubau 2014. Fachbuch - Statistische Kostenkennwerte Teil 1.

Ref 4.1-8
Deutsches Institut für Normung DIN e. V., Berlin (Hrsg.): DIN 18960:2008: Nutzungskosten im Hochbau. Berlin: Beuth Verl., 2008

Ref 4.1-9
Deutscher Verband für Facility Management (GEFMA) e. V., Bonn (Hrsg.): Kosten im Facility Management. Kosten im Facility Management. Kostengliederungsstruktur zu GEFMA 100. Entwurf. 2004. GEFMA 200

Ref 4.1-10
Bundesministerium für Umwelt, Naturschutz, Bau und Reaktorsicherheit (BMUB), Berlin (Hrsg.): Bewertungssystem Nachhaltiges Bauen (BNB) Büro- und Verwaltungsgebäude. Ökonomische Qualität, Lebenszykluskosten, Gebäudebezogene Kosten im Lebenszyklus. Kriterium 2.1.1. 2011 www.nachhaltigesbauen.de/fileadmin/pdf/BNB_Steckbriefe_Buero_Neubau/aktuell/BNB_BN_211.pdf (Aufruf 04.12.2015)

Ref 4.1-11
Deutscher Verband für Facility Management (GEFMA) e. V., Bonn (Hrsg.): GEFMA 220-1:2010: Lebenszykluskosten-Ermittlung im FM, Einführung und Grundlagen. Berlin: Beuth Verl., 2010

Ref 4.1-12
Zehbold, C.: Lebenszykluskostenrechnung. Wiesbaden: Springer Fachmedien Wiesbaden GmbH, 1996. Krp-Edition. zugl.: Erlangen, Nürnberg, Univ. Diss., 1995
ISBN 978-3-409-12153-8

Ref 4.1-13
Bundesministerium für Umwelt, Naturschutz, Bau und Reaktorsicherheit, Berlin (Hrsg.): Instrumente zur Abschätzung von Lebenszykluskosten (nur für frühe Planungsphasen) https://www.bnb-nachhaltigesbauen.de/bewertungssystem/bnb-buerogebaeude/bnb-bn-2011-1/bnb-bearbeitungswerkzeuge.html (Aufruf 04.12.2015)

Ref 4.1-14
Umweltbundesamt (UBA), Dessau (Hrsg.): Berechnung der Lebenszykluskosten. Excel-Tool. http://www.umweltbundesamt.de/themen/wirtschaft-konsum/umweltfreundliche-beschaffung/berechnung-der-lebenszykluskosten (Aufruf 04.12.2015)

Ref 4.1-15
Leitfaden für das Monitoring der Demonstrationsbauten im Förderkonzept EnBau und EnSan. 2014 http://www.enob.info/fileadmin/media/Forschungsfelder/Begleitforschung_EnOB/Materialien_fuer_Projektteams/141021_EnOB_Leitfaden_Monitoring_x.pdf (Aufruf 04.12.2015)

Ref 4.1-16
KIT, eigene Darstellung, 2015

Ref 4.1-17
Deutsches Institut für Normung DIN e. V., Berlin (Hrsg.): DIN 31051:2012: Grundlagen der Instandhaltung. Berlin: Beuth Verl., 2012

Ref 4.1-18
Verein Deutscher Ingenieure (VDI), Düsseldorf (Hrsg.): VDI 3810-6:2013: Betreiben und Instandhalten von Gebäuden und gebäudetechnischen Anlagen – Aufzüge. Berlin: Beuth Verl., 2013

4.2 Baukosten

Olivera Obadovic
Matthias Unholzer
Thomas Lützkendorf

Die Höhe der Baukosten nimmt großen Einfluss auf Investitionsentscheidungen. Sie wirken sich aus auf:

- den Kapital- bzw. Finanzierungsbedarf,
- die Wirtschaftlichkeit,
- die Lebenszykluskosten.

Der Einfluss des energetischen Standards auf die Höhe der Baukosten wird in letzter Zeit intensiv diskutiert. Zu dem Thema liegen unterschiedliche Studien vor [Ref 4.2-1]. In der Praxis wird von Bauherren und Eigentümern häufig befürchtet, dass mit zunehmender energetischer Qualität und einer Weiterentwicklung von Anforderungen der Energieeinsparverordnung die Baukosten steigen.

Im Rahmen der Forschungsinitiative EnOB wurde untersucht, ob energetisch hochwertige Gebäude in der Herstellung teurer sind als herkömmliche Bauten [Ref 4.2-2]. Dafür wurden die Bauwerkskosten (Kostengruppen 300 und 400 nach DIN 276 [Ref 4.2-3]) energetisch optimierter Gebäude mit denen durchschnittlicher Neubauten in Deutschland verglichen.

Für den Vergleich wurden statistische Kostenkennwerte nach BKI mit Stand 2014 herangezogen [Ref 4.2-4]. Diese werden jährlich für verschiedene Gebäude- und Nutzungsarten veröffentlicht. Für einige Nutzungskategorien, wie z. B. Wohnen oder Verwaltung, sind die Kosten für einfache, mittlere und hohe Baustandards der Gebäude angegeben. Um die Baukosten der untersuchten Demonstrationsbauten mit denen nach BKI vergleichen zu können, wurden sie unter Nutzung der Baupreisindizes für den Neubau von Nichtwohngebäuden [Ref 4.2-5] auf das Baupreisniveau von 2014 umgerechnet und zusätzlich durch einen Regionalfaktor bereinigt [Ref 4.2-4].

Bild 4.2-1
Verwaltungsgebäude des Umweltbundesamtes (UBA), Dessau
(Quelle: Universität Wuppertal)

Bild 4.2-2
Bürogebäude „Solar Info Center" (SIC), Freiburg
(Quelle: Solar Info Center)

Bild 4.2-3
Bürogebäude „Sonnenforum" Wagner (BSF) in Cölbe
(Quelle: Fotografie - Neuhaus)

Baukosten herkömmlicher und energieoptimierter Neubauten

Die Auswertung im Bereich der Verwaltungsgebäude (Bild 4.2-4) zeigt, dass 14 von 17 Demonstrationsgebäuden in einer üblichen Preisspanne für Büroneubauten in Deutschland realisiert wurden. Ein Gebäude wurde kostengünstiger (SIC) hergestellt, ein Gebäude (UBA) lag deutlich über dem Durchschnitt und ein Gebäude (BSF) lag nur geringfügig darüber. Die bereinigten Bauwerkskosten (KG 300 + 400) der untersuchten Gebäude variieren zwischen 725 und 1931 €/m²BGF (netto).

Da Baukosten nicht nur vom energetischen Standard, sondern von vielfältigen Einflussfaktoren, wie z. B. Gründung, Materialoberflächen und Komfortniveau abhängen, empfiehlt es sich bei einem Baukostenvergleich, auch den Baustandard heranzuziehen. Die meisten untersuchten Gebäude erreichen in der Gesamtbewertung häufig mittlere und hohe Standards.

Die Auswertung für weitere Gebäude- und Nutzungsarten (Bild 4.2-5) zeigt differenziertere Ergebnisse als bei den Bürobauten. In dieser Auswahl stehen weniger Gebäude zur Verfügung als in der Kategorie Verwaltungsbau. Bei den Sondernutzungen war die Zuordnung geeigneter Vergleichstypen außerdem schwieriger, da einige der Projekte sehr individuelle Nutzungskonzepte aufweisen. Projekte aus den Bereichen der Institute, Sporthallen und Schulen liegen im Kostenspektrum

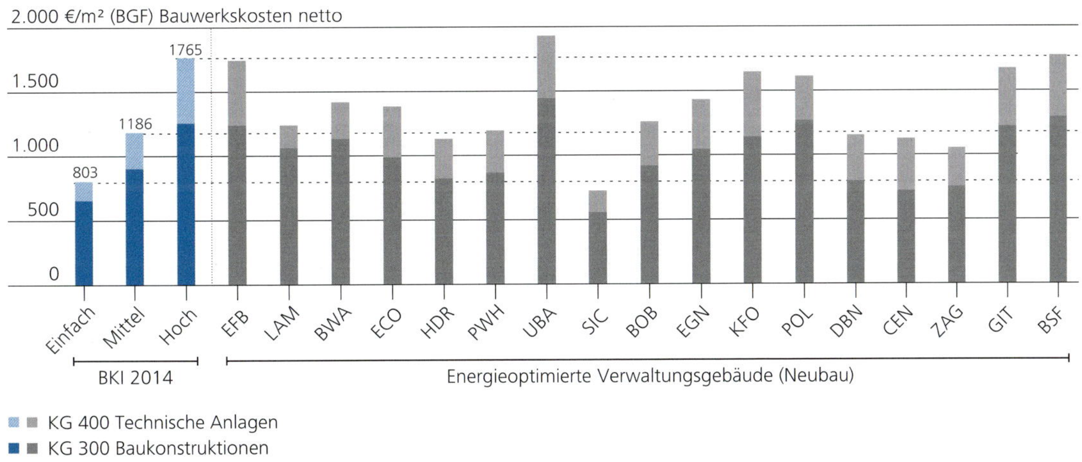

Bild 4.2-4
Baukostenvergleich der Verwaltungsneubauten mit Kostenstand 2014: Bereinigte Kostenkennwerte der untersuchten Gebäude und Kostenkennwerte des BKI [Ref 4.2-4] mit einfachem bis hohem Gesamtstandard von Gebäuden. (Kürzel der Gebäude siehe Projektportraits am Ende des Buches) (Quelle: Universität Wuppertal, KIT)

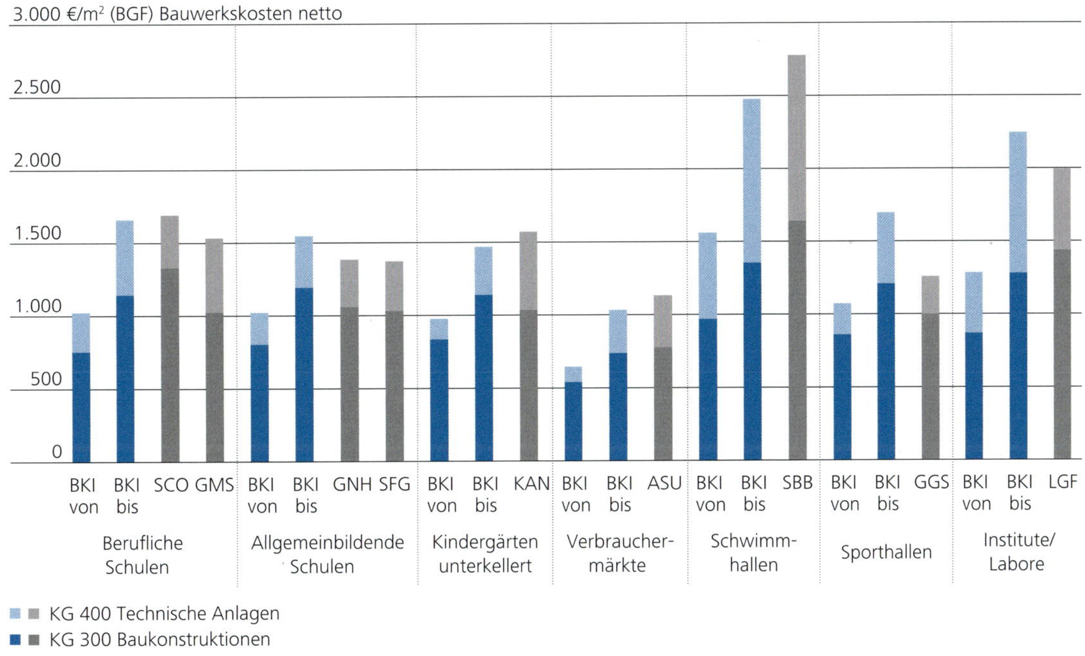

Bild 4.2-5
Baukostenvergleich weiterer Gebäudetypologien im Bereich Neubau mit Kostenstand 2014: bereinigte Kostenkennwerte der untersuchten Gebäude und dazugehörige BKI-Preisspanne [Ref 4.2-4] (Quelle: Universität Wuppertal, KIT)

Bild 4.2-6
Sport- und Freizeitbad „Bambados" in Bamberg (Quelle: Stadtwerke Bamberg)

nach BKI. Ein Kindergarten (KAN) weicht nach oben ab. In der Kategorie Schwimmhallen gibt es ebenfalls eine Überschreitung des BKI-Korridors, was auf einen im Vergleich zu herkömmlichen Schwimmhallen überdurchschnittlichen Technisierungsgrad und baulichen Standard des analysierten Sport- und Freizeitbades „Bambados" (SBB) in Bamberg (Bild 4.2-6) zurückzuführen ist. Mit einem höheren Standard sind auch die tendenziell überdurchschnittlichen Baukosten des Science College Overbach (SCO) zu erklären. Dieses Projekt entspricht bedingt durch ein besonderes Unterrichtskonzept eher einem Bildungszentrum als einer herkömmlichen Schule.

Der Verbrauchermarkt (ASU) weicht geringfügig nach oben ab, was daran liegen kann, dass solche Märkte stark standardisiert sind und dadurch kosteneffizient realisiert werden können. Ein Markt mit vom Standard abweichender Technologie und Bauweise, wie beim ausgewerteten Supermarkt von Aldi Süd in Rastatt, verursacht entsprechend höhere Kosten.

Erreichtes energetisches Niveau und Baukosten

Zwischen der Höhe der Bauwerkskosten und dem erreichten energetischen Niveau der Demonstrationsgebäude ist kein eindeutiger Zusammenhang erkennbar. Bild 4.2-7 veranschaulicht, wie der Primärenergieaufwand weitgehend unabhängig von der Kostenhöhe variiert. Dies wird noch eindeutiger in Bild 4.2-8 illustriert. Auch der Endenergieaufwand für den überwiegend zur Heizung eingesetzten Energieträger zeigt in der Auswertung keinen eindeutigen Zusammenhang mit den Bauwerkskosten. Diese Darstellung wird nicht durch die Art des Energieträgers und damit auch nicht durch möglicherweise unterschiedliche Primärenergiefaktoren beeinflusst.

Bild 4.2-7 (links)
Bereinigte Kennwerte für Bauwerkskosten (Summe aus KG 300 und 400) und der Jahresprimärenergieaufwand (nicht erneuerbar) für Heizung, Klimatisierung, Lüftung und Beleuchtung mit Primärenergiefaktoren nach DIN V 18599-1: 2011
(Quelle: Universität Wuppertal, KIT)

Bild 4.2-8 (rechts)
Bereinigte Kennwerte für Bauwerkskosten (Summe aus KG 300 und 400) und Endenergieaufwand für den überwiegend zur Heizung eingesetzten Energieträger
(Quelle: Universität Wuppertal, KIT)

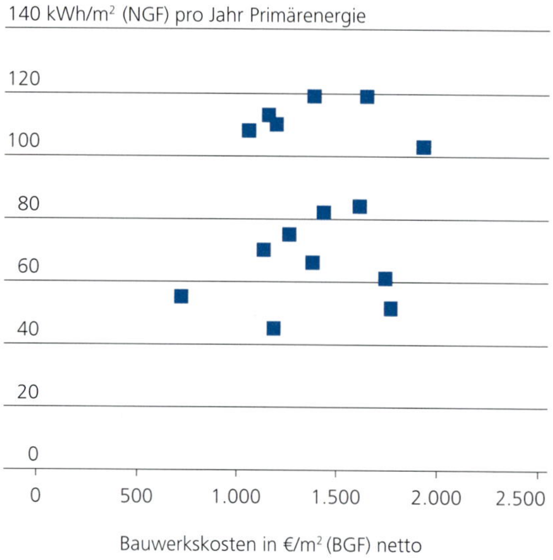

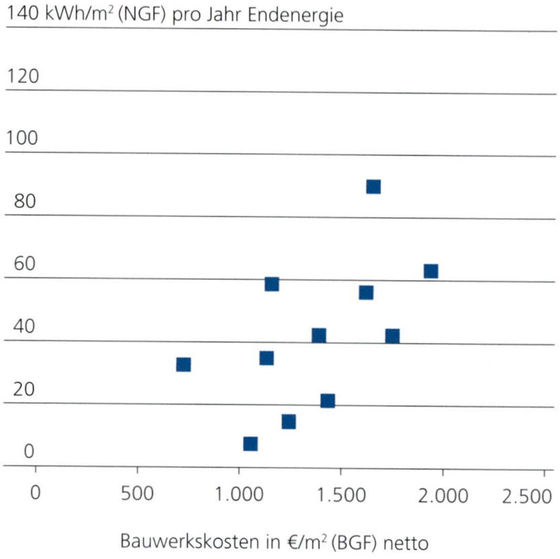

Kostenkennwerte von Einzelmaßnahmen

Baukosten von Einzelmaßnahmen zur Verbesserung der energetischen Qualität von Gebäuden können anhand von Kostenkennwerten aus der Literatur ermittelt werden. Dazu eignen sich z.B. statistische Kostenkennwerte des BKI für Bauelemente [Ref 4.2-6] und Positionen [Ref 4.2-7], in denen einzelne Kosten zur Herstellung und Demontage von Bauteilen aufgeführt sind. Kostenkennwerte für typische Einzelmaßnahmen und Szenarien der energetischen Sanierung können außerdem verschiedenen Studien entnommen werden, in denen solche Kosten ausgewertet wurden, beispielsweise [Ref 4.2-8].

Fazit

Entgegen aktuellen Befürchtungen ergeben die Auswertungen von energetischen und ökonomischen Daten, dass energieoptimierte Gebäude nicht zu höheren Baukosten führen müssen (Bilder 4.2-4 und 4.2-5). Das zeigt, es ist unter Nutzung von Prinzipien einer integralen Planung möglich, energetisch optimierte Gebäude (hier insbesondere Nichtwohnbauten) zu den üblichen Baukosten zu realisieren. Zur Beurteilung der Kostenperformance von energieoptimierten Bauten sind jedoch über eine reine Betrachtung der Baukosten hinaus auch die Nutzungskosten in ausreichendem Maße zu berücksichtigen (→ Kapitel 4.3). Nur so kann über den gesamten Lebenszyklus ein Kostenoptimum geplant und realisiert werden.

Referenzen, Anmerkungen

Ref 4.2-1
Deutsche Energie-Agentur (dena) GmbH, Berlin (Hrsg.): dena. Sanierungsstudie. Teil 1: Wirtschaftlichkeit energetischer Modernisierung im Mietwohnungsbestand. Bericht 2010 http://www.dena.de/fileadmin/user_upload/Publikationen/Gebaeude/Dokumente/dena-Sanierungsstudie_Teil_1_MFH.pdf (Aufruf 04.12.2015)

Ref 4.2-2
Lützkendorf, T.; Unholzer, M.; Spars, G.; Obadovic, O.; Voss, K.: Baukosten von energieoptimierten Büro-Neubauten. In: Bauportal. Bd.126 (2014), Nr.11, S.39-41 https://www.baufachinformation.de/zeitschrift/2014119005524 (Aufruf 4.12.2015)

Ref 4.2-3
Deutsches Institut für Normung DIN e. V., Berlin (Hrsg.): DIN 276-1:2008: Kosten im Bauwesen – Teil 1: Hochbau. Berlin: Beuth Verl., 2008

Ref 4.2-4
Baukosteninformationszentrum Deutscher Architektenkammern (BKI) GmbH, Stuttgart (Hrsg.): BKI Baukosten Gebäude Neubau 2014. Fachbuch - Statistische Kostenkennwerte Teil 1.

Ref 4.2-5
Statistisches Bundesamt, Wiesbaden (Hrsg.): Preisindizes für den Neubau von Nichtwohngebäuden. In: Preisindizes für die Bauwirtschaft. Fachserie 17, Reihe 4. Erscheint vierteljährlich https://www.destatis.de/DE/Publikationen/Thematisch/Preise/Baupreise/BauwirtschaftPreise2170400153214.pdf?__blob=publicationFile (Aufruf 4.12.2015)

Ref 4.2-6
Baukosteninformationszentrum Deutscher Architektenkammern (BKI) GmbH, Stuttgart (Hrsg.): BKI Baukosten Bauelemente Neubau 2015. Fachbuch - Statistische Kostenkennwerte Teil 2.

Ref 4.2-7
Baukosteninformationszentrum Deutscher Architektenkammern (BKI) GmbH, Stuttgart (Hrsg.): BKI Baukosten Positionen Neubau 2015. Fachbuch - Statistische Kostenkennwerte Teil 3.

Ref 4.2-8
Bundesministerium für Umwelt, Naturschutz, Bau und Reaktorsicherheit (BMUB), Berlin (Hrsg.): Kosten energierelevanter Bau- und Anlagenteile bei der energetischen Modernisierung von Altbauten. 2015. http://www.iwu.de/fileadmin/user_upload/dateien/energie/15_08_10_Kostenstudie_Bericht_-_Barrierefrei_-_neu.pdf (Aufruf 4.01.2016)

4.3 Nutzungskosten

Olivera Obadovic
Matthias Unholzer
Thomas Lützkendorf

Im Rahmen eines Betriebskostencontrollings werden die in der Nutzungsphase auftretenden Kosten erfasst und analysiert. Sie bilden die Grundlage für

- den Vergleich mit Prognosen aus der Planungsphase,
- Kennwerte für künftige Planungen,
- die Lebenszykluskostenrechnung sowie
- Wirtschaftlichkeitsbetrachtungen.

Im Rahmen der Forschungsarbeiten wurden ausgewählte Nutzungskosten analysiert [Ref 4.3-1]. Ihre Struktur orientiert sich dabei an der DIN 18960 [Ref 4.3-2]. Da es sich bei Angaben zu Nutzungskosten oftmals um sensible Daten handelt, die beispielsweise Aufschluss über betriebswirtschaftliche Entscheidungen und Nutzerverhalten geben können, erfolgen die Auswertung und Darstellung in anonymisierter Form.

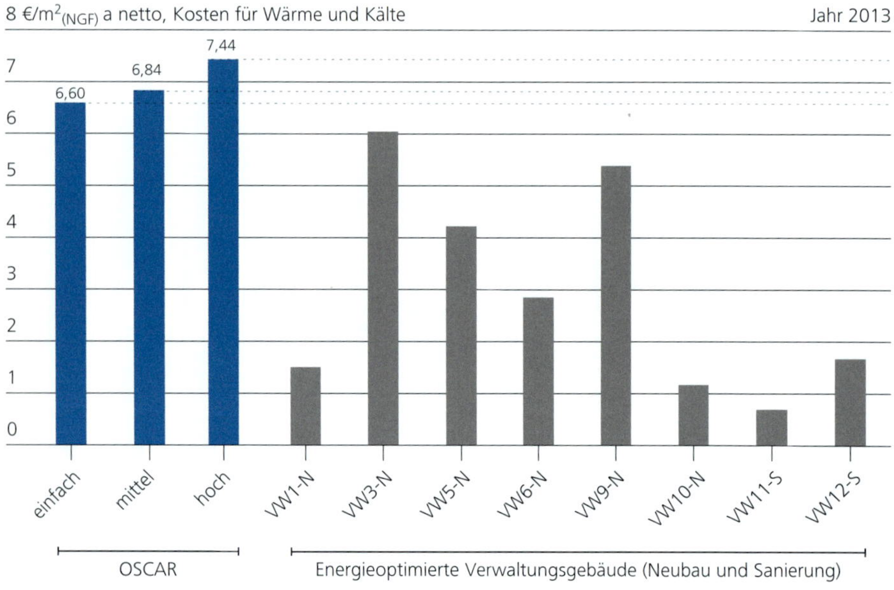

Hinweis: VW9-N: ohne Stromkosten für Wärmepumpe

Bild 4.3-1
Jährliche Kosten für Heizung und Kühlung mit Stand 2013: Kostenkennwerte der untersuchten Gebäude und nach OSCAR (Quelle: Universität Wuppertal, KIT)

Vergleich von Nutzungskosten

Die Nutzungskosten der untersuchten Gebäude wurden jährlich erfasst sowie untereinander und mit statistischen Kennwerten verglichen. Entscheidend ist die Verfügbarkeit von Vergleichskennwerten. Während für die Baukosten belastbare Kennwerte für unterschiedliche Gebäude- und Kostenkategorien vorliegen, gibt es bei den Nutzungskosten nur sehr beschränkt adäquate Vergleichswerte. Für Verwaltungsgebäude stellt die Büronebenkostenanalyse OSCAR eine mögliche Vergleichsbasis dar (Office Service Charge Analysis Report [Ref. 4.3-3]). Die Werte zu Nutzungskosten nach OSCAR werden für einfache, mittlere und hohe Gebäudestandards getrennt ausgewiesen. In den folgenden Auswertungen wurden Kennwerte aus der Vollkostenanalyse nach OSCAR verwendet, d. h. Betriebskosten, die sowohl umlage- als auch nichtumlagefähige Kosten enthalten. Für weitere Gebäude- und Nutzungsarten kann auch der fm.benchmarking-Bericht [Ref 4.3-4] herangezogen werden.

Grundsätzlich ist bei einem Vergleich darauf zu achten, dass Gebäude und ihre Nutzungen neben unterschiedlichen baulichen und standortbedingten Gegebenheiten vielfältige weitere Unterschiede aufweisen können, die systematisch Einfluss auf die Höhe der Nutzungskosten nehmen. Für die Höhe der Energie- und Instandhaltungskosten sind z. B. auch die Nutzungsintensität (Anzahl der Arbeitsplätze, Betriebszeiten) und Service-Level-Agreements entscheidend. Energiekosten hängen darüber hinaus auch von individuellen Tarifen, bedingt durch den Bezug von Ökostrom, die Anschlussleistung oder die Wahl des Energieversorgers ab (weitere Informationen in Kap. 4.1). Die genannten Einflussfaktoren können bei der Bewertung von Kostenniveaus berücksichtigt werden, sofern Daten vorhanden sind.

Wärme- und Kältekosten von Bürobauten

In Bild 4.3-1 werden Kosten für die Erzeugung von Wärme und Kälte (ohne Hilfsstrom) von acht Verwaltungsbauten dargestellt. Alle Projekte liegen unter dem Kostenspektrum für Bürogebäude in Deutschland nach OSCAR. Demnach erfüllen die ausgewählten Beispiele in Bezug auf die Höhe der Heizkosten die Erwartungen an energetisch hochwertige Gebäude. Anderseits wird deutlich, dass Erfahrungswerte aus der Literatur sich nur bedingt für die Prognose der Heizkosten energetisch optimierter Gebäude eignen. Vorzuziehen sind konkrete Abschätzungen auf Basis einer Prognose des Energieverbrauchs (→ Kapitel 3.4) und angenommener Energietarife.

Die Heizkosten liegen im ersten Betriebsjahr nach Fertigstellung der Gebäude häufig über denen späterer Jahre. Dies kann zumeist auf eine notwendige Einregulierungszeit zur Umsetzung von Nutzer- und Betriebsanforderungen zurückgeführt werden.

Heizkosten können meist sehr einfach auf Basis der Rechnungen der Energieversorger und entsprechender Buchungsbelege erfasst werden. Bei Gebäuden, die vollständig oder teilweise mittels Strom beheizt oder gekühlt werden, z. B. durch den Einsatz von Wärmepumpen oder Kompressionskältemaschinen, sind differenziertere Angaben notwendig. Nur über ein geeignetes Messkonzept (→ Kapitel 11.2.4) mit Unterzählern zur Trennung der Verbräuche und mit Kenntnis über dazugehörige Stromtarife kann der Heizkostenanteil beim elektrischen Energieaufwand ermittelt werden.

Stromkosten von Bürobauten

Bild 4.3-2 zeigt die Kosten für eingekauften Strom (einschl. nutzerspezifischem Stromverbrauch) und die Einspeisevergütung (die auch als „negative Kosten" betrachtet werden), sofern der eigenproduzierte Strom nicht selbst verbraucht wird. Vier Neubauten und zwei Sanierungsprojekte liegen unter der Vergleichsspanne für Stromkosten nach OSCAR, während drei Neubauobjekte darüber liegen. Bei zwei Projekten, die oberhalb liegen, sind in den Stromkosten teilweise auch Stromanteile für Wärme-/Kälteerzeugung enthalten, die den Kostenkennwert verzerren. Solche Kosten sollten daher vorzugsweise nicht in der Kategorie Strom sondern bei den Heizkosten berücksichtigt werden. Die Stromkosten für das Projekt VW4-N enthalten außerdem Kosten für eine Mitversorgung von Nachbargebäuden. Diese konnte wegen fehlender Unterzähler nicht herausgerechnet werden. Solche Verhältnisse liegen in der Praxis leider sehr häufig vor. Ein anderes Projekt über dem Vergleichsspektrum (VW9-N) ist außerdem ein Büro-Mehrzweckgebäude, dessen Mischnutzung zusätzliche Kosten verursacht im Vergleich zu einer herkömmlichen Büronutzung. Abweichungen von regulären Gebäudetypologien können daher einen Vergleich der Nutzungskosten erschweren, sofern das Messkonzept die Verbräuche nicht genauer differenzieren hilft.

Wartungskosten von Bürobauten

Im Rahmen der Nutzungskostenanalyse wurde untersucht, ob energieoptimierte Bürobauten mit ggf. höherem Technisierungsgrad und innovativen Haustechnikkonzepten einen höheren Wartungsaufwand verursachen. Die Wartungskosten der 13 Stichproben fielen bei den Analysen jedoch meistens geringer aus als im deutschlandweiten

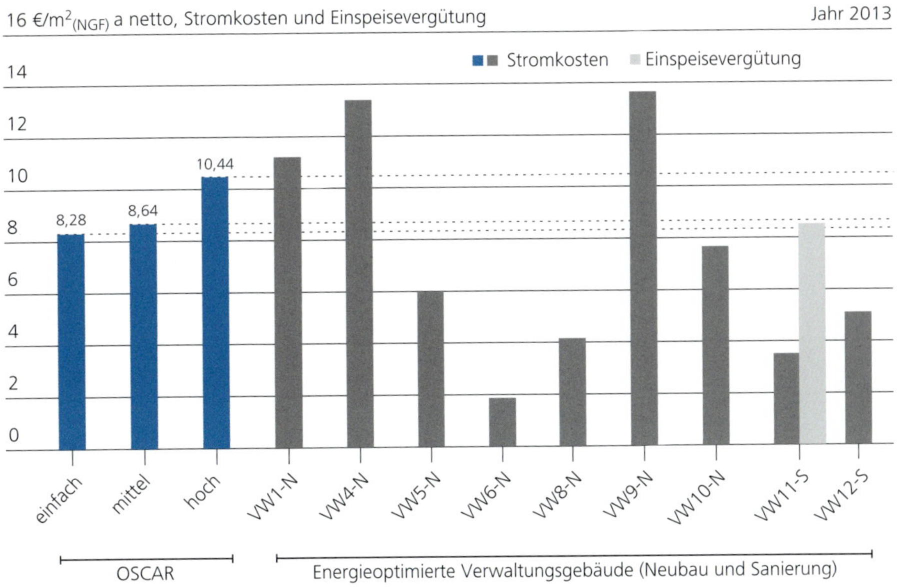

Hinweise: VW4-N, VW9-N: inkl. Stromkosten für Wärmepumpe
VW4-N: inkl. Versorgung von Nachbargebäuden
VW4-N, VW5-N, VW6-N: selbstgenutzter Strom aus Photovoltaikanlage nicht enthalten
VW6-N: ohne nutzerspezifischen Stromverbrauch

Bild 4.3-2
Jährliche Stromkosten und Einspeisevergütung mit Stand 2013: Kostenkennwerte der untersuchten Gebäude und nach OSCAR (Quelle: Universität Wuppertal, KIT)

Durchschnitt nach OSCAR. Die Ergebnisse in Bild 4.3-3 zeigen nur ein Gebäude, welches das Kostenniveau nach OSCAR für mittleren und hohen Standard überschreitet. Daraus wird deutlich, dass energetisch optimierte Gebäudekonzepte nicht automatisch mit höheren Wartungskosten verbunden sind. Hier gilt es jedoch, weitere Erfahrungen zu sammeln. Es wird angeregt, Wartungskosten konsequent einzelnen Bauteilen und Komponenten zuzuordnen und zu analysieren sowie bereits in der Planung Angebote zu Wartungsverträgen inklusive Kostenangaben einzuholen.

Service-Level-Agreement

Service-Level-Agreement steht für die Dienstgütevereinbarung zwischen Auftraggeber und Dienstleister bezüglich der Mindestqualität für eine Leistung [Ref 4.3-5]. Bei der Instandhaltung kann sich die Mindestqualität in der vereinbarten Häufigkeit von Inspektionen oder Wartungen ausdrücken.

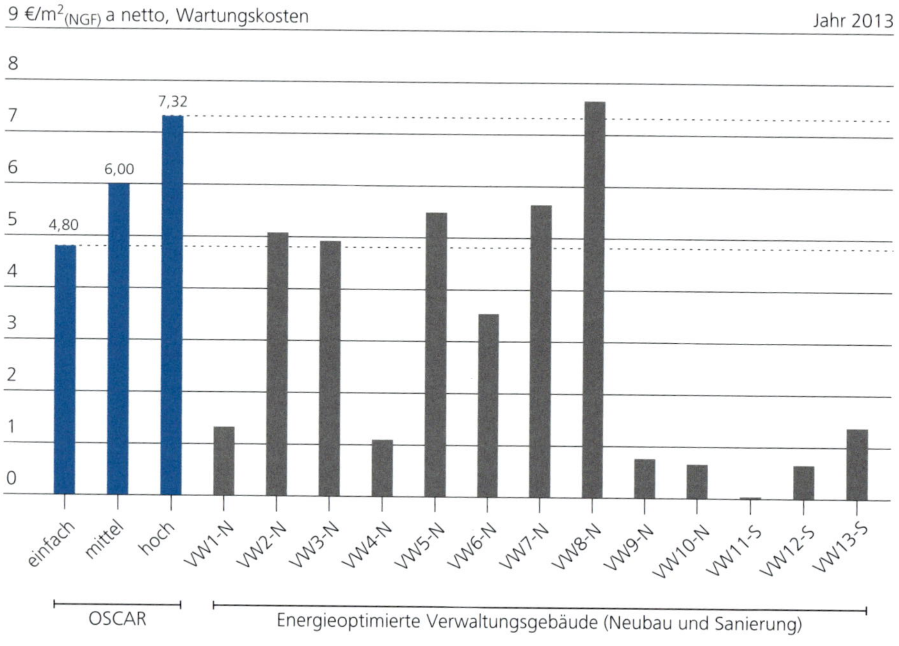

Hinweis: VW11-S, VW12-S: Wartungsarbeiten wurden z.T. in Eigenleistung erbracht

Bild 4.3-3
Jährliche Kosten für Wartung und Inspektion mit Stand 2013: Kostenkennwerte der untersuchten Gebäude und nach OSCAR (Quelle: Universität Wuppertal, KIT)

Voraussetzungen für Nutzungskostenanalysen

Maßgeblich für die Auswertung der Nutzungskosten sind die Verfügbarkeit von Gebäudeinformationen und die Konsistenz von Kostendaten.

Ein Problem in der Praxis ist, dass Betriebskosten von Gebäuden häufig ausschließlich in unternehmensspezifischen Abrechnungssystemen geführt werden. Zum einen wird eine nachträgliche Zuordnung der Kostenpositionen in dazugehörige immobilienspezifische Kategorien erschwert (z. B. Einordnung in Kostengruppen nach DIN 18960). Zum anderen beziehen sich Kosten teilweise auf die gesamte Liegenschaft, so dass keine gebäudebezogenen Kosten ermittelt werden können und die Bewertung einzelner Bauten und Technologien nicht möglich ist. Daher wird eine Orientierung der unternehmensbezogenen Kostenerfassung, Konten und Kontenrahmen an der DIN 18960 (Nutzungskosten im Hochbau) empfohlen.

Darüber hinaus ist es sinnvoll, die Kostengliederung im Bereich der Energie- und Instandhaltungskosten künftig weiter zu detaillieren. Stromkosten sollten beispielsweise nach Wärme- und Kälteerzeugung, Warmwasserbereitung, Lüftung und nutzerspezifischem Strom getrennt ausgewiesen werden. Die Wartungs- und Instandsetzungskosten sind idealerweise einzelnen Bauteilen und Komponenten zuzuordnen (siehe auch Infobox Instandhaltungskosten in Kapitel 4.1). Über die Analyse von Wärmeerzeugungsanlagen hinaus sind auch weitere haustechnische Systeme, wie z. B. Förderanlagen einzubeziehen. Bei der Planung und Analyse ist zu berücksichtigen, dass die Energieverbräuche von Personenaufzügen stark in Abhängigkeit von der Nutzungstypologie und -intensität, sowie von der technischen Ausführung der Aufzugsanlagen variieren [Ref 4.3-6]. Auch die Instandhaltungskosten fallen ins Gewicht. Instandhaltungsmaßnahmen an Personenaufzügen sind für den sicheren Betrieb gesetzlich vorgeschrieben. Demnach sind die Betriebskosten auch dieser Systeme sowohl in der Planung als auch beim späteren Controlling zu beachten.

In der Wohnungswirtschaft gibt es bereits Erfahrungen und Bemühungen zur einheitlichen und detaillierten Gliederung von Nutzungskosten bzw. wohnungswirtschaftlichen Betriebskosten im Rahmen der Geislinger Konvention [Ref 4.3-7]. Ziel ist es, durch einheitliche Strukturen und Berechnungsmethoden eine Grundlage für ein Benchmarking zu schaffen und somit Potenziale zur Betriebskostensenkung aufzuzeigen. Für Nichtwohngebäude wären ebenfalls einheitliche Strukturen wünschenswert.

Für Nutzungskostenanalysen bzw. das Betriebskostencontrolling ist häufig problematisch, dass Gebäudeinformationen verteilt bei unterschiedlichen Akteuren (Buchhaltung, Energiemanagement, Baumanagement, Gebäudemanagement etc.) vorliegen. Dies erschwert die Datenbeschaffung und verhindert im Extremfall durch mangelnde Datentransparenz die Auswertung.

Die Untersuchungen zeigen, dass es in der Praxis schwierig ist, entstandene Wartungskosten und Leistungen präzise einzelnen Komponenten und Bauteilen zuzuordnen. Dies erschwert die Auswertung von Instandhaltungskosten und dem Betreiber bzw. dem Eigentümer fehlt die notwendige Transparenz über die Zusammensetzung der Kosten und den Umfang der tatsächlich durchgeführten Wartungsarbeiten. Es wird empfohlen, bereits beim Einholen der Angebote für Wartungsverträge aller Gewerke die Leistungsumfänge zwischen Auftragnehmer und Auftraggeber komponentengenau zu formulieren und genau zu klären. Vertragsmuster und Checklisten für Arbeitsumfänge werden beispielsweise vom AMEV zur Verfügung gestellt [Ref 4.3-8]. Dabei ist zwischen Wartungs- und Vollwartungsverträgen zu unterscheiden (→ Kapitel 4.1).

Besteht keine Möglichkeit, aus Wartungsverträgen oder Herstellerangaben regelmäßige Wartungskosten zu ermitteln, stehen Hilfsmittel zur Abschätzung zur Verfügung, z. B. als VDI- oder AMEV-Richtlinien. Die VDI-Richtlinie 2067 [Ref 4.3-9] bietet für technische Anlagen bauteilscharfe Richtwerte zur Ermittlung jährlicher Inspektions- und Wartungskosten (als Prozentsätze der ursprünglichen Investitionsbeträge) an. Zudem werden diese für regelmäßige Instandsetzungen im Sinne von Reparaturen angegeben. Zur Ermittlung der Instandsetzungen im Sinne von Ersatzinvestitionen gehen idealerweise Lebensdauern für das jeweilige Fabrikat aus Herstellerangaben hervor - alternativ werden mittlere Lebensdauern auch in der VDI Richtlinie 2067 oder in Tabellen zum BNB [Ref 4.3-10] zur Verfügung gestellt. Zu beachten ist, dass anzusetzende Werte je nach Alter, Betriebsdauer und Service-Levels deutlich von realen Werten abweichen können. Einen Auszug aus der VDI 2067 zeigt Tabelle 4.3-1.

Anlagenkomponente	**Rechn. Nutzungsdauer**	**Aufwand für Instandsetzung f_{Inst}**	**Aufwand für Wartung und Inspektion f_{W+Insp}**	**Aufwand für Bedienen**
Einheiten	**Jahre**	**%**	**%**	**Stunden pro Jahr (h/a)**
1.3.1.1 Gasfeuerstätte mit Brenner ohne Gebläse				
Umlauf-Gaswasserheizer	18	2	1,5	5
Vorrats-Gaswasserheizer	15	2	1,5	5
Gas-Brennwertkessel, wandhängend, unter 100 kW	18	1,5	1,5	10
Gas-Brennwertkessel, bodenstehend, unter 200 kW	20	1	1,5	20
Gas-Brennwertkessel, bodenstehend, über 200 kW mit Neutralisationsanlage	20	1	2	20
1.3.1.2 Spezialkessel für Öl- und Gasfeuerung				
Spezialkessel für Öl- und Gasfeuerung, unter 120 kW	20	2	1,5	10
Kessel über 120 kW als Spezialkessel für Öl- und Gasfeuerung als Guss- oder Stahlkessel	20	2	2	10

Tabelle 4.3-1
Rechnerische Nutzungsdauer sowie Aufwand für Inspektion, Wartung und Instandsetzung und Bedienen von Heizungsanlagen (Auszug aus Anhang A der VDI 2067, wiedergegeben mit der Erlaubnis des Verein Deutscher Ingenieure e. V. (VDI)) [Ref 4.3-9]

Fazit

Die Ergebnisse zeigen, dass die Erwartungen an energieoptimierte Gebäude, Energiekosten einzusparen, erfüllt werden. Diese Einsparungen wurden nicht durch überdurchschnittlich hohe Kosten für die Wartung abgeschwächt. Die Befürchtung, dass energieoptimierte Bau- und Technikkonzepte durch den Technisierungsgrad automatisch zu höheren Wartungskosten führen, kann in dieser Untersuchung nicht bestätigt werden. Für eine generelle Einschätzung der Instandhaltungskosten und der Kostenperformance sind jedoch zukünftig in einem größeren Stichprobenumfang Langzeitbeobachtungen der Wartungs- und Instandsetzungskosten durchzuführen. Dabei ist im Idealfall auch die differenzierte Analyse von Bauteilen und Komponenten einzubeziehen (→ Kapitel 4.1).

Für Zwecke der Analyse ist es insgesamt von großer Bedeutung, Gebäudeinformationen und Nutzungskosten kontinuierlich und systematisch zusammenzustellen und ggf. in einer lebenszyklusbegleitenden Objektinformation zusammenzuführen. Auf diesem Wege können Gebäude sinnvoll bewertet, Technologien analysiert und Kostentreiber sowie Optimierungspotenziale identifiziert werden.

Bild 4.3-4
Aufzugsanlage im Informatikzentrum der TU Braunschweig
(Quelle: K. Ortmeyer)

Referenzen, Anmerkungen

Ref 4.3-1
Lützkendorf, T.; Unholzer, M.; Spars, G.; Obadovic, O., Bartels, D.: Energiekonzepte und ihre Auswirkungen auf ausgewählte Nutzungskosten von EnOB. 2010. EnOB-Fachartikel http://www.enob.info/fileadmin/media/Publikationen/EnOB/Fachartikel/Nutzungskosten_2010_Fachbeitrag_X.pdf (Aufruf 04.12.2015)

Ref 4.3-2
Deutsches Institut für Normung DIN e. V., Berlin (Hrsg.): DIN 18960:2008-02: Nutzungskosten im Hochbau. Berlin: Beuth Verl., 2008

Ref 4.3-3
Jones Lang LaSalle GmbH (JLL), Frankfurt a. M. (Hrsg.): OSCAR - Office Service Charge Analysis Büronebenkostenanalyse. Gesamtjahr 2013. Erscheint jährlich http://www.jll.de/germany/de-de/research/oscar (Aufruf 03.12.2015)

Ref 4.3-4
Prof. Uwe Rotermund Ingenieurgesellschaft mbH & Co KG, Höxter (Hrsg.): FM-Benchmarking Bericht. 2015 http://fm-benchmarking.de/index.php/benchmarking/bericht-bestellen (Aufruf 03.12.2015)

Ref 4.3-5
Gondring, H.; Wagner, T.: Facility Management. München: Vahlen Verl., 2007. 2., vollständig überarbeitete Auflage 2012. XXIV, ISBN 978-3-8006-3836-9

Ref 4.3-6
Unholzer, M.; Michl, P.; Lützkendorf, T.: Ermittlung von Kennwerten für den Energiebedarf von Personenaufzügen in Wohn- und Nichtwohngebäuden. Ein Beitrag zur Vervollständigung der Energiebilanz. Abschlussbericht. Stuttgart: Fraunhofer IRB Verl., 2015. 78 S., ISBN 978-3-8167-9568-1, Forschungsinitiative Zukunft Bau. Band F 2958

Ref 4.3-7
Geislinger Konvention https://www.hfwu.de/forschung-und-transfer/institute-und-zentren/weitere-einrichtungen-und-forschungsinitiativen/geislinger-konvention/ (Aufruf 04.12.2015)

Ref 4.3-8
Bundesministerium für Umwelt, Naturschutz, Bau und Reaktorsicherheit (BMUB), Berlin (Hrsg.); Arbeitskreis Maschinen- und Elektrotechnik staatlicher und kommunaler Verwaltungen (AMEV), Berlin (Hrsg.): Wartung 2014. Wartung, Inspektion und damit verbundene kleine Instandsetzungsarbeiten von technischen Anlagen und Einrichtungen in öffentlichen Gebäuden. 2015. Broschüre Nr. 123 http://amev-online.de/AMEVInhalt/Betriebsfuehrung/Vertragsmuster/Wartung%202014/2014-08-15_Leseversion_Wartung.pdf (Aufruf 09.12.2015)

Ref. 4.3-9
Verein Deutscher Ingenieure (VDI), Düsseldorf (Hrsg.): VDI-Richtlinie 2067-Blatt1: Wirtschaftlichkeit gebäudetechnischer Anlagen. Grundlagen und Kostenberechnung. September 2012

Ref. 4.3-10
Bundesministerium für Verkehr, Bau- und Wohnungswesen, Berlin (Hrsg.); Bundesamt für Bauwesen und Raumordnung (BBR), Berlin (Hrsg.): Leitfaden Nachhaltiges Bauen. Anlage 6: Bewertung der Nachhaltigkeit von Gebäuden und Liegenschaften. 2001 http://www.nachhaltigesbauen.de/fileadmin/pdf/PDF_Leitfaden_Nachhaltiges_Bauen/Anlage_6.pdf (Aufruf 09.12.2015)

4.4 Wirtschaftlichkeit und Wertstabilität

Thomas Lützkendorf

Die Immobilienwirtschaft bezieht bei den Investitionsentscheidungen Überlegungen zur Wirtschaftlichkeit von Maßnahmen sowie Analysen zur Wertstabilität und Wertentwicklung von Gebäuden ein. Insbesondere Fragen zur Wirtschaftlichkeit und ökonomischen Vorteilhaftigkeit von Maßnahmen zur Verbesserung der energetischen Qualität von Neu- und Bestandsbauten werden derzeit intensiv diskutiert. Es existieren diverse Studien, deren Ergebnisse durch die Wahl unterschiedlicher Methoden, Rahmen- und Randbedingungen nicht immer vergleichbar sind [Ref 4.4-1], [Ref 4.4-2].

Grundlagen der Wirtschaftlichkeitsrechnung

Für die Untersuchung der Wirtschaftlichkeit von Maßnahmen stehen eine Reihe von Methoden zur Verfügung (siehe [Ref 4.4-3] und Bild 4.4-1). Das dabei angewendete Vorgehen wird auch als Investitionsrechnung bezeichnet. Die Wahl der Methode wird durch

- die verfügbaren Daten,
- die jeweilige Anwenderrolle (Vermieter, Selbstnutzer),
- die Kenntnisse und den Entscheidungshorizont der Anwender,
- die Fragestellung des konkreten Anwendungsfalls und
- den Informationsbedarf Dritter (z. B. von beteiligten Banken) beeinflusst.

Zahlungsflüsse im Lebenszyklus

Einheitliche Grundlage ist die Erfassung sämtlicher Ausgaben (Auszahlungen) und Einnahmen (Einzahlungen) im Lebenszyklus einer Immobilie. Idealerweise basiert die Abschätzung der Ausgaben auf einer Ermittlung der Baukosten unter Nutzung der DIN 276 [Ref 4.4-4] sowie auf einer Prognose der Nutzungskosten entsprechend der DIN 18960 [Ref 4.4-5]. Bei der Ermittlung des finanziellen Aufwandes für Rückbau und Entsorgung sollten nicht nur das Ende der Nutzungsdauer des Gebäudes bedacht sondern insbesondere auch die Ersatzinvestitionen bei Austausch von Bauteilen und Haustechniksystemen betrachtet werden. Bei selbstgenutzten Immobilien treten meist nur Ausgaben auf. Ausnahmefälle sind auf die Einnahmen aus Lieferung von Energie an Dritte (z. B. aus Solarstrom- oder KWK-Anlagen) oder aus Recycling beschränkt. Im Falle von vermieteten Immobilien müssen zusätzlich die Einnahmen und ihre Veränderung durch die Maßnahme abgeschätzt werden – unter Einbeziehung eines möglichen zeitweiligen Leerstands und weiterer Risiken. Eine schlechte energetische Qualität in Verbindung mit den Folgen des Klimawandels (→ Kapitel 1.2) erhöht das Mietminderungs- und Leerstandsrisiko. Eine energetisch hochwertige Immobilie kann hingegen zur Verringerung entsprechender Risiken beitragen.

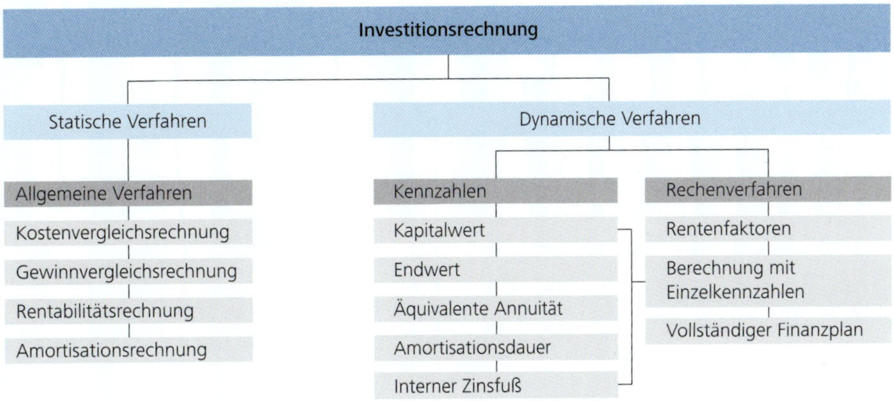

Bild 4.4-1
Methoden der Investitionsrechnung (Quelle: in Anlehnung an [Ref 4.4.-3])

Kostenvergleich

Bei Neubauvorhaben konzentriert sich die Diskussion meist zunächst auf die Höhe der Baukosten bzw. die Mehrkosten gegenüber einer Basisvariante. Diese Mehrkosten sind jedoch nicht immer klar der Verbesserung eines Einzelaspektes (z. B. energiebedingte Mehrkosten für einen verbesserten Wärmeschutz) zuzuweisen. Empfohlen wird der Vergleich von konkreten Baukosten des Objektes mit typischen Bandbreiten für Kosten spezifischer Gebäude- und Nutzungsarten gemäß Angaben des BKI (→ Kapitel 4.2). So lässt sich feststellen, ob ein energetisch hochwertiges Gebäude noch im Rahmen üblicher Baukosten erstellt werden kann.

In der Planung kann alternativ ein Kostenrahmen vorgegeben sein. Er kann primär für die Erfüllung wesentlicher Anforderungen (darunter an die energetische Qualität und damit an Hülle und Haustechnik) ausgeschöpft werden, während beim sonstigen Innenausbau Kompromisse möglich sind und in Kauf genommen werden. Die Qualität des Innenausbaus lässt sich nachträglich aufwerten.

Lebenszykluskostenrechnung

Die Ermittlung und Interpretation der Lebenszykluskosten von Neubauvarianten ist einer reinen Vergleichsrechnung der Baukosten vorzuziehen. Für selbstnutzende Eigentümer – diese können neben individuellen Bauherren auch Institutionen sein – eignet sich die Lebenszykluskostenrechnung im engeren Sinne. Erfasst werden alle Ausgaben im gesamten Lebenszyklus eines Gebäudes. Die Lebenszykluskosten lassen sich zu einem Kapitalwert zusammenfassen oder als jährliche Zahlungen (Annuität) darstellen. Ein Sonderfall derartiger Betrachtungen ist der Vergleich von Varianten zur Energieversorgung von Gebäuden in Anlehnung an die VDI-Richtlinie 2067 zur Wirtschaftlichkeit gebäudetechnischer Anlagen [Ref 4.4-6]. Bild 4.4-2 gibt die hierbei zu berücksichtigenden Kostengruppen und Kostenarten an.

Für den Fall von Immobilien mit Mieteinnahmen eignet sich die Lebenszykluskostenrechnung im weiteren Sinne. Den Ausgaben werden die Einnahmen gegenüber gestellt. Ausgewiesen wird der Lebenszykluserfolg (→ Kapitel 4.1). Neben der bereits erwähnten zusammenfassenden Darstellung des Ergebnisses als Kapitalwert oder Annuität lassen sich mit dem vollständigen Finanzplan (VoFi) die jährlichen Ausgaben und Einnahmen darstellen [Ref. 4.4-3]. Beim vollständigen Finanzplan kann zudem zwischen Soll- und Habenzins für periodische Anlagen und Finanzierungen unterschieden werden.

Ziel ist entweder die Minimierung der Lebenszykluskosten im engeren Sinne oder die Maximierung des Lebenszykluserfolgs.

Bild 4.4-2
Auszug aus VDI 2067
(Quelle: VDI, wiedergegeben mit der Erlaubnis des Verein Deutscher Ingenieure e. V. [Ref 4.4-6])

Kapitalgebundene Kosten	Bedarfsgebundene Kosten	Betriebsgebundene Kosten	Sonstige Kosten
technische Anlagen, z.B. Wärmeerzeuger, Heizkörper, Ventilatoren, Antriebsmotoren usw.	Energiekosten (Grund- und Arbeitspreis)	Bedienen	Planungskosten
bauliche Anlagen, z.B. Technikzentralen und Schornsteine	Kosten für Hilfsenergie	Reinigen	Versicherungen
Maßnahmen zum Schall- und Wärmeschutz	Kosten für Betriebsstoffe (Schmierstoffe, Additive, Chemikalien usw.	Warten	Steuern
Anschlusskosten		Inspizieren	allgemeine Abgaben
		Instandsetzen	anteilige Verwaltungskosten
			Gewinn und Verlust
			Abbruch- und Entsorgungskosten

Bestimmung kostenoptimaler Anforderungen

Die EU-Verordnung zur Ermittlung kostenoptimaler Anforderungsniveaus verwendet einen Ansatz der Ermittlung von „global cost", der einer Lebenszykluskostenrechnung im engeren Sinne unter Einbeziehung ausgewählter Kostenarten entspricht [Ref 4.4-7]. Für ausgewählte Eingangsgrößen wie Diskontierungszinssatz, Energiepreissteigerungen und externe Effekte werden Rechenwerte vorgegeben. Die Methode entspricht der Perspektive selbstnutzender Eigentümer und geht nicht auf die Situation von Vermietern und Mietern ein. Es wird daher empfohlen, bei Wirtschaftlichkeitsbetrachtungen für vermietete Gebäude die ökonomischen Konsequenzen für Vermieter und Mieter gesondert zu betrachten.

Ein möglicher Zielkonflikt zwischen energetisch hochwertigen Gebäuden und bezahlbaren Mieten im Wohnungsbau ist zu berücksichtigen.

Anwendung statischer und dynamischer Verfahren der Wirtschaftlichkeitsrechnung

Für Modernisierungsmaßnahmen ist die statische Amortisationsrechnung, die weder den konkreten Zeitpunkt von Zahlungen über eine entsprechende Zinsbetrachtung noch eine verzinste Wiederanlage von Überschüssen berücksichtigt, in der Praxis noch weit verbreitet. Eine Maßnahme ist wirtschaftlich, wenn sie sich innerhalb ihrer technischen Lebensdauer bzw. ihrer tatsächlichen Verweildauer im Gebäude amortisiert. Bei Maßnahmen zu Verbesserung der energetischen Qualität können dies z. T. mehr als 15 Jahre sein. Eine Orientierung an geforderten Amortisationszeiten in der Industrie (z. B. kleiner 5 Jahre) ist hier nicht angemessen.

Die statische Amortisationszeit ist nicht immer geeignet, alle Aspekte abzudecken. Sie sollte nur als Hilfs- und Ergänzungsrechnung angesehen werden. Möglich ist die Ermittlung einer Amortisationszahl, die angibt, wie oft sich die Maßnahme innerhalb ihrer Lebensdauer bzw. innerhalb der (Rest-)Nutzungsdauer des Gebäudes amortisiert.

Die Analyse der jährlichen Kosten vor und nach der Maßnahme (Annuität) ist eine leicht zu handhabende und durch den dynamischen Ansatz realitätsnahe Vorgehensweise. Gegenübergestellt werden die bisherigen Energiekosten und die durch die Maßnahme verminderten Energiekosten zuzüglich der einmaligen und laufenden Kosten für die Maßnahme selbst. Hierbei können konkrete oder durchschnittliche Finanzierungskonditionen und Betrachtungszeiträume gewählt werden. Eine mögliche Alternative ist die Ermittlung des äquivalenten Energiepreises (auch bezeichnet als die Kosten für eine eingesparte kWh Endenergie). Hier wird ermittelt, zu welchen Kosten eine kWh Endenergie unter definierten Randbedingungen wie Betrachtungszeitraum und Finanzierungskonditionen/Diskontierungszinssatz eingespart werden kann. Dieser Wert kann mit dem derzeitigen oder künftig erwarteten oder für einen Betrachtungszeitraum angenommenen mittleren finanziellen Aufwand für die Erzeugung bzw. Bereitstellung einer kWh Endenergie verglichen werden. Vorteil dieses Ansatzes ist, dass für die Bildung des Kennwertes eine Prognose der Steigerung der Energiepreise nicht erforderlich ist sondern in die Bildung der Benchmark ausgelagert wird. Voraussetzung ist, dass kein Wechsel des Energieträgers stattfindet.

Berücksichtigung des Kopplungsprinzips

Die Wirtschaftlichkeit von Maßnahmen zur nachträglichen Verbesserung der energetischen Qualität von Gebäuden lässt sich leichter erreichen, wenn der Zeitpunkt der Ausführung mit einer ohnehin notwendigen Instandsetzungsmaßnahme gekoppelt wird (Kopplungsprinzip). In diesem Fall wird der finanzielle Aufwand für die Instandhaltungsmaßnahme als erforderlich betrachtet (und aus der ggf. vorhandenen Instandhaltungsrücklage finanziert), als finanzieller Aufwand für die energetische Modernisierung wird in der Wirtschaftlichkeitsanalyse nur der energiebedingte Mehraufwand (energiebedingte Mehrkosten) betrachtet (Mehrkosten-Ansatz). Für die Festlegung der energiebedingten Mehrkosten bei Haustechniksystemen muss ein Referenzsystem festgelegt werden.

Das Vermieter/Mieter-Dilemma

Gegenüber selbstgenutzten Immobilien ist die Betrachtung der Wirtschaftlichkeit von Maßnahmen bei vermieteten Gebäuden anspruchsvoller. Während dem Eigentümer der finanzielle Aufwand für die Maßnahme entsteht, entfällt der finanzielle Nutzen geringerer Energiekosten auf den/die Mieter. Der Nutzen für den Eigentümer ergibt sich zunächst aus der Möglichkeit, höhere Mieteinnahmen zu erzielen. Möglich ist jedoch auch die zusätzliche Berücksichtigung der Reduzierung des Leerstandes, einer Beschleunigung der Vermiet- oder Vermarktbarkeit, einer Verlängerung der Nutzungs- und Lebensdauer sowie der Sicherung von Wertstabilität und positiver Wertentwicklung. Diese Effekte müssen sorgfältig in der konkreten Situation, im konkreten Teilmarkt abgeschätzt werden. Weitere Vorteile für Investoren ergeben sich aus den Möglichkeiten eines erleichterten Zugangs zu Grundstücken und Fördermitteln oder einer Imageverbesserung, die bis auf den Unternehmenswert durchschlagen kann.

Der Vorteil energetisch hochwertiger bzw. im weiteren Sinne nachhaltiger Immobilien liegt damit nicht nur in geringeren Energieverbräuchen und -kosten sondern zusätzlich in den oben genannten Ansätzen zur Bestimmung eines Mehrwerts.

Eine Quelle zur Abschätzung von Mietsteigerungspotenzialen im vermieteten Wohnungsbau infolge einer energetischen Verbesserung des Gebäudes liefern Mietspiegel. Bei deren Erstellung wird empfohlen, stärker als bisher auf energetische Beschaffenheitszuschläge einzugehen [Ref. 4.4-8]. Zunehmend folgen die Kommunen dieser Vorgabe. Ein Beispiel liefert der Mietspiegel der Stadt Darmstadt (Bild 4.4-3) [Ref 4.4-9].

Eine Voraussetzung sind geeigneter Unterlagen zum Nachweis überdurchschnittlicher Objekteigenschaften – z. B. im Ergebnis einer Nachhaltigkeitsbewertung (→ Kapitel 2.4) bzw. auf Basis eines Energieausweises oder von Erkenntnissen zum aktuellen Verhalten des Gebäudes auf Basis einer Performancemessung.

Bild 4.4-3
Auszug aus dem Mietspiegel von Darmstadt, Zuschläge auf die ortsübliche Vergleichsmiete in Abhängigkeit der energetischen Beschaffenheit (Quelle: Stadt Darmstadt, 2014 [Ref 4.4-9])

Energetische Ausstattung und Beschaffenheit	Zuschläge
Energetisch besonder hochwertiger Neubau (Baujahr ab 1995) ■ Passivhausstandard ODER ■ 3-Scheiben-Verglasung ODER ■ Nutzung regenerativer Energien (Wärmepumpe, thermische solaranlage) ODER ■ Besoinders gute Außendämmung (mindestens 13 cm Dämmstärke oder U-Wert höchstens 0,26) ODER ■ Energieausweis mit Bedarfskennwert (höchstens 80 kWh/m²a Endenergie mit Warmwasser bzw. 53 kWh/m²a Endenergie oder Warmwasser	4 %
Verbesserte energetische Gebäudebeschaffenheit (Baujahr bis 1977) ■ mindestens 6 Maßnahmepunkte aus Tabelle 4 ODER ■ Energieausweis mit Bedarfskennwert (höchstens 200 kWh/m²a Endenergie mit Warmwasser bzw. 173 kWh/m²a Endenergie oder Warmwasser	3 %
Umfangreich verbesserte energetische Gebäudebeschaffenheit (Baujahr bis 1977) Zuschlag nicht kombinierbar mit der verbesserten energetischen Gebäudebeschaffenheit ■ Passivhausstandard ODER ■ mindestens 12 Maßnahmen aus Tabelle 4 ODER ■ Energieausweis mit Bedarfskennwert (höchstens 80 kWh/m2a Endenergie mit Warmwasser bzw. 53 kWh/m²a Endenergie oder Warmwasser	3 %

Hilfsmittel für die Wirtschaftlichkeitsrechnung

Um die Wirtschaftlichkeit von Maßnahmen zur energetischen Verbesserung zu beurteilen, ist eine Reihe von Hilfsmitteln frei verfügbar. Sie umfassen neben den Berechnungsgrundlagen auch Erläuterungen zu Methoden und Hinweise zu Eingabedaten. Beispiele sind folgende „Wirtschaftlichkeitsrechner", die zusammen mit Leitfäden angeboten werden:

- Wirtschaftlichkeitsrechner der Deutschen Energieagentur (Version für Experten) [Ref 4.4-10]
- Wirtschaftlichkeitsrechner des Umweltinstituts München [Ref 4.4-11].

Bei Leitfäden und Berechnungshilfsmitteln ist jeweils zu prüfen, ob sie sich überwiegend an selbstnutzende Eigentümer oder Vermieter bzw. Wohnungsunternehmen richten.

Um Ergebnisse von Aussagen zur Wirtschaftlichkeit von Energieeinsparmaßnahmen zu interpretieren und zu vergleichen, sollten folgende Parameter transparent angegeben bzw. geprüft werden

- Angaben zu Klimadaten
- Angaben zu Nutzungsart und Nutzungsintensität
- Inflationsrate
- Diskontierungszinssatz (nominal/real)
- Energieträger und Energiepreise
- Energiepreissteigerungsrate (nominal/real)
- Preissteigerungsrate für Bauleistungen
- Umgang mit Mehrwertsteuer
- Umgang mit Planungskosten
- Umgang mit Wartungskosten
- Umgang mit Instandsetzungskosten
- Umgang mit Ersatzinvestitionen
- Umgang mit Restwerten
- Voll- bzw. Mehrkostenansatz
- Betrachtungszeitraum
- Einbeziehung externer Effekte
- gewählte Berechnungsmethode.

Empfehlung zur Wahl von Eingangsgrößen

Um in einer Wirtschaftlichkeitsrechnung vergleichbare Ergebnisse zu erzielen, wird die Nutzung folgender Eingangsgrößen empfohlen

Diskontierungszinssatz	3,0 % real
Energiepreissteigerungsrate	1,5 % real

Zusätzliche Sensitivitätsanalysen mit einer Variation dieser Eingangsgrößen sollten durchgeführt werden. Es wird empfohlen, eine Variante mit einem Diskontierungszinssatz von 1,5 % - 0,0 % real durchzuführen – im Sinne einer sozialen Diskontrate zur Abbildung der Interessen künftiger Generationen. Weiterhin wird empfohlen, in einer Variante von einer Energiepreissteigerungsrate von 2,0 % real auszugehen. Für eine nominale Betrachtung sind die angegebenen Werte um ca. 2 % zu erhöhen.

(Stand 2016)

Konsequenzen für die Wertermittlung

Energie- bzw. nachhaltigkeitsrelevante Merkmale und Eigenschaften können in der Wertermittlung berücksichtigt werden und beeinflussen Wertstabilität und Wertentwicklung. Die Wertermittlung führt zu einem Marktwert zum gegenwärtigen Zeitpunkt, die Beurteilung der Wertentwicklung schätzt einen zu erwartenden Trend bzw. ein Wertänderungsrisiko ein. Die Wertermittler passen derzeit ihre Vorgehensweisen an die sich ändernden Wertvorstellungen der Marktteilnehmer an [Ref 4.4-12]. Die zunehmende Bereitschaft von Unternehmen und Personen zu einer Übernahme von Verantwortung gegenüber Gesellschaft und Umwelt drückt sich auch in einer höheren Wertschätzung energie- bzw. nachhaltigkeitsbezogener Merkmale und Eigenschaften von Immobilien aus. Die Berufsorganisationen der Wertermittler reagieren darauf ebenso wie der Gesetzgeber. In Deutschland ist seit 2010 die energetische Qualität von Gebäuden verbindlich bei der Wertermittlung zu berücksichtigen [Ref 4.4-13]. Die Ergebnisse empirischer Analysen belegen, dass energetisch hochwertige bzw. nachhaltige Immobilien höhere Mieten und Preise erzielen. Danach lagen 2008 die Wiederverkaufspreise für Einfamilienhäuser mit dem MINERGIE-Label für überdurchschnittliche Energieeffizienz in der Schweiz etwa 7 % über dem Durchschnitt und bei Eigentumswohnungen ungefähr 3,5 %, in energetisch hochwertigen Mehrfamilienhäusern wurden 2010 etwa 6 % höhere Nettomieten realisiert [Ref 4.4-14], [Ref 4.4-15]. Allerdings nähern sich insbesondere das Neubauniveau als auch der Marktdurchschnitt einem höheren Niveau der Energieeffizienz und der Nachhaltigkeit an. In der Tendenz werden höherwertige Immobilien daher mittelfristig abnehmende Miet- und Preiszuschläge realisieren – wenig energieeffiziente und nicht nachhaltige Immobilien verlieren mittel bis langfristig an Wert.

Ausführliche Hinweise zur Integration von Nachhaltigkeitsaspekten in die Wertermittlung liegen mit [Ref 4.4-16] vor. Eine leicht nachvollziehbare Möglichkeit bietet die Berücksichtigung höherer Mieten (z. B. gemäß energetischer Beschaffenheitszuschläge im Mietspiegel) im Ertragswertverfahren [Ref 4.4-13].

Stand der Normung

Eine Zusammenfassung der methodischen Grundlagen sowie der Berechnungsgrundlagen und -abläufe bieten die Europäischen Normen zur Bewertung der ökonomischen Performance von Gebäuden sowie zu den entsprechenden Rechenregeln. Sie liegen ebenfalls in einer deutschen Übersetzung als DIN vor [Ref. 4.4-17], [Ref. 4.4-18].

Ref 4.4-1
Deutsche Energie-Agentur (dena) GmbH, Berlin (Hrsg.): dena-Sanierungsstudie. Teil 1: Wirtschaftlichkeit energetischer Modernisierung im Mietwohnungsbestand. Begleitforschung zum dena-Projekt „Niedrigenergiehausim Bestand". Bericht 2010.

Ref 4.4-2
Klauß, S. (Bearb.); Maas, A. (Bearb.): Entwicklung einer Datenbank mit Modellgebäuden für energiebezogene Untersuchungen, insbesondere der Wirtschaftlichkeit. Bundesinstitut für Bau-, Stadt- und Raumforschung (BBSR), Bonn (Hrsg.). 2010

Ref 4.4-3
Kruschwitz, L: Investitionsrechnung. München: Oldenbourg Verl., 2009. ISBN 978 3 486 70531 7, 13. Aufl.

Ref 4.4-4
Deutsches Institut für Normung DIN e. V., Berlin (Hrsg.): DIN 276-1:2008: Kosten im Bauwesen – Teil 1: Hochbau. Berlin: Beuth Verl., 2008

Ref 4.4-5
Deutsches Institut für Normung DIN e. V., Berlin (Hrsg.): DIN 18960:2008: Nutzungskosten im Hochbau. Berlin: Beuth Verl., 2008

Ref 4.4-6
Verein Deutscher Ingenieure (VDI), Düsseldorf (Hrsg.): VDI 2067 Blatt 1:2012: Wirtschaftlichkeit gebäudetechnischer Anlagen – Grundlagen und Kostenberechnung. Berlin: Beuth Verl., 2012

Ref 4.4-7
Delegierte Verordnung (EU) Nr. 244/2012 Der Kommission vom 16. Januar 2012 zur Ergänzung der Richtlinie 2010/31/EU des Europäischen Parlaments und des Rates über die Gesamtenergieeffizienz von Gebäuden durch die Schaffung eines Rahmens für eine Vergleichsmethode zur Berechnung kostenoptimaler Niveaus von Mindestanforderungen an die Gesamtenergieeffizienz von Gebäuden und Gebäudekomponenten
In: Amtsblatt der Europäischen Union L81/18 DE vom 21.03.2012

Ref. 4.4-8
Bundesministerium für Verkehr, Bau und Stadtentwicklung (BMVBS), Berlin (Hrsg.): Hinweise zur Integration der energetischen Beschaffenheit und Ausstattung von Wohnraum in Mietspiegeln. Arbeitshilfen für die kommunale Mitspiegelerstellung. 2013.

Ref 4.4-9
Stadt Darmstadt (Hrsg.): Mietspiegel 2014

Ref 4.4-10
Deutsche Energie-Agentur (dena) GmbH, Berlin (Hrsg.): Expertentool Wirtschaftlichkeit, www.zukunfthaus.info/tools/expertentool-wirtschaftlichkeit.html (Aufruf 07.12.2015)

Ref 4.4-11
Umweltinstitut München e.V., München (Hrsg.): Wirtschaftlichkeitsberechnungen für die energetische Sanierung. Berechnungstabellen. www.umweltinstitut.org/themen/energie-und-klima/wirtschaftlichkeitsberechnungen.html (Aufruf 07.12.2015)

Ref 4.4-12
Forschungsprojekt RenoValue – a training toolkit to integrate energy efficiency and renewable energy into property valuation practices
www.renovalue.eu ((Aufruf 07.12.2015)

Ref 4.4-13
Verordnung über die Grundsätze für die Ermittlung der Verkehrswerte von Grundstücken Immobilienwertermittlungsverordnung – ImmoWertV vom 19. Mai 2010. In: BGBl. I S. 639

Ref 4.4-14
Salvi, M.; Horehájová, A.;Müri, R.: MINERGIE macht sich bezahlt. Universität Zürich. Center for Corporate Responsibility and Sustainability (CCRS) (Hrsg.). Nov. 2008. CCRS-Reihe Der Nachhaltigkeit von Immobilien einen finanziellen Wert geben

Ref 4.4-15
Salvi, M.; Horehájová, A.;Müri, R.: Der Minergie-Boom unter der Lupe. Eine Marktanalyse der ZKD. Universität Zürich. Center for Corporate Responsibility and Sustainability (CCRS) (Hrsg.). März 2010. CCRS-Reihe Der Nachhaltigkeit von Immobilien einen finanziellen Wert geben

Ref 4.4-16
Meins, E.; Lützkendorf, T.; Lorenz, D.; Leopoldsberger, G.; Frank, S.; Burkhard, H.-P.; Stoy, C.; Bienert, S.: Nachhaltigkeit und Wertermittlung von Immobilien. Leitfaden für Deutschland, Österreich und die Schweiz (NUWEL). Universität Zürich. Center for Corporate Responsibility and Sustainability (CCRS) (Hrsg.). 2011. http://www.nuwel.ch/downloads/ (Aufruf 07.12.2015)

Ref 4.4-17
Deutsches Institut für Normung DIN e. V., Berlin (Hrsg.): DIN EN 15643-4:2012: Nachhaltigkeit von Bauwerken – Bewertung der Nachhaltigkeit von Gebäuden. Teil 4: Rahmenbedingungen für die Bewertung der ökonomischen Qualität. Deutsche Fassung der EN 15643-4: Sustainability of construction works – Assessment of buildings. Part 4: Framework for the assessment of economic performance. Berlin: Beuth Verl., 2012

Ref 4.4-18
Deutsches Institut für Normung DIN e. V., Berlin (Hrsg.): DIN EN 16627:2015: Nachhaltigkeit von Bauwerken – Bewertung der ökonomischen Qualität von Gebäuden – Berechnungsmethoden. Deutsche Fassung der EN 16627: Sustainabilty of construction works - Assessment of economic performance of buildings – Calculation methods. Berlin: Beuth Verl., 2012

5 Nutzerzufriedenheit

Andreas Wagner

Energie- und Kostenkennwerte sind eingeführte Größen, um die Performance von Gebäuden zu bewerten. Die Kennwerte geben jedoch keine Auskunft über die Zufriedenheit der Nutzer in einem Gebäude. Insbesondere an Arbeitsplätzen hat das aber eine große Bedeutung. Nur wenn sich Menschen in ihrem unmittelbaren Arbeitsumfeld wohlfühlen, werden sie auch eine hohe Motivation und Leistungsbereitschaft zeigen. Hinter diesem Wohlfühlen steht eine Vielzahl höchst unterschiedlicher Raumqualitäten, die von räumlich-gestalterischen Komponenten über materialbezogene Fragestellungen bis hin zum Raumklima im weitesten Sinne reichen. Hinzu kommen Wechselwirkungen zwischen diesen Qualitäten sowie die Abhängigkeit vom lokalen Außenklima. Insofern besteht auch ein enger Zusammenhang mit dem Energiekonzept des Gebäudes.

Dies stellt einerseits an Planer und Betreiber die Frage, wie eine für Gesundheit, Wohlbefinden und Zufriedenheit förderliche Nutzungsqualität und Funktionalität von Räumen geschaffen und langfristig erhalten werden kann. Andererseits müssen aber auch Methoden und Maßstäbe zur Verfügung stehen, die eine fundierte Bewertung des räumlichen Umfelds von Nutzern ermöglichen. Auf Basis umfangreicher Befragungen in Bürogebäuden mit unterschiedlichem energetischen Standard wurden vielfältige Erkenntnisse gewonnen. Zudem wurde in dem Zuge ein Verfahren entwickelt, das die Bewertung der Nutzerzufriedenheit im Gebäudebetrieb in die Nachhaltigkeitsbewertung und -zertifizierung von Gebäuden einbindet.

Die Autoren dieses Kapitels haben sich mit diesem Themenspektrum ausführlich im Rahmen einer Buchpublikation auseinandergesetzt [Ref 5.0-1]. Die Kapitel 5.1 und 5.2 bieten einen gekürzten Auszug aus dem Buch "Nutzerzufriedenheit in Bürogebäuden", mit denen wesentliche Grundlagen eingeführt werden. Im Weiteren wird das Verfahren INKA zur Bewertung der Nutzerzufriedenheit sowie Ergebnisse aus dessen Anwendung in einem Feldtest präsentiert. In Kapitel 5.5 werden Maßnahmen vorgestellt, mit denen die Nutzer besser über das Raumklima- und Energiekonzept informiert und aktiv in die Optimierung der Performance eingebunden werden.

Ref 5.0-1
Wagner, A.; Höfker, G; Lützkendorf, T. u. a.: Nutzerzufriedenheit in Bürogebäuden. Empfehlungen für Planung und Betrieb.
Stuttgart: Fraunhofer IRB Verlag, 2015. ISBN978-3-8167-9305-2

5.1 Nutzerzufriedenheit – eine Begriffsbestimmung

Andreas Wagner
Karin Schakib-Ekbatan
Thomas Lützkendorf

Eine hohe Performance äußert sich bei Gebäuden nicht nur in niedrigen Energieverbräuchen und günstigen Kostenkennwerten. Wichtig ist auch, dass die Nutzer mit ihrer unmittelbaren räumlichen Umgebung zufrieden sind. Dies gilt insbesondere für Arbeitsplätze, weil Nutzer, im Gegensatz zum privaten Wohnumfeld, ihren Arbeitsplatz nicht so einfach verlassen können, wenn es unbehaglich wird. Auch aus ökonomischer Sicht spielen Maßnahmen zur Förderung der Leistungsfähigkeit am Arbeitsplatz eine bedeutende Rolle, da Personalkosten in Arbeitsstätten deutlich über allen anderen Kosten für den Betrieb eines Gebäudes liegen. Nach einer langjährigen US-amerikanischen Studie [Ref 5.1-1] tragen Investitionen in eine adäquate Arbeitsumgebung zu einer höheren Zufriedenheit bei und schaffen damit eine wesentliche Voraussetzung für Motivation und Produktivität.

Gefordert ist also ein räumliches Umfeld mit hoher Nutzungsqualität, das Wohlbefinden und Zufriedenheit fördert. Die hier vorgestellten Untersuchungen wurden alle in Bürogebäuden durchgeführt, dabei standen die Arbeitsplätze im Mittelpunkt.

Was aber macht die Zufriedenheit mit dem Arbeitsplatz aus? Und wie lässt sie sich planen und im laufenden Gebäudebetrieb überwachen oder verbessern? Gibt es dem energetischen Monitoring oder dem Kosten-Controlling vergleichbare Herangehens- und Bewertungsmethoden? Im Rahmen von wissenschaftlichen Untersuchungen an einer Vielzahl von unterschiedlichen Gebäuden wurden sowohl Kriterien als auch Verfahren entwickelt, um die Akzeptanz und die Zufriedenheit der Gebäudenutzer an ihrem Arbeitsplatz zu bewerten. Nicht außer Acht gelassen werden darf dabei, welches Maß an Nutzerzufriedenheit sich mit welchem baulichen, technischen, organisatorischen und damit ökonomischen Aufwand erreichen lässt, womit der Bogen zur Bewertung der gesamten Performance geschlossen wird.

Was bedeutet Nutzerzufriedenheit?

Nutzerzufriedenheit und Komfort sind Begriffe, mit denen man unmittelbar eine Reihe von Assoziationen und vielleicht auch Bewertungskriterien verbindet, die aber letztendlich nur schwer in einer allgemeingültigen Definition zu fassen sind. Je nach Fachdisziplin oder Betrachtungsweise spielen Aspekte wie Wohlbefinden, Behaglichkeit, Gesundheit oder Stress eine Rolle zur Charakterisierung der Zufriedenheit mit der umgebenden Umwelt. Im Zusammenhang mit Untersuchungen von Arbeitsplätzen sind auch Begriffe wie sick building syndrome bzw. building related illness [Ref 5.1-2] eingeführt worden. Im Folgenden sollen die Begriffe „Nutzerzufriedenheit" und „Komfort" genauer beschrieben werden.

In psychologischen Modellen zum subjektiven Wohlbefinden wird Zufriedenheit zumeist als kognitive Komponente definiert [Ref 5.1-3]. Hierunter versteht man, bezogen auf die Arbeitsplatzbedingungen, eine subjektiv bilanzierende Bewertung, in die bei der Abwägung positiver und negativer Aspekte auch Erwartungen oder Erfahrungen (z. B. mit anderen Arbeitsplätzen oder allgemeinen Situationen) einfließen können.

Mit dem Begriff „Komfort" wird in der Literatur eher das sensorische Empfinden (Perzeption) und damit auch die körperliche Reaktion auf verschiedene Umweltreize wie Temperatur, Lichtintensität oder Geräuschpegel verbunden. Da die Reizverarbeitung nicht ohne eine individuell meist unterschiedliche subjektive Interpretation erfolgt, unterliegt auch das Komfortempfinden wertenden Prozessen. Insofern kann das Komfortempfinden nicht als reines „Messsignal" des menschlichen Körpers interpretiert werden. Dem kann beim Abfragen des Komforts dadurch Rechnung getragen werden, dass neben dem „reinen" Empfinden explizit auch die Akzeptanz bzw. eine Präferenz mit einbezogen wird.

Entwurfsentscheidungen (Auswahl)

- Art und Wärmedämmung der Außenteile
- Bauweise (leicht/massiv)
- Art, Größe und Lage der Fenster
- Art der Verschattung
- Raumgeometrie
- Art und Eigenschaften der Innenbauteile
- Heizflächen / Heizkörper
- Art der Lüftung, Position/Art der Luftauslässe
- Beleuchtungsanlage
- Standort von Druckern/Kopierern
- Art und Umfang einer Begrünung
- Art der Möblierung
- Wahl von Bauprodukten (insbesondere mit Kontakt zur Raumluft)

Komfortaspekte/ Komfortkategorien

- thermischer Komfort (Winter/Sommer)
- visueller Komfort (Tages-/Kunstlicht)
- auditiver Komfort (Raumakustik, Schallschutz)
- olfaktorischer Komfort (Raumluftqualität
- Raumgestaltung (Geometrie, Ausstattung)

Standortsituation/Standortbedingungen (Auswahl)

- Außenklima
- Qualität der Außenluft
- Außenlärmpegel
- lokale Besonnung/Verschattung
- Radonkonzentration

Gebäude- und Raumparameter (Auswahl)

- operative Temperatur, Raumlufttemperatur
- Oberflächentemperaturen
- Temperaturgradient, -asymmetrie
- Luftgeschwindigkeit
- Luftfeuchtigkeit
- Luftqualität (Konzentration an Inhaltsstoffen)
- geruchliche Frische
- Kontrast (Blendung)
- Lichtfarbe
- Nachhallzeit
- Schalldruckpegel
- Sprachverständlichkeit

Nutzeranforderungen/ Nutzungsbedingungen

- Belegungsdichte
- Nutzungsart/Aktivitätsgrad
- Nutzungsdauer
- Grundgeräuschpegel
- verwendete Reinigungsmittel
- verwendetes Büromaterial
- Dresscode/Bekleidungsvorgaben
- Ausstattung mit Geräten

Individuelle Situation und Verfassung

- Geschlecht, Alter
- Ernährung
- Gesundheitszustand
- Bekleidung
- Arbeitszufriedenheit

Bild 5.1-1
Ausgewählte direkte und indirekte Einflussgrößen auf die Nutzerzufriedenheit (Quelle: Buch „Nutzerzufriedenheit" [Ref 5.1-7])

Gängige Modelle zur Bewertung des Komforts mit seinen verschiedenen Facetten - thermisch, olfaktorisch, visuell und auditiv - ordnen das sensorische Empfinden bei vorgegebenen Randbedingungen unterschiedlichen Zufriedenheitsgraden zu [Ref 5.1-4]. Über eine zu erwartende und für eine bestimmte Kategorie als akzeptabel erachtete Anzahl Unzufriedener werden dann Komfortgrenzen festgelegt. Letztere stellen in Normen verankerte Konventionen dar [Ref 5.1-5, Ref 5.1-6], wobei sich die individuelle Zufriedenheit davon durchaus unterscheiden kann. Über das sensorische Empfinden kann eine Zufriedenheit mit raumklimatischen und weiteren Randbedingungen des Arbeitsplatzes festgestellt werden, beispielsweise mit der Lichtsituation, der Luftqualität oder der Akustik bzw. dem Geräuschpegel. Die Umwelteinwirkungen auf den Menschen sind jedoch weit komplexer. Sie umfassen zusätzlich bauliche, ergonomische und gestalterische Aspekte, psychosoziale Komponenten sowie weitere über den eigentlichen Arbeitsplatz hinausgehende Gebäudequalitäten (Bild 5.1-1). Die verschiedenen räumlich-physikalischen und personenbezogenen Größen stehen dabei in Wechselwirkung.

Daraus ergeben sich für die individuelle Nutzerzufriedenheit komplexe Wirkungsketten. Diese gehen i. d. R. von Gebäude- und Raumparametern aus, die zusätzlich durch das individuelle Nutzerverhalten beeinflusst werden (Bild 5.1-2). Damit wird eine globale, alles berücksichtigende Nutzerzufriedenheit schwer fassbar und „messbar". In dem hiesigen Kontext wird deshalb unter der Zufriedenheit individueller Nutzer (Nutzerzufriedenheit) im engeren Sinne der Grad der persönlichen Zufriedenheit mit dem thermischen, visuellen und auditiven Komfort, der Raumluftqualität sowie der Büroausstattung und -gestaltung verstanden.

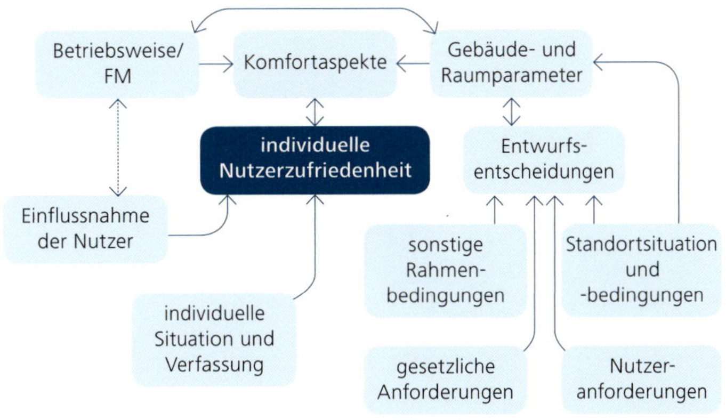

Bild 5.1-2
Individuelle Nutzerzufriedenheit – Einflussgrößen und Wirkungsketten (Quelle: Buch „Nutzerzufriedenheit" [Ref 5.1-7])

Nutzerzufriedenheit erfassen

Für die Planung von Gebäuden existieren für die angesprochenen Komfortbereiche Bemessungsverfahren mit einzuhaltenden Wertebereichen auf Basis von Normen und Richtlinien. Diese enthalten physikalische und damit messbare Parameter. Werden die Sollwerte in der Planung eingehalten, lässt sich auf den voraussichtlich erreichbaren Grad an Zufriedenheit bei den Nutzern schließen.

Angaben zur tatsächlichen Zufriedenheit der Nutzer, die auch oben erwähnte individuelle Wertungen auf Basis der jeweiligen Situation und Verfassung enthalten, lassen sich nur im Gebäudebetrieb über die statistische Auswertung von subjektiven Aussagen gewinnen. Hier kann ein erweiterter Parametersatz berücksichtigt werden, der z. B. auch Eingriffsmöglichkeiten von Nutzern beinhalten kann. Weiterhin kann auch die Gesamtzufriedenheit im oben definierten Sinne direkt abgefragt werden. Die Kapitel 5.3 und 5.4 stellen diese Verfahren exemplarisch vor.

Referenzen, Anmerkungen

Ref 5.1-1
Brill, M., Weidemann, S.: Disproving Widespread Myths About Workplace Design. Kimball International, Jasper, IN (USA) (Ed.). 2000
Der Bericht kann angefordert werden über: kreylin@kimball.com
http://www.bosti.com/public.htm (Aufruf 07.12.2015)

Ref 5.1-2
nach Umweltbundesamt
https://www.umweltbundesamt.de/themen/gesundheit/belastung-des-menschen-ermitteln/umweltmedizin/sick-building-syndrom
(Aufruf 10.11.2015)

Ref 5.1-3
Mayring, P.: Freude und Glück. In: Otto, J. H. (Hrsg.); Euler, H. A. (Hrsg.); Mandl, H. (Hrsg.): Emotionspsychologie. Ein Handbuch. Weinheim: Psychologie Verlags Union, 2000. ISBN 3 621 27453 7, S. 221–230

Ref 5.1-4
Fanger, P.O.: Thermal Comfort. Analysis and applications in environmental engineering. Copenhagen: Copenhagen (Denmark): Danish Technical Press, 1970

Ref 5.1-5
Deutsches Institut für Normung DIN e. V., Berlin (Hrsg.): DIN EN ISO 7730:2006-05: Ergonomie der thermischen Umgebung - Analytische Bestimmung und Interpretation der thermischen Behaglichkeit durch Berechnung des PMV- und des PPD-Indexes und Kriterien der lokalen thermischen Behaglichkeit (ISO 7730:2005). Berlin: Beuth Verl., 2006

Ref 5.1-6
Deutsches Institut für Normung DIN e. V., Berlin (Hrsg.): DIN EN 15251:2012-12: Eingangsparameter für das Raumklima zur Auslegung und Bewertung der Energieeffizienz von Gebäuden – Raumluftqualität, Temperatur, Licht und Akustik. Berlin: Beuth Verl., 2012

Ref 5.1-7
Wagner, A.; Höfker, G; Lützkendorf, T. u. a.: Nutzerzufriedenheit in Bürogebäuden. Empfehlungen für Planung und Betrieb. Stuttgart: Fraunhofer IRB Verl., 2015. ISBN978-3-8167-9305-2

5.2 Nutzerzufriedenheit in der Planung und im Betrieb

Andreas Wagner
Thomas Lützkendorf

Das Thema Nutzerzufriedenheit zieht sich durch alle Planungsphasen bis in den Betrieb eines Gebäudes und involviert unterschiedliche Beteiligte gemäß ihren Rollen in verschiedener Weise. An erster Stelle müssen Bauherren bzw. die in eine Gebäudenutzung involvierten Arbeitgeber möglichst frühzeitig formulieren, welches Niveau an Nutzerzufriedenheit bzw. Komfort sie realisieren wollen. Je nach Konstellation – selbst nutzende Institution, Projektentwickler/Bauträger, Investor oder Mieter – können die Anforderungen dabei sehr unterschiedlich ausgeprägt sein (Tab. 5.2-1). Wesentliche Motive sind z. B. die Attraktivität des Unternehmens für Arbeitnehmer und Kunden, die Mitarbeiterbindung oder die Leistungsfähigkeit von Mitarbeitern.

Der Bauherr bzw. der Eigentümer, der Betreiber oder die nutzende Institution stehen in der Verantwortung, dass alle mit der Nutzung verbundenen Gesetze und Verordnungen erfüllt werden. Für den Planer sind zunächst der Bauherr bzw. der Eigentümer des Gebäudes die Ansprechpartner. Ein Teil der einzuhaltenden Gesetze und Verordnungen betrifft die Sicherheit und den Gesundheitsschutz beim Einrichten und Betreiben von Arbeitsstätten; eine besondere Rolle spielt dabei die Arbeitsstättenverordnung [Ref 5.2-2]. Auf ihrer Basis können Anforderungen für die Bedarfsplanung in frühen Phasen der Projektentwicklung formuliert werden.

Erwartungen definieren

Als Herangehensweise für Projektentwicklung und Planung empfiehlt sich ein performance based building-Ansatz [Ref 5.2-3]. Danach formuliert der Auftraggeber (Bauherr) zunächst qualitative Anforderungen an das Gesamtniveau und einzelne Merkmale. Z. B. bietet die DIN 15251 [Ref 5.2-4] eine geeignete Grundlage, um ein allgemeines Anforderungsniveau oder eine Erwartungshaltung zu formulieren (Tab. 5.2-2). Diese qualitativen Anforderungen müssen anschließend in möglichst konkrete (physikalische) Größen und Eigenschaften übersetzt und für die baulich-technische Lösungen entwickelt werden. Danach ist zu beurteilen, wie und in welchem Umfang diese die formulierten Anforderungen erfüllen und mit welchem baulichen, organisatorischen und finanziellen Aufwand dies verbunden ist.

Der Übergang vom Formulieren von Anforderungen durch den Bauherrn zum Beginn der eigentlichen Planung ist fließend. Er hängt stark davon ab, in welcher Form und in welchem Umfang der Bauherr an der Aufgabenstellung, Bedarfsplanung oder Planungsaufgabe mitwirkt. Mögliche Szenarien zeigt Tabelle 5.2-3.

	Perspektiven								
Akteure/Rollen	Unternehmen	Arbeitgeber	Eigentümer	Bauherren	Nutzer (individuell)	Mieter (Institution)	Vermieter	Verkäufer	Betreiber
selbst nutzende Institution	■	■	■	■			□	□	□
Projektentwickler/Bauträger		□		■				■	□
Investor/Anleger/Eigentümer		□	■	□		□	■		□
anmietende Institution	■	■				■			
individueller Nutzer					■				
Facility Management/Betreiber	□	□			□	□			■
Planer	□	□		□	□				□

■ Hauptperspektive
□ Nebenperspektive, indirekte Berücksichtigung der Interessen Dritter

Tabelle 5.2-1
Perspektiven unterschiedlicher Akteursgruppen (Quelle: Buch „Nutzerzufriedenheit" [Ref 5.2-1])

Kategorie	Beschreibung
I	**hohes Maß an Erwartungen** empfohlen für Räume, in denen sich sehr empfindliche und anfällige Personen mit besonderen Bedürfnissen aufhalten, z.B. Personen mit Behinderungen, kranke Personen, sehr kleine Kinder
II	**normales Maß an Erwartungen** empfohlen für neue und renovierte Gebäude
III	**annehmbares, moderates Maß an Erwartungen** kann bei bestehenden Gebäuden angewendet werden
IV	**Werte außerhalb der oben genannten Kategorien**. Diese Kategorie sollte nur für einen begrenzten Teil des Jahres angewendet werden

Anmerkung
Auch in anderen Normen wie z.B. EN 13779 und EN ISO 7730 wird eine Einteilung in Kategorien vorgenommen; diese können jedoch unterschiedlich benannt sein (A, B, C oder 1, 2, 3 usw.).

Tabelle 5.2-2
Kategorien zur Formulierung einer Erwartungshaltung
(Quelle: aus DIN EN 15251, 2012 [Ref 5.2-4])

Grundsätzlich beinhaltet der Auftrag an Architekten und Planer das Schaffen von Räumen mit einer der jeweiligen Aufgabe angemessenen Nutzungsqualität. Diese umfasst baulich-räumliche und funktionale Aspekte, z. B. das Erschließungskonzept oder die Organisation von Arbeitsbereichen. Damit wird direkt die Nutzerzufriedenheit angesprochen, die sich daraus ergibt, wie die Nutzer ihre (Arbeits-) Umgebung wahrnehmen und interpretieren (→ Kapitel 5.1). Letztere wird auch stark von der gestalterischen Qualität beeinflusst – funktionale Zweckgebäude mit normgerechtem Raumklima schaffen nicht per se eine hohe Nutzerzufriedenheit. Im Folgenden soll umrissen werden, welche Grundlagen benötigt werden, um Arbeitsplätze für eine hohe Nutzerzufriedenheit zu schaffen.

Ausgangslage für die Planung

Der Planer erhält in der Regel vom Bauherrn Wünsche oder Anforderungen an Komfort und Nutzerzufriedenheit. Diese sind jedoch häufig ungenau oder stellen nur qualitative Beschreibungen dar. Oft sollen sie pauschal für das gesamte Gebäude gelten oder sie heben bestimmte Einzelwünsche in den Vordergrund. Oder der Bauherr legt das Komfort- bzw. Zufriedenheitsniveau implizit über die Forderung nach einer bestimmten Güte eines Nachhaltigkeitszertifikats fest (→ Kapitel 5.4).

	Variante 1 Bauherr benötigt Unterstützung ab Bedarfsplanung	Variante 2 Bauherr gibt performanceorientierte Ziele vor	Variante 3 Bauherr gibt Einzelparameter vor	Variante 4 Bauherr hat konkrete Vorstellung zu technischen Lösungen
Bedarfsplanung mit Belegungsvorgaben und Anforderungen an Arbeitsstätten	■ (dunkel)	■ (hell)	■ (hell)	■ (hell)
Festlegung von performanceorientierten Anforderungen	■ (dunkel)	■ (hell)	□	□
Festlegung von Einzelparametern im Raumbuch	■ (dunkel)	■ (dunkel)	■ (hell)	□
Vorschläge für baulich-technische Lösungen	■ (dunkel)	■ (dunkel)	■ (dunkel)	■ (hell)
Planung und Nachweise	■ (dunkel)	■ (dunkel)	■ (dunkel)	■ (dunkel)

■ (dunkel) Planer übernimmt Aufgabe
■ (hell) Bauherr oder durch von ihm beauftragte Dritte übernimmt Aufgabe
□ übersprungene Phasen

Tabelle 5.2-3
Varianten der Arbeitsteilung zwischen Bauherren und Planern in frühen Phasen einer Projektentwicklung (Quelle: Buch „Nutzerzufriedenheit“ [Ref 5.2-1])

Aus solchen meist heterogenen Vorgaben muss der Planer ein kohärentes Anforderungsprofil erarbeiten, das dann in konkrete baulich-technische Lösungen mündet. Zunächst geht es darum, zusammen mit dem Bauherrn ein Gesamtniveau für Komfort und Nutzerzufriedenheit festzulegen. Dieser Schritt wurde oben schon am Beispiel der DIN EN 15251 beschrieben. Ähnliche Kategorisierungen finden sich in weiteren Normen, die den Komfort betreffen [Ref 5.2-5, Ref 5.2-6]. Den Kategorien bzw. dem Erwartungsmaß entspricht letztendlich eine vorausgesagte Anzahl Unzufriedener (PPD = Predicted Percentage of Dissatisfied) unter den jeweiligen Randbedingungen. Je nach Nutzungsart (Labor, Büro), Anspruch („Chefetage“) oder klimatischen Einflüssen (Westfassade) können oder müssen unterschiedliche Komfortklassen für die einzelnen Nutzungszonen vereinbart werden.

Konkretisierung über Planungsgrößen im Raumbuch

Im nächsten Schritt übersetzt der Planer die mit dem Bauherrn getroffenen qualitativen Vereinbarungen in konkrete Planungsgrößen. D. h. das über eine Kategorie festgelegte Anforderungsniveau wird aufgelöst in konkrete Soll- oder Grenzwerte für physikalische Raumklimagrößen. Diese betreffen im erweiterten Sinne neben dem eigentlichen Raumklima auch Luftqualität, Licht und Akustik. So liefert z. B. die DIN EN 15251 zulässige Bereiche für die Raumtemperatur direkt in Abhängigkeit des festgelegten Erwartungsmaßes (Tabelle 5.2-4). Die daraus entstehende Liste mit quantitativen Planungsgrößen stimmt der Planer mit dem Bauherrn ab, um zu einer verbindlichen Beschreibung zu gelangen, z. B. in Form eines erweiterten Raumbuchs.

Auf Basis dieser quantitativen Vorgaben kann mit entsprechenden Planungswerkzeugen die vorgeschlagene baulich-technische Lösung überprüft und ggf. angepasst werden. Damit lassen sich auch die Anforderungen des Bauherrn mit dem Aufwand abgleichen, der für die Umsetzung erwartet wird. Nicht alle Anforderungen mit Relevanz für die Nutzerzufriedenheit können quantifiziert werden. Es wird auch beschreibende Anforderungen geben, beispielsweise bzgl. des Raum- und Arbeitsplatzkonzepts. Außerdem sollen solche Festlegungen den gestalterischen Spielraum der Planer nicht einschränken, sondern über die konkrete Benennung der Nutzerzufriedenheitsaspekte vielmehr herausfordern. Wichtig sind das Wissen um die Nutzerzufriedenheitsparameter und deren Transparenz für alle an der Planung (und dem späteren Betrieb) Beteiligten.

Sowohl im weiteren Planungs- und Bauablauf als auch bei der späteren Inbetriebnahme und im Betrieb hilft das Raumbuch, Missverständnisse zu vermeiden. Dort festgeschriebene Werte(bereiche) definieren das vereinbarte Erwartungsniveau. Damit wird das Bewusstsein für die Bedürfnisse von Nutzern geschärft. Für den Planer erschließt das systematische Zusammenstellen sämtlicher Planungsgrößen die oft nicht bekannte Dimension der Themen Komfort und Nutzerzufriedenheit. Es ist also eine wesentliche Planungsgrundlage. Solche erweiterten Raumbücher sind aber noch nicht gängige Praxis.

Planungswerkzeuge

Mit den auf Raumklimagrößen aufgelösten Komfortanforderungen ist der Planer grundsätzlich in der Lage, die Nutzerzufriedenheit mit den gegebenen Unsicherheiten in seinem Arbeits- und Aufgabenkontext zu berücksichtigen. Ausgehend von einer eindeutigen Nutzungszuordnung für eine Zone und die daran geknüpften Anforderungen an die Raumklimagrößen müssen meist Berechnungen angestellt werden, um den Komfortnachweis zu erbringen. Wesentlichen Einfluss auf das Ergebnis hat dabei die Genauigkeit des Rechenverfahrens und der in der Planung vorhandenen Eingabeparameter. Vereinfachte Rechenverfahren stoßen schnell an ihre Grenzen, da sie das Raumklima nicht in hoher zeitlicher oder räumlicher Auflösung widerspiegeln. So kann z. B. der in der DIN 4108-2 [Ref 5.2-7] verankerte vereinfachte Nachweis zum sommerlichen Wärmeschutz (Sonneneintragskennwert-Verfahren,→ Kapitel 6.1) einen ersten Anhalt bzgl. des Überhitzungsrisikos liefern, aber nicht den erreichbaren thermischen Komfort angeben.

Eine höhere Genauigkeit und zeitliche Auflösung erreicht die dynamische thermische Gebäudesimulation (→ Kapitel 11.1.3, 11.1.7, 11.1.8), in Spezialfällen für ortsaufgelöste Betrachtungen von Temperatur- und Strömungsfeldern die Strömungssimulation. Für Fragen des visuellen und auditiven Komforts kommen Raytracing-Verfahren zum Einsatz, im Regelfall als Momentaufnahmen. Bei allen Simulationswerkzeugen müssen die Randbedingungen bzw. die Rechenmethoden zur Interpretation berücksichtigt werden: Beispielsweise berechnet eine thermische Simulation die mittlere Raumtemperatur und nicht die lokalen Effekte an einem fensternahen Arbeitsplatz. Auch Effekte einer einseitigen Strahlungs- bzw. Wärmebelastung durch Sonneneinstrahlung werden nicht berücksichtigt. Hier können spezielle Komfort-Simulationsprogramme helfen (Bild 5.2-1).

Nutzerzufriedenheit im Betrieb

Eine hohe Nutzerzufriedenheit in der späteren Betriebsphase eines Gebäudes bei gleichzeitig geringem Energieverbrauch kann nur erreicht werden, wenn Komfortfragen bereits zu Beginn der Planung thematisiert werden. Das erweiterte Raumbuch schafft eine verbindliche Basis für alle Planungsschritte sowie für den späteren Betreiber des Gebäudes. Es ist sinnvoll, Vertreter mit Betreiberkompetenz, z. B. aus dem Bereich des Facility Managements, von Beginn an am Planungsprozess zu beteiligen.

Gebäude/Raumtyp	Kategorie	Temperaturbereich für die Heizung, [°C] Bekleidung ~1,0 clo	Temperaturbereich für die Kühlung, [°C] Bekleidung ~0,5 clo
Wohngebäude, Wohnräume (Schlafzimmer, Wohnzimmer, usw.) sitzende Aktivitäten ~1,2 met	I II III	21,0-25,0 **20,0-25,0** 18,0-25,0	23,5-25,5 **23,0-26,0** 22,0-27,0
Wohngebäude, andere Räume (Küchen, Lagerräume, usw.) stehende, gehende Aktivitäten ~1,5 met	I II III	18,0-25,0 **16,0-25,0** 14,0-25,0	
Büros und ähnlich genutze Räume (Einzelbüros, Bürolandschaften, Klassenräume, Konferenzräume, usw.) sitzende Aktivitäten ~1,2 met	I II III	21,0-23,0 **20,0-24,0** 19,0-25,0	23,5-25,5 **23,0-26,0** 22,0-27,0
Kindergarten stehende, gehende Aktivitäten ~1,4 met	I II III	19,0-21,0 **17,5-22,5** 16,5-23,5	22,5-24,5 **21,5-25,5** 21,0-26,0
Kindergarten stehende, gehende stehende, gehende Aktivitäten ~1,6 met	I II III	17,5-20,5 **16,0-22,0** 15,0-23,0	22,0-24,0 **21,0-25,0** 20,0-26,0

Tabelle 5.2-4
Auszug aus DIN EN 15251 – Bereiche der Innenraumtemperatur für die stündliche Berechnung der Heiz- und Kühlenergie für Gebäude mit Heizung und maschineller Kühlung
(Quelle: aus DIN EN 15251, 2012 [Ref 5.2-4])

Im weiteren Bauverlauf muss der Komfort auch im Rahmen der in der Honorarordnung für Architekten und Ingenieure (HOAI) verankerten Fachbauaufsicht und der Bauabnahme im Auge behalten werden. Auswahl und Einbau von Materialien, technischen Anlagen und Mobiliar, die fachgerechte Ausführung von Details u. v. m. beeinflussen in vielfältiger Weise die Nutzungsqualität eines Gebäudes hinsichtlich Luftqualität, Schallschutz/Raumakustik, Raumklima etc. Die tatsächliche Performance aller zu einem integralen Raumklimakonzept gehörenden baulichen und technischen Komponenten kann jedoch nur im realen Gebäudebetrieb unter Anwesenheit der Nutzer überprüft werden. Das untermauert die schon lange im Raum stehende Forderung nach einer weiteren (honorierten) Planungsphase – der begleitenden Inbetriebnahme, die im Amerikanischen unter dem Begriff continuous commissioning bekannt ist. Darin wäre eine dezidierte Bewertung des Komforts und der Nutzerzufriedenheit beinhaltet [Ref 5.2-8].

Der nach Inbetriebnahme und Einregulierung erreichte Zustand muss in der anschließenden Nutzungs- bzw. Betriebsphase kontinuierlich überprüft und ggf. verbessert werden. Ändern sich die Nutzungsbedingungen, sind Anpassungen notwendig. Dies kann jedoch nur dann erfolgreich umgesetzt werden, wenn in Konzeption, Planung, Ausführung und Inbetriebnahme hierfür sowohl die technischen als auch die organisatorischen Voraussetzungen geschaffen wurden. Hierzu zählen eine ausführliche Dokumentation eingebauter Produkte und Systeme, die Übergabe/Übernahme der Betriebs-, Wartungs- und Instandsetzungsanleitungen, die Erarbeitung von Nutzerhandbüchern, ggf. spezifisch für Betreiber (Facility Management), Hausmeister und Nutzer, sowie Wartungs- und Instandhaltungspläne. Soweit möglich sollte auf ein in der Planung konzipiertes und in der Ausführung realisiertes Mess- und Monitoring-Konzept zurückgegriffen werden können, welches neben Energieverbräuchen auch Raumklimagrößen erfasst (→ Kapitel 9).

Eigentümer, von ihm beauftragte Dritte oder das Gebäude nutzende Institutionen mit Arbeitgeberfunktion sollten die Nutzerzufriedenheit erfassen, ein Beschwerdemanagementsystem installieren und wichtige Parameter mit Einfluss auf den Komfort systematisch erfassen. Derartige Aspekte werden zunehmend auch Teil der Beschreibung und Bewertung der Nachhaltigkeit von Gebäuden in der Nutzungsphase bzw. von Managementleistungen. So enthalten sowohl das Modul „Nutzen und Betreiben" des Bewertungssystems Nachhaltiges Bauen [Ref 5.2-9] als auch die GEFMA-Richtline „Nachhaltigkeit im FM" [Ref 5.2-10] Hinweise auf Grundlagen und Erfordernisse, die Nutzerzufriedenheit zu erfassen und den Umgang mit Beschwerden zu organisieren. Ob die Anforderungen der Arbeitsstättenverordnung eingehalten werden, muss von Externen überwacht werden.

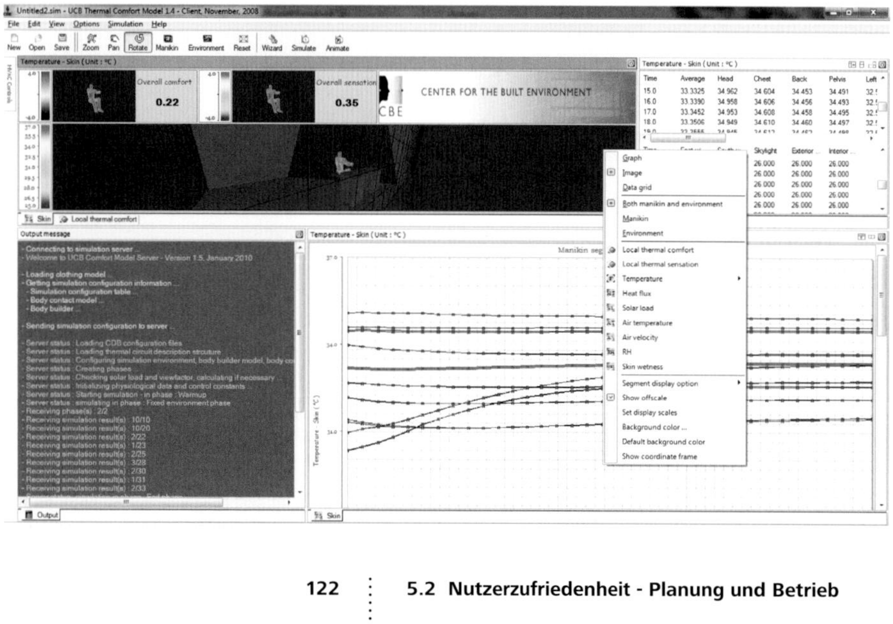

Bild 5.2-1
Ergebnisdarstellung aus einer Komfortberechnung mit dem Programm UCB-Comfort. Dargestellt sind u. a. die Körperoberflächentemperatur einer sitzenden Person in einer angenommenen inhomogenen Raumklimasituation sowie das daraus abgeleitete thermische Empfinden.
(Quelle: Center of the Built Environment, University of California, Berkeley)

Referenzen, Anmerkungen

Ref 5.2-1
Wagner, A.; Höfker, G; Lützkendorf, T. u. a.: Nutzerzufriedenheit in Bürogebäuden. Empfehlungen für Planung und Betrieb. Stuttgart: Fraunhofer IRB Verl., 2015. ISBN978-3-8167-9305-2

Ref 5.2-2
Bundesanstalt für Arbeitsschutz und Arbeitsmedizin (BAuA), Dortmund (Hrsg.): Arbeitsstätten. Arbeitsstättenverordnung, Technische Regeln für Arbeitsstätten, Stand: November 2013. 2. Aufl., ISBN: 978-3-88261-011-6 (zur Zeit vergr.)
www.baua.de
http://www.baua.de/de/Publikationen/Fachbuchreihe/Arbeitsstaetten.html (Aufruf 07.12.2015)

Ref 5.2-3
Foliente, G., Huevila, P., Ang, G. u. a.: Performance Based Building R & D Roadmap. PeBBU Final Report. CIBdf – International Council for Research and Innovation in Building and Construction Development Foundation, Rotterdam (Netherlands) (Ed.). Nov. 2005. ISBN 90-6363-048-4

Ref 5.2-4
Deutsches Institut für Normung DIN e. V., Berlin (Hrsg.): DIN EN 15251:2012-12: Eingangsparameter für das Raumklima zur Auslegung und Bewertung der Energieeffizienz von Gebäuden – Raumluftqualität, Temperatur, Licht und Akustik. Berlin: Beuth Verl., 2012

Ref 5.2-5
Deutsches Institut für Normung DIN e. V., Berlin (Hrsg.): DIN EN ISO 7730: 2006-05: Ergonomie der thermischen Umgebung - Analytische Bestimmung und Interpretation der thermischen Behaglichkeit durch Berechnung des PMV- und des PPD-Indexes und Kriterien der lokalen thermischen Behaglichkeit (ISO 7730:2005). Berlin: Beuth Verl., 2006

Ref 5.2-6
Deutsches Institut für Normung DIN e. V., Berlin (Hrsg.): DIN EN 13779: 2007-09: Lüftung von Nichtwohngebäuden - Allgemeine Grundlagen und Anforderungen für Lüftungs- und Klimaanlagen und Raumkühlsysteme. Berlin: Beuth Verl., 2007

Ref 5.2-7
Deutsches Institut für Normung DIN e. V., Berlin (Hrsg.): DIN 4108-2: 2013-02: Wärmeschutz und Energie-Einsparung in Gebäuden – Teil 2: Mindestanforderungen an den Wärmeschutz. Berlin: Beuth Verl., 2013

Ref 5.2-8
http://www.softlandings.org.uk (Aufruf 10.11.2015)

Ref 5.2-9
Bundesministerium für Umwelt, Naturschutz, Bau und Reaktorsicherheit (BMUB), Berlin (Hrsg.): Bewertungssystem Nachhaltiges Bauen (BNB) https://www.bnb-nachhaltigesbauen.de/ (Aufruf 07.12.2015)

Ref 5.2-10
Deutscher Verband für Facility Management (GEFMA) e V., Bonn (Hrsg.): Nachhaltigkeit im Facility Management. Grundlagen und Konzeption. Ausgabe 2014-10. GEFMA 160

5.3 Arbeitsplatzkomfort aus Nutzersicht

Karin Schakib-Ekbatan

Subjektive Bewertungen der Gebäudeperformance aus Sicht der Nutzer liefern parallel zu Messdaten und Kennwerten wichtige Informationen darüber, ob der für ein Gebäude vereinbarte Raumklimakomfort sowie weitere die Zufriedenheit beeinflussende Faktoren am Arbeitsplatz auch wirklich erzielt oder eingehalten werden. Darüber hinaus dienen die Einschätzungen der Nutzer als Grundlage für Verbesserungen oder auch weitergehendere Veränderungen im laufenden Betrieb.

Als eine geeignete Methode haben sich schriftliche Befragungen bewährt, um über Einzelbeschwerden hinaus umfassende und statistisch abgesicherte Aussagen über die Zufriedenheit der Nutzer zu erhalten. Erfahrungen aus nationalen wie internationalen Studien zeigen, dass bei der Bewertung der physischen Arbeitsplatzbedingungen nicht nur raumklimatische Aspekte wie thermischer, visueller, auditiver Komfort und die Luftqualität relevant sind, sondern auch psychosoziale Faktoren zum Gesamteindruck beitragen [Ref 5.3-1, Ref 5.3-2]. Insbesondere den Einflussmöglichkeiten der Nutzer auf das Raumklima und die räumlichen Bedingungen kommt eine wichtige Rolle zu. Die Entwicklung eines Fragebogens, der diese Komplexität berücksichtigt, ist nicht trivial. Es empfiehlt sich daher, bewährte Verfahren einzusetzen.

INKA - Instrument für Nutzerbefragungen zum Komfort am Arbeitsplatz

Auf Basis eines vergleichbaren Verfahrens in den USA [Ref 5.3-3] und unter Anwendung architekturpsychologischer Erkenntnisse [Ref 5.3-4] wurde das Befragungsinstrument INKA (Instrument für Nutzerbefragungen zum Komfort am Arbeitsplatz) entwickelt und im Rahmen einer umfangreichen Feldstudie in Bürogebäuden evaluiert. INKA [Ref 5.3-5] berücksichtigt umfassend Aspekte des Arbeitsplatzes und des Gebäudes und ist kompatibel mit dem Bewertungssystem Nachhaltiges Bauen für Büro- und Verwaltungsgebäude des Bundes (BNB) [Ref 5.3.6].

Bei der Befragung werden die Nutzer gebeten, raumklimatische Komfortparameter und weitere Umgebungsbedingungen differenziert zu beurteilen (→ Kapitel 11.3). Jeder Fragenblock schließt mit einer Gesamtbewertung (Bild 5.3-1). Darüber hinaus werden ergänzende Informationen wie Angaben zur Person, zur Tätigkeit u. a. erhoben.

Die Befragungsergebnisse werden in einem Reportblatt aufgeführt (Bild 5.3-2). Basis hierfür sind jeweils die Ergebnisse zu den zusammenfassenden Fragen in den einzelnen Komfortbereichen.

Auf dem Reportblatt werden drei verschiedene Informationen ausgewiesen: (1) Der Gebäude-Gesamtindex als zusammenfassende Gesamtbewertung ordnet das Gebäude im Vergleich zu anderen nutzungsgleichen Gebäuden ein. Er kann z. B. für die Portfolio-Analyse von Gebäudebeständen ver-

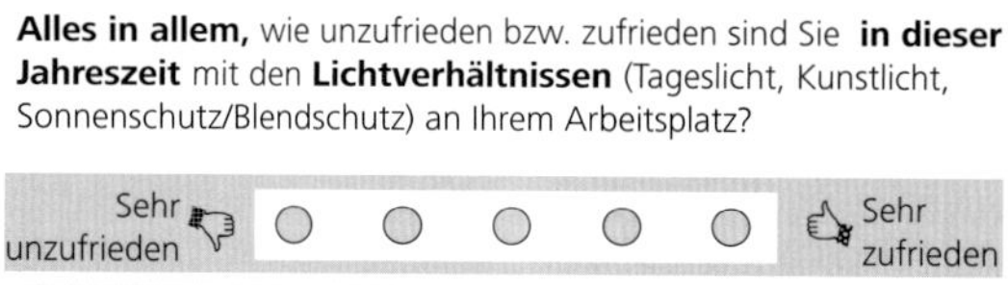

Bild 5.3-1
Zusammenfassende Frage zu den Lichtverhältnissen am Arbeitsplatz (Quelle: KIT, fbta [Ref 5.3-5])

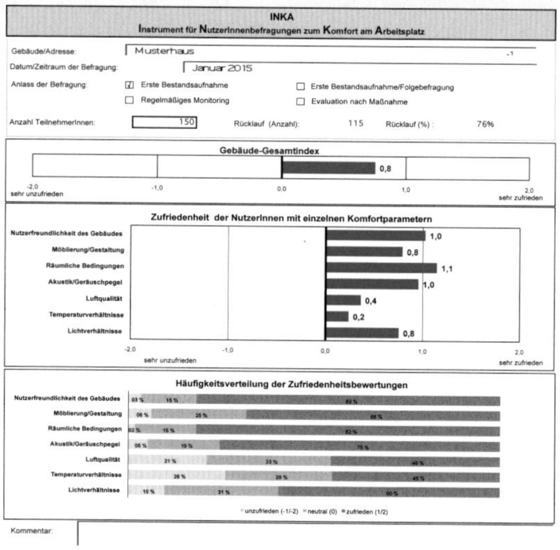

Bild 5.3-2
Exemplarisches Reportblatt zur Ergebnisdarstellung (Quelle: KIT, fbta [Ref 5.3-5])

wendet werden. (2) Die Zufriedenheit mit einzelnen Komfortbereichen auf Basis von Mittelwerten gibt im Sinne einer ‚Gebäude-Signatur' Hinweise zu Stärken und Optimierungspotenzial des Gebäudes, während (3) die Häufigkeitsverteilungen eine differenzierte Interpretationsbasis liefern. Die Ergebnisse werden in eine positive, eine neutrale und eine negative Kategorie aufgeschlüsselt und nach dem Ampelprinzip dargestellt. Diese Werte können damit als Vergleichsbasis im Rahmen des Qualitätsmanagements bzw. der Evaluation von Maßnahmen herangezogen werden (Vorher-Nachher-Vergleiche).

Aus den Ergebnissen der Gebäudebewertungen können für größere Gebäudebestände entsprechende Benchmarks abgeleitet und für den Vergleich mit einzelnen Gebäuden herangezogen werden (Bild 5.3-3).

Die Handlungsrelevanzmatrix als Ergebnisdarstellung

Eine alternative Auswertungsmethode bietet die Handlungsrelevanzmatrix (Bild 5.3-4), in der Stärken und Schwächen der Arbeitsplatzbedingungen visualisiert und klassifiziert werden [Ref 5.3-7]. Die Darstellung der Befragungsergebnisse zeigt auf, in welchen Komfortbereichen Veränderungen im Gebäudebetrieb notwendig oder hilfreich wären. Die für die Komfortbewertung aufschlussreichen vier Felder der Handlungsrelevanz-Matrix entstehen zum einen durch die horizontale Linie, die genau die Mitte der Zufriedenheitsskala repräsentiert und durch die vertikale Linie, die (mit 0,4) den Wert wiedergibt, ab dem in der Psychologie und den Sozialwissenschaften Zusammenhangsmaße bereits als relevant betrachtet werden können. Bild 5.3-4 zeigt exemplarisch die Verteilung von Befragungsergebnissen zu raumklimatischen Komfortparametern.

Im oberen rechten Feld finden sich die Komfortparameter, mit denen die Nutzer im Mittel ‚unzufrieden' bzw. ‚sehr unzufrieden' sind und die einen relevanten Zusammenhang mit der Gesamtzufriedenheit mit den Arbeitsplatzbedingungen aufweisen. Im oberen linken Feld finden sich die Komfortbereiche, mit denen die Nutzer ‚unzufrieden' bzw. ‚sehr unzufrieden' sind, die aber in einem eher geringen Zusammenhang mit der Gesamtbewertung stehen. In dem gezeigten Beispiel geben die Platzierungen zur Luftqualität, zur Temperatur und zu Akustik/Geräuschpegel einen eindeutigen Hinweis auf dringend notwendige Verbesserungen. Im etwas weniger kritischen (aber dennoch beachtenswerten) Bereich liegen die durchschnittlichen Werte zur Zufriedenheit mit den Einflussmöglichkeiten auf die Temperatur sowie auf die Luftqualität.

Im Gegensatz zum Reportblatt aus INKA lässt sich diese Auswertungsmethode nicht einfach im Gebäudemanagement umsetzen, da sie Korrelationsberechnungen voraussetzt. Hierzu gibt es derzeit kein frei verfügbares Tool mit den notwendigen Auswertungsroutinen.

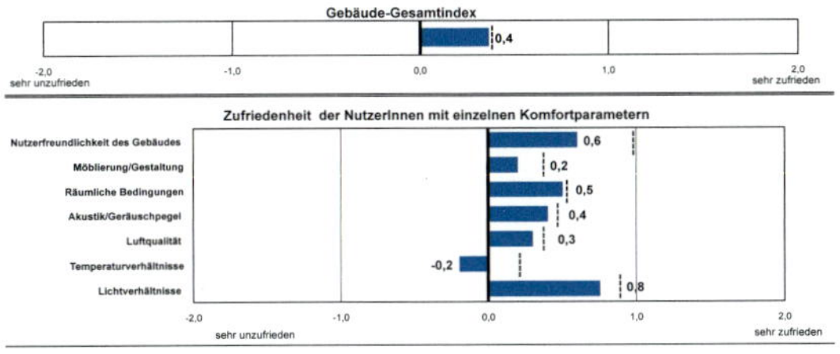

Bild 5.3-3
Exemplarischer Abgleich der Befragungsergebnisse eines Gebäudes (Balken) mit einer Gebäude-Benchmark (gestrichelte Linien)
(Quelle: KIT, fbta)

Bild 5.3-4
Exemplarische Handlungsrelevanz-Matrix zur Identifizierung von Optimierungspotenzialen
(Quelle: KIT, fbta)

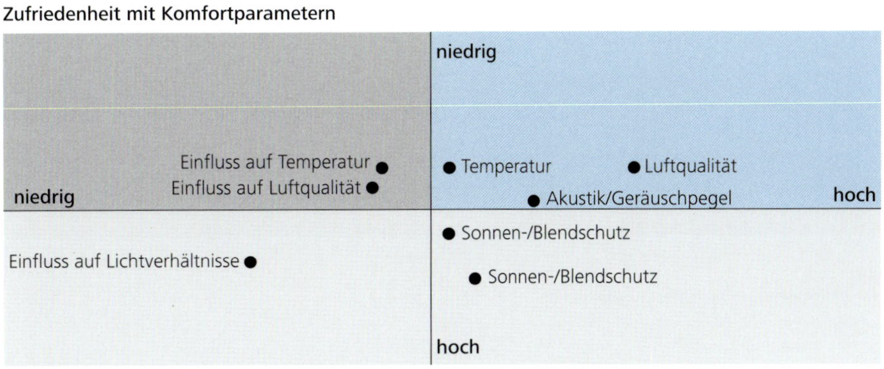

Korrelation zwischen der Zufriedenheit mit einzelnen Komfortparametern (y-Achse) und der Zufriedenheit mit den Gesamtbedingungen am Arbeitsplatz (x-Achse)

Erfahrungen zur Nutzerzufriedenheit aus Feldstudien

Im Rahmen einer breit angelegten sozialwissenschaftlichen Studie wurden im Zeitraum 2004 bis 2011 Felduntersuchungen zur Nutzerakzeptanz von Komfortbedingungen an Büroarbeitsplätzen in insgesamt 45 neuen und sanierten Gebäuden mit hohem energetischen Standard durchgeführt. Es sollte geprüft werden, ob das ambitionierte Ziel eines hohen Arbeitsplatzkomforts bei minimalem Energiebedarf durch neue Gebäudekonzepte erreicht werden konnte. Nach einer ersten Evaluation von 17 Gebäuden [Ref 5.3-7] wurden zur Erweiterung des Datenpools ab 2008 auch konventionelle Büro- und Verwaltungsgebäude in die Erhebung einbezogen (Bild 5.3-5). Die Befragungen erfolgten jeweils im Winter und Sommer, um jahreszeitliche Unterschiede zu erfassen.

Wie wirken Komfortaspekte untereinander und auf die Gesamtzufriedenheit?

Im Büroarbeitsalltag sind Nutzer einer Vielzahl von Umgebungsreizen ausgesetzt. Einzelne Reize können längere Zeit in der Wahrnehmung vernachlässigt oder unterdrückt werden. Sie werden jedoch temporär bewusster wahrgenommen, wenn sie über die Wahrnehmungsschwelle gelangen, z. B. die Raumtemperatur bei besonders warmen oder kühlen Bedingungen. Eine besondere Schwierigkeit am Arbeitsplatz besteht darin, gleichzeitig Reize unterschiedlicher Sinne zu verarbeiten, wie z. B. Gespräche von Kollegen in der Nähe, Telefonklingeln oder visuelle Reize durch vorbeigehende Personen. Wie physikalische und räumliche Komfortparameter zusammenhängen und was die Bewertung des Arbeitsplatzes insgesamt beeinflusst, wird im Folgenden auf der Grundlage der oben beschriebenen Feldstudien dargestellt (vgl. auch [Ref 5.3-8]).

Die Analysen zeigten zunächst, dass alle Komfortparameter einen statistisch signifikanten Einfluss auf die Gesamtbewertung hatten, sowohl im Winter als auch im Sommer (Bild 5.3-6).

Die Möblierung und Gestaltung, die räumlichen Bedingungen sowie die Luftqualität spielen für die Gesamtzufriedenheit eine besonders große Rolle. Beachtenswert ist jedoch, dass vor allem diejenigen Komfortparameter, die stärkeren Schwankungen unterworfen sind, wie Lärm, Lichtverhältnisse, Raumtemperatur und Luftqualität, in der direkten Befragung („Wie wichtig und wie veränderungsbedürftig sind für Sie am Arbeitsplatz…?") sehr hohe Wichtigkeit erzielten und häufig Anlass für Klagen gaben. Insbesondere bei der Akustik und dem Geräuschpegel, der Luftqualität und der Raumtemperatur sahen die Nutzer häufiger hohen bzw. sehr hohen Veränderungsbedarf. Bezüglich der Privatheit

Bild 5.3-5
Exemplarische Gebäude unterschiedlicher Baujahre und Energiestandards aus der Studie
(Fotos: Karin Schakib-Ekbatan)

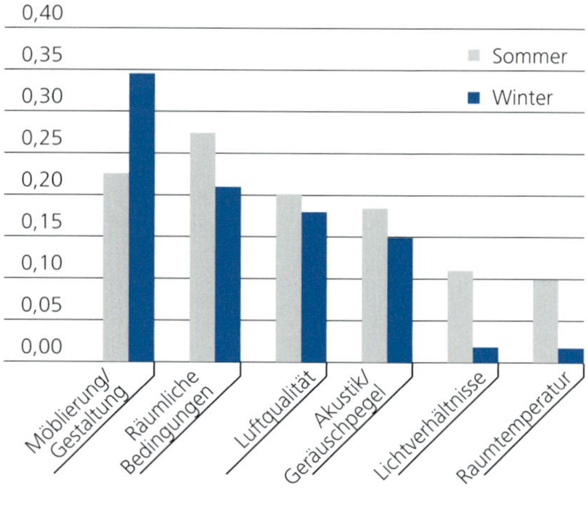

Bild 5.3-6
Stärke des Einflusses der einzelnen Komfortparameter auf die Zufriedenheit mit den Arbeitsplatzbedingungen insgesamt (Ergebnisse aus Regressionsanalysen; je höher der Wert, desto größer der Einfluss)
(Quelle: [Ref 5.3-8])

wurde im Durchschnitt eher geringer Veränderungsbedarf angegeben. Betrachtet man diesen Befund jedoch unter dem Aspekt des Bürotyps, so wurde in Mehrpersonenbüros (> 5 Personen) in deutlich stärkerem Maße Veränderungsbedarf bei der Privatheit angegeben; dies traf auch für die Bewertungen von Akustik und Geräuschpegel sowie die Beurteilung der Luftqualität zu.

Eine Vielzahl von Untersuchungen weist auf die Bedeutung der Einflussmöglichkeiten der Nutzer auf das Raumklima für die Zufriedenheit hin [Ref 5.3.9, Ref 5.3.10, Ref 5.3.11]. Auch in dieser Gebäudestichprobe zeigten sich deutliche Zusammenhänge zwischen der Bewertung der einzelnen Komfortparameter und der Bewertung der jeweiligen Einflussmöglichkeit (Bild 5.3-7).

Dieser Befund bekräftigt die Wichtigkeit funktionierender, einfach zu handhabender Einflussmöglichkeiten auf das Raumklima am Arbeitsplatz.

Die Bedeutung des Bürotyps

Ein Vergleich der Nutzerbewertungen auf der Basis verschiedener Bürotypen (Bild 5.3-8) zeigte fast durchgängig Unzufriedenheit der Nutzer in Büros mit mehr als fünf Personen. Der deutlich höhere Anteil an Gruppen- und Großraumbüros in den energieoptimierten Gebäuden wirkte sich durch die hohe Bedeutung der räumlichen Bedingungen für die Nutzer auch entsprechend negativ in der Gesamtzufriedenheit mit dem Büroarbeitsplatz aus.

Darüber hinaus hat das Bürokonzept Einfluss auf die subjektive Einschätzung darüber, wie hoch das Ablenkungspotenzial ist. Eine weiterführende Analyse hierzu ergab, dass der Kontextfaktor "Anteil der Mehrpersonenbüros" (ab 5 Personen) in einem Gebäude hierfür bedeutsam ist. Die Unzufriedenheit mit der Privatheit, Störung durch Telefonklingeln und Gespräche im Raum verringerten die Zufriedenheit mit ungestörten Arbeitsbedingungen. Dies deckt sich mit Ergebnissen anderer Studien [Ref 5.3-11].

Vergleich von Gebäuden unterschiedlicher Energieeffizienzstandards

Raumparameter

In Bild 5.3-9 sind die Unterschiede in der Bewertung zwischen energieoptimierten und herkömmlichen Gebäuden dargestellt. Für die schlechtere Bewertung der räumlichen Bedingungen in den energieoptimierten Gebäuden (Privatheit, Größe des Büros oder Individualisierungsmöglichkeit des Arbeitsplatzes) ist der schon erwähnte größere Anteil an Großraumbüros ausschlaggebend. In den konventionellen Bürogebäuden dieser Stichprobe dominieren Einzel- und Zweierbüros, in denen sich

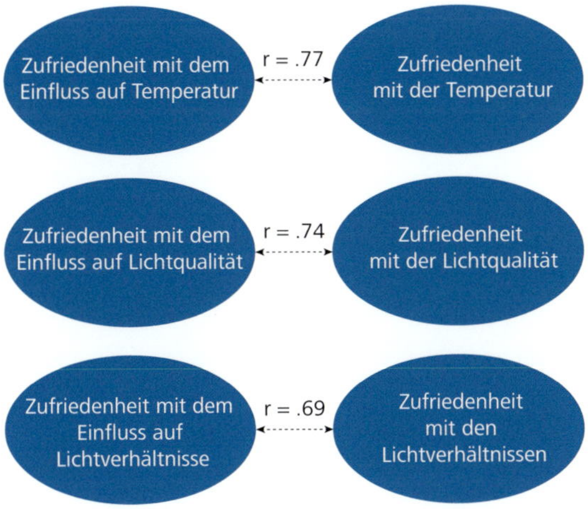

Bild 5.3-7
Zusammenhänge (Korrelationen) zwischen der Zufriedenheit mit Einflussmöglichkeiten und der Zufriedenheit mit Raumklimaparametern; r = Koeffizient für die Korrelation zwischen zwei Merkmalen; bei einem Korrelationskoeffizienten mit dem Wert 1 besteht ein vollständiger positiver linearer Zusammenhang zwischen den Merkmalen, bei dem Wert 0 besteht kein Zusammenhang. Werte ab r = .70 weisen auf einen sehr hohen Zusammenhang hin
(Quelle: KIT, fbta)

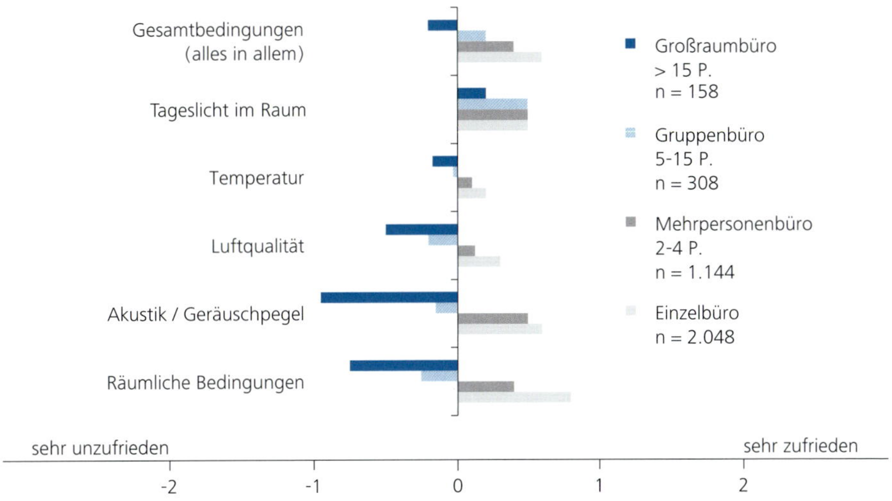

Bild 5.3-8
Bewertungen der Nutzer in Abhängigkeit des Bürotyps (Quelle: KIT, fbta [Ref 5.3-8])

Nutzerbedürfnisse zumeist besser umsetzen lassen. Die höhere Zufriedenheit mit der Möblierung und Gestaltung ist hingegen eng verbunden mit dem Baujahr und einer mit dem Neubau oder einer Komplettsanierung zumeist einhergehenden neuen Ausstattung der Büros.

Thermischer Komfort und Luftqualität

Hier fällt die durchschnittlich geringe Zufriedenheit mit den Temperaturverhältnissen und der Luftqualität sowie auch den Einflussmöglichkeiten auf beide Größen auf. Dies betrifft zwar beide Gebäudekategorien, jedoch wurden in den energieoptimierten Gebäuden schlechtere Werte erzielt als in den konventionellen Gebäuden. Zu einem Teil ist dies wiederum dem Raumkonzept geschuldet; allerdings zeigten weiterführende Analysen, dass die vergleichsweise geringe Zufriedenheit mit der Luftqualität in den energieoptimierten Gebäuden bleibt, wenn man nur Einzel- und Zweierbüros betrachtet. Luftqualität und Raumtemperatur wurden in beiden Gebäudekategorien vor allem im Sommer schlechter bewertet als andere Aspekte.

Sonnen- und Blendschutz

Die Zufriedenheit mit dem Sonnen- und Blendschutz ist bei den energieoptimierten Gebäuden deutlich geringer, obwohl dieser zumeist eine wichtige Komponente der Gebäude- bzw. Energiekonzepte darstellt und seine Planung deswegen einen entsprechenden Stellenwert besitzt (→ Kapitel 5.5). Diese Bewertung spiegelt sich auch bei den Lichtverhältnissen insgesamt wider. Kommentare der Nutzer wiesen auf mangelnde Abstimmung zwischen den jeweiligen Bedürfnissen und der Automation des Sonnen- und Blendschutzes oder Probleme bei der manuellen Steuerung hin; dies galt sowohl für die Sommer- als auch die Wintermonate.

Ranking innerhalb der Gesamtstichprobe

Die Betrachtung der 45 Gebäude zeigt bei einer zusammengefassten Raumklimabewertung (Raumtemperatur, Luftqualität und Tageslicht am Arbeitsplatz) ein entsprechend gemischtes Bild: Sowohl unter den positiv bewerteten als auch unter den schlechter bewerteten finden sich energieoptimierte Gebäude sowie drei zertifizierte Bürogebäude (Bild 5.3-10).

Diese Ergebnisse decken sich mit Erkenntnissen aus internationalen Studien, beispielsweise aus einer vergleichenden Analyse von 177 herkömmlichen Gebäuden und ‚Green Buildings' in Großbritannien [Ref 5.3-12]. Dabei zeigte sich die Tendenz, dass ‚Green Buildings' oft besser bei einer globalen Komfortbewertung des Gebäudes abschneiden. Als einen Effekt auf die hohe Gesamtzufriedenheit

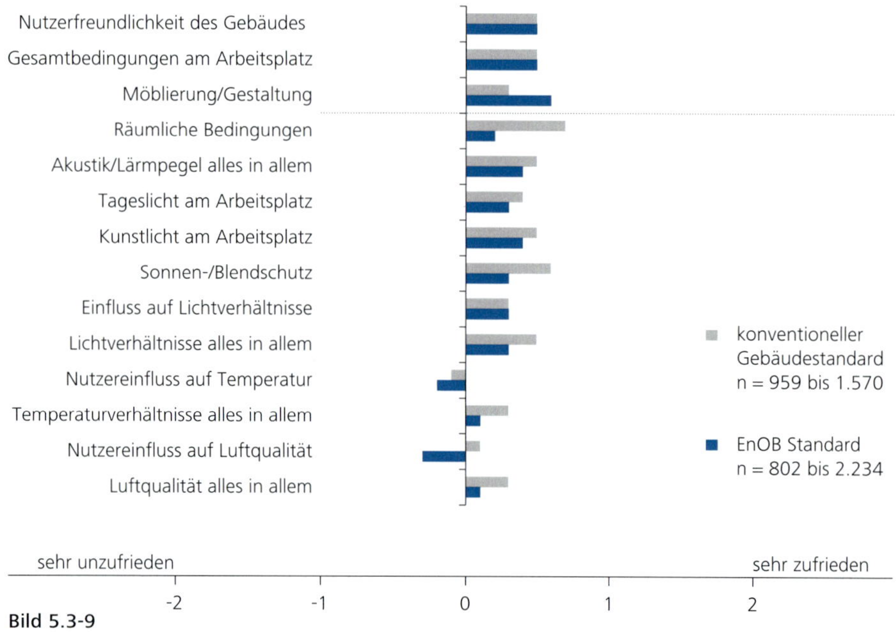

Bild 5.3-9
Ergebnisse der Nutzerbefragungen im Vergleich von energieoptimierten Gebäuden mit konventionellen Gebäuden (Winter- und Sommerwerte zusammengefasst) (Quelle: KIT, fbta)

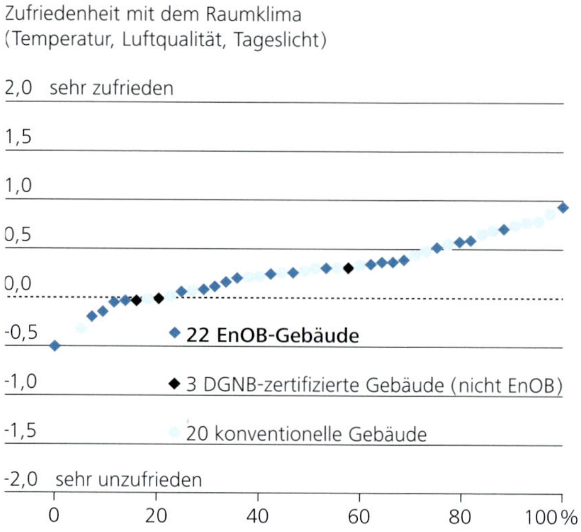

Bild 5.3-10
Ranking der untersuchten Gebäude (4.100 Datensätze aus Winter und Sommer-Erhebungen) (Quelle: KIT, fbta)

machten die Autoren dabei einen "Foregiveness"-Faktor für die ‚Green Buildings' aus: Merkmale, die die Beschäftigten sehr schätzen wie Büroausstattung, Design oder gute Wartung des Gebäudes, schlagen sich entsprechend auch in der Gesamtbewertung nieder. Wurden jedoch nur die Angaben zur Raumklimabewertung betrachtet, zeigte sich keine klare Trennung mehr zwischen ‚Green Buildings' und herkömmlichen Gebäuden. Damit relativieren sich Erwartungen an ‚Green Buildings', insbesondere bezüglich einer höheren Produktivität der Beschäftigten.

Bewertungen aus Sicht des Facility Managements

Als wichtige Ergänzung zu Befragungen der Beschäftigten stellen die Erfahrungen des Fachpersonals aus dem Facility Management eine relevante Quelle zur Bewertung der Performance dar. Gerade angesichts komplexer Gebäudetechnik gewinnt die Rolle des Facility Managements bei der Einregelung und dem laufenden Betrieb zunehmend an Bedeutung.

Anhand eines dafür entwickelten Fragebogens konnten 16 Facility Manager in 12 Bürogebäuden unterschiedlicher Energiestandards befragt werden. Erfasst wurden beispielsweise Bewertungen zum Energiemanagement und zum Energiecontrolling sowie zum Nutzerverhalten. Die Stichprobe ist insgesamt noch klein; die Ergebnisse zeigten jedoch erste Tendenzen auf, die Bild 5.3-11 zu entnehmen sind. Von den vier Facility Managern der energieoptimierten Gebäude war einer bereits in die Planung einbezogen, eine Person in die Bauphase und zwei in die Inbetriebnahme. Kommentaren im Fragebogen und Gesprächen vor Ort war zu entnehmen, dass es mehrere Jahre dauert, um sich mit der Gebäudetechnik vertraut zu machen und in der Regelung des Raumklimas adäquat auch auf extreme Witterungsphasen reagieren zu können. Mit der Performance der Gebäude zeigten sich die Facility Manager der energieoptimierten Gebäude deutlich zufriedener als die Kollegen, die die konventionellen Gebäude betreuten. Die energieoptimierten Gebäude wurden auch insgesamt als nutzerfreundlicher wahrgenommen. Gleichzeitig sahen die Facility Manager der energieoptimierten Gebäude noch Optimierungspotenzial, die Performance zu steigern. Hierzu zählten insbesondere die Einregulierung der technischen Systeme, Zeit zur Auswertung von Datenbeständen und die Einweisung in die Gebäudetechnik. Die Herausforderungen der Gebäudetechnik mussten über Learning-by-doing bewältigt werden.

Aspekte wie Arbeitspensum, Zeitdruck und die Zufriedenheit mit Weiterbildungsmöglichkeiten wurden (trotz der reizvollen Auseinandersetzung mit innovativen Gebäudetechnologien) in den energieoptimierten Gebäuden schlechter bewertet als bei den Kollegen in den konventionellen Gebäuden. Gerade Letzteres sollte angesichts der Herausforderungen komplexer technischer Systeme und der wichtigen Vermittlungsfunktion zwischen Nutzern und Gebäudetechnik in ausreichendem Maße gewährleistet sein, um raumklimatischen Komfort erzielen und halten zu können. Ihr eigenes Arbeitsbüro und die Arbeitstätigkeit insgesamt beurteilten die Facility Manager in den energieoptimierten Gebäuden positiver als die Kollegen in den konventionellen Gebäuden.

Fazit

Die Untersuchungen zur Nutzerakzeptanz zeigten auf der Basis von Befragungen, dass die gesamte Situation am Arbeitsplatz sowohl in den energieoptimierten Gebäuden als auch in den konventionellen Gebäuden positiv bewertet wurde. Gleichwohl zeichnete sich in den deskriptiven Analysen Optimierungsbedarf gerade bei den Komfortparametern ab, die im Fokus der Gebäude- bzw. Ener-

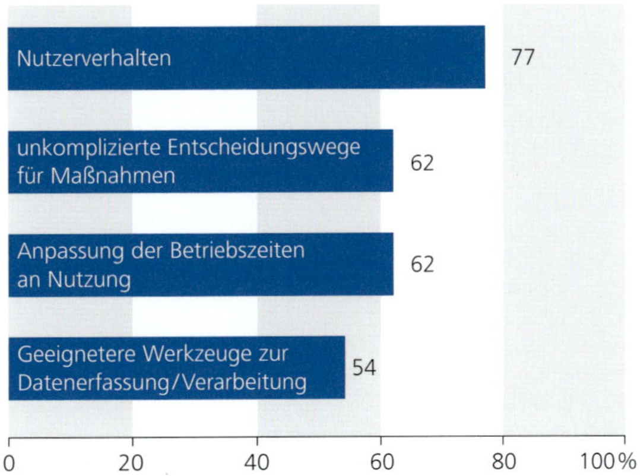

Bild 5.3-11
Optimierungspotenzial des Gebäudebetriebes aus Sicht des Facility Managements in energieoptimierten und konventionellen Bürogebäuden (N = 16; dargestellt sind die Antwortkategorien, die von mehr als 50 % der Befragten gewählt wurden) (Quelle: KIT, fbta)

giekonzepte standen (thermischer Komfort, Luftqualität oder Sonnen-/Blendschutz u. a.).

Weiterführende Analysen ergaben, dass sich der Gebäudeenergiestandard als Kontextfaktor nicht statistisch bedeutsam auf die Raumklimabewertung auswirkt, sich also kein substanzieller Unterschied zwischen den energieoptimierten Gebäuden und den konventionellen Gebäuden abzeichnet. Vorsichtig kann daraus gefolgert werden, dass Komfort und Energieeffizienz vereinbar sind. Die Nutzerzufriedenheit wurde insgesamt eher vom Raumkonzept als vom Energiestandard des Gebäudes beeinflusst. Allerdings darf die Verbindung von Raumkonzept und raumklimatischen Komfortparametern nicht übersehen werden.

Wie lässt sich bei diesem offensichtlich komplexen Wirkgefüge von Umgebungsbedingungen eine möglichst hohe Akzeptanz des Arbeitsplatzes erreichen? Derzeitige Erkenntnisse legen nahe, dass sich Zufriedenheit in dem Maße am ehesten herstellen oder erhöhen lässt, in dem eine adäquate Abstimmung von Nutzerbedürfnissen, Arbeitsanforderung (z. B. Konzentration, Team-Arbeit), organisatorischen Aspekten und nicht zuletzt der gelebten Unternehmenskultur gelingt. Dazu bietet sich nach Möglichkeit die Einbeziehung der zukünftigen Nutzer an, um den jeweiligen Bedarf zu erfassen. Ein gutes Betriebsmanagement ist eine wichtige Basis, um gute Ergebnisse zu erzielen, sowohl bei den Energiekennwerten als auch beim Nutzerkomfort. Für weitere Forschung sind vor diesem Hintergrund beispielsweise die nutzerfreundliche Gestaltung von Eingriffsmöglichkeiten wie z. B. Taster oder Displays, sowie begleitende Kommunikationsprozesse relevant. In diesem Zuge wäre eine verstärkte interdisziplinäre Herangehensweise von Planern, Designern und Psychologen wünschenswert, die gemeinsam das ‚Vorher' wie ‚Nachher' – also Planung und Evaluation – von Arbeitsplatz und Gebäude im Sinne der Nutzer im Blick hat. Ebenso sollten architekturpsychologische und energierelevante umweltpsychologische Inhalte in Ausbildung und Studium der betreffenden ingenieurswissenschaftlichen Fachrichtungen stärker vermittelt werden.

Referenzen, Anmerkungen

Ref 5.3-1
Brill, M., Weidemann, S.: Disproving Widespread Myths About Workplace Design. Kimball International, Jasper, IN (USA) (Ed.). 2000
Der Bericht kann angefordert werden über: kreylin@kimball.com
http://www.bosti.com/public.htm (Aufruf 07.12.2015)

Ref 5.3-2
Bischof, W.; Bullinger-Naber, M.; Kruppa, B. u. a.: Expositionen und gesundheitliche Beeinträchtigungen in Bürogebäuden – Ergebnisse des ProKlimA-Projektes. Stuttgart: Fraunhofer IRB Verl., 2004. ISBN 978 3 8167 6408 3

Ref 5.3-3
http://www.cbe.berkeley.edu/research/survey.htm
(Aufruf 10.11.2015)

Ref 5.3-4
Flade, A.: Architektur – psychologisch betrachtet. Bern (Schweiz): Huber, 2008. 1. Aufl., ISBN 978 3 456 84612 5

Ref 5.3-5
Alle Materialien zum Befragungsinstrument INKA stehen kostenlos zum Download zur Verfügung: www.forschungsinitiative.de/forschung/projekte/1008187-1008
Die Online-Version des Fragebogens läuft unter Internet Explorer. (Aufruf 10.11.2015)

Ref 5.3.6
Schakib-Ekbatan, K.; Wagner, A.; Lützkendorf, T.: Bewertung von Aspekten der soziokulturellen Nachhaltigkeit im laufenden Gebäudebetrieb auf Basis von Nutzerbefragungen. Karlsruher Institut für Technologie (KIT). Fachgebiet Bauphysik und Technischer Ausbau (fbta), Karlsruhe (Hrsg.). Stuttgart: Fraunhofer IRB Verl., 2011. ISBN 978 3 8167 8657 3
Best.-Nr. F 2813 (Kopie des Manuskripts)

Ref 5.3-7
Gossauer, E:. Nutzerzufriedenheit in Bürogebäuden. Eine Feldstudie. Analyse von Zusammenhängen zwischen verschiedenen Komfortparametern am Arbeitsplatz. Dissertation, Universität Karlsruhe (Technische Hochschule). Fakultät für Architektur. 2008
http://d-nb.info/988525887/34 (Aufruf 10.11.2015)

Ref 5.3-8
Schakib-Ekbatan, K.: Zusammenhänge von Komfortaspekten am Arbeitsplatz und Einflüsse auf die Gesamtbeurteilung eines Gebäudes. In: Wagner, A.; Höfker, G; Lützkendorf, T. u. a.: Nutzerzufriedenheit in Bürogebäuden. Empfehlungen für Planung und Betrieb. Stuttgart: Fraunhofer IRB Verl., 2015. ISBN 978 3 8167 9305 2. S. S. 167 171

Ref 5.3-9
Paciuk, M.: The Role of Personal Control of the Environment in Thermal Comfort and Satisfaction at the Workplace. In: Coming of Age. Proceedings of 21th Annual Conference of the Environmental Design Research Association, Champaign-Urbana, Illinois (USA), 6-9 April 1990, p. 303-310
http://www.edra.org/content/edra-proceedings
(Aufruf 09.12.2015)

Ref 5.3-10
Ackerly, K.; Brager, G.: Window signaling strategies and occupant behavior. In: Building Research & Information. Vol. 41 (2013), Issue 3. P. 342-360
https://escholarship.org/uc/item/4133390m
(Aufruf 10.11.2015)

Ref 5.3-11
Frontzak, M.; Schiavon, S.; Goins, J.; u. a.: Quantitative relationships between occupant satisfaction and satisfaction aspects of indoor environmental quality and buildings design. Center for the Built Environment, CBE, Berkeley (USA) (Ed.). 2012
http://www.escholarship.org/uc/item/1wc7t219
(Aufruf 10.11.2015)

Ref 5.3-12
Leaman, A.; Bordass, B.: Are users more tolerant of 'green' buildings? In: Building Research & Information, Vol. 35 (2007). Issue 6, p. 662-673

5.4 Nutzerzufriedenheit im Kontext der Nachhaltigkeitsbewertung

Karin Schakib-Ekbatan
Thomas Lützkendorf

Methodisch richtig aufbereitete Erkenntnisse aus Nutzerbefragungen können einen wichtigen Beitrag dazu leisten, die Performance von Gebäuden zu bewerten und zu verbessern (→ Kapitel 5.3). Im Rahmen eines Forschungsprojektes [Ref 5.4-1] wurde deshalb erprobt, inwieweit die erhobene Nutzerzufriedenheit auch direkt in die Nachhaltigkeitsbewertung von Gebäuden im laufenden Betrieb (→ Kapitel 2.4) einfließen kann. Hierzu wurde das Bewertungssystem des Bundes zum Nachhaltigen Bauen (BNB) mit seinem Zusatzmodul ‚Nutzen und Betreiben' für Bestandsgebäude herangezogen [Ref 5.4-2].

Für die praktische Umsetzung musste ein Verfahren entwickelt werden zur Verrechnung der Befragungsergebnisse in dem Punktesystem des Zertifizierungsverfahrens sowie zur mehrstufigen Transformation der Punktewertung in einen Erfüllungsgrad und schließlich eine Note. Zur Gebäudebewertung wurde ein modularisiertes Verfahren mit zwei Indizes herangezogen (Bild 5.4-1). Für die Nutzerbefragung wird im aktuellen Leitfaden Nachhaltiges Bauen [Ref 5.4-3] auf das Befragungsinstrument INKA (→ Kapitel 11.3) verwiesen, da die Implementierung von Befragungsergebnissen in ein Punktesystem eine standardisierte Vorgehensweise voraussetzt, um eine Vergleichbarkeit der Ergebnisse im Zertifizierungsprozess zu gewährleisten.

Das Projekt zeigte auch die Probleme auf, welche sich ergeben, wenn subjektive Bewertungen zu komplexen Umweltwahrnehmungs- und -bewertungsprozessen in einer Zahl ausgedrückt werden sollen. Die empirischen Ergebnisse haben gezeigt, dass eine einfache technische Umrechnung unter Zugrundelegung der gesamten Breite der gewählten Beurteilungsskala nicht der Realität entspricht. Das beste Gebäude aus der zugrunde gelegten Stichprobe erzielte einen Gesamtindex von 0,8. Ein maximaler Gebäudegesamtindex von 2 („sehr zufrieden") als Zielwert erschien daher als zu hoch angesetzt; die Bewertungsgrundlage für die Punktezuweisung wurde daraufhin modifiziert. Weitere Aspekte zu diesen Fragestellungen finden sich in [Ref 5.4-1, Ref 5.4-4].

Praxisbeispiel: Nutzerbewertungen in einem energieeffizienten und zertifizierten Bürogebäude

Das Paul-Wunderlich-Haus in Eberswalde (Bild 5.4-2) ist ein Dienstleistungs- und Verwaltungsgebäude des Kreises Barnim in Brandenburg mit etwa 500 Arbeitsplätzen. Die Konzeption zielte auf geringen Energieaufwand und hohen Nutzungskomfort [Ref 5.4-5]. Das Gebäude wurde im Juli 2007 bezogen.

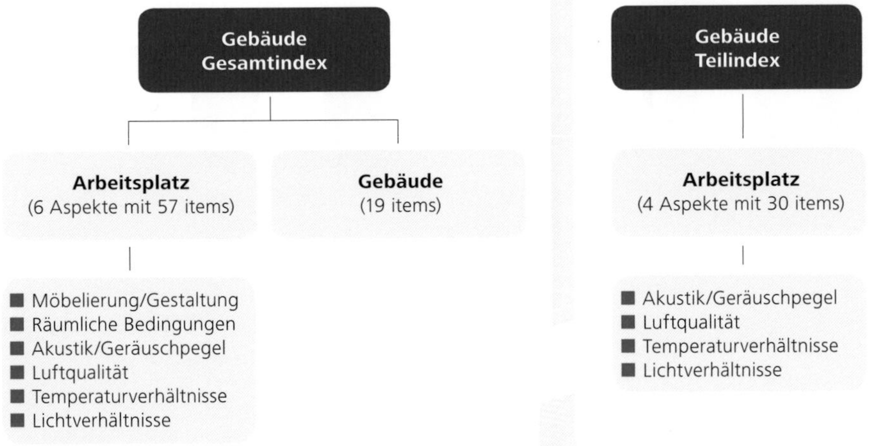

Bild 5.4-1
Facetten des Gebäude-Gesamtindexes und des Gebäude-Teilindexes (Quelle: KIT, fbta [Ref 5.4-1])

Bild 5.4-2
Ansicht des Paul-Wunderlich-Hauses (PWH) in Eberswalde (Foto: Andreas Wagner)

Dem Gebäude wurde im Jahr 2008 in der Kategorie Bürogebäude Neubau im Rahmen einer Pilotzertifizierung das Gütesiegel Gold der Deutschen Gesellschaft für Nachhaltiges Bauen e.V. (DGNB) mit einem Erfüllungsgrad von 89,5 % und einer Gesamtnote von 1,2 verliehen.

In der Zeit von 2010 bis 2011 wurden zwei Online-Befragungen durchgeführt. Bild 5.4-3 zeigt mit dem Reportblatt die automatisierte Auswertung der ersten Befragung im Sommer. Der Gesamtindex als summarische Bewertung aller Zufriedenheitskriterien (Bild 5.4-1) beträgt 0 und liegt damit genau in der Mitte der Skalenendpunkte („sehr unzufrieden" und „sehr zufrieden").

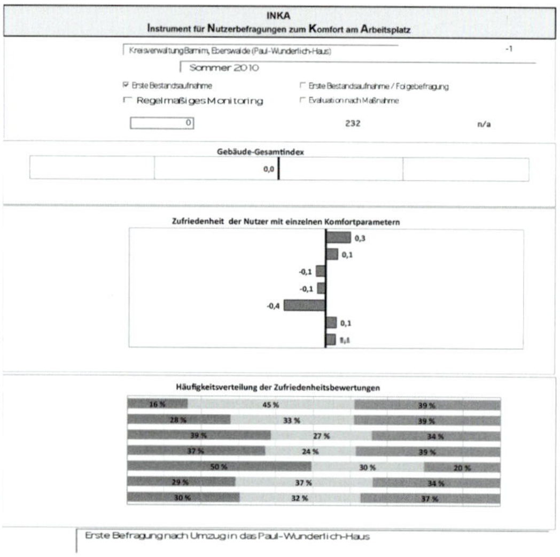

Bild 5.4-3
Auszug aus dem Reportblatt zur Nutzerbefragung im Sommer 2010
(Quelle: KIT, fbta)

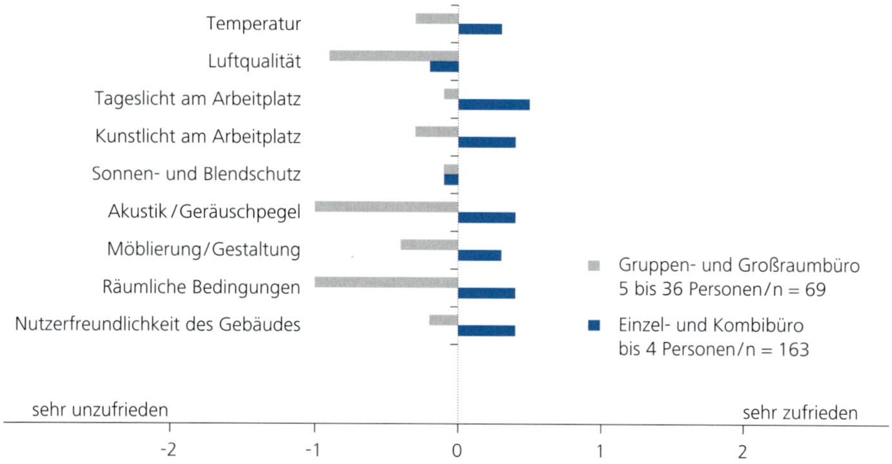

Bild 5.4-4
Bewertungen zur Zufriedenheit mit Umgebungsbedingungen in Abhängigkeit vom Bürotyp (Sommerbefragung)
(Quelle: KIT, fbta)

Der Fragebogenrücklauf von 46 % ist für eine Online-Befragung als gut zu bezeichnen. Als Hauptprobleme zeigten sich in den Bewertungen die Luftqualität, Akustik/Geräuschpegel und die räumlichen Bedingungen. Die Folgebefragung im Winter erbrachte noch etwas geringere Bewertungen zur Luftqualität. Der Gesamtindex fiel im Winter mit einem Wert von 0 identisch aus.

Das Gebäude erhielt Ende 2013 in der Erstanwendung der BBV13-Zertifizierung der Deutschen Gesellschaft für nachhaltiges Bauen e.V. (DGNB) in der Kategorie Bestandsgebäude mit einem Erfüllungsgrad von 90,9 % erneut ein GOLD-Zertifikat. Parallel erfolgte die Pilotanwendung zum Zusatzmodul „Nutzung und Bewirtschaftung" des Bewertungssystems Nachhaltiges Bauen des Bundes (BNB N+B). Dies führte zu einer Auszeichnung des Projektes als „Vorbildlicher Betreiber". Zur Bewertung der Prozessqualität im Kriterium ‚Tatsächliche Nutzerzufriedenheit' gingen die Ergebnisse der Sommer- und Winterbefragungen in die Bewertung ein. Gemäß der Umrechnung in das Punktesystem wurde mit einem Index von 0 ein Referenzwert erzielt, der 50 von maximal 100 Punkten entspricht.

Aus weiteren Analysen wird deutlich, wie wichtig eine differenzierte Betrachtung des Indexes ist. Bild 5.4-4 zeigt, wie sich die Bewertung darstellt, wenn eine Auswertung auf Basis des Bürotyps erfolgt. Es ergibt sich fast durchgängig eine dichotome Splittung der Bürotypen für die subjektive Bewertung raumklimatischer Aspekte, d. h. eine durchgängige Trennung der Bewertung in positive und negative Beurteilungen je nach Bürotyp. Ausnahmen sind die Bewertung der Luftqualität und des Sonnen-/Blendschutzes, die auch in den Einzel- und Kombibüros leicht negativ ausfielen. Insbesondere in den Mehrpersonenbüros wurde die Luftqualität bemängelt. In hohem Maße wurde in diesen Büros Störungspotenzial durch Gespräche und Telefonate im Raum deutlich; der überwiegende Teil der Mitarbeiter vermisste ein ablenkungsfreies Arbeiten. Ebenso wurde die visuelle Privatheit in den Gruppen- und Großraumbüros moniert. Die Möglichkeit der individuellen Gestaltung wurde dort eher neutral bzw. knapp positiv beurteilt. Dies wirkte sich insgesamt auch auf die Bewertung der Nutzerfreundlichkeit insgesamt aus.

Zöge man für die Bewertung im Rahmen des Zertifizierungsverfahren im Zusatzmodul ,Nutzung und Bewirtschaftung' nur die Werte der Einzel- und Kombibüros heran (z. B. aufgrund einer in der Praxis nicht adäquat ausgewählten Stichprobe für die Befragung), ergäbe sich mit einem Gesamtindex von 0,3 (gerundet) für die Berechnung ein Wertebereich von 0 bis 0,49. Gemäß dem Punktesystem würde für die Berechnung nun ein Punktwert von 60 resultieren, also ein um 10 Punkte höherer Wert als der oben für alle Büroräume ermittelte Wert von 50 Punkten. Die Sensibilität der Transformation von Befragungsergebnissen in das Punkte- und Notensystem wurde oben schon angesprochen.

Optimierungsmaßnahmen im laufenden Betrieb

Im Zeitraum 2008 bis 2010 erfolgte im Paul-Wunderlich-Haus ein intensives, begleitendes wissenschaftliches Gebäude-Monitoring [Ref 5.4-6], in dem auch Behaglichkeitsaspekte untersucht wurden. Messdaten zum Raumklima und die Befragungsergebnisse (zusammen mit Einzelbeschwerden) wurden aufbereitet und führten zu Maßnahmen, um den Komfort am Arbeitsplatz zu verbessern. Dazu zählten Luftbefeuchter in einigen Gebäudezonen oder die Anhebung der Raumlufttemperatur auf 23 °C im Winter (die Planung sah 20 °C vor), um den thermischen Komfort insbesondere in den Großraumbüros zu erhöhen. Hier hatten sich in den Befragungsergebnissen Beschwerden über unangenehme Zugerscheinungen gezeigt. Das Facility Management hatte sich über die Zeit des Monitorings hinaus intensiv mit den Rückmeldungen der Nutzer (u. a. auf Basis der Befragungsergebnisse) auseinandergesetzt und nach Problemlösungen gesucht. Als Konsequenz wurden Großraumflächen zu kleineren abgetrennten Büroeinheiten umgebaut (Bild 5.4-5 und 5.4-6).

Bild 5.4-5
Vorher: Großraumbüros
(Foto: Karin Schakib-Ekbatan

Bild 5.4-6
Nachher: Kombibüros
(Foto: Karin Schakib-Ekbatan

Referenzen, Anmerkungen

Ref 5.4-1
Schakib-Ekbatan, K.; Wagner, A.; Lützkendorf, T.: Bewertung von Aspekten der soziokulturellen Nachhaltigkeit im laufenden Gebäudebetrieb auf Basis von Nutzerbefragungen. Karlsruher Institut für Technologie (KIT). Fachgebiet Bauphysik und Technischer Ausbau (fbta), Karlsruhe (Hrsg.). Stuttgart: Fraunhofer IRB Verl., 2011. ISBN 978 3 8167 8657 3

Ref 5.4-2
Bundesministerium für Umwelt, Naturschutz, Bau und Reaktorsicherheit (BMUB), Berlin (Hrsg.): Bewertungssystem Nachhaltiges Bauen (BNB) https://www.bnb-nachhaltigesbauen.de/ (Aufruf 07.12.2015)

Ref 5.4-3
Bundesinstitut für Bau-, Stadt- und Raumforschung (BBSR), Berlin (Bearb.): Leitfaden Nachhaltiges Bauen. Bundesministerium für Umwelt, Naturschutz, Bau und Reaktorsicherheit (BMUB); Berlin (Hrsg.). Sept. 2014

Ref 5.4-4
Chappells, H.; Shove, E.: Debating the future of comfort: Environmental sustainability, energy consumption and the indoor environment. In: Building Research & Information. Vol. 33 (2005), Issue 1, p. 32-40

Ref 5.4-5
http://www.enob.info/de/neubau/projekt/details/dienstleistungs-und-verwaltungszentrum-barnim/
(Aufruf 10.11.2015)

Ref 5.4-6
Häusler, T.; Zehnle, S.: Energieoptimiertes Bauen: ENBAU: Monitoring in der Projektphase II zu energetischen, thermischen, komfortbezogenen und nutzspezifischen Daten am Neubau des Dienst- und Verwaltungszentrum Barnim in Eberswalde – Paul Wunderlich Haus. Schlussbericht zum BMWi-Projekt FKZ 0335007W. TU Cottbus: Lehrstuhl Angewandte Physik / Thermophysik (Hrsg.); Fraunhofer Institut für Solare Energiesysteme (ISE), Freiburg (Hrsg.). 2011

5.5 Nutzer-Gebäude-Interaktion

Karin Schakib-Ekbatan

Nutzer wissen oft wenig über komplexe oder neue technische Systeme. Das kann die Akzeptanz und einen erfolgreichen Betrieb von Gebäuden beeinträchtigen [Ref 5.5-1]. Hinzu kommt, dass dem Nutzer oft nicht klar ist, in welcher Weise sich Eingriffe in die Raumklimatechnik auf den Energieverbrauch von Gebäuden auswirken. Bei der Interaktion mit dem Gebäude sind verschiedene psychologische Aspekte bedeutsam - z. B. die generelle Einstellung zu Umwelt und Technik, die Erwartung an ein Gebäude oder die Bewertung der Einflussmöglichkeiten auf das Raumklima. Im alltäglichen Handeln am Arbeitsplatz können so Situationen entstehen, die dem Ziel der Vereinbarkeit von Komfort und Energieeffizienz entgegenstehen. Es gilt daher, eine Balance zu finden zwischen dem Wunsch der Nutzer, das Raumklima nach individuellen Vorstellungen zu beeinflussen und den in das Gebäudekonzept eingegangenen grundlegenden Planungsideen für das Gebäude. Die „Selbstwirksamkeit" der Nutzer ist in diesem Zusammenhang ein starkes Handlungsmotiv und trägt entscheidend zur Zufriedenheit bei, wie Studien zeigen [Ref 5.5-2, Ref 5.5-3, Ref 5.5-4, Ref 5.5-5]. Unter Selbstwirksamkeit wird die Überzeugung verstanden, auf Basis eigener Kompetenzen Anforderungen erfolgreich zu bewältigen und Einfluss nehmen zu können bzw. Kontrolle ausüben zu können. Allerdings scheint es verschiedene Ausprägungen einer solchen „Umweltkontrolle" zu geben: Es ist zu unterscheiden zwischen der Zufriedenheit, über technische Elemente auf die Raumtemperatur Einfluss nehmen zu können (z. B. Thermostate) und der Zufriedenheit mit der Häufigkeit der Einflussnahme. Die Häufigkeit der Anpassung geht jedoch mit erhöhten „Verhaltenskosten" (z. B. über Anpassung der Kleidung oder Ortswechsel) sowie mit erhöhten „psychischen Kosten" (z. B. Zeit für die kognitive oder affektive Auseinandersetzung mit der Situation) einher. Es gilt also nicht unbedingt, je mehr Optionen zur Einflussnahme zur Verfügung stehen, desto höher fällt die Zufriedenheit der Nutzer aus [Ref 5.5-6]. Zu viele Handlungsoptionen können Nutzer auch überfordern und in Stress umschlagen, wenn die Eingriffsmöglichkeiten zu kompliziert sind oder nicht funktionieren. Nutzer möchten die Kontrollmöglichkeiten nur gelegentlich und bei hohem Bedarf einsetzen; die Technik sollte dabei schnell und wirksam reagieren [Ref 5.5-7]. Es ist also wichtig, die dem Nutzer zugänglichen Bedienelemente möglichst unkompliziert, selbsterklärend und nutzungsfreundlich zu gestalten.

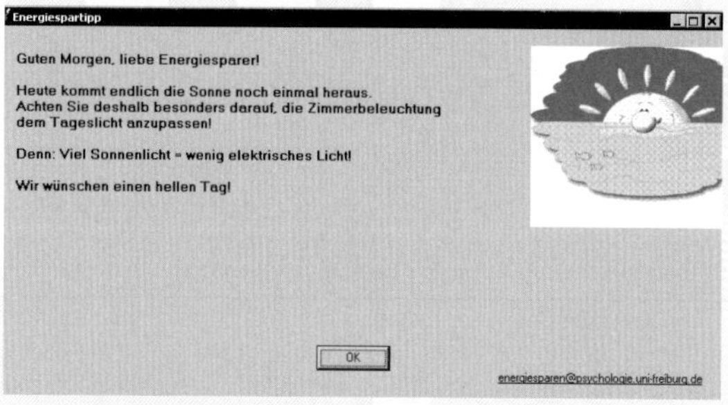

Bild 5.5-1
Beispiel für ein online-prompt zur angepassten Nutzung des Tageslichts (Quelle: Bonnal, Engel & Kempen, 2007, zit. n. Stumpf, 2014 [Ref 5.5-9])

Erfolgsfaktoren für Interventionen

Ziel von Interventionen ist ein effizienteres Energie-Management ohne Komforteinbußen. Hierbei gilt das Augenmerk der Überwindung von Gewohnheiten und geeigneten Maßnahmen zum Aufbau neuer Verhaltensweisen. Dokumente wie Nutzerhandbücher sind prinzipiell geeignet, Wissen über konkrete Verhaltensweisen zu vermitteln. Im Sinne eines allgemeinen Nachschlagwerkes zu Unternehmensthemen besteht allerdings die Gefahr, dass zu selten auf solche Dokumente zurückgegriffen wird. Daher empfiehlt es sich, themenbezogene Flyer, Broschüren oder ein spezielles Handbuch mit umweltbezogenen Inhalten zu erstellen, das von den Beschäftigten zu Rate gezogen werden kann. Gestaltungsempfehlungen hierfür sind: anschaulich, alltagsrelevant, lebendig, in verständlicher Sprache, humorvoll. In einem solchen Handbuch kann auch gezielt auf Mythen und Vorurteile eingegangen werden (z. B. „In einem Passivhaus dürfen die Fenster nicht geöffnet werden").

Erfahrungen aus umweltpsychologischen Studien zeigen, dass Informationsvermittlung allein gerade in Hinblick auf die Veränderung von Alltagsroutinen wie beispielsweise beim Heizen oder bei der Stromnutzung oft nicht ausreichend ist. Umwelt- und Handlungswissen sollte gemeinsam und handlungsorientiert vermittelt werden. Es empfiehlt sich, Informationskampagnen durch solche Maßnahmen zu ergänzen, die direkt am Ort des erwünschten Verhaltens ansetzen. Nach Möglichkeit sollten interessierte Beschäftigte in die Planung, Materialauswahl oder -gestaltung einbezogen werden.

Hinweise sollten so gestaltet und präsentiert werden, dass sie Aufmerksamkeit erregen und dazu führen, dass Handlungsroutinen durchbrochen werden. Zumindest führt die Darstellung erwünschter und energieeffizienter Verhaltensweisen zum Erleben der Diskrepanz zum bisherigen gewohnten (unerwünschten) Verhalten. Gerade bei der Vielzahl an PC-Arbeitsplätzen bieten sich sogenannte onlineprompts an, die je nach Bedarf konkrete Hinweise zu aktuellen umweltrelevanten Themen und zur Regelung des Raumklimas geben können (Bild 5.5-1).

Nutzer können teilweise nicht unmittelbar nachvollziehen, ob Gebäudetechnik momentan auch tatsächlich in Funktion ist. Im Neubau des Umweltbundesamtes in Dessau hat das Facility Management mit verschiedenen Varianten zur Visualisierung der Funktion der Lüftungsanlage experimentiert, damit die Beschäftigten erkennen, ob die Lüftungsanlage in Betrieb ist (Bild 5.5-2). Über die sichtbare Bewegung kleiner Stoff- oder Papierstreifen an der Lufteinlassöffnung über der Bürotür erfolgt so die Information, dass die Fenster geschlossen gehalten werden können, da die Frischluftversorgung über die Lüftungsanlage aktiv ist.

Technische Feedback-Strategien können Verhaltensergebnisse in Bezug auf die damit zusammenhängende Energienutzung zurückmelden (Bild 5.5-3) und so Aufmerksamkeit und auch Problembewusstsein für Energieverbrauch schaffen. Aktuelle Verbrauchsdaten werden dabei so aufbereitet, dass sie in vergleichsweise kurzen Abständen den Nutzern visuell z. B. über Intranet-Portale bzw. mobil oder fest installierte Displays zugänglich gemacht werden.

Die Motivation von Mitarbeitern zum Ressourcen schonenden Verhalten in den Bereichen Strom, Heizung und Wasser erfordert in der Regel eine klare Zielsetzung. Hierzu sollte auf jeden Fall eine Rückmeldung über Sparerfolge auf der Grundlage von Verbrauchswerten erfolgen [Ref. 5.5-8]. Allerdings kann je nach den Gegebenheiten vor Ort die Ermittlung von Einsparungen erschwert sein, da die Datenlage, beispielsweise aufgrund der Zählerstruktur, häufig nicht ausreichend für die Erfolgsmessung von Interventionen ist.

Die Gestaltung und Umsetzung von Maßnahmen ist insgesamt ein kontinuierlicher Informations- und Motivationsprozess. Wichtig ist eine Wiederholung zur Auffrischung des „Gelernten", z. B. jeweils zu Beginn einer Jahreszeit, die mit typischen energierelevanten Verhaltensweisen einhergeht (Heizen, Lüften, Umgang mit Sonnen- oder Blendschutz etc.).

Bild 5.5-2
Erprobung der Visualisierung der Funktion der Lüftungsanlage mit verschiedenen Materialien im Gebäude des UBA, Dessau
(Foto: Karin Schakib-Ekbatan)

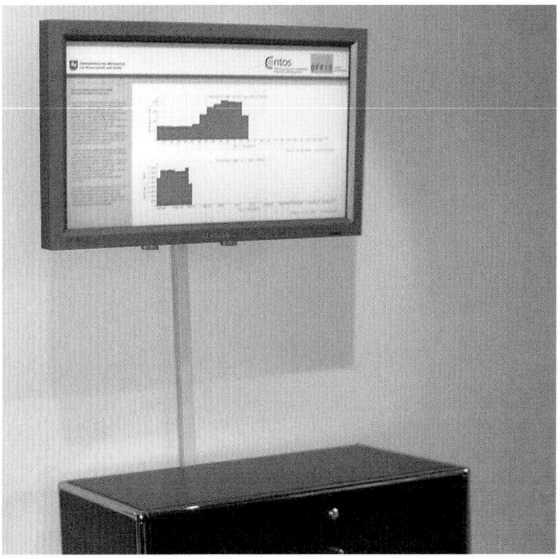

Bild 5.5-3
Rückmeldung von Verbräuchen im Foyer eines Gebäudes aus Feldstudien zum Nutzerkomfort
(Foto: Karin Schakib-Ekbatan)

Beispiel zu einer Informationskampagne im Paul-Wunderlich-Haus, Eberswalde

In diesem Verwaltungsgebäude für 500 Mitarbeiter wurde als Fortsetzung der in Kapitel 5.4 beschriebenen Feldstudien eine Intervention durchgeführt, um ein besseres Verständnis des Energiekonzeptes bei den Mitarbeitern zu erreichen und dadurch sowohl den Komfort zu erhöhen als auch für energiesparendes Verhalten zu sensibilisieren.

Die Fenster können geöffnet und die Automation des Sonnen- und Blendschutzes kann manuell übersteuert werden. Das Kunstlicht wird über einen Präsenzmelder gesteuert, die Sollwerte können jedoch vom Nutzer übersteuert werden und ein manuelles Ausschalten ist ebenfalls möglich. Befragungen zur Nutzerakzeptanz im Gebäude ließen Informationsbedarf zur Raumklimatisierung (Heizen, Lüften, Sonnen-/Blendschutz) und zur Beleuchtung erkennen. Es existierte zwar ein Nutzerhandbuch, die handlungsrelevanten Informationen waren jedoch in einen umfangreichen Text eingebettet und erfordern Aufwand, um sie herauszufiltern.

Für die Umsetzung einer Informationskampagne wurde ein Team bestehend aus der Leitung des Liegenschaftsamtes, einer Fachkraft für Arbeitssicherheit, dem Personalrat sowie einem Facility Manager zusammengestellt. Es entwickelte verschiedene Informationsblätter und Hinweise zum Heiz- und Kühlbetrieb. Die Beschäftigten erhielten die Materialien über verschiedene Kommunikationswege. Beispielsweise wurden jahreszeitlich bezogene Flyer mit Informationen zum Gebäudekonzept und Hinweisen zu adäquatem Verhalten über den E-Mail-Verteiler versandt. Gleichzeitig war damit ein Hinweis auf die Ablage des Dokumentes im Intranet verbunden. Zusätzlich wurden die Flyer in der Teeküche ausgehängt und Hinweise unmittelbar am Arbeitsplatz angebracht.

Ein kritisches Thema war, dass die Funktionsweise der Verschattung von vielen Beschäftigten nicht verstanden wurde, was zu Verunsicherung und Ärger führte. Deshalb wurde ein Flyer gezielt in der warmen Jahreszeit ausgelegt, der die Funktionsweise erläuterte. Ergänzend wurde ein Aufkleber mit Hinweis zur Bedienung neben den Tastern im Flur angebracht (Bild 5.5-4). Damit sollte der in Konsequenz sich verschlechternde thermische Komfort verdeutlicht werden, wenn der Sonnenschutz an warmen Tagen geöffnet wird.

Aufkleber mit situationsbezogenen Hinweisen zu den Themen Heizen, Lüften und Kunstlicht wurden direkt in den Büros angebracht (Bild 5.5-5).

Nach dieser Informationskampagne erfolgte eine Online-Befragung, an der sich etwa 30 % der Belegschaft beteiligten. Auf die Abfrage, ob und auf welchem Weg die Teilnehmer die Informationen erhalten bzw. wahrgenommen hätten (Flyer per E-Mail, Aushang in Teeküche, Aufkleber im Büro), ergab sich die beste Resonanz für die

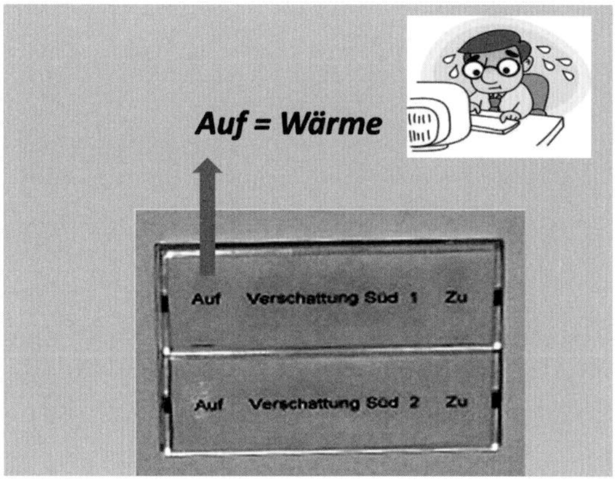

Bild 5.5-4
Hinweis für die Bedienung des Sonnenschutzes während der warmen Jahreszeit direkt bei den Tastern im Flur
(Foto: Karin Schakib-Ekbatan)

Bild 5.5-5
Hinweis zum Schließen des Fensters und Ausschalten der Stehleuchte beim Verlassen des Büros neben der Bürotür (Innenansicht)
(Foto: Karin Schakib-Ekbatan)

Aufkleber. Grundsätzlich bestätigte sich aber, dass mehrere Kommunikationswege genutzt werden sollten.

Die Verständlichkeit der Materialen (Flyer bzw. Infoblatt und Aufkleber) bestätigten 80 % der Befragten. Über die Hälfte fanden die Materialien ansprechend und anregend zu energiesparendem Verhalten. Über 70 % der Befragten würden weitere Aktionen dieser Art begrüßen. Hierzu passt folgender Kommentar aus einem Fragebogen: „Wichtig: Regelmäßige Informationen zu Projekten (…) fördern eine stärkere Identifikation der Mitarbeiterinnen und Mitarbeiter mit den Zielsetzungen."

Nach der Informationskampagne zeigten sich die Teilnehmer deutlich besser über das Raumklima und die Einflussgrößen informiert (Bild 5.5-6). Für eine Teilgruppe der Befragten ließ sich ein direkter Vergleich zu einer vorherigen allgemeinen Befragung zum Arbeitsplatzkomfort anstellen: Die Ergebnisse für die Kategorien „gut informiert" bzw. „sehr gut informiert" lagen nach der Informationskampagne um bis zu vier Prozentpunkte höher als bei den anderen Befragten.

Zur Frage nach der Vereinbarkeit von Komfort und energiesparendem Verhalten nannten die Befragten in den offenen Kommentaren verschiedene Faktoren, die einer solchen Vereinbarkeit entgegen stehen können: hierzu zählten etwa Abstimmungsprobleme zum Raumklima in Großraumbüros, mangelnde Akzeptanz der Beschäftigten gegenüber energiesparendem Verhalten bis hin zu Problemen bei der Gebäudeautomatisation.

Ergänzend zu raumklimatischen Aspekten wurden in dem Fragebogen Einstellungen und Meinungen zu Umwelt- und Energiethemen erfasst, die in Bild 5.5-7 zusammengefasst sind.

Nach Betrachtung der Datenstruktur wurde deutlich, dass keine Möglichkeit gegeben war, Verbrauchswerte in die Evaluation der Intervention einzubeziehen, da Stromverbräuche einzelner Verbraucher(gruppen) nicht extrahiert werden konnten. Allerdings waren dezidierte Einsparungen auch nicht vorrangiges Ziel der Maßnahme, sondern die Nutzer sollten zunächst das Gebäudekonzept besser verstehen und in Verbindung mit dem Aspekt Komfort für energiesparendes Verhalten sensibilisiert werden.

Eine weitere Informationskampagne wurde im Gebäude der Behörde für Stadtentwicklung und Umwelt (BSU) (Kapitel 10.2) durchgeführt. Hier standen manuell bedienbare Lüftungsklappen in der Außenfassade der Büros sowie der Sonnen- (außenliegend) und Blendschutzs (innenliegend) im Fokus. Die Arbeiten waren zum Zeitpunkt der Drucklegung dieses Buches noch nicht abgeschlossen [Ref 5.5-10].

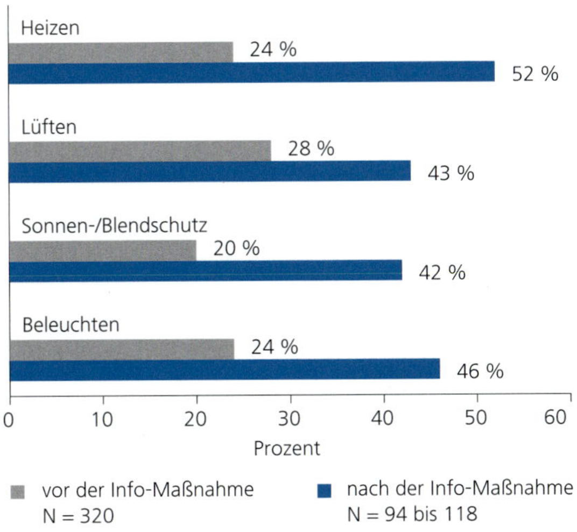

Bild 5.5-6
Der Informationsstand vor und nach der Maßnahme (dargestellt sind zusammengefasste Prozentangaben der Antwortkategorien „gut informiert" und sehr gut informiert") (Quelle: KIT, fbta)

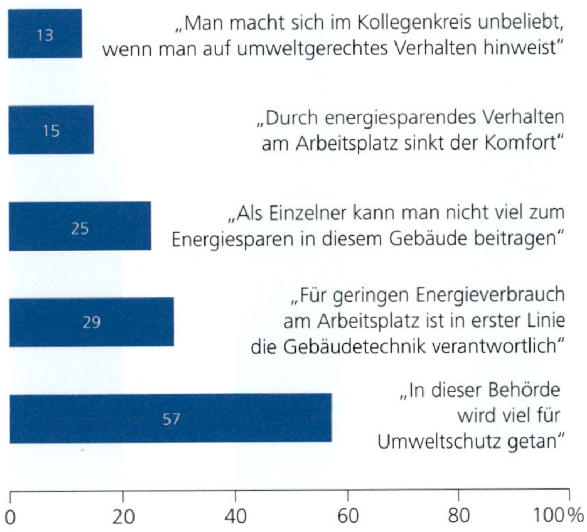

Bild 5.5-7
Angaben zu Umweltthemen (zusammengefasst sind die Kategorien ‚stimme eher zu' und ‚stimme völlig zu') (Quelle: KIT, fbta)

Referenzen, Anmerkungen

Ref 5.5-1
Deuble, M.; Dear, R. de: Green occupants for green buildings: The missing link? In: Windsor Conference 2010: Adapting to change: New thinking on comfort. Cumberland Lodge, Windsor (UK), 9-11 April 2010. Network for Comfort and Energy Use in Buildings, London (UK) (Ed.). http://nceub.org.uk/dokuwiki/doku.php?id=nceub:members:windsorconference2010
(Aufruf 10.11.2015)

Ref 5.5-2
Paciuk, M.: The Role of Personal Control of the Environment in Thermal Comfort and Satisfaction at the Workplace. In: Coming of Age. Proceedings of 21th Annual Conference of the Environmental Design Research Association, Champaign-Urbana, Illinois (USA), 6-9 April 1990, p. 303-310
http://www.edra.org/content/edra-proceedings
(Aufruf 10.11.2015)

Ref 5.5-3
Ackerly, K.; Brager, G.: Window signaling strategies and occupant behavior. In: Building Research & Information. Vol. 41 (2013), Issue 3, p. 342-360
https://escholarship.org/uc/item/4133390m.
(Aufruf 10.11.2015)

Ref 5.5-4
Frontzak, M.; Schiavon; S., Goins, J. u. a.: Quantitative relationships between occupant satisfaction and satisfaction aspects of indoor environmental quality and building design. Center for the Built Environment (CBE), Berkeley (USA) (Ed.). 2012
http://www.escholarship.org/uc/item/1wc7t219
(Aufruf 10.11.2015)

Ref 5.5-5
Schweiker, M.; Brasche, S.; Bischof, W. u. a.: Explaining the individual processes leading to adaptive comfort – exploring physiological, behavioural and psychological reactions to thermal stimuli. In: Journal of Building Physics. Vol. 36 (2013), Issue 4, p. 438-463

Ref 5.5-6
Veitch, J. A.; Newsham, G. R.: Exercised control, lighting choices, and energy use: An office simulation experiment. In: Journal of Environmental Psychology, 20 (2000), Issue 3, p. 219-237

Ref 5.5-7
Bordass, B.; Leaman, A.; Bunnn, R. (2007). Controls for End Users: a guide for good design and implementation. Building Controls Industry Association (BCIA), Harlow, Essex (UK) (Ed.). 2007

Ref 5.5-8
Matthies, E.; Kastner, I.; Klesse, A. u. a.: High reduction potentials for energy user behavior in public buildings: how much can psychology-based interventions achieve? In: Journal of Environmental Studies and Science. Vol. 1 (2011), Issue 3, p. 241-255

Ref 5.5-9
Stumpf, M.: Verhaltensänderungen und organisatorisch-technische Optimierungen - ein starkes Team bei der Energieeinsparung. Erfahrungen und Erkenntnisse aus psychologischen Studien zum Energienutzungsverhalten an Hochschulen. Dissertation, UniversitätFreiburg. Wirtschafts- und Verhaltenswissenschaftliche Fakultät , 2014
URN: urn:nbn:de:bsz:25-opus-93409
http://www.freidok.uni-freiburg.de/volltexte/9340/
(Aufruf 14.11.2015)

Ref 5.5-10
http://www.enob.info/de/neubau/projekt/details/herausragende-architektur-mit-nachhaltigkeitszertifikat
(Aufruf 10.11.2015)

6 Raumklima im Detail

Karsten Voss

In den Industrienationen verbringt der Mensch rund 80 bis 90 % seines Lebens „indoor“, den weitaus größten Teil davon in Gebäuden. Gebäude sollten sich daher durch ein gleichermaßen gesundes wie angenehmes Raumklima, frische und schadstoffarme Luft, überzeugende Lichtverhältnisse und gute Raumakustik auszeichnen. Ein Gebäude zu entwerfen und zu planen bedeutet auch, diese nicht auf den ersten Blick erkennbare sondern nur berechenbare, erfahrbare oder messbare Qualität – die raumklimatische Performance – gezielt zu entwickeln.

Aufgrund systematischer Forschungsarbeiten der letzten 50 Jahre ist für sehr viele Nutzungsbereiche bekannt, welche Bandbreiten physikalischer Größen für das Wohlbefinden und die Gesundheit von Menschen in Gebäuden maßgeblich sind. Der Zusammenhang zwischen der raumklimatischen Performance und der kognitiven Leistungsfähigkeit von Menschen wurde in Studien wissenschaftlich untersucht. Wenngleich sich ihre Ergebnisse im Detail unterscheiden, so wird doch deutlich, dass Wohlbefinden und Leistungsfähigkeit signifikant abnehmen, wenn die Luftqualität, die Lichtverhältnisse, die Raum akustik oder die Raumtemperaturen nicht in anerkannten Komfortbereichen liegen.

Das nachfolgende Kapitel stellt raumklimatische Analysen vor. Dabei werden der thermische Komfort (→ Kapitel 6.1), die Raumluftqualität (→ Kapitel 6.2), das Licht (→ Kapitel 6.3) und die Raumakustik adressiert (→ Kapitel 6.4). Grundlage ist jeweils die Untersuchung exemplarischer Räume von Gebäuden durch Simulationen und Messungen. Durch die finanzielle Förderung der Demonstrationsprojekte waren Untersuchungen in größerem Umfang möglich als in der gängigen Praxis. Die Analysen geben Hinweise für die Planung wie den Gebäudebetrieb.

Neben den vereinfachten, normativen Planungshilfsmitteln und Erfahrungswerten haben Simulationswerkzeuge Einzug in den Planungsalltag gehalten. Ihre Handhabung setzt ein hohes Maß an Spezialwissen voraus, damit eine Simulation die Planung korrekt beschreibt und Ergebnisse richtig interpretiert werden. Nur unter solchen Voraussetzungen unterstützt Simulation die Planung. Mit Simulationen können realistische Klimadaten eingesetzt werden. Ebenso können das Nutzerverhalten und Nutzungs- bzw. Verhaltensänderungen abgebildet werden. Gebäudekonzepte können auf diese Weise auf ihre raumklimatische Robustheit und damit auf ihre Zukunftsfähigkeit überprüft werden.

Dass Raumklima, Luftqualität, Beleuchtung und Raumakustik den Planungszielen entsprechen, ist keine Selbstverständlichkeit. Hierzu sind neben einer qualifizierten Planung und Ausführung in vielen Bereichen auch eine koordinierte Inbetriebnahme und die regelmäßige Optimierung des Gebäudebetriebs erforderlich.

6.1 Thermischer Komfort

Doreen Kalz
Sebastian Herkel

Thermischer Komfort stellt sich dann ein, wenn unser Körper in einem thermischen Gleichgewicht mit der Umgebung steht und das Umgebungsklima unserer Erwartung entspricht [Ref 6.1-1, Ref 6.1-2].

6.1.1 Thermischen Komfort planen

Anforderungen der Normung

Als Resultat der normativen Vorgaben der EnEV 2016 [Ref 6.1-3, Ref 6.1-4] beim Neubau oder der wärmetechnischen Sanierung von Bestandsgebäuden und der heizungstechnischen Auslegung kann thermischer Raumkomfort in der Heizperiode zumeist gewährleistet werden. Der sommerliche Raumkomfort und die Überwärmung von Aufenthaltsräumen werden aber in der Planung gesondert berücksichtigt. Insbesondere bei Konzepten mit begrenzter Kühlleistung, zum Beispiel bei Nachtlüftung oder bei Kühlkonzepten mit Umweltwärmesenken und Bauteilaktivierung, muss beurteilt werden, wie stark und häufig bestimmte Raumtemperaturen möglicherweise überschritten werden. Im Kontext der Regeln zur Energieeinsparung und thermischen Behaglichkeit muss bei der Planung eines Gebäudes als rechtsverbindlich anzuwendende Vorschrift für alle Räume mit einer üblichen Innenraumtemperatur größer 19 °C der Nachweis eines ausreichenden sommerlichen Wärmeschutzes geführt werden (EnEV 2016, §3 Abs. 4) [Ref 6.1-3], der in der DIN 4108-2 [Ref 6.1-12] festgelegt ist (→ Infobox / → Kapitel 11.1-4).

„Damit soll bereits durch bauliche Maßnahmen weitgehend verhindert werden, dass unzumutbare Innenraumtemperaturen entstehen, die maschinelle und kühl-intensive Kühlmaßnahmen zur Folge haben" [Ref 6.1-12].

Das Nachweisverfahren der DIN 4108-2 sichert die Mindestanforderungen an den sommerlichen Wärmeschutz von Gebäuden unter standardisierten Nutzungsbedingungen, garantiert aber nicht, dass ein unkritisches sommerliches Temperaturverhalten in allen Teilen eines Gebäudes erwartet werden kann. Die Norm weisst explizit darauf hin, dass Berechnungsergebnisse aufgrund standardisierter Randbedingungen nur bedingt Rückschlüsse auf tatsächliche Überschreitungshäufigkeiten erlauben. Eine kritische Überprüfung der Nutzungsbedingungen des Gebäudes hinsichtlich der Übereinstimmung mit denen im normativen Nachweisverfahren muss daher Bestandteil der Planung sein.

Die Europäische Norm DIN EN 15251 [Ref 6.1-2] stellt mit zwei Komfortmodellen – dem PMV und dem adaptivem Modell – verbindliche Vergleichskriterien zur Bewertung des thermischen Komfort in der Heiz-und Kühlperiode zur Verfügung (→ Kapitel 11.1-4). Das erlaubt eine Klassifizierung der Räume in unterschiedliche Komfortklassen. Damit kann über die Anforderungen nach DIN 4108-2 hinaus ein planerisches Ziel definiert und beispielsweise in einem Miet- oder Kaufvertrag als Eigenschaft zugesichert werden.

Anforderungen an die lokale thermische Behaglichkeit, wie zum Beispiel Zugluft, vertikale Temperaturgradienten, Oberflächentemperaturen und Strahlungsasymmetrie, werden in der DIN EN ISO 7730 beschrieben [Ref 6.1-1].

Anforderungen des Arbeitsrechts

Die Arbeitsstättenverordnung ASR 3.5 in der Fassung von 2010 [Ref 6.1-11] (→ Infobox 11.1-4) fordert während der Arbeitszeit unter Berücksichtigung der körperlichen Beanspruchung der Beschäftigten und des spezifischen Nutzungszwecks des Raumes eine „gesundheitlich zuträgliche Raumtemperatur". Abweichend von der DIN 4108-2 und der DIN 15251 nutzt die ASR die Lufttemperatur und nicht die operative (empfundene) Raumtemperatur als Bewertungsmaßstab. Eine Lufttemperatur von 26 °C soll nicht überschritten werden. Unter sommerlichen Bedingungen mit Außentemperaturen über 26 °C sind höhere Raumlufttemperaturen aber zulässig, sofern ein geeigneter Sonnenschutz verwendet wird und darüber hinaus zusätzliche Maßnahmen ergriffen werden, wie zum Beispiel eine effektive Steuerung der Lüftungseinrichtung oder Reduzierung der inneren thermischen Lasten. Mit den normativen Vorgaben der DIN 4108-2 und der DIN 15251 können somit die Anforderungen der Arbeitsstättenrichtlinie in der Regel gewährleistet werden.

Anforderungen des Mietrechts

Bei vermieteten Räumen besteht die rechtliche Verpflichtung eines Vermieters, „die Mietsache in einem zum vertragsgemäßen Gebrauch geeigneten Zustand zu überlassen und sie während der Mietzeit in diesem Zustand zu erhalten" (§ 535 I 2 BGB). Werden Räume als Büros vermietet, müssen sie dazu auch geeignet sein, also z. B. die Anforderungen aus der DIN EN 15251 einhalten [Ref 6.1-18] (→ Kapitel 5.2 und 4.3).

Anforderungen aus der Gebäudezertifizierung

In der Zertifizierung des DGNB und des BNB [Ref 6.1-14, Ref 6.1-19] werden zur Bewertung der thermischen Behaglichkeit im Winter- und Sommerbetrieb die Anforderungen der DIN EN 15251 [Ref 6.1-2] zur Punktevergabe zugrunde gelegt.

Anforderungen bei der Planung von Bundesgebäuden

Für Vorhaben des Bundes hat das BMUB einen Erlass [Ref 6.1-15] herausgegeben, nach dem alle Neu-, Um- und Erweiterungsbauten so zu planen und auszuführen sind, dass Raumtemperatursollwerte in normalen Büroräumen im Sommer möglichst ohne Einsatz maschineller Kühlung eingehalten werden können. Soweit eine maschinelle Kühlung notwendig ist, sollen die dafür erforderlichen Anlagen mit möglichst wenig fossiler Energie betrieben werden. Zudem enthält die Richtlinie gesonderte Bestimmungen für die Durchführung einer dynamischen thermischen Gebäudesimulation zur Bewertung des thermischen Komforts (→ Kapitel 11.3).

Bewertung von Kühlkonzepten in der Planung mittels thermischer Simulation

Bei der Umsetzung von großen Neu- und Umbaumaßnahmen werden im Zuge des Planungsprozesses oft Simulationsrechnungen für den sommerlichen Wärmeschutz durchgeführt, auf deren Basis wichtige Entscheidungen technischer und hieraus resultierend monetärer Art für die weitere Umsetzung des Bauvorhabens getroffen werden. Die simulationsgestützte Planung erlaubt es, unterschiedliche Technologien und Kühlkonzepte vergleichend zu bewerten.

Wichtig ist, verbindliche Vorgaben für die Qualitätssicherung der thermischen Gebäudesimulation zu treffen – unabhängig von den eingesetzten Simulationswerkzeugen. Adäquate Werkzeuge müssen neben der Beschreibung bauphysikalischer und anlagentechnischer Parameter auch das Nutzerverhalten, Lüftungskonzepte und – bei bestimmten Versorgungskonzepten – auch das Mikroklima am Gebäude und den Fassaden abbilden können. Für Sonderbereiche eines Gebäudes wie zum Beispiel Atrien ist im Planungsprozeß unter Umständen auch eine ortsaufgelöste Darstellung der sich einstellenden Raumklimaparameter erforderlich (→ Kapitel 11.3).

6.1.2 Thermischer Komfort in der Gebäudepraxis

Über Gebäudeleitsysteme sind heute in der Regel Daten zur Raumtemperatur, relativen Raumluftfeuchte, Außentemperatur am Gebäude und anlagentechnischen Parametern (Temperaturen, Betriebszeiten etc.) verfügbar. Ergänzend können Feldmessungen mit mobiler Messtechnik über mehrere Wochen durchgeführt werden, in denen neben den Raumkomfortparametern auch das Nutzerverhalten (Öffnen/Schließen von Fenstern und Sonnschutz) und bauphysikalische Eigenschaften des Raumes (Oberflächentemperaturen, thermische Wirksamkeit der Lüftung, Luftgeschwindigkeiten an Lüftungsein- und -auslässen etc.) erfasst werden. Zur Beurteilung des Raumklimas wird unbeachtet von örtlichen Unterschieden im Raum lediglich eine einheitliche operative Raumtemperatur, im Folgenden „Raumtemperatur", verwendet. Diese Raumtemperatur ist bei geringen Luftgeschwindigkeiten unter 0,2 m/s der Mittelwert von mittlerer Lufttemperatur und Strahlungstemperatur. Die Strahlungstemperatur bezeichnet dabei die flächengemittelte

Temperatur aller Raumumschließungsflächen. Nach dieser Definition ist die operative Raumtemperatur mit Hilfe einer Simulation zu berechnen bzw. zu messen. Die Messeinrichtungen für die Bewertung des thermischen Raumklimas müssen die Anforderungen nach EN ISO 7726 erfüllen [Ref 6.1-5] (→ Kapitel 11.2 / Infobox „Messen der Raumtemperatur“).

6.1.3 Thermischen Komfort bewerten

Zur Bewertung des thermischen Komforts in der Praxis sind je nach Gebäudekonzept unterschiedliche Normen und Richtlinien heranzuziehen (→ Kapitel 11.1.4) [Ref 6.1-2].

Komfortmodell: Viele Büro- und Verwaltungsgebäude lassen sich anhand des jeweiligen Kühlkonzepts nicht ohne Weiteres einem bestimmten Komfortmodell zuordnen. Beispielsweise nutzen Gebäude freie oder maschinelle Nachtlüftung in Kombination mit einer aktiven bzw. unterstützenden Kühlung. Empfohlen wird, Gebäude mit freier und maschineller Lüftung sowie mit passiven Kühlmaßnahmen (z. B. Sonnenschutz oder Fensterlüftung) nach dem adaptiven Komfortmodell nach DIN EN 15251 zu bewerten, da sich die Nutzer hier an das Außenklima anpassen. Hingegen sollte der Raumkomfort in Gebäuden mit einer Voll-/Teilklimatisierung, Umluftkühlung und wassergeführten Flächenkühlung nach dem PMV-Komfortmodell bewertet werden. Auch in diesen Gebäuden scheinen sich die Nutzer an das Außenklima anzupassen, haben aber eine höhere Erwartungshaltung an den Raumkomfort, was sich in einem anderen Komfortbereich widerspiegelt.

Komfortklassen für thermischen Raumkomfort: Der Raumkomfort wird entsprechend der definierten Komfortklassen I bis III gemäß DIN EN 15251 bewertet. Für neue und renovierte Gebäude mit einem normalen Maß an Erwartungen wird die Klasse II empfohlen.

Nutzungszeiten: Der thermische Raumkomfort wird ausschließlich während der Anwesenheitszeit der Nutzer bewertet, z. B. werktags von 8:00 bis 19:00 Uhr. Feiertage und Urlaubszeiten werden nicht gesondert berücksichtigt.

Gebäudefläche: Im untersuchten Gebäude werden repräsentative Büroräume, die zur Bewertung des thermischen Komforts herangezogen werden, vermessen bzw. planerisch bewertet.

Saisonale Bewertung: Die Bewertung des thermischen Raumkomforts, d. h. die Überschreitungshäufigkeit der definierten Raumtemperaturgrenzen, erfolgt für die gesamte Sommerperiode und nicht auf Tages- oder Wochenbasis.

Definition Sommerperiode: Für die Unterscheidung von Winter- zu Sommerperiode wird ein gleitender Tagesmittelwert für die Außentemperatur (→ Kapitel 11.2-4 / Infobox „Komfortmodelle“) von 15 °C empfohlen.

Toleranzbereich der Komfortbewertung: In den Büroräumen weicht die gemessene Raumtemperatur während der Anwesenheitszeit der Nutzer in der Sommerperiode um nicht mehr als 5 % von den Grenzwerten ab.

Ergebnisdarstellung: Die Ergebnisse der Messkampagnen bzw. Planung werden in einer Komfortgrafik und einem thermischen „Fußabdruck“ für statistische Datenauswertung dargestellt (Bild 6.1-1, 6.1-5). In der Komfortgrafik wird gemäß des geforderten Komfortmodells die mittlere, stündlich gemessene bzw. simulierte Temperatur der Referenzräume über dem gleitenden Mittel der Außentemperatur dargestellt. Zusätzlich stellt die Grafik die Raumtemperaturgrenzwerte der Klassen I bis III dar. Der thermische „Fußabdruck“ zeigt die prozentuale Anwesenheitszeit, während der das Gebäude die Grenzwerte der thermischen Komfortkategorien I bis III einhält. Mit entsprechenden Gebäudesignaturen können Qualitätskriterien für Gebäude- und Energiekonzepte, wie zum Beispiel Energiebezug, Energieeffizienz und thermischer Raumkomfort, in einen Zusammenhang gebracht und die Zielstellung aus der Planung überprüft werden.

6.1.4 Erfahrungen aus dem Gebäudemonitoring von Büro- und Verwaltungsgebäuden

In 35 deutschen und 7 anderen europäischen Büro- und Verwaltungsgebäuden wurden auf Basis von Monitoringkampagnen über mehrere Betriebsjahre

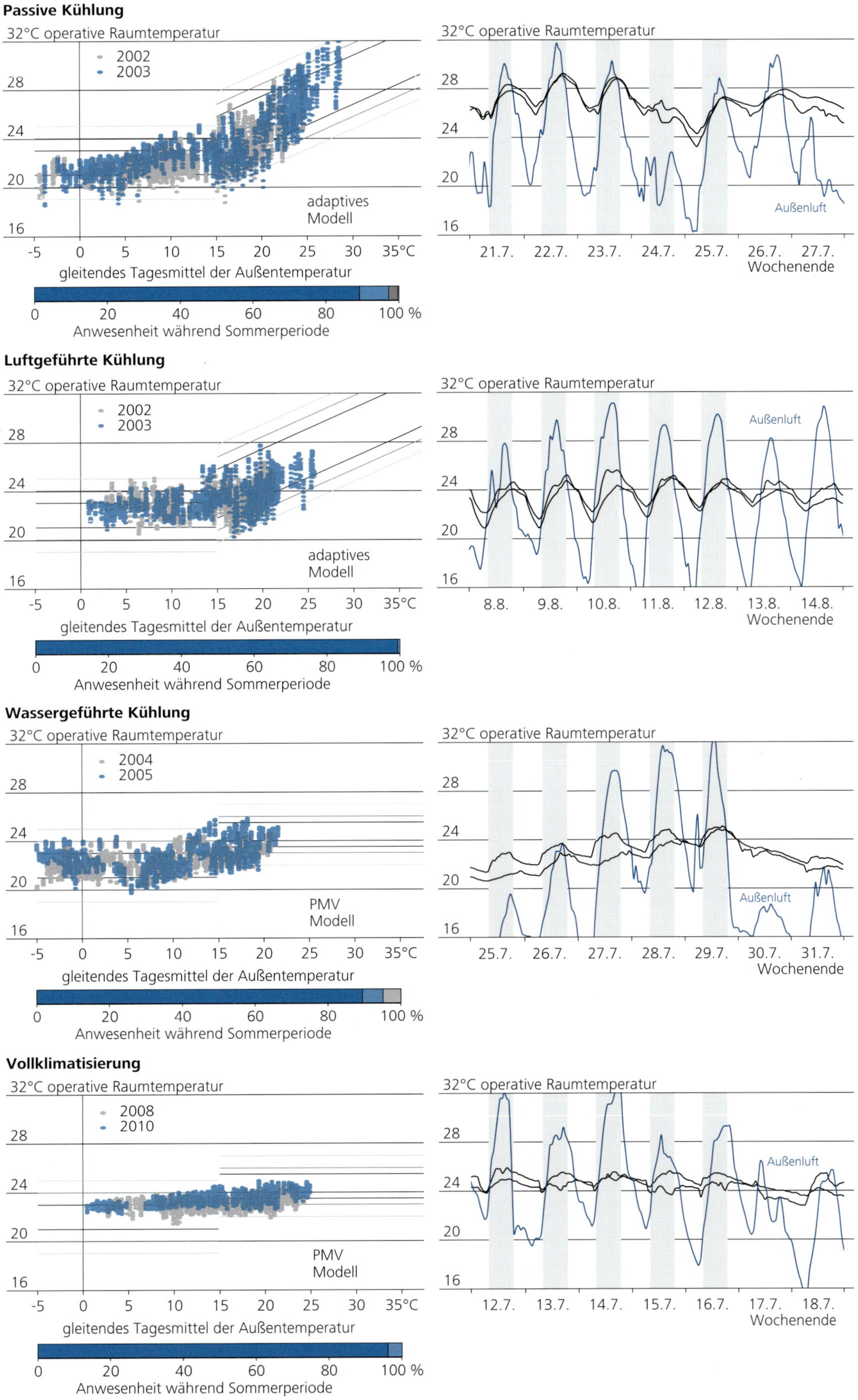

Bild 6.1-1
Thermischer Raumkomfort während der Anwesenheit der Nutzer im Sommer exemplarisch dargestellt für ein Demonstrationsgebäude pro Kühlkonzept.

Links: Stündliche operative Raumtemperatur [°C] während der Anwesenheit der Nutzer dargestellt über dem gleitenden Tagesmittel der Außentemperatur [°C]. Der Balken zeigt die prozentuale Anwesenheit [%] im Sommer, wenn die Anforderungen der Komfortklassen I (dunkelblau), II (hellblau) und III (grau) erfüllt sind (nur Überschreitung der oberen Temperaturgrenzen). Bewertung nach adaptiven (passive und luftgeführte Kühlung) und PMV-Komfortmodell (wassergeführte Kühlung und Klimatisierung).

Rechts: Stündliche operative Raumtemperatur [°C] für zwei Referenzräume sowie Außentemperatur für eine warme Sommerwoche. Die Anwesenheitszeit ist durch graue Balken gekennzeichnet.

(Quelle: Fraunhofer ISE.)

Raum- und Außentemperaturwerte in zeitlich hoher Auflösung erfasst und der thermische Raumkomfort nach dem zuvor vorgestellten Verfahren ausgewertet [Ref 6.1-6]. Die vier Kühlkonzepte sind schematisch in Bild 8.3-1 dargestellt (→ Kapitel 8.3 und 8.7).

Bauliche Maßnahmen zur passiven Kühlung

In Gebäuden mit ausschließlich baulichen Maßnahmen zur passiven Kühlung, d. h. dem Einsatz von Technologien ohne Aufwand von Hilfsenergie (Bild 6.1-1, 6.1-2), sind durch die Ausstattung mit PCs und anderen wärmeabgebenden Geräten und die gegebenenfalls dichte Raumbelegung in der Sommerperiode relativ hohe Raumtemperaturen zu erwarten. Die Komfortanforderungen der Klasse II nach dem adaptiven Komfortmodell der DIN EN 15251 werden in den untersuchten Gebäuden aber zu 88 bis 98 % der Anwesenheit eingehalten. Im Mittel liegen die Raumtemperaturen während der Anwesenheit im Sommer in einem Bereich von 23 bis 27,5 °C. Während sommerlicher Hitzeperioden steigen die Raumtemperaturen deutlich über 28 °C. Jedoch werden nur bei hohen Außentemperaturen mit einem gleitenden Mittelwert über 30 °C die Komfortanforderungen der Klasse III des adaptiven Komfortmodells sehr selten und an wenigen Stunden verletzt. Weiterhin wird deutlich, dass die Raumtemperaturen bei erhöhten Außentemperaturen sehr schnell ansteigen; die Raumtemperaturen schwanken über der Anwesenheitszeit im Mittel bis zu 3 Kelvin pro Tag. Außerhalb der Anwesenheit bzw. in den Nachtstunden sinken die Raumtemperaturen nur langsam und geringfügig im Mittel um 1 bis maximal 3 Kelvin. Die Wärmeabfuhr in der Nacht mittels freier Nachtlüftung ist zum einen abhängig vom Nutzerverhalten und zum anderen von der Lüftungseffektivität (→ Kapitel 8.3 und 8.7). Zeitweise werden in Sommerperioden mit moderaten Außentemperaturen bzw. in der Übergangszeit mit gleitenden Tagesmitteln der Außentemperatur von 15 bis 20 °C die unteren Komfortgrenzen unterschritten, da die freie Lüftung über Fenster und Lüftungsklappen keine „aktive" Regelung der Raumtemperatur erlaubt. Die Raumtemperaturen fallen jedoch nur sehr selten unter Werte von 20 °C.

Luftgeführte Kühlung

Eine maschinelle Nachtlüftung mit Zu- und/oder Abluftanlagen (Bild 6.1-1 bis 6.1-5) kann in Gebäuden eine wichtige Rolle im Kühlkonzept übernehmen (→ Kapitel 8.3 und 8.7) [Ref 6.1-16]. Die Erfahrung mit per Nachtlüftung „gekühlten" Niedrigenergie-Bürogebäuden zeigt, dass im Sommer angenehme Raumtemperaturen erreicht werden und die Nutzer das Raumklima zumeist positiv bewerten. Bei mess-

Messen der Raumtemperatur

Nach DIN 15251 [Ref 6.1-2] werden Messungen der Raumtemperatur in repräsentativen Räumen unterschiedlicher Bereiche und Ausrichtungen, mit unterschiedlichen Lasten in typischen Betriebsphasen durchgeführt. Die operative Raumtemperatur bzw. Empfindungstemperatur sollte dabei mit einem Globethermometer (geschwärzte Kugel, in deren Mitte sich ein Temperaturfühler befindet) erfasst werden, das in Raummitte oder am Arbeitsplatz der Nutzer in Kopfhöhe positioniert wird. Die in der Gebäudeautomation vorgesehenen Raumfühler zur Temperaturmessung können zur Erfassung der operativen Raumtemperatur und damit der Bewertung des thermischen Komforts in Büroräumen herangezogen werden. Wesentlich ist hier eine hohe Genauigkeit der Fühler (Angabe in prozentualer Abweichung vom Messbereich).

Weiterhin ist darauf zu achten, dass die Fühler nicht von direkter Solarstrahlung oder Abwärme von Geräten beeinflusst werden, da nur die Strahlungstemperaturen der Umfassungsflächen in die gemessene Temperatur eingehen dürfen. Messbereiche, Messgenauigkeiten und Einstellzeiten von Messwertaufnehmern sind in der EN ISO 7726 [Ref 6.1-5] definiert. Außenlufttemperaturen werden möglichst direkt am Gebäudestandort ohne Einwirkung direkter Solarstrahlung gemessen. Die Messpunkte sollten kontinuierlich in hoher Abtastrate (5 bis 10 Minuten) erfasst und daraus Stundenmittelwerte berechnet werden.

technisch untersuchten Gebäuden wird die Komfortklasse II nach adaptivem Komfortmodell zu 80 bis 100 % erreicht. Die mittleren operativen Raumtemperaturen liegen bei den meisten Gebäuden zwischen 23 und 27,5 °C, die maximalen Raumtemperaturen zwischen 26 und 30,5 °C. Die Tagesamplituden der Raumtemperatur zur Anwesenheit der Nutzer liegen in gleicher Größenordnung wie bei den Gebäuden mit passiver Kühlung; im Mittel steigt die Temperatur über der Anwesenheitszeit zwischen 1 bis 3 Kelvin an. Die Raumtemperaturen sinken in der Nacht um bis zu 4 Kelvin. Bei lang anhaltenden Hitzeperioden verhindern relativ hohe Außentemperaturen in der Nacht eine ausreichende Kühlung der thermischen Gebäudemasse. Dann reichen bauliche Maßnahmen und eine maschinell unterstützte Nachtlüftung oft nicht aus, um tagsüber die Raumtemperaturen auf Werte von 28 °C zu begrenzen.

Wassergeführte Kühlung

Erheblich wirkungsvoller sind thermoaktive Bauteilsysteme (→ Kapitel 8.4), eine Form der wassergeführten Kühlung (Bild 6.1-1 bis 6.1-5) [Ref 6.1-13]. Hierbei wird die Gebäudestruktur mit bauteilintegrierten Rohrregistern gekühlt, um das Raumklima komplett oder unterstützend zu konditionieren. Detaillierte messtechnische Untersuchungen zeigen, dass durch Kühlung mit thermoaktiven Bauteilsystemen (im Speziellen Betonkernaktivierung) die geforderten Raumtemperaturen nach dem PMV-Komfortmodell unter Berücksichtigung des Nutzerverhaltens i. d. R. eingehalten werden können. Die mittleren Raumtemperaturen liegen in einem Bereich von 22,5 bis 25,5 °C und damit deutlich unter den gemessenen Werten in den Gebäuden mit passiver und luftgeführter Kühlung. Auch bei erhöhten Außentemperaturen mit einem gleitenden Tagesmittel größer 22 °C sind die maximalen Raumtemperaturen in der Regel auf einen Bereich von 27 bis maximal 28 °C begrenzt. Die Raumtemperaturen schwanken nur relativ geringfügig über den Tag, d. h. bei den meisten Gebäuden liegt der Temperaturanstieg über die Anwesenheit im Mittel zwischen 0,5 und 2,5 Kelvin. In den untersuchten Nichtwohngebäuden wird insbesondere zu Beginn der Sommerperiode eine teilweise deutliche Unterschreitung der unteren Komfortgrenze festgestellt. Damit verbunden sind ein erhöhter thermischer Kühlenergieaufwand und unter Umständen Komforteinschränkungen, d. h. die Temperaturen können vom Nutzer als „zu kühl" empfunden werden. Betriebs- und Regelalgorithmen (z. B. Betriebszeiten, Vorlauftemperatur, Volumenströme) für die Kühlsysteme

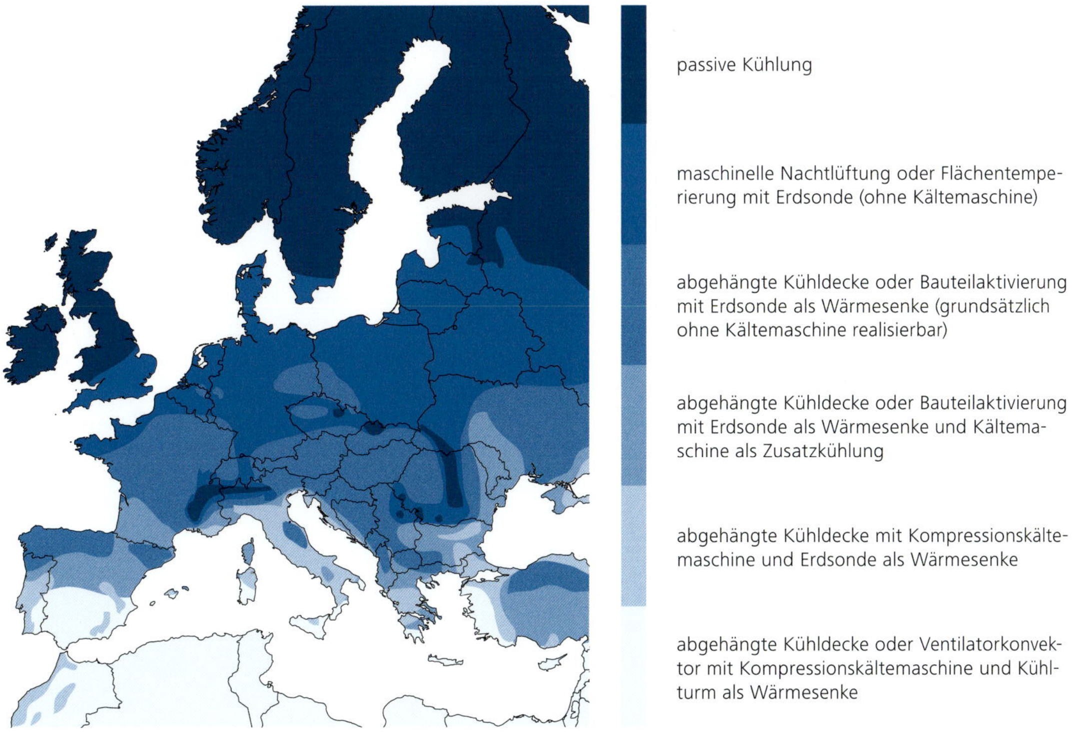

Bild 6.1-2
Bewertung von Kühlkonzepten im Europäischen Vergleich. (Quelle: Fraunhofer ISE)

müssen die Raumtemperatur der Büroräume oder ausgewählter Referenzräume für die jeweilige thermische Zone als Regelgröße berücksichtigen. Erfüllt das Gebäude nur selten die Anforderungen an das Raumklima (Bild 6.1-5, Klasse III oder außerhalb der definierten Klassen), liegen die Ursachen oft bei einer veränderten Nutzung mit höheren internen Lasten, dem nachträglichen Verzicht auf einen Sonnenschutz, einer unzureichenden Dimensionierung der Übergabesysteme und Wärmesenken oder auch einer fehlerhaften Betriebsführung, wie zum Beispiel erhöhten Vorlauftemperaturen, fehlerhafte Freigabe des Kühlbetriebs und gleichzeitiger Heiz- und Kühlanforderung innerhalb eines Betriebstages.

Luftgeführte Teil- und Vollklimatisierung

Eine luftgeführte Teil- oder Vollklimatisierung (Bild 6.1-1, 6.1-4 und 6.1-5) kann durchgängig eine ausreichend hohe Kühlleistung bereitstellen, um auch hohe Komfortansprüche zu erfüllen. Auch zu Zeiten mit hohen Außentemperaturen (gleitendes Tagesmittel zwischen 26 und 32 °C) liegen die gemessenen Raumtemperaturen innerhalb der geforderten Komfortgrenzen des PMV-Komfortmodells, d. h. Raumtemperaturen liegen in der Regel zwischen 24 und 26 °C und sind nur sehr geringen Tagesschwankungen unterworfen.

Beispiel: Kühlkonzepte in unterschiedlichen europäischen Klimazonen

In nordeuropäischen Klimaten können interne und solare Wärmelasten durch eine natürliche Lüftung am Tag und eine Nachtlüftung aufgrund der kühleren Umgebungsluft effizient abgeführt werden. Vorausgesetzt, die Gebäude werden explizit für dieses Konzept unter den spezifischen Bedingungen vor Ort geplant. Dennoch verbessert auch hier eine maschinelle Nachtlüftung die Regelbarkeit und die Wärmeabfuhr während hochsommerlicher Perioden. Eine aktive wassergeführte Kühlung mittels Umweltwärmesenken oder sogar Kompressionskälte ist nur bei sehr hohen Komfortanforderungen und eingeschränktem Nutzereinfluss unterstützend erforderlich.

Kühlenergiekonzepte mit thermoaktiven Bauteilsystemen und Umweltenergie stellen für das mitteleuropäische Klima eine energieeffiziente Lösung dar, können aber aufgrund von Systemträgheiten und systembedingten Temperaturen keine stringenten Raumtemperatursollwerte gewährleisten. Sollen bestimmte Raumtemperaturen erreicht werden, ist ein zusätzliches, regelbares und schnell reagierendes Heiz- und Kühlsystem erforderlich, z. B. bei Bekleidungsvorschriften oder fehlender Möglichkeit, Fenster zu öffnen.

In südeuropäischen Klimaten ist aufgrund der lang anhaltenden Hitzeperioden mit hohen Außentemperaturen eine höhere Kühlleistung erforderlich. Aufgrund der geringen Temperaturdifferenz zwi-

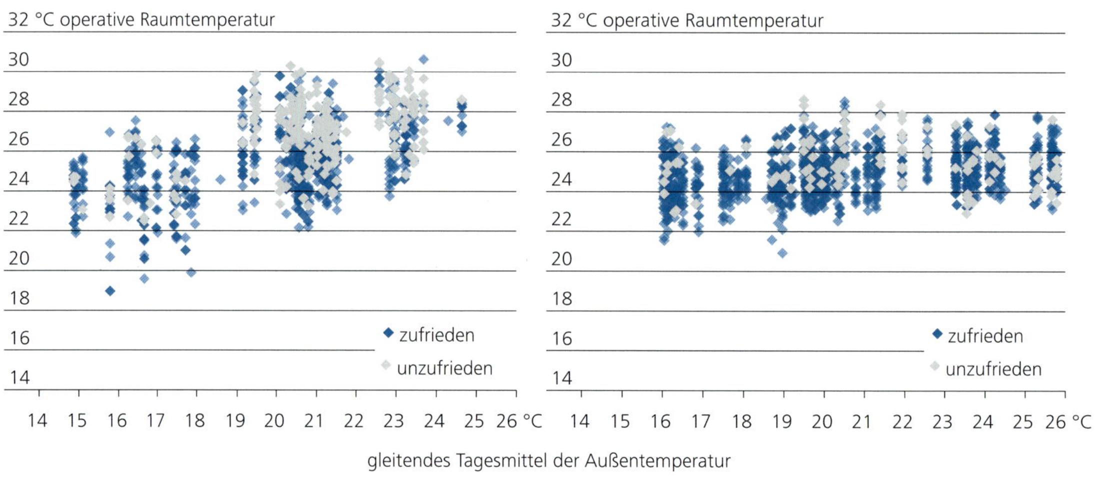

Bild 6.1-3
Nutzerzufriedenheit mit der Raumtemperatur: Stündlich gemessene, operative Raumtemperatur [°C] aufgetragen über dem gleitenden Mittel der Außentemperatur [°C] während der Anwesenheitszeit der Nutzer. Im Gebäude mit Nachtlüftung (luftgeführte Kühlung) sind 77 % der Nutzer über der gesamten Untersuchungsperiode mit der Raumtemperatur zufrieden. Anders im Gebäude mit wassergeführter Kühlung; 91 % der Befragten waren zufrieden mit der Raumtemperatur.
(Quelle: Fraunhofer ISE)

schen Raumtemperatur und Temperatur der Umweltwärmesenke (Außenluft, Erdreich) ist ein aktives Kühlsystem zum Beispiel mit Kompressionskälte – zumindest unterstützend – erforderlich.

Während in nord- und mitteleuropäischen Gebäuden ohne Klimatisierung die Anforderungen an die Raumluftfeuchte in der Regel eingehalten werden, sind in südeuropäischen Klimaten die Raumtemperatur sowie die relative Feuchte an feuchtwarmen Tagen höher, d. h. die relative Feuchte liegt im Bereich des oberen Grenzwerts der Norm. Hier erscheint eine Entfeuchtung der Zuluft – zumindest zeitweise – notwendig. Im Fall der Unterstützung durch eine Klimaanlage kann die Abfuhr der sensiblen Kühllasten durch ein wassergeführtes Flächenkühlsystem erfolgen, um die Möglichkeit einer sehr effizienten Energiebereitstellung auszunutzen (Bild 6.1-2).

Eine Vielzahl der untersuchten Gebäude unterschritten die Zielwerte für den thermischen Kühlenergiebedarf deutlich. Messwerte für den thermischen Nutzkältebezug liegen in den nord- und mitteleuropäischen Gebäuden bei rund 20 kWh$_{therm}$/(m^{2}a) und in den südeuropäischen bei rund 30 kWh$_{therm}$/(m^{2}a). Mit einem abgestimmten Gesamtkonzept aus Architektur, Bauphysik und Kühlkonzept lässt sich der Aufwand für die Kühlung deutlich reduzieren – auch in den südeuropäischen Gebäuden [Ref 6.1-7, Ref 6.1-9] (→ Kapitel 8.3).

6.1.5 Raumkomfort und Nutzerverhalten

Die Nutzung des Gebäudes sowie die Anforderungen an den Raumkomfort müssen in der Planungsphase klar definiert und im Gebäudebetrieb berücksichtig werden, denn sie haben einen entscheidenden Einfluss auf den Raumkomfort und den Energieverbrauch (Bild 6.1-4). Nach der Realisierung oder Sanierung des Gebäudes sollten die Nutzer über das Gebäude- und Energiekonzept informiert werden und verständliche Hinweise erhalten, wie sie sich verhalten sollen bzw. können, um einen hohen Raumkomfort bei niedrigem Energieverbrauch und -kosten sicherzustellen. Überzeugende Gebäudekonzepte zeichnen sich dadurch aus, dass dem Nutzer in großem Umfang Einfluss ermöglicht wird, denn die Nutzerzufriedenheit mit dem Raumkomfort erhöht sich nachweislich durch die Möglichkeiten zur effektiven Einflussnahme auf Raumbedingungen [Ref 6.1-17]. Daneben hat aber auch die Erwartungshaltung des Nutzers an Raum- und Komfortbedingungen einen entscheidenden Einfluss auf das Empfinden und die Zufriedenheit: informierte Nutzer erwarten zum Beispiel in einem Gebäude mit Nachtlüftung höhere Raumtemperaturen und akzeptieren diese auch. Dagegen haben Nutzer zum Beispiel in Gebäuden mit wassergeführter Kühlung eine höhere Erwartungshaltung an den Raumkomfort und sind mit höheren Raumtemperaturen somit unzufriedener [Ref 6.1-17] (→ Kapitel 5).

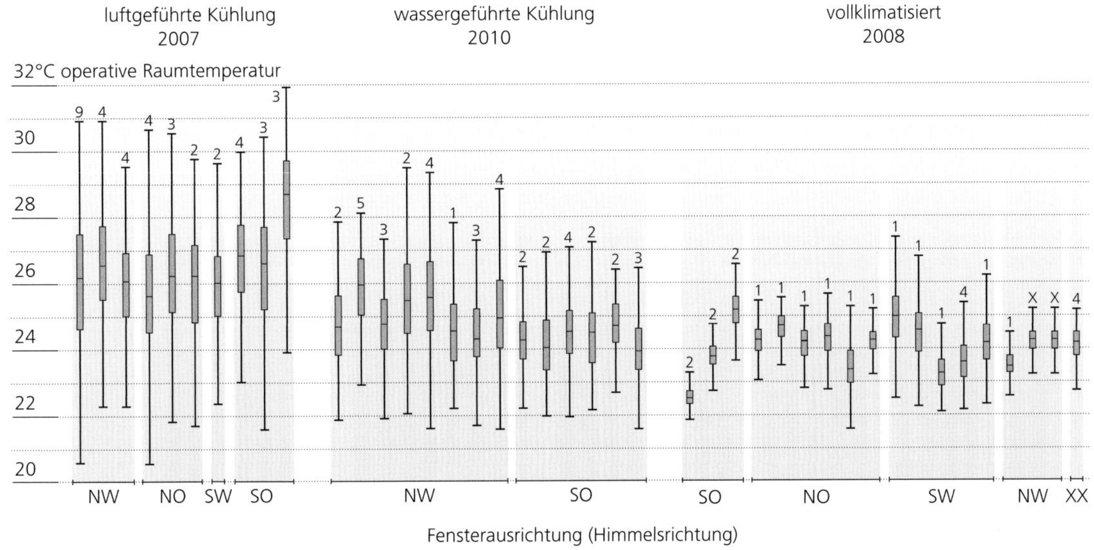

Bild 6.1-4
Raumtemperaturen während der Anwesenheit im Sommer: Darstellung für jeden vermessenen Büroraum. Operative Raumtemperaturen [°C] in den Büroräumen während der Anwesenheit der Nutzer dargestellt als Boxplot für die gesamte Sommerperiode für jeweils ein Beispielgebäude pro Kühlkonzept. Zusätzlich Anzahl der Personen pro Büroraum (Zahlenangabe je Boxplot) während der Messung und Fensterausrichtung. Keine Angabe (X).
(Quelle: Fraunhofer ISE)

Beispiel: Nutzerzufriedenheit mit dem thermischen Komfort in zwei Bürogebäuden

Umfangreiche Nutzerbefragungen in zwei neuen Bürogebäuden in Freiburg zeigen einen deutlichen Zusammenhang zwischen dem implementierten Kühlkonzept und den damit erreichten Raumtemperaturen und der Nutzerzufriedenheit mit dem Raumkomfort [Ref 6.1-10]. Ein Bürogebäude wird im Sommer mit Hilfe einer maschinellen Nachtlüftung konditioniert (Abluftanlage). Das andere Gebäude verfügt über eine Bauteilaktivierung und eine Zu- und Abluftanlage. In beiden Gebäuden haben die Nutzer Einfluss auf das Raumklima, indem sie individuell Fenster öffnen/schließen und den außen liegenden Sonnenschutz bedienen können. Zudem gibt es keine Bekleidungsvorschriften.

Die Nutzerbefragungen wurden jeweils über eine ganze Sommerperiode durchgeführt. Dabei wurde im Rahmen einer computerbasierten Befragung das Empfinden und die Zufriedenheit der Nutzer mit dem thermischen Raumkomfort täglich je einmal vormittags und nachmittags erfasst. Parallel zur Befragung wurden die operative Raumtemperatur und relative Luftfeuchtigkeit am Arbeitsplatz der Nutzer sowie das lokale Wetter erhoben.

Beim Vergleich beider Gebäude bewerten die zufriedenen Nutzer bei beiden Kühlkonzepten im Sommer im Mittel eine Raumtemperatur bis 25 °C als „neutral", von 26 bis 28 °C als „etwas warm" und darüber hinaus als „warm". Temperaturen unter 22 °C werden als „etwas kühl" empfunden. Die Anzahl unzufriedener Nutzer erhöht sich mit steigenden Raumtemperaturen. Bei beiden Kühlkonzepten bewerten die unzufriedenen Nutzer Raumtemperaturen von über 26 °C im Mittel als „warm" (Bild 6.1-3).

Mittels gemessener Raumtemperatur und gleitendem Mittelwert der Außentemperatur lässt sich ähnlich wie zur Bestimmung des Komfortmodells in der DIN EN 15251 eine Gleichung für die Raumkomforttemperatur aufstellen, mit der die Raumsolltemperatur abhängig vom gleitenden Tagesmittel der Außentemperatur berechnet werden kann, so dass die Anzahl der zufriedenen Nutzer maximal und die der unzufriedenen minimal wird.

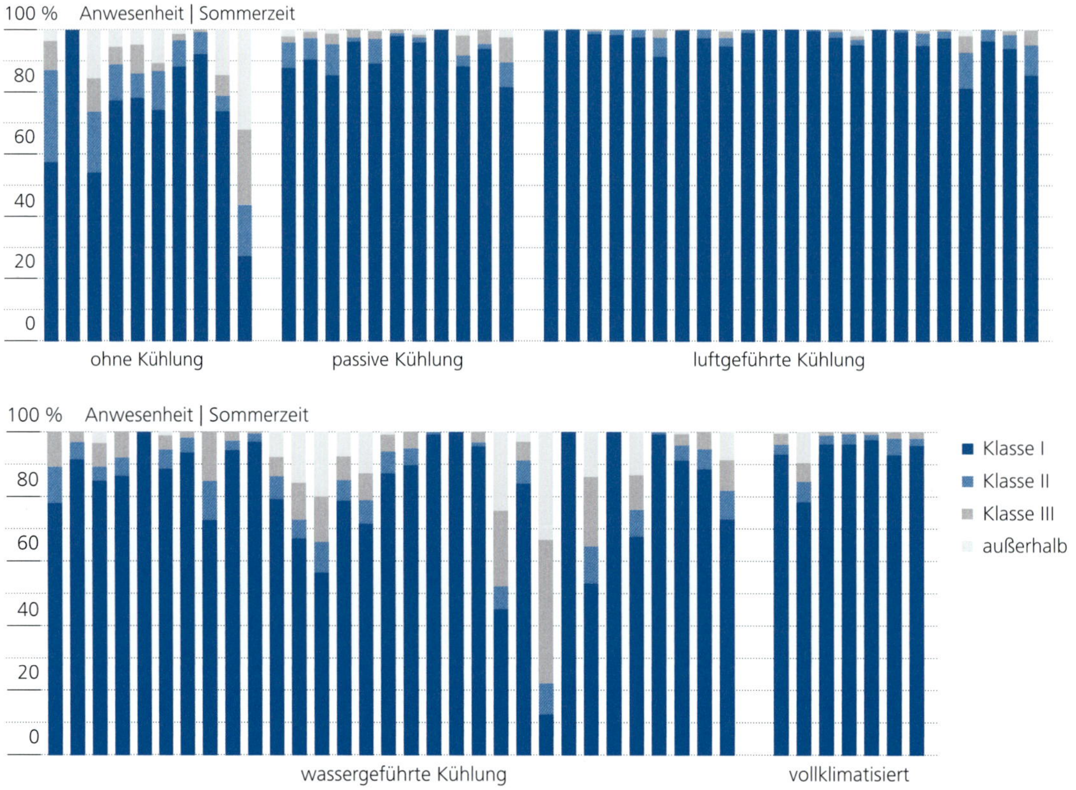

Bild 6.1-5
Thermischer Raumkomfort während der Anwesenheit der Nutzer im Sommer für alle Gebäude nach der Komfortnorm DIN EN 15251 (ausschließlich Überschreitung der oberen Komfortgrenzen). Dargestellt ist die prozentuale Anwesenheitszeit [%], wenn die Anforderungen der Komfortklassen I (dunkelblau), II (hellblau), III (dunkelgrau) und IV (hellgrau) erfüllt sind. Bewertung nach adaptivem Komfortmodell: Gebäude ohne Kühlung, mit passiver und luftgeführter Kühlung. Bewertung nach PMV-Komfortmodell: Gebäude mit wassergeführter Kühlung und Vollklimatisierung. Ein Balken kennzeichnet jeweils ein Betriebsjahr eines Gebäudes. (Quelle: Fraunhofer ISE)

Die ermittelte Komforttemperatur für das Gebäude mit Nachtlüftung bestätigt das adaptive Komfortmodell. Die Gleichungen der Komforttemperatur sind nahezu identisch; aus der Nutzerbefragung ergibt sich lediglich eine geringfügige Korrektur um -0,8 Kelvin. Im Gegensatz dazu entspricht die ermittelte Komforttemperatur für das Gebäude mit Bauteilaktivierung nahezu dem PMV-Komfortmodell der DIN EN 15251.

Bild 6.1-6
Mobile Messtechnik für die Erfassung von Raumklimadaten am Arbeitsplatz: operative Raumtemperatur, Luftfeuchtigkeit und Beleuchtungsstärke
(Quelle: Fraunhofer ISE)

Referenzen, Anmerkungen

Ref 6.1-1
Deutsches Institut für Normung DIN e. V., Berlin (Hrsg.): DIN EN ISO 7730:2006-05: Gemäßigtes Umgebungsklima – Ermittlung des PMV und des PPD und Beschreibung der Bedingungen für thermische Behaglichkeit. Berlin; Beuth Verl., 2003
(Anmerkung: Norm wurde zurückgezogen, wird ersetzt durch:)
DIN EN ISO 7730:2006-05: Ergonomie der thermischen Umgebung - Analytische Bestimmung und Interpretation der thermischen Behaglichkeit durch Berechnung des PMV- und des PPD-Indexes und Kriterien der lokalen thermischen Behaglichkeit

Ref 6.1-2
Deutsches Institut für Normung DIN e. V., Berlin (Hrsg.): DIN EN 15251: 2012-12: Eingangsparameter für das Raumklima zur Auslegung und Bewertung der Energieeffizienz von Gebäuden – Raumluftqualität, Temperatur, Licht und Akustik. Berlin: Beuth, 2012

Ref 6.1-3
Verordnung über energiesparenden Wärmeschutz und energiesparende Anlagentechnik bei Gebäuden (Energieeinsparverordnung - EnEV) Energieeinsparverordnung vom 24. Juli 2007 (BGBl. I S. 1519), die zuletzt durch Artikel 3 der Verordnung vom 24. Oktober 2015 (BGBl. I S. 1789) geändert worden ist.
http://www.gesetze-im-internet.de/bundesrecht/enev_2007/gesamt.pdf (Aufruf 07.12.2015)

Ref 6.1-4
Deutsches Institut für Normung DIN e. V., Berlin (Hrsg.): DIN V 18599-1: Energetische Bewertung von Gebäuden. Berechnung des Nutz-, End- und Primärenergiebedarfs für Heizung, Kühlung, Lüftung, Trinkwarmwasser und Beleuchtung. Teil 1: Allgemeine Bilanzierungsverfahren, Begriffe, Zonierung und Bewertung der Energieträger. Berlin: Beuth Verl., 2011

Ref 6.1-5
Deutsches Institut für Normung DIN e. V., Berlin (Hrsg.): DIN EN ISO 7726:2002-04: Umgebungsklima – Instrumente zur Messung physikalischer Größen. Berlin: Beuth Verl., 2002

Ref 6.1-6
Kalz, D.; Herkel, S.; Sonntag, M. u. a.: Energieeffiziente Kühlung und Thermischer Raumkomfort: Erfahrungen aus dem Langzeitmonitoring von 42 Bürogebäuden. In: Bauphysik. Jg. 36 (2014), H. 5, S. 1-17

Ref 6.1-7
Kalz, D.; Pfafferott, J.: Energieeffiziente Kühlung und thermischer Raumkomfort: Vergleichende Analyse von acht europäischen Nichtwohngebäuden (Teil 1). In: Bauphysik. Jg. 34 (2012), H. 6, S. 256-267

Ref 6.1-8
Kalz, D.; Pfafferott, J.: Thermal comfort and energy-efficient cooling of non-residential buildings. Cham Heidelberg New York Dordrecht London: Springer, 2014. ISBN 978-3-319-04581-8

Ref 6.1-9
Pfafferott, J.; Kalz, D.: Energieeffiziente Kühlung und thermischer Raumkomfort (Teil 2): Simulationsbasierte Evaluierung von Kühlkonzepten in verschiedenen europäischen Klimazonen. In: Bauphysik. Jg. 35 (2013), H. 1, S. 51-56

Ref 6.1-10
Kalz, D.; Hölzenbein, F.; Pfafferott, J. u. a: Nutzerzufriedenheit mit dem thermischen Komfort in Bürogebäuden mit Umweltenergiekonzepten. In: Bauphysik. Jg. 35 (2013), H. 6, S.377-391

Ref 6.1-11
Raumtemperatur. Technische Regeln für Arbeitsstätten. ASR 3.5. Ausgabe: Juni 2010 zuletzt geändert GMBl 2014, S. 287. Bundesanstalt für Arbeitsschutz und Arbeitsmedizin (BAuA), Dortmund (Hrsg.)
www.baua.de (Aufruf 07.12.2015)

Ref 6.1-12
Deutsches Institut für Normung DIN e. V., Berlin (Hrsg.): DIN 4108-2:2013-02: Wärmeschutz und Energie-Einsparung in Gebäuden – Teil 2: Mindestanforderungen an den Wärmeschutz. Berlin: Beuth Verl., 2013

Ref 6.1-13
Pafferott, J.; Kalz, D.; Koenigsdorff, R.: Bauteilaktivierung. Einsatz – Praxiserfahrungen – Anforderungen. Stuttgart: Fraunhofer IRB Verl., 2015. ISBN 978-3-8167-9357-1 (Print)

Ref 6.1-14
Deutsche Gesellschaft für Nachhaltiges Bauen – (DGNB) e. V., Stuttgart (Hrsg.): Zertifizierungssystem.
http://www.dgnb-system.de/de/ (Aufruf 07.12.2015)

Ref 6.1-15
Bundesministerium für Verkehr, Bau und Stadtentwicklung (BMVBS), Berlin (Hrsg.): Richtlinie zu baulichen und planerischen Vorgaben für Baumaßnahmen des Bundes zur Gewährleistung der Behaglichkeit im Sommer. 2008 Richtlinie B12-8132.1/0

Ref 6.1-16
Deutsches Institut für Normung DIN e. V., Berlin (Hrsg.): DIN EN 13779: 2007-09: Lüftung von Nichtwohngebäuden - Allgemeine Grundlagen und Anforderungen für Lüftungs- und Klimaanlagen und Raumkühlsysteme. Berlin: Beuth Verl., 2007

Ref 6.1-17
Wagner, A.; Höfker, G.; Lützkendorf, T. u. a.: Nutzerzufriedenheit in Bürogebäuden. Empfehlungen für Planung und Betrieb. Stuttgart: Fraunhofer IRB Verl., 2014. ISBN978-3-8167-9305-2

Ref 6.1-18
Voss, K.; Pfafferott, J. u. a.: Energieeinsparung contra Behaglichkeit? 2007. Forschungen. H. 121. ISBN 978-3-87994-453-8; ISSN 1453-4659. Bundesministerium für Verkehr, Bau und Stadtentwicklung (BMVBS), Berlin (Hrsg.); Bundesamt für Bauwesen und Raumordnung (BBR), Bonn (Hrsg.)

Ref 6.1-19
Bundesministerium für Umwelt, Naturschutz, Bau und Reaktorsicherheit (BMUB), Berlin (Hrsg.): Bewertungssystem Nachhaltiges Bauen (BNB) https://www.bnb-nachhaltigesbauen.de/ (Aufruf 07.12.2015)

Luftqualität

Karsten Voss
Susanne Hendel

Die Luftqualität ist neben der Raumtemperatur, der Akustik und der Beleuchtung eine der wichtigsten Einflussgrößen auf die Behaglichkeit des Nutzers. Die Qualität der Raumluft kann über das Maß an Verunreinigungen (CO_2, Gerüche, Staub, etc.) und die relative Luftfeuchte bewertet und gemessen werden.

Gebäude sollten so geplant und ausgeführt werden, dass von den verwendeten Baustoffen, Anlagen und Ausstattungsgegenständen keine gesundheitsgefährdenden Luftverunreinigungen und Gerüche ausgehen und ausreichend hygienisch frische Luft zur Verfügung steht. Lüftungssysteme haben in aller Regel nicht die Aufgabe, große Mengen Schadstoffe aus einem Gebäude zu entfernen. Eine Ausnahme bilden Lüftungsanlagen in Laboren, Produktionsstätten u. ä. Mit der Lüftung werden hauptsächlich durch Menschen und Einrichtungsgegenstände verursachte Gerüche an die Umgebung abgeführt. Dies sind überwiegend sogenannte flüchtige organische Stoffe (VOC-volatile organic compounds).

In Wohngebäuden und ähnlich genutzten Gebäuden ist der durch unterschiedliche Quellen verursachte Feuchteeintrag (Kochen, Waschen, Pflanzen etc.) durch Lüften abzuführen. Damit soll insbesondere einer Schimmelpilzbildung vorgebeugt werden. Bei Nichtwohngebäuden sind hohe sommerliche Luftfeuchten zu vermeiden, damit sich kein Tauwasser an den Oberflächen von Flächenkühlsystemen im Raum bildet. Daher sollte die sommerliche Fensterlüftung in Zeiten hoher Außenluftfeuchten vermieden werden. Bei Sondernutzungen wie Schwimmhallen spielt die Feuchteabfuhr aus der Beckenwasserverdunstung eine große Rolle, um Schwüle ganzjährig zu reduzieren und im Winter Tauwasser an den meist großen Glasflächen zu vermeiden.

Anforderungen an die Luftqualität

In Räumen, in denen sich Personen aufhalten, ist die Messung der Kohlendioxidkonzentration (CO_2) die bewährte Maßnahme zur Bestimmung der Luftqualität. Das geruchslose Gas CO_2 entsteht durch den menschlichen Stoffwechsel über die Oxidation von Kohlenstoff mit Luftsauerstoff. „Schlechte Luft" oder eine zu hohe CO_2 Konzentration kann aufgrund der Mischung des Kohlendioxid mit anderen Bioeffluenten, die ebenfalls bei der Atmung entstehen, direkt wahrgenommen werden [Ref 6.2-1].

Ohne Lüftung nimmt die CO_2-Konzentration durch den Aufenthalt von Personen in einem Raum von einem Ausgangswert der Umgebungsluft kontinuierlich zu. Bei reiner Fensterlüftung erreicht die CO_2-Konzentration besonders im Winter Werte über 1.500 ppm, teilweise auch über 2.000 ppm, während in der warmen Jahreszeit meist unkritische Werte unter 1.000 ppm vorliegen. Das unterstreichen die Messungen in den untersuchten Projekten mit Fensterlüftung.

In der Außenluft beträgt die übliche Konzentration etwa 350-600 ppm mit jahreszeitlichen Schwankungen. Zielwerte für die Auslegung und den Betrieb von Lüftungsanlagen liegen nach DIN EN 13779 je nach Qualitätsstandard im Bereich von 800 ppm (mittlere Luftqualität) bis 500 ppm (hohe Luftqualität) über der jeweiligen Außenluftkonzentration [Ref 6.2-2]. Daraus leiten sich die für die Raumlüftung erforderlichen Luftmengen ab. Tabelle 6.2.1 zeigt Empfehlungen für Klassenräume in Schulen [Ref 6.2-3, Ref 6.2-9]. Eine vergleichbare inteilung kennt auch die Arbeitsstättenrichtlinie [Ref 6.2-4].

Die Leistungsfähigkeit unterschiedlicher Lüftungsstrategien und der dadurch erreichbaren Luftqualität kann durch Simulationen abgebildet und in Demonstrationsprojekten getestet werden. Dazu zeigt Bild 6.2-1 die berechnete CO_2-Konzentration für ein Klassenzimmer im Zeitverlauf. Deutlich zu erkennen sind die Unterschiede der reinen Fensterlüftung gegenüber der mechanischen Lüftung. Die Kombination beider Ansätze kann überzeugende Luftqualität mit einem niedrigen Stromverbrauch der Lüftung verbinden.

Neben der Kohlendioxid-Konzentration in der Luft ist die Luftfeuchte ein weiterer Faktor für die Bewertung und Empfindung der Raumluftqualität. Zu trockene Luft (< 25 % rel. Feuchte) kann in Aufenthaltsräumen zu Hautreizungen, Reizungen und Unbehagen führen, eine zu hohe Luftfeuchte (> 80 %) wird als Schwüle empfunden. Große Partialdruck-Differenzen im Winter und damit verbunden eine hohe Entfeuchtungsleistung durch das winterliche Lüften können zu zeitweise sehr niedrigen Luftfeuchten führen (Bild 6.2-2). Daher kommt es insbesondere im Winter darauf an, mit Lüftungsanlagen keine zu hohen Luftmengen zu fördern [Ref 6.2-5]. Kritisch sind die Verhältnisse insbesondere dann, wenn nutzerseitig hohe winterliche Raumtemperaturen gerade bei niedrigen Außentemperaturen gewünscht werden. Rotationswärmetauscher können einen Teil der Feuchte zurückgewinnen, so dass die Raumluftfeuchten nicht so deutlich sinken [Ref 6.2-6]. Bei der reinen Fensterlüftung liegen die Luftfeuchten oft etwas höher, da die Nutzer die Fenster im Winter seltener öffnen. Schlechtere Luftqualität wird dabei in Kauf genommen.

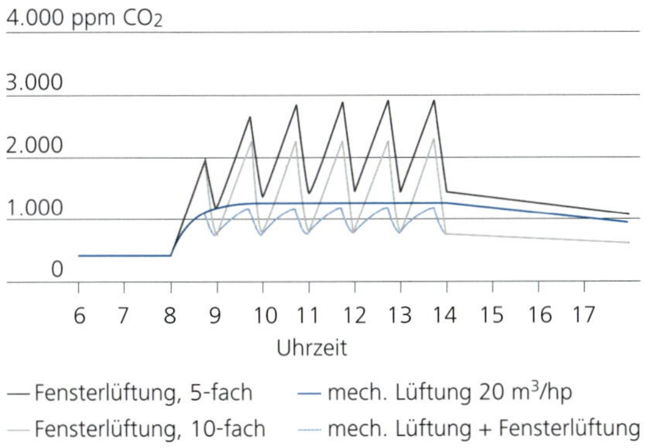

Bild 6.2-1
Entwicklung der CO_2-Konzentration bei unterschiedlichen Lüftungsszenarien über einen Schultag in einem Klassenraum. Die Simulation erfolgte mit WufiPlus bei 1-minütlicher Schrittweite (siehe Kapitel 11.1.7):

- Fläche 80 m²
- Unterricht von 8-14Uhr mit 25 Schülern
- Konstant 400 ppm Außenluftqualität
- mechanische Lüftung (20 m³ je Stunde und Person = 2,16 h^{-1})
- alternativ Fensterlüftung mit 5- bzw. 10-fachem Luftwechsel für 15 Minuten zwischen den 45-minütigen Unterrichtseinheiten
- Kombination aus mechanischer Lüftung (s .o.) und 15-minütiger Fensterlüftung in den Pausen mit 5-fachem Luftwechsel

Die Infiltrationsrate liegt für alle Berechnungen bei 0,1 h^{-1} (Quelle: Universität Wuppertal)

Praxisbeispiel Arbeitsräume

In Arbeitsräumen sollte nach der Arbeitsstättenrichtlinie der Grenzwert von 1.000 ppm CO_2-Gehalt in der Luft nicht überschritten werden [Ref 6.2-4]. Diese Vorgaben wurden in den untersuchten Bürogebäuden mit unterschiedlichen Lüftungskonzepten überwiegend eingehalten. Bei einem Verwaltungsgebäude mit reiner Fensterlüftung wurden im Winter Werte von 1.300 ppm bis über 2.000 ppm gemessen (HDR), während im Sommer die Grenzwerte eingehalten wurden. Messungen in verschiedenen Gebäuden bestätigten mit Mittelwerten um 800 ppm CO_2 das Ergebnis der Nutzerbefragungen, dass in den betrachteten Büros eine gute bis sehr gute Luftqualität herrscht. Das gilt auch für die untersuchten Gebäude mit den einfacheren Abluftanlagen (→ Kapitel 8.7).

In Arbeitsräumen mit Flächenkühlung gibt es bezüglich der Raumluftfeuchte spezielle Herausforderungen. Flächenkühlsysteme sind beispielsweise Kühlsegel oder Kapillarrohr- Kühldecken und werden im Sommer so betrieben, dass der Taupunkt nicht unterschritten wird. Bei einer sommerlichen Luftfeuchte von 70 % und einer Raumlufttemperatur von 26 °C liegt der Taupunkt bei 20 °C. Bei 80 % Luftfeuchte und 28 °C Raumlufttemperatur liegt der Taupunkt sogar bei 24 °C, wodurch die

Anforderungen an die maximale CO_2-Konzentration und damit verbundene Luftvolumenströme nach EN 13779

	CO_2-Gehalt über dem Gehalt in der Außenluft (in ppm)	
Kategorie	üblicher Bereich	Standardwert
IDA 1	≤ 400	350
IDA 2	400 - 600	500
IDA 3	600 - 1.000	800
IDA 4	> 1.00o	1.200

		Außenluftvolumenstrom je Person	
		Nichteraucherbereich	
Kategorie	**Einheit**	üblicher Bereich	Standardwert
IDA 1	$l \cdot s^{-1} \cdot Person^{-1}$	> 15	20
IDA 2	$l \cdot s^{-1} \cdot Person^{-1}$	10 - 15	12,5
IDA 3	$l \cdot s^{-1} \cdot Person^{-1}$	6 - 10	8
IDA 4	$l \cdot s^{-1} \cdot Person^{-1}$	< 6	5

Kühlwirkung deutlich begrenzt wird. Mechanische Be- und Entlüftung bringt Vorteile in den Sommermonaten, im Winter dagegen Schwierigkeiten. Durch den Einsatz mechanischer Lüftung kann im Winter die relative Luftfeuchte leicht unter 25 % fallen. Entgegenwirken kann man dieser Problematik mit einer aktiven Befeuchtung oder einem Rotationswärmetauscher mit Feuchterückgewinnung. Im Verwaltungsgebäude der Kreissparkasse Göppingen (KSG) kommt in der mechanischen Be- und Entlüftung ein Rotationswärmetauscher mit einer Rückfeuchtezahl von 81 % zum Einsatz. Die im Winter gemessenen Luftfeuchten lagen zwischen 25 und 40 % [Ref. 6.2-6].

In sieben der untersuchten Projekte wurde eine aktive Befeuchtung der Zuluft eingesetzt. Wesentliche Aspekte sind neben dem Energiebedarf auch die Hygieneanforderungen bei einem Feuchteeintrag in Lüftungskanäle.

CO_2 (ppm)	Hygienische Bewertung	Empfehlung
< 1.000	Hygienisch unbedenklich	keine weiteren Maßnahmen
1.000 - 2.000	Hygienisch auffällig	Lüftungsmaßnahmen (Außenluftvolumenstrom bzw. Luftwechsel erhöhen)
> 2.000	Hygienisch inakzeptabel	Belüftbarkeit des Raumes prüfen ggf. weitergehende Maßnahmen prüfen

Tabelle 6.2-1
Empfehlungen zur CO_2-Konzentration aus dem Leitfaden zur Innenraumlufthygiene in Klassenräumen (Quelle: Umweltbundesamt)

Messung der Raumluftqualität – CO_2

Zur Bestimmung der Raumluftqualität können CO_2-Sensoren und Multigassensoren eingesetzt werden.

Sensoren für die CO_2-Messung sind vergleichsweise teuer und besitzen einen nicht vernachlässigbaren Stromverbrauch. Daher werden sie zur Luftqualitätsregelung erst bei großen Luftmengen wie z. B. bei Hörsälen mit Lüftungsanlagen eingesetzt. „Mischgas-" oder „Multigassensoren" bieten eine meist preiswerte Alternative, allerdings auch eine weniger genaue Aussage zur Luftqualität. Sie messen alle oxidierbaren Bestandteile der Luft, wohingegen CO_2 -Sensoren ausschließlich den Kohlendioxidgehalt der Luft messen, was gut mit der Anwesenheit von Personen korreliert. In einigen der untersuchten Gebäude wurden Multigassensoren zur Steuerung der Lüftungsanlage eingesetzt. Aufgrund von schlechter Kalibrierbarkeit und Ausfällen wurden teilweise CO_2-Sensoren nachgerüstet. Für wissenschaftliche Zwecke sind Multigassensoren nur bedingt ausreichend, dies bestätigen Vergleichsmessungen mit CO_2-Sensoren in Büroräumen.

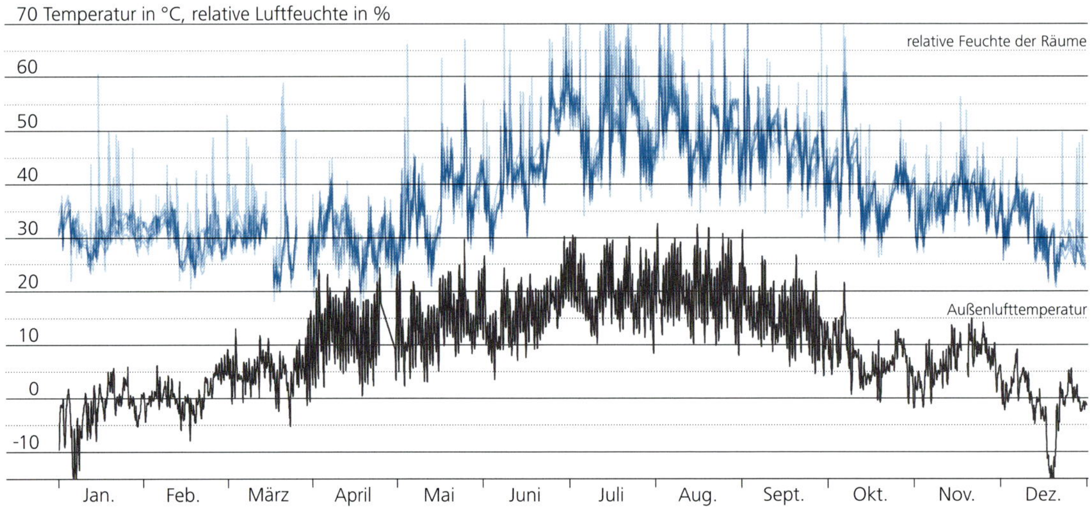

Bild 6.2-2
Jahresgang der relativen Luftfeuchte, gemessen in Büroräumen im 3. OG des Gebäude PHW, 2009. Das Gebäude besitzt eine mechanische Lüftungsanlage mit Wärmerückgewinnung (Quelle [Ref 6.2-7])

Praxisbeispiel Klassenräume

Im Unterschied zu kleinen Büroräumen ist eine ausreichende Luftqualität in Klassenräumen mit ihren rund 4-mal höheren Belegungsdichten schwerer zu realisieren. Ein voll besetzter Klassenraum ohne mechanische Lüftung sollte alle 20 Minuten stoßgelüftet werden, damit eine hygienische Luftqualität gewährleistet werden kann [Ref 6.2-8, Ref 6.2-9]. Messungen der Luftqualität in insgesamt 17 Schulen, mit Fokus auf den CO_2-Gehalt in der Luft, haben gezeigt, dass die erste kritische Grenze von 1.500 ppm Kohlendioxid in der Luft bereits nach 20 Minuten überschritten wird. Nach einer 45 minütigen Unterrichtsstunde werden Werte über 3.000 ppm erreicht (Bild 6.2-3 und 6.2-1).

Die wenigsten Schulen in Deutschland verfügen über eine mechanische Lüftung. Hier müssen Lehrer und Schüler mit ausreichendem Öffnen der Fenster für eine angemessene Luftqualität sorgen. Nicht geklärte Zuständigkeiten, häufige Raumwechsel und kalte Außentemperaturen im Winter führen dazu, dass gezieltes Stoßlüften in den Pausen oft ausbleibt.

Viele der sanierten oder neugebauten Schulen verfügen dagegen über eine mechanische Lüftung. Klassenräume haben eine hohe Personenbelegung (2,5 m^2 je Schüler) und zeitweise wechselnde Bestuhlung. Die hohen Luftmengen pro Fläche steigern die Ansprüche an eine geräuscharme Luftführung und -einbringung in Verbindung mit einer ausreichenden Dämpfung der Schallemissionen aus der Lüftungsanlage. Mehr als 30 dBA werden erfahrungsgemäß als störend wahrgenommen und führen in der Praxis zu Nachrüstungen von Schalldämpfern und/oder Senkung der Luftvolumenströme, letzteres mit negativen Folgen für die Luftqualität. Zur Begrenzung der Luftmengen in Lüftungsanlagen werden daher u. a. hybride Konzepte verfolgt, d. h. eine Kombination aus mechanischer Lüftung und automatisierten Klappen oder Fenstern in den Fassaden (Bild 6.2-4).

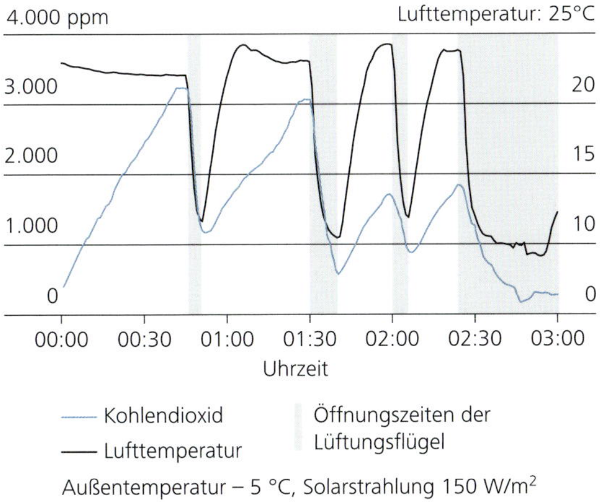

Bild 6.2-3
Kohlendioxidverlauf bei Stoßlüftung in einem Testklassenraum mit Belegung durch 24 CO_2-abgebende Dummies. Die Darstellung zeigt einen deutlichen Anstieg während der Unterrichtsstunde und das Überschreiten der 1.500 ppm Grenze und sogar das Erreichen des 3.000 ppm Wertes. (Quelle: Untersuchungen zum Raumklima und zur Fensterlüftung in Schulen [Ref 6.2-9])

Praxisbeispiel Verkaufsstätten

Als Beispiel für die Raumluftqualität in Verkaufsstätten wurden Messungen und Nutzerbefragungen in einem Discounter durchgeführt (ASU). Eine zentrale Zu- und Abluftanlage sorgt für einen Luftaustausch von 4.600 m^3/h bei 4.000 m^3 Verkaufsraum und 600 m^3 Nebenzonen. Dies entspricht einer Luftwechselrate von 0,75 h^{-1} oder im Mittel 40 m^3 pro Person und Stunde. Die Zahlen verdeutlichen, dass einem Verkaufsraum dieser Art eine vergleichsweise niedrige Personendichte in einem relativ großen Raumvolumen handelt. Basierend auf CO_2-Messungen und begleitenden Nutzerbefragungen konnte der CO_2-Grenzwert für die Lüftungssteuerung von zunächst 1.000 ppm auf 1.600 ppm angehoben werden. Dieser Wert entspricht dem Standard, der in allen Filialen des Discounters angewendet wird und führte zu keiner Verschlechterung der Befragungsergebnisse bei den Kunden oder den Angestellten [Ref 6.2-11].

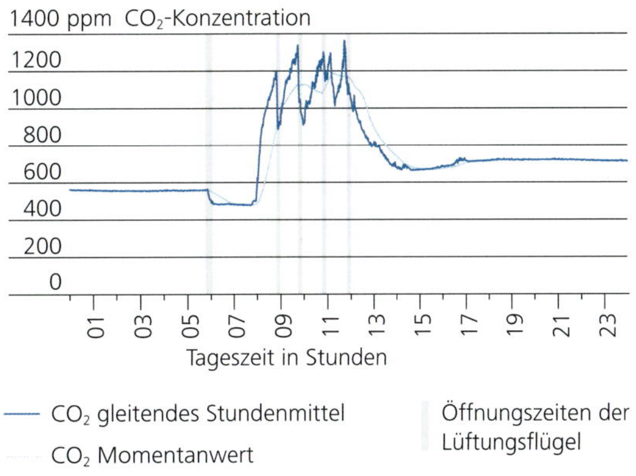

Bild 6.2-4
Verlauf der gemessenen CO_2-Konzentration in einem Klassenraum der Grundschule in Hohen Neuendorf (GHN) im Winter. Neben der mechanischen Grundlüftung besitzt die Schule automatische betriebene Lüftungsklappen.
(Quelle: Untersuchungen zum Raumklima und zur Fensterlüftung in Schulen [Ref 6.2-9])

Praxisbeispiel Wohnräume

Die Sanierung der Studentenwohnheime in Wuppertal (NBW) (Bild 10.2-6) erfolgte in zwei Bauabschnitten und dabei unter anderem mit unterschiedlichen Lüftungskonzepten: Während das „Niedrigenergiehaus" über Fensterlüftung und bedarfsgesteuerte, dezentrale Abluftventilatoren in den Sanitärräumen der Apartments verfügt, wurde das „Passivhaus" mit einer zentralen Lüftungsanlage mit kontinuierlichem Betrieb konzipiert. Zur Begrenzung des Stromverbrauchs wurde die Zentralanlage nach einer Anfangsphase mit deutlich reduziertem Volumenstrom von 30-35 m³ pro Stunde pro Apartment betrieben. Dieser erwies sich als lufthygienisch ausreichend, während im Gebäude mit den Abluftventilatoren als Bedarfslüftung zeitweise zu hohe CO_2-Konzentrationen festgestellt wurden [Ref 6.2-12].

Praxisbeispiel Hotel

Im untersuchten Hotel in München (CDF) wurden umfangreiche Nutzerbefragungen und Messungen zur Luftfeuchte und Raumlufttemperatur im August und September 2014 durchgeführt. Bei einer mittleren Raumtemperatur von 21 - 22 °C lagen die relativen Luftfeuchten zwischen 60 - 65 % und somit im optimal behaglichen Bereich. Das Ergebnis wird durch die Nutzerbefragung bestätigt. Sowohl im Sommer als auch in den Wintermonaten waren die Nutzer „zufrieden" bis „sehr zufrieden" mit der Luftqualität. Ein Viertel der Gäste klagte aber im Frühjahr über zu trockene Luft [Ref 6.2-13].

Praxisbeispiel Hallenbäder

Hallenbäder stellen aufgrund ihres großen Innenraumvolumens, der hohen Raumtemperatur von ca. 30 °C in Kombination mit einer Luftfeuchte von ca. 60 % einen Sonderfall dar. Der Lüftungsbedarf zum Einhalten der maximalen Luftfeuchte übersteigt den Bedarf aufgrund des CO_2-Gehaltes in der Luft. Das haben Messungen zur Luftqualität im Freizeitbad Kelsterbach (SBK) bestärkt. Grundsätzlich sollte die Grenze zur Schwüle (relativen Luftfeuchte über 65 %) nicht länger anhaltend überschritten werden.

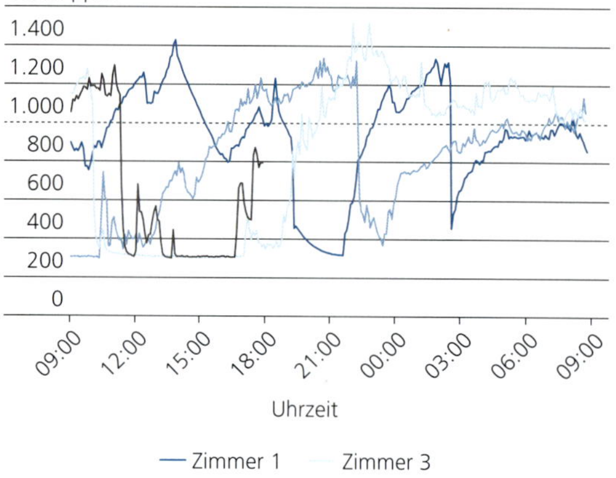

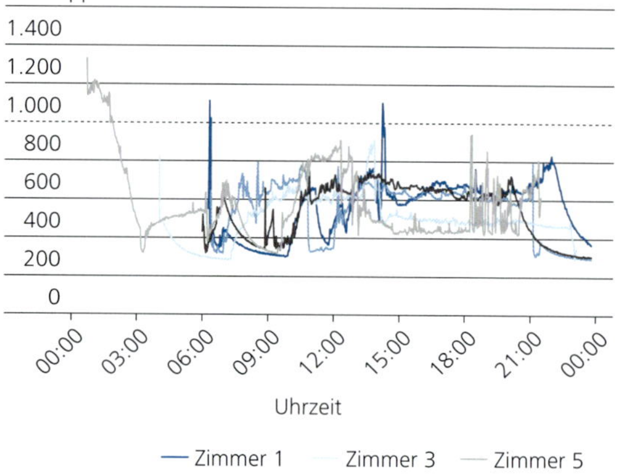

Bild 6.2-5
Messtechnisch ermittelte CO_2-Konzentration in mehreren Apartments des Studentenwohnheims, Wuppertal (NBW). Während die Räumlichkeiten mit Lüftungsanlagen unkritische Werte aufweisen (linkes Diagramm), werden in den Räumen mit Fensterlüftung und Abluftanlage als Bedarfslüftung zeitweise deutlich erhöhte Werte gemessen (rechtes Diagramm).
(Quelle: Universität Wuppertal)

Nutzerbefragungen und Reaktionen

Nutzerbefragungen zur Luftqualität wurden in Verwaltungsgebäuden, Schulen, Verkaufsstätten und Wohngebäuden durchgeführt. In den untersuchten Gebäuden standen die Befragungen im Zusammenhang mit einer Luftqualitäts- oder CO_2-Messung. In Büroräumen und Klassenzimmern decken sich die Messergebnisse mit den Befragungen und konnten die gemessene gute und schlechte Luftqualität bestätigen. Niedrigen Luftfeuchten kann mit Aufstellen von Luftbefeuchtern dezentral entgegengewirkt werden. In Wohnräumen, wie dem Niedrigenergie- und Passivhaus Studentenwohnheim „Neue Burse" in Wuppertal zeigten sich Abweichungen zwischen der gemessenen und der empfundenen Raumluftqualität. Hier wurde das Bedürfnis der Steuerbarkeit der Lüftung höher bewertet.

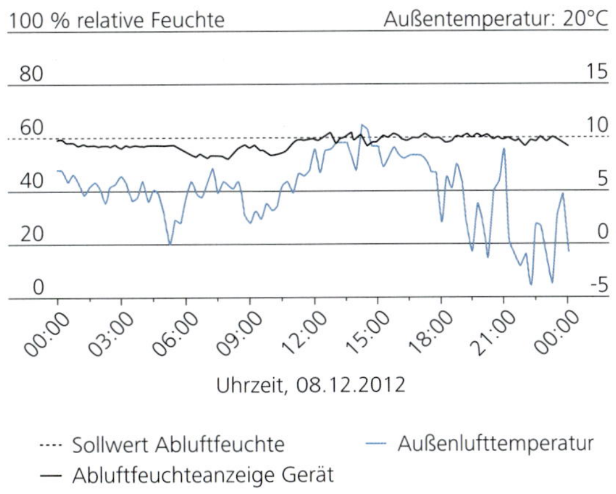

Bild 6.2-6
Abluftfeuchte im Verhältnis zur Außentemperatur im Freizeitbad Kelsterbach (SBK). Der geplante optimale Wert von 60 % Luftfeuchte kann eingehalten werden und wird nur sehr selten überschritten
(Quelle: TU Darmstadt)

Referenzen, Anmerkungen

Ref 6.2-1
Wagner, A.; Höfker, G; Lützkendorf, T. u. a.: Nutzerzufriedenheit in Bürogebäuden. Empfehlungen für Planung und Betrieb. Stuttgart: Fraunhofer IRB Verl., 2014. ISBN978-3-8167-9305-2

Ref 6.2-2
Deutsches Institut für Normung DIN e. V., Berlin (Hrsg.): DIN EN 13779: 2007-09: Lüftung von Nichtwohngebäuden - Allgemeine Grundlagen und Anforderungen für Lüftungs- und Klimaanlagen und Raumkühlsysteme. Berlin: Beuth Verl., 2007

Ref 6.2-3
Umweltbundesamt (UBA), Dessau. Innenraumlufthygiene-Kommission (Hrsg.): Leitfaden für die Innenraumlufthygiene in Schulgebäuden. 2008

Ref 6.2-4
Technische Regeln für Arbeitsstätten. ASR A3.6. Ausgabe: Januar 2012, geändert GMBl 2013, S. 359. Bundesanstalt für Arbeitsschutz und Arbeitsmedizin (BAuA), Dortmund (Hrsg.) www.baua.de (Aufruf 07.12.2015)

Ref 6.2-5
Deutsches Institut für Normung DIN e. V., Berlin (Hrsg.) DIN EN 15251:2012-12:Eingangsparameter für das Raumklima zur Auslegung und Bewertung der Energieeffizienz von Gebäuden – Raumluftqualität, Temperatur, Licht und Akustik. Berlin: Beuth Verl., 2007

Ref 6.2-6
Tritscher, M., Hahn, J., Krockenberger, B. u.a.: Schlussbericht Kreissparkasse Göppingen, Seite 240, Hochschule Esslingen, 2014

Ref 6.2-7
Häusler, T.; Zehnle, S.: Monitoring in der Projektphase II zu energetischen, thermischen, komfortbezogenen und nutzerspezifischen Daten am Neubau des Dienstleistungs- und Verwaltungszentrums Barnim in Eberswalde – Paul Wunderlich Haus. Schlussbericht. FKZ 0335007W. Brandenburgische Technische Universität Cottbus Lehrstuhl Angewandte Physik / Thermophysik (Hrsg.); Fraunhofer Institut Solare Energiesysteme, Freiburg (Hrsg.). Mai 2011. http://www.enob.info/fileadmin/media/Publikationen/EnBau/Projektberichte/Abschlussbericht_Barnim.pdf (Aufruf 07.12.2015)

Ref 6.2-8
Hellwig, R.; Antretter, F.; Holm, A. u. a.: Untersuchungen zum Raumklima und zur Fensterlüftung in Schulen. In: Bauphysik. Jg. 31, (2009), H. 2, S. 89-98

Ref 6.2-9
Lüftung in Schulen. Themeninfo 1/2015. FIZ Karlsruhe GmbH. BINE Informationsdienst Bonn (Hrsg) http://www.bine.info/publikationen/themeninfos/publikation/lueften-in-schulen/ (Aufruf 07.12.2015)

Ref 6.2-10
Sick, F.; Dietz, S.: Energieoptimiertes Bauen: Monitoring Plusenergie- Grundschule Hohen Neuendorf und IEA Task 41 (Solar Energy and Architecture). Hochschule für Technik und Wirtschaft Berlin (Hrsg.). 2015

Ref 6.2-11
Réhault, N.: Aldi 2010 – Hocheffizienter Supermarkt mit geothermiegestütztem CO2-Kälteverbund. Abschlussbericht. FKZ 0327894A. Fraunhofer Institut für Solare Energiesysteme (ISE), Freiburg i. Br. (Hrsg.). 2013

Ref 6.2-12
Engelmann, P.: Studentisches Wohnen im Passivhaus. Evaluierung energieeffizienter Studentenwohnheime. Dissertation, Universität Wuppertal, 2010

Ref 6.2-13
Gästebefragung im Rahmen des Monitorings eines sanierten innerstädtischen Hotels in Niedrigstenergiebauweise. Schlussbericht zum Projektzeitraum Oktober 2013 bis März 2015. Verantwortlich: Karin Schakib-Ekbatan. Karlsruher Institut für Technologie (KIT). Institut für Entwerfen und Bautechnik (IEB). Mai 2015

Ref 6.2-14
Frische Luft im Schulneubau. Themeninfo 16/2014. FIZ Karlsruhe GmbH. BINE Informationsdienst, Bonn (Hrsg) http://www.bine.info/fileadmin/content/Presse/Projektinfos_2014/PM_16_2014/ProjektInfo_1614_internetx.pdf (Aufruf 07.12.2015)

6.3 Licht und Beleuchtung

Cornelia Moosmann

Die Beleuchtung von Räumen bestimmt maßgeblich die Raumwirkung und das Wohlbefinden der Nutzer. Zugleich verursacht sie einen großen Anteil am Stromverbrauch von Gebäuden (→ Kapitel 3.2). In den untersuchten Verwaltungsgebäuden lag der Medianwert des flächenspezifischen Stromverbrauchs für Beleuchtung bei 10,0 kWh/m²a. In einigen Verwaltungsgebäuden wurde der Beleuchtungsstromverbrauch nur in den Büroräumen erfasst. In diesen lag der Medianwert bei 7,4 kWh/m²a, in Instituten und Bildungseinrichtungen bei 6,5 kWh/m²a. Die Unterschiede zwischen einzelnen Gebäuden sind dabei sehr groß (Bild 6.3-1).

Der Energiebedarf bzw. -verbrauch für künstliche Beleuchtung wird beeinflusst von

- der gewählten Beleuchtungsstärke (je höher die Beleuchtungsstärke, desto höher sind installierte Leistung und Energieverbrauch; eine erhöhte Beleuchtungsstärke kann aber auch die Produktivität und Konzentration der Nutzer unterstützen),
- der Beleuchtungsart (Verhältnis Direkt- zu Indirektanteil des Lichtstroms; je höher der Direktanteil, desto energieeffizienter, desto dunkler erscheinen aber Decken, Wände und Gesichter),
- dem Leuchtenbetriebswirkungsgrad (Anteil des erzeugten Lichtstroms, der die Leuchte verlässt; gute Werte für Direkt-Indirekt-Pendelleuchten sind > 90 %, Besonderheit bei LED-Leuchten siehe Infobox LEDs im Abschnitt Kunstlicht),
- dem Leuchtmittel (Lichtausbeute, Lichtstrom pro installierte Leistung).

Neben diesen Aspekten der Lichtplanung ist die Brenndauer der Lampen der bestimmende Faktor für den Energieverbrauch [Anm. 6.3-1]. Tageslichtnutzung, der Einsatz von Präsenzmeldern und der Nutzer selbst können die Brenndauer verringern. Eine tageslichtabhängige Dimmung reduziert die Leistungsaufnahme der Anlage entsprechend dem Tageslichtangebot und senkt dadurch den Energieverbrauch. Von den 22 Verwaltungsgebäuden in Bild 6.3-1 nutzen 18 eine tageslichtabhängige Dimmung in den gut mit Tageslicht versorgten Bereichen.

Die Beleuchtung eines Aufenthaltsraumes darf allerdings nicht allein unter dem Aspekt des Energieverbrauchs geplant und bewertet werden. Licht schafft Atmosphäre und beeinflusst das Wohlbefinden. Ein ausgewogenes Verhältnis von direkter und indirekter Beleuchtung ist entscheidend für das „Modelling", das Erscheinungsbild eines Innenraumes, für die Erkennbarkeit von Form und Struktur von Architektur, Gegenständen und Menschen [Ref. 6.3-1].

Eine Beleuchtungsstärke oberhalb der normativen Mindestanforderungen kann den Nutzern die Erfüllung der Sehaufgabe erleichtern und ihren visuellen Komfort erhöhen.

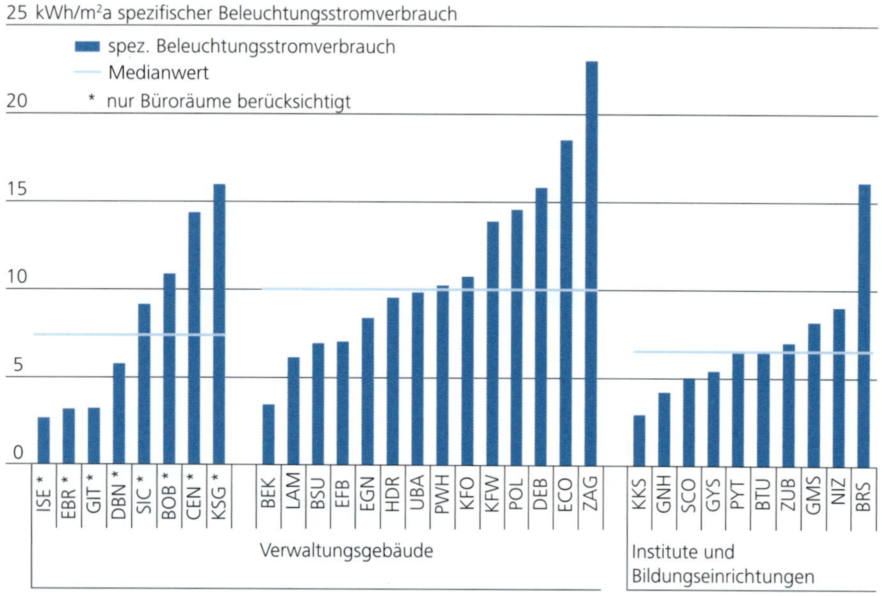

Bild 6.3-1
Messwerte des flächenspezifischen Stromverbrauchs. Bei den Gebäuden mit besonders niedrigen oder hohen Verbräuchen zeigen sich wichtige Einflussfaktoren des Stromverbrauchs: installierte Beleuchtungsstärke (300 lx bei GIT, LAM; sehr hohe Werte in der Druckerei DEB) bzw. installierte Leistung (nur ca. 6 W/m² bei ISE, GIT, EBR), Nutzungsdauer (häufige Abwesenheit der Nutzer z. B. im ISE) und Tageslichtversorgung (Tageslichtquotient D ≥ 3 bei REB, ähnlich gut bei ISE, EFB und EGN, große Raumtiefen und damit schlechtere Tageslichtversorgung bei BRS). (Quelle: Forschungsinitiative EnOB)

Bei der Planung und dem Betrieb einer Beleuchtungsanlage müssen die Effizienz der Leuchten und Leuchtmittel, ihre Brenndauer und die Lichtqualität gleichermaßen berücksichtigt werden.

Die Tageslichtversorgung ist ein maßgeblicher Baustein für die Beleuchtung von Räumen. Sie kann nicht nur den Energieverbrauch der künstlichen Beleuchtung deutlich reduzieren. Tageslicht als Lichtquelle wird von den meisten Nutzern bevorzugt [Ref. 6.3-2]. Die Nutzung von Tageslicht kann daher zur Attraktivität der Räume beitragen und die Nutzerakzeptanz erhöhen.

Wie in Kapitel 5.3 beschrieben, sind Nutzer von Verwaltungsgebäuden mit der vorhandenen Beleuchtung in der Regel zufrieden, sie wird seltener als problematisch empfunden als die Temperatur, die Luftqualität oder die akustischen Bedingungen [Ref. 6.3-3].

Sowohl Tageslicht als auch künstliche Beleuchtung sind immer mit Wärmeeinträgen verbunden, die im Sommer zu einer Erhöhung der Raumtemperatur oder des Kühlenergieverbrauchs führen. Eine energieeffiziente Beleuchtung muss daher neben einer angemessenen Tageslichtnutzung auch den Schutz vor unangemessen hohen Raumtemperaturen berücksichtigen (→ Kapitel 7.5).

Tageslichtversorgung

Die Büroräume vieler untersuchter Neubauten weisen einen moderaten Fensterflächenanteil um 43 % bezogen auf die Fassadenfläche auf (Bild 6.3-2), bei Klassenzimmern ist der Wert mit durchschnittlich 60 % deutlich höher.

Der Anteil der Fensterfläche [m²] bezogen auf die Nettogrundfläche dieser Nutzung [m²] beträgt bei den untersuchten Büroräumen im Mittel 30 %, ähnlich wie bei den Klassenzimmern (Medianwert 31 %). Klassenzimmer weisen typischerweise eine größere Raumtiefe auf als Gruppenbüros, daher relativiert sich der größere Fensterflächenanteil bezogen auf die Fassadenfläche beim Grundflächenbezug.

Moderate Fensterflächenanteile können eine gute Tageslichtversorgung sicherstellen und ausreichend Ausblick bieten. Das Risiko hoher sommerlicher Raumtemperaturen ist geringer als bei großen Fensterflächenanteilen oder Glasfassaden. In Büroräumen werden sie von den Nutzern gegenüber Ganzglasfassaden bevorzugt [Ref. 6.3-3]. Bei besonders kleinen Fensterflächenanteilen und Verglasungen mit drei oder vier Scheiben, welche die Lichttransmission reduzieren, wird es anspruchsvoller, eine gute Tageslichtversorgung zu erreichen.

Beispiel:
Sankt Franziskus-Grundschule, Halle

Bei der Grundschule „Sankt Franziskus" wurde ein besonders niedriger Heizwärmebedarf angestrebt. Um Wärmeverluste durch die Fenster zu reduzieren, wurden die Fenster als Kastenfenster ausgeführt, die aus jeweils zwei Zweischeiben-Verglasungen bestehen. Der U-Wert dieser Vierfach-Verglasung ist mit 0,55 W/m²K sehr niedrig, der Lichttransmissionsgrad liegt bei nur τ_{D65}=0,65 (vgl. Infobox Tageslicht nutzen). Der Fensterflächenanteil ist mit 0,17 m² Fensterfläche pro m² NGF nur etwa halb so hoch wie in anderen untersuchten Klassenzimmern (Bild 6.3-2).

Bild 6.3-3
Klassenzimmer der Sankt Franziskus-Grundschule in Halle (Quelle: Hochschule Magdeburg-Stendal)

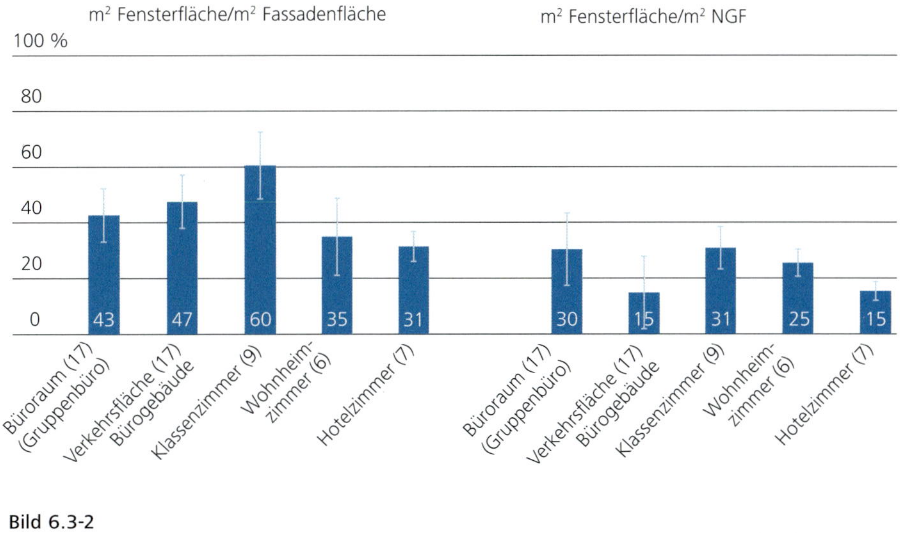

Bild 6.3-2
Medianwerte und Standardabweichungen des Fensterflächenanteils von untersuchten Gebäuden nach Gebäudezonen (Nutzung), bezogen auf die Fassadenfläche (links) und auf die NGF (rechts) (Quelle: Forschungsinitiative EnOB)

Die Tageslichtversorgung der Klassenzimmer fällt aufgrund der Fenstergröße und -art in diesem Beispiel vergleichsweise ungünstig aus: Der mittlere Tageslichtquotient D [Anm. 6.3-2] eines Klassenzimmers liegt der Lichtsimulation zufolge bei nur 1,9 %. Die befragten Lehrer gaben an, dass das Tageslicht in den Nordräumen nicht immer ausreicht, so dass die künstliche Beleuchtung auch tagsüber eingeschaltet werden muss.

Dementsprechend hoch ist der Anteil des Beleuchtungsstroms am berechneten, sehr niedrigen Primärenergiebedarf des Gebäudes (56 kWh/m²a). Er liegt trotz energieeffizienter Leuchtstoffröhren, Präsenzerfassung und tageslichtabhängi-

Tageslicht nutzen

Um eine ausreichende Tageslichtversorgung sicherzustellen, legen die Landesbauordnungen Mindestanforderungen an die Größe der Fenster fest: In Aufenthaltsräumen muss die Größe der Rohbauöffnung mindestens 1/10 oder 1/8 der Netto-Raumgrundfläche betragen. Ähnliche Mindestanforderungen sind auch im Arbeitsschutz verankert (ASR A 3.4 [Ref. 6.3-4]).

Dabei wird nicht berücksichtigt, dass Position und Abmessungen der Fenster und die Raumtiefe ebenso wie die Art der Verglasung einen großen Einfluss auf die Tageslichtversorgung haben.

Damit Tageslicht tief in einen Raum gelangen kann, sollte das Fenster mit einem möglichst kleinen Sturz oder sturzfrei eingebaut werden. Fensterflächen unterhalb der Nutzebene (also unterhalb 0,8 m in Büroräumen und Klassenzimmern) fallen „unter den Tisch" und leisten kaum einen Beitrag zur Tageslichtversorgung.

Je tiefer Räume sind, desto schwieriger wird eine ausreichende Tageslichtversorgung: Bei einer Deckenhöhe von 2,8 m und sturzfreiem Einbau können maximal 5 m tiefe Räume ausreichend belichtet werden [Ref. 6.3-5].

Neben der Geometrie beeinflusst auch die Verglasung die Tageslichtversorgung. Um Wärmeverluste durch die Verglasung zu reduzieren, werden Beschichtungen eingebaut, die die Wärmestrahlung reflektieren. Diese Beschichtungen reduzieren immer auch den Lichttransmissionsgrad im sichtbaren Bereich des Spektrums. Bei Dreischeiben-Wärmeschutzverglasungen ist der Lichttransmissionsgrad τ_{D65} mit 0,69 - 0,74 geringer als bei einer Zweischeiben-Wärmeschutzverglasung mit $\tau_{D65} = 0{,}80$.

Werden Sonnenschutzverglasungen eingesetzt, so liegt τ_{D65} bei 0,40 - 0,67 für Zweischeiben-Sonnenschutzverglasung und bei 0,27 - 0,63 für Dreischeiben-Sonnenschutzverglasung. Die große Bandbreite entsteht durch die unterschiedlich starke Sonnenschutzwirkung (g-Wert zwischen 0,16 und 0,37) [Ref. 6.3-6].

Die Verglasung beeinflusst auch die spektrale Zusammensetzung des transmittierten Lichtes. Wärmestrahlung reflektierende Beschichtungen reduzieren den Anteil langwelligen, rötlichen Lichtes, der in einen Raum gelangt. Der Eisengehalt von üblichem Fensterglas (Floatglas) reduziert den Anteil kurzwelligen, bläulichen Lichtes. Je mehr Scheiben und je mehr Beschichtungen eine Verglasung aufweist, desto stärker unterscheidet sich daher das transmittierte Lichtspektrum vom Tageslichtspektrum außen. Durch die Verwendung von Spezialglas mit reduziertem Eisenoxidgehalt (Weißglas) können die spektralen Veränderungen verringert werden, der g-Wert ist dann etwas höher.

Die hervorragende Farbwiedergabe des natürlichen Tageslichtes kann bei Verglasungen mit besonders niedrigem g-Wert im roten Bereich (R9) deutlich eingeschränkt sein (z. B. 45 % statt 100 % bei g-Wert 0,25) [Ref. 6.3-5].

Seit einigen Jahren ist der positive Einfluss von (Tages-)Licht auf biologische Rhythmen wie den Schlaf-Wach-Rhythmus und auf die Aktiviertheit von Menschen nachgewiesen [Ref. 6.3-7]. Auch diese biologische Wirksamkeit des Tageslichtes kann bei Verglasungen mit besonders niedrigem U-Wert oder g-Wert eingeschränkt sein (z. B. Wirkungsfaktor für Melatoninsuppression $a_{ms\ v,eff} = 0{,}35$ für Dreifach-Sonnenschutzverglasung, jedoch 0,72 für Zweischeiben-Wärmeschutzverglasung [Ref. 6.3-5] und damit deutlich näher an natürlichem Tageslicht).

ger Dimmung bei 16 kWh/m²a und damit bei 29 % des Primärenergiebedarfs des Gebäudes (ohne Nutzerstrom), während der Anteil der Heizenergie bei nur 12 % liegt.

Beispiel: Museum Ritter, Waldenbuch

Seine exzellente Farbwiedergabe macht Tageslicht zu einer attraktiven Beleuchtung in Ausstellungsräumen. Eine Herausforderung liegt in den zeitweise hohen Intensitäten und in den Intensitätsschwankungen des Tageslichtes, die in Museen in der Regel unerwünscht sind, weshalb häufig auf Tageslicht verzichtet wird.

Im Museum Ritter in Waldenbuch wechseln sich Ausstellungsräume mit Lichtdecken ab mit sogenannten Landschaftszimmern, in denen große Fenster einen Ausblick in die Region Schönbuch bieten. Die Tageslichtdecken im Obergeschoss des Museums ermöglichen, dass Ausstellungsräume und Landschaftszimmer tagsüber in der identischen, natürlichen Lichtfarbe beleuchtet sind.

Die Tages- und Kunstlichtdecke besteht aus einer Sonnenschutzverglasung als Abschluss nach Außen (g-Wert = 0,25, Lichttransmissionsgrad τ_{D65} *= 0,50) und aus einer Diffusor-Ebene unterhalb der Leuchtstoffröhren mit* τ_{D65} *= 0,65, die das Licht streut und vergleichmäßigt. Die Lichtdecke stellt somit in Bezug auf das Kunstlicht keine ausgesprochen energieeffiziente Beleuchtung dar.*

Die Museumsbetreiber möchten die Kunst in hellem Licht zeigen. Dieser Anspruch und die große Helligkeit der Landschaftszimmer führen dazu, dass in den Ausstellungsräumen eine große Helligkeit von ca. 1.000 lx vertikaler Beleuchtungsstärke gewünscht ist. Dieser Wert liegt weit oberhalb der üblichen Werte in Museen. Die installierte Leistung liegt bei 75 W/m², der Endenergieverbrauch für Kunstlicht ist auch aufgrund der langen Nutzungszeiten des Museums mit ca. 60 kWh/m²a sehr hoch. Zum Vergleich: Der Kunstlichtstromverbrauch der Kunsthalle Mannheim, die ebenfalls über Tageslichtdecken verfügt, liegt deutlich niedriger bei ca. 20 kWh/m²a (Hochrechnung für das Jahr 2014). Die vertikale Beleuchtungsstärke beträgt in diesem Museum 50 bis 110 lx [Ref. 6.3-8].

Beispiel: Supermarkt Aldi Süd, Rastatt

Die Beleuchtung mit Tageslicht in diesem Supermarkt hat das Ziel, den Stromverbrauch der künstlichen Beleuchtung um ca. 30 % zu reduzieren. Der mittlere Tageslichtquotient im Verkaufsraum beträgt 3,1 %. Ein weiterer wesentlicher Effekt ist, dass Mitarbeiter und Kunden Tageslicht schätzen. Eine Befragung unter den Kunden ergab, dass über 90 % mit der Helligkeit in diesem Markt zufrieden sind.

Die beabsichtigte Energieeinsparung konnte nahezu realisiert werden. Mehrverbräuche gegenüber der Prognose traten auf, weil Mitarbeiter außerhalb der Verkaufszeiten nicht wie vorgesehen nur 1/3 der Beleuchtung nutzten, sondern die gesamte künstliche Beleuchtung eingeschaltet haben [Ref. 6.3 9].

Bild 6.3-4
Ausstellungsraum im Obergeschoss des Museums (Quelle: Victor S. Brigola)

Beispiel: Institutsgebäude "Kollegiengebäude Mathematik" des Karlsruher Institut für Technologie, Karlsruhe

Wenn es gilt, große Flächen transparent zu überdachen, kommen sowohl bei Neubauprojekten als auch bei Sanierungen Folienkissendächer zum Einsatz. Diese sind lichtdurchlässig und haben im Vergleich mit herkömmlichen Glasdächern den Vorteil, sehr viel leichter zu sein. Bei der Sanierung des Institutsgebäudes wurde der ursprünglich offene Innenhof mit einem Folienkissendach geschlossen. Das reduziert die Wärmeverluste des Gebäudes erheblich, gleichzeitig entsteht ein helles Atrium mit hoher Aufenthaltsqualität.

Über das Atrium werden angrenzende Seminarräume und offene Arbeitsbereiche mit Tageslicht versorgt. Das Folienkissendach des Atriums beeinflusst die zur Verfügung stehende Lichtmenge und das Lichtspektrum in diesen Räumen. Der Tageslichtquotient in Atriummitte beträgt bei geschlossenem Sonnenschutz 11 %, in den offenen Arbeitsbereichen am Atrium liegt er bei bis zu 3 %. Die Räume an der Außenfassade weisen einen Tageslichtquotienten von bis zu 9 % auf. Während das Atrium selbst also eine gute Tageslichtversorgung aufweist, sind die am Atrium liegenden Räume deutlich schlechter Tageslicht versorgt als die an der Außenfassade liegenden Räume.

Das Spektrum der natürlichen Beleuchtung der Innenräume wird durch das Folienkissendach sowie durch die Verglasungen zwischen Atrium

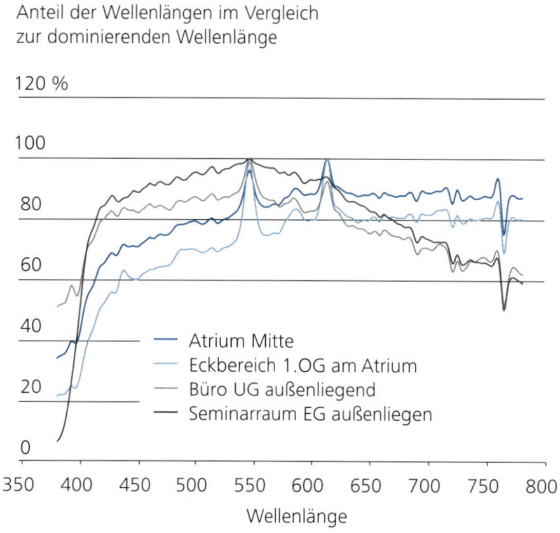

Bild 6.3-5
Veränderung der spektralen Zusammensetzung des Tageslichts durch Folienkissendach (Atrium) bzw. Verglasung (außenliegende Räume) bezogen auf die dominierende Wellenlänge im jeweiligen Bereich. Tageslicht, dessen spektrale Zusammensetzung unverändert ist, läge für alle Wellenlängen bei 100 %. (Quelle: HS Karlsruhe)

LEDs

LEDs unterscheiden sich von herkömmlichen Leuchtmitteln dadurch, dass sie Licht in einen Halbraum und nicht diffus in alle Richtungen abgeben wie eine Leuchtstoffröhre oder eine Glühlampe. Während Leuchten für Leuchtstoffröhren das Licht z. B. mit Reflektoren in die gewünschte Richtung umlenken, werden bei LED-Leuchten häufig optische Linsen verwendet. Diese beeinflussen, wie stark gestreut oder gebündelt das Licht der LEDs von der Leuchte abgegeben wird.

Die Lichtabgabe der LEDs in einen Halbraum hilft, Flächen gezielt zu beleuchten. So sind LED-Leuchten prädestiniert für die Anstrahlung von Objekten oder für Einbauleuchten. In Räumen, in denen eine eher gleichmäßige Helligkeit auf allen Raumoberflächen gewünscht ist (wie in Büroräumen), muss beim Einsatz von LED-Leuchten darauf geachtet werden, dass die Lichtabgabe auch in Richtung von Decke und/oder Wänden erfolgt.

Der Lichtstrom, der von einer Leuchte abgegeben wird, ist Grundlage jeder Lichtplanung. Er kann aus dem Leuchtenbetriebswirkungsgrad und dem Lichtstrom des Leuchtmittels errechnet werden. Klassische Leuchtmittel sind austauschbar und können z. B. durch energieeffizientere Leuchtmittel ersetzt werden. Ein veränderter Leuchtenlichtstrom kann die Folge sein.

Statt des Leuchtenbetriebswirkungsgrads als Maß für die Effizienz einer Leuchte geben einige Hersteller für LED-Leuchten nur den Lichtstrom an, der von der Leuchte abgegeben wird. LEDs sind derzeit noch nicht einheitlich genormt und daher nicht einfach austauschbar, der Leuchtenlichtstrom kann sich nicht durch den Austausch des Leuchtmittels verändern.

Eine Ausnahme stellen sogenannte Retrofits dar, die als Ersatz für herkömmliche Leuchtmittel dienen. Da LED-Retrofits das Licht oft weniger gleichmäßig abgeben als z. B. eine Leuchtstoffröhre, ergänzen sich Reflektor und Leuchtmittel nicht immer ideal, die Verwendung von Retrofits kann zu einer veränderten Lichtabgabe der Leuchte führen.

und angrenzenden Räumen beeinflusst (vgl. Infobox Tageslicht nutzen). Bild 6.3-5 zeigt, dass die verschiedenen Wellenlängen in unterschiedlichem Maß in die Räume gelangen. Der kurzwellige, blaue Anteil des Tageslichts gelangt weniger stark in das Atrium als die übrigen Bereiche des Lichtspektrums. Der langwellige, rote Bereich dagegen wird durch die Folienkissen nur wenig reduziert. In den außenliegenden Räumen reduziert die Verglasung der Fenster vor allem den Rotanteil des Spektrums. Weder im Atrium noch in den außenliegenden Räumen steht ein „unverfälschtes" Tageslichtspektrum zur Verfügung.

Kunstlicht

Bei der Planung einer effizienten künstlichen Beleuchtung kommen mittlerweile überwiegend LED-Lösungen zum Einsatz. Auch Leuchten mit effizienten T5-Leuchtstoffröhren und hohem Leuchtenbetriebswirkungsgrad von über 90 % sind jedoch nach wie vor „konkurrenzfähig".

Beispiel: Verwaltungsgebäude KfW-Haupthaus, Frankfurt

Bei der Sanierung des Haupthauses der KfW wurde eine effiziente Pendelleuchte entwickelt, die mit herkömmlichen T5-Leuchtstoffröhren bestückt ist. Bei der Planung wurde berücksichtigt, dass Nutzer unterschiedliche Wünsche bezüglich der Helligkeit ihres Arbeitsplatzes haben: Die künstliche Beleuchtung ermöglicht den Nutzern, eine Beleuchtungsstärke zwischen 300 und 750 lx am Arbeitsplatz zu wählen. Die installierte Leistung in den Büros beträgt trotz dieses Lichtangebots über den normativen Mindestanforderungen lediglich 16 W/m², der durchschnittliche Kunstlichtstromverbrauch liegt bei 13,6 kWh/m²a.

Kunstlicht-Automation

Die Automatisierung des Kunstlichtes ermöglicht abhängig von der Nutzung große Einsparungen. In Bürogebäuden betragen diese bis zu 70 % [Ref. 6.3-10].

Bei einer tageslichtabhängigen Regelung (Bild 6.3-8) wird das Kunstlicht gedimmt, wenn das Tageslichtangebot steigt. Reicht das Tageslichtangebot aus, um die Arbeitsplätze mit der gewünschten Beleuchtungsstärke zu beleuchten, kann das Kunstlicht von der Steuerung ausgeschaltet werden. Eine tageslichtabhängige Dimmung kann – auch aufgrund ihres Eigenstromverbrauchs – ihr Einsparpotenzial nur bei mittlerer bis guter Tageslichtversorgung der Räume ausspielen. Büroarbeitsplätze mit sehr guter Tageslichtversorgung (D > 6 %) benötigen Kunstlicht während üblicher Bürozeiten nur in den Wintermonaten, an vielen Tagen kann die tageslichtabhängige Dimmung keine große Einsparung erreichen. Ebenso bei Arbeitsplätzen mit schlechter Tageslichtversorgung (D < 1,5 %) z. B. in Großraumbüros, wo nur in den Sommermonaten auf die künstliche Beleuchtung verzichtet werden kann.

Präsenzmelder schalten das Licht aus, wenn der letzte Nutzer einen Raum verlassen hat. Gerade in Großraumbüros, in denen dem einzelnen Nutzer u. U. der Überblick fehlt, oder in Erschließungsbereichen und Sanitärräumen kann so der Energieverbrauch gesenkt werden.

Bild 6.3-6
Atrium des Kollegiengebäudes Mathematik mit angrenzenden Seminarräumen und offenen Arbeitsbereichen
(Quelle: Cornelia Moosmann)

Bild 6.3-7
Besprechungsraum mit Aussicht im Verwaltungsgebäude des KfW-Haupthauses
(Quelle: BINE Informationsdienst. Foto: Dorothee Gintars)

Bild 6.3-8
Präsenz- und Helligkeitssensor einer Pendelleuchte
(Quelle: IGS, TU Braunschweig)

Bei allen Arten der Automatisierung ist wichtig, dass Nutzerwünsche nicht außer Acht gelassen werden. In vielen Untersuchungen wurde beobachtet, dass Steuerungen, die den Wünschen der Nutzer entgegenstehen, von diesen außer Betrieb genommen werden [Ref. 6.3-10, Ref. 6.3-11]. Auch unter dem Aspekt einer möglichst großen Energieeinsparung muss daher die Kunstlichtautomatisierung sorgfältig geplant und in Betrieb genommen werden.

Beispiel: Kinderhaus „Arche Noah", Höhenkirchen-Siegertsbrunn

Abweichungen zwischen berechnetem Bedarf und gemessenem Verbrauch können auf Unzufriedenheit der Nutzer mit der Kunstlichtsteuerung hinweisen. So auch im Plusenergie-Kinderhaus in Höhenkirchen-Siegertsbrunn, wo der Stromverbrauch für die Beleuchtung im ersten Messjahr den berechneten Bedarf um 25 % übersteigt. In den Räumen ist eine Mindestbeleuchtungsstärke von 300 lx vorgesehen. Das Kunstlicht muss manuell eingeschaltet werden, die Anlage ist präsenz- und tageslichtabängig geregelt. Wenn beim Einschalten bereits eine Beleuchtungsstärke oberhalb des Sollwertes vorhandenen ist, so schaltet die Anlage nicht ein. Die Nutzer können diese Automation „überstimmen". Dies führt dazu, dass die Beleuchtungsanlage im „manuellen Modus" betrieben wird, in dem keine tageslichtabhängige Dimmung stattfindet und alle Lampen des Raumes ungedimmt betrieben werden. Erst nach einem erneuten Einschalten des Kunstlichts im „Automatik-Modus" kommt die tageslichtabhängige Dimmung wieder zum Einsatz. Ein Nutzereingriff am frühen Morgen nimmt also die Dimmung für den gesamten Tag außer Betrieb, sofern der Raum ununterbrochen genutzt wird und der „Automatik-Modus" nicht gezielt reaktiviert wird.

Die Beleuchtungsstärke der Kunstlichtanlage im Automatik-Modus wird von den Nutzern regelmäßig als zu gering empfunden, so dass die Dimmung überstimmt wird und im Alltag kaum zum Tragen kommt. Dieser energetisch ungünstige Umgang mit dem Nutzerwunsch nach mehr Licht führt zu einem Stromverbrauch über den prognostizierten Werten.

Zur Häufigkeit der Nutzereingriffe trägt auch die Anordnung der Helligkeitssensoren bei: Diese wurden nicht entsprechend der Planung in Raummitte sondern in Fensternähe angebracht. Die tageslichtabhängige Dimmung führt daher in den fensterfernen Bereichen zu Beleuchtungsstärkewerten unterhalb der Mindestbeleuchtungsstärke. Die Nutzer erhöhen dann mit ihrem Eingriff diese zu geringe Helligkeit.

Abhilfe kann geschaffen werden, indem der Sollwert der Beleuchtungsstärke erhöht wird, so dass die Nutzer seltener den Wunsch haben, einzugreifen, und durch ein automatisches Zurückfallen in den Automatik-Modus nach einer angemessenen Zeit der Berücksichtigung des Nutzerwunsches. Eine Änderung der tageslichtabhängigen Dimmung/Positionierung der Helligkeitssensoren zur Sicherstellung der Mindestanforderungen wird bereits umgesetzt [Ref. 6.3-12].

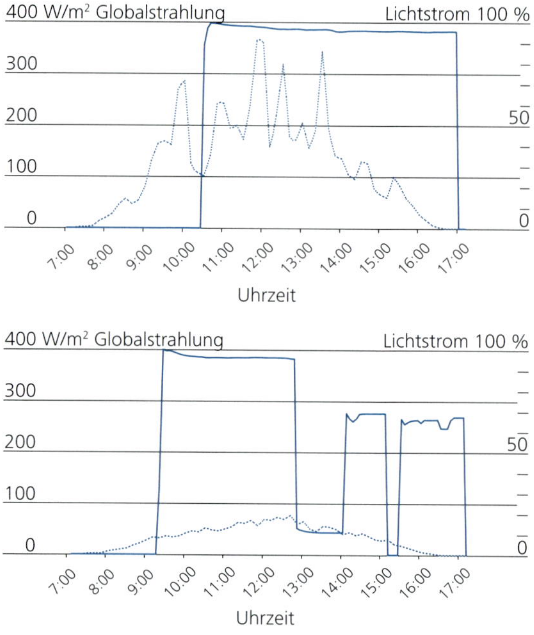

Bild 6.3-9
Globalstrahlung und Beleuchtungssteuerung an einem sonnigen (oben) und an einem bewölkten Tag (unten). An beiden Tagen wurde die Dimmung übersteuert und 100 % des Lichtstroms genutzt, auch am sonnigen Tag mit hoher Globalstrahlung. In der unteren Grafik ist der Einfluss der Dimmung während des Nachmittags zu sehen (70% des Lichtstroms). (Quelle: HS Rosenheim)

Bild 6.3-10
Gruppenraum im Kinderhaus „Arche Noah"
(Quelle: Fraunhofer IBP)

Referenzen, Anmerkungen

Anm. 6.3-1
Brenndauer: die Zeit, in der die künstliche Beleuchtung eingeschaltet ist

Anm. 6.3-2
Tageslichtquotient D: Verhältnis der horizontalen Beleuchtungsstärke innen zur horizontalen Beleuchtungsstärke außen; Maß für das Tageslichtangebot im Raum

Ref. 6.3-1
Deutsches Institut für Normung DIN e. V., Berlin (Hrsg.): DIN EN 12464-1:2011-08: Licht und Beleuchtung – Beleuchtung von Arbeitsstätten. Teil 1: Arbeitsstätten in Innenräumen. Berlin: Beuth Verl., 2011

Ref. 6.3-2
Galasiu, A. D.; Veitch, J. A.: Occupant preferences and satisfaction with the luminous environment and control systems in daylight offices: a literature review. In: Energy and Buildings. Vol. 38 (2006), Issue 7, p. 728–742

Ref. 6.3-3
Moosmann, C.: Visueller Komfort und Tageslicht am Büroarbeitsplatz. Eine Felduntersuchung in neun Gebäuden. Dissertation, Karlsruher Institut für Technologie KIT. 2014, 273 S. ISBN 978-3-7315-0312-5. KIT Scientific Publishing

Ref. 6.3-4
Beleuchtung. Technische Regeln für Arbeitsstätten. ASR A3.4. Ausgabe: April 2011, zuletzt geändert GMBl 2014, S. 287. Bundesanstalt für Arbeitsschutz und Arbeitsmedizin (BAuA), Dortmund (Hrsg.) www.baua.de (Aufruf 07.12.2015)

Ref. 6.3-5
Deutsche Lichttechnische Gesellschaft (LITG) e. V., Berlin (Hrsg.): Tageslicht kompakt: Tageslichttechnik und Tageslichtplanung in Gebäuden. [erscheint Ende 2015].

Ref. 6.3-6
Deutsches Institut für Normung DIN e. V., Berlin (Hrsg.): DIN V 18599-4:2011-12: Energetische Bewertung von Gebäuden - Berechnung des Nutz-, End- und Primärenergiebedarfs für Heizung, Kühlung, Lüftung, Trinkwarmwasser und Beleuchtung - Teil 4: Nutz- und Endenergiebedarf für Beleuchtung. Berlin: Beuth Verl., 2011

Ref. 6.3-7
Deutsches Institut für Normung DIN e. V., Berlin (Hrsg.): DIN Spec 67600:2013-04: Biologisch wirksame Beleuchtung – Planungsempfehlungen. Berlin: Beuth Verl., 2013

Ref. 6.3-8
Huckemann, V.: persönliche Mitteilung, Hochschule Bochum, 2015

Ref. 6.3-9
Réhault, N.: Aldi 2010 – Hocheffizienter Supermarkt mit geothermiegestütztem CO_2-Kälteverbund. Abschlussbericht. FKZ 0327894A. Fraunhofer Institut für Solare Energiesysteme (ISE), Freiburg i. Br. (Hrsg.). 2013

Ref. 6.3-10
Reinhart, C. F.: Daylight availability and manual lighting control in office buildings. Simulation studies and analysis of measurement. Stuttgart: Fraunhofer IRB Verl., 2001. ISBN 978-3-8167-6056-6 http://www.verlag.fraunhofer.de/bookshop/artikel.jsp?v=6745 (Aufruf 07.12.2015)

Ref. 6.3-11
Velds, M.: Assessment of lighting quality in office rooms with daylighting systems. PhD Thesis, Delft University of Technology, 2000

Ref. 6.3-12
Proietti, E.: Lichttechnische Optimierung eines Plus-Energie Kinderhauses. Studienarbeit. Hochschule für angewandte Wissenschaft Rosenheim, 2015

6.4 Raumakustik

Detlef Hennings

Die Raumakustik ist für die Nutzer ein wesentlicher Faktor des Innenraum-Komforts (→ Kapitel 5.3). Besonders in Räumen, in denen Kommunikation stattfindet, entscheiden die raumakustischen Eigenschaften darüber, ob dies mühelos möglich oder mit Anstrengung verbunden ist.

Bei Gebäuden mit thermisch wirksamen Geschossdecken kommt hinzu, dass die raumakustischen Planungsziele und die energetisch-raumklimatischen Planungsziele in einen Konflikt um die verfügbaren Innenoberflächen der Räume geraten. Das raumakustische Monitoring ausgewählter Demonstrationsprojekte hat gezeigt, dass in einigen energetisch vorbildlichen Gebäuden dieser Zielkonflikt in raumakustisch unbefriedigender Weise behandelt wurde, insbesondere in Kommunikationsräumen [Ref 6.4-3].

Raumakustik und Nutzungsart

Die raumakustischen Anforderungen hängen von der Nutzungsart des Raums ab. So sind in einem Konzertsaal ganz andere Eigenschaften gefordert als in schulischen Unterrichtsräumen. Die raumakustische Planung und Gestaltung geht also immer von der Nutzung aus.

Dabei gilt es, zuerst eine wichtige Unterscheidung zu treffen: Soll in dem Raum eine raumweite Kommunikation, Präsentation oder Darbietung von Sprache oder Musik stattfinden oder soll Kommunikation nur im Nahbereich und womöglich an verschiedenen Orten im Raum parallel stattfinden? Im ersten Fall ist eine raumweit gute und ungestörte Schallausbreitung unabdingbar. Im letzten Fall ist die raumweite Schallausbreitung dagegen unerwünscht und eine Unterteilung in mehrere Räume wäre oft die akustisch bessere Lösung.

Es gibt aber auch Räume, in denen sowohl raumweit als auch in mehreren Gruppen im Nahbereich kommuniziert wird. So kann beispielsweise in Unterrichtsräumen sowohl in Gruppen als auch gemeinsam mit allen Anwesenden gearbeitet werden, oft auch im Wechsel. Beispielhaft zeigt Bild 6.4-1 Möblierungen für drei verschiedene Nutzungsarten eines Unterrichtsraums. In den Varianten links und rechts steht die raumweite Kommunikation im Vordergrund. Bei der Gruppenarbeit (mitte) wird im Nahbereich kommuniziert. Allerdings lassen sich die bei dichter Besetzung des Raums zu erwartenden gegenseitigen Störungen der Gruppen ohne Unterteilung des Raums nicht verhindern.

Eine gute akustische Bedämpfung ist bei allen Varianten hilfreich. Hinsichtlich einer Nutzbarkeit in verschiedenen Unterrichtsformen ist es günstig, Unterrichtsräume für raumweite Kommunikation und mit sehr guter Bedämpfung, also niedriger Nachhallzeit, auszulegen.

Raumakustische Planung

In Kommunikationsräumen ist die raumakustische Qualität besonders wichtig, deshalb stehen sie in der weiteren Betrachtung im Fokus.

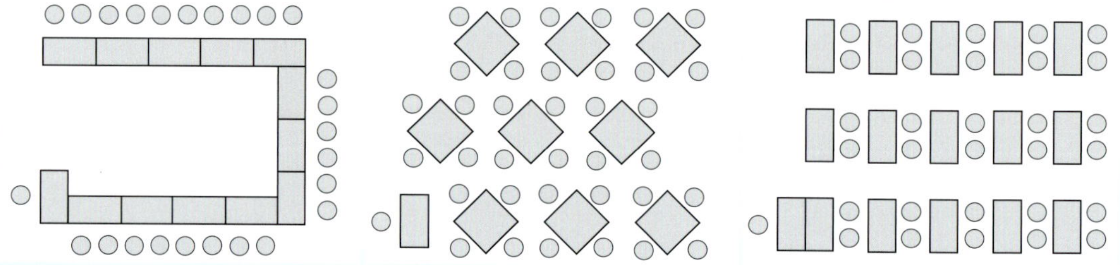

Bild 6.4-1
Beispiele der Möblierung eines Unterrichtsraumes für verschiedene Unterrichtsformen (schematisch dargestellt):
links: für raumweite Diskussion
mitte: für Gruppenarbeit
rechts: für Frontalunterricht
(Quelle: D. Hennings)

Anforderungen an Kommunikations-Räume

Als Voraussetzung für eine mühelose raumweite Kommunikation muß ein Raum verschiedene Anforderungen erfüllen – sowohl aus der Hörer-perspektive als auch aus der Sprecherperspektive:

Aus der Perspektive der Hörer ist in erster Linie die Sprachverständlickeit wichtig. Die dafür nötige Klarheit und Deutlichkeit der Übertragung hängt damit zusammen, inwieweit aufeinanderfolgende Artikulationselemente (Silben) durch den Raum miteinander vermischt werden. Außerdem soll bei raumweiter Kommunikation die Sprache in genügender Lautstärke beim Hörer eintreffen. Hierfür ist in der Regel eine schallharte, reflektierende Decke hilfreich.

Aus der Sprecher-Perspektive muß der Raum eine genügend starke Rückmeldung der eigenen Sprache geben (alltagssprachlich „der Raum soll tragen"). Damit erhalten Sprecher eine Information, wie die Sprache im Raum „ankommt" und auch eine Orientierung für die angemessene Sprech-Lautstärke. Nützlich sind dafür Rück-Reflexionen aus mittlerer Entfernung im Raum. Auch hier kann eine schallharte Decke helfen.

Sowohl für Sprecher als auch für Hörer ist ein niedriger Pegel von Störschall (Lärm) im Raum wichtig. Die Reduktion von Störschall ist allerdings nicht eigentliches Thema der Raumakustik. Darauf wird am Ende des Kapitels im Abschnitt ‚Raumakustik und Lärm' noch eingegangen.

Auch die Erwartung der Menschen an die Raumeigenschaften spielt eine Rolle. Insbesondere wenn die Eigenschaften extrem von den Erwartungen abweichen, kann dies zu Irritationen der Raumnutzer führen, bis hin zu körperlichem Unwohlsein im Extremfall ‚refexionsarmer' Räume, die visuell Innenräume sind, akustisch aber dem freien Außenraum gleichen.

Die Nachhallzeit als Planungsgröße

In den genannten Qualitäts-Anforderungen an Räume kommt die Nachhallzeit überhaupt nicht vor. Dennoch wird sie meist als primäre raumakustische Planungsgröße verwendet. Das geschieht aus mehreren Gründen:

Die Nachhallzeit lässt sich mit einer sehr einfachen Berechnung prognostizieren. Meist wird dazu die Sabine'sche Formel verwendet, benannt nach Wallace Clement Sabine, Physik-Professor am MIT in Boston um 1900. Außerdem lassen sich Nachhallzeiten gut messen. Die heutige computergestützte Messung wird im Kapitel 11.2.1 näher betrachtet. Des Weiteren sind Nachhallzeiten mit erwünschten Raum-Eigenschaften wie der Sprachverständlichkeit korreliert. So ist Sprache meist in einem akustisch trockeneren Raum besser verständlich als in einem halligeren Raum. Allerdings ist dieser Zusammenhang nicht so streng, dass man aus einer bestimmten Nachhallzeit auf eine bestimmte Sprachverständlichkeit schließen kann. Dennoch eignet sich die Nachhallzeit als Planungsgröße, wenn man zusätzliche Kriterien beachtet. Dem entsprechend sind in DIN 18041 [Ref 6.4-1] für verschiedene Nutzungsarten geeignete Nachhallzeiten empfohlen (Bild 6.4-2).

Weitere Kriterien

Bereits genannt wurde die Nützlichkeit der Decken-Reflexionen. Es gehört deshalb zum Standard einer guten Planung von Kommunkationsräumen zumindest den mittleren Bereich der Decke reflektierend auszubilden.

Jeder Raum zeigt bei tiefen Frequenzen mehr oder weniger ausgeprägte Eigenschwingungen (Resonanzen), abhängig von den Abmessungen und von den Oberflächeneigenschaften im Raum. Ausgeprägte und störende Resonanzen können oft mittels Tiefenabsorbern nahe der Raumkanten wirksam bedämpft werden.

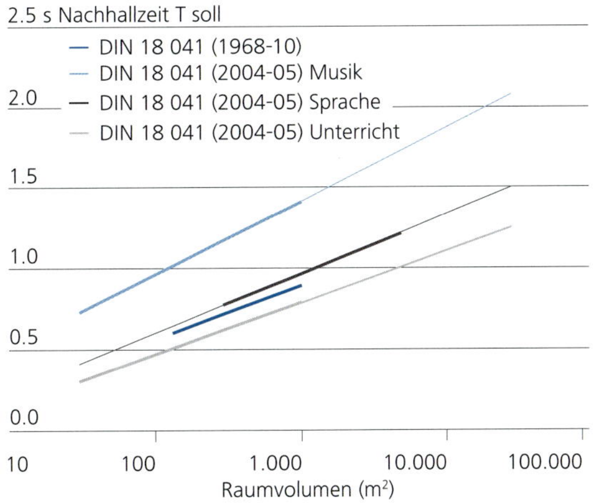

Bild 6.4-2
Die Nachhallzeit-Empfehlungen für verschiedene Nutzungsarten nach DIN 18041 sind vom Raumvolumen abhängig. (Quelle: D. Hennings)

Störende Flatterechos zwischen parallelen Flächen lassen sich verhindern, indem mindestens eine Fläche absorbierend oder streuend ausgeführt wird. Besondere Vorsicht ist bei größeren konkaven Umschließungsflächen eines Raums geboten, etwa bei zylindrischen Wänden oder bei Kuppeln. Hier können sehr ungleichmäßige Schallfelder durch Fokussierung und bei größeren Räumen auch Echos entstehen, die eine Kommunikation nahezu unmöglich machen.

Weitergehende Information zu diesen und anderen raumakustischen Planungsaspekten ist in der Literatur zu finden, beispielsweise bei Fasold und Veres [Ref 6.4-2] und in der DIN 18041.

Der Zielkonflikt mit thermischer Bauteilnutzung

Die herkömmliche Akustikdecke

Wenn man davon ausgeht, dass ein gut bedämpfter Raum eine Nachhallzeit von 0,5 bis 0,6 Sekunden aufweisen soll, wie etwa bei der DIN-Empfehlung für typische Unterrichtsräume, dann ergibt die Sabine'sche Formel, dass dafür bei 3 Metern Raumhöhe Schallabsorber mit einer Oberfläche nötig sind, die insgesamt der Grundfläche (bzw. Deckenfläche) des Raums entspricht, vorausgesetzt diese Absorber sind hoch wirksam (80 - 90 %). Deshalb war in herkömmlichen Büroräumen die abgehängte, schallabsorbierende Decke aus akustischer Sicht eine recht gute Lösung. Für Unterrichts- und andere Kommunikationsräume ist diese Lösung aber weniger geeignet, da hier zumindest der mittlere Deckenbereich schallreflektierend sein soll.

Lösungsansätze bei thermisch genutzter Decke

In vielen neueren Gebäuden werden die Betondekken entweder passiv als thermische Kurzzeitspeicher oder als thermoaktives Element genutzt. Da die herkömmliche Akustikdecke einen Wärmeaustausch zwischen Innenraum und Decke weitgehend verhindert, ist sie mit thermischer Deckennutzung nicht verträglich.

Andererseits unterstützt eine schallharte Betondecke die raumweite Kommunikation. Deshalb ist sie in allen Kommunikationsräumen ein Vorteil, vorausgesetzt der Raum wird an anderen Flächen, vorzugsweise den Wänden, genügend bedämpft. Dass dies möglich ist, zeigt das Beispiel der Grundschule Hohen Neuendorf, auf das später noch eingegangen wird.

Es gibt verschiedene Ansätze, die thermische Deckennutzung mit guten raumakustischen Eigenschaften zu vereinbaren. In der Grundschule Hohen Neuendorf wurde ein ‚puristischer' Ansatz realisiert, in dem die thermisch speichernden Decken von den Schallabsorbern an den Wänden konsequent getrennt sind und so eine gegenseitige Beeinträchtigung weitgehend ausgeschlossen ist.

Es gibt auch andere Ansätze, in denen Absorber-Elemente wie Lamellen oder Segel unter die Decke gehängt werden, oder in denen Absorber in die Decke integriert werden. Allerdings besteht bei solchen hybriden Lösungen immer ein Risiko, dass eine oder gar beide Funktionen nur eingeschränkt erfüllt sind. So vermindern untergehängte Elemente immer sowohl den konvektiven als auch den radiativen Wärmeaustausch mit der Decke. In welchem Ausmaß das geschieht, hängt im Einzelfall von der Geometrie und weiteren Faktoren wie beispielsweise den Strömungsverhältnissen im Raum ab.
Da es bei passiver thermischer Nutzung auf guten Wärmeübergang bei kleinen Temperaturdifferenzen ankommt, ist hier besondere Vorsicht geboten. Zudem zeigen viele abhängbare Absorberelemente bei tiefen Frequenzen nur geringe Wirkung, so dass zusätzlich Tiefenabsorber erforderlich sind, die ebenfalls Fläche beanspruchen. Außerdem beeinträchtigen abgehängte Elemente die in Kommunikationsräumen wichtige Deckenreflexion.

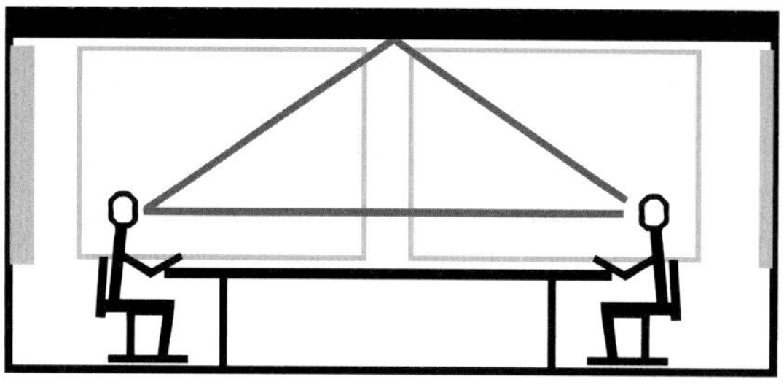

Bild 6.4-3
Bei schallharter Decke gelangt der Schall auf zwei kurzen Wegen vom Sprecher zum Hörer: direkt und über Reflexion an der Decke. Bei absorbierender Decke entfällt der reflektierte Weg.
(Quelle: D. Hennings)

Zwei Beispiele

Gebhard-Müller-Schule Biberach

Die 2004 fertiggestellte Gebhard-Müller-Schule in Biberach an der Riss dient der Berufsausbildung in kaufmännischen Berufen. Das Gebäude wird über thermoaktive Betondecken beheizt und gekühlt. Die Decken der Unterrichtsräume sind zu 80 % unverkleidet und stehen so in gutem thermischen Kontakt zum Innenraum. Unter den gangseitigen 20% der Decke befindet sich eine Abhängung zur Aufnahme von Lüftungskanälen und anderen Installationen. Diese Oberflächen sind großenteils schallabsorbierend ausgeführt. Des Weiteren tragen Absorber in den Fensterbrüstungen sowie im hochfrequenten Bereich der Nadelfilzboden zur Schallabsorption bei. Zusätzlich wirken die Leichtbau-Wände und die Fenster bei tiefen Frequenzen leicht absorbierend.

Messergebnisse zeigen, dass die Nachhallzeiten eines halb besetzten Unterrichtsraums knapp oberhalb der DIN-Empfehlung von 1968 liegen, die bei der Planung der Schule noch gültig war, und die noch nicht zwischen ‚Sprache' und ‚Unterricht' differenzierte. Um die DIN-Empfehlung ‚Unterricht' von 2004 zu erfüllen, wäre eine um 15 - 25 % erhöhte gesamte Absorptionswirkung im Raum erforderlich.

Grundschule Hohen Neuendorf

Als Bestandteil des Energiekonzepts sind die Unterrichtsräume mittels der Betondecken passiv klimatisiert. Wie bereits erläutert, wurden – mit Ausnahme eines schmalen Installationsbereichs – die Decken völlig freigehalten und Schallabsorber ausschließlich an den Wänden angebracht. Angesichts des knappen Angebots an nutzbaren Wandflächen ist dies nur mit Hilfe hochwirksamer Breitband-Schallabsorber möglich [Ref 6.4-4]. Die Messungen ergaben, dass die Nachhallzeiten innerhalb des nach DIN 18041 empfohlenen Bereichs liegen (Bilder 6.4-6 und 6.4-7).

Raumakustische Werkzeuge

Berechnung, Simulation, Modell-Messung

In den meisten Fällen reicht in der raumakustischen Planung eine einfache Berechnung von Oktav-Nachhallzeiten mit der Sabine'schen Formel oder mit der etwas komplexeren Eyring'schen Formel und die Beachtung der beschriebenen zusätzlichen Planungskriterien aus [Ref 6.4-2].

Bei der Planung akustisch sehr anspruchsvoller Räume, wie beispielsweise Konzertsäle, werden auch aufwendigere Werkzeuge eingesetzt. In raumakustischen Computer-Simulationen wird die Schallausbreitung im Raum nachgebildet. In Modellmessungen werden in einem skalierten Modell des Raumes Messungen gemacht, wobei alle frequenzabhängigen Eigenschaften entsprechend der Skalierung verschoben sind. Beiden Methoden ist gemeinsam, dass nicht nur Nachhallzeiten, sondern auch andere raumakustische Eigenschaften prognostiziert werden können.

Bild 6.4-4
Ein Unterrichtsraum in der Gebhard-Müller-Schule in Biberach mit Meßaufbau. Etwa 20% der Betondecke ist von einem abgehängten Deckenkoffer verdeckt, dessen Oberflächen großenteils schallabsorbierend ausgeführt sind.
(Quelle: D. Hennings Ref 6.4-3)

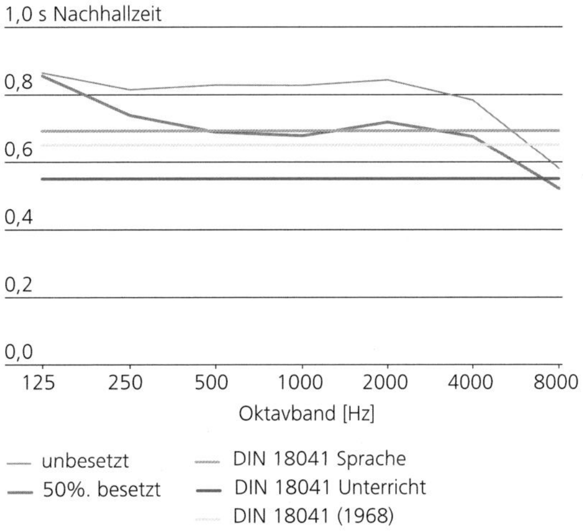

Bild 6.4-5
Ergebnisse der Nachhallzeit-Messungen im unbesetzten (obere Kurve) und im zu 50 % besetzten (untere Kurve) Unterrichtsraum der Gebhard-Müller-Schule, sowie DIN-Empfehlungen. (Quelle: D. Hennings, Ref 6.4-3)

Messung und Analyse

Auch bei sorgfältiger raumakustischer Planung lassen sich Unsicherheiten im Ergebnis nicht generell vermeiden. Daher ist eine meßtechnische Überprüfung in allen Fällen angebracht, in denen die Raumakustik für die Raumnutzung bedeutsam ist. Wenn in einem Gebäude viele gleichartige Räume gebaut werden, wie Unterrichtsräume in Schulen, ist es empfehlenswert, zunächst einen dieser Räume mit akustischen Elementen zu versehen und zu vermessen. Falls eine Nachbesserung angebracht ist, kann diese in allen übrigen Räumen kostensparend von vorneherein berücksichtigt werden.

Mit Computergestützter Messtechnik sind einfache raumakustische Messungen ohne großen Geräte- und Zeit-Aufwand möglich. Insbesondere wenn bei „Impulsanregung" ein zeitlich sehr kurzer, spektral breitbandiger und recht lauter Schallimpuls als Messsignal erzeugt wird, wird lediglich ein kompaktes Handmessgerät oder ein mobiler Computer mit Mikrofon benötigt. Höhere Messqualität und weniger Empfindlichkeit für Störschall kann mit über Lautsprecher abgestrahlten Messsignalen („sinus sweep", MLS) erreicht werden (→ Kapitel 11.2.1).

Raumakustik und Lärm

Die Raumakustik wird von Nutzern häufig mit Lärm und Störgeräuschen in Innenräumen in Verbindung gebracht [Ref 6.4-5], jedoch besteht nur punktuell ein funktionaler Zusammenhang, wie in den folgenden Beispielen.

Viele Menschen neigen intuitiv dazu, in halligen Räumen lauter zu sprechen, gewissermaßen um den Hall zu übertönen. Die Intuition führt in diesem Fall jedoch in die Irre, denn der Nachhall wird mit dem lauteren Sprechen ebenfalls lauter und veranlasst eventuell ein noch lauteres Sprechen, usw. Dieser von Menschen gemachte Effekt lässt sich mit einer guten raumakustischen Bedämpfung weitgehend verhindern, bei zugleich verbesserter Sprachverständlichkeit.

In sehr halligen Räumen lässt sich der Lärmpegel tatsächlich mit einer akustischen Bedämpfung vermindern. Mit der Bedämpfung wird der Hallanteil des Lärms verringert. Dies zeigt deutliche Wirkung, solange der Hallanteil dominiert. Ist das nicht mehr der Fall, dann ist die lärmmindernde Wirkung zusätzlicher Bedämpfung gering.

Generell lässt sich Lärm jedoch nur durch die Minderung von Lärmquellen und bei von außen eindringendem Lärm auch durch verbesserten Schallschutz wirksam verringern, nicht jedoch mit raumakustischen Maßnahmen.

Bild 6.4-6
Raumakustische Messung mit einem Kunstkopf-Mikrofon (in der Bildmitte) in einem be-setzten Unterrichtsraum der Grundschule Hohen Neuendorf. Der vermessene Raum ist für (raumweiten) Frontalunterricht möbliert.
(Quelle: D. Hennings [Ref 6.4-4])

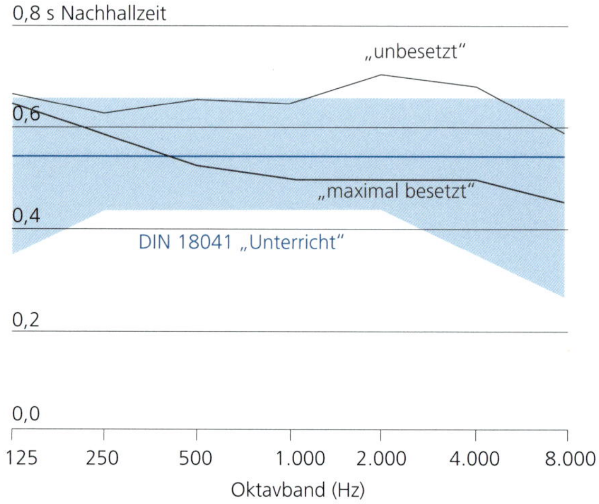

Bild 6.4-7
Gemessene Oktav-Nachhallzeiten im unbesetzten und im maximal besetzten Unterrichtsraum der Grundschule Hohen Neuendorf. blau hinterlegt ist die entsprechende Empfehlung aus DIN
(Quelle: D. Hennings [Ref 6.4-4])

Bild 6.4-8
Ein Kunstkopf-Mikrofon erfaßt beide Ohr-Signale in den Gehörgängen und erlaubt damit, die Raumakustik auch unter dem Aspekt des binauralen Hörens zu untersuchen. Außerdem kann man naturgetreue Hörproben von Räumen herstellen."
(Quelle: D. Hennings)

Referenzen, Anmerkungen

Ref 6.4-1
Deutsches Institut für Normung DIN e. V., Berlin (Hrsg.): DIN 18041: 2004-05: Hörsamkeit in kleinen und mittelgroßen Räumen. Berlin: Beuth Verl., 2004
Norm-Entwurf:
DIN 18041:2015-02: Hörsamkeit in Räumen – Vorgaben und Hinweise für die Planung. Berlin: Beuth Verl., 2015

Ref 6.4-2
Fasold, W; Veres, E.: Schallschutz und Raumakustik in der Praxis. Berlin: Beuth Verl., 2014. 3. Aufl., ISBN 978-3-410-24305-2

Ref 6.4-3
Hennings, D.: Raumakustisches Monitoring in passiv klimatisierten und Bauteil-aktivierten Gebäuden. Ergebnisbericht zum Projekt: Optimierung der Raumakustik in passiv klimatisierten Räumen mit schallharter Decke – Teil 2: Begleituntersuchung und Messungen an realisierten Beispielen. April 2007
http://www.enob.info/fileadmin/media/Publikationen/EnBau/Raumakustisches_Monitoring_Hennings.pdf
(Aufruf 07.12.2015)

Ref 6.4-4
Hennings, D.: Raumakustik in der Plusenergie-Schule Hohen Neuendorf. Planungsbegleitende Studien und Monitoring im EnOB – Plusenergie-Schule-Projekt Grundschule Niederheide Hohen Neuendorf. Dezember 2011
http://www.enob.info/fileadmin/media/Projektbilder/EnBau/Grundschule_Hohen_Neudorf/GSHN-Akustik_Ergebnisbericht.pdf
(Aufruf 07.12.2015)

Ref 6.4-5
Gossauer, E.: Nutzerzufriedenheit in Bürogebäuden. Eine Feldstudie. Analyse von Zusammenhängen zwischen verschiedenen Komfortparametern am Arbeitsplatz. Dissertation, Karlsruhe 2008. Stuttgart: Fraunhofer IRB Verlag, 2008. ISBN 978-3-8167-7622-2
elektronisch:
http://digbib.ubka.uni-karlsruhe.de/volltexte/1000007727
(Aufruf 07.12.2015)

7 Baukonstruktionen im Detail

Anton Maas

Die Gestaltung und der konstruktive Aufbau einer Gebäudehülle resultieren aus einer Vielzahl von Einflüssen bzw. Vorgaben. Zunehmend rücken bauklimatische und energetische Aspekte in den Fokus, um Wohn- und Arbeitsplatzkomfort sowie Gesundheit in Innenräumen bei möglichst geringem Energieaufwand für die Gebäudekonditionierung sicherzustellen. Nachfolgend werden ausgewählte baukonstruktive Aspekte beleuchtet. Die Matrix unter der Projektübersicht am Ende dieses Buches ordnet diese und weitere baukonstruktive Maßnahmen den untersuchten Gebäuden zu. Sie stehen unmittelbar in Verbindung mit der Gebäudeperformance.

Der Luftwechsel über eine undichte Gebäudehülle steigert das Risiko einer Schädigung des Bauteils, wenn feuchtebeladene Luft unkontrolliert durch die Gebäudekonstruktion strömt. Ein solcher Luftaustausch führt darüber hinaus zu steigendem Energieaufwand für die Gebäudeheizung. Eine dichte Gebäudehülle bildet die Grundlage für den bestimmungsmäßigen Betrieb einer Lüftungsanlage. Aufgrund des mittlerweile hohen Wissens über luftdichtes Bauen können heute deutlich bessere Dichtheitskennwerte erzielt werden als normativ gefordert (→ Kapitel 7.1).

Wärmebrücken besitzen bei erhöhten Dämmstärken einen wachsenden Einfluss auf den Heizwärmeverbrauch. Konzepte für die Reduktion von Wärmebrücken beeinflussen grundlegende Entscheidungen bei der Fassadenkonstruktion, wie Materialwahl sowie Art und Anordnung von Dämmsystemen und Befestigungselementen. Vorgehängte hinterlüftete Fassaden unterscheiden sich qualitativ besonders deutlich hinsichtlich der Wärmebrückenwirkung ihrer Konstruktionselemente (→ Kapitel 7.2).

Eine angemessen hohe Wärmespeicherfähigkeit der Baukonstruktion ist besonders hinsichtlich des sommerlichen Wärmeverhaltens von Nichtwohngebäuden von Bedeutung. Bei leichten Gebäuden besteht mit der Integration von sogenannten Phasenwechselmaterialien (PCM) in die Baukonstruktion oder in Lüftungssysteme die Möglichkeit, die Wärmespeicherfähigkeit gezielt zu erhöhen (→ Kapitel 7.3). Ein weiterer Anwendungsbereich der PCM ist der Einsatz in gebäudetechnischen Anlagen zur Erhöhung der Speicherdichte und damit zur Verbesserung der Energieeffizienz.

Vakuumisolationspaneele (VIP) werden meist dann eingesetzt, wenn aus Platzmangel ein Konstruktionselement mit geringer Dicke und hohem Wärmedämmvermögen benötigt wird (→ Kapitel 7.4). Neben Sonderlösungen für die Gebäudesanierung liegen die Einsatzbereiche von VIP bei der Umsetzung schlanker Brüstungselemente im Fassadenbau oder bei Verwendung von vorgefertigten Bauteilen mit sehr guten Wärmeschutzeigenschaften.

Wesentliche Voraussetzungen für angenehme sommerliche Raumtemperaturen sind die richtige Planung, die korrekte Ausführung und der sinnvolle Betrieb von Sonnenschutzvorrichtungen (→ Kapitel 7.5). Solare Wärmeeinträge werden durch den Sonnenschutz gemindert und verringern die Raumerwärmung. Die Planung des Sonnenschutzes muss neben gestalterischen und konstruktiven Aspekten auch Tageslichtversorgung, Blendschutz und Sichtkontakt nach außen berücksichtigen. Technologische Innovationen kommen mit Demonstrationsprojekten in den Praxistest.

7.1 Luftdichtheit

Karsten Voss
Susanne Hendel

Der Betrieb von Lüftungsanlagen - mit oder ohne Wärmerückgewinnung - zielt darauf ab, dass die hygienisch erforderliche Luftmenge über die Lüftungsanlage und nicht über Fugen- oder Fensterlüftung bereitgestellt wird. Nur so kann Wärme mit einem hohen Wirkungsgrad zurückgewonnen und die beabsichtigte Durchströmung des Gebäudes erreicht werden. Bei Gebäuden (z. B. Schulen) oder Gebäudeteilen (Eingangshallen) mit hoher Besucherfrequenz sind der Ausführung von Eingangsbereichen (Luftschleusen) und der dortigen Lüftungstechnik besondere Aufmerksamkeit zu schenken, um großen Wärmeverlusten und Komfortdefiziten konzeptionell entgegenzuwirken.

Bild 7.1-1 zeigt am Beispiel der Berechnung für ein energieeffizientes Schulgebäude mit Wärmerückgewinnung den Einfluss der Luftdichtheit auf den Jahresheizwärmebedarf: Durch eine gegenüber dem EnEV-Referenzgebäude (n_{50}=1,0 h^{-1}) auf Passivhausniveau verbesserte Luftdichtheit (0,6 h^{-1}) resultiert eine Einsparung von 6 %, während eine in der Praxis nicht seltene Verdopplung der Leckrate den Wärmebedarf bereits um 15 % ansteigen lässt. Die relativen Auswirkungen sind bei Schulen mit geringerem Heizwärmebedarf größer (8 % bzw. 21 % beim Passivhaus).

Zielwerte

Grundsätzlich dürfen Neubauten die Grenzwerte von n_{50}= 3,0 1/h für Gebäude ohne raumlufttechnische Anlagen und n_{50}= 1,5 1/h für Gebäude mit raumlufttechnischen Anlagen nicht überschreiten [Ref. 7.1-2]. Für ein zertifiziertes Passivhaus gilt der Wert von maximal n_{50}=0,6 1/h [Ref. 7.1-3].

Der von Wohnhäusern bekannte Qualitätsmaßstab n_{50} kann nicht in gleicher Weise bei großen Nichtwohngebäuden angewendet und interpretiert werden: Durch das vorteilhafte Oberflächen-/Volumenverhältnis ist bei einem Drucktest mit gleichem Ergebnis für den n_{50}-Wert die Ausführungsqualität des großen Gebäudes schlechter als bei einem kleinen Gebäude. Daher wurde der hüllflächenbezogene Wert q_{50} eingeführt. In der Praxis werden jedoch nach wie vor n_{50}-Werte ausgewiesen und in der Folge oft falsch interpretiert.

Luftdichtheit bei Regelbauteilen wird heute mit bekannten konstruktiven Lösungen sowohl im Massivbau (Innenputz) als auch beim Skelett- und Leichtbau (Folien und Klebebänder) erreicht. Anspruchsvoll in der Planung und praktischen Umsetzung auf der Baustelle sind Anschlussdetails, Ecken und Durchdringungen. Geometrisch einfache Baukörper bieten diesbezüglich Vorteile. Dies betrifft auch die Dauerhaftigkeit der Luftdichtheit.

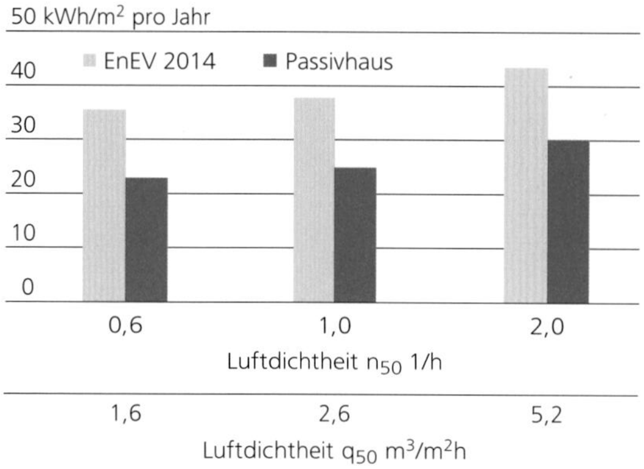

Bild 7.1-1
Einfluss der Luftdichtheit auf den Heizwärmebedarf am Beispiel einer Schule auf dem energetischen Standard der EnEV 2014 und eines Passivhaues. Basis ist ein Modellgebäude und eine Berechnung gemäß DIN V 18599.
(Quelle: Universität Wuppertal)

Bild 7.1-2
Messaufbau eines Blower Door Test, Ansicht der eingebauten Ventilatoren von Innen und von Außen. Wegen der Größe des Gebäudes bzw. der Höhe des Luftwechsels sind hier zwei Ventilatoren im Einsatz, um den Differenzdruck aufzubauen.
(Quelle: Universität Wuppertal)

Ergebnisse aus der Praxis

An einer Reihe von Nichtwohngebäuden wurden Luftdichtheitstests durchgeführt. Bild 7.1-3 und 7.1-4 zeigen die Ergebnisse sowohl als n_{50}- und als q_{50}-Werte. In der Darstellung ändert sich die Reihenfolge der Projekte je nach Maßstab.

Die Analyse zeigt, dass eine massive Fassadenausführung nicht unbedingt zu einem besseren Ergebnis in der Gebäudedichtheit führt. Ein Vergleich der q_{50} Durchschnittswerte zeigt einen vernachlässigbar geringen Unterschied zwischen den massiv und leicht ausgeführten Fassaden. Deutlicher ist der Unterschied zwischen Neubauten und Sanierungen. Leicht ausgeführte Fassaden können durchaus das gleiche Niveau erreichen wie massive Fassaden. Allerdings ist es bei einem Massivbau einfacher, die Mindestanforderungen zu erfüllen.

Durch eine sorgfältige Planung und fehlerfreie Bauausführung lassen sich auch im Leichtbau dichte Gebäudehüllen ausführen, die hier im Durchschnitt sogar besser abschneiden als die Massivbauten (Bild. 7.1-5). Hier sind besonders die zwei Gebäude zu erwähnen, die mit ihren q_{50} Werten von 0,9/h und 1,3/h deutlich unter dem Durchschnitt liegen (EGN, LAM).

In einem Leichtbau besteht die Gefahr, dass durch Baumängel, wie unsauber ausgeführten Anschlüssen, die Gebäudehülle extrem undicht sein kann. Im Informatikzentrum an der TU Braunschweig (NIZ) und beim Neubau der Hochschule Bonn Rhein-Sieg (BRS) wurden im Unterschied zum restlichen Gebäude im leicht ausgeführten Dachgeschoss Luftwechsel von 10 bis 11 pro Stunde während der Blower-Door-Tests gemessen. Während der Dichtheitsprüfung konnten mit Hilfe von Nebelgeräten einzelne Leckagen in der Gebäudehülle aufgespürt und später nachgebessert werden (Bild 7.1-6). In beiden Projekten waren nicht versiegelte Fugen und mangelhaft ausgeführte Anschlüsse von Fenstern, Dach- und Deckenbalken die Ursache für die unzureichende Dichtheit der Gebäudehülle.

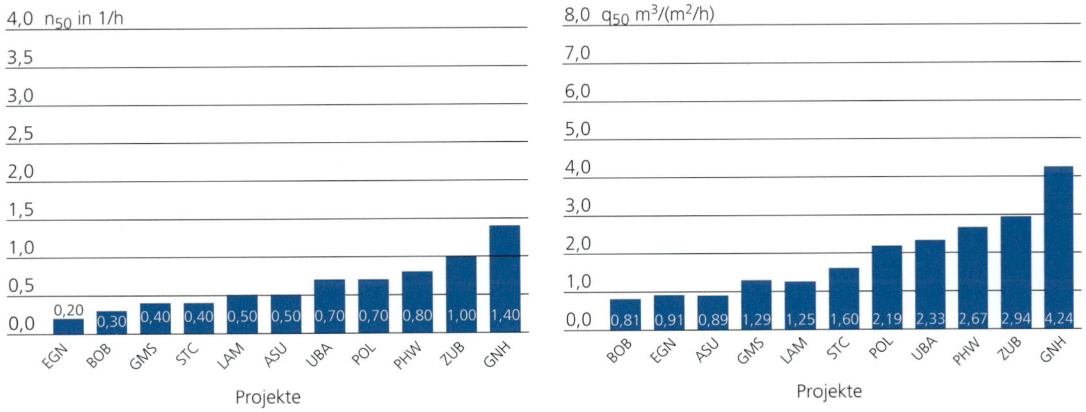

Bild 7.1-3
Gemessene Luftdichtheit von Neubauprojekten aus dem Förderprogramm EnOB, ausgedrückt sowohl als n_{50} (links), als auch q50 Werte (rechts). Zu beachten ist die geänderte Reihenfolge der Projekte bei Sortierung nach der Höhe der jeweiligen Kennwerte. (Quelle: Forschungsinitiative EnOB)

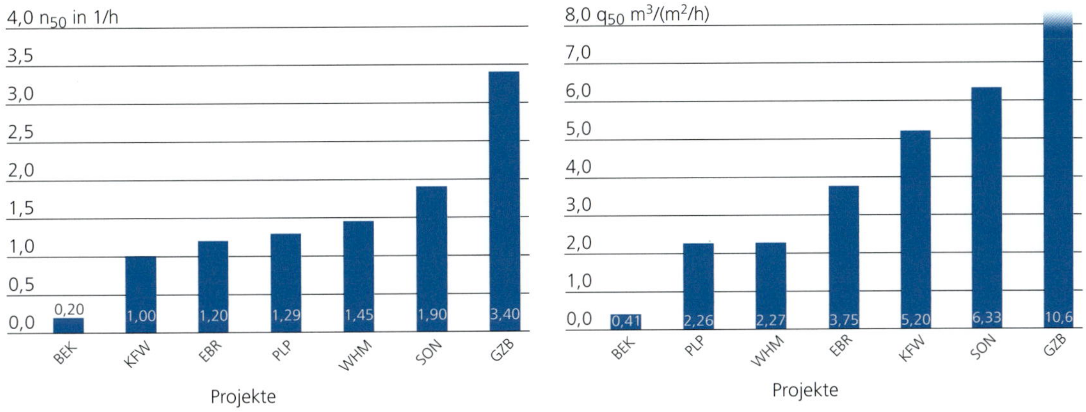

Bild 7.1-4
Gemessene Luftdichtheit von Sanierungsprojekten aus dem Förderprogramm EnOB. Zu beachten ist die geänderte Reihenfolge der Projekte bei Sortierung nach der Höhe der jeweiligen Kennwerte
(Quelle: Forschungsinitiative EnOB)

Messverfahren

Die Luftdichtheit eines Gebäudes wird mit dem Differenzdruck-Messverfahren nach EN 13829 geprüft (Blower-Door-Test) [Ref.7.1-1]. Dabei wird durch ein temporär in der Gebäudehülle (z. B einem Fenster oder einer Tür) eingebautes Gebläse ein konstanter Unter- bzw. Überdruck in Höhe von 50 Pascal gegenüber der Umgebung erzeugt und der dazu geförderte Volumenstrom gemessen, siehe Bild 7.1-2. Während bei kleinen Gebäuden der Volumenstrom auf das Innenvolumen bezogen den n_{50}-Wert als Qualitätsmaßstab bildet, wird der Volumenstrom bei Gebäuden über 1.500 m³ Bruttorauminhalt auf die Hüllfläche bezogen (q_{50}). Bei großen Gebäuden sind zur Messung je nach Luftdichtheit u. U. mehrere Gebläse einzusetzen oder einzelne Abschnitte zu messen.

Projekt	n_{50} h^{-1}	q_{50} $m^3/(m^2/h)$	Bauweise	A/V
ASU	0,50	0,89	massiv	0,56
PHW	0,80	2,67	leicht	0,30
ZUB	1,00	2,94	massiv	0,34
UBA	0,70	2,33	leicht	0,30
STC	0,40	1,60	leicht	0,25
NIZ	10,00	58,82	leicht	0,17
POL	0,70	2,19	leicht	0,32
LAM	0,50	1,25	leicht	0,40
GNH	1,40	4,24	massiv	0,33
BRS	5,00	15,63	leicht	0,32
EGN	0,20	0,91	leicht	0,22
BOB	0,30	0,81	massiv	0,37
GMS	0,40	1,29	massiv	0,31
EBR	1,20	3,75	leicht	0,32
BEK	0,20	0,41	massiv	0,49
WHM	1,45	2,27	massiv	0,64
PLP	1,29	2,26		0,57
SON	1,90	6,33	leicht	0,30
KFW	1,00	5,26	massiv	0,19
GZB	3,40	10,63	massiv	0,32

Tabelle 7.1-1
Zusammenstellung der gemessenen Luftdichtheitswerte n_{50} und q_{50} (Quelle: Forschungsinitiative EnOB)

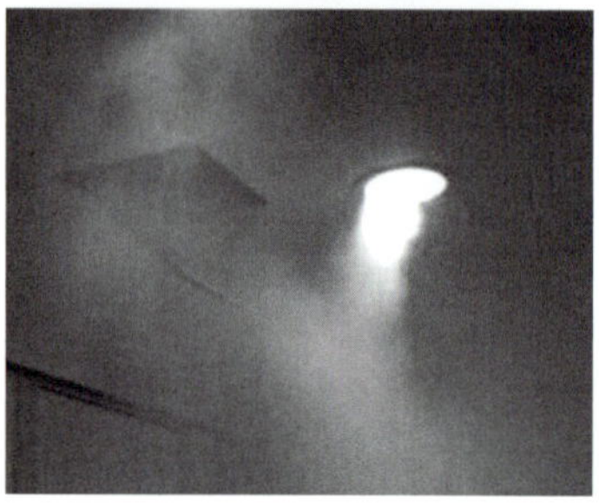

Bild 7.1-5
Die Suche nach Leckagen unter Einsatz eines Nebelgenerators im sanierten Gebäude der Remscheider Entsorgungsbetriebe (EBR). (Quelle: Universität Wuppertal)

Kennwerte

Luftwechselrate:

n_{50} in 1/h $\qquad n_{50} = \frac{V_{50}}{V}$

Der Anteil des Raumluftvolumens, der innerhalb einer Stunde unter einem Druck von 50 Pa durch Infiltration ausgetauscht wird, wird durch n_{50} beschrieben. Diese Kenngröße ist nur bei Gebäuden anzuwenden, die einen Bruttorauminhalt kleiner als 1.500 m³ haben. Zu beachten ist, dass die Angabe von n_{50}-Werten auf das ausgetauschte Raumvolumen bezogen ist und kompakte große Gebäude einen geometrischen Vorteil gegenüber kleinen Gebäudevolumen haben.

Luftdurchlässigkeit:

q_{50} in $m^3/(m^2/h)$ $\qquad q_{50} = \frac{V_{50}}{A_E}$

Wird angewendet bei Gebäuden, die ein größeres Raumvolumen haben als 1.500 m³. q_{50} beschreibt direkt die Dichtheit der Gebäudehülle ohne Berücksichtigung des Verhältnisses von Gebäudevolumen zu Hüllflächen (A/V).

V_{50} das ausgetauschte Luftvolumen durch Infiltration bei einem Druck von 50 Pa

V Raumvolumen

A_E Gebäudehüllfläche

Quelle: DIN 4108-7 [Ref. 7.1-2]

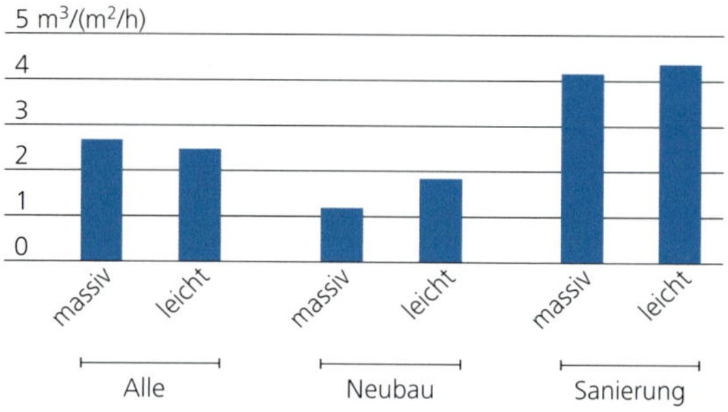

Bild 7.1-6

Vergleich von q_{50} Durchschnittswerten Tabelle 7.1-1. (Quelle: Forschungsinitiative EnOB)

Kosten von Luftdichtheitstests

Luftdichtheitstest sind bei kleinen Gebäuden heute Standard und kosten üblicherweise nur einige 100,- €. Damit ergibt sich eine günstige Kosten-/Nutzenrelation in Anbetracht von vermiedenen Bauschäden und eingesparten Energiekosten. Bei großen Nichtwohngebäuden werden ähnlich gute Verhältnisse erreicht, wobei die Kosten im Einzelfall stark variieren können [Ref 7.1-4]. Das liegt an der Notwendigkeit von vorbereitenden Ortsterminen, ggf. umfangreiche Maßnahmen zum Verschluss von Lüftungsöffnungen (z. B. Außenluftventile bei Abluftanlagen) oder der Suche von Leckagen sowie dem Einsatz mehrerer Gebläse, um größere Luftmengen zu fördern. Damit steigt der personelle Aufwand gegenüber Standardmessungen.

Dauerhaft dichte Gebäudehülle

Die dauerhafte Luftdichtheit von Gebäudehüllen ist eine Grundvoraussetzung insbesondere für Passivhäuser, da ansonsten die ambitionierten energetischen Ziele nicht erreicht werden und die Leistungsfähigkeit der Heizungsanlagen an ihre Grenzen stoßen können. Für die Planung einer dauerhaft luftdichten Gebäudehülle finden sich in der DIN 4108-7 [Ref 7.1-2] zahlreiche Vorgaben und Beispiele.

Im Kontext eines internationalen Projektes mit 17 Passivhäusern wurden die Ergebnisse von Dichtheitsmessungen nach der Fertigstellung und nach einigen Betriebsjahren verglichen (Bild 7.1-7). 11 der untersuchten Gebäude halten den Grenzwert von n_{50}=0,6 h^{-1} bei der Erstmessung ein. Die Nachmessung zeigt im Vergleich zur Erstmessung, dass die Gebäude, wenn sie einmal dicht ausgeführt wurden, diese Qualität auch im Betrieb halten können. Die Abweichungen zwischen Erst- und Nachmessungen, liegen bei fast allen Gebäuden im Bereich der Messtoleranz [Ref 7.1-5].

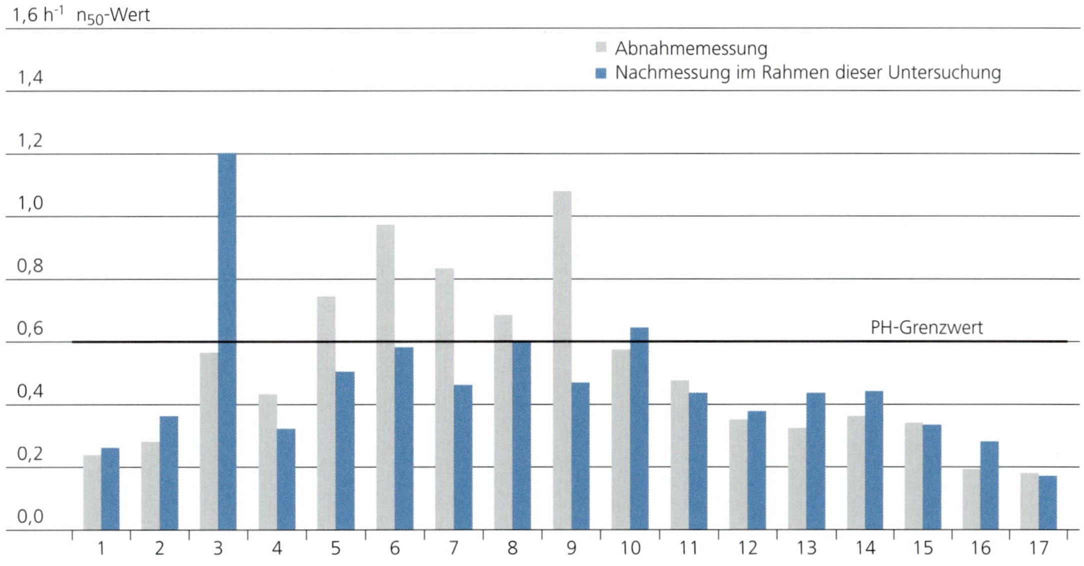

Bild 7.1-7
Vergleich von Dichtheitsmessungen bei zertifizierten Passivhäusern nach der Fertigstellung des Gebäudes, also die Abnahmemessung und eine Nachmessung nach einigen Betriebsjahren. (Quelle: Passivhausinstitut [Ref 7.1-3])

Referenzen, Anmerkungen

Ref 7.1-1
Deutsches Institut für Normung DIN e. V., Berlin (Hrsg.): DIN EN 13829: Wärmetechnisches Verhalten von Gebäuden - Bestimmung der Luftdurchlässigkeit von Gebäuden – Differenzdruckverfahren. Berlin: Beuth Verl., 2001
Dokument zurückgezogen, wird ersetzt durch:
Deutsches Institut für Normung DIN e. V., Berlin (Hrsg.): DIN EN ISO 9972:2015-12 : Wärmetechnisches Verhalten von Gebäuden - Bestimmung der Luftdurchlässigkeit von Gebäuden - Differenzdruckverfahren (ISO 9972:2015). Berlin: Beuth Verl., 2015

Ref 7.1-2
Deutsches Institut für Normung DIN e. V., Berlin (Hrsg.): DIN 4108- 7: Wärmeschutz und Energie-Einsparung in Gebäuden – Teil 7: Luftdichtheit von Gebäuden – Anforderungen, Planungs- und Ausführungsempfehlungen sowie – beispiele. Berlin: Beuth Verl., 2011

Ref.7.1-3
Vorgaben Passivhausinstitut, Darmstadt: Grenzwerte Luftdichtheit http://www.passivhaus-institut.de (Aufruf 09.12.2015)

Ref 7.1.4
Kosten Blower Door Test. Auskunft per Email, Firma Morhenne, Wuppertal

Ref. 7.1-5
Peper, S.; Kah, O.; Feist, W.: Zur Dauerhaftigkeit von Luftdichtheitskonzepten bei Passivhäusern. Endbericht. IEA Task 28/ ECBCS Annex 38. Passivhaus Institut, Darmstadt (Hrsg.). 2005

Ref 7.1-5
Fachverband Luftdichtheit im Bauwesen http://www.flib.de (Aufruf 09.12.2015)

Wärmebrücken

Karsten Voss
Anton Maas

Wärmebrücken bezeichnen diejenigen Bereiche der Gebäudehülle, bei denen in der Heizperiode ein gegenüber den Regelflächen erhöhter Wärmeverlust und dadurch niedrigere raumseitige Oberflächentemperaturen auftreten.

In der Vergangenheit war es vor allem wichtig, Wärmebrücken zu minimieren, um Bauschäden aufgrund von Tauwasser bzw. Schimmelpilzen zu vermeiden. Bei der Gebäudesanierung ist das auch heute noch Thema. Im Neubau geht es inzwischen hauptsächlich um die Wärmebilanz der Gebäudehülle. Rein rechnerisch gehen bei einem kompakten Verwaltungsgebäude nach EnEV 2016 Referenzbauweise etwa 10 % der Transmissionswärmeverluste zu Lasten von Wärmebrücken (ΔU_{WB}=0,05 W/m²K), bei der Passivhausbauweise sind es trotz aller Optimierung immer noch fast 5 % (ΔU_{WB}=0,01 W/m²K) [Ref 7.2-1].

Der Aufwand zur Verringerung von Wärmebrükken konkurriert wirtschaftlich mit größeren Dämmstoffdicken: Beides erhöht die Baukosten bei sinkenden Kosten für den Energieverbrauch. Da bei hohen Dämmdicken jeder zusätzliche Zentimeter Dämmstoff zunehmend weniger Energie einspart, rechnet sich die Reduktion von Wärmebrücken oft.

Wärmebrücken bei vorgehängten Fassaden

Vorgehängte hinterlüftete Fassaden zeichnen sich durch Langlebigkeit und eine große Bandbreite von geeigneten Bekleidungen aus [Ref 7.2-2]. Bei der Diskussion um Nachhaltigkeit im Bauwesen wird - verglichen mit Wärmedämmverbundsystemen (WDVS) - auf die gute Rückbaubarkeit und das Recyclingpotenzial verwiesen.

Anders als bei einem WDVS beeinflussen die Befestigungsmittel ganz wesentlich den erreichbaren Wärmeschutz [Ref 7.2-3]. Sie sind gemäß DIN EN ISO 6946 bei der U-Wert-Berechnung und für die Energiebedarfsberechnung von Gebäuden zu berücksichtigen [Ref 7.2-4]. Große Dämmstoffdicken machen durch die größere Hebelwirkung stabilere Befestigungen erforderlich. Das gilt insbesondere für schwere Fassadenbekleidungen wie Glas oder Naturstein: Bei dem 2007 gebauten Regionshaus in Hannover (HDR) wurde für die Natursteinfassade im Rahmen der damals gültigen EnEV-Berechnung rechnerisch ein U-Wert von 0,38 W/m²K ausgewiesen. Ohne Berücksichtigung der Wärmebrücken läge der Wert mit 0,17 W/m²K bei weniger als der Hälfte.

Anders als bei nicht hinterlüfteten Fassaden sind Wärmebrücken bei einer Thermografie der Gebäudehülle nicht erkennbar. Die Hinterlüftung bewirkt eine Angleichung der Temperaturen an der Außenhaut der Fassade. Somit eignet sich die Thermografie auch nicht zur Überprüfung der Ausführung einer vorgehängten Fassade.

Um den Einfluss der Befestigungsmittel exemplarisch aufzuzeigen, wurden konstruktiv unterschiedliche vorgehängte Fassaden von Demonstrationsgebäuden rechnerisch untersucht [Ref 7.2-5]. Die dreidimensionalen Wärmebrückenberechnungen mit einem Finite-Differenzen-Programm erfolgten für jeweils 4 m² große Fassadenflächen [Ref 7.2-6].

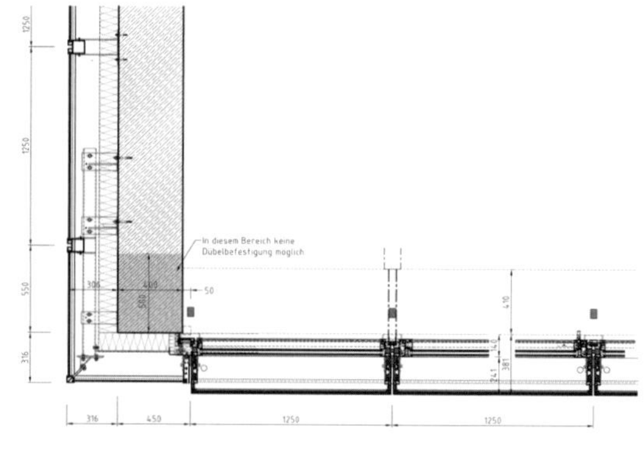

Bild 7.2-1
Vorgehängte Fassade bei der Sanierung des Zentralgebäudes der KfW in Frankfurt (Quelle: Planungsbüro E. Moosbacher). Konstruktionsaufbau von innen nach außen:
- 40 cm Stahlbetonwand
- 12 cm Mineralwolle
- Halter in x- und y-Richtung im 125 cm Raster
- Halter aus 8 mm Edelstahl, 9 cm x 26 cm
- Haltergrundplatte aus 8 mm Edelstahl, 17 cm x 22 cm,
- Edelstahlschrauben, Ø 8 mm, 5 cm lang
- Glaspaneele, hinterlüftet

Beispiel: Sanierung mit vorgehängter Glasfassade

Die in Bild 7.2-1 gezeigte vorgehängte hinterlüftete Fassade bei der Sanierung eines Hochhauses der KfW besitzt ohne Berücksichtigung der Befestigungsmittel bei 12 cm Mineralfaserdämmung einen U-Wert von 0,26 W/m²K. Auf 4 m² Fassadenfläche werden typischerweise 4 metallische Halteflansche verwendet, um das Gewicht der Glaspaneele auf die Wand abzutragen. Bild 7.2-2 zeigt die dadurch verursachte Zunahme des U-Wertes (ΔU). Der U-Wert steigt bei Verwendung von Edelstahlhaltern um 30 % oder anders ausgedrückt: 23 % der Wärmeverluste des Bauteils resultieren aus den Befestigungsmitteln. Um den Effekt der Wärmebrücken vollständig zu kompensieren, müsste die Dämmstoffdicke um 4 cm erhöht werden. Ein Vergleich der Dämmstoffdicke allein – z. B. gegenüber WDV-Systemen – ist daher nicht hilfreich.

Bei größeren Dämmstoffdicken nimmt der Wärmebrückeneinfluss relativ betrachtet zu. Darüber hinaus müssen die Stärke bzw. die Anzahl der Halter ggf. erhöht werden, was in den vorgestellten Berechnungen nicht abgebildet wird. Eine Verbesserung in der Größenordnung von 2 bis 4 % ist durch eine Hartkunststoffunterlage unter der Grundplatte der Halterungen zu erreichen. Dadurch wird die thermische Ankopplung an die Wand durch die geringere Wärmeleitfähigkeit des Kunststoffs reduziert.

Halterungen aus Aluminium führen gegenüber Edelstahl mit etwa 10-fach höherer Wärmeleitfähigkeit zu wesentlich größeren Wärmeverlusten und sind damit bei den heute und zukünftig üblichen Dämmstoffdicken nicht mehr sinnvoll: Bereits bei 16 cm Dämmstoffdicke verdoppelt sich der U-Wert.

Bei Hallenbädern führen die ganzjährig hohen Raumtemperaturen und Luftfeuchten zu einer noch höheren Bedeutung der Wärmedämmung und Wärmebrücken. In Verbindung mit der Realisierung der Passivhausbauweise wurden speziell für vorgehängte hinterlüftete Fassaden innovative Befestigungsmittel mit wesentlich reduzierter Wärmebrückenwirkung entwickelt.

Beispiel: Vorgesetzte Aluminiumfassade mit verbesserter Befestigung

Die Last der vorgehängten Aluminiumpaneele wird bei einem Hallenbad in Bamberg durch ein Edelstahlstabwerk aus schlanken Horizontal- und Schrägstäben auf die Wand abgetragen, Bild 7.2-3. Die Zunahme des U-Wertes liegt durch die konsequente Optimierung der Befestigung bei vergleichbaren Dämmstoffdicken wie zuvor betrachtet bei weniger als 5 %. Das System ist für die Passivhausbauweise zertifiziert [Ref 7.2-7].

Vorgehängte Fassaden erlauben in vielen Fällen auch Unterkonstruktionen aus Holz, was insbesondere bei großen Dämmstoffdicken Vorteile bietet. Besonders sinnvoll ist die Verwendung so genannter

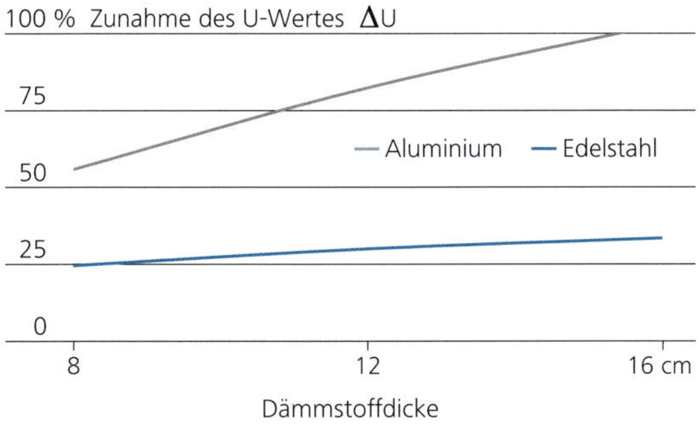

Bild 7.2-2
Zunahme des U-Wertes (ΔU) durch die Halterungen gegenüber der ungestörten, gedämmten Fassadenfläche in Abhängigkeit der Dämmstoffdicke (WLG 035) und vom Material der Halterung. Die Wärmebrückenwirkung ist besonders bei Haltern aus Aluminium hoch und steigt mit zunehmender Dämmstoffdicke (Quelle: Universität Wuppertal)

Bild 7.2-3
Aluminiumfassade beim Hallenbad in Passivhausbauweise in Bamberg (Quelle: Stadtwerke Bamberg). Konstruktionsaufbau von innen nach außen:
- Stahlbetonwand, 25 cm
- Mineralwolle, 30 cm
- Stabförmige Halterungen in x- Richtung 72 cm und y-Richtung 154 cm Raster
- Halterungen als Ø 8 mm Rundstäbe aus Edelstahl, 5 cm tief in die Betonwand eingelassen
- Hinterlüftete Aluminiumpaneele

„Stegträger". Sie verbinden eine hohe Steifigkeit mit minimalen Holzanteilen und geringsten Wärmebrükkeneffekten. Brandschutzanforderungen und Systemzulassungen sind zu beachten, damit Verfahren für die Zulassungen im Einzelfall vermieden werden.

Zwei Beispiele: Vorgehängte Fassaden mit Holz-Stegträgern

Bild 7.2-4 und 7.2-6 illustrieren eine solche Bauweise anhand von zwei Sanierungsprojekten. Dabei wurden jeweils die kompletten Bestandsfassaden entfernt. Die Stegträger bewirken bei den neuen, vorgehängten Fassaden - je nach Dämmstoffdicke - eine Zunahme der U-Werte der ungestörten Fläche zwischen 12 bis 14 % (Bild 7.2-6). Dies ist verglichen mit den üblichen metallischen Konstruktionen gering. Sie fällt mit wachsender Dämmstoffdicke leicht, da der Einfluss der Fichtenholz-Lattung gegenüber den schmalen Hartfaserstegen abnimmt. Metallische Halter zur Befestigung der Fassadenbekleidung im Bereich der Hinterlüftungsebene bewirken bei solchen Fassaden keine Änderung des U-Wertes.

Überdachung von bestehenden Höfen

Bei vielen Gebäuden der 1960er und 1970er Jahre gehören komplexe Kubaturen zum Erscheinungsbild: Offene Erschließungsflächen und Fluchtbalkone sind die Regel. Bei einer wärmetechnischen Sanierung werden diese meist komplett entfernt oder in eine neue wärmedämmende Hülle einbezogen. Offene Innenhöfe bieten die Möglichkeit zur nachträglichen Überdachung. Dadurch steigt das Temperaturniveau, wodurch die Wärmebrückenwirkung an den angrenzenden Fassaden abnimmt. Der Erfolg der Maßnahme hängt wesentlich von der Betriebsführung des Atriums ab. Das betrifft die Lüftung, Beschattung und Beheizung: Im Winter ist eine Übertemperatur wünschenswert, während sie im Sommer möglichst zu vermeiden ist. Im Winter ergeben sich unter Umständen Konflikte in Bezug auf die Ansprüche für eine Nutzung (Veranstaltungen) und für Pflanzen (Vegetationsruhe). In umfangreichen, projektübergreifenden Untersuchungen der TU Braunschweig wurden in den letzten Jahren die Temperaturwerte in Atrien durch Messungen und Simulationen erfasst und bewertet. So liegen inzwischen ausreichende Praxiserfahrungen und Planungsempfehlungen vor [Ref 7.2-8]. Die winterliche Temperaturerhöhung im Atrium war in allen betrachteten Fällen ausreichend, um die Wirkung von Wärmebrücken wesentlich zu reduzieren und Tauwasser sicher zu vermeiden. Die Forschungsarbeiten unterstreichen die hohe Bedeutung einer geeigneten Regelungstechnik und Betriebsführung, um im Winter den positiven Einfluss von Atrien auf Raumklima und Energieeffizienz zu erzielen, ohne im Sommer eine Überhitzungsproblematik oder andere Nachteile in Kauf nehmen zu müssen.

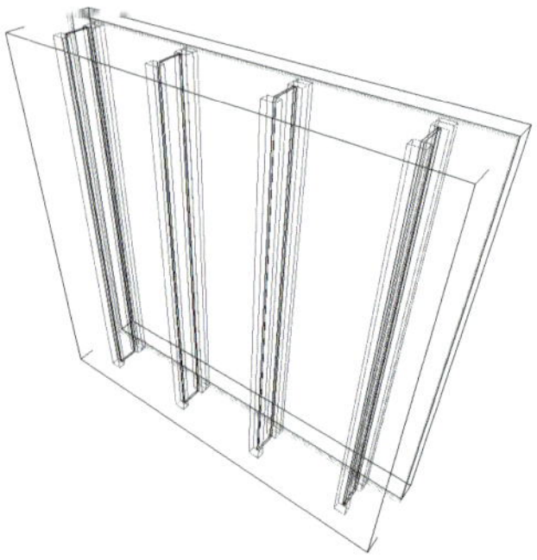

Bild 7.2-4
Stegträger als tragende Struktur für die vorgehängte Fassade mit einer Kupferblechbekleidung bei einem Altenpflegeheim in Stuttgart-Sonnenberg (Quelle: Universität Wuppertal).
Konstruktionsaufbau von innen nach außen:

- Gipskarton, 12,5 mm
- Holzfaserplatte, 15 mm
- Luftschicht mit Lattung, 2,5 cm
- Stegträger aus Fichtenlattung und 10 mm Hartfaserplatten, Füllung mit Mineralwolle
- 20 cm, Achsabstand 52,5 cm
- Trapezblech, hinterlüftet mit Kupferblechbekleidung, 5 cm

Bild 7.2-5
Vorgehängte Fassade beim sanierten Altenpflegeheim in Stuttgart-Sonnenberg.
(Foto: Fraunhofer IBP)

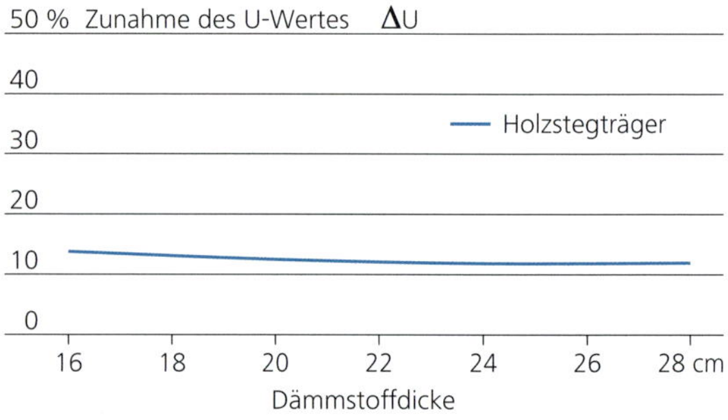

Bild 7.2-6
Zunahme des U-Wertes (ΔU) durch die Stegträger gegenüber der ungestörten, gedämmten Fassadenfläche in Abhängigkeit von der Dämmstoffdicke (WLG 035). Die Wärmebrückenwirkung ist, verglichen mit den üblichen metallischen Konstruktionen, wesentlich geringer. Sie ändert sich mit der Dämmstoffdicke kaum. (Quelle: Universität Wuppertal)

Beispiel: Sanierung macht Innenhof zum Atrium

Bei der Sanierung des Mathematikgebäudes am Karlsruher Institut für Technologie wurde 2014 der bislang offene Innenhof mit Folienkissen überdacht und die Durchgänge im Erdgeschoss mit der neuen Außenfassade des Gebäudes geschlossen. Damit verbessert sich das A/V-Verhältnis von 0,36 m^{-1} auf 0,13 m^{-1}. Im Winter bildet das neu geschaffene Atrium eine große Überströmzone, in die rund 18.000 m^3 Luft pro Stunde aus den Besprechungsräumen strömt. Sie wird im oberen Atriumbereich wieder abgesaugt und der Wärmerückgewinnung über ein Kreislaufverbundsystem zugeführt. Das Atrium wird über eine Bodenheizung und Radiatoren im Randbereich temperiert. Bei der konstruktiven Ausführung des Folienkissendaches sind Wärmebrücken im Randbereich der Kissen kritische Bereiche für Tauwasserbildung, da hier die dämmende Wirkung des Luftkissens reduziert ist.

Bodenplatten bei Bestandsgebäuden

Eine hochwertige, nachträgliche Dämmung der Bodenplatte bei bestehenden Gebäuden scheitert oft an nicht ausreichenden Geschosshöhen, da eine unterseitige Dämmung nicht umsetzbar ist. Neben dem Einsatz von schlanken Vakuumdämmplatten (Kapitel 7.4), bietet bei großen, nicht unterkellerten Gebäuden die konsequente Perimeterdämmung im Sinne einer „Dämmschürze" die Möglichkeit, das winterliche Temperaturniveau unter dem Gebäude zu erhöhen. Dazu wird die Dämmung bis auf das Niveau der Fundamente ausgeführt. Die Wärmeverluste sinken auch ohne bzw. nur geringfügiger oberseitiger Dämmung der Bodenplatte deutlich. Vorteilhaft ist auch die Reduktion der Wärmebrükkenwirkung von aufgehenden Wänden mit Kontakt zur Bodenplatte. Im Sommerfall trägt die thermische Anbindung des Gebäudes an die thermische Masse des Erdreichs unter der Bodenplatte zur Stabilisierung des Raumklimas bei. Wärme fließt i. d. R. ganzjährig vom Gebäude über die Bodenplatte ins Erdreich.

Bild 7.2-7
Mit der Sanierung des Lehr- und Institutsgebäudes auf dem Campus Süd des KIT in Karlsruhe wurde der ursprünglich offene Innenhof des 60er Jahre Baus zum Atrium mit einer Folienkissenkonstruktion als Dach. Durch das höhere winterliche Temperaturniveau reduzieren sich die zahlreichen Wärmebrücken. Messergebnisse und Erfahrungen zu diesem Projekt sind voraussichtlich ab 2016 über das Internetportal www.enob.info verfügbar.
(Quelle: ingenhoven architects, Fotograf: HG Esch Photography)

Beispiel: Dämmschürze für ein Bürogebäude

Bei der Umnutzung und energetischen Sanierung eines Kasernengebäudes zu einem Bürogebäude mit Passivhausstandard in Tübingen wurden umfangreiche Berechnungen und Messungen zur Verifikation des Konzeptes durchgeführt [Ref. 7.2-8]. Die Dämmschürze wurde auf Fundamenttiefe mit 20 cm dicken Polystyrol-Platten ausgeführt. Die oberseitige Dämmung der Bodenplatte besteht aus 4,5 cm PU und einer Perlite-Schüttung als Ausgleichsschicht.

Die gemessene Temperatur direkt unter der Dämmung der Bodenplatte betrug in der Gebäudemitte minimal 18,9 °C, am Rand waren es noch 15,2 °C (2006). Durch das vergleichsweise hohe Temperaturniveau unter dem Gebäude waren die Wärmeverluste trotz mäßigem U-Wert der Bodenplatte von 0,36 W/m²K für ein Passivhaus ausreichend niedrig. Die Verhältnisse stellten sich in der Praxis etwas günstiger ein, als mit einer 2-dimensionalen Temperaturfeld-Berechnung in der Planungsphase simuliert (Bild 7.2-9). Die Planung lag damit auf der sicheren Seite. Die Dämmschürzen erwiesen sich bei diesem großen Gebäude als praxistauglich. Bei sehr kleinen Gebäuden dominieren die Randeffekte, so dass die Wirkung der Dämmschürzen geringer ausfällt. Das Erdreich unter dem Gebäude steht dann in einem höheren Wärmeaustausch mit dem Erdreich der Umgebung.

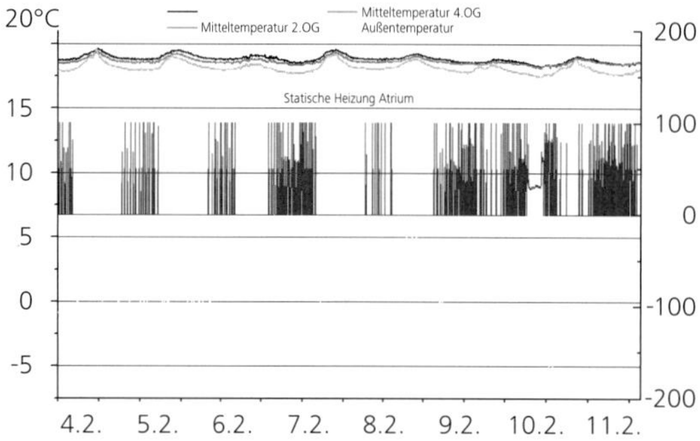

Bild 7.2-8
Winterliches Temperaturverhalten im Atrium des Informatikgebäudes der Universität Braunschweig. Es ist eines der Beispielgebäude in der Querschnittsanalyse in [Ref. 7.2-8]. Das Atrium wird über die Zuluft und Heizkörper temperiert. Die Temperaturschichtung mit der Höhe ist nicht sehr ausgeprägt. (Quelle: Universität Braunschweig)

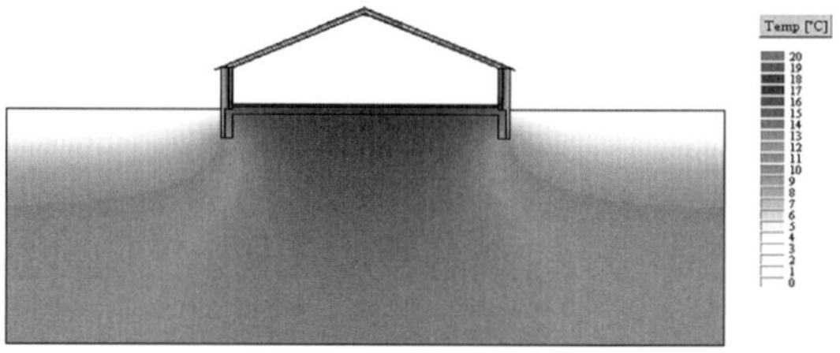

Bild 7.2-9
Visualisierung des berechneten Temperaturfelds unter einem beheizten Gebäude für den eingeschwungenen Zustand am Ende eines Jahres. Deutlich wird das wesentlich höhere Temperaturniveau unter dem Gebäude, verglichen mit dem Erdreich daneben.
(Quelle: Eboek Ref. 7.2.9)

Referenzen, Anmerkungen

Ref 7.2-1
ΔUWB steht für den Wärmebrückenzuschlag auf den mittleren U-Wert der Gebäudehülle

Ref 7.2-2
Die vorgehängte hinterlüftete Fassade ist nicht mit der Vorhangfassade (curtain wall) zu verwechseln.

Ref 7.2-3
Tanner, Ch.; Wakili, G.: Wärmebrücken von hinterlüfteten Fassaden. , WKSB Heft 39, 1997

Ref 7.2-4
Deutsches Institut für Normung DIN e. V., Berlin (Hrsg.): DIN EN ISO 6946: Bauteile - Wärmedurchlasswiderstand und Wärmedurchgangskoeffizient – Berechnungsverfahren. Berlin: Beuth Verl., 2008

Ref 7.2-5
Voss, K., Rotzal, E.: Wärmebrücken bei hinterlüfteten Fassaden, EnOB-Bericht. [2014]
http://www.enob.info/fileadmin/media/Publikationen/EnOB/Fachartikel/EnOB-Publikation_Hinterlueftete_Fassaden_6.2014x.pdf
(Aufruf 09.12.2015)

Ref 7.2-6
http://www.physibel.be/solido.htm
(Aufruf 09.12.2015)

Ref 7.2-7
http://www.mconag.com/
(Aufruf 09.12.2015)

Ref 7.2-8
Fisch, M.N.; Zargari, M.: Optimierung von Atrien und Verbesserung der Anwendung von Planungswerkzeugen (ATRIEN II). Abschlussbericht. Technische Universität Braunschweig. Institut für Gebäude- und Solartechnik (IGS) (Hrsg.). 2012

Ref 7.2-9
Lude, G., Werner, J., Kirtischig, T. Ingenieurbüro ebök: Wärmebrücken am Fuß des Gebäudes – Neue Lösungsmöglichkeiten für Sockelanschluss und erdberührte Flächen bei Neubau und Sanierung. In W. Feist Passivhaus Institut (Hrsg): Tagungsband 7. Internationale Passivhaustagung; Passivhaus Institut, Darmstadt 2003

7.3 Phasenwechselmaterialien in Bauteilen

Susanne Hendel
Karsten Voss

Phasenwechselmaterialien sind seit mehr als hundert Jahren bekannt. Die Überlegung, diese im Bauwesen einzusetzen, ist hingegen eine Entwicklung der letzten Jahrzehnte. Die Kurzbezeichnung PCM leitet sich vom englischen Begriff „phase change material" ab. Bei einer durch die chemische Zusammensetzung definierten Temperatur ändert das Material reversibel seinen Aggregatzustand von fest zu flüssig und speichert dabei vermehrt Wärme, ohne die Materialtemperatur zu erhöhen (= latent) [Ref 7.3-1]. PCM sind dann besonders nützlich, wenn es nicht möglich ist, einen Raum oder ein Gebäude durch die Masse der Baukonstruktion mit einer ausreichenden Wärmespeicherfähigkeit auszustatten. Erfahrungen mit Phasenwechselmaterialien als bauteilintegrierte Speicher in den Umschließungsflächen von Räumen werden nachfolgend thematisiert. PCM werden darüber hinaus auch in der technischen Gebäudeausrüstung eingesetzt.

Funktion

Je nach Schalttemperatur ist der Einsatz von PCM-Materialien entweder im Winter oder im Sommer für das Raumklima nützlich. Ein sowohl als auch gibt es nicht. Im Winter unterstützen PCM, mit einer Schalttemperatur knapp über dem Heizungssollwert, die passive Solarenergienutzung. In den Sommermonaten ist der Einsatz von PCM meist Teil einer Strategie, auf eine aktive Kühlung zu verzichten. Der Schaltpunkt liegt für die Sommeranwendung zwischen 24 °C und 26 °C. Sowohl in der Winter- als auch in der Sommeranwendung trägt der Einsatz von PCM zu einem gleichmäßigeren Raumtemperaturverlauf bei. Von insgesamt über 100 betrachteten Demonstrationsgebäuden kamen in 12 Projekten Phasenwechselmaterialien zum Einsatz. In diesen Gebäuden wurden PCM ausschließlich mit dem Ziel eingesetzt, die sommerliche Überwärmung zu reduzieren.

Die Möglichkeit zum Entladen nach der Wärmeaufnahme ist die Grundvoraussetzung für die Funktionsfähigkeit von PCM. Eine typische Periode des Be- und Entladens beträgt einen Tag.

Einige Produkthersteller bewerben ihr PCM mit einer vergleichbaren Wärmespeicherfähigkeit zu Beton. So wird beispielsweise dargestellt, dass 3 cm Putz, mit Zugabe von 30 % PCM eine vergleichbare Wärmekapazität wie eine 18 cm dicke Betonwand besitzt [Ref 7.3-2]. Zu beachten ist, dass dieser Vergleich ausschließlich im Temperaturbereich des Phasenüberganges zutrifft. Bei allen anderen Temperaturen bringt der PCM-Einsatz keine erhöhte Speicherfähigkeit.

PCM als Baustoff

Phasenwechselmaterialien werden in Bauteile und Materialien integriert oder als Komponenten an Bauteile des Raumes angegliedert. Mikroverkapseltes PCM [Infobox Paraffine], das beispielsweise als Dispersion einem Baustoff beigemischt werden kann, hat gestalterisch sowie für die Verarbeitung auf der Baustelle keine Auswirkung. Bei allen Anwendungen ist für einen ausreichenden Wärmeaustausch zum Be- und Entladen des Materials zu sorgen. Dieser kann bei einer direkten Ankopplung an die Raumluft mit oder ohne mechanische Unterstützung stattfinden. Voraussetzung für den Wärmeaustausch zwischen dem PCM und der Raumluft ohne mechanische Unterstützung ist eine Tempera-

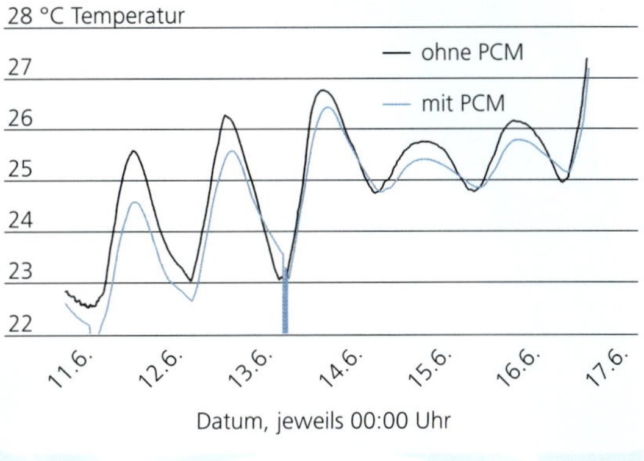

Bild 7.3-1
Der Vergleich der Raumtemperatur in zwei identischen Räumen im Neubau des Fraunhofer ISE in Freiburg. Der Raum mit PCM wurde mit paraffinhaltigem Putz ausgestattet. (Quelle: Abschussbericht Fraunhofer ISE, [Ref 7.3- 3])

turdifferenz von circa 2 bis 3 Kelvin zum Schaltpunkt und eine ausreichende Luftbewegung im Raum, was etwa dem Querlüften, also einer Luftwechselrate zwischen 2/h - 5/h entspricht [Ref 7.3-4].

Tabelle 7.3-1
Vergleich der Technischen Daten von bauüblichen PCM (Quelle: Universität Wuppertal)

	Parafine	Salzhydrate
Schmelzpunkt	22 -25°C	22 – 28°C
Schmelzenthalpie	41 kJ/kg	188 kJ/kg
Brennbarkeit	ja	Nein
Größe/Einheit	≤ 100 µm	> 1 cm
Erfahrungen Bau	ohne Probleme	mit Ausfällen

Die PCM-Wirkung berechnen

Die Materialeigenschaften und Auswirkungen auf das Innenraumklima wurden bereits umfassend unter Laborbedingungen und in Versuchsräumen untersucht und dokumentiert. Dabei wurden die Wirkungsweisen bestätigt und die Grundlagen für Simulationsmodelle geschaffen.

Beispiele für geeignete Simulationswerkzeuge sind die frei verfügbaren Programme „Therakles" und „WufiThermPlus". Diese werden in Kapitel 11.2 vorgestellt. Beide Programme können einem Baustoff eine temperaturabhängige Wärmekapazität sowie eine Phasenwechseltemperatur zuordnen. Somit kann die Anwendung von PCM für den jeweiligen Einsatzfall optimiert werden.

Paraffine:

Paraffine sind wachsartige Phasenwechselmaterialien. Vorzug dieses Materials ist die Möglichkeit, es in Mikrokapseln kleiner als 100 µm herzustellen. Durch die geringe Größe können Paraffine problemlos in andere Materialien integriert und auf der Baustelle verarbeitet werden. Sie können als Dispersion Putzen beigemischt oder als Pulver in Gipskartonplatten integriert werden. Zu beachten ist, dass Paraffine brennbar sind und damit ihre Konzentration im Baumaterial auf einen sinnvollen Prozentsatz begrenzt ist (typisch sind bis zu 30 Volumenprozent in Räumen ohne besondere Brandschutzanforderungen). Im Vergleich zu den Salzhydraten ist ihre Wärmespeicherkapazität deutlich geringer [Ref 7.3-2].

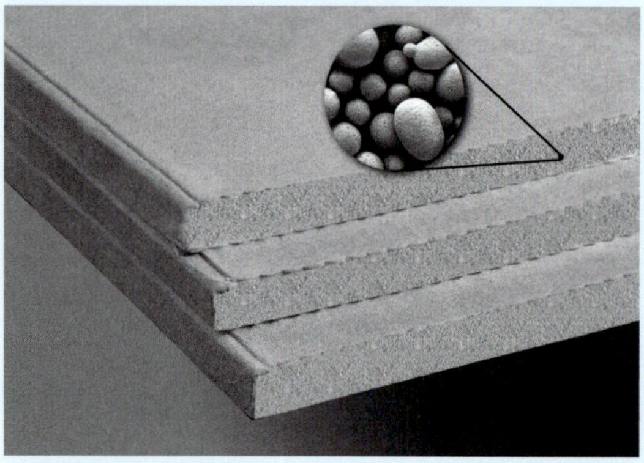

Bild 7.3-2
Schematische Darstellung von mikroverkapseltem Paraffin in einer Gipskartonplatte.
(Quelle: BASF, (Ref 7.3-5)

Salzhydrate:

Salzhydrate sind Mischungen aus Salzen und Wasser, die beim Entladen auskristallisieren. Aufgrund dieser Eigenschaft ist es wirtschaftlich nicht möglich, Einheiten kleiner als 1 cm herzustellen. Deutlich größere Gebinde werden zu Beuteln oder Platten verarbeitet. Sie haben eine mindestens 4mal höhere thermische Speicherfähigkeit pro Volumen als Paraffine und sind nicht brennbar. Mit Salzhydraten ist es möglich, mehr PCM in einen Raum zu integrieren und daher größere Wirkung zu erzielen. In der baulichen Praxis zeigte sich ein Mehraufwand bei der Verarbeitung und Defekte bei einzelnen PCM Beuteln [Ref 7.3-6]. Aufgrund der Erfahrungen aus den Praxisanwendungen werden heute Salzhydrate üblicherweise als Platten mit stabilen Hüllen vertrieben und nicht mehr in Beutelform.

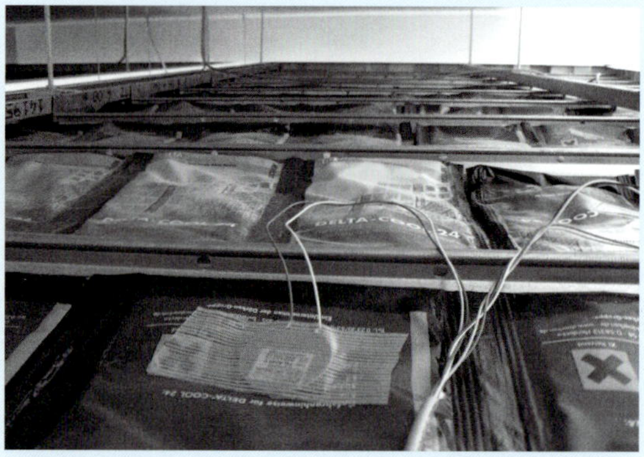

Bild 7.3-3
Darstellung von PCM als Bauteilkomponente. Hier ein Foto von Salzhydratbeuteln auf der Zwischendecke des Dienstleistungs- und Verwaltungszentrums in Barnim
(Quelle: Brandenburgisch Technische Universität Cottbus, [Ref 7.3-6])

PCM im Gebäudebetrieb

In Demonstrationsobjekten konnte die Wirksamkeit von PCM in realer Nutzungsumgebung untersucht werden. In allen Projekten wurden PCM ausschließlich für die Anwendung in den Sommermonaten verbaut. Es zeigte sich, dass die Materialien ausschließlich in Nichtwohngebäuden und experimentellen Wohnbauten (Solar Decathlon Europe) eingesetzt wurden. Durch die Verwendung von PCM konnte die operative Raumtemperatur in den Sommermonaten zeitweise zwischen 2 und 4 Kelvin gesenkt werden [Ref 7.3-7]. Hauptsächlich wurde der Baustoff in Wand– oder Deckenbekleidungen eingesetzt. Das allein passive, nächtliche Entladen des Materials zur kühleren Raumluft stellte sich nach den ersten Praxiserfahrungen als nicht effizient genug heraus und wurde in späteren Projekten mechanisch unterstützt. Teilweise wurden mit Wasser durchströmte Kapillarrohrmatten eingesetzt.

Bei anderen Projekten wurde die Luftführung einer mechanischen Lüftung so ausgebildet, dass eine PCM-haltige Decke gezielt angeströmt wurde. Weitere Effizienzsteigerungen bieten raumunabhängige Nutzungen von PCM im Bauwesen, beispielsweise als Material in Wärmespeichern oder als Bestandteil von Lüftungsanlagen (Bild 7.3-6) [Ref 7.3-8].

In den meisten Projekten wurde im Unterschied zu den Labor- oder Testraumversuchen die Wirkung der PCM-Anwendung durch andere, dominantere Effekte überdeckt. Insbesondere die Unterschiede im Nutzerverhalten (z. B. Sonnenschutzbedienung), den inneren Wärmequellen oder der thermischen Ankopplung an die Nachbarräume erscheinen dominanter als die Wirkung des PCM-Einsatzes.

Marktverfügbarkeit

Im Verlauf der letzten Jahre gab es grundlegende Änderungen in der Marktverfügbarkeit. Große Hersteller wechselten ihr Sortiment und nahmen teilweise PCM-Baustoffe aus dem Programm. Andere

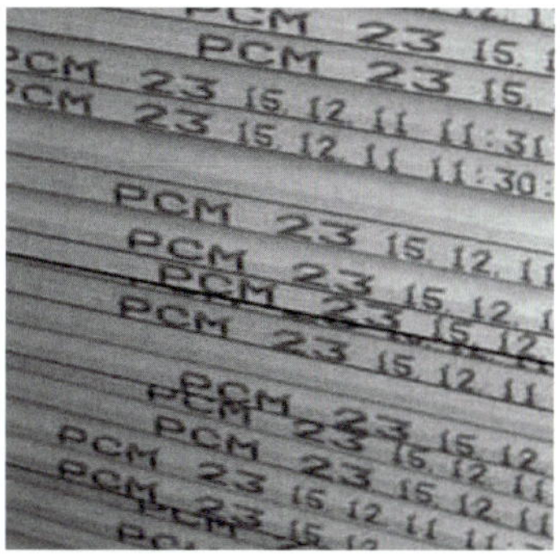

Bild 7.3-5
Comfortboards (ehm. Smartboard) der Fa. Knauf vor dem Einbau in die Wände des Energy Efficiency Center des ZAE Bayern in Würzburg

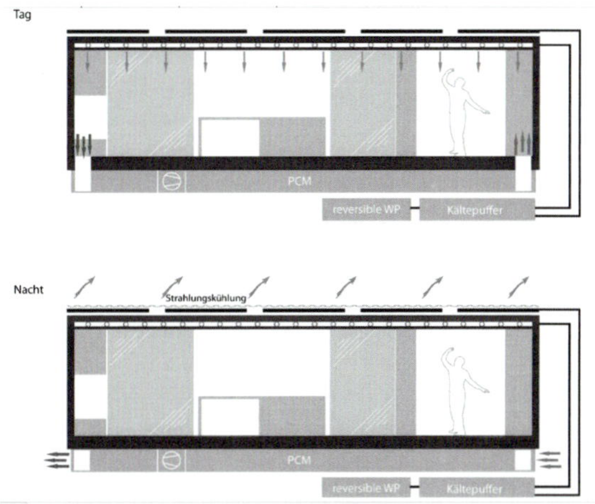

Bild 7.3-6
PCM-Platten im Zuluftkanal des Rosenheimer Solar Decathlon 2010 Hauses. Die hier angewendeten PCM sind für die Sommernutzung ausgelegt. Am Tage wird die Zuluft durch einen Kanal mit PCM-Platten geleitet und somit gekühlt. In der Nacht wird der Kanal mit kalter Nachtluft durchströmt, was die Wärme in den PCM-Platten entlädt. (Quelle: Hochschule Rosenheim)

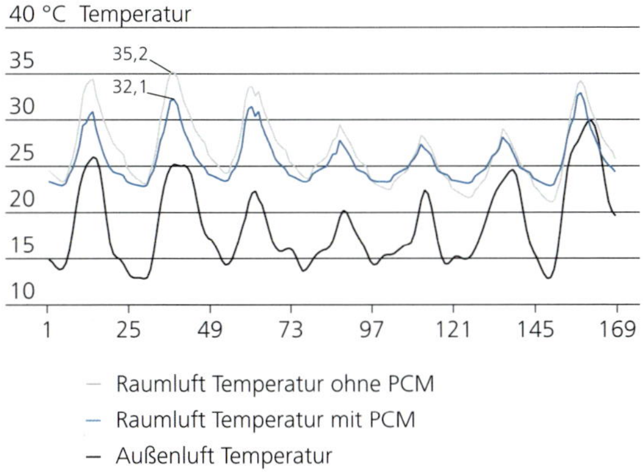

Bild 7.3-4
Berechnung mit „Therakles" für einen Einzelraum in Holzrahmenbauweise, 25 m² Grundfläche, Höhe 3 m, mit und ohne mikroverkapseltem PCM an Decken und Wänden. 10 m² Fensterfläche nach Süden, keine internen Wärmelasten, Luftwechsel = 0,5 1/h, Standort München. Temperaturspitzen sind im Raum mit PCM weniger ausgeprägt. (Quelle: Universität Wuppertal)

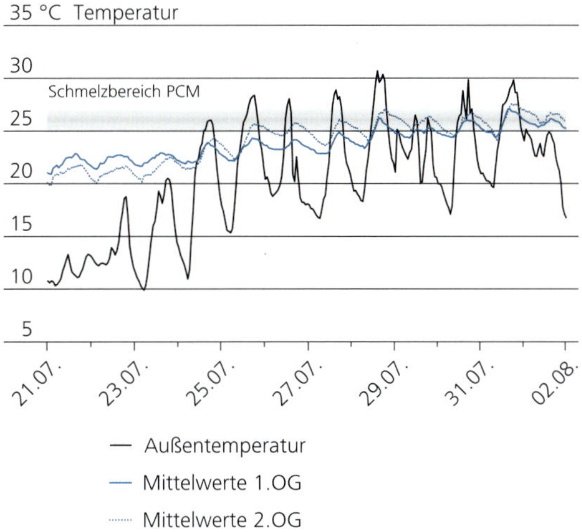

Bild 7.3-7
Temperaturmessung in den Räumen des sanierten Verwaltungsgebäudes der Remscheider Entsorgungsbetriebe. Im Leichtbaugeschoß des 2. OG wurde mikroverkapseltes Paraffin dem Estrich beigesetzt und in den Gipskartonplatten der Wandbekleidung integriert. Durch den Einsatz von PCM liegt die Raumtemperatur im Leichtbaugeschoß auf einem vergleichbaren Niveau wie die der Massivbaugeschosse darunter. Der verlangsamte Temperaturrückgang in der Nacht weist auf einen nicht optimalen Entladungsprozess hin. (Quelle: Universität Wuppertal, Ref.7.3-9)

Hersteller hingegen entwickelten neue Baustoffe auch in Kombinationen mit anderen Baustoffen [Ref 7.3-10]. Insgesamt neun namenhafte Hersteller von PCM-Fertig- oder Halbfertigprodukten haben die Phase Change Material Gütegemeinschaft gegründet. Von ihnen wird das RAL Gütesiegel „Phase Change Material" verwaltet und vom Fraunhofer ISE und dem ZAE Bayern als neutrale Instanz kontrolliert. Zu den Qualitätsanforderungen zählen die Zyklusstabilität, die gespeicherte Wärmemenge sowie die Phasenübergangstemperatur. Im Februar 2015 wurde die VDI-Richtlinie „PCM – Energiespeichersysteme in der Gebäudetechnik" veröffentlicht [Ref 7.3-11].

Bild 7.3-8
PCM-Elemente im Zuluftkanal des SDE 2010 Haus Team Rosenheim. Als PCM wurde hier ein Salzhydrat eingesetzt, das mit Graphit versetzt wurde, um die Stabilität und die Wärmeleitfähigkeit zu erhöhen.
(Quelle: Hochschule Rosenheim/ Dorothee Gintars)

Was folgt daraus?

Die Wirkung von PCM lässt sich in Gebäuden messtechnisch nachweisen, ist aber im Vergleich zu anderen Einflussgrößen eher gering. Durch die Kombination mit anderen Maßnahmen kann der relativ kleine Einfluss von PCM zum gewünschten Innenraumkomfort führen und eine aktive Kühlung verzichtbar machen [Ref. 7.3-7]. PCM als Baustoff erweist sich als sinnvoll für spezielle Bauaufgaben und lässt sich in den meisten Varianten problemlos verarbeiten. Gute Beispiele sind Gebäude, in denen es nicht möglich ist, ausreichend thermische und statische Masse einzubringen. Der Einsatz muss durch eine geeignete Betriebsführung für die nächtliche Entwärmung idealerweise aktiv unterstützt werden [Ref 7.3-4].

Phasenwechselmaterialien lassen sich auch in gebäudetechnischen Anlagen, wie beispielsweise in thermischen Speichern zur Erhöhung der Speicherdichte und Reduktion der Wärmeverluste. einsetzten. In der St. Franziskus Schule in Halle wird eine sogenannte „Thermobatterie" auf Basis von Natriumacetat betrieben. Die Phasenwechseltemperatur liegt bei 55°C, die Speicherdichte bei 44 kWh/m³ (latent + sensibel, Vergleichswert Wasser: 35 kWh/m³ bei 30 Kelvin Temperaturhub). Entscheidend ist die hohe Speicherdichte auf Nutztemperaturniveau.

Referenzen, Anmerkungen

Ref 7.3-1
Latentwärmespeicher in Gebäuden. BINE-Themeninfo I/2009. FIZ Karlsruhe GmbH. BINE Informationsdienst, Bonn (Hrsg.).
http://www.bine.info/publikationen/themeninfos/publikation/latentwaermespeicher-in-gebaeuden/ (Aufruf 09.12.2015)

Ref 7.3-2
Schmidt, M.: Latentwärmespeicher PCM: Grundlagen und Wirtschaftlichkeit. BASF AG, Ludwigshafen (Hrsg.). 2006
http://www.eor.de/fileadmin/eor/docs/aktivitaeten/asue_eor_14_02_2006/Unterlagen/01_ASUE_PCM-Grundlagen+Wirtschaftlichkeit-A4.pdf (Aufruf 09.12.2015)

Ref 7.3-3
Gerber, A; Oexle-Ewert, S.; Fitz, A. u. a.: Messtechnische Begleitung und Evaluierung des Neubaus des Instituts für Solare Energiesysteme der Fraunhofer–Gesellschaft. Abschlussbericht. FKZ 03350006X. Hochschule Biberach. Fakultät Architektur und Gebäudeklimatik (Hrsg); Fraunhofer-Institut für Solare Energiesysteme (ISE), Freiburg i. Br. (Hrsg.). 2005

Ref 7.3-4
Kauert,S.: PCM – Phase Change Materials. Erfahrungen aus ENOB-Modellprojekten und einem internationalen Hochschulwettbewerb. EnOB Bericht. [2014]
http://www.enob.info/de/publikationen/publikation/details/erfahrungen-mit-pcm-materialien-in-enob-modellprojekten/ (Aufruf 09.12.2015)

Ref 7.3-5
BASF, Knauf Gips KG's PCM Smart-Board, Micronal
http://www.micronal.de/portal/load/fid774774/Catalogue%20Micronal%20PCM.pdf

Ref 7.3-6
Häusler, T.; Zehnle, S.: Energieoptimiertes Bauen: ENBAU: Monitoring in der Projektphase II zu energetischen, thermischen, komfortbezogenen und nutzspezifischen Daten am Neubau des Dienst- und Verwaltungszentrum Barnim in Eberswalde – Paul Wunderlich Haus. Schlussbericht zum BMWi-Projekt FKZ 0335007W. TU Cottbus: Lehrstuhl Angewandte Physik / Thermophysik (Hrsg.); Fraunhofer Institut für Solare Energiesysteme (ISE), Freiburg (Hrsg.). 2011
http://www.enob.info/de/neubau/projekt/details/dienstleistungs-und-verwaltungszentrum-barnim/ (Aufruf 09.12.2015)

Ref 7.3-7
Weinläder, H.: PCM – Demo. PCM Demoprojekt. Entwicklung und praxisnaher Test der Performance von Gebäudekomplexen mit PCM in Demonstrationsobjekten. Abschlussbericht. FKZ 0327370U. Bayerisches Zentrum für Angewandte Energieforschung (ZAE Bayern) e. V., Würzburg. 2011

Ref 7.3-8
Team Rosenheim, Solar Decathlon Europe 2010
http://www.enob.info/de/solar-decathlon-europe-2010/rosenheim/ (Aufruf 09.12.2015)

Ref. 7.3-9
Voss, K: Energieoptimiertes Bauen: Demonstrationsvorhaben. Sanierung eines Bürogebäudes der 60er Jahre zu einem Niedrigenergiehaus. Schlussbericht. FKZ 0329750X. Bergische Universität Wuppertal. Fachbereich D, Abt. Architektur. Lehrgebiet Bauphysik und Technische Gebäudeausrüstung (Hrsg.). 2010

Ref 7.3-10
Hersteller für PCM Bauprodukte in Deutschland:
http://www.lehmorange.de/home_de.php
http://www.micronal.de/
http://www.doerken.de
http://www.knauf.de/
(Aufruf 09.12.2015)

Ref 7.3-11
Verein Deutscher Ingenieure (VDI), Düsseldorf (Hrsg.): VDI 2164:2015-02: PCM- Energiespeichersysteme in der Gebäudetechnik. Berlin: Beuth Verl., 2015

Ref. 7.3-12
H.M. Heizkörper GmbH & Co. KG, Dingelstadt
Thermobatterie Su-C (Herstellerbild)
http://www.hm-heizkoerper.de/ (Aufruf 09.12.2015)

7.4 Vakuumisolationspaneele

Anton Maas

Steigende Anforderungen an den Wärmeschutz von Gebäuden bewirken die Zunahme von Dämmstoffdicken. Bei Neubauten stellt dies bei den Regelbauteilen zumeist kein Problem dar. Aber im Zuge einer Gebäudesanierung treten infolge begrenzter Raumhöhen oder einzuhaltender Abstandsflächen oftmals konstruktive Probleme auf. Auch beim Einsatz vorgefertigter Bauteile – im Holzfertighaus oder in Sanierungsmodulen – ist es das Bestreben, schlanke Bauteile umzusetzen. In solchen Fällen ist der Einsatz von Vakuumisolationspaneelen (auch: Vakuumdämmung) vorteilhaft [Ref 7.4-1].

Schon unter normalem Luftdruck besitzen die Platten aus mikroporöser Kieselsäure gute Wärmeschutzeigenschaften ($\lambda \approx 0{,}02$ W/mK). Bereits ein moderates Vakuum von 50 Millibar reicht aus, um die Wärmeleitfähigkeit dieses feinporigen Materials deutlich herabzusetzen. Das Vakuumisolationspaneel (VIP) ist wie folgt aufgebaut: Im Inneren des VIP befindet sich ein offenporiger poröser Stützkern. Dieser wird mit einem schützenden Vlies ummantelt, evakuiert und in metallisierte Kunststofffolie, sogenannte Hochbarrierefolie, eingeschweißt. Die Wärmeleitfähigkeit eines VIP beträgt damit nur etwa 0,004 – 0,005 W/mK. Der für Nachweisverfahren heranzuziehende Bemessungswert der Wärmeleitfähigkeit berücksichtigt die Effekte der Alterung sowie der Wärmebrückenwirkung am Rand der Elemente und liegt je nach Dicke der VIP bei 0,007 - 0,008 W/mK. Die Wärmeschutzwirkung der VIP ist damit etwa 4 bis 5-mal besser als die herkömmlicher Dämmstoffe.

Auf dem Markt sind verschiedene Formate erhältlich. Durch Größen nach einem Baukasten-System sollen der Planungsaufwand minimiert und Sonderanfertigungen vermieden werden. Für das Bauwesen werden VIP unkaschiert, kaschiert oder in Fertigteile integriert angeboten.

Die Problematik der unkaschierten Paneele (Bild 7.4-1) liegt vor allem in der Verarbeitung auf der Baustelle, da die Elemente sehr empfindlich sind [Ref 7.4-2].

Um die VIP vor mechanischer Beschädigung zu schützen, werden diese von einigen Herstellern beidseitig beklebt (Bild 7.4-2). Feste Kaschierungsmaterialien haben den Vorteil, dass die Paneele leichter am Einsatzort angebracht werden können.

VIP sind feuchtetechnisch als diffusionsdicht einzustufen. Dies bedeutet, beim Einsatz der Elemente muss eine Beurteilung der Wasserdampfdiffusion durch die Konstruktion und gegebenenfalls auch des Austrocknungsverhaltens erfolgen. Beim Einsatz als Innendämmung ist zunächst zu prüfen, ob die Schlagregensicherheit der Konstruktion gegeben ist (z. B. bei Sichtfachwerk oder Sichtmauerwerk). Eine mögliche Austrocknung der Konstruktion nach innen würde durch die Wirkung des VIP als Dampfsperrschicht behindert. Weiterhin ist im Falle der Verwendung als Innendämmung auf die wasserdampfdichte Ausführung der Stoßstellen zu achten. Werden die Dämmelemente als Außendämmung verwendet (siehe Beispiel Vorhangfassade mit VIP) ist darauf zu achten, dass der Wärmedurchlasswi-

Bild 7.4-1
Unkaschiertes VIP in einer ebenen, rechtwinkligen Ausführungsform (Quelle: Quelle: Porextherm Dämmstoffe GmbH).

Bild 7.4-2
VIP kaschiert mit Glasfasergewebe (Quelle: va-Q-tec AG).

derstand der VIP raumseitig nicht zu hoch ist. Damit soll die Tauwasserbildung in der Konstruktion vermieden werden.

Die in vorgefertigte Bauteile integrierten VIP gehören zu sehr robusten und vielseitig einsetzbaren Konstruktionen. Mechanische Beschädigungen bei der Montage können somit weitgehend ausgeschlossen werden. Einsatzmöglichkeiten bestehen auch bei Konstruktionselementen, z. B. Rollladenkästen, Fenster- und Türstürze. Problemen wie Tauwasserbildung oder Wärmebrücken kann man mit Hilfe der Standard-Elemente entgegenwirken. Nachteilig ist, dass das Vakuum des VIP im eingebauten Zustand nicht mehr überprüft werden kann, da dazu ein freier Zugang zur Hochbarrierefolie erforderlich ist.

Im Rahmen des EnOB-Projekts VIP-PROVE [Ref 7.4-3] wurde die Zuverlässigkeit von Vakuumdämmung im Gebäudebereich überprüft. Die detaillierte Untersuchung der Objekte – 15 Sanierungs- und 9 Neubauobjekte – zeigte, dass mehr als 95 % der verbauten Paneele auch nach dem Einbau einwandfrei funktionieren. Die Einsatzdauer der VIP-Elemente betrug bei den genannten Objekten zwischen 1 und 10 Jahren. Dabei waren die meisten der verbauten Paneele zum jeweiligen Untersuchungszeitpunkt etwa 2 bis 5 Jahre alt. Wissenschaftlich abgesicherte Erkenntnisse hinsichtlich der Dauerhaftigkeit von VIP über einen längeren Zeitraum liegen noch nicht vor.

Beispiel: Vorgehängte Fassade mit VIP

Ein Praxisbeispiel liefert die Sanierung der drei baugleichen Zweifamilienhäuser in Hofheim aus dem Baujahr 1927, die auf unterschiedliche energetische Standards modernisiert wurden (Bild 7.4-3). Bei den drei Häusern bestand die Anforderung, die neue Konstruktion möglichst wenig in den angrenzenden öffentlichen Gehweg hineinragen zu lassen. Die Dicke der Dämmstoffe an den von der Straße abgewandten Fassaden beträgt 24 bzw. 20 cm, was zur Straße hin nicht zulässig war. Deshalb wurden die straßenseitigen Fassaden aller drei Häuser mit Großelement-Dämmtechnik -VIP-Elementen (VIP-Schichtdicke 40 mm) und alle anderen Fassaden dieser Häuser mit WDVS und herkömmlichen Dämmstoffen saniert [Ref 7.4-4].

In Bild 7.4-4 ist der Querschnittsaufbau der Großelemente dargestellt. Die Fassadendämmung besteht aus vier geschosshohen Großelementen: B=5,13 m; H=2,50 bis 3,20 m. Das Fertigteil baut auf einer Baufurnier-Schichtholzplatte auf. In dieser sind die Halterungen für die Befestigung an der Fassade integriert. Die Ausgleichsdämmung passt sich den leichten Unebenheiten der Oberfläche der Althauswand an und verhindert so die Luftspalte zwischen der Bestandswand und dem Dämmelement.

Auf der Außenseite der Schichtholzplatte wurde mittels eines Klebstoffes eine Sperrholzschicht mit Aluminiumfolie befestigt. Diese schützen die empfindlichen VIP-Dämmplatten vor mechanischen Beschädigungen. Die VIP wird nach außen ebenfalls von einer dünnen Sperrholzschicht und einer Furniersperrholzplatte abgedeckt. Die äußere und innere Holzplatte ist mit dem Edelstahlanker verbunden. Diese leitet die

Bild 7.4-3
Die drei Gebäude vor und nach der Sanierung (Quelle: Institut Wohnen und Umwelt [Ref 7.4-4]).

Lasten am VIP vorbei. Die hinterlüftete Bekleidung wurde auf die Aluminium-Hohlprofile geklebt. Die für den Montageablauf notwendige Lücke zwischen den oberen Großelementen und dem Dachüberstand schließen vier Füllelemente. Durch die Anordnung der hinterlüfteten Wetterschutzschale tritt die Aufteilung der Großelemente nicht in Erscheinung.

Die Konstruktion weist bei Berücksichtigung des Bemessungswertes der Wärmeleitfähigkeit des VIP von Đ = 0,008 W/mK einen mittleren Wärmedurchgangskoeffizienten (inkl. Wärmebrückenwirkung der Befestigungselemente) von 0,19 W/m²K auf.

Messungen von Temperaturen und Feuchten führten zu der Erkenntnis, dass im Konstruktionsquerschnitt keine feuchtetechnischen Probleme auftraten. Allerdings waren 9 von 154 VIPs nach 2 Jahren defekt (6 %). Die Kosten des experimentellen Fassadenelements werden mit etwa 1200 €/m² (netto) angegeben.

Beispiel: Bodendämmung

Das Gemeindezentrum „Zum Guten Hirten" wurde ab 1966 in drei Bauabschnitten erstellt. Zu dem Ensemble gehören eine Kirche, ein Gemeindehaus, ein Pfarrhaus, ein Kindergarten und ein Glockenturm [Ref 7.4-5].

Im Rahmen eines Sanierungskonzeptes sollte die äußere Schale der Hüllfläche des Kindergartens und des Pfarrhauses ausgetauscht und der Zwischenraum so gedämmt werden, dass der Wärmeschutz der Außenwand gegenüber dem Zustand vor der Sanierung deutlich verbessert wird. Der Entwurf sah vor, die Aufbauhöhe und Wanddicke schlank zu halten. Deshalb entschied man sich beim Fußboden des Kindergartens bei der Wand des Pfarrhauses für den Einsatz von Vakuumdämmung.

Im Fußboden wurde eine Vakuumdämmplatte mit einer Stärke von 2 cm eingebaut, da der Bodenaufbau aufgrund der Stockwerks- und der Türhöhe nicht erhöht werden konnte und eine Absenkung der Bodenplatte einen zu hohen finanziell Aufwand dargestellt hätte. Der Boden wurde bis auf die betonierte Bodenplatte entfernt und komplett neu aufgebaut. Bild 7.4-5 (oben) zeigt den Aufbau des Fußbodens.

Während der Langzeitüberwachung konnte über einen Zeitraum von 2 Jahren stichprobenartig nachgewiesen werden, dass über die Bauphase und danach im praktischen Gebrauch alle untersuchten Paneele funktionsfähig sind.

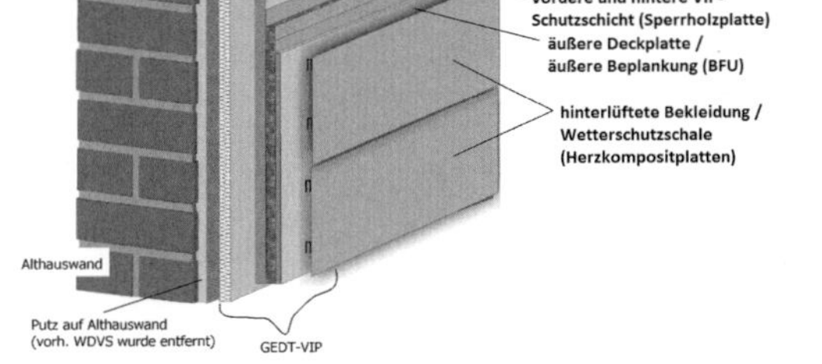

Bild 7.4-4
Aufbau des Dämmelementes
(Quelle: Institut Wohnen und Umwelt [Ref 7.4-4]).

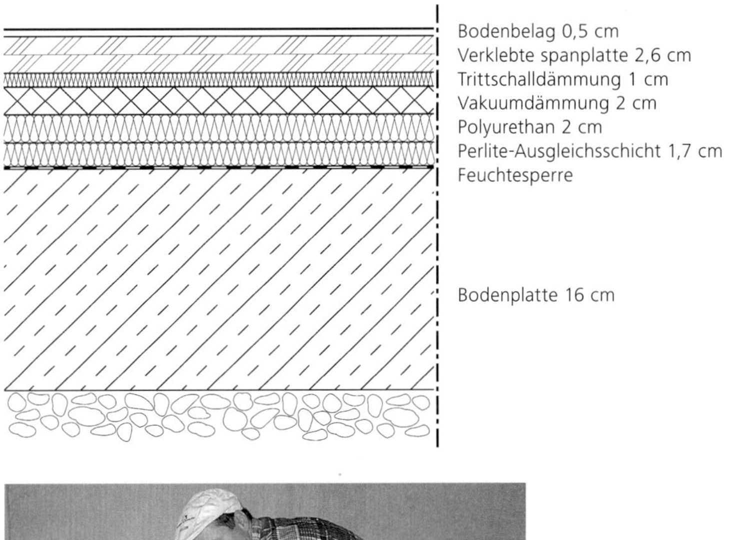

Bild 7.4-5
Oben: Darstellung des Fußbodenaufbaus im Kindergarten. Der U-Wert des Fußbodenaufbaus liegt bei 0,21 W/(m²K).
Unten: Verlegung der Vakuumdämmpaneele im Kindergarten (Quelle: Fraunhofer IBP [Ref 7.4-5]).

Beispiel: Wärmedämmverbundsystem mit VIP

Die Kindertagesstätte „Plappersnut" wurde 1972 in Plattenbauweise errichtet. Das Sanierungskonzept sah vor, die Kindertagesstätte nicht nur aus energetischer Sicht zu optimieren, sondern auch ihr Erscheinungsbild zu verbessern. Hierzu wurde dem ursprünglichen Baukörper eine neue Hülle aufgesetzt (Bild 7.4-6).

Auf den Giebelseiten sind zur Dämmung VakuumIsolations-Paneele (VIP) eingesetzt, die aufgrund ihrer geringen Materialstärke und ihres geringen spezifischen Gewichts günstig auf die bestehenden Fassaden aufzubringen sind [Ref 7-4.6]. Dabei wurden zwei unterschiedliche Systemvarianten erprobt und verglichen. Ein Wärmedämmverbundsystem mit VIP wurde auf der Westfassade realisiert. Daneben wurde für die Ostfassade ein vorgefertigtes VIP-Fassadenelement neu konzipiert. Dieses besteht aus vier 2 cm dicken VIPs (0,5 m x 1 m), die an der Oberfläche durch hochfeste keramische Platten geschützt sind. Um die Paneele vor Beschädigungen zu schützen, sind diese durch elastisches Fugenmaterial mit geringer Wärmeleitfähigkeit voneinander getrennt. Durch umlaufendes Dichtmaterial werden die Seitenkanten geschützt. Dieses Dichtmaterial dient ebenfalls dazu, die äußeren und inneren Flächen zu verkleben sowie zur Leitung der Eigen- und der Windlast an die Unterkonstruktion. Die Dicke der Randverklebung der Fassadenelemente hat einen entscheidenden Einfluss auf das gesamte Dämmverhalten.

Der zuvor rechnerisch für die Westwand ermittelte hohe Wärmedurchgangskoeffizient U wurde experimentell bestätigt. Anhand der thermografischen Aufnahmen konnte eine geringe Ausfallquote der VIP-Paneele (zwei Stück) verzeichnet werden [Ref 7.4-7].

Bild 7.4-6
Ansicht der Kindertagesstätte in Wismar, vor und nach der Sanierung (Quelle: Institut für Gebäude + Energie + Licht Planung).

Was folgt daraus?

Aufgrund der relativ hohen Kosten der Vakuumisolationspaneele (ca. 70 bis 150 €/m² für ein 2 cm dickes Paneel) wird der Einsatz besonderen Anwendungen vorbehalten sein. Dies ist zum einen der Sanierungsfall, bei dem aus Platzgründen (z. B. begrenzten Raumhöhen) das hochwärmedämmende Element verwendet wird. Ein weiterer typischer Einsatz ist die Anordnung des Dämmelements in vorgefertigten Konstruktionen, die mit schlanken Aufbauten einen sehr guten Wärmeschutz ermöglichen.

Grundsätzlich muss – insbesondere bei nachträglicher Dämmung im Bestand – großer Wert auf die feuchtetechnische Beurteilung der Baukonstruktion gelegt werden. Hierbei sollte ein thermischhygrisches Simulationsverfahren zum Einsatz kommen, mit dem realitätsnahe Bewertungen vorgenommen werden können.

Referenzen, Anmerkungen

Ref 7.4-1
Brockmann, T.: Vakuumisolationspaneele (VIP) in der Baupraxis. Bundesinstitut für Bau-, Stadt- und Raumforschung im Bundesamt für Bauwesen und Raumordnung (BBR), Bonn (Hrsg.). 2011. Analysen Bau.Stadt.Raum. Bd. 3, ISSN 2190-828, ISBN 978 3 87994 694 5

Ref 7.4-2
Dämmen durch Vakuum. Hocheffizienter Wärmeschutz für Gebäudehülle und Fenster. BINE-Themeninfo I/2011. FIZ Karlsruhe GmbH, BINE Informationsdienst, Bonn (Hrsg.) http://www.bine.info/publikationen/themeninfos/publikation/daemmen-durch-vakuum/ (Aufruf 09.12.2015)

Ref 7.4-3
Heinemann, U.; Kastner, R.: VIP-PROVE : Vakuum-isolationspaneele – Bewährung in der Baupraxis. Wissenschaftliche Begleitforschung. Schlussbericht. FKZ 0327321N. Bayerisches Zentrum für Ange-wandte Energieforschung (ZAE Bayern) e. V., Würzburg. 2010 http://www.enob.info/de/neue-technologien/projekt/details/vakuumdaemmung-auf-dem-pruefstand/ (Aufruf 09.12.2015)

Ref 7.4-4
Großklos, M.; Diefenbach, N.; Enseling, A. u. a.: Sanierung von drei kleinen Wohngebäuden in Hof-heim. Endbericht Gesamtvorhaben. FKZ 0329750V. Institut Wohnen und Umwelt, Darmstadt (Hrsg.). Okt. 2008 http://www.enob.info/de/sanierung/projekt/details/drei-wohngebaeude-in-hofheim-energiestandards-im-vergleich/

Ref 7.4-5
Reiß, J.: Energetische Verbesserung der Bausubstanz. Teilkonzept 3: Messtechnische Validierung der Sanierung eines Gemeindezentrums unter Einsatz von Vakuumdämmung. Abschlussbericht. FKZ 0329750R. Fraunhofer-Institut für Bauphysik (IBP), Stuttgart (Hrsg.). 2008. IBP-Bericht. WB 140/2008

Ref 7.4-6
Gebäude sanieren – Kindertagesstätte. BINE-Projektinfo 10/2006. FIZ Karlsruhe GmbH, BINE Informationsdienst, Bonn (Hrsg.) http://www.bine.info/publikationen/projektinfos/publikation/gebaeude-sanieren-kindertagesstaette/ (Aufruf 09.12.2015)

Ref 7.4-7
Winkler, H.; Mainka, G.; Römhild, T. u. a.: Energetische Verbesserung der Bausubstanz der Kindertagesstätte „Plappersnut" in Wismar. Schlussbericht. FKZ 0329750M. Hansestadt Wismar (Hrsg.). 2006

7.5 Sonnenschutzvorrichtungen

Anton Maas
Cornelia Moosmann

Vor dem Hintergrund der in Kapitel 1.2 geschilderten Klimaveränderungen kommt dem sommerlichen Wärmeschutz eine steigende Bedeutung zu. Bei Neubauten und bei Sanierungsmaßnahmen sind dazu im architektonischen Kontext alle baulichen Maßnahmen, die zu einer Begrenzung hoher sommerlicher Raumtemperaturen führen, in der Planung zu prüfen. Zu berücksichtigen sind dabei die Größe, Ausrichtung und Verglasungsart von Fenstern, die Gebäudemasse, passive Wärmeabfuhr (z. B. Nachtlüftung), interne Wärmeeinträge (Elektrogeräte, Personen) und insbesondere die Wirksamkeit der eingesetzten Sonnenschutzvorrichtungen. Dabei ist die Auswahl des Sonnenschutzes eng verbunden mit der Tageslichtnutzung und dem Sichtbezug nach außen (Kapitel 6.3).

Die untersuchten Demonstrationsprojekte weisen unterschiedliche Sonnenschutzvorrichtungen auf. Am häufigsten wird ein außenliegender beweglicher Sonnenschutz eingesetzt (Bild 7.5-1).

Übliche Sonnenschutzvorrichtungen sind bewegliche Raffstore oder Markisen (Bild 7.5-2) oder Sonnenschutzglas. Neuerdings kommen zunehmend Sonnenschutzsysteme mit Lichtlenkung, Richtungsselektivität oder spektraler Selektivität (z. B. Folien, welche die Wärmestrahlung stärker reduzieren als den Lichtdurchgang) oder Systeme mit Schalt- bzw. Regelbarkeit zum Einsatz. Weiterhin findet man Funktionskombinationen, indem der Sonnenschutz beispielsweise als Träger für PV-Elemente herangezogen wird, ein PV-Element in das Glas integriert als Verschattungselement dient (Kapitel 8.4) oder eine innenliegende Jalousie als schallabsorbierendes Element eine akustische Wirksamkeit übernimmt.

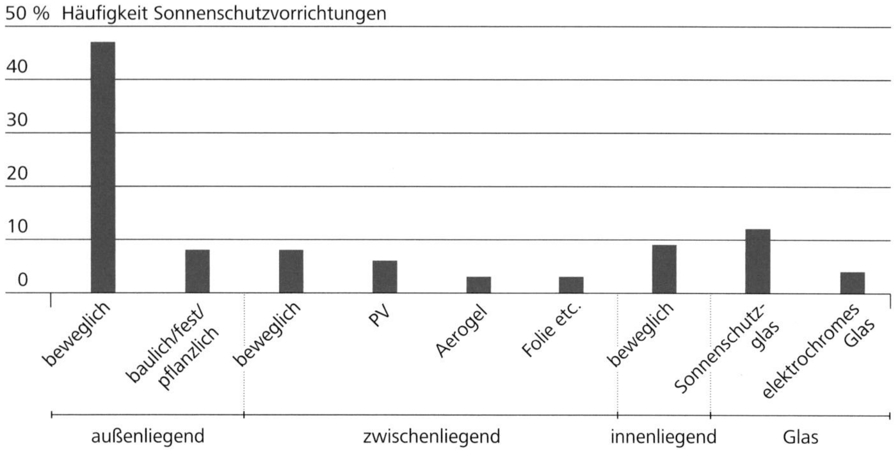

Bild 7.5-1
Häufigkeit der Sonnenschutzvorrichtungen in den untersuchten Demonstrationsgebäuden.
(Quelle: Universität Kassel)

Kennwerte für den Sonnenschutz
Die energetische Qualität des Sonnenschutzes wird über den Gesamtenergiedurchlassgrad des Glases einschließlich Sonnenschutz (g_{total}) gekennzeichnet.

Simulationsberechnungen können – je nach eingesetzter Software – die Sonnenschutzwirkung auch von komplexen Systemen detailliert modellieren. Dazu gehört auch die Bewertung von Kombinationen unterschiedlicher Sonnenschutzeinrichtungen, z. B. fester und beweglicher Elemente. Die Berechnungen berücksichtigen dabei den Einstrahlungswinkel sowie den Aktivierungsgrad des Systems, letzteres meist abhängig von der solaren Einstrahlung.

Mit DIN EN 13363 [Ref 7.5-1], [Ref 7.5-2] können parallel zum Glas angeordnete Sonnenschutzvorrichtungen entweder über ein detailliertes oder ein vereinfachtes Verfahren bewertet werden. Diese Methoden bieten sich an, wenn die strahlungsphysikalischen Daten der Sonnenschutzkomponenten bekannt sind oder gut abgeschätzt werden können.

Für die Vordimensionierung des sommerlichen Wärmeschutzes und den Nachweis nach DIN 4108-2 [Ref 7.5-3] kann auch der Abminderungsfaktor für Sonnenschutzvorrichtungen – der F_C-Wert – herangezogen werden. Übliche Werte für den Abminderungsfaktor betragen bei innenliegendem Sonnenschutz F_C = 0,65 bis 0,9 und bei außenliegendem Sonnenschutz F_C = 0,1 bis 0,5. Je kleiner der F_C-Wert, desto effektiver ist die Sonnenschutzvorrichtung.

Neben dem Schutz vor Überwärmung spielt insbesondere in Verwaltungsgebäuden die Reduktion der Blendung eine große Rolle. Als additiver Blendschutz werden häufig innen oder zwischen den Scheiben angebrachte Folien oder Textil-Rollos eingesetzt, die einen niedrigen Lichttransmissionsgrad von 2 bis 15 % aufweisen. Sie können von oben nach unten oder auch von unten nach oben geschlossen werden. Im letztgenannten Fall wird die Nutzung des Tageslichts im Oberlichtbereich ermöglicht, während gleichzeitig im Sichtbereich der Nutzer die Leuchtdichte der Fassade reduziert wird. Textilien und Folien gestatten – je nach Anteil der gerichteten Transmission – auch bei geschlossenem System ein gewisses Maß an Lichttransmission und Durchsicht. Das trägt dazu bei, dass Nutzer die in der Regel manuell bedienbaren Systeme schätzen. Ein hoher Anteil gerichteter Transmission bedeutet aber auch, dass der Sichtkontakt zur Sonne nicht unterbrochen wird und Blendung nicht sicher verhindert werden kann. Bei direkter Besonnung ist ein Sonnenschutzsystem, das den Sichtkontakt zur Sonne richtungsselektiv unterbrechen kann, wie z. B. eine Jalousie, der wirkungsvollste Blendschutz. Auch bei diesen Systemen kann der Blickkontakt nach außen trotz Schutz vor Blendung erhalten bleiben (sogenannte „cut-off-Stellung"), die Nutzung des Tageslichts im Oberlichtbereich ist bei entsprechender Ausführung (sogenannte „zweigeteilte Behänge" mit offeneren Lamellen im Oberlichtbereich als im Sichtbereich) möglich.

Bei vielen der untersuchten Nichtwohngebäude wurden mittels dynamischer Gebäudesimulationen die Kühllasten bzw. das sommerliche Raumklima bei Variation des Sonnenschutzes untersucht. Dazu eignen sich auch die unter Kapitel 11.1.6 und 11.1.7 thematisierten Softwaretools. Beispielhaft zeigt Bild 7.5-3 die Ergebnisse für ein Verwaltungsgebäude [Ref 7.5-5]. Berechnungsergebnisse sind die Raumtemperaturstatistik bzw. der Nutzkältebedarf. Zur Berechnung der Kühlenergie sind darüber hinaus Anlagensimulationen erforderlich. Idealerweise werden kritische Eingangsparameter wie die Nutzungsintensitäten des Sonnenschutzes variiert, um die Robustheit eines raumklimatischen Konzeptes zu überprüfen (Kapitel 11.1.3).

Über die notwendige Analyse der Wirkung einer Sonnenschutzeinrichtung auf sommerliche Raumtemperaturen und den Kühlenergiebedarf hinaus müssen stets auch die Konsequenzen für die Belichtung sowie für den Heizfall mit betrachtet werden. Die Verwendung eines Sonnenschutzglases bewirkt im Winter eine permanente und deutliche Reduktion der passiven Solareinträge. Durch die spektrale Selektivität der Beschichtung ist die Minderung der Tageslichteinträge nicht so hoch. Der Anstieg des Heizwärmebedarfs in der Größenordnung von 10 bis 15 % ist auch dann zu verzeichnen, wenn z. B. eine außenliegende Jalousie als Blendschutz genutzt wird. Per Simulation kann ermittelt werden, welche Auswirkungen die Aktivierung von Sonnenschutzeinrichtungen gesamtenergetisch mit sich bringt [Ref 7.5-6]. Die Vorteile einer Funktionstrennung zwischen Sonnen- und Blendschutz, auf die aus Kostengründen oftmals verzichtet wird, werden dadurch offensichtlich.

Bild 7.5-2
Außenliegender Sonnenschutz am Zentrum für Umweltbewusstes Bauen in Kassel. Der Sonnenschutz im 2. OG deckt ca. 2/3 der raumhohen Glasfassade ab. Der untere Bereich ist mit bedrucktem Glas (g=0,24) versehen, um auch bei geschlossenem Sonnenschutz eine Sichtverbindung nach außen zu ermöglichen
(Foto: Constantin Meyer, Köln, [Ref 7.5-4], [Anm 7.5-1]).

Statischer Sonnenschutz

Im Unterschied zur Sonnenschutzverglasung bietet ein statischer Sonnenschutz z. B. in Form einer Auskragung bei südorientierten Fassaden einen winkelselektiven Sonnenschutz (Bild 7.5-4). Je nach Jahreszeit werden mehr oder weniger große Anteile der Direktstrahlung ausgeblendet, während der diffuse Strahlungsanteil permanent gemindert wird. Aufgrund der unterschiedlichen Einfallswinkel der Solarstrahlung je nach Fassadenorientierung führt der Einsatz von statischen Sonnenschutzsystemen zu einer asymmetrischen Fassadenlösung am Gebäude. Meistens werden die Systeme so ausgelegt, dass bei höchstem Sonnenstand eine vollständige Verschattung erreicht wird. Bei raumhohen Verglasungen kann das zu tiefen Auskragungen führen. Wegen der deutlichen Minderung des Lichteinfalls kommt ein statischer Sonnenschutz bei Räumen, die für einen ständigen Aufenthalt konzipiert sind, nur dann in Frage, wenn große Fensterflächen und geringe Raumtiefen vorliegen oder der Sonnenschutz transluzent gestaltet ist. Günstige Einsatzbereiche sind Verkehrsflächen, da sie weniger Tageslicht benötigen und höhere Temperaturspitzen zulassen. Oft ist bei solchen Flächen auch der Ausblick ins Freie und damit der Verzicht auf beweglichen Sonnenschutz ein wichtiges Kriterium.

Auf einen zusätzlichen, beweglichen Blendschutz kann bei Arbeitsräumen nicht verzichtet werden. Der geringeren Tageslichtmenge steht hier der Vorteil gegenüber, dass die Zeiten mit aktiviertem Blendschutz geringer ausfallen als ohne statischen Sonnenschutz. Damit bleibt der visuelle Außenbezug - als wichtiges Kriterium der Nutzerzufriedenheit - über längere Zeiten gewährleistet. Bild 7.5-5 zeigt dazu beispielhaft die Auswertung einer umfangreichen Simulationsstudie [Ref 7.5-14].

Bild 7.5-4
Statischer Sonnenschutz am Mathematik-Gebäude Campus Süd des Karlsruher Institut für Technologie.
(Foto: © stephan baumann, karlsruhe, www.bild-raum.com)

Bild 7.5-3
Nutzkältebedarf bei Einsatz von unterschiedlichen Verschattungseinrichtungen. Die Zahlenangaben in der Legende bedeuten: Tageslichttransmission/ Gesamtenergiedurchlass
(Quelle: Universität Kassel [Ref 7.5-5]), [Anm 7.5-2].

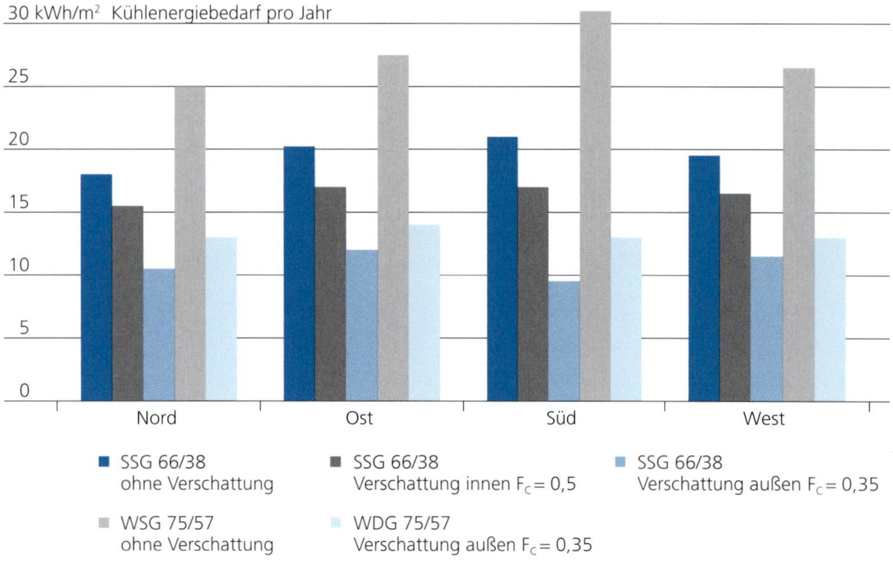

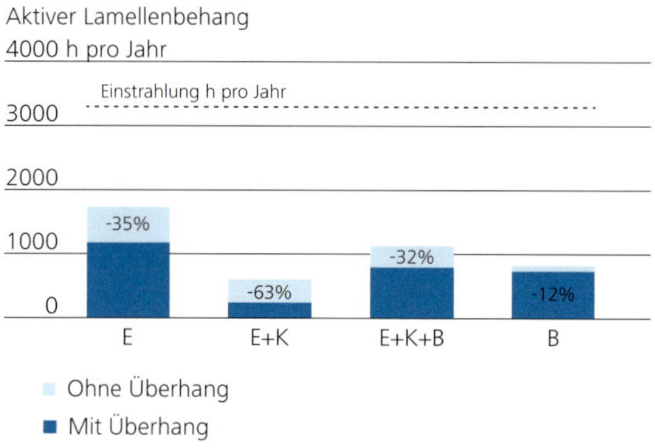

Bild 7.5-5
Simulationsergebnisse der Aktivierungszeiten einer Jalousie für eine Südfassade mit und ohne Überhang von 1 m. Aktivierungskriterien sind zunächst ein Einstrahlungsgrenzwert von 200 W/m² (E) bzw. ein Raumtemperaturgrenzwert von 26 °C bzw. die Kombination. Das Blendschutzkriterium (B, DGI 22) kommt erfahrungsgemäß dem Nutzerverhalten am Nächsten. Bei allen untersuchten Fällen reduziert sich durch den Überhang die Zahl der Stunden mit herabgelassenem Behang und damit die Zeiten mit eingeschränktem Außenbezug.
(Quelle: Universität Wuppertal [Ref 7.5-7]).

Innovationen - Elektrochromes Glas

Bei elektrochromen Gläsern wird die Sonnenschutzwirkung durch das Anlegen einer Gleichspannung hervorgerufen. Das Glas verdunkelt sich und reduziert durch die Einfärbung den solaren Energieeintrag. Hinter dieser Technologie steckt eine nanostrukturierte Beschichtung, die sich bei Anlegen einer elektrischen Spannung blau färbt und damit die Durchlässigkeit für das Sonnenlicht reduziert. Damit können bei dem im Science College Overbach (Bild 7.5-6) eingesetzten Glas g-Werte im Bereich von 0,1 im eingefärbten und 0,32 im aufgehellten Zustand erreicht werden. Die Lichttransmission bewegt sich zwischen 13 und 46 %. Das bedeutet, dass auch im aufgehellten Zustand relativ wenig Tageslicht durch das Glas hindurch gelassen wird. Das Glas ist nicht farbneutral, ermöglicht aber die Sichtverbindung nach außen. Erfahrungen aus dem Science College Overbach zeigen, dass durch den Einsatz elektrochromer Verglasung der sommerliche Wärmeschutz eingehalten wird. Die typische Blaufärbung, wie sie im abgedunkelten Zustand eintritt, wurde von den Nutzern hier – wider Erwarten – nicht als störend empfunden [Ref 7.5-8].

Im Informatikzentrum in Braunschweig zeigen Messungen in einem Raum mit elektrochromer Verglasung sowie einem Raum mit außen liegendem Sonnenschutz einen nahezu identischen Temperaurverlauf und bestätigen die gute Sonnenschutzwirkung des Systems [Ref 7.5-9]. Es wird allerdings auf die Notwendigkeit des Einsatzes eines zusätzlichen Blendschutzes hingewiesen, da allein die Verdunkelung der Scheiben diesen nicht gewährleistet [Ref 7.5-10].

Elektrochromes Glas wird 2016 europaweit von zwei Herstellern angeboten und ist in Scheibengrößen bis etwa 1,35 x 3,3 m² bzw. 1,5 x 3 m² erhältlich. Die Kosten für ein Standardglas (Wärmedämmglas U_g = 1,1 W/m²K) betragen netto ca. 500,- bis 600,- €/m² und konkurrieren mit der Kombination aus einem Wärmedämmglas mit äußerem, beweglichem Sonnenschutz. [Anm 7.5-3]

Sonderentwicklungen

Für die vorgehängte Fassade eines der Bürotürme der KfW-Bankengruppe im Frankfurter Westend (KFW) wurden im Rahmen der Sanierung ein Sonnenschutzschild entwickelt, das im offenen Zustand vertikal vor die Brüstung des jeweils darüber liegenden Geschosses gefahren wird. Als Sonnenschutz kann es nach individuellem Beschattungswunsch des Nutzers gesenkt und zusätzlich im herabgefahrenen Zustand ausgeklappt werden. Die unterschiedlichen Positionen führen zu einem ansprechenden Spiel in der Fassade.

Bild 7.5-6
Schaltbares Sonnenschutzglas am Science College in Overbach, links im aktiven Zustand (Quelle: Ingenieurbüro für Umweltfragen [Ref 7.5-8]).

Im Rahmen der Fassadenplanung waren mögliche Varianten der Kinematik der vor der Fassade verfahrbaren Glasschilder von ihrer Ausgangsstellung (vor der hinterlüfteten Bekleidung) bis in die Stellung der Vollbeschattung entwickelt und zur Entscheidung vorgelegt worden. Bei der Realisation des Sonnenschutzes war es wichtig, der Anforderung einer zuverlässigen Vollbeschattung in Richtung der Sonnenwanderung bei gleichzeitiger Transparenz im Sichtwinkel sowie den formalen Ansprüchen gerecht zu werden. Dies ist durch ein Streckmetall mit entsprechender Formgebung gewährleistet, welches zwischen die zwei Glasscheiben eines Sandwich-Elementes eingelassen wurde (Bild 7.5-7).

Der Sonnenschutz wird mit einem innenliegenden textilen Blendschutz ergänzt, der manuell von unten nach oben den Nutzerwünschen entsprechend geschlossen werden kann [Ref 7.5-11].

Bild 7.5-7
links: Sonnenschutzelement in der Nahaufnahme (Foto: Michael Kleber)
rechts: Fassadendetail der Bürotürme der KfW-Bankengruppe mit beweglichen Brüstungselementen aus Glas-Streckmetall als Sonnenschutz (Quelle: RKW Architektur + Städtebau); (Quelle: Karlsruher Institut für Technologie [Ref 7.5-11]).

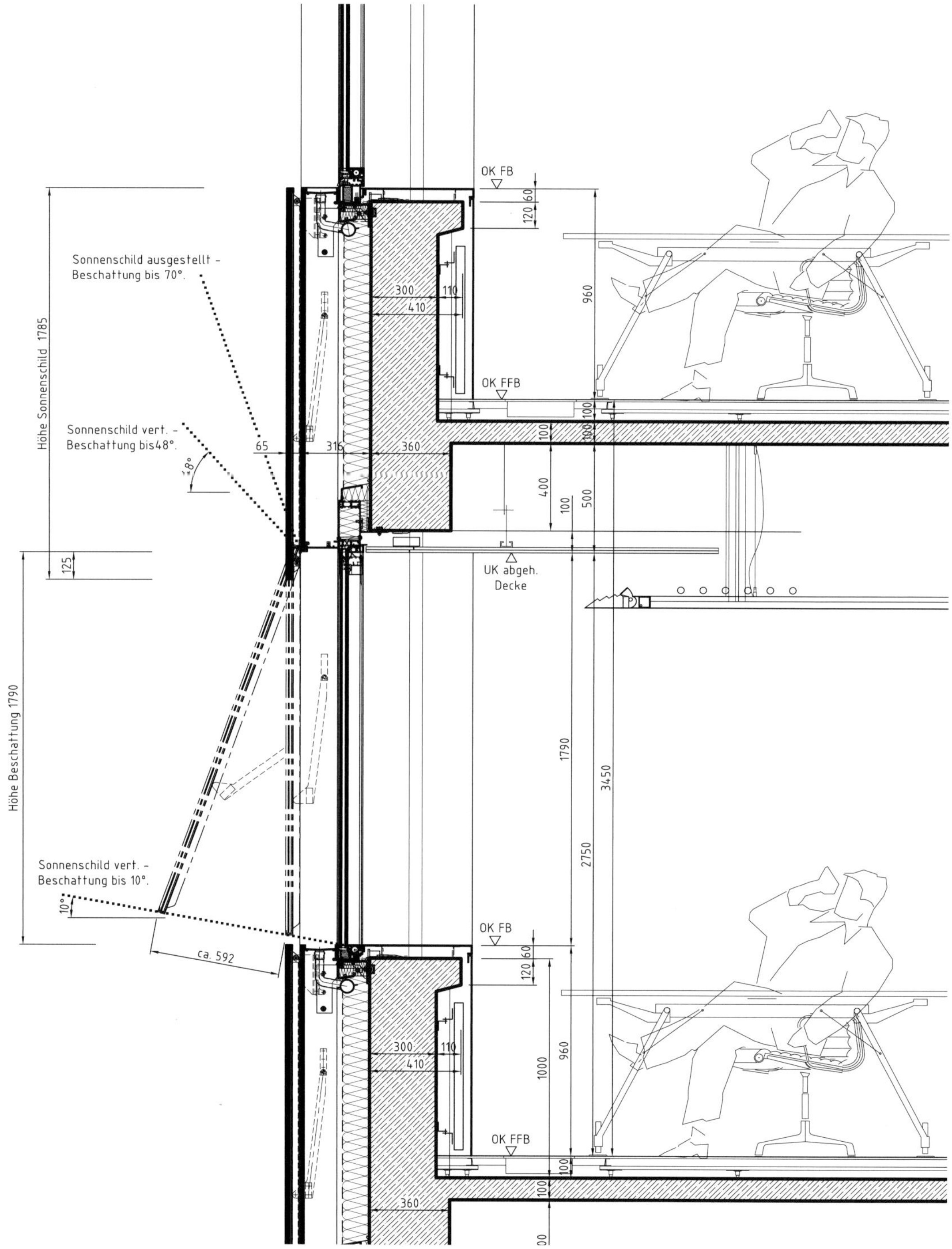

Sonnenschutz in Verbindung mit Tageslichtnutzung bei Horizontalverglasungen

In Museen werden an den Sonnenschutz höhere Anforderungen gestellt als bei anderen Nutzungen. Aus konservatorischen Gründen müssen Temperatur und Luftfeuchtigkeit nahezu konstant gehalten werden. Solareinträge dürfen nicht dazu führen, dass die engen Grenzen über- bzw. unterschritten werden. Zudem kann Licht die Exponate schädigen. Während Ausstellungsstücke aus Metall und Stein eher unempfindlich sind, dürfen z. B. Aquarelle, Grafiken und Textilien nur einer begrenzten Lichtdosis (Beleuchtungsstärke mal Dauer) ausgesetzt werden. Daher kommt dem Sonnenschutz bei Tageslichtdecken in Museen eine große Bedeutung zu. So auch im Museum Ritter, Waldenbuch [Ref 7.5-12], wo die Ausstellungsräume im Obergeschoss mit einer kombinierten Tages- und Kunstlichtdecke ausgestattet sind (Bild 7.5-8).

Die Lamellen müssen grundsätzlich so weit geschlossen sein, dass kein direktes Licht durch die Lamellenzwischenräume auf die Lichtdecke fallen kann und sich dort in Streifen abbildet (Bild 7.5-9). Gleichzeitig müssen die Lamellen – ohne diese Vorgabe zu verletzen – so weit geöffnet sein, dass die gewünschte Beleuchtungsstärke in den Ausstellungsräumen möglichst weitgehend mit Tageslicht erreicht wird, um Energie einzusparen und die große Qualität des Tageslichtes zu nutzen. Gerade an wechselhaften Tagen stellt das eine Herausforderung an die Steuerung der Lamellen dar. Das Tageslichtangebot kann dann u. U. nicht vollständig genutzt werden, da der Sonnenschutz wegen der Geräusche beim Öffnen und Schließen nicht in kurzen Abständen bewegt werden soll.

Zur Tageslichtnutzung wurden in einem Supermarkt in Rastatt [Ref 7.5-13] 28 gleichmäßig über dem Verkaufsraum verteilte Dachöffnungen realisiert (Kapitel 6.3). Die circa 2 x 2 m^2 großen Flachglasöffnungen (Bild 7.5-11) sind in 3-fach Verglasung ausgeführt und mit Mikrorastern im Scheibenzwischenraum ausgestattet, um unerwünschte Wärmeeinträge zu reduzieren.

Die Mikroraster werden angepasst an die Himmelsrichtung und die Dachneigung des jeweiligen Fensters fest eingebaut. Sie reflektieren einen großen Teil der Direktstrahlung der Sonne für viele Sonnenstände, während das diffuse Himmelslicht in den Raum gelangen kann. So können die Wärmeeinträge und damit der Kältebedarf im Supermarkt reduziert werden. Es gelangt jedoch auch gerichtetes Licht durch das System (Bild 7.5-11).

Bild 7.5-8
Tageslichtdecke im Museum Ritter. Der Sonnenschutz unter der Horizontalverglasung ist weitgehend geschlossen (Foto: Mathias Wambsganß)

Bild 7.5-9
Tageslichtdecke im Museum Ritter. Der Abstand zwischen der Horizontalverglasung mit innenliegenden Sonnenschutzlamellen und der Diffusorebene, die die Lichtdecke zum Raum abschließt, beträgt ca. 2 m (Foto: Mathias Wambsganß).

Planungsempfehlungen

Die Planung von Sonnenschutzvorrichtungen verfolgt zunächst die Ziele, eine unzulässige Raumerwärmung zu vermeiden und Kühlenergiebedarfe zu reduzieren. Parallel muss aber auch der Winterfall betrachtet werden, bei dem es gilt, passive Solarenergie zu nutzen und damit den Heizwärmebedarf zu mindern. Zudem muss der Einfluss der Sonnenschutzvorrichtung auf Belichtung und Ausblick berücksichtigt werden und sich in das architektonische Konzept einordnen. Außenliegende Sonnenschutzsysteme, die auch als Blendschutz Anwendung finden, tragen letztgenannten Aspekten nur bedingt Rechnung. Hier sollte zusätzlich ein innenliegender Blendschutz vorgesehen werden.

Bei beweglichem oder schaltbarem Sonnenschutz spielt die Bedienung bzw. Steuerung eine große Rolle. Insbesondere um sicherstellen zu können, dass auch bei Nichtanwesenheit eine Aktivierung des Sonnenschutzes erfolgt, sollten vorzugsweise strahlungsabhängig gesteuerte Systeme zum Einsatz kommen. Die zentrale Steuerung muss für die Nutzer nachvollziehbar und sollte in Aufenthaltsräumen grundsätzlich von den Nutzern übersteuerbar sein, um Unzufriedenheit und die Gefahr des Boykotts der Systeme zu reduzieren.

Schaltbare Gläser weisen gute Sonnenschutzeigenschaften auf, benötigen allerdings auch einen zusätzlichen Blendschutz. Die Färbung der Gläser wird von Nutzern unterschiedlich wahrgenommen. Auch wenn viele Standardprodukte für Sonnenschutzeinrichtungen angeboten werden, zeigen sich Entwicklungsmöglichkeiten für individuelle Lösungen. Die Bewertung der Wirkung neuer oder angepasster Systeme kann experimentell oder durch Einsatz geeigneter Simulationswerkzeuge erfolgen.

Funktionskombinationen von Lichtlenkung und Sonnenschutz sind häufig anzutreffen und sind – gerade beim Einsatz in Sonderfällen – abgestimmt zu optimieren.

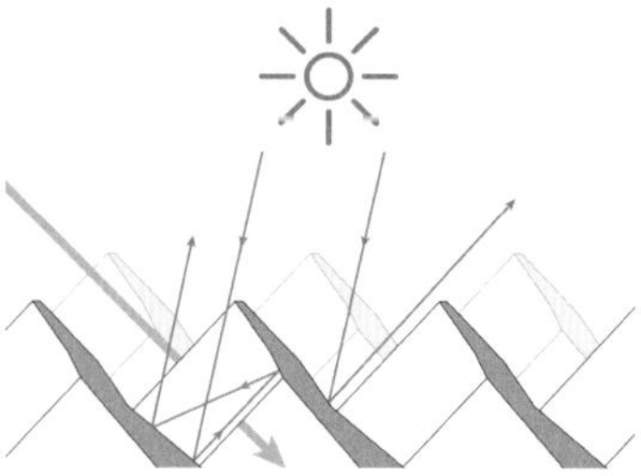

Bild 7.5-10
Prinzip des Sonnenschutzrasters (Quelle: OSRAM GmbH [Ref 7.5-14]).

Bild 7.5-11
Supermarkt Aldi Süd mit Dachoberlichtern. Das Abbild der Oberlichter am Boden zeigt, dass gerichtete Strahlung durch das Raster gelangt. Die Strahlungsmenge wird jedoch deutlich reduziert und damit auch der Kältebedarf (Foto: Ingenieur- und Planungsbüro Finzel).

Referenzen, Anmerkungen

Anm 7.5-1
Das Gesamtkonzept (insbes. Sonnenschutz, Bauteilaktivierung in Verbindung mit Sohlplattenkühlung und Nachtlüftung) führte im „Jahrhundertsommer" 2003 zu einer Übertemperaturgradstundenzahl von im Mittel rd. 145 Kh/a. Zum Vergleich: der Anforderungswert nach DIN 4018-2 beträgt 500 Kh/a.

Anm 7.5-2
Das Gebäude wurde mit 3-fach Wärmedämmglas mit innenliegender Jalousie und aktiver Kühlung über Betonkernaktivierung ausgeführt.

Anm 7.5-3
Die Kosten für ein Wärmedämmglas in Klarglasausführung mit Ug = 1,1 W/(m^2K)) betragen netto ca. 50,- €/m^2, für einen außenliegenden Sonnenschutz netto ca. 250,- €/m^2.

Ref 7.5-1
Deutsches Institut für Normung DIN e. V., Berlin (Hrsg.): DIN EN 13363-1:2007-09: Sonnenschutzeinrichtungen in Kombination mit Verglasungen – Berechnung der Solarstrahlung und des Lichttransmissionsgrades –Teil 1: Vereinfachtes Verfahren. Berlin: Beuth Verl., 2007
Wurde berichtigt durch:
Deutsches Institut für Normung DIN e. V., Berlin (Hrsg.): DIN EN 13363-1 Berichtigung 1:2009-09: Sonnenschutzeinrichtungen in Kombination mit Verglasungen - Berechnung der Solarstrahlung und des Lichttransmissionsgrades - Teil 1: Vereinfachtes Verfahren. Berlin: Beuth Verl., 2009

Ref 7.5-2
Deutsches Institut für Normung DIN e. V., Berlin (Hrsg.): DIN EN 13363-2:2005-06: Sonnenschutzeinrichtungen in Kombination mit Verglasungen –Berechnung der Solarstrahlung und des Lichttransmissionsgrades –Teil 2: Detailliertes Berechnungsverfahren. Berlin: Beuth Verl., 2005
Wurde berichtigt durch:
Deutsches Institut für Normung DIN e. V., Berlin (Hrsg.): DIN EN 13363-2 Berichtigung 1:2007-04: Sonnenschutzeinrichtungen in Kombination mit Verglasungen - Berechnung der Solarstrahlung und des Lichttransmissionsgrades - Teil 2: Detailliertes Berechnungsverfahren; Deutsche Fassung EN 13363-2:2005, Berichtigungen zu DIN EN 13363-2:2005-06. Berlin: Beuth Verl., 2007

Ref 7.5-3
Deutsches Institut für Normung DIN e. V., Berlin (Hrsg.): DIN 4108-2:2013-02: Wärmeschutz und Energie-Einsparung in Gebäuden – Teil 2: Mindestanforderungen an den Wärmeschutz. Berlin: Beuth Verl., 2013

Ref 7.5-4
Hauser, G.; Kaiser, J.; Rösler, M. u. a.: Energetische Optimierung, Vermessung und Dokumentation für das Demonstrationsgebäude des Zentrums für umweltbewusstes Bauen. Solaroptimiertes Bauen, Teilkonzept 3. Abschlussbericht. FKZ 0335006Z. Universität Kassel. Zentrum für Umweltbewußtes Bauen e.V. (Hrsg.). 2004

Ref 7.5-5
Ranft, F.; Repke, I.; Frohn, B. u. a.: Neubau eines energetisch optimierten Bürogebäudes Bob – balanced office building. Abschlussbericht. FKZ 0335007N, Fachhochschule Köln. Institut für Technik und Ökologie (Hrsg.). 2007

Ref 7.5-6
Lichtmeß, M.: Aktivierung von Sonnen- und Blendschutzsystemen. Arbeitsbericht. 2008 http://www.enob.info/de/publikationen/publikation/details/aktivierung-von-sonnen-und-blendschutzsystemen/ (Aufruf 09.12.2015)

Ref 7.5-7
Hans, O.: Optimierung statischer Sonnenschutzsysteme an Gebäuden. Dissertation, Bergische Universität Wuppertal. Fakultät für Architektur und Bauingenieurwesen. Erscheint 2016

Ref 7.5-8
Reis, H. von; Helten, G.: Science College Overbach. Schlussbericht. FKZ 0327430F. 2010

Ref 7.5-9
Rozynski, M.; Gerder, F.: Neubau Informatikzentrum der TU Braunschweig. Schlussbericht. FKZ 0335006T/9. TU Braunschweig. Fachbereich Architektur. Institut für Gebäude und Solartechnik. 2005

Ref 7.5-10
Bolsius, J.; Grötzschel, J.; Hennig, A. u. a.: ENOB Energieoptimiertes Bauen. Vorbildhafte Energetische Sanierung des Schulkomplexes Olbersdorf. Schlussbericht. FKZ 0327430C. Hochschule Zittau/Görlitz. Fakultät Wirtschaftswissenschaften und Wirtschaftsingenieurwesen (Hrsg.). 2014

Ref 7.5-11
Kleber, M.; Wagner, A.: Revitalisierung des Haupthauses der KfW-Bankengruppe in Frankfurt. Monitoring und Betriebsoptimierung im Rahmen von EnSan, Teilkonzept 3. Abschlussbericht. FKZ 0335007S. Karlsruher Institut für Technologie (KIT). Fachgebiet Bauphysik und Technischer Ausbau (Hrsg.). 2009

Ref 7.5-12
Wagner, A.; Knapp, T.: Museum Ritter Waldenbuch. Regenerative Energieversorgung im Museumsbau: Monitoring und Betriebsoptimierung im Museum Ritter in Waldenbuch. Abschlussbericht. FKZ 0329084D. Universität Karlsruhe. Bauphysik und Technischer Ausbau (Hrsg.). 2009

Ref 7.5-13
Réhault, N.: Aldi 2010 – Hocheffizienter Supermarkt mit geothermiegestütztem CO2-Kälteverbund. Abschlussbericht. FKZ 0327894A. Fraunhofer Institut für Solare Energiesysteme (ISE), Freiburg i. Br. (Hrsg.). 2013

Ref 7.5-14
Siteco Beleuchtungstechnik GmbH, Traunreut http://www.siteco.de/de/home.html (Aufruf 09.12.2015)

8 Performance von technischen Anlagen

Doreen Kalz

Erfolgreiche und gut funktionierende Gebäudebeispiele belegen, dass sich ein hohes Maß an Behaglichkeit in Verbindung mit einer hohen Energieeffizienz mit verschiedenen baukonstruktiven Lösungen sowie gebäudetechnischen Systemen erreichen lässt (→ Kapitel 8.1). Daran wird deutlich, dass es keine eindeutigen Favoriten gibt.

Die Betriebserfahrungen und die systematische Analyse der Projekte durch die beteiligten Hochschulen und Institute zeigen, dass in Planung, Ausführung und Betrieb noch wesentliche Effizienz- und/oder Komfortpotenziale zu heben sind. Oft fehlt es an einer hinreichenden Abstimmung der unterschiedlichen Systeme und einer optimierten Betriebsführung des Gesamtsystems. Die Bedeutung von Hilfsenergien wird ebenso oft unterschätzt.

Von den untersuchten Demonstrationsgebäuden stehen zeitlich hoch aufgelöste Messdaten zur Verfügung, die über die Darstellung der Energie- und Emissionskennwerte (→ Kapitel 3) hinaus eine Analyse der gebäudetechnischen Anlagen erlauben. Ergebnisse der Performanceanalyse einzelner Anlagen in Gebäuden unterschiedlicher Nutzung werden in Querschnittsbetrachtungen nachfolgend zusammengeführt. Dies ermöglicht, die jeweilige Technologie – auch in der Wirkung im Gesamtsystem – zu bewerten, Erfolgsfaktoren herauszuarbeiten und daraus Handlungsempfehlungen für die Planung, die Installation und den Betrieb der Anlagen zu formulieren.

Die nachfolgenden Kapitel (→ 8.2 bis 8.7) stellen dazu Analysen für ausgewählte Technologien vor.

Im Kontext der Energiewende (→ Kapitel 1.3) kommt dem zeitlichen Verlauf des Energieverbrauchs von Gebäuden und dessen gezielte Beeinflussung mehr Bedeutung zu als bisher. Gebäude bieten die Möglichkeit, durch ihre baukonstruktiv vorhandene Wärmespeicherfähigkeit und durch technische Speicher (Wasserspeicher, Batterien) auf die Dynamik der Strombereitstellung durch erneuerbaren Energien reagieren zu können (→ Kapitel 8.8).

8.1 Technologienübersicht

Susanne Hendel
Karsten Voss

In den untersuchten Demonstrationsgebäuden werden je nach Nutzungstypologie, Raumklima- und Energiekonzept verschiedene baukonstruktive sowie gebäudetechnische Besonderheiten kombiniert. Es wurden 60 Projekte ausgewertet, die in einer Matrix im Anhang dieses Buchs zusammengestellt sind. Die Matrix bezieht sich auf die dort mit Steckbriefen vorgestellten Gebäude.

Rund die Hälfte der Gebäude sind Neubauten, die anderen sanierte Bestandsbauten. Die Schwerpunkte liegen bei Verwaltungs-, Schul- und Wohnbauten, womit auch unmittelbar eine technologische Schwerpunktsetzung verbunden ist. Neuere Projekte sind u. a. Bäder, Museen, Hotels, Verkaufsstätten mit neuen technologischen und konzeptionellen Akzenten.

Häufig umgesetzte Maßnahmen und Systeme

Bild 8.1-1 zeigt die zehn am häufigsten umgesetzten Maßnahmen bei den ab 2005 realisierten Projekten. 2/3 aller Gebäude besitzen mechanische Lüftungsanlagen, ein Großteil davon mit Wärmerückgewinnung. Dieser Trend ist auf wachsende Ansprüche an Komfort und Luftqualität bei gleichzeitigem Streben nach Reduktion des Heizwärmebedarfs zurückzuführen (→ Kapitel 6.2). Eine luftdichte Gebäudehülle ist Voraussetzung für einen sinnvollen Einsatz einer Lüftungsanlage (→ Kapitel 7.1). Viele Demonstrationsprojekte wurden in Anlehnung an das Passivhauskonzept geplant und gebaut. Energieeffiziente Lüftungsanlagen und hochwärmedämmende opake und transparente Bauteile sind daher wichtige Bestandteile (→ Kapitel 7.4).

Verglichen mit den Schwerpunkten früherer Perioden hat sich die Gewichtung in einigen Bereichen sichtbar verändert [Ref 8.1-1]: Während in früheren Jahren lüftungsbasierte Konzepte zur passiven sommerlichen Kühlung die Regel waren, also Luft-Erdregister, Nachtlüftung etc., stehen in den letzten Jahren die wasserbasierten Konzepte in Verbindung mit Erdsonden und Grundwasser als Wärmesenken im Fokus, um einen hohen sommerlichen Komfort zu erreichen (→ Kapitel 6.1). Damit verbunden sind thermisch aktivierte Bauteile und der Einsatz von Wärmepumpen, teilweise mit reversiblem Betrieb zum Heizen und Kühlen (→ Kapitel 8.2). Die zunehmende Bedeutung der Wärmepumpen für die Wärmeversorgung von Nichtwohngebäuden hängt nicht zuletzt damit zusammen, dass mit der Erschließung einer sommerlichen Wärmesenke für die Kühlung schon die winterliche Wärmequelle zur Verfügung steht. Dies verbessert die Wirtschaftlichkeit.

Auch ein Trend zum Heizen mit Biomasse ist erkennbar. Das gilt vor allen Dingen für die Pelletkessel (→ Kapitel 8.5) und für Nah-/Fernwärmenetze mit Biomasse als Brennstoff. Neu sind die größeren Pelletkessel bei den Nichtwohngebäuden. Hierbei stellt sich die Frage der ergänzenden Strategien und Technologien für den sommerlichen Kühlfall, da es anders als bei Wärmepumpen keine systemintegrierte Lösung gibt. In Kombinaton mit thermischen Kältemaschinen ist aber die 100 %ige Kühlung mit erneuerbarer Energie möglich, teilweise in Verbindung mit thermischen Kollektoren (→ Kapitel 8.4).

Für die Beleuchtung ist bei der überwiegenden Zahl der Verwaltungsgebäude eine tageslichtabhängige Regelung und teilweise eine Präsenzerfassung realisiert (→ Kapitel 6.3). Beides kann eine Reduktion des Stromverbrauchs der Beleuchtung bewirken, läßt sich vergleichweise kostengünstig realisieren und hat wenig Interaktion mit anderen Gewerken.

Überzeugende Sonnenschutzkonzepte sind ebenso Basis für niedrige Stromverbräuche wie für hohe Nutzerzufriedenheit. Nach wie vor werden Innovation und projektspezifische Lösungen verfolgt (→ Kapitel 7.5). Das hat auch mit der hohen Bedeutung für die Fassadengestaltung zu tun. Heiße Sommer, wie 2015, verstärken das Interesse nochmals, vor allem für Lösungen im Gebäudebestand mit den oft spürbaren raumklimatischen Defiziten.

In vielen der untersuchten Projekte liegt ein Forschungsschwerpunkt auf der verbesserten Integration von Solarsystemen zur Deckung des Gebäudeenergiebedarfs (→ Kapitel 8.4). Solarthermische Anlagen kommen insbesondere im Wohnungsbau zum Einsatz. Eine Sonderanwendung bei Nichtwohngebäuden ist die solare Kühlung. Solarstromanlagen kommen in sämtlichen Gebäudetypologien vor.

Maßnahmenkombinationen für besonders niedrige Energieverbräuche

Ausgehend von der Notwendigkeit einer ausreichend hohen Anzahl von Gebäuden wurden exemplarisch 11 Verwaltungsgebäude untersucht, welche Maßnahmenkombinationen zu besonders niedrigen Primärenergieverbräuchen bzw. Klimagasemissionen führen. Dabei ist zu beachten, dass Standortfaktoren, Nutzerverhalten und Nutzungsintensitäten ebenfalls großen Einfluss nehmen. So wundert es nicht, dass sich keine eindeutigen Maßnahmenkombination abzeichnen. Vielmehr führen individuelle Energiekonzepte zum Erfolg.

Platz	Anzahl	Strategie
1.	47	Zu- und Abluftanlage mit WRG
2.	32	präsenz/tageslichtabhängige Kunstlichtsteuerung
3.	27	thermische Bauteilaktivierung
4.	24	Solarthermie
5.	23	Solarstrom
6.	23	Nachtlüftung
7.	22	3 fach Verglasung
8.	20	Wärmepumpe
9.	17	lichtlenkender Sonnenschutz
10.	15	Passivhausstandard

Bild 8.1-1
Die zehn am häufigsten eingesetzten Strategien/Technologien. Betrachtet wurden 60 Demonstrationsgebäude mit Baujahren zwischen 2005-2015.
(Quelle: Universität Wuppertal)

Aus der Analyse der Daten lassen sich aber dennoch einige Trends ablesen:

- Wärmepumpen wurden meist bei Gebäuden mit einem Heizwärmeverbrauch auf Passivhausniveau eingesetzt.
- Ökologische Zielsetzungen, wie eine CO_2-neutrale Energieversorgung werden durch den Einsatz von Biomasse als Energieträger, Solarstrom- oder Solarthermie-Anlagen, unabhängig von der Höhe des Energieverbrauchs verfolgt.
- Am häufigsten wurde Fernwärme zur Wärmebereitstellung eingesetzt. Sie wurde standortbezogen sowohl aus ökologischen als auch ökonomischen Gründen gewählt.

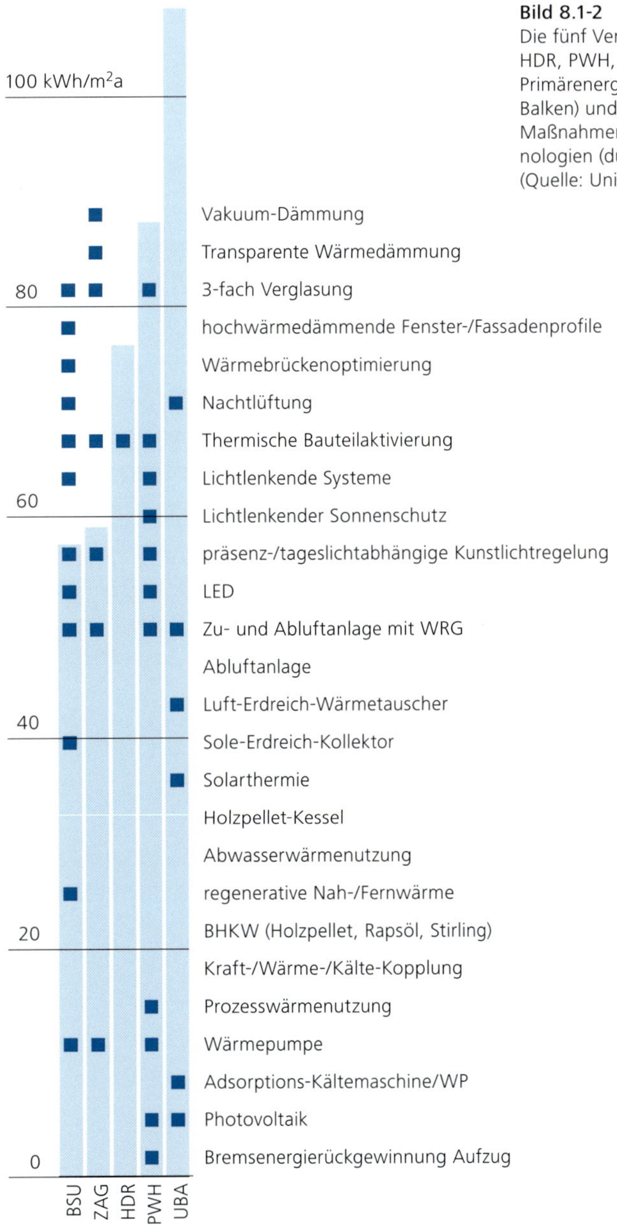

Bild 8.1-2
Die fünf Verwaltungsbauten BSU, ZAG, HDR, PWH, UBA mit den niedrigsten Primärenergieverbräuchen (hellblauer Balken) und die dabei umgesetzten Maßnahmen bzw. eingesetzten Technologien (dunkelblaue Kästchen).
(Quelle: Universität Wuppertal)

Maßnahmenpakete und Bauwerkskosten

Aus den vorliegenden Projektdaten bilden nur die Verwaltungsneubauten mit insgesamt 11 Gebäuden eine ausreichend große Stichprobe, um für ausgewählte Maßnahmenpakete die Bauwerkskosten zu analysieren (Kostengruppen 300 und 400 nach DIN 276, → Kapitel 4.1). Bezüglich der Baunutzungskosten ist die Datenlage derzeit noch zu gering. Betrachtet man nur den gebäudespezifischen Energieverbrauch, so zeigen 6 von 11 Gebäuden einen Jahresprimärenergieverbrauch unter 100 kWh/m^{2}a (→ Kapitel 3.2). Die Bauten mit auffällig niedrigen Bauwerkskosten zeigen bei den Maßnahmenpaketen wiederum ein inhomogenes Bild (→ Kapitel 4.2). Auch hier zeigt sich, dass individuelle Konzepte für die Kombination von kostengünstigem Bauen mit niedrigem Energieverbrauch realisiert werden. Im Vergleich zeigt sich kein signifikanter Unterschied in den Bauwerkskosten. Unabhängig vom Energiestandard und der Einfachheit der gewählten Strategien liegen die Kosten dicht am Mittelwert der Stichprobe. Es lässt sich lediglich ablesen, dass Projekte, die Fernwärme nutzen, immer geringfügig günstiger sind, da hier nicht in eine technische Anlage zur Wärmeerzeugung investiert wird.

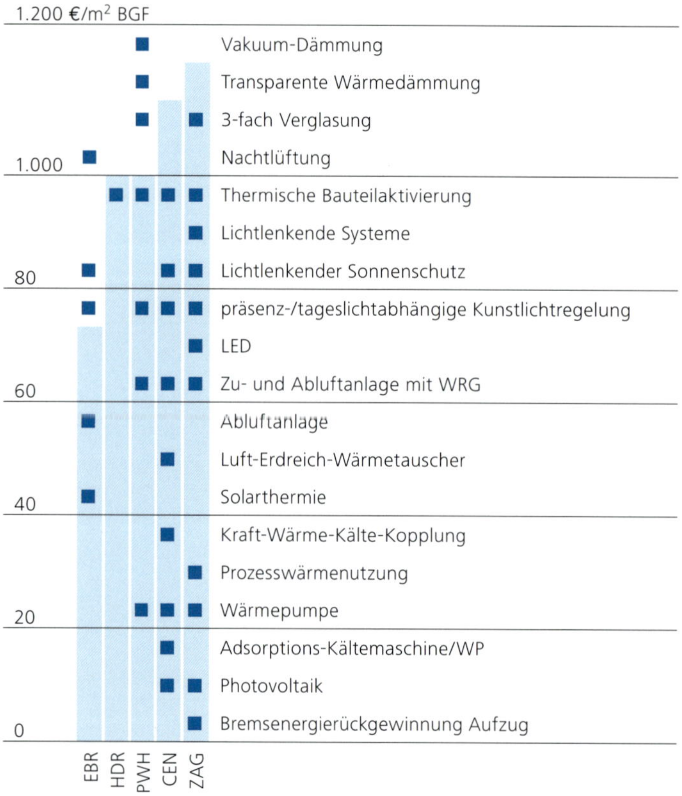

Bild 8.1-3
Die Verwaltungsgebäude EBR, HDR, PWH, CEN, ZAG mit den niedrigsten Bauwerkskosten (hellblauer Balken) und die dabei umgesetzten Maßnahmen (dunkelblaue Kästchen).
(Quelle: Universität Wuppertal)

Referenzen, Anmerkungen

[Ref 8.1-1]
Voss, K.; Löhnert G.; Herkel, S. u. a.: Bürogebäude mit Zukunft.
Stuttgart: Fraunhofer IRB Verl., 2015.
2. Aufl., ISBN 978-3-8167-9305-2

8.2 Wärmepumpen

Doreen Kalz
Sebastian Herkel

Versorgungskonzepte mit Wärmepumpen

Gebäude mit einem reduzierten Leistungs- und Energiebedarf für Heizung und Kühlung ermöglichen den effizienten Einsatz von Umweltwärmequellen und –senken in Kombination mit Wärmepumpen. Flächenheizsysteme, wie Fußboden- oder Betonkerntemperierung (→ Kapitel 8.4), begünstigen den Einsatz von Wärmepumpen, mit denen das vorhandene Temperaturniveau der Wärmequelle auf die notwendige Vorlauftemperatur von 27 bis 32 °C erhöht wird. Im Sommer werden das Erdreich oder das Grundwasser vorrangig direkt als Wärmesenke zur Kühlung der Gebäude genutzt (→ Kapitel 8.3). Erfordert das Gebäude und die Nutzung eine erhöhte Kühlleistung, kann Klimakälte auch durch eine reversibel arbeitende Wärmepumpe energieeffizient bereitgestellt werden. Reicht eine Quellenart nicht aus, dann können mehrere Quellen parallel in einem Verbund betrieben werden.

Anforderungen bei der Planung

Der wirtschaftliche Betrieb einer Wärmepumpe wird maßgeblich durch die Hydraulik des Primär- und Sekundärkreises, die erforderliche Temperaturen für den Heiz- und Kühlfall sowie die Temperaturspreizung zwischen Quelle und Senke beeinflusst.

Für die nach EnEV 2016 [Ref 8.2-1] geforderte Berechnung des Primärenergiebedarfs ist die Anla-

Effizienz von Wärmepumpenanlagen

■ Leistungszahl (Coefficient-of-Performance, COP)
Die Leistungszahl einer Wärmepumpe ist das Verhältnis des bei definierten Betriebsbedingungen abgegebenen Nutzwärmestroms bezogen auf die eingesetzte elektrische oder thermische Leistung für den Antrieb des Verdichters und der Hilfsantriebe (DIN EN 14511, DIN EN 255-3) [Ref 8.2-10-11]. Die Leistungszahl wird bei konstanten Betriebsbedingungen gemessen und ermöglicht damit keine Aussage über die Effizienz einer Anlage im Betrieb. Der COP-Wert ist immer mit der Benennung der Testbedingungen bezüglich der Temperatur der Wärmequelle und -senke angegeben.

■ (Jahres)-Arbeitszahl (JAZ)
Die Jahresarbeitszahl bei elektrisch angetriebenen Wärmepumpen ist das Verhältnis der abgegebenen Wärmemenge zu der eingesetzten Strommenge für die Kompressoren über einen bestimmten Zeitraum, zum Beispiel Monat (Monatsarbeitszahl, MAZ) oder Jahr (Jahresarbeitszahl, JAZ). Im deutschsprachigen Raum wird die Kennzahl AZ bzw. JAZ, international die Bezeichnung SPF (seasonal performance factor) verwendet.

Energiebilanzierung von Wärmepumpensystemen

Unterschieden wird zwischen einer berechneten und einer gemessenen Arbeitszahl. Methoden zur Berechnung der Jahresarbeitszahl sind in der VDI 4650 Blatt 1 und in der Norm EN 14825 beschrieben [Ref 8.2-7 und 8.2-12]. Für die Ermittlung von Kennzahlen, die auf Vermessung der Wärmepumpenanlagen unter realen Bedingungen im Feld basieren, gibt es zurzeit keine Norm [Ref 8.2-8,9].
Bei der Berechnung der Arbeitszahlen ist die Definition unterschiedlicher Bilanzgrenzen (Bild 8.2-1) möglich. Je nach definierter Bilanzgrenze sind die angegebenen Effizienzwerte entsprechend zu bewerten, da sie unterschiedliche Verbraucher und Verluste beinhalten. Es muss definiert werden, in welchem Punkt der Anlage die Wärmemenge gemessen und welche Komponenten der Wärmepumpenanlage beim Stromverbrauch berücksichtigt sind. Eine übliche Bilanzierung für das Wärmepumpensystem setzt die bereitgestellte thermische Energie – gemessen direkt nach der Wärmepumpe und vor dem Pufferspeicher – und den Stromaufwand der elektrischen Komponenten Verdichter, Steuerung der Wärmepumpe und der Antriebe im Primärkreis (Ventilator, Sole- oder Brunnenpumpe) ins Verhältnis.

genaufwandszahl (e_P) des eingesetzten Wärmeerzeugers relevant. Diese beschreibt die Effizienz der Energieumwandlung und hängt damit bei einer Wärmepumpe direkt von der Jahresarbeitszahl ab: Je höher die Jahresarbeitszahl, desto niedriger die Anlagenaufwandszahl. Die Berechnung der Jahresarbeitszahl ist in der DIN 4701-10 [Ref 8.2-2] beschrieben und berücksichtigt verschiedene Wärmepumpentypen sowie den Energiebedarf zusätzlicher Hilfsaggregate.

Neben der EnEV muss nach den Anforderungen des Erneuerbare-Energien-Wärmegesetzes (EEWärmeG) [Ref 8.2-3] in Neubauten ein bestimmter Anteil der Gebäudebeheizung durch regenerative Energien gedeckt werden. Ist eine Wärmepumpe Bestandteil des Heizkonzeptes, muss diese mindestens 50 % der benötigten Heizwärme bereitstellen. Darüber hinaus sind Mindestanforderungen für die Jahresarbeitszahl der Wärmepumpen festgelegt: eine Luft/Wasser- oder Luft/Luft-Wärmepumpe muss eine rechnerische Jahresarbeitszahl von mindestens 3,5 erreichen. Für alle anderen Typen gilt eine rechnerische Jahresarbeitszahl von mindestens 4. Weitere Normen und Richtlinien enthalten zusätzliche Anforderungen an die Planung von Heizungsanlagen mit Wärmepumpen [Ref 8.2-4-7].

Bild 8.2-1
Schematische Darstellung von Betriebsarten: (1) Heizen mittels Wärmepumpe, (2) direkte Kühlung mittels Umweltwärmesenke, (3) maschinelle Kühlung mittels reversibler Wärmepumpe. Weiterhin Darstellung der Bilanzgrenzen I bis III für die Performanceanalyse der Wärmepumpensysteme. Bilanzgrenze WP berücksichtigt ausschließlich die Wärmepumpe ohne Pumpen und Hilfsaggregate.
(Quelle: Fraunhofer ISE.)

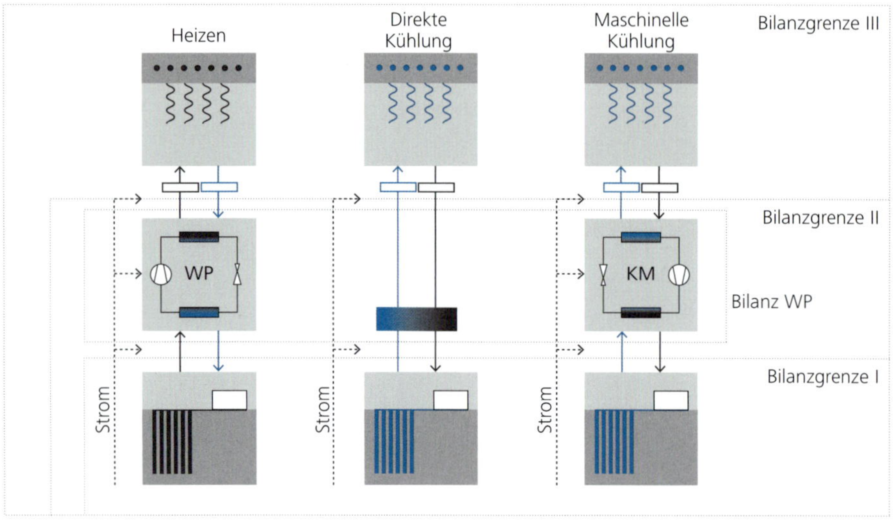

Ist aus technischen und betriebswirtschaftlichen Gründen eine monovalente Wärmepumpenlösung nicht möglich oder gewünscht, kann z. B. die mit dem Erdreich gekoppelte Wärmepumpe im Grundlastbetrieb mit weiteren Wärmeerzeugungssystemen zu einer bivalenten Lösung kombiniert werden.

Untersuchte Gebäude- und Anlagenkonzepte

In den 17 untersuchten Gebäuden werden ausschließlich erdgekoppelte, elektrische Wärmepumpen eingesetzt. Davon werden sechs Anlagen monovalent betrieben; in den anderen Gebäuden werden neben der Wärmepumpe weitere Wärmeerzeuger eingesetzt. In den meisten Anlagen sind Pufferspeicher installiert, Tabelle 8.2-1 zeigt eine Übersicht.

In 10 Gebäuden wird das Erdreich als Umweltwärmequelle und –senke erschlossen. Die weiteren Gebäude nutzen Energiepfähle (thermisch aktivierte Gründungspfähle) und Grundwasser. Im Sommer werden die jeweiligen Umweltwärmesenken vorrangig direkt zur Kühlung herangezogen. In sieben Gebäuden stellen reversible Wärmepumpen bei Bedarf zusätzlich Kälte bereit (Tabelle 8.2-1). Die meisten der untersuchten Gebäude mit Wärmepumpen verfügen über eine Heizung und Kühlung mittels thermoaktiver Bauteilsysteme (TABS). In einigen wenigen werden abgehängte Kühlpaneele eingesetzt. Bei den bivalenten Versorgungskonzepten werden Wärmeübergabesysteme auf höherem Temperaturniveau (Lüftungsanlage, Radiatoren) in der Regel vom zusätzlichen Wärmeerzeuger versorgt.

Methodik für die Betriebsanalyse

Im Rahmen einer vertieften Analyse wurden Wärmepumpenanlagen über mehrere Betriebsjahre detailliert vermessen. Alle Messdaten wurden für folgende Betriebsmodi ausgewertet:

- Heizen
- Aktives Kühlen durch reversiblen Wärmepumpenbetrieb
- Direktes Kühlen über eine Umweltwärmesenke.

Bild 8.2-1 enthält eine Übersichtsdarstellung des Wärme- und Kälteversorgungssystems, ergänzt um drei Energiebilanzgrenzen der Wärme- und Kälteversorgung, um verschiedene Anlagen- und Energiekonzepte vergleichen zu können (→ Infobox „Effizienz und Energiebilanzierung von Wärmepumpensystemen"). Die Bilanzgrenzen umfassen folgende Subsysteme und Komponenten, wobei jeweils der gesamte Energieeinsatz inklusive Pumpen sowie Mess- und Regelungstechnik berücksichtigt wird:

- Bilanzgrenze I betrachtet den hydraulischen Primärkreis, also Umweltwärmequelle/-senke (Erdreich und Grundwasser) mit dazugehöriger Umwälzpumpe (Sole- oder Grundwasserpumpe).
- Bilanzgrenze II berücksichtigt die Erzeugung von Wärme und Kälte mittels (reversiblen) Wärmepumpensystem (aktives Heizen und Kühlen) oder mittels Wärmetauscher (direktes Kühlen) einschließlich des Hilfsenergieaufwands für den Primärkreis.
- Bilanzgrenze „Wärmepumpe" umfasst ausschließlich die Wärmepumpe, d. h. elektrischen Stromaufwand für Verdichter inklusive Steuerung und Regelung, ohne den Primärkreis.

Die bereitgestellte thermische Energie wird direkt nach der Wärmepumpe (also vor den Wärme- und Kältespeichern) bilanziert – bei einigen Anlagen getrennt für die jeweiligen Wärmeübergabesysteme (in der Regel Betonkerntemperierung und Lüftung).

Betriebserfahrungen

(1) Performance der Wärmepumpe

Berücksichtigt man ausschließlich den Strom- bzw. Gasbezug für den Kompressor (Bilanzgrenze WP in Bild 8.2-1), erreichen die elektrischen Wärmepumpen Jahresarbeitszahlen von 2,4 bis 6,6 kWh_{therm}/kWh_{el} und die Gas-Wärmepumpen 1,1 bis 1,3 kWh_{therm}/kWh_{end} (Bild 8.2-3).

Die deutlichen Effizienzunterschiede der einzelnen Anlagen ergeben sich hauptsächlich durch die unterschiedlichen Temperaturdifferenzen zwischen Primär- und Sekundärseite. Vorrangig wird bei allen Projekten versucht, eine Wärmeversorgung auf möglichst niedrigem Temperaturniveau umzusetzen. Im Mittel liegen dabei die Temperaturen auf der Sekundärseite der Heizkreise zwischen 30 und 43 °C, bei drei Anlagen sogar nur zwischen 28 und 35 °C (Bild 8.2-5). Damit beträgt der Temperaturhub bei den erdgekoppelten Wärmepumpen zwischen Primär- und Sekundärseite im Mittel zwischen 20 und 35 Kelvin. Wird Grundwasser als Wärmequelle eingesetzt, beträgt der Temperaturhub im Mittel nur 15 bis 20 Kelvin.

Wärmepumpen sind sorgfältig für den jeweiligen Einsatzzweck auszuwählen und zu dimensionieren. Sicherheitszuschläge zur Leistung führen zu einer häufigeren Taktung. Weitere Ursachen einer starken Taktung in der Wärmeanforderung sind ungünstig gewählte Speichertemperaturen und zu kleine Temperaturspreizungen für das Ein- und Ausschaltsignal (Hysterese).

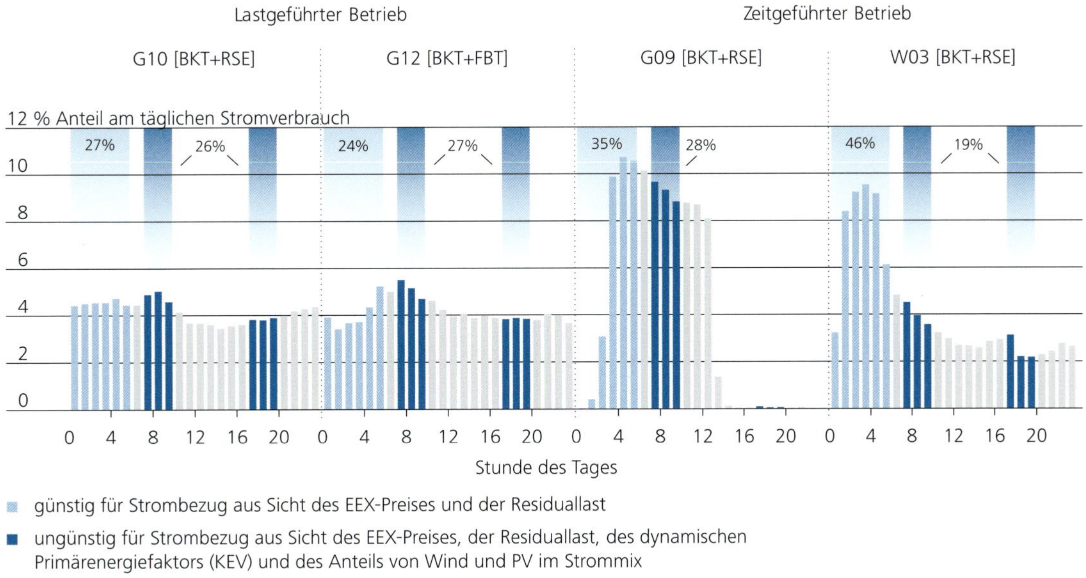

Bild 8.2-2
Analyse der Betriebsführung der Wärmepumpen im Heizfall, last- versus zeitgeführter Betrieb: Stündlicher Strombezug ausgedrückt im prozentualem Anteil des Tagesstrombezugs. Gemessene Daten eines Betriebsjahres im Heizfall auf einen Betriebstag normiert. Eingesetzte Übergabesysteme sind Betonkerntemperierung (BKT), Fußbodentemperierung (FBT) und Randstreifenelemente (RSE). Hervorgehoben: Stromverbrauch zwischen 0:00 und 6:00 Uhr (niedriger EEX-Preis, niedrige Residuallast; hellblau) und Zeiten mit Lastpeaks (7:00 – 10:00 Uhr und 17:00 – 20:00 Uhr, hoher EEX-Preis, hohe Residuallast; dunkelblau). Charakteristik Gebäude in Tabelle 8.2-1.
(Quelle: Fraunhofer ISE.)

	W01	W02	W03	G01	G04	G05	G06
GEBÄUDE							
NGF [m²]	10.650	4.600	1.600	2.100	1.111	4.100	4.900
Nutzung	Schule	Gewerbe	Büro	Büro	Büro	Büro	Büro
UMWELTWÄRMEQUELLE/-SENKE							
Typ	GW	GW	GW	28 ES	12 ES	19 ES	593 Pfähle
Tiefe [m]	-	-	-	42	44	130	10
spez. Tiefe, H [m/$kW_{therm,WP}$]	-	-	-	20	53	20	26
Leistung, H [kW_{therm}]	200	80	50	56	22	90	62
Leistung, Direkte Kühlung [kW_{therm}]	250	80	115	54	12	115	70
Volumenstrom [m³/h]	70	11	25	19	-	$25^{H}/32^{DK}$	34
Leistung Primärpumpe [kW_{el}]	11	2,2	2,4	2,2	0,8	3	1,6
WÄRMEPUMPENSYSTEM: CHARAKTERISTIK							
Typ	Elektrische Kompressionswärmepumpe						
Leistung, H [kW_{therm}]	2x135	54	75	57	33	122	2x112
Leistung, H [kW_{therm}/(m²]	25,4	11,7	46,9	27,1	29,7	29,8	45,7
Heizkonzept	m	b	m	m	b	b	m
Zusätzlicher Erzeuger	-	Pellet	-	-	Gas, (+Solar nur WW)	Nahwärme	-
direkte Kühlung	Umweltwärmesenke wird vorrangig zur direkten Kühlung der Gebäude genutzt						
Leistung, AK [kW_{therm}]	-	-	61	-	-	114	180
Speicher, H [l/kW_{therm}]	11,1	-	11,3	15,8	121,2#	23,1	7
Speicher, AK [l/kW_{therm}]	-	-	15,2	-	-	26,3	17
WÄRME-UND KÄLTEÜBERGABESYSTEME							
Heizen	BKT, FBH	KD, FBH	BKT, RSE, HK	BKT	FBH, HD, HK	HD, HK	FBH, HK
Kühlen	BKT, FBK	KD, FBH	BKT, RSE	BKT	KD	KD	FBK, KD
Effizienz im Heizfall (JAZ) [kWh_{therm}/kWh_{el}] bzw. [kWh_{therm}/kWh_{end}] **							
WP-System, Bilanzgrenze II	3,1	3,6	4,3	3,8	-	5,1	2,6
WP, Bilanzgrenze WP	3,8	4,9	4,9	5,1	-	5,7	2,9
Effizienz im Kühlfall (JAZ) [kWh_{therm}/kWh_{el}]**							
Wärmesenke, Bilanzgrenze I	11,1	17,4	13,6	6,5	3,5	7	18,8
WP-System, Bilanzgrenze II	-	-	2,2	-	-	4,8	2,4
WP, Bilanzgrenze WP	-	-	3	-	-	6	3,1

Tabelle 1.2-1
Anmerkungen: Erdsonden (ES), Energiekorb (EK), Kombispeicher (*), mehrere Erzeuger speisen in einen Speichern ein (#), Angaben für ein Betriebsjahr (**), Trinkwarmwasser (WW), Heizen (H), direkte Kühlung mittels Umweltwärmesenke (DK), aktive Kühlung mittels reversibler Wärmepumpe (AK), Kompressionskältemaschine (KKM), Wärmepumpe (WP), Betonkerntemperierung (BKT), Fußbodenheizung/-kühlung (FBH/FBK), Randstreifenelemente (RSE), Kühldecke (KD), Heizkörper (HK), Konvektor (K), Grudnwasser (W)

G07	G08	G09	G10	G11	G12	G13	T01	T02	T03
900	17.400	4.527	2.500	2.264	1.700	7.430	3.200	4.440	1.600
Büro	Büro	Büro	Büro	Büro	Schule	Verwaltung	Museum	Schule	Sporthalle
1 EK	48 ES	12 ES	10 ES	11 ES	8 ES	99 EP	73 Pfähle	10 ES	4 ES
-	107-149	120	100	150	80	8-24	10	100	110
-	21	19	15	26	16	-	13	13	12
5	-	55	45	50	30	115	-	20	10
-	100	20	15	-	30	115	-	-	5
2	72	13	13	14	8	13	9	7	6
0,2	6,2	2,5	1,1	1,6	0,3		0,3	0,9	0,3
							Thermische Wärmepumpe		
2x7, 1x14	291	75	68	64	40	167	54	2x38	37
	16,7	16,6	27,2	28,3	23,5	22,5	16,9	17,1	23,1
b	b	b	m	b	m	b	b	b	b
Solar	Fernwärme	Fernwärme	-	Gas	-	BHKW, Gas	Pellet, Solar, KKM	Gas	Gas
-	-	67	-	87	-	127	54	-	-
28,6#	3,4#	13,3	29,4	23,4*	12,5	9,0	150#	19,9	64,9#
-	-	14,9	-	17,2*	-	19,7	74#	-	-
BKT, FBH	BKT, RSE, HK, K	BKT, HK, FBH	BKT, RSE	BKT, RSE, HK	BKT, FBH	BKT, FBT	FBH, HK, K	K	BKT, FBH
BKT, FBK	BKT, RSE	BKT, KD, FBK	BKT, RSE	BKT, RSE	BKT	BKT	FBK	K	BKT, FBK
4,1	-	6,1	3,6	4,3	5	-	0,8	1,4	1
4,4	3,2	6,6	3,9	4,6	5,3	-	0,8	1,4	1,2
-	-	15,7	15	k.A.	41,6	-	-	9,9	15,3
-	-	5	-	4,5	-	-	k.A.	-	-
-	-	5,7	-	5	-	-	k.A.	-	-

Beispiel: Eingestellte Heizkurven

Die Heizkurven der Wärmepumpen unterscheiden sich je nach Konzept (mono- oder bivalent), Art der Wärmeübergabesysteme und den Betriebsführungsstrategien (Bild 8.2-5). Die Vorlauftemperaturen liegen in der Regel zwischen 30 und 40 °C bzw. 30 und 45 °C. Unerwartet werden bis auf zwei Anlagen die Wärmepumpen im Betriebsmodus Heizen auch bei relativ hohen Außentemperaturen (Tagesmittel von 18 bis sogar 25 °C) betrieben (Bild 8.2-6). Es ist davon auszugehen, dass Bürogebäude dann keinen Wärmebedarf haben und somit nur Bereitschaftsverluste gedeckt werden.

Beispiel: Temperaturregelung der Wärmepumpe nach Betriebszeiten der Verbraucher

Werden im Gebäude mehrere Wärmeübergabesysteme eingesetzt, erfolgt deren Betrieb oft nach festgelegten, sich unterscheidenden Betriebszeiten. Zum Beispiel wird eine Betonkerntemperierung eher außerhalb der Anwesenheit der Nutzer betrieben. Systeme wie eine oberflächennahe Betonkerntemperierung, Randstreifenelemente oder die raumlufttechnische Anlage werden tagsüber eingesetzt, um eine individuelle Regelung der Raumtemperatur zu ermöglichen oder gezielt auf Nutzungs- und damit Laständerungen

Bild 8.2-3
Analyse des Wärmepumpensystems im Heizfall: (1) Temperaturdifferenz zwischen Vor- und Rücklauftemperatur im Primärkreis (K), (2) Temperaturdifferenz zwischen Vor- und Rücklauftemperatur im Sekundärkreis, (3) mittlere Temperatur im Sekundärkreis (Heizkreis) (°C), (4) Temperaturhub zwischen Primär- und Sekundärkreis (K), (5) bereitgestellte Wärme ($kWh_{therm}/(m^2a)$), (6) Jahresarbeitszahl (JAZ) der Wärmepumpe (nur Kompressor) (kWh_{therm}/kWh_{el}), (7) JAZ des Wärmepumpensystems (Kompressor und Primärpumpe) ($kWhtherm/kWh_{el}$) bzw. (kWh_{therm}/kWh_{end}), (8) Anteil des Hilfsstroms der Primärpumpe am Gesamtstrombezug des Wärmepumpensystems (%). Abkürzungen: Grundwassergekoppelte, elektrische Wärmepumpen (W), erdreichgekoppelte, elektrische Wärmepumpen (G) und erdreichgekoppelte, thermische Wärmepumpen (T).
(Quelle: Fraunhofer ISE)

zu reagieren. Diese Systeme arbeiten auf unterschiedlichen Temperaturniveaus, zum Beispiel 25 bis 30 °C für die Betonkerntemperierung und 30 bis 35 °C für Randstreifenelemente. Die geforderte bzw. eingestellte Soll-Vorlauftemperatur der Wärmepumpe wird oft nicht auf die Verbraucher und deren Betriebszeiten angepasst. Sollwertgeber für die Vorlauftemperatur der Wärmepumpe ist oft der Verbraucher mit der höchsten Temperaturanforderung. Das tatsächlich geforderte Temperaturniveau für die jeweiligen Verbraucher wird dann über Mischventile erreicht. Dies verursacht deutliche Effizienzeinbußen.

(2) Performance des Systems

Unter Berücksichtigung des Hilfsstrombezugs für die Primärpumpen (Bilanzgrenze II in Bild 8.2-1) erreichen die elektrischen Wärmepumpenanlagen im Heizbetrieb Jahresarbeitszahlen von 2,3 bis 6,1 kWh_{therm}/kWh_{el}, die Gas-Wärmepumpenanlagen von 0,8 bis 1,4 kWh_{therm}/kWh_{end} (Bild 8.2-3). Die höchsten, monatlichen Arbeitszahlen wurden bei den meisten Anlagen im Herbst gemessen, da dann das Erdreich durch den Wärmeeintrag der Gebäudekühlung im Sommer regeneriert wurde und die Gebäude noch mit niedrigen Vorlauftemperaturen beheizt werden können. Voraussetzung hierfür ist eine richtig eingestellte Heizkurve.

Der Anteil des Strombedarfs der Primärpumpe am Wärmepumpensystem liegt zwischen 5 und 28 %, hat also je nach System einen deutlichen Einfluss auf die Gesamteffizienz. Bei zwei untersuchten Geothermie-Anlagen wird im Heizfall eine Volumenstromregelung nach der Temperaturdifferenz zwischen Vor- und Rücklauf umgesetzt. Damit heben sich diese Anlagen mit ihrer Temperaturspreizung im Primärkreis deutlich von den anderen Anlagen

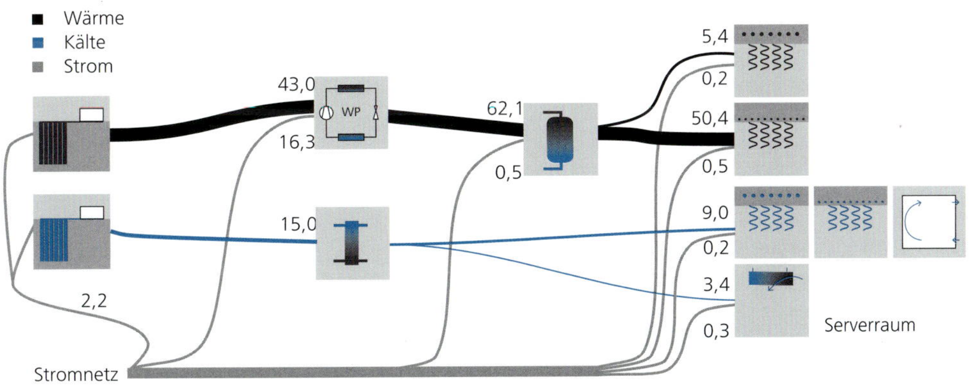

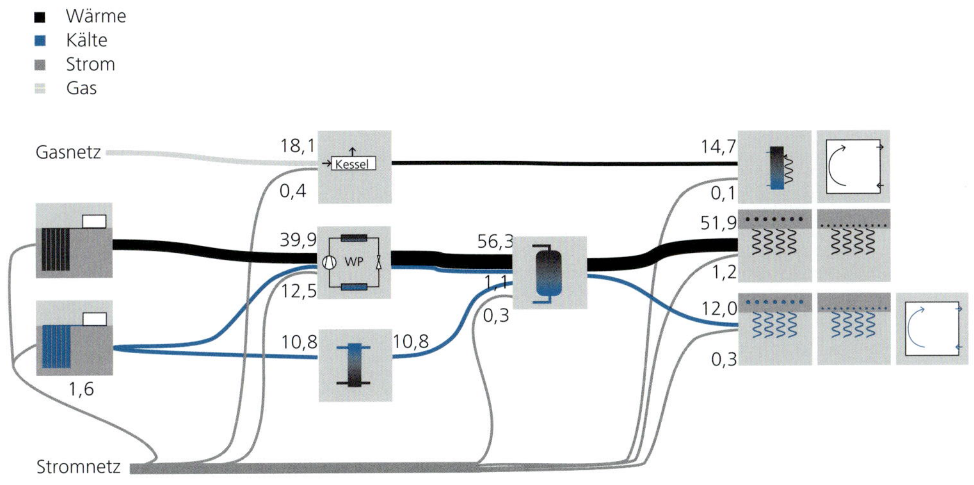

Bild 8.2-4
Energetische Auswertung für die Versorgung von zwei Bürogebäuden: Energieflüsse für Bereitstellung von Wärme- und Kälte durch Erdsonden, Wärmeerzeugung mittels elektrischer Kompressionswärmepumpe und Gaskessel, Wärme- und Kälteverteilung im Gebäude und Übergabe durch Betonkerntemperierung, Randstreifenelemente und Lüftungsanlage. Monovalentes (oben) und bivalentes (unten) Wärmepumpensystem. Alle Werte spezifisch pro Quadratmeter Nettogrundfläche.
(Quelle: Fraunhofer ISE)

ab: Bei einer Anlage betragen die Temperaturdifferenzen 2 bis 4 Kelvin, bei der anderen sogar 4 bis 6 Kelvin (→ Kapitel 8.3). Die Volumenstromregelung wirkt sich auf den elektrischen Hilfsenergiebezug der Primärkreispumpe deutlich positiv aus.

Wird die gesamte Anlage (Wärmepumpen, Erdsonden, Speicher und Pumpen) als abgestimmtes Komplettsystem konzipiert und Qualitätssicherung in Planung, Auslegung und Installation gewährleistet, können deutliche Effizienzsteigerung erreicht werden.

Beispiel: Einfluss des Primärkreises auf die Effizienz des Wärmepumpensystems

Das gesamte Versorgungssystem des Gebäudes G10 (Bild 8.2-4) zeichnet sich durch eine gut geplante Hydraulik mit geringen Druckgefällen aus. Der Stromaufwand für die Wärme- und Kälteversorgung beträgt 15,9 $kWh_{el}/(m^2a)$; davon entfallen 82 % auf die Wärmepumpe und 18 % auf die Hilfsenergien. Der geringe Hilfsenergieaufwand im Primär- und Sekundärkreis ermöglicht u.a. eine hohe Energieeffizienz des Gesamtsy-

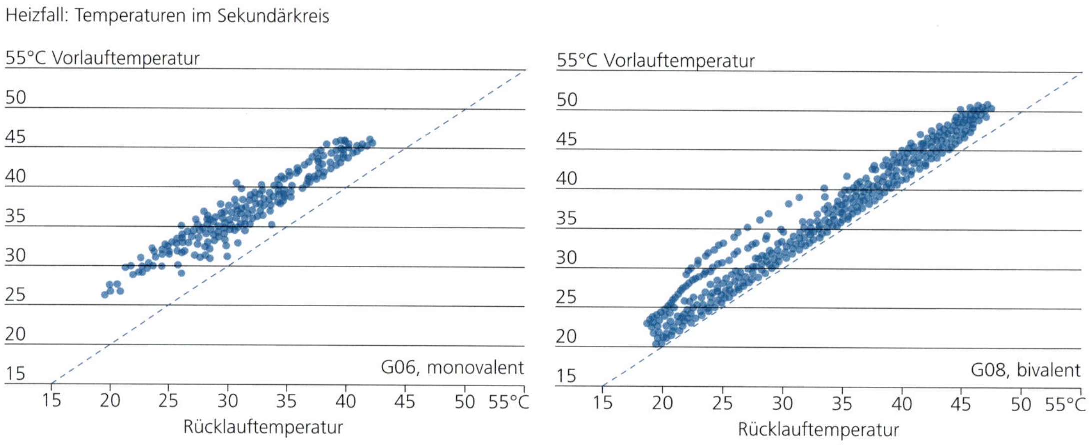

Bild 8.2-5
Analyse der Temperaturen im Sekundärkreis im Betriebsmodus „Heizen". Vorlauftemperatur (°C) aufgetragen über der Rücklauftemperatur (°C). Darstellung für die Versorgung mit zwei erdgekoppelten Wärmepumpenanlagen in mono- und bivalentem Konzept.
(Quelle: Fraunhofer ISE.)

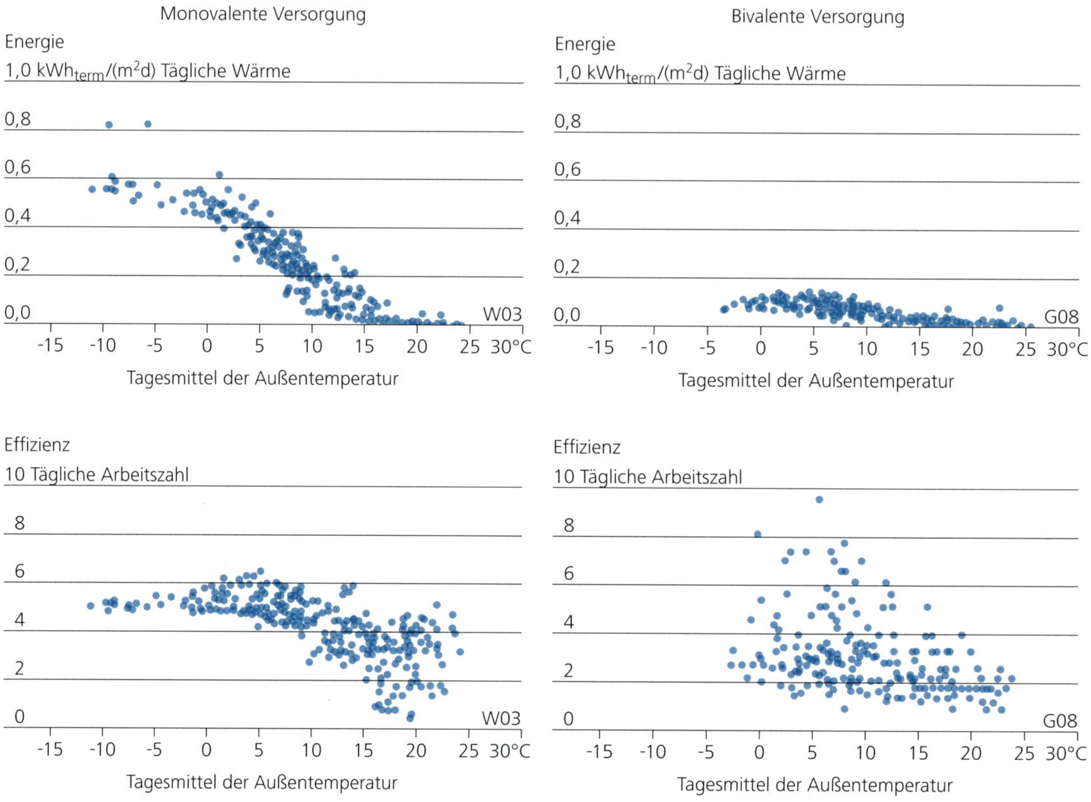

Bild 8.2-6
Bereitgestellte Wärme und Effizienz der Wärmepumpe bei monovalenter und bivalenter Versorgung. Täglich bereitgestellte Heizwärme (oben) ($kWh_{therm}/(m^2d)$) sowie Tagesarbeitszahl (unten) (kWh_{therm}/kWh_{el}) aufgetragen über dem Tagesmittel der Außentemperatur (°C).
(Quelle: Fraunhofer ISE)

stems. Die Primärkreispumpe hat nur 5 % Anteil am gesamten Stromaufwand des Wärmepumpensystems. Die für das Wärmepumpensystem (Bilanzgrenze II) erreichte Effizienz liegt bei einer JAZ von 3,6).

Beispiel: Einfluss der hydraulischen Verschaltung auf die Effizienz des Wärmepumpensystems

Der Einsatz und optimierte Betrieb von Niedertemperatur-Übergabesystemen führt zu hoher Energieeffizienz der Wärmepumpen von 4,4 bis 6,6 kWh_{therm}/kWh_{el}. Die Analysen machen auch deutlich, dass nicht nur die eingestellte Heizkreistemperatur für die Verbraucherkreise sondern auch die hydraulische Verschaltung von Wärmepumpe, Warmwasserspeicher und Verbraucher einen Einfluss auf die Energieeffizienz haben (Bild 8.2-7). In einem Gebäude wird sowohl die Betonkerntemperierung mit einer Temperaturanforderung von 25 bis 30 °C als auch das Lüftungsregister mit einer Temperaturanforderung von 40 bis 45 °C vom Warmwasserspeicher versorgt. Die Wärmebereitstellung erfolgt immer auf dem von der Lüftung geforderten höheren Temperaturniveau. Folglich erreichte die Wärmepumpe (Bilanzgrenze WP) nur eine JAZ(WP) von 3,9 kWh_{therm}/kWh_{el}. Dagegen werden in einem anderen Gebäude die unterschiedlichen Verbraucher mit den jeweiligen Temperaturniveaus hydraulisch getrennt, d. h. die Betonkerntemperierung (20 – 25 °C) ist durch Umschaltventile direkt an die Wärmepumpe, das Lüftungsregister (30 – 45 °C) dagegen an einen separaten Speicher angeschlossen. Da sich die Betriebszeiten und auch die bereitgestellte Wärmemenge (Lüftung: 7,7 $kWh_{therm}/(m^2a)$, Betonkerntemperierung: 41 $kWh_{therm}/(m^2a)$ für die beiden Verbraucher mit ihren jeweiligen Temperaturniveaus deutlich unterscheiden, konnte messtechnisch für dieses System eine JAZ(WP) von 5,3 kWh_{therm}/kWh_{el} nachgewiesen werden. Die nach der Versorgung der Verbraucher getrennte Auswertung der Wärmepumpe ergibt für die Jahresarbeitszahlen folgende Ergebnisse: JAZ(WP) 3,4 für RLT-Anlage und JAZ(WP) 5,4 für Betonkerntemperierung.

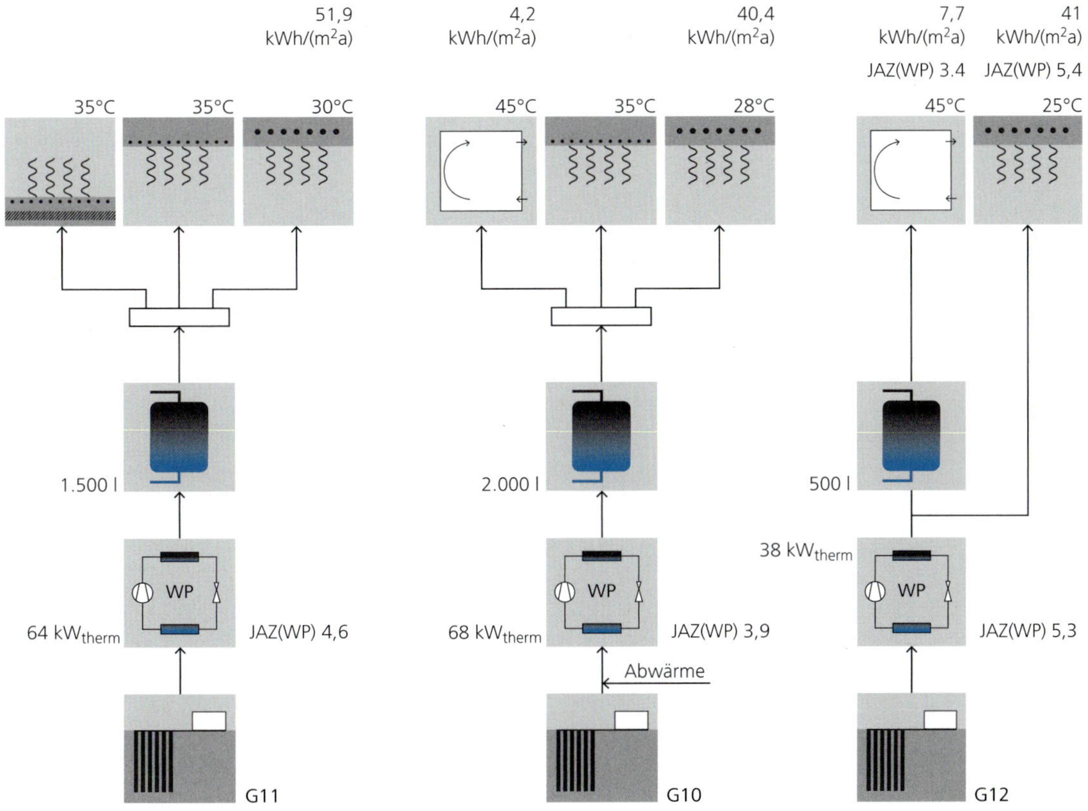

Bild 8.2-7
Hydraulische Verschaltung der Komponenten Wärmepumpe, Warmwasserspeicher und Verbraucher mit unterschiedlichen Anforderungen an das Temperaturniveau. Dargestellt sind: Thermische Leistung der Wärmepumpe [kWh_{therm}], Wasservolumen des Speichers [l], Jahresarbeitszahl der Wärmepumpen für ein Betriebsjahr (nur Strom für Kompressor, keine Hilfsaggregate), Temperaturniveau der einzelnen Verbraucher [°C], Wärmemengen getrennt für Lüftungsanlage (Hochtemperatur) und Betonkerntemperierung, Randstreifenelemente, Fußbodentemperierung (Niedertemperatur) [$kWh_{therm}/(m^2a)$]. Für das Gebäude G12 sind die Jahresarbeitszahlen der Wärmepumpe nach den unterschiedlichen Betriebsmodi Hoch- und Niedertemperatur angegeben. (Quelle: Fraunhofer ISE)

Bild 8.2-8
Elektrische Kompressionswärmepumpe mit 500 kW Kälte und 420 kW Wärmeleistung. (Quelle Fraunhofer ISE)

Referenzen, Anmerkungen

Ref 8.2-1
Verordnung über energiesparenden Wärmeschutz und energiesparende Anlagentechnik bei Gebäuden (Energieeinsparverordnung - EnEV) Energieeinsparverordnung EnEV 2014. Bundesgesetzblatt Jahrgang 2013 Teil I Nr. 67 http://www.gesetze-im-internet.de/bundesrecht/enev_2007/gesamt.pdf (Aufruf 09.12.2015)

Ref 8.2-2
Deutsches Institut für Normung DIN e. V., Berlin (Hrsg.): DIN V 4701-10: 2003-08: Energetische Bewertung von Gebäuden. Berechnung des Nutz-, End- und Primärenergiebedarfs für Heizung, Kühlung, Lüftung, Trinkwarmwasser und Beleuchtung. Teil 10: Heizung, Trinkwassererwärmung, Lüftung. Berlin: Beuth Verlag, 2003

Ref 8.2-3
Gesetz zur Förderung Erneuerbarer Energien im Wärmebereich (Erneuerbare-Energien-Wärmegesetz – EEWärmeG). Erneuerbare-Energien-Wärmegesetz vom 7. August 2008 (BGBl. I S. 1658), das zuletzt durch Artikel 9 des Gesetzes vom 20. Oktober 2015 (BGBl. I S. 1722) geändert worden ist http://www.gesetze-im-internet.de/bundesrecht/eew_rmeg/gesamt.pdf (Aufruf 09.12.2015)

Ref 8.2-4
Deutsches Institut für Normung DIN e. V., Berlin (Hrsg.): DIN EN 15450: 2007-12: Heizungsanlagen in Gebäuden - Planung von Heizungsanlagen mit Wärmepumpen.
Berlin: Beuth Verlag, 2007

Ref 8.2-5
Deutsches Institut für Normung DIN e. V., Berlin (Hrsg.): DIN EN 378-1:2008: Kälteanlagen und Wärmepumpen – Sicherheitstechnische und umweltrelevante Anforderungen.
Berlin: Beuth Verlag, 2008

Ref 8.2-6
Verein Deutscher Ingenieure (VDI), Düsseldorf (Hrsg.): VDI 4640 Blatt 1 Berichtigung: Thermische Nutzung des Untergrunds - Grundlagen, Genehmigungen, Umweltaspekte, Berichtigung zur Richtlinie VDI 4640 Blatt 1:2010-06.
Berlin: Beuth Verlag, 2011

Ref 8.2-7
Verein Deutscher Ingenieure (VDI), Düsseldorf (Hrsg.): VDI 4650 Blatt 1:2014-11 (Entwurf):
Berechnung der Jahresarbeitszahl von Wärmepumpenanlagen – Elektrowärmepumpen zur Raumheizung und Trinkwassererwärmung.
Berlin: Beuth Verlag, 2014

Ref 8.2-8
Miara M. u.w. (2013) Wärmepumpen Heizen – Kühlen – Umweltenergie nutzen. BINE Informationsdienst,
Bonn FIZ Karlsruhe (Herausgeber).
Fraunhofer IRB Verlag

Ref 8.2-9
Elektrisch angetriebene Wärmepumpen: Aktuelle Ergebnisse aus Forschung und Feldtest. BINE-Themeninfo I/2013. FIZ Karlsruhe GmbH. BINE Informationsdienst, Bonn (Hrsg.)
http://www.bine.info/publikationen/themeninfos/publikation/elektrisch-angetriebene-waermepumpen/
(Aufruf 09.12.2015)

Ref 8.2-10
Deutsches Institut für Normung DIN e. V., Berlin (Hrsg.): DIN EN 14511-1: 2012-01: Luftkonditionierer, Flüssigkeitskühlsätze und Wärmepumpen mit elektrisch angetriebenen Verdichtern für die Raumbeheizung und Kühlung.
Berlin: Beuth Verlag, 2012

Ref 8.2-11
Deutsches Institut für Normung DIN e. V., Berlin (Hrsg.): DIN EN 255-3: 1997-07: Luftkonditionierer, Flüssigkeitskühlsätze und Wärmepumpen mit elektrisch angetriebenen Verdichtern – Heizen – Teil 3: Prüfungen und Anforderungen an die Kennzeichnung von Geräten zum Erwärmen von Brauchwasser. Berlin: Beuth Verlag, 1997

Ref 8.2-12
Deutsches Institut für Normung DIN e. V., Berlin (Hrsg.): DIN EN 14825: 2013-12: Luftkonditionierer, Flüssigkeitskühlsätze und Wärmepumpen mit elektrisch angetriebenen Verdichtern zur Raumbeheizung und -kühlung – Prüfung und Leistungsbemessung unter Teillastbedingungen und Berechnung der saisonalen Arbeitszahl.
Berlin: Beuth Verlag, 2013

8.3 Kühlen und Kältetechnik

Die technische Kälteerzeugung in Deutschland verursacht jährlich 14 % des Stromverbrauchs und knapp 6 % des Primärenergieverbrauchs. Hiervon entfällt wiederum knapp 1/4 auf die Klima- und Gewerbekälte [Ref 8.3-1]. Schätzungen gehen davon aus, dass rund die Hälfte der Büro- und Verwaltungsgebäude mit Kühl- oder Klimatisierungstechnik – zumindest für eine Teilkonditionierung – ausgestattet sind [Ref 8.3-2]. Viele Studien prognostizieren darüber hinaus einen Anstieg des Energiebedarfs für die Klimatisierung in Deutschland und Europa. Hintergründe sind gestiegene Komfortansprüche und der zu erwartende Einfluss des Klimawandels (→ Kapitel 1.2). Nachfolgend wird beispielhaft auf die Klimakältetechnik der untersuchten Büro- und Verwaltungsbauten eingegangen.

8.3.1 Kältetechnik für Büro- und Verwaltungsgebäude

Doreen Kalz
Sebastian Herkel

Bild 8.3-1 zeigt die Komponenten typischer Kühl- und Lüftungskonzepte:

- Wärmesenke und Erschließung,
- thermodynamischer Prozess,
- Kälteübergabesystem im Raum sowie
- Lüftungskonzept am Tag und ggf. in der Nacht.

Hinzu kommen Maßnahmen zum sommerlichen Wärmeschutz (→ Kapitel 7.5). Technologiekombinationen zur Kühlung zeigt die Projektmatrix am Schluss dieses Buches.

Beispiel: Untersuchte Gebäude- und Anlagenkonzepte

Neben dem sommerlichen Wärmeschutz nutzen viele der vor 2005 errichteten Gebäude eine freie und/oder maschinell unterstützte Nachtlüftung zur nächtlichen Entwärmung der Büroräume. Die Lüf-

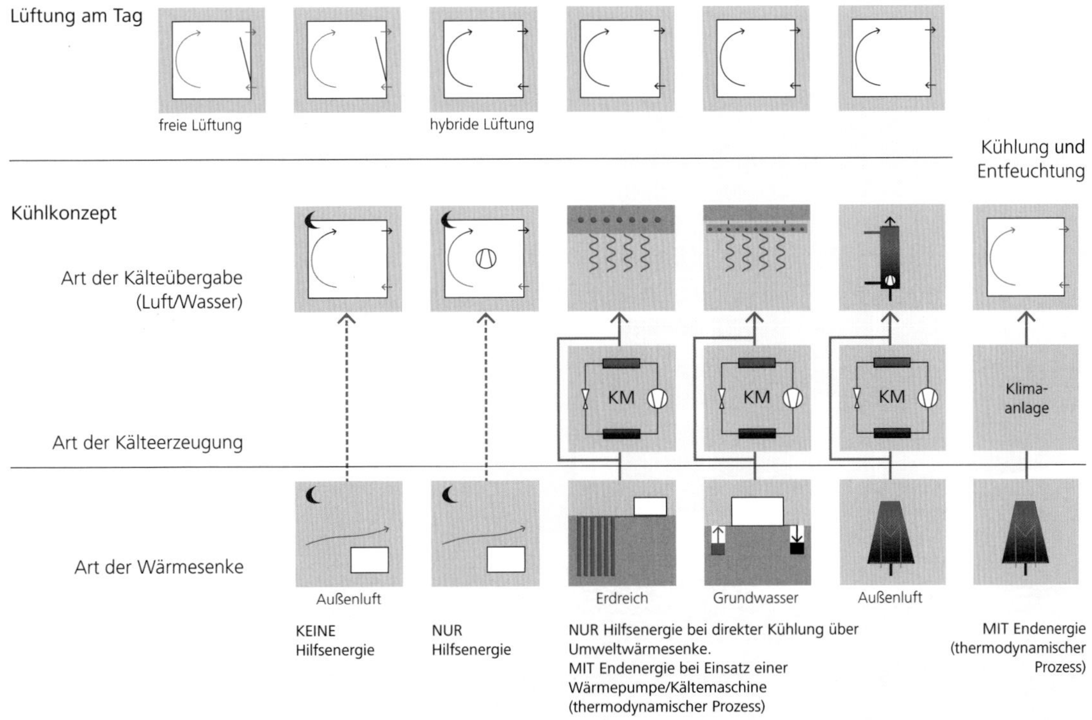

Bild 8.3-1
Schematische Darstellung der untersuchten Kühlkonzepte (Quelle: Fraunhofer ISE)

tungsanlagen sind oft mit Luft-Erdreich-Wärmeübertragern kombiniert, um im Tagbetrieb die Außenluft zu kühlen bzw. im Heizfall zu erwärmen [Ref 8.3-3-5].

Die besonders heißen Sommer mit langanhaltenden Hitzeperioden in den Jahren 2003, 2006 und 2015 haben gezeigt, dass bauliche Maßnahmen und eine mechanisch unterstützte Nachtlüftung dann oft nicht mehr ausreichen (→ Kapitel 6.1). Auch die gesteigerten Komfortanforderungen haben dazu geführt, dass in den letzten Jahren verstärkt wassergeführte Kühlkonzepte, in einigen wenigen Projekten auch in Kombination mit einer Nachtlüftung, umgesetzt wurden. Die Kälteübergabe im Raum erfolgt dann oft über Flächenkühlsysteme auf einem Temperaturniveau von 16 bis 22 °C, wie zum Beispiel Betonkerntemperierung und Kühldecken, in wenigen Gebäuden über Ventilatorkonvektoren oder auch allein über die Zuluft. Als Umweltwärmesenke stehen das Erdreich und das Grundwasser zur Verfügung, die vorrangig zur direkten Kühlung der Gebäude unter Einsatz eines Wärmetauschers genutzt werden, so dass lediglich Hilfsenergie für die Pumpen zur Verteilung der Kühlenergie aufgewendet werden muss. Erfordert das Gebäude und die Nutzung eine erhöhte Kühlleistung, wird Klimakälte durch eine reversible Wärmepumpe oder auch eine Kältemaschine bereitgestellt.

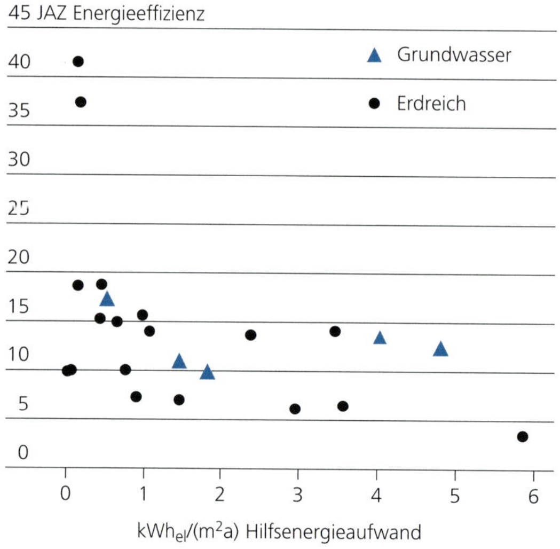

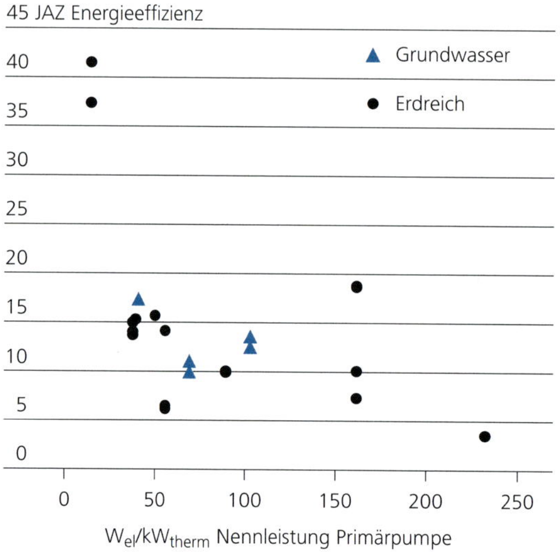

Bild 8.3-2
Analyse des Kühlbetriebs im Betriebsmodus „direkte Kühlung" (Bilanzgrenze I, Bild 8.2-1, Kapitel 8.2). Oben: Energieeffizienz, ausgedrückt als Jahresarbeitszahl, aufgetragen über elektrischen Hilfsenergieaufwand der Primärpumpe [kWh$_{el}$/(m²a)]. Unten: Energieeffizienz, ausgedrückt als Jahresarbeitszahl, aufgetragen über der installierten elektrischen Nennleistung der Primärpumpe [W$_{el}$/kW$_{therm}$] pro Kilowatt Kälteleistung der Umweltwärmesenke (Quelle: Fraunhofer ISE)

Erschließung von Wärmequellen und -senken

Erdwärmesonden oder Energiepfähle

Für Nichtwohngebäude mit Kühl- und Heizbedarf eignen sich besonders Erdwärmesonden und Energiepfähle. Für den überwiegenden Heizbetrieb kommen auch Erdkollektoren oder Erdwärmekörbe in Betracht. Bei Erdwärmesonden werden in eine vertikal, in Sonderformen auch schräg in den Untergrund, abgeteufte Bohrung mit Durchmesser zwischen 150 bis 200 mm bis zu vier, paarweise verbundene, Kunststoffrohre verbaut und mit einer thermisch leitenden Zement Suspension zu dem umgebenden Untergrund abgedichtet. Als Transportmedium dient aus Frostschutzgründen in der Regel ein Wasser-Glykol-Gemisch, das in geschlossenen Kreisläufen zirkuliert.
Grundsätzlich muss die thermische Nutzung des Untergrundes mit der zuständigen Behörde für Umwelt- und Gewässerschutz oder dem Bergamt abgeklärt werden [Ref 8.3-7].

Grund- und Flusswasser:
Saug- und Schluckbrunnen

Für Flurstücke mit hohem Grundwasserstand von 10 bis 30 Meter ist eine sehr effiziente Form der Energiegewinnung möglich. Das geförderte Grundwasser weist eine jahreszeitlich konstante Temperatur auf, kann zur direkten Kühlung verwendet werden und eignet sich für eine Wärmepumpe als Wärmequelle. In den meisten Fällen werden von der Behörde die nutzbare Temperaturdifferenz im Entzugsbetrieb und die maximal einleitbare Temperatur im Kühlbetrieb vorgeschrieben [Ref 8.3-7].

8.3.2 Anforderungen an die Planung

Normative und weitere Anforderungen in Bezug auf Kühllasten und Raumtemperaturen wurden bereits in Kapitel 6.1 thematisiert. Die Richtlinie VDI 2078 [Ref 8.3-6] dient der Berechnung der Kühllast, der Raumlufttemperatur und der operativen Raumtemperatur für Räume aller Art mit und ohne Klimatisierung. Sie berücksichtigt alle Parameter, die das thermische Raumverhalten beeinflussen. So sind Anlagenteile, wie maschinelle oder natürliche Lüftung sowie Flächenheizung oder -kühlung Bestandteil der Berechnung. Das Verfahren erlaubt es, unterschiedliche Anlagen zu bewerten sowie die Betriebsweise und Regelung der Anlagen zu optimieren. Auch die Steuerung von Beleuchtung und Sonnenschutz in Gebäuden wird berücksichtigt.

8.3.3 Performance im Betrieb

Im Folgenden werden die untersuchten Kühlkonzepte und Anlagenkomponenten in Bezug auf den Strom- und Endenergiebezug, die Energieeffizienz und der Betriebsperformance bewertet. Eine Analyse des thermischen Komforts liefert Kapitel 6.1.

Nachtlüftung

Bei freier Nachtlüftung ist die Wärmeabfuhr von folgenden Parametern abhängig: Außentemperatur, Windverhältnisse und Anströmung der Fassade, effektive Querschnittsöffnung von geöffneten Fenstern und Klappen und Luftströmung im Gebäude (einseitige Fensterlüftung oder Querlüftung). Vo-raussetzung ist ein thermisch schweres Gebäude – in der Regel realisiert durch nicht oder nur in Teilen abgehängte Betondecken – um Wärme tagsüber aufzunehmen und nachts durch die Lüftung wieder abzuführen.

Der Einsatz einer maschinellen Lüftung mit Abluft- oder Zu- und Abluftanlage ermöglicht feste Luftwechsel zwischen 2 bis 4 h^{-1}, unabhängig von vorherrschenden Außenbedingungen (→ Kapitel 8.7, Tabelle 8.7-1 und Bild 8.7.2.). Damit lässt sich im Unterschied zur freien Lüftung ein Luftwechsel sicherstellen. In drei ausgewerteten Gebäuden liegt die bereitgestellte thermische Kühlenergie zwischen 5 und 18,8 $kWh_{therm}/(m^2_{NGF},a)$ stark abhängig von der Außentemperatur. Der Stromaufwand für die Lüftungsanlage beträgt im Nachtbetrieb rund 1 bis 4 $kWh_{el}/(m^2a)$ und führt im Ergebnis zu Jahresarbeitszahlen von 2, 4 und 14 $kWh_{therm}/(m^2a)$ (→ Kapitel 8.7, [Ref 8.3-4]).

Freie oder hybride Nachtlüftungskonzepte im Sommer

- sind vorteilhaft wenn (1) das (Mikro)-Klima moderat ist (→ Kapitel 1.2), (2) normale Anforderungen an die Luftqualität gestellt werden, (3) Energie- und Betriebskosten für Lüftungs- und Kälteerzeugungsanlage gespart oder (4) bei einer Bestandsanierung auf eine aufwändige Leitungsführung verzichtet werden soll [Ref 8.3-4]
- sind schwierig, wenn (1) das (Mikro)-Klima sommerheiß ist (→ Kapitel 6.1), (2) die Anforderungen an die Raumtemperatur und deren individuelle, raumweise Regelung sehr hoch sind, (3) die thermische Speicherkapazität des Gebäudes gering ist oder (4) eine gute Luftführung im Gebäude nicht möglich ist (z. B. Querlüftung) [Ref 8.3-4].

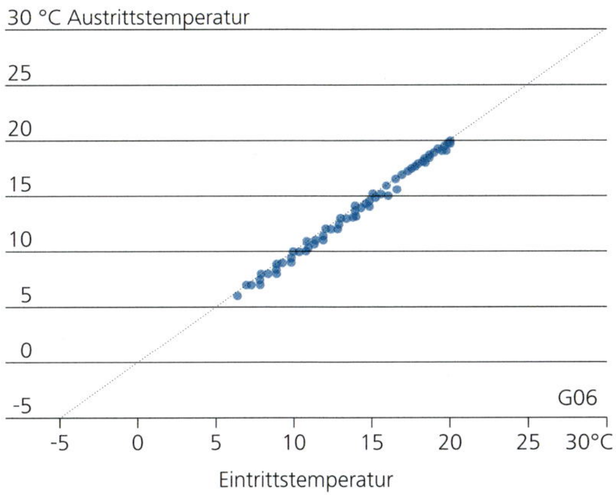

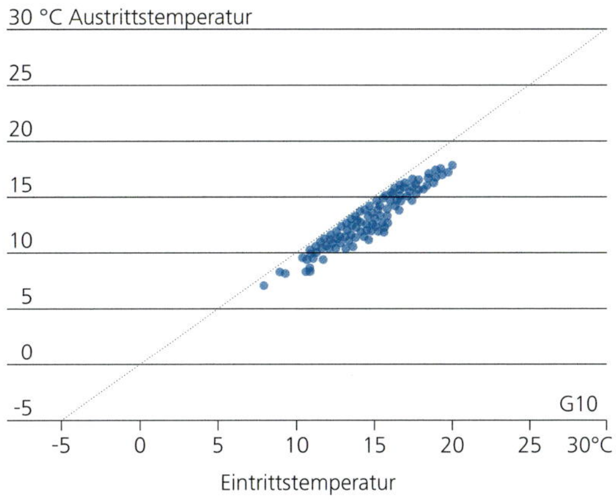

Bild 8.3-3
Analyse der Temperaturen im Primärkreis im Betriebsmodus „Direktes Kühlen" für zwei Erdsondenanlagen: Eintritts- über Austrittstemperaturen aus den Erdwärmesonden [°C]. (Quelle: Fraunhofer ISE)

Daneben sind weitere Entscheidungskriterien wie Einbruchschutz, Brand- und Lärmschutzaspekte sowie Raumakustik zu beachten (→ Kapitel 6.4) [Ref 8.3-4].

Umweltwärmesenken in Kombination mit Flächenkühlsystemen

In 16 der wissenschaftlich untersuchten Gebäude wird das Erdreich mittels 42 bis maximal 150 m tiefen Erdwärmesonden als Umweltwärmequelle und -senke erschlossen. Vorlauftemperaturen aus den Erdwärmesonden liegen im Sommer in der Regel zwischen 14 und 20 °C (Bild 8.3-5). Die gemessenen Entzugsleistungen betragen 10 bis 40 W_{therm}/m_{ES} bezogen auf die Länge der Erdwärmesonden. Sie sind bestimmt durch den Betrieb der Anlage (Temperaturspreizung, Volumenströme), der geologischen Formationen, der Wassersättigung und den Regenerationszyklen.

Bild 8.3-4
Analyse der Umweltwärmesenke und des Wärmepumpensystems im Kühlfall für die untersuchten Gebäude (Tabelle 8.2-1)) über teilweise mehrere Betriebsjahre: bereitgestellte Kälte ($kWh_{therm}/(m^2a)$)mittels direkter und aktiver Kühlung, prozentualer Anteil der Kältebereitstellung mittels rev. Wärmepumpe (%), Jahresarbeitszahl im Betriebsmodus freie Kühlung, Jahresarbeitszahl (JAZ) der rev. Wärmepumpe, Jahresarbeitszahl des rev. Wärmepumpensystems (JAZ) im Betriebsmodus „aktive Kälteerzeugung", Anteil des Hilfsstroms der Primärpumpe am Gesamtstrombezug des Wärmepumpensystems (%). Legende: Direkte Kühlung (hellblau) und aktive Kühlung mittels reversibler Wärmepumpe (dunkelblau).
(Quelle: Fraunhofer ISE)

In den meisten Projekten werden die Erdwärmesonden und Energiepfähle in Kombination mit einer Wärmepumpe nicht nur im Sommer zur Kühlung, sondern im Winter auch als Wärmequelle genutzt (→ Kapitel 8.2). Die wechselseitige Nutzung des Erdreichs als Speichermedium für den Heiz- und Kühlbetrieb unterstützt eine schnelle Regeneration des Erdspeichers, denn im Sommer wird Wärme in das Erdreich eingespeichert, welche im Winter dem Erdreich wieder entzogen wird (Bilder 8.3-5 und 8.3-6). Damit wird die Effizienz des Gesamtsystems gegenüber dem ausschließlichen Heizen oder Kühlen gesteigert und eine langfristige, einseitige Temperaturänderung im Erdboden vermieden. Auch Grundwasser mit seiner ganzjährigen Temperatur von 8 bis 12 °C bietet als Wärmesenke gute Bedingungen.

Die Energieeffizienz der Umweltwärmesenken wird durch den Hilfsstrombedarf bestimmt und ist in erster Linie von der elektrischen Leistungsaufnahme der Primärpumpe (Grundwasserpumpe oder Solepumpe) abhängig. Für das Geothermie-System im Betriebsmodus „direkte Kühlung" (ohne den Einsatz einer reversiblen Wärmepumpe) wurden messtechnisch Jahresarbeitszahlen (JAZ) zwischen 10 und 18,8 kWh_{therm}/kWh_{el} nachgewiesen. Nur bei drei von 16 Anlagen liegen die JAZ unter einem Wert von 10 (Bild 8.3-2 und 8.3-4). Bei zwei Anlagen wird sogar eine Effizienz größer 35 erreicht.

Eine Regelung des Volumenstroms im Kühlfall nach der Temperaturdifferenz wird in keinem der untersuchten Projekte umgesetzt. Dies führt oft zu geringen Temperaturdifferenzen von 0,5 bis maximal 2,5 Kelvin zwischen Vor- und Rücklauf (Bild 8.3-3) und damit zu einem erhöhten Hilfsenergieaufwand für die Primärpumpe.

Detaillierte Analysen der Geothermieanlagen zeigen große Unterschiede in der Dimensionierung und hydraulischen Auslegung. Der Bezug des elektrischen Hilfsstroms für die Primärpumpe beträgt zwischen 0,15 und 5,8 kWh_{el}/m^2_{NGF}. Das Druckgefälle der hydraulisch ungünstigen Teilstrecke im Primärkreis – Auslegungskriterium für die Primärpumpe – liegt zwischen 173 und 543 Pa/m. Dabei verursachen die als U-Rohre ausgeführten Erdwärmesonden keine nennenswerten Druckverluste. Einen entscheidenden Einfluss auf das Druckgefälle haben die Hauptverteilleitung (vom Verteiler/Sammler bis zum Technikkeller mit in der Regel großer Rohrabmessung), die Einbauten, Durchflussbegrenzer und der Wärmetauscher.

Die Analyse macht deutlich, dass die korrekte Auslegung des Rohrnetzes und die Dimensionierung der Pumpe sowie die Betriebsführung einen ent-

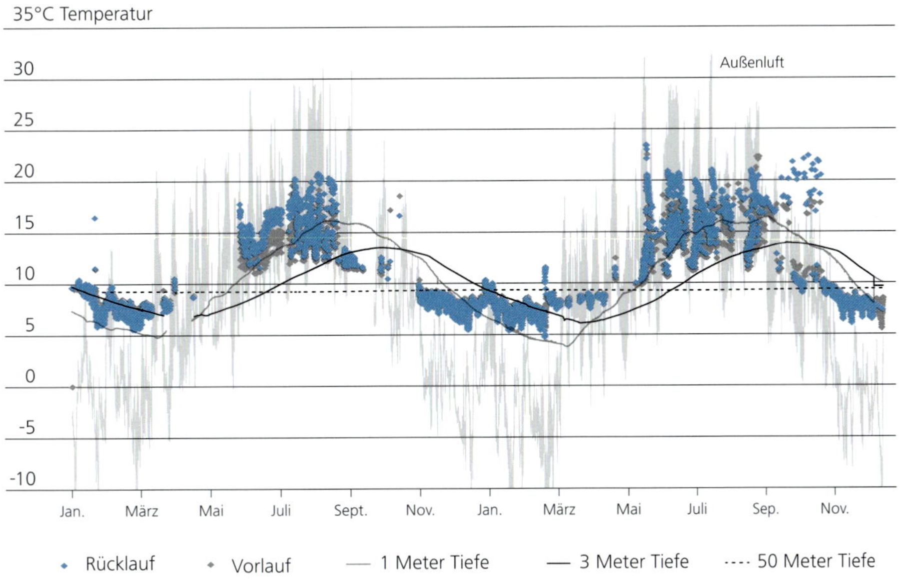

Bild 8.3-5
Nutzung von oberflächennaher Geothermie als Wärmesenke für die direkte Kühlung im Sommer; als Wärmquelle nur für die Vorwärmung von Zuluft. Dargestellt sind Vor- und Rücklauftemperaturen [°C] des Erdsondenkreises sowie Erdreichtemperaturen über zwei Betriebsjahre. (Quelle: Fraunhofer ISE)

scheidenden Einfluss auf die Energieeffizienz der Umweltwärmesenke haben. Im Rahmen der Planung sollten daher klare Vorgaben festgelegt werden:

- optimal dimensioniertes Rohrnetz mit geringen Druckverlusten (kleiner 300 Pa/m),
- korrekt dimensionierte Primärpumpen (kleiner 40 W_{el}/kW_{therm}),
- eine optimale Rohrnetzführung,
- eine Volumenstromregelung der Primärpumpe nach der Temperaturdifferenz zwischen Vor- und Rücklauf (Temperaturdifferenz zwischen 3 und 5 Kelvin) und
- eine angepasste Betriebsführung (Strombezug kleiner 2 $kWh_{el}/(m^2{}_{NGF}a)$)

Mit diesen Maßnahmen lässt sich die Effizienz um 34 bis 50 % steigern. Im Betriebsmodus „direkte Kühlung" können damit Jahresarbeitszahlen größer 20 kWh_{therm}/kWh_{el} erreicht werden.

Erdgekoppelte, reversible Wärmepumpen in Kombination mit Flächenkühlsystemen

Erfordern das Gebäude und seine Nutzung eine erhöhte Kühlleistung, kann bei reversiblem Wärmepumpenbetrieb ergänzend Klimakälte bereitgestellt

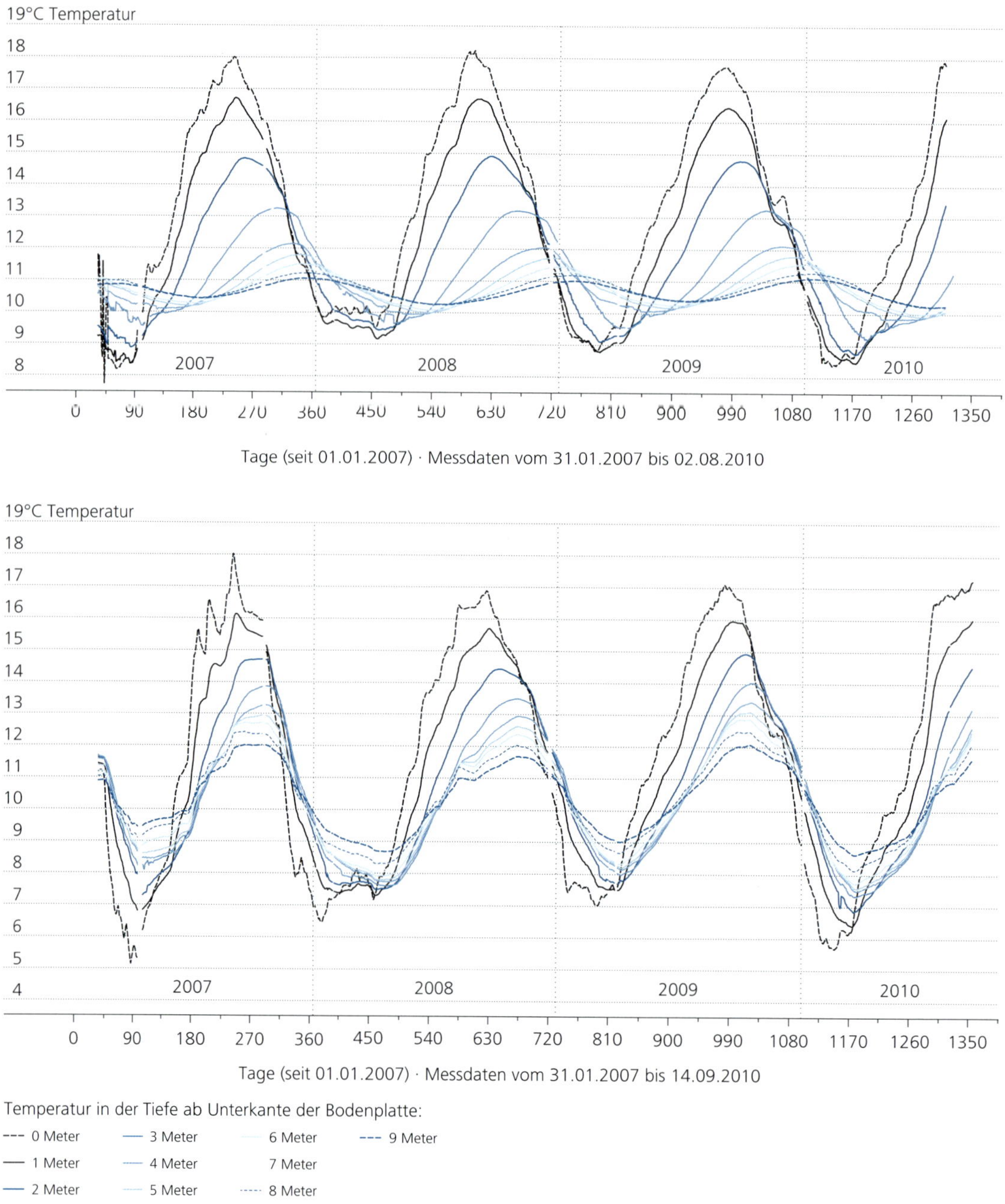

Bild 8.3-6
Oben: Temperaturen im Erdreich in einer Tiefe von 0 bis 9 Metern an einer Messsonde im ungestörten Bereich, weit entfernt von den aktiven Erdwärmesonden. Unten: Temperaturen im Erdreich an einer Messsonde im Abstand von 3 bis 4 Metern von den aktiven Erdwärmesonden. (Quelle: Häusler BTU Cottbus)

werden. Das Erdsondenfeld oder das Grundwasser wird als Wärmesenke genutzt.
Bei aktiver Kältebereitstellung mit reversiblem Wärmepumpenbetrieb werden bei drei Anlagen messtechnisch Jahresarbeitszahlen von 4,5 bis 5,0 kWh_{therm}/kWh_{el} (Bilanzgrenze II, Bild 8.2-1) nachgewiesen. Bei zwei weiteren Anlagen wird in den ersten Betriebsjahren lediglich eine JAZ von 2,2 bis 2,4 erreicht. Die kombinierte Jahresarbeitszahl im Kühlbetrieb aus direkter und aktiver Kühlung liegt bei 3,4 und 12 kWh_{therm}/kWh_{el}.

Je nach Vorlauftemperatur deckt die aktive Kühlung in sechs untersuchten Gebäuden zwischen 16 und 56 % des jährlichen Kühlbedarfs (Bild 8.3-4). Bei einem Gebäude ist die sekundärseitige Vorlauftemperatur des Kühlwassers für die Versorgung der Verbraucher auf einen relativ niedrigen Wert von 12 °C festgelegt, der nur zu Beginn der Sommerperiode vom Erdreich bereitgestellt werden kann. Daher wird die reversible Wärmepumpe während relativ langen Betriebszeiten als Kälteerzeuger eingesetzt und deckt rund die Hälfte des Kälteverbrauchs. Bei einem anderen Gebäude beträgt die sekundärseitige Vorlauftemperatur hingegen 15 bis 19 °C und der Anteil der aktiven Kühlung liegt bei nur 16 %.

Auch bei der Kältebereitstellung mit reversibler Wärmepumpe sollte der Niedrigexergie-Ansatz – also die Versorgung auf relativ hohem Temperaturniveau von 16 bis 20 °C – umgesetzt werden, um

- das Erdreich zu möglichst langen Betriebsperioden als Wärmesenke ohne Einsatz der reversiblen Wärmepumpe zu nutzen und
- Klimakälte mit einer hohen Anlageneffizienz bereit zu stellen.

Bild 8.3-7
Nutzung des Erdreichs als Wärmequelle und -senke
(Quelle: Zent-Frenger GmbH)

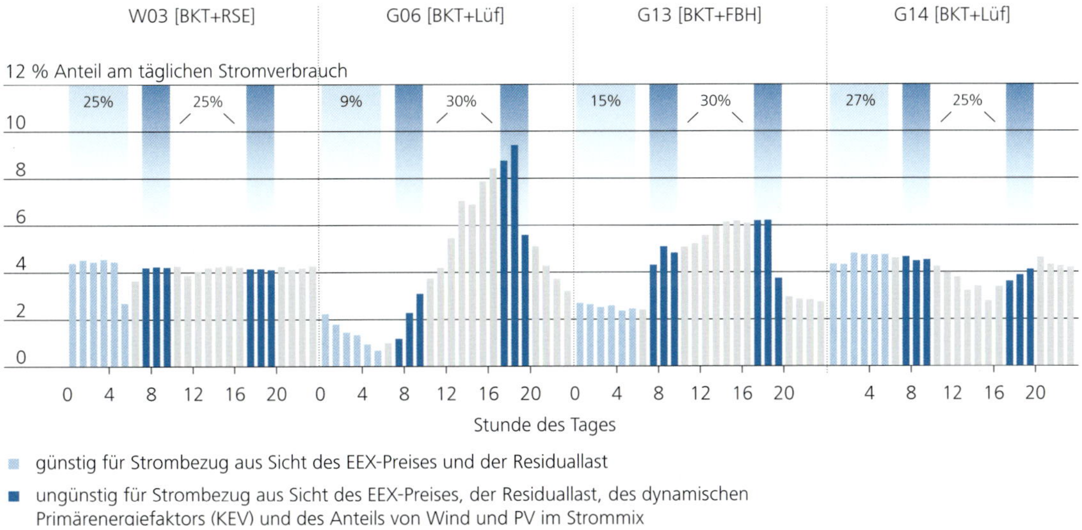

Bild 8.3-8
Analyse der Betriebsführung der reversiblen Wärmepumpen im Kühlfall: Stündlicher Strombezug ausgedrückt im prozentualem Anteil des Tagesstrombezugs. Daten eines Betriebsmonats im Sommer auf einen Betriebstag normiert. Eingesetzte Übergabesysteme sind Betonkerntemperierung (BKT), Randstreifenelemente (RSE) und Lüftung (Lüf). Hervorgehoben: Stromverbrauch zwischen 0:00 und 6:00 Uhr (hellblau; günstiger EEX-Preis, niedrige Residuallast, hellblau) und Zeiten mit Lastpeaks (dunkelblau; 7.00-10.00 Uhr und 17.00-20.00 Uhr, hoher EEX-Preis, hohe Residuallast dunkelblau)
(→ Kapitel 8.8).
(Quelle: Fraunhofer ISE)

Referenzen, Anmerkungen

Ref 8.3-1
Carsten H.; Wittig, S.; Albring, P. u. a.: Nachhaltige Kälteversorgung in Deutschland an den Beispielen Gebäudeklimatisierung und Industrie. Umweltbundesamt (UBA), Dessau (Hrsg.). 2014. Climate Change 25/2014. ISSN 1862-4359

Ref 8.3-2
Bundesministerium für Verkehr, Bau und Stadtentwicklung (BMVBS), Berlin (Hrsg.); Bundesamt für Bauwesen und Raumordnung (BBR), Bonn (Hrsg.): Folgen des Klimawandels: Gebäude und Baupraxis in Deutschland.2008. BBR-Online-Publikation 10/2008. ISSN 1863-8732

Ref 8.3-3
Voss, K.; Löhnert, G.; Herkel, S. u. a.: Bürogebäude mit Zukunft. Konzepte, Analysen, Erfahrungen. Stuttgart: Fraunhofer IRB Verl., 2010. ISBN 978-3-8167-8331-2

Ref 8.3-4
Passive Kühlung mit Nachtlüftung. BINE Themeninfo I/03. FIZ Karlsruhe GmbH. BINE Informationsdienst, Bonn (Hrsg.) http://www.bine.info/publikationen/themeninfos/publikation/passive-kuehlung-mit-nachtlueftung/ (Aufruf 09.12.2015)

Ref 8.3-5
Bockelmann F.; Fisch, N.; Kipry, H.: Erdwärme für Bürogebäude nutzen. FIZ Karlsruhe Gmbh.BINE Informationsdienst, Bonn (Hrsg.). Stuttgart: Fraunhofer IRB Verl., 2011. ISBN 978 3 8167 8325 1

Ref 8.3-6
Verein Deutscher Ingenieure (VDI), Düsseldorf (Hrsg.): VDI 2078: 2015-06: Berechnung der thermischen Lasten und Raumtemperaturen (Auslegung Kühllast und Jahressimulation). Berlin: Beuth Verl., 2015

Ref 8.3-7
Kalz, D.; Sonntag, M.; Koenigsdorff, R. u. a.: Lowex:Monitor: Exergetisches Monitoring für Gebäude mit Erdwärmenutzung. Abschlussbericht. FKZ 0327466A F. RWTH Aachen. E.ON Energieforschungszentrum (Hrsg.); Fraunhofer-Gesellschaft zur Förderung der angewandten Forschung e. V., München (Hrsg.) u. a. 2012

8.4 Wärme- und Kälteversorgung mit Thermoaktiven Bauteilsystemen

Doreen Kalz
Dominik Wystrcil

In vielen Gebäuden werden Flächentemperiersysteme für die Beheizung und Kühlung eingesetzt (Anhang 2: Technologiematrix). Im Vergleich zu Radiatoren werden diese mit geringen Temperaturdifferenzen zwischen Wärmeträgermedium und Raum betrieben. Um dennoch ausreichende Heiz- und Kühlleistungen zu haben, benötigen diese Systeme große wärmeübertragende Flächen. Hierzu zählen Fußbodentemperierungen oder abgehängte Heiz- und Kühldeckenpaneele ebenso wie thermoaktive Bauteilsysteme (TABS).

Unter TABS fallen alle Rohrsysteme zur Heizung und Kühlung, die in Betonbauteile oder andere Massivbauteile eingebettet sind und so Oberflächen und Speichermasse der Bauteile gleichermaßen nutzen [Ref 8.4-3]. Auch Rohrsysteme im Putz und im Estrich zählen dazu, sofern die thermische Ankopplung an das Massivbauteil nicht durch eine Wärmedämmung unterbunden wird. In den meisten Nichtwohngebäuden werden ausschließlich Decken und Böden thermisch aktiviert. Der typische und häufigste Vertreter von TABS ist die mit Wasser betriebene Betonkerntemperierung (BKT), bei der die Rohrregister direkt in den Beton der Decken bzw. Fußböden eingebettet sind.

Im Heizfall begünstigen die niedrigen Vorlauftemperaturen den Einsatz von Wärmepumpen (→ Kapitel 8.2) in Kombination mit Umweltwärmequellen. Auch Abwärme von Industrieprozessen oder Server- und Lebensmittelkühlung auf niedrigem Temperaturniveau kann so zum Heizen genutzt werden. Im Kühlfall ist eine direkte Nutzung von Umweltwärmesenken wie Erdwärmesonden oder Grundwasserbrunnen (→ Kapitel 8.3) möglich. Bei BKT-Systemen wird die Gebäudemasse zum thermischen Wärmespeicher. Dadurch reduzieren sich die Lastspitzen der Wärme- und Kälteversorgung, wodurch kleiner dimensionierte Wärme- und Kälteerzeugungsanlagen erforderlich sind, oder eine Lastverschiebung im Bereich von mehreren Stunden in Zeiten mit günstigeren Randbedingungen für die Wärme- und Kälteerzeugung möglich wird.

8.4.1 Thermoaktive Bauteilsysteme

Systemkonzepte

Im Rahmen der Forschungsinitiative EnOB wurden Wärme- und Kälteversorgungsanlagen von 17 Nichtwohngebäuden für den Heiz- und Kühlbetrieb detailliert ausgewertet. Die Wärme- und Kälteübergabe erfolgt mittels unterschiedlicher Typen von Flächentemperiersystemen: Thermoaktive Bauteilsysteme in Form von Betonkerntemperierungen (BKT), abgehängte Deckenpaneele (DPE), Fuß-

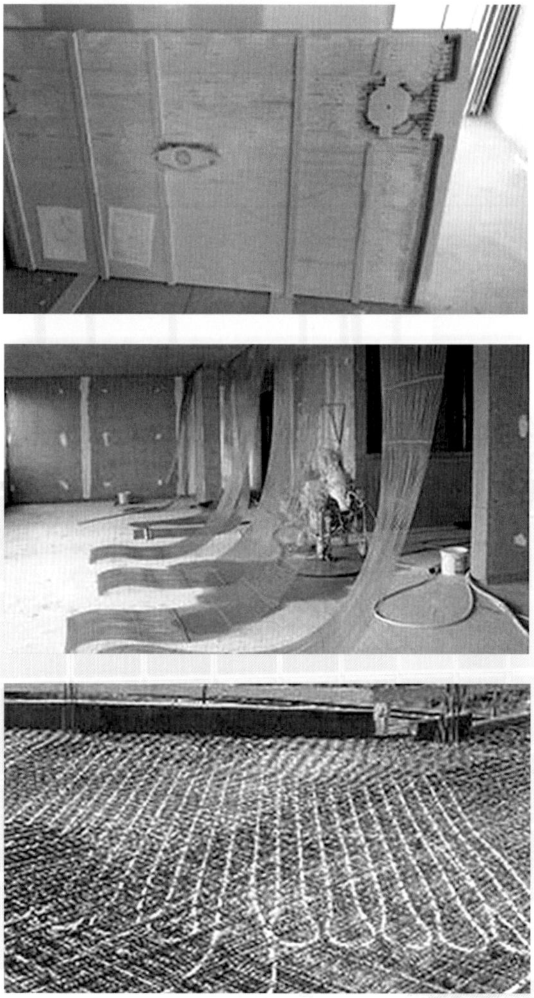

Bild 8.4-1
Oben: Rückseite eines thermisch aktivierbaren Deckenelementes mit Aussparungen für hydraulische Anschlüsse. © Klaus Weber, Institut für bauwerksintegrierte Technologien, FH Erfurt. Mitte: Einbau der Kapillarrohrdecken. © Ed. Züblin AG. Unten: Blick auf die Installation der Rohrregister für die Betonkerntemperierung. (Quelle: Fraunhofer ISE)

bodentemperierungen (FBT) und Randstreifenelemente (RSE) (Bild 8.4-1). Erdwärmesonden, Energiepfähle und Grundwasser-Wärmeübertrager werden für eine Heizung und passive Kühlung der Gebäude verwendet. Die Wärme- und Kälteerzeugung erfolgt mithilfe von Wärmepumpen bzw. Kältemaschinen. In 13 der 17 untersuchten Gebäude kommen zusätzlich zu den Wärmepumpen weitere Wärmeerzeuger wie Blockheizkraftwerke, Kessel oder Fernwärmeübergabestationen zum Einsatz.

Grundsätzlich lassen sich die Raumkonditionierungskonzepte in drei Systemklassen einteilen, wobei Heiz- und Kühlfunktion eines Systems nicht notwendigerweise zur selben Klasse gehören müssen [Ref 8.4-3]:

- Die BKT übernimmt die Heiz- oder Kühlfunktion komplett. Typisches Beispiel hierfür sind ausschließlich mit BKT gekühlte Gebäude.
- Ein Zusatzsystem im Gebäude wirkt unterstützend für die BKT. Dies kann z. B. eine maschinelle Lüftungsanlage sein. Diese erwärmt oder kühlt die Außenluft – ggf. mit saisonaler Anpassung – auf die gewünschte Zulufttemperatur und reduziert dadurch die vom BKT zu erbringende Heiz- bzw. Kühlleistung.
- Die BKT wird mit einem Heiz- oder Kühlsystem zur individuellen Spitzenlastabdeckung kombiniert. In diesem Fall deckt die BKT nur die Grundlast ab. Zusatzsysteme wie Heizkörper, Randstreifenelemente, Heiz-/Kühldecken oder auch raumweise regelbare Lüftungsanlagen übernehmen dann die Spitzenlast, regeln die individuelle Raumtemperatur und bilden mit der BKT ein hybrides Raumkonditionierungssystem.

Mit den beiden erstgenannten Systemen kann grundsätzlich lediglich die Einhaltung eines vorgegebenen Toleranzbandes der Raumtemperatur gewährleistet werden. Das exakte Erreichen und Halten eines bestimmten Sollwerts der Raumtemperatur ist nur mit der dritten Variante möglich.

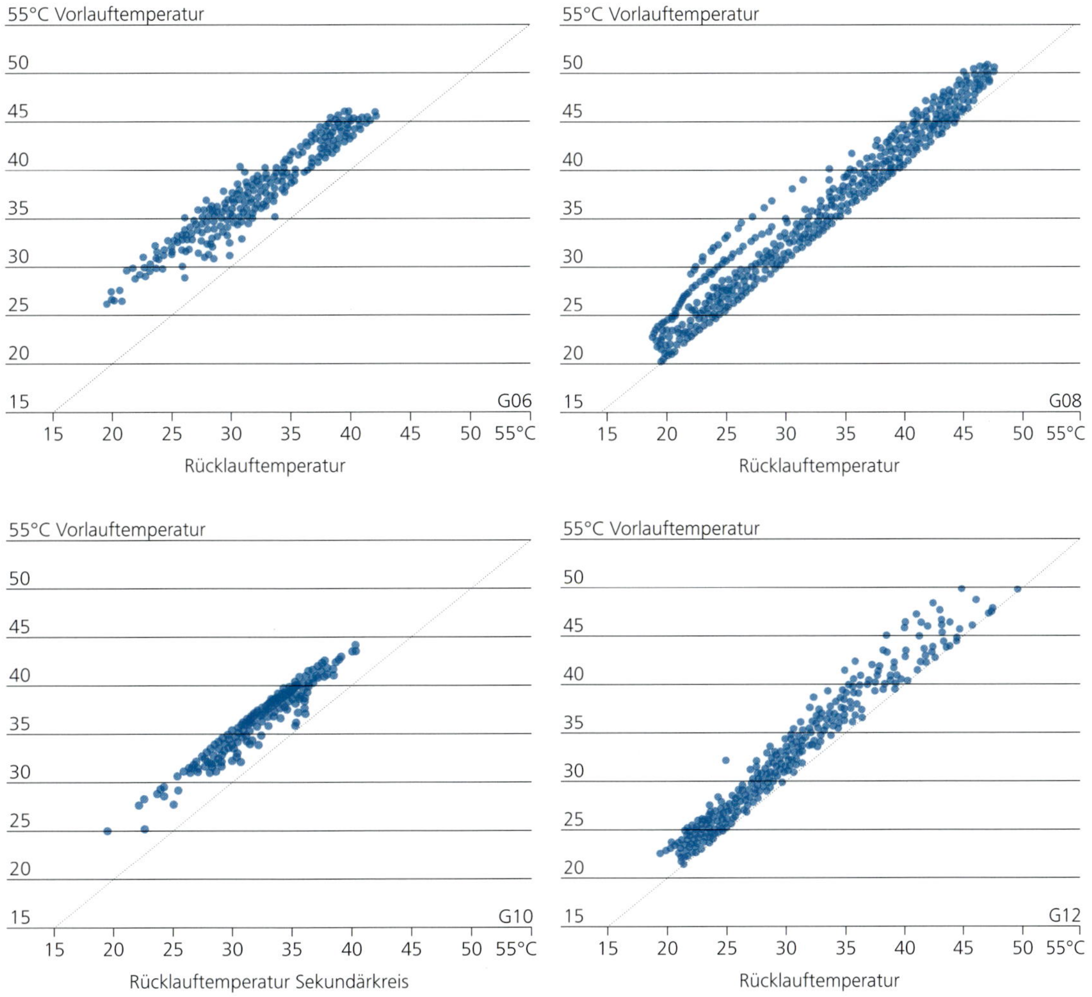

Bild 8.4-2
Gemessene Temperaturen im Sekundärkreis im Betriebsmodus „Heizen" für vier Gebäude. Vorlauftemperatur [°C] aufgetragen über der Rücklauftemperatur [°C]. Wärmeversorgung mit TABS und erdgekoppelter Wärmepumpe.
(Quelle: Fraunhofer ISE)

Dimensionierung und Auslegung

Die Leistungsabgabe oder -aufnahme der BKT hängt ab von der Lage und dem Rohrabstand der Rohrregister sowie von der (logarithmischen) Temperaturdifferenz zwischen Wärmeträgermedium und Raum. Üblicherweise bewegen sich die Oberflächentemperaturen in einem schmalen Band zwischen 20 und 25 °C, wodurch die erreichbaren Heiz- und Kühlleistungen auf ca. 30-40 W/m^2_{BKT} begrenzt sind. Durch die limitierte flächenspezifische Leistung ist es i. d. R. erforderlich, eine möglichst große thermisch aktivierte Fläche im Raum unterzubringen. Hierbei ist zu beachten, dass praktisch nie die gesamte Decken- und Bodenfläche, d. h. die gesamte Netto-Grundfläche der betreffenden Räume, für eine thermische Aktivierung zur Verfügung steht [Ref 8.4-3].

In den untersuchten Anlagen wird für die BKT meist eine mäanderförmige Verlegung der Rohrschlagen in den Geschossdecken verwendet, lediglich in einer Anlage wurde eine spiralförmige Verlegung gewählt. Die Verlegeabstände zwischen den Rohrschlangen betragen bei der Betonkerntemperierung 150 mm und bei den Randstreifenelementen 75 oder 100 mm. Die Rohrinnendurchmesser der Betonkerntemperierung liegen bei allen untersuchten Anlagen bei 16 mm und den Randstreifenelementen bei 9,4 und 12 mm.

Größere Unterschiede treten bezüglich der installierten Rohrlängen für ein BKT-Segment (einzelne, parallel verlegte Rohrschlange) auf. In den hydraulisch ungünstigsten Teilsträngen liegen die Werte der Betonkerntemperierungen zwischen 72 und 218 m. Dies hängt damit zusammen, dass in einigen Anlagen eine beschränkte Anzahl von Verteilerabgängen bei den Verteilerbalken zur horizontalen Etagenverteilung zur Verfügung steht, aber dennoch versucht wird, eine möglichst große Etagenfläche abzudecken. BKT-Kreise werden typischerweise im Nennbetriebspunkt für Spreizungen von ca. 2 - 3 Kelvin zwischen Vor- und Rücklauf ausgelegt. Die verlegte Rohrlänge hat damit einen Einfluss auf den Nennvolumenstrom, mit steigenden Nennvolumenströmen bei steigender Rohrlänge. Um die Druckgefälle gering zu halten, müssten größere Rohrdurchmesser gewählt werden. In den untersuchten Gebäuden kann jedoch kein Zusammenhang zwischen der Wahl der Rohrinnendurchmesser und der Nennvolumenströme erkannt werden. Dies hat negative Auswirkungen auf die auftretenden Druckverluste in den Verbraucherkreisen.

Betriebsperformance

Erfahrungen aus vielen Bauprojekten zeigen, dass bei der Dimensionierung und beim Betrieb des hydraulischen Systems Fehler gemacht werden. Eine unzureichende Funktionalität der Wärmeübergabesysteme und ein zu hoher Hilfsenergieaufwand liegen meist an Planungs- und Ausführungsfehlern und immer wieder an einem fehlenden hydraulischen Abgleich. Eine eingeschränkte Nutzbarkeit der Wärmeübergabesysteme und ein erhöhter Energiebedarf bzw. eine deutlich verringerte Energieeffizienz sind die Folge.

Energieeffizienz: Die Jahresarbeitszahlen des gesamten Kühlsystems liegen in den Messprojekten zwischen 1,5 und 8,0 kWh_{therm}/kWh_{el} und die des gesamten Heizsystems bei 1 bis 2,5 kWh_{therm}/kWh_{el}. Vergleicht man den erforderlichen mit dem installierten elektrischen Leistungsbezug der Umwälzpumpen, zeigt sich in der Mehrzahl der untersuchten Anlagen eine deutliche Überdimensionierung. Der elektrische Hilfsenergiebezug für die Hydraulik im Primär- und Sekundärkreis (Pumpen, keine Ventilatoren für die Lüftung) beträgt für die jeweiligen untersuchten Gebäude 3 bis 10 kWh_{el}/m^2_{NGF} bzw. 25 bis 45 % des gesamten Endenergiebezugs für die Bereiche Heizen, Kühlen und Belüften (ohne Beleuchtung) [Ref 8.4-3]. Durch Maßnahmen in der Betriebsführung und Regelung lässt sich der Hilfsenergieaufwand im Sekundärkreis deutlich reduzieren.

- Reduzierung des Volumenstroms in Teillast,
- Leistungsabstimmung der einzelnen Verbraucher und
- Reduzierung der Betriebszeiten.

Monitoringergebnisse aus den Projekten zeigen, dass die BKT-Systeme oft mit Nennlastvolumenstrom und kleinen Temperaturspreizungen zwischen Vor- und Rücklauf betrieben werden (Bild 8.4-2). Dies verursacht einen unnötig hohen Strombezug und führt zu einer geringeren Energieeffizienz. Auf eine möglichst weitgehende Reduzierung der Betriebszeiten ist zu achten, ggf. sind ein intermittierender Pumpenbetrieb bzw. eine Volumenstromregelung je nach Temperaturdifferenz zwischen Vor- und Rücklauf (zwischen 3 und 5 Kelvin) zielführend.

Thermischer Raumkomfort: Die Kombination der Bauteilaktivierung mit einem regelbaren und schnell reagierenden Zusatzsystem ist dann sinnvoll, wenn in den Nutzungsbereichen erhöhte Komfort- oder sich verändernde Nutzungsbedingungen gefordert sind. Das zusätzliche Heiz-/Kühlsystem (z. B. Randstreifenelemente, Niedertemperaturradiator) sollte aber auf dem gleichen Temperaturniveau wie die Bauteilaktivierung betrieben werden. Dies ermöglicht zum einen die Nutzung des gleichen Verteilsystems und spart damit Investitionsaufwand. Zum anderen führt der Einsatz eines Hochtemperatur-systems im Parallelbetrieb zu einer deutlichen Verschiebung der Lastabdeckung zugunsten des Hochtemperatursystems und damit zur Einschränkung des BKT-Betriebs.

8.4.2 Hydraulik

Druckgefälle im Sekundärkreis

Das hydraulische Wärmeverteilsystem zwischen den zentralen Wärme- und Kälteverteilern und den jeweiligen Übergabesystemen im Raum wird als Sekundärkreis bezeichnet. Im Sekundärkreis treten Druckverluste durch gerade Rohrstücke, Formstücke und Einbauten und den Rohrschlangen der Flächentemperiersysteme auf. Die Dimensionierung der Hydraulikkomponenten und die Volumenströme des Wärmeträgermediums bestimmen die Druckgefälle im hydraulischen System. In Normen und Richtlinien werden für die Planung Standardwerte für die Druckgefälle in Rohrnetzen angegeben. In der VDI-Richtlinie 2073 werden Erfahrungswerte von 100 - 150 Pa/m für Anbindungs- und Geschossleitungen sowie 200 Pa/m für Stränge und Hauptverteilleitungen dargestellt [Ref 8.4-2]. Die DIN V 18599-7 empfiehlt 250 Pa/m [Ref 8.4-1].

In Bild 8.4-3 sind die Gesamtdruckgefälle bezogen auf die Länge der jeweils hydraulisch ungünstigsten Teilstränge von realisierten Anlagen dargestellt. Es zeigt sich, dass sich die Gesamtdruckgefälle stark unterscheiden. Vor allem in den Systemen mit BKT ist zu erkennen, dass mit ca. 40 bis 75 % die größten Anteile der Gesamtdruckgefälle durch die Flächentemperiersysteme verursacht

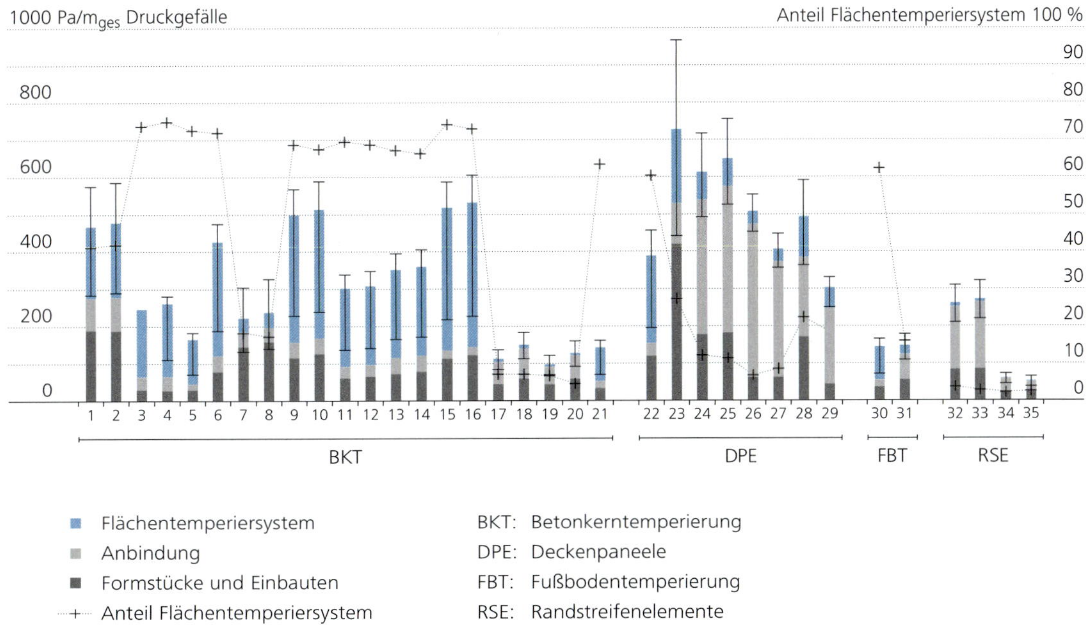

Bild 8.4-3
Gesamtdruckgefälle im Sekundärkreis bezogen auf die Länge des jeweils ungünstigsten Teilstrangs [Pa/m$_{ges}$] mit Angabe der Fehlerbalken resultierend aus Messtoleranzen beim hydraulischen Aufmaß der Anlagen und Schwankungen der Rohrreibungsbeiwerte im Übergangsbereich zwischen laminarer und turbulenter Strömung.
(Quelle: Fraunhofer ISE.).

werden. Die Druckgefälle in diesen Systemen hängen von der Länge der verlegten Rohschlange, dem verwendeten Innendurchmesser und dem Volumenstrom ab. Hauptursache für die hohen Druckgefälle in den Anlagen sind die langen Rohrschlangen von bis zu 200 m pro Segment, welche bis zu dreimal so lang sind wie in hydraulisch günstig ausgelegten Anlagen. Durch die langen Rohrschlangen werden vergleichsweise hohe Volumenströme notwendig, um durchgängig über die gesamte Rohrlänge einen ausreichenden Temperaturgradienten zwischen Wärmeträgermedium und Betonkern zu gewährleisten. Die Volumenströme pro Rohrschlange liegen dadurch in hydraulisch ungünstig ausgelegten Anlagen bei bis zu 460 l/h und in hydraulisch günstig ausgelegten Anlagen lediglich bei ca. 120 l/h. Da der Volumenstrom quadratisch in die Druckverlustberechnung eingeht, ergeben sich sehr hohe Druckgefälle und folglich ein erhöhter Pumpenenergieaufwand. Der Volumenstrom geht mit der dritten Potenz in den Pumpenenergieaufwand ein.

Umwälzpumpen

In allen untersuchten Gebäuden sind die Pumpen im Sekundärkreis in der Drehzahl regelbar, entweder nach Konstant- oder Proportionaldruck. Die elektrische Leistungsaufnahme der Sekundärpumpen bezogen auf die wärmeübertragende Fläche der Übergabesysteme liegt zwischen 0,09 und 3,7 W_{el}/m^2 (Mittelwert: 1,2 W_{el}/m^2) und bezogen auf die übertragene Wärme- und Kälteleistung zwischen 6,7 und 42,5 W_{el}/kW_{therm}. Die deutlichen Unterschiede der installierten Pumpenleistung – besonders ausgeprägt bei Systemen mit Betonkerntemperierung– ist auf die Dimensionierung und Auslegung des hydraulischen Netzes, aber auch auf die Dimensionierung bzw. Auswahl der Pumpen zurückzuführen. Eine nachträgliche Berechnung der erforderlichen elektrischen Leistungsaufnahme weist in 21 von 35 untersuchten hydraulischen Kreisen auf eine deutliche Überdimensionierung der Pumpen hin (Bild 8.4-4). In wenigen hydraulischen Kreisen erfolgte eine korrekte Pumpendimensionierung mit Abweichungen kleiner ±10 %. Bei Anlagen mit geringem Hilfsenergieaufwand und damit hoher Effizienz der Wärme- und Kälteverteilung liegt die installierte Leistungsaufnahme der Pumpen zwischen 10 und 20 $W_{el,nenn}/kW_{therm,nenn}$.

Wird über das gleiche Wärmeübergabesystem sowohl geheizt als auch gekühlt, werden oftmals dieselben Pumpentypen eingesetzt. Dies ist einerseits zulässig, da die hydraulischen Widerstände in den Verbraucherkreisen abgesehen von den Anbindungsleitungen zwischen den Verteilerbalken in den

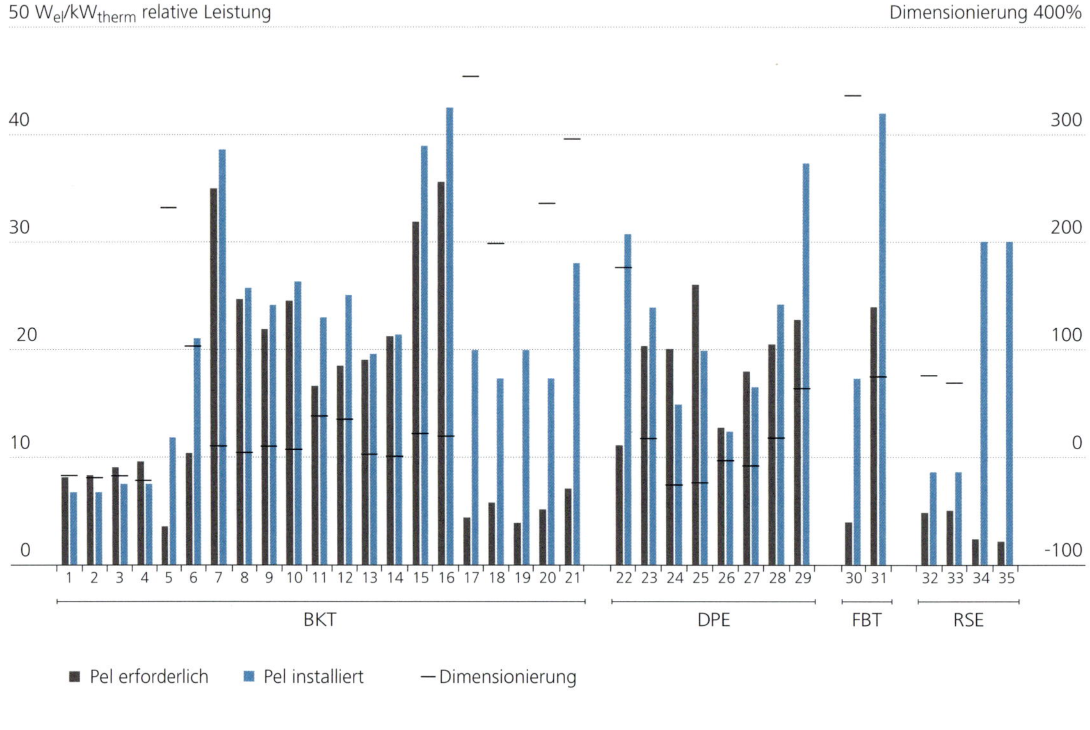

Bild 8.4-4
Erforderliche und installierte elektrische Nennleistung der Pumpen bezogen auf die thermische Leistung des Wärmeübergabesystems [W_{el}/kW_{therm}] sowie die prozentuale Über- bzw. Unterdimensionierung [%] der installierten Pumpen für die untersuchten Anlagen aufgeteilt für die Systeme mit Betonkerntemperierung (BKT), abgehängten Deckenpaneelen (DPE), Fußbodentemperierungen (FBT) und Randstreifenelementen (RSE). (Quelle: Fraunhofer ISE)

Heiz- bzw. Kältezentralen zu den jeweiligen Umschaltventilen für den Heiz- bzw. Kühlbetrieb identisch sind. Andererseits werden die Übergabesysteme im Heiz- bzw. Kühlbetrieb in der Regel mit unterschiedlichen Nennvolumenströmen betrieben, sodass auch unterschiedliche Druckverluste entstehen, die somit die Pumpenauswahl beeinflussen.

Potenzialabschätzung für Energiebedarfsminderung

Bild 8.4-5 zeigt die installierte Pumpenleistung bezogen auf die Nennvolumenströme im Nennbetriebspunkt der Anlagen (in $W_{el}/(m^3\ h)$). Der Einfluss folgender Optimierungsmaßnahmen an der Ausführung der hydraulischen Verteilsysteme zur Reduzierung des elektrischen Hilfsenergieaufwands wird aufgezeigt:

- Begrenzung der verlegten Rohrschlangenlänge pro BKT-Segment auf ca. 70 - 90 m durch eine erhöhte Parallelschaltung.
- Anpassung der Rohrdurchmesser an die Nennvolumenströme. Günstig ausgelegte Anlagen im dargestellten Quervergleich verwenden 16 mm Innendurchmesser bei Volumenströmen von ca. 100 - 150 l/h bzw. 8 - 12 $l/(m^2{}_{BKT}h$.
- Anpassung der Pumpendimensionierung an die Druckverluste im hydraulischen Verteilsystem, damit ein Pumpenbetrieb in den optimalen Wirkungsgradbereichen der installierten Pumpentypen erreicht wird.

Die erforderliche spezifische Pumpenleistung kann durch die Optimierung der hydraulischen Verteilsysteme in den untersuchten Anlagen um ca. 60 % reduziert werden und bewegen sich im optimierten Zustand zwischen ca. 10 und 30 $W_{el}/(m^3\ h)$ [Ref 8.4-3].

8.4.3 Betriebsführung

Auf Basis von Messdaten für 7 Anlagen wurden die implementierten Betriebsführungsstrategien detailliert analysiert. Die Regelung der Betonkerntemperierung erfolgt in den untersuchten Anlagen nach folgenden Stellgrößen:

Vorlauftemperatur: Im Heizbetrieb werden geringe Temperaturniveaus zwischen 22 und 30 °C gewählt. Meistens wird für das gesamte Gebäude eine von der Außentemperatur linear abhängige Heizkurve eingestellt; nur in einer Anlage ist die Vorlauftemperatur unabhängig von der Außentemperatur. Referenzwert der Außentemperatur ist oft der gleitende Mittelwert der vergangenen 24 Stunden. Bei allen untersuchten Anlagen wird jeweils für das gesamte Gebäude dieselbe Heizkurve verwendet. Angepasste Heizkurven für unterschiedliche thermische Zonen aufgrund anderer interner oder solarer Lasten werden in keinem der Projekte umgesetzt.

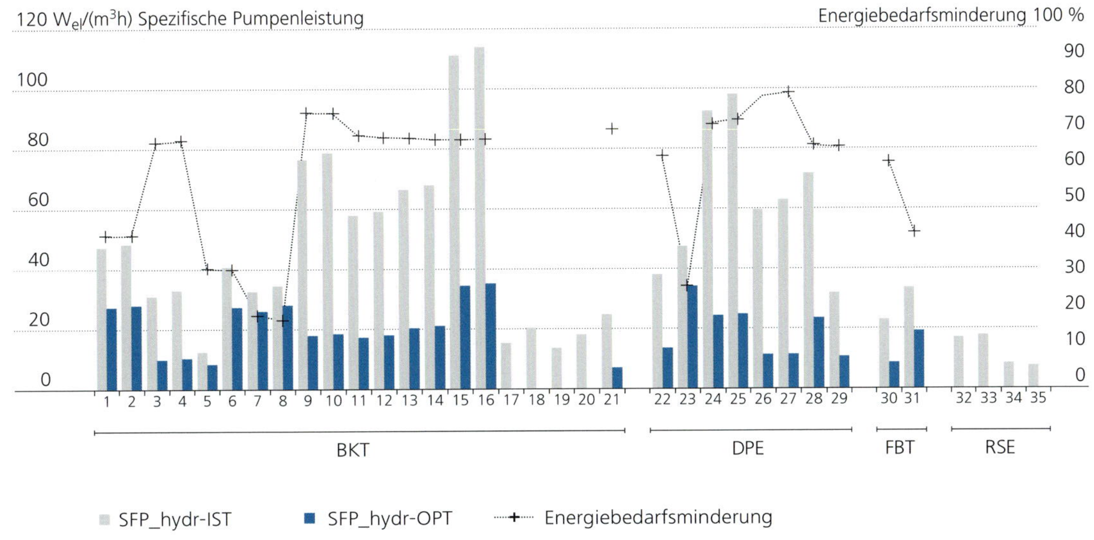

Bild 8.4-5
Spezifische Pumpenleistung (SFP_{hydr}) für die Nennbetriebspunkte der untersuchten Anlagen sowie die prozentuale Energiebedarfsminderung durch Optimierungsmaßnahmen in den untersuchten hydraulischen Anlagen.
(Quelle: Fraunhofer ISE)

Der Kühlbetrieb erfolgt oft mit konstanten Vorlauftemperaturen unabhängig von der Außentemperatur zwischen 18 und 22 °C, wobei der zulässige Temperaturbereich durch die Unterschreitung des Taupunktes und der Gefahr eines Kondensat-Ausfalls auf minimale Temperaturen von ca. 17 - 18 °C begrenzt wird. Die Umschaltung zwischen Heiz- und Kühlbetrieb erfolgt bei Heiz- und Kühlgrenztemperaturen zwischen 10 und 15 °C.

Volumenstrom und Betriebszeit: 6 der 7 BKT-Verbraucherkreise werden sowohl in Nenn- als auch in Teillast mit konstanten Volumenströmen betrieben. Lediglich in einer Anlage ergeben sich variable Volumenströme während den Betriebszeiten der BKT aufgrund von installierten Thermostatventilen zur Volumenstromdrosselung. Ein auf die Bedarfe abgestimmter, lastgeführter Betrieb wird in den untersuchten Gebäuden nie umgesetzt, d. h. der Betrieb erfolgt kontinuierlich oder mittels Zeitplänen im Nachtbetrieb (vorrangig im Kühlfall). Beispielsweise werden in einem Gebäude mit 10.000 m² Nettogrundfläche alle Gebäudesegmente während den gleichen Zeiten betrieben, trotz unterschiedlicher Heiz- bzw. Kühllasten aufgrund von Nutzung und solaren Wärmegewinnen.

Raumtemperatur-Feedback: In 4 der 7 untersuchten Anlagen sind in den BKT-Kreisen Drosselventile bzw. Absperrventile für die Regelung des Volumenstroms installiert. Diese sollen zusätzlich zum Selbstregeleffekt der thermoaktiven Bauteilsysteme eine benutzerdefinierte Einstellung des thermischen Komforts mittels Rückkopplung der Raumtemperatur in den Räumen ermöglichen. Die Beeinflussung des Volumenstroms durch die Thermostatventile ist in den Messdaten jedoch lediglich in einem Gebäude erkennbar. In den beiden anderen Anlagen scheinen die Thermostatventile keine Funktion zu erfüllen.

Zonierung

Durch die Struktur des Verteilsystems und den Positionen der Drosselventile, Umschaltventile und Umwälzpumpen werden die Möglichkeiten für die Betriebsführung des Systems, wie z. B. Volumenströme und Vorlauftemperaturen, festgelegt. Dadurch besteht eine direkte Wechselwirkung zwischen der Konzeption des Verteilsystems und der Wahl der Betriebsführungsstrategie.

Lediglich in 3 von 17 untersuchten Gebäuden kommt eine hydraulische Topologie zum Einsatz, in der eine Zonierung der hydraulischen Verteilsysteme durchgeführt wurde. In allen anderen Gebäuden werden die thermoaktiven Bauteilsysteme derart an die zentralen Wärme- und Kälteerzeuger angebunden, dass keine individuelle Einstellung der Vorlauftemperaturen möglich ist. Dies hat zur Folge, dass für die Festlegung der Heiz- und Kühlkurven ein Kompromiss gefunden werden muss, welcher in allen Gebäudeteilen zu akzeptablen Raumtemperaturen führt.

Referenzen, Anmerkungen

Ref 8.4-1
Deutsches Institut für Normung DIN e. V., Berlin (Hrsg.): DIN V 18599-7: Energetische Bewertung von Gebäuden – Berechnung des Nutz-, End- und Primärenergiebedarfs für Heizung, Kühlung, Lüftung, Trinkwarmwasser und Beleuchtung – Teil 7: Endenergiebedarf von Raumlufttechnik- und Klimakältesystemen für den Nichtwohnungsbau.
Berlin: Beuth Verlag, 2011

Ref 8.4-2
Verein Deutscher Ingenieure (VDI), Düsseldorf (Hrsg.): VDI 2073 Blatt 1:2014-05: Hydraulik in Anlagen der Technischen Gebäudeausrüstung – Hydraulische Schaltungen – Blatt 1.
Berlin: Beuth Verlag, Mai 2014
wurde korrigiert durch:
Verein Deutscher Ingenieure (VDI), Düsseldorf (Hrsg.): VDI 2073 Blatt 1 Berichtigung: 2014-11: Hydraulik in Anlagen der Technischen Gebäudeausrüstung – Hydraulische Schaltungen – Berichtigung zur Richtlinie VDI 2073 Blatt 1:2014-05.
Berlin: Beuth Verlag, 2014

Ref 8.4-3
Pfafferott, J.; Kalz, D.; Koenigsdorff, R.: Bauteilaktivierung. Einsatz – Praxiserfahrungen – Anforderungen.
Stuttgart: Fraunhofer IRB Verlag, 2015.
ISBN 978-3-8167-9357-1

Karsten Voss

Solaranlagen an Gebäuden bilden sowohl ein Element der Gebäudeenergieversorgung, als auch der Energiewende. Aufgrund des geringen Bedarfs an Warmwasser sind bei den meisten Nichtwohngebäuden Solarstromanlagen im Fokus. Gegenüber Wohngebäuden kommt zum Tragen, dass das solare Stromangebot zeitlich meist besser mit dem Bedarf korreliert und daher ein größerer Anteil des Stroms direkt vor Ort genutzt wird. Die Verbindung von Solarstromanlagen mit solarer Wärmebereitstellung zeigen Anlagen mit Hybridkollektoren, die aber erst als Prototypen realisiert werden.

Solarthermische Anlagen sind auf zentrale Konzepte für die Trinkwassererwärmung angewiesen, was bei den geringen Verbräuchen bei vielen Nichtwohngebäudetypen zu hohe Verteil- und Zirkulationsverluste verursacht. Daher gibt es in der Praxis weniger Anlagen als im Wohnungsbau. Solarthermische Anlagen als Wärmelieferant von thermisch angetriebenen Kälteanlagen konkurrieren gegen Kompressionskältemaschinen in Verbindung mit Strom aus erneuerbarer Energie.

Traditionell spielt die architektonische Integration der Anlagen bei Nichtwohngebäuden eine größere Rolle als im Massenmarkt der Nachrüstungen von Solaranlagen an kleinen Bestandsbauten.

Dramatisch gesunkene Anlagenkosten durch günstige Importprodukte aus Asien in Verbindung mit attraktiven Einspeisevergütungen haben in den vergangenen Jahren das Interesse an der solaren Stromerzeugung an Gebäuden weiter erhöht. 2014 kam es zu einer Neuinstallation von Anlagen mit einer Gesamtleistung von rund 200 MW_p [Ref 8.5-1]. Anders als in der Vergangenheit sind heute viele Anlagen integraler Bestandteil von Gebäudeenergiekonzepten, so auch bei Null- und Plusenergiegebäuden (→ Kapitel 3.3).

Solarsysteme im Kontext von baurechtlichen und energiewirtschaftlichen Festlegungen

Gemäß § 5 der Energieeinsparverordnung (EnEV) wird der Solarstromertrag anteilig bei der Energiebedarfsberechnung von Gebäuden im Sinne einer Stromgutschrift verrechnet. Bei Null- und Plusenergiegebäuden wird in der Praxis die Netzeinspeisung primärenergetisch in die Bilanz einbezogen (→ Kapitel 3.3). Berücksichtigt werden nur Anlagen im Eigentum der Gebäudebesitzer, also beispielsweise nicht an Fremdbetreiber vermietete Dachanlagen.

Im Unterschied dazu werden Anlagen zur solaren Wärmeerzeugung über den Primärenergiefaktor bei der Bedarfsberechnung berücksichtigt. Diese Form der Solarenergienutzung hat den Primärenergiefaktor „0" (nicht erneuerbarer Anteil) und mindert damit den Primärenergiebedarf. Darüber hinaus werden solarthermische Anlagen auch zur Erfüllung des eingeforderten 15 %-Anteils an Wärme bzw. Kälte aus erneuerbaren Energien nach dem Erneuerbare-Energien-Wärmegesetz herangezogen (EEWärmeG, [Ref 8.5-2]). Solarstromanlagen können seit 2015 beispielsweise in Baden-Württemberg als Ersatzmaßnahmen geltend gemacht werden, bundesweit gilt diese Regelung aber nicht.

Der starke Zubau von Solarstromanlagen war wesentlich Folge energiepolitisch gesetzter Randbedingungen. Insofern wundert es nicht, dass sich diesbezügliche Änderungen deutlich auf das Marktgeschehen auswirken. Im August 2014 erfolgte die Reform des Erneuerbare Energie Gesetzes (EEG) mit wesentlichen Änderungen [Ref 8.5-3]:

Bild 8.5-1
Falschfarbenbild der jährlichen Solarstrahlungssumme auf die Gebäudehüllflächen und Freiflächen in einem Quartier. Bereits auf dem städtebaulichen Maßstab kommt es darauf an, geeignete Flächen für Solarsysteme zu identifizieren (Bestand) bzw. zu generieren (Neubau).
(Quelle: KIT, Universität Wuppertal)

Bild 8.5-2
Vollflächige Einbindung von 300 m² Flachkollektoren auf einem zentralen Wohngebäude der „Matthias-Claudius-Höfe" in Bochum. Die Anlage speist das Nahwärmenetz der 6.500 m² großen Siedlung mit einer Mischbebauung und zwei 10 m³ Wärmespeichern
(Quelle: Fernuniversität Hagen)

Bild 8.5-3
Bei dem Gebäude der Hochschule Stuttgart zum Solar Decathlon Europe kamen 2010 vorgehängte Großmodule mit gold- und bronzefarbige, polykristalline Solarzellen in der Fassade zum Einsatz. Der Zellenwirkungsgrad erreicht dabei trotz Farbigkeit immer noch etwa 13 %, gegenüber den üblichen etwa 17 % bei den schwarzen Standardzellen wie auf dem Gebäudedach.
(Quelle: HFT Stuttgart)

- Nur für Anlagen unter 100 kW werden ab 2016 noch feste Einspeisevergütungen über 20 Jahre erstattet.
- Die Vergütungssätze lagen Anfang 2016 bei den typischen Anlagengrößen für Nichtwohngebäude bereits unter 11 € Cent pro kWh und damit Faktor 2 bis 3 unter den Strombezugskosten.
- Auch für den selbst verbrauchten und damit nicht nach EEG vergüteten, solar erzeugten Strom sind Abgaben zu leisten. Sie berechnen sich als Prozentsatz von der allgemeinen EEG-Umlage. Nur Kleinanlagen sind davon ausgenommen (< 10 kW_p).

Diese Regelungen führen dazu, dass viele neue Anlagen mit einem Schwerpunkt auf den Eigenverbrauch des Solarstroms ausgelegt werden (→ Kapitel 3.3). Wie wirtschaftlich eine solche Lösung im Einzelfall ist, richtet sich nach der Differenz der Strombezugskosten und der Gestehungskosten für den selbst erzeugten Solarstrom. Darüber hinaus sind Fragen des Betreibermodells und der Stromabnahme vertraglich geeignet zu regeln, damit auch im rechtlichen Sinne Eigenverbrauchsdeckung vorliegt. Auch die Zählerinfrastruktur muss frühzeitig bedacht werden.

Gebäudeintegration

Den weitaus größten Markt machen Solaranlagen auf kleinen bis mittelgroßen Wohnbauten aus. Hier sind es zumeist nachträgliche Aufdachinstallationen. In den meisten Fällen erfolgte dafür keine architektonische Planung. Dachintegrierte Solarstromanlagen sind aufgrund der höheren Kosten bei gleichzeitig etwas niedrigeren Erträgen, wegen höherer Modultemperaturen, seltener. Bei Kollektoranlagen führt die Dimensionierung auf den gebäudespezifischen Wärmebedarf meist zu einer Teilflächenbelegung. Ganzdachanlagen kommen dann zum Einsatz, wenn die Anlagen beispielsweise ein Nahwärmenetz versorgen (Bild 8.5-2).

Anspruchsvolle Beispiele der Gebäudeintegration zeigen die kleinen, experimentellen Wohnbauten aus dem studentischen Wettbewerb Solar Decathlon Europe (Bilder 8.5-3 und 8.5-4) (→ Kapitel 10).

Bei Nichtwohngebäuden gibt es aufgrund der Größe der Anlagen vielfältige Ansätze zur frühzeitigen Einbindung von Solarsystemen in die Architektur. Die Integration basiert oft auf Sonderformaten von Modulen und/oder modifizierten, multifunktionalen Bauteilen wie Isolierverglasungen (Bild 8.5-5). Der niedrigere Ertrag pro Modulfläche verglichen mit Standardmodulen basiert unter anderem auf dem vergrößerten Abstand der Solarzellen oder transluzenten Modulen zur Tageslichtnutzung.

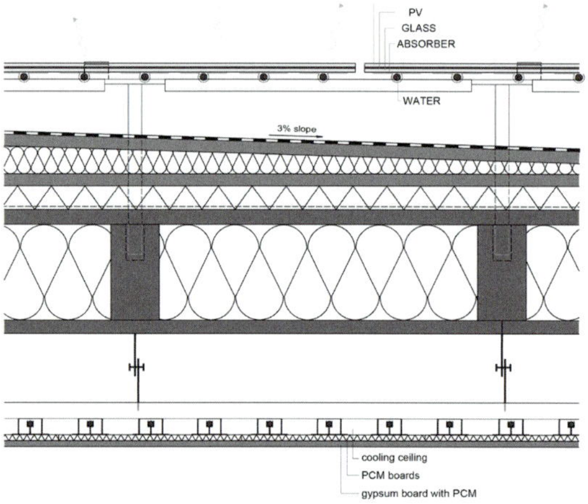

Bild 8.5-4
Der Dachschnitt des Gebäudes nach Bild 8.5-2 zeigt den prototypischen Hybridkollektor als Glas/Glas-Photovoltaikmodul mit hinterlegter Verrohrung für die Wärmeaufnahme des Kollektorkreises. Die Verrohrung dient hier in erster Linie zur nächtlichen Wärmeabgabe im Sommer über Strahlungskühlung gegenüber dem „kalten" Himmel.
(Quelle: HFT Stuttgart)

Bild 8.5-5
Solarstromanlage im Brüstungsbereich einer Fassade am Laborgebäude des Fraunhofer ISE als Dreifach-Wärmeschutzglas. Die Module besitzen eine winkelselektive Transmission. Basis dafür sind zwei Dünnschichtmodule, deren photovoltaisch aktive Bereiche in Streifen leicht versetzt hintereinander laminiert wurden. Die spezielle Anordnung sorgt raumseitig für eine Durchsicht nach unten, während der Blick nach oben geblockt wird.
(Quelle: Fraunhofer ISE [Ref 8.5-5])

Neben einer bauaufsichtlichen Zulassung im Einzelfall gibt es heute auch Solarmodule mit allgemeiner bauaufsichtlicher Zulassung beispielsweise für vorgehängte, hinterlüftete Fassaden. Bei Bildungsgebäuden werden Solaranlagen teilweise auch aus didaktischen Gründen „ins Bild gesetzt" (Bild 8.5-6). Eine informative Quelle mit Systemen und Produkten für die Gebäudeintegration zeigt das Internetportal „www.solarintegrationsolutions.org" als Ergebnis einer internationalen Recherche mit deutscher Beteiligung im Rahmen der IEA [Ref 8.5-4].

Trend 1: Flach geneigte Solaranlagen auf Flachdächern

In diesem Fall werden Solarstromanlagen weniger dominant in die Architektur integriert. Vielfach zeigen sich die technischen Anlagen gar nicht (Bild 8.5-7). Eine solche Lösung erlaubt den Einsatz kostengünstiger Standardmodule und Unterkonstruktionen. Die Module werden dazu vergleichsweise flach (<15° Grad) und damit nicht mit energetisch optimalem Neigungswinkel (ca. 35° Grad) auf Flachdächern mit einer geringfügig erhöhten Attika als Sichtschutz montiert. Damit sinkt bei Südorientierung der Jahresstromertrag um etwa 10 % und wird stärker in die Sommermonate mit hohem Sonnenwinkel verlagert. Gleichzeitig nimmt der Ertrag bei diffuser Einstrahlung durch den etwas größeren sichtbaren Himmelsausschnitt zu, was in Bezug auf die Eigenbedarfsdeckung von Vorteil ist. Eine flachere Neigung erlaubt eine größere Bandbreite an Orientierungen, ohne dass der Ertrag stark sinkt. Daraus ergeben sich größere Freiheitsgrade für die Gebäudekubatur und -ausrichtung. Zeitweise treten aber Mindererträge wegen der Verschmutzung der Module auf, da die Selbstreinigung durch den Regen bei kleiner Modulneigung geringer ist.

Für große solarthermische Anlagen ist eine flache Orientierung nicht zielführend, da solche Anlagen meistens auch zur Heizungsunterstützung eingesetzt werden. Ausnahme bilden die Anlagen zur solaren Kühlung, wie später noch erläutert wird.

Trend 2: Eigenbedarfsdeckung erhöhen

Durch die Neuregelung des EEG ist es von Vorteil, wenn der erzeugte Solarstrom den Eigenbedarf deckt und damit den Netzbezug unmittelbar verdrängt. Das ist quasi immer dann der Fall, wenn die Anlagen in Relation zum Strombedarf des Gebäudes klein dimensioniert sind. Bei größeren Anlagen besteht die Möglichkeit, durch Generatoren unterschiedlicher Orientierung für eine im Tagesverlauf höhere Übereinstimmung von Angebot und Nachfrage zu sorgen (Bild 8.5-8). Damit verbunden ist

Bild 8.5-6
Fassadenintegration einer 36 m² großen Kollektoranlage beim Neubau einer Grundschule in Halle. Die Anlage speist unter anderem einen unterirdischen, 2 m³ großen thermochemischen Wärmespeicher mit 200 kWh Nennkapazität (sensible + latente Wärme) zur Trinkwassererwärmung in Verbindung mit Fernwärme. Bedingt durch die vertikale Ausrichtung und die schulische Nutzung liegt der Kollektorertrag nur in der Größenordnung von 225 kWh/m²a. (Quelle: Hochschule Magdeburg)

ein in der Summe niedrigerer Jahresertrag gegenüber einer nach Süden ausgerichteten und optimal geneigten Anlage (in diesem Beispiel etwa 15 %).

Weitere Option ist die gleichstromseitige oder wechselstromseitige Ankopplung eines Stromspeichers. Damit gelingt eine (teil)solare Stromversorgung auch in Zeiten, wenn der Verbrauch die Erzeugung überschreitet. Darüber hinaus kann der Strombezug in Zeiten mit tendenziell hohem Anteil an fossiler Stromerzeugung im Netz reduziert werden.

Bild 8.5-7
Neubau des Bürogebäudes der Ed. Züblin AG in Stuttgart.
Die 429 m² große Solarstromanlage mit 65 kWp Leistung auf dem Dach ist ebenso nicht sichtbar wie die Tageslichtkollektoren. Der spezifische Ertrag der Solarstromanlage lag 2014 bei 1.106 kWh/kWp (168 kWh/m²).
(Quelle: Ed. Züblin AG)

Solche Zeiten werden bei zukünftig zeitvariablen Tarifen an höheren Strombezugskosten erkennbar sein (→ Kapitel 8.9). Solarsysteme mit Batteriespeicher können schon heute „gelernte" Lastprofile und Wetterprogosen zur Optimierung der Eigenverbrauchsdeckung nutzen. Batterien sind keine Option als saisonale Langzeitspeicher.

Die Preise der Stromspeicher sind mittlerweile deutlich gesunken, sie liegen im Bereich von 300,- € pro kWh für qualitativ hochwertige Blei-Gel-Batterien und bis zu 1.000,- € pro kWh für Lithium-Batterien, wie bei den Claudius-Höfen in Bochum (64 kWh Nennkapazität [Ref 8.5-6]). Auch die Grundschule in Halle (Bild 8.5-6) besitzt neben der 74 kW_p Solarstromanlage auf dem Flachdach 16 Lithiumbatterien mit knapp 26 kWh Nennkapazität. Damit lag die Eigenverbrauchsdeckung nach Messungen der Hochschule Magdeburg bei rund 53% und die Netzeinspeisung bei 47% der erzeugten Solarstrommenge (9/2014 bis 10/2015).

Vorteile der Lithium-Technik gegenüber Bleibatterien sind die höheren Speicherwirkungsgrade, höhere Lade- und Entladeströme, die höhere Zyklenfestigkeit und die niedrigere Selbstentladung. Viele Studien gehen von zukünftig weiter sinkenden Preisen aus. Erste Hersteller kündigen Systemlösun-

Bild 8.5-8
Beispiel für eine ost- und westausgerichtete Solarstromanlage mit 98 kWp und flacher Neigung von 15° auf den Dächern der Claudius-Höfe in Bochum. Zusätzlich sind eine Lithium-Titanat-Batterie mit einer Kapazität von 64 kWh und ein Nutzerinformationssystem in den Wohnungen Bestandteil des Energiekonzepts.
(Quelle: Hochschule Ruhr West)

Bild 8.5-9
Flach, nur 5° geneigte Solarstromanlage auf dem Flachdach des Kindergartens in Höhenkirchen. Der Dachaufbau verschattet zeitweise einen Teil der Module. Der negative Effekt konnte aber durch eine geeignete elektrische Verschaltung der Generatoren gering gehalten werden. Der hohe Jahresstromertrag unterstreicht dies. Die Leistung beträgt 49 kWp bei einer Modulfläche von 312 m², der spezifische Solarstromertrag lag 2014 bei 993 kWh/kWp (153 kWh/m²).
(Quelle: Fraunhofer IBP)

gen für den Kleinleistungsbereich zu Preisen um die 600,- € pro kWh an, wobei 4.000 Lade-/Entladezyklen garantiert werden (äquivalente Vollzyklen, [Ref 8.5-7]). Bei großen Solarstromanlagen können nur Teile der Leistung die Batterie speisen und die Batterie deckt nicht vollumfänglich die Leistungsspitzen eines Gebäude. Ein offener Punkt ist die energetische und ökologische Lebenszyklusbilanz von Batterien bei Einsatz in der Gebäudeenergieversorgung.

Dimensionierung und Ertrag von Solarstromanlagen

Die erwarteten Stromerträge wurden bei fast allen untersuchten Projekten erreicht oder übertroffen. Das bestätigt einerseits die Qualität der Produkte und Installationen, liegt aber auch daran, dass vor dem Hintergrund von wirtschaftlichen Erwartungen die Ertragsberechnungen erfahrungsgemäß eher konservativ angelegt werden.

Betrachtet man die Dimensionierung von Solarstromanlagen in Relation zur Größe der Gebäude (Bild 8.5-10), ausgedrückt durch die Nennleistung bzw. den Ertrag bezogen auf die Nettogrundfläche des Gebäudes, wird der Stellenwert der Anlagen im energetischen, architektonischen und wirtschaftlichen Gesamtkontext deutlich:

- Übliche Flächenverhältnisse bei mittleren bis großen Nichtwohngebäuden führen zu Anlagen mit bis zu 5 W_p installierter Leistung (ca. 0,03 m² Modulfäche pro m^2_{NGF}). Der damit erreichbare Jahresertrag liegt, ausgedrückt in kWh pro m^2_{NGF}, in der gleichen Größenordnung und damit immer deutlich niedriger als der jährliche Stromverbrauch der Gebäudetechnik. Die Anlagen reduzieren damit die jährlichen Nebenkosten für Strom um einen Betrag in der Größenordnung von bis zu 1,- € pro m^2_{NGF}.
- Bei Energiekonzepten, bei denen die Solarstromanlagen bilanziell als Ausgleich für den gesamten Energieverbrauch für Null- und Plusenergiegebäude ausgelegt sind (ASS, BBZ, KAN), werden signifikant größere Anlagen installiert (→ Kapitel 3.3). Besonders deutlich wird es bei den so genannten „Nur-Strom-Häusern“, also Häusern mit monoenergetischen Energiekonzepten auf der Basis von Strom. Extreme Beispiele stellen die experimentellen Wohnhäuser zum Solar Decathlon Europe dar (Bild 8.5-11). Sie weisen sehr hohe installierte Leistungen auf, verbrauchen aber auch – bezogen auf die kleine Wohnfläche – viel elektrische Energie.

Im internationalen Kontext wurde die Dimensionierung von Solarstromanlagen speziell von Null-und Plusenergiegebäuden bei mehreren Hundert Gebäuden systematisch untersucht [Ref 8.5-8]. Daraus leiten sich Mittelwerte ab (EFH: 32 W_p/m^2_{NGF} oder 0,2 m² PV pro m^2_{NGF}, Bild 8.5-12). Diese Werte

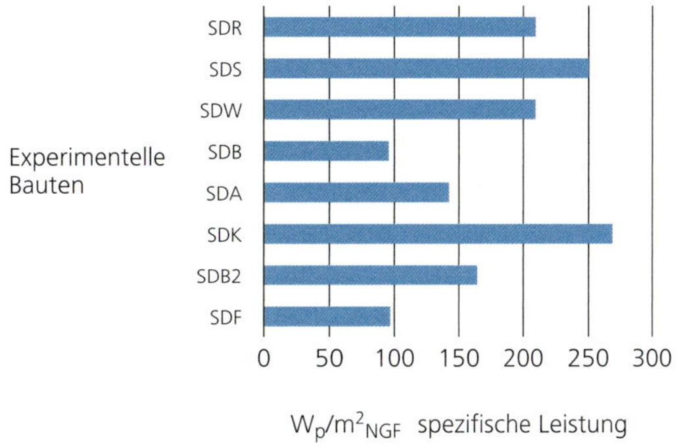

Bild 8.5-11
Installierte PV-Leistung pro m² beheizter Nettogrundfläche bei den deutschen Wohngebäuden des studentischen Wettbewerbs Solar Decathlon Europe 2010/12/14. Aufgrund der Leistungsbeschränkungen im Wettbewerb 2014 wurde dort teilweise nur Teile der Anlagen betrieben (SDK,SDB2). Ertragsdaten liegen meist nur für die kurze Wettbewerbsphase vor. Die Jahresertragsdaten aus der Nachnutzung am Hochschulstandort liegen in Wuppertal (148 kWh/m^2_{NGF}, 2012/13) und Konstanz (172 kWh/m^2_{NGF}, 2014/15) vor. Die Leistungen und Erträge liegen damit – bezogen auf die NGF der Gebäude – sehr viel höher als bei „normalen“ Bauten. Auch der elektrische Energiebedarf liegt – bezogen auf die Fläche – höher. (Quelle: Forschungsinitiative EnOB)

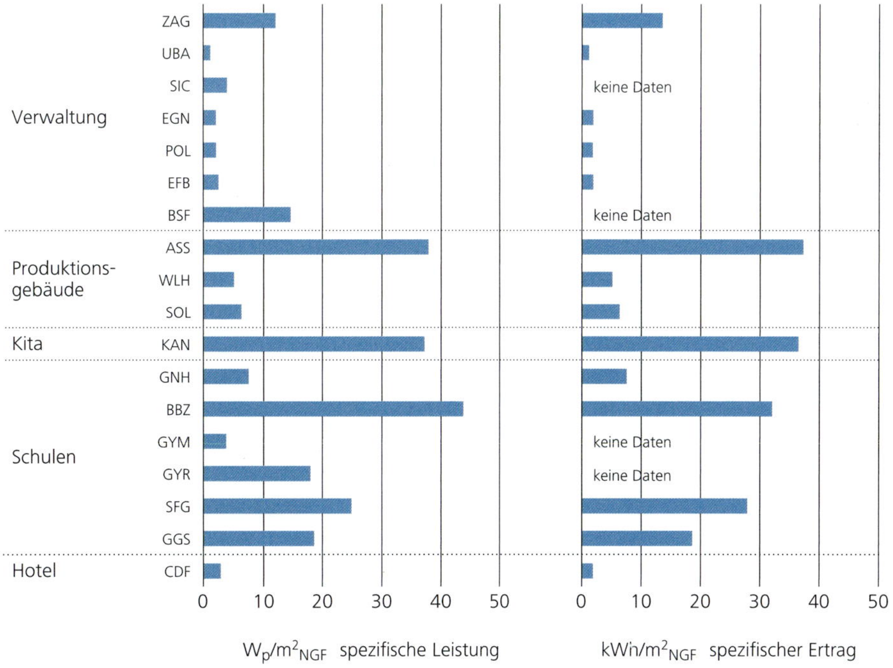

Bild 8.5-10
Installierte PV-Leistung und gemessener Jahresertrag, jeweils pro m² beheizter Nettogrundfläche. Dargestellt sind die Zahlen von Gebäuden unterschiedlicher Nutzungsart aus der EnOB-Förderinitiative (Quelle: Forschungsinitiative EnOB)

fallen deutlich größer aus, wenn neben den normativ zu berücksichtigenden Anteilen am Energieverbrauch auch die nutzungsbedingten Stromverbräuche in die Bilanz und damit in die energetische Konzeption der Gebäude einbezogen werden. Dass die Anlagen bei Verwaltungs- und Bildungsgebäuden mit rund 35 bzw. 40 W_p/m^2_{NGF} kleiner ausfallen als bei den kleinen Wohngebäuden liegt an der Tatsache, dass meist noch andere Erneuerbare Energien oder der Einkauf von grünem Strom für die Verbesserung der Bilanz herangezogen werden. Die Dachflächen reichen nicht.

Solare Kühlung

Kollektoren als Wärmetauschflächen für die nächtliche Strahlungskühlung zu nutzen (Bild 8.5-3) beschränkt sich auf vergleichsweise geringe Leistungen. Der Einsatz bei einem Hotel mit nennenswerten Kühllasten erwies sich als nicht ausreichend [Ref 8.5-9]. Eine leistungsfähige Kühlung mit Solarenergie kann aber sowohl über thermische als auch photovoltaische Anlagenkonzepte erreicht werden. Übliche Kompressionskältemaschinen, die im Netzverbund zeitweise über am Gebäude erzeugten Solarstrom versorgt werden, sind die technisch einfache Lösung. Sie beeinflussen die Gebäude-Stromnetz-Interaktion (→ Kapitel 1.3 und 8.9). Sofern äußere Kühllasten die Ursache für den Kältebedarf sind, besteht das Potenzial für eine sehr hohe zeitliche Übereinstimmung zwischen dem Stromertrag einer Solaranlage und dem elektrischen Energiebedarf einer Kältemaschine. Da aber keine unmittelbare systemtechnische Kopplung existiert, hat sich für solche Lösungen der Begriff „Solare Kühlung" nicht etabliert. Das ist bei den thermisch angetriebenen Kühlprozessen anders. Hier existieren unterschiedliche Systemkonzepte, die planerisch bereits früh beachtet werden müssen [Ref 8.5-10,11]. Vier der untersuchten Gebäude besitzen eine Solare Kühlung (UBA, BSF, MUR, LPH). Die Planung und die Betriebsführung sind aufgrund der meist erforderlichen Kopplung mehrerer Wärmequellen und -senken anspruchsvoll.

- Absorption: Der klassische thermische Kältemaschinenprozess basiert auf dem dampfförmigen Austreiben eines Kältemittels aus einer Lösung bei Wärmezufuhr. Geeignete Stoffpaarungen aus Kältemittel und Lösungsmittel sind z. B. Ammoniak/Wasser oder Wasser/Lithiumbromid. Die minimalen Betriebstemperaturen liegen bei rund 75 °C.
- Adsorption: Dieser Kältemaschinentyp arbeitet mit einem festen Medium, um den im Verdampfer erzeugten Dampf zu binden bzw. wieder freizusetzten. Geeignete Sorptionsmittel sind z. B. Zeolithe oder Silikagel. Vorteilhaft für die Solarwärmenutzung ist die etwas niedrigere Betriebstemperatur im Bereich von etwa 60 °C
- Eine weitere Option ist die Sorptionsgestützte Klimatisierung. Die Kälte wird dabei über Verdunstungskühlung erzeugt. Zur notwendigen, vorherigen Trocknung der Zuluft werden feste oder flüssige, sorptive Materialien eingesetzt, die über Wärme aus Solarkollektoren regeneriert werden.

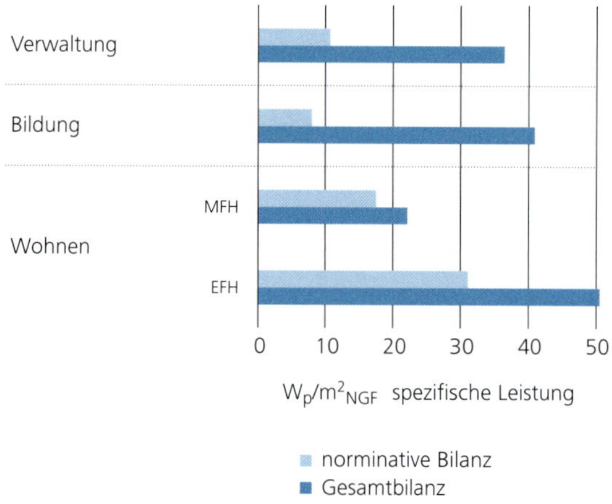

Bild 8.5-12
Mittelwerte der installierten Leistung von rund 100 Solarstromanlagen im Kontext von weltweit realisierten Null- und Plusenergiegebäuden. Die höheren Werte gelten für Gebäude, die den gesamten Stromverbrauch in die Primärenergiebilanz einbeziehen, die niedrigen bei Verzicht auf die Berücksichtigung des nutzungsspezifischen Stromverbrauchs. 1 kW_p benötigt 6 m² Modulfläche bei den marktüblichen, kristallinen Solarzellen.
(Quelle: Universität Wuppertal [Ref 8.5-8])

Beispiel 1: Absorptionsklimatisierung eines Museums – Das Museum Ritter in Waldenbruch

Für die Kühlung der Museumsräume kommt eine Absorptionskältemaschine mit 54 kW Kälteleistung zum Einsatz, die wärmeseitig mit 86/72 °C beaufschlagt wird (Vor-/Rücklauf) und einen Kältekreis mit 9/15 °C über einen 2 m^3 Pufferspeicher bedient. Damit werden Zu- und Umluft gekühlt. Zur Abdeckung der Grundlast speisen Erdpfähle eine Flächenkühlung im Direktbetrieb (max. 20 W/m^2 Kühlleistung). Die Wärmebereitstellung erfolgt 100 % aus erneuerbarer Energie über eine Kombination aus Holzpelletkessel (80 %) und Solaranlage (20 %). Die 170 m^2 Röhrenkollektoren befinden nicht sichtbar auf dem Flachdach mit 7° Neigung. Obwohl ein hohes Temperaturniveau erreicht werden muss und die Anlage ausschließlich die Kühlung versorgt, liegt der Jahresertrag bei guten 460 kWh/m^2 (2007/8) mit einem Stromverbrauch im Solarkreis von 2 kWh/m^2. Demgegenüber konnten die Kälteleistung und die projektierte thermische Arbeitszahl der Kältemaschine nicht erreicht werden. Auch der permanente Stromverbrauch von rund 3 kW für die integrierten Pumpen war zu hoch, was die elektrische und primärenergetische Bilanz ebenfalls verschlechterte. Durch diese Mängel und den höheren Kältebedarf des Museums bedingt u. a. durch die hohen Besucherzahlen, wurde eine Kompressionskältemaschine ergänzt.

Beispiel 2: Sorptionsgestützte Klimatisierung für eine Bibliothek - Die Stadtbibliothek im „Luitpoldhaus" in Nürnberg

Im Zuge der 2012 fertiggestellten Sanierung erhielt das Gebäude eine Kühlung über Brunnenwasser und für einen Teilbereich der Bibliothek mit seinen wertvollen Buchbeständen eine zentrale Lüftungsanlage mit sorptionsgestützter Kühlung [Ref 8.5-13]. Als Wärmequelle für die Trocknung (=Regeneration) der wässrigen Salzlösung dienen 23 m^2 Flachkollektoren mit 30° Neigung und Südostausrichtung auf dem Dach, ein 1 m^3 großer Pufferspeicher und ein Fernwärmeanschluss. Das erforderliche Temperaturniveau liegt im Bereich von 65 °C, die Kollektoren sind ausschließlich in die RLT-Anlage für die sensiblen Handschriftenlesebereiche eingebunden. Besondere Anforderung für diese Bereiche ist eine ganzjährig möglichst konstante Luftfeuchte von 50 % ± 5 % in den Räumen. Als Feuchtepuffer dienen besonders feuchtespeichernde Materialien im Innenausbau wie ein 2 bis 3 cm dicker sorptiver Kalkputz an Wand- und Deckenflächen, wobei die Bücher selbst, als größter „Feuchtespeicher", eine zentrale Rolle spielen. Um die raumakustischen Anforderungen zu erfüllen wurden im Handschriftenlesesaal feuchtespeichernde Zelluloseplatten verwendet. Mit einem Kollektorertrag von 176 kWh/m^{2}a (2014) beträgt der solare Anteil zur Wärmeversorgung der RLT-Anlage im Handschriftenlesesaal nur rund 45 %. Auch im Hochsommer erfolgte zeitweise eine Nacherwärmung durch die Fernwärme.

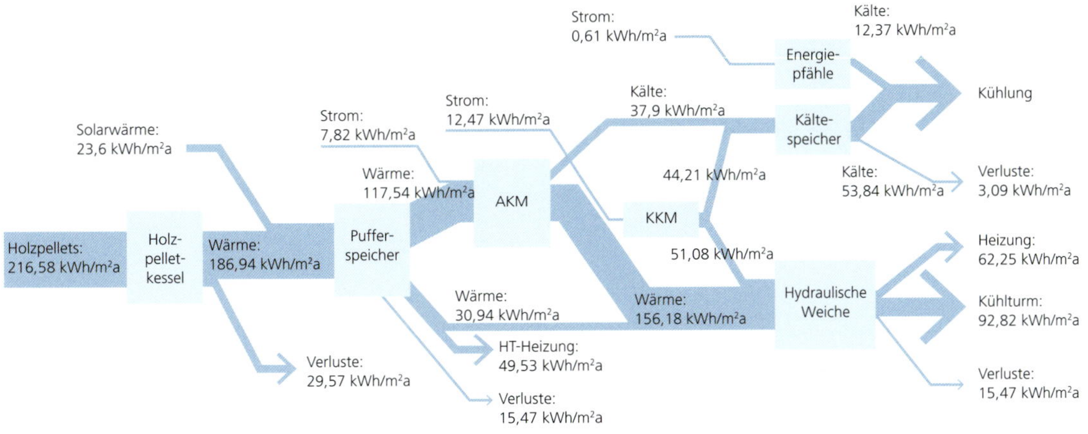

Bild 8.5-13
Energieflussdiagramm für die Wärme- und Kälteversorgung des Museums Ritter auf der Basis von Messwerten 2007/2008. AKM: Absorptionskältemaschine, KKM: Kompressionskältemaschine
(Quelle: KIT [Ref 8.5-12])

Grund hierfür ist vor allem, dass die autark geregelte Regeneration der Sole (markierte Bereiche in Bild 8.5-15) nicht zu Zeitpunkten erfolgt, zu denen ausreichend Potenzial an solarer Wärme zur Verfügung steht. Dieses Potenzial wird zudem durch unbeabsichtigte Zirkulation in dem hydraulischen Gesamtsystem abgebaut. So fehlte im solaren Primärkreis eine Rückschlagklappe, was in Zeiten ohne Einstrahlung zeitweise durch Schwerkraftzirkulation zur Entladung des Speichers führte. Ebenfalls zirkuliert der Rückkühlkreis, auch wenn keine Anforderung vorliegt.

Die beiden Beispiele unterstreichen die Notwendigkeit einer Betriebsüberwachung und -optimierung, damit hohe solare Deckungsraten bei solaren Kühlsystemen in der Praxis erreicht werden.

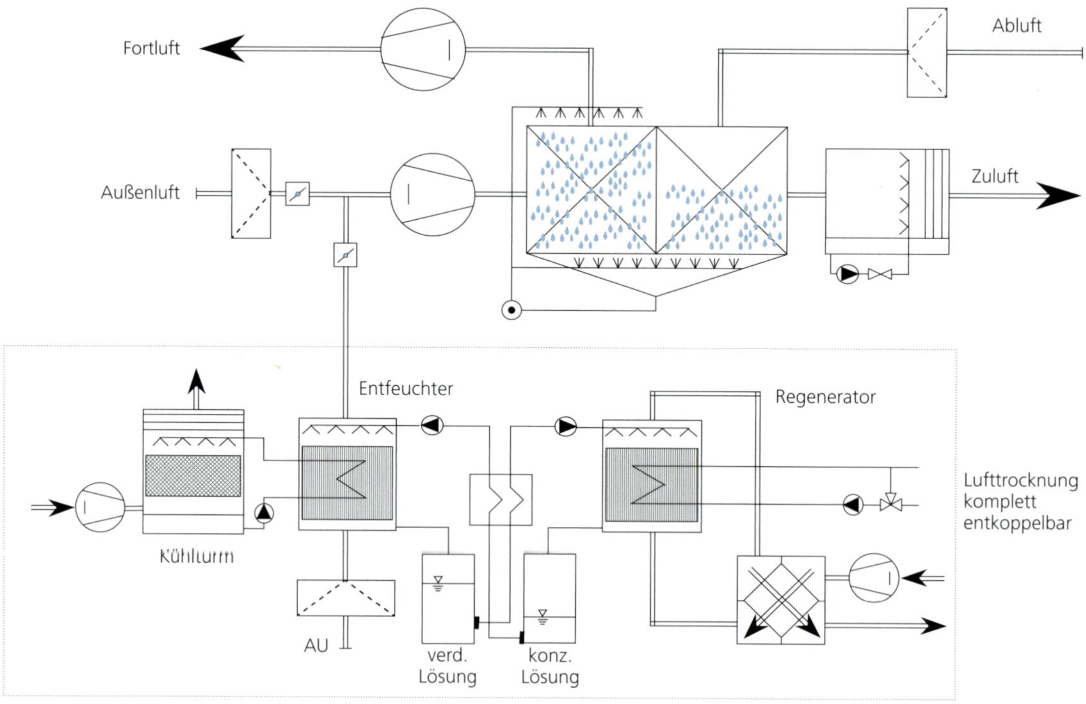

Bild 8.5-14
Prinzip einer Klimazentrale auf Basis von Flüssigsorption mit einer hydroskopischen Salzlösung
(Quelle: Menerga)

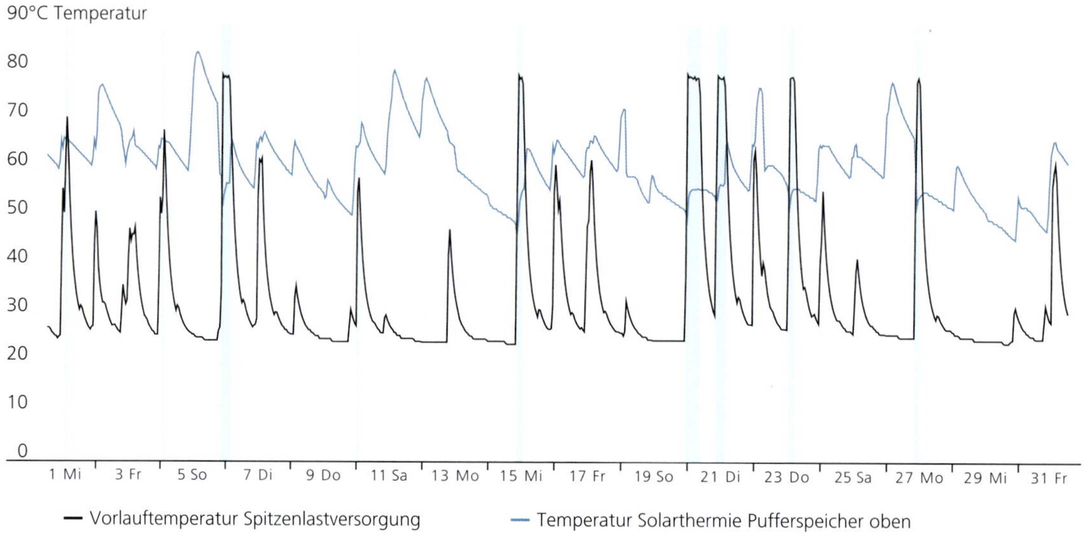

Bild 8.5-15
Temperaturniveau im Pufferspeicher und Vorlauftemperatur der Nacherhitzung durch Fernwärme zur Regeneration der Sole, Messergebnisse im Juli 2015, Stadtbibliothek Nürnberg
(Quelle: Hochschule Nürnberg
[Ref 8.5-13])

Ref 8.5-1
Bundesministerium für Wirtschaft und Energie (BMWi), Berlin (Hrsg.): Faktenblatt Photovoltaik. Stand: August 2014 http://www.erneuerbare-energien.de/EE/Redaktion/DE/Downloads/Hintergrundinformationen/faktenblatt_photovoltaik.pdf?__blob=publicationFile&v=4 (Aufruf 09.12.2015)

Ref 8.5-2
Gesetz zur Förderung Erneuerbarer Energien im Wärmebereich (Erneuerbare-Energien-Wärmegesetz – EEWärmeG). Erneuerbare-Energien-Wärmegesetz vom 7. August 2008 (BGBl. I S. 1658), das zuletzt durch Artikel 9 des Gesetzes vom 20. Oktober 2015 (BGBl. I S. 1722) geändert worden ist http://www.gesetze-im-internet.de/bundesrecht/eew_rmeg/gesamt.pdf (Aufruf 9.12.2015)

Ref 8.5-3
Gesetz für den Ausbau erneuerbarer Energien (Erneuerbare-Energien-Gesetz - EEG 2014) EEG 2014 Ausfertigungsdatum: 21.07.2014 Erneuerbare-Energien-Gesetz vom 21. Juli 2014 (BGBl. I S. 1066), das zuletzt durch Artikel 1 des Gesetzes vom 29. Juni 2015 (BGBl. I S. 1010) geändert worden ist http://www.gesetze-im-internet.de/bundesrecht/eeg_2014/gesamt.pdf (Aufruf 9.12.2015)

Ref 8.5-4
International Energy Agency (IEA) – SHC – Task 41: Solar Energy & Architecture Innovative solar products for building integration http://solarintegrationsolutions.org/ (Aufruf 9.12.2015)

Ref 8.5-5
Wilson, H.; Fath, K.; Sprenger, W. u. a.: Winkelselektive Photovoltaik-Verglasung: Funktionales Fassadendesign mit hochwertiger Optik. In: Fassadentechnik Special - Innovative Fassadentechnik 2. (2014), S. 33ff

Ref 8.5-6
Vetter, M.: Energy Storage – Renewable Energy's Key 'Blade' for Grid Integration. Presentation held at Canada Energy Storage Summit 2014, Toronto (Canada), 12. Nov. 2014 http://publica.fraunhofer.de/documents/N-332296.html (Aufruf 9.12.2015)

Ref 8.5-7
Engel. T.: Der Hausakku von Tesla. In: Sonnenenergie (2015), H. 3, S. 21

Ref 8.5-8
Musall, E.: Klimaneutrale Gebäude – Die Bedeutung von Konzept- und Umsetzungsstrategien für die Architektur. Dissertation, Universität Wuppertal, 2015

Ref 8.5-9
Mündliche Auskunft J. Zauner, Hochschule Rosenheim, 2015

Ref 8.5-10
Wiemken, E., Morgenstern, A., Schicktanz, M. u. a.: Planungsleitfaden Solare Kühlung. SOLARTHERMIE 2000plus. Solarthermische Anlagen zur Raumkühlung in Einzelgebäuden bzw. Gebäudegruppen. Wissenschaftliche Programmbegleitung und Begleitforschung Solarthermische Gebäudeklimatisierung. FKZ 0329605A. Fraunhofer-Institut für Solare Energieysteme (ISE), Freiburg i. Br. (Hrsg.). 2013 http://www.solare-kuehlung.info/Projekte/Projekte/Planungsleitfaden_V12_18092013.pdf (Aufruf 9.12.2015)

Ref 8.5-11
Quality Assurance & Support Measures for Solar Cooling Systems, http://task48.iea-shc.org/ (Aufruf 9.12.2015)

Ref 8.5-12
Wagner, A.; Knapp, T.: Museum Ritter Waldenbuch. Regenerative Energieversorgung im Museumsbau: Monitoring und Betriebsoptimierung im Museum Ritter in Waldenbuch. Abschlussbericht. FKZ 0329084D. Universität Karlsruhe. Bauphysik und Technischer Ausbau (Hrsg.). 2009

Ref 8.5-13
Stephan, W., Büttner,F., Dodenhöft, V.: Generalsanierung und Umbau des Luitpoldhauses für die Stadtbibliothek Nürnberg - Monitoring und wissenschaftliche Begleitung, Technische Hochschule Nürnberg Georg Simon Ohm, Institut für Energie und Gebäude, 2015

8.6 Holzpelletkessel

Susanne Hendel
Karsten Voss

Vier der untersuchten Demonstrationsgebäude nutzen einen Holzpellet-Kessel für die Wärmebereitstellung im Winter, und zwar als monovalentes System ohne weitere Wärmeerzeuger. In drei weiteren Gebäuden werden Holzpellet-Kessel bivalent betrieben, das heißt als Spitzenlastkessel oder ergänzend zu einem weiteren Wärmeerzeuger wie beispielsweise einer Wärmepumpe. Eine Anlage in einem Museum unterstützt auch die solare Kühlung (→ Kapitel 8.5)

Holzpellets werden aus Sägespänen der holzverarbeitenden Industrie bei hohem Druck und hoher Temperatur gepresst. Die regional und überregional verfügbare Menge ist an die Intensität der Holzverarbeitung gebunden. Holzpellets haben verglichen mit anderer Biomasse eine hohe Energiedichte (Tab 8.6-4). Im Vergleich mit Heizöl ist der Energiegehalt jedoch deutlich geringer, womit sich ein erhöhter Platzbedarf für die Lagerung ergibt (Tab. 8.6-1). Holzpellets besitzen im Unterschied zu Stückholz einen konstanten Heizwert und werden güteüberwacht (DIN ISO 17225-2: Feste Biobrennstoffe [Ref 8.6-1]). In Verbindung mit der Formgebung lässt sich die Kesselleistung durch die Pellet-Fördermenge regeln. Dazu werden zumeist Förderschnecken verwendet.

Emissionen

Ein kritischer Punkt bei allen Holzfeuerungen stellen die Feinstaubemissionen dar (Tab. 8.6.2). Holzfeuerungsanlagen sind aufgrund höherer Staubemissionen in innerstädtischen Quartieren nicht erste Wahl, solange es nicht gelingt, beispielsweise durch Partikelfilter, die Emissionen deutlich zu reduzieren.

Holzpellet-Feuerungsanlagen können mit dem Blauen Engel zertifiziert werden. Gekennzeichnet werden diese mit dem RAL Umweltzeichen UZ 111 für Holzpellet-Öfen und Z 112 für Holzpellet-Heizung. Der „Blaue Engel" als Umweltzeichen für Holzpellet-Anlagen ist bisher nur für Anlagen bis 15 kW eingeführt, diese haben einen Marktanteil von 94 % [Ref 8.6-2]. Die zertifizierten Anlagen besitzen einen feuerungstechnischen Wirkungsgrad von 90 -95 %.

Motivation für einen Holzpelletkessel

Der Rohstoffpreis von Holzpellets lag 2014, bezogen auf den Brennwert, etwa 35 % unter dem Preis von Heizöl und etwa 30 % unter dem von Erdgas (Bild 8.6-2) [Ref 8.6-5]. Holzpellets gelten als CO_2-neutraler Brennstoff. Für sie gilt in Deutschland ein normativer Primärenergiefaktor (nicht erneuerbarer Anteil) von 0,2 im Unterschied zu fossilen Brennstoffen mit einem Faktor von 1,1 [Ref 8.6.6]. Das macht den Brennstoff attraktiv für Wärmeversorgungskonzepte mit dem Ziel eines niedrigen Primärenergieeinsatzes.

Bild 8.6-1
Pelletkessel in einem Mehrfamilien-Neubau in Wuppertal,
(Quelle: Universität Wuppertal)

	pro Liefereinheit	pro Volumen
Holzpellets	5 kWh/kg	3,25 MWh/m³
Hackschnitzel	650 kWh/SRm	2,00 MWh/m³
Stückholz	4,1 kWh/kg	10,80 MWh/m³
Heizöl (schwer)	10,9 kWh/l	10,9 MWh/m³
Erdgas	10,4 kWh/m³	10,4 kWh/m³

Tabelle 1.6-1
Vergleich der Energiedichten.
Bezugswert ist der untere Heizwert
(Quelle: DIN V18599, Beiblatt 1, [Ref 8.6-3])
SRm: Schüttraummeter

g/kWh:	CO_2	SO_2	Staub	CO
Holzpellet	30,5	0,116	0,12	0,71
Stückholz	10,4	0,028	0,25	8,74
Heizöl	311,7	0,33	0,019	0,14
Erdgas	225,8	0,011	0,006	0,14

Tabelle 1.6-2
Vergleich der Emissionen für die Wärmebereitstellung mit verschiedenen Brennstoffen bei heute üblichen Kesseln und Betriebsweisen. Der Vergleich zeigt die deutlich geringere CO_2 Emission bei Holz, aber auch die deutlich höhere Feinstaubemission.
(Quelle: Umweltbundesamt [Ref8.6-4])

Für Neubauten fordert das Erneuerbare-Energien–Wärme-Gesetz Quoten für den Anteil erneuerbarer Energien an der Wärme- und Kälteversorgung von Gebäuden [Ref 8.6-7]. 2011 wurden zur Erfüllung dieser Quote zu über 80 % Holzfeuerungen und darunter überwiegend Holzpellet-Anlagen eingesetzt. Diese müssen dann mindestens 50 % des Wärmebedarfs abdecken. Für Bestandsbauten liegt der Vorteil in dem Ersatz von Kesseln mit fossilen Brennstoffen bei Beibehaltung bestehender Hochtemperatur-Heizkreise wie zum Beispiel Radiatoren. Bei Null- und Plusenergiegebäuden sinkt die Höhe des über Solarstromerträge in der Jahresbilanz auszugleichenden Primärenergieeinsatzes der Wärmeversorgung (→ Kapitel 3.3). Gebäude mit einem niedrigen Energiebedarf bilden aufgrund der begrenzten Verfügbarkeit von Holz aus einer nachhaltigen Forstwirtschaft die Basis für einen nachhaltigen Umgang mit Holzpellets als Brennstoff.

Seit 2000 werden moderne Holzfeuerungsanlagen gefördert. Zum Beispiel bezuschusst das Marktanreizprogramm des Bundes automatisch beschickte Pelletheizungen mit einer Leistung zwischen 5 und 100 kW Leistung und einem Wirkungsgrad über 89 % [Ref 8.6-8].

Besonderheiten

Die Investitionskosten für einen Holzpellet-Kessel sind mit etwa 390 € pro kW etwa dreieinhalb Mal so hoch wie für einen Kessel für fossile Brennstoffe (Tab. 8.6-3). Der Preisunterschied wird mit zunehmender Leistung geringer und ist bei Anlagen mit 500 kW nur noch doppelt so groß. Neben den geringeren Stückzahlen liegt die Ursache auch im höheren konstruktiven Aufwand, z. B. für die Brennstoffförderung. Wartungs- und Instandhaltungskosten liegen über denen von Gas- oder Ölkesseln.

Baulich ist Platz für ein ausreichend großes Brennstofflager vorzusehen (Tab. 8.6-4). Darüber hinaus muss auch eine regelmäßige Entaschung gewährleistet werden. Diese kann automatisiert erfolgen. Von den verfügbaren Holzfeuerungsanlagen zeigen Holzpellets den geringsten Ascheanfall. Bei der Verbrennung bleiben etwa 0,5 -1 % als Asche in der Anlage zurück. Diese ist in Deutschland als Düngemittel zugelassen und stellt keine Umweltbelastung dar. Eine Versicherung für Grundwasserschäden, wie bei einem Öltank, entfällt.

Praxiserfahrungen

Der Einsatz von Pelletkesseln ist bei Nichtwohngebäuden eher ungewöhnlich. Üblicherweise werden sie in Ein- oder Mehrfamilienhäusern eingesetzt. Das Angebot an Kesseln ist bei Leistungen über 100 kW deutlich geringer.

Die Nutzungsgrade, also das Verhältnis von Brennstoffeinsatz zur Nutzwärmeabgabe, zeigen bei den untersuchten Gebäuden große Unterschiede. Hier wirken sich - je nach Konzept - die Energieverluste durch z. T. sehr kurze und häufige Kessellaufzeiten in den Sommermonaten negativ aus. Ist der Pelletkessel als monovalentes System für den Winter dimensioniert bedeutet das, dass das gleiche System für den Sommer überdimensioniert ist. In bivalenten Systemen kann der geringe Wärmebedarf im Sommer über andere Komponenten, wie Geothermie oder Solarthermie oder bei Nichtwohngebäuden vorzugsweise dezentral elektrisch bereit-

Heizkessel	€/kW
Holzpellet	390
Hackschnitzel	480
Öl	110
Gas	120

Tabelle 1.6-3
Erstinvestitionskosten für Heizkessel mit einer Leistung von 50 kW im Vergleich, Kostenkennwerte aus der Wirtschaftlichkeitsstudie zur EnEV 2012 (Quelle: BMVBS [Ref 8.6-9])

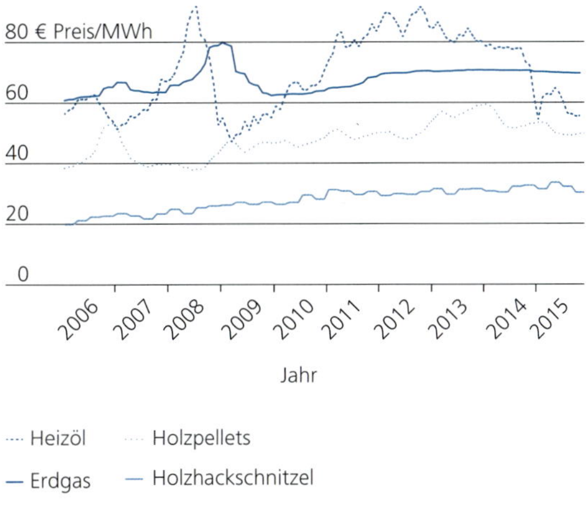

Bild 8.6-2
Entwicklung der Brennstoffpreise für Erdgas, Heizöl, Holzpellets und Holzhackschnitzel im Vergleich. (Quelle: Carmen e.v.)

gestellt werden. Sind die Komponenten einer bivalenten Anlage nicht optimal aufeinander abgestimmt, können sich dadurch die Zeiten, in denen der Kessel in Teillast läuft, verlängern und nicht verkürzen wie beabsichtigt. Der monatliche Nutzungsgrad eines Kessels kann unter Volllast im Winter über 90 % liegen und im Sommer bis auf 40 % fallen. Pelletkessel sind im Vergleich zu Kesseln für fossile Brennstoffe sehr träge Anlagen. Ein häufiger Wechsel zwischen Volllast und Teillast sowie mit häufigen Kesselstarts kann zu erheblichen Wärmeverlusten führen. Der Jahres-Wirkungsgrad der gesamten Anlage kann dadurch auf die Hälfte sinken, wie beispielsweise bei den Werkstätten der Lebenshilfe (WLH). Hier wirkt sich zudem nachteilig aus, dass der Kessel ergänzend mit Holzabfällen aus der Werkstatt befeuert wird und demnach nicht für die genormten Pellets optimiert wurde.

Um den sinkenden Wirkungsgraden im Sommer entgegenzuwirken, werden neben dem Einsatz eines weiteren Wärmeerzeugers (bivalentes System) zwei Herangehensweisen in der Praxis eingesetzt. Durch einen ausreichend großen oder mehrere Pufferspeicher im Heizkreis lassen sich die Laufzeiten des Kessels verlängern und der Nutzungsgrad erhöhen. In der Berufsschule Biberach stehen pro kW Kesselleistung 75 Liter Pufferspeicher zur Verfügung, die durch den Pelletkessel und den Wärmegewinnen aus der Geothermie gespeist werden. In der Plusenergie-Grundschule Niederheide in Hohen-Neuendorf konnte trotz häufiger Teillast der vom Hersteller angegebene Wirkungsgrad von 91 % auch in der Praxis realisiert werden. Hier stehen 15 Liter Pufferspeichervolumen pro kW zur Verfügung. Ein Abgaswärmetauscher steigert den Wirkungsgrad durch die Brennwertnutzung.

Tabelle 1.6-4
Kennwerte der Pelletkessel in den untersuchten Gebäuden. Die Pufferspeicher sind bei den bivalenten betriebenen Anlagen mehreren Erzeugern zugeordnet.
(Quelle: Forschungsinitiative EnOB)

Projekt	**Inbetriebnahme**	**Leistung**		**Wärmeversorgung**	η	**Speicher**	**Speichervolumen je KW Leistung l/kW**	**Kühlung**	**Lager**	**Füllzyklus des Lagers pro Jahr**
		W/m²$_{NGF}$	kW							
KSG	2011	100	320 (2x)	monovalent				Abwasserwärmenutzung - Kompressions und Adsorptionskältemaschine		
GMS	2004	10	120	bivalent, Grundwasser Geothermie	80%	2x 3000l + 2x 1500l	75	Grundwasserwärmepumpe		
GNH	2011	30	220	monovalent	91%	2x 1650l	15	freie Nachtkühlung	37 m³ Raum	3
WLH	2005	30	140	bivalent, Grundwasser Wärmepumpe	40%	2x 750l	11	Grundwasserwärmepumpe	56 m³ Raum	1
MUR	2005	40	32 (4x)	bivalent, Grundwasser Wärmepumpe	83%	2x 1000l	16	Absorptionskältemaschine 80% thermische Energie aus Pelettkessel	15 m³ Sacksilo	6
WHM	2006	60	35	monovalent	55%	300l	9	keine Kühlung	13 m³ Raum	2
KFO	2002	50	450	bivalent, Gaskessel	62%	keinen/ eventuell nachgerüstet	-	Frischwasserwärmetauscher	54 m³ Raum	8

Die zweite Variante, um die Nutzungsgrade auf einem hohem Niveau zu halten, ist der Einsatz von mehreren kleinen Kesseln an Stelle eines großen Kessels (Kaskadierung). Mehrere Kessel bieten die Möglichkeit der Steuerung durch einfaches Abschalten eines oder mehrerer Kessel für den Sommerfall. Im Museum Ritter sind beispielsweise vier Holzpellet-Kessel in Kaskade geschaltet und einzeln abschaltbar. Das System erreicht einen jährlichen Nutzungsgrad von 83 %.

Während der Einsatz einer Wärmepumpe meist Synergien zur Nutzung ihrer Wärmequelle als sommerliche Wärmesenke für den Kühlfall bietet, muss bei einer holzbasierten Wärmeversorgung die passive Kühlung allein ausreichen oder eine separate Kältetechnik zum Einsatz kommen (Tab. 8.6-4). Für Gebäude mit einem nennenswerten Kältebedarf kommen dazu z. B. thermisch angetriebene Kältemaschinen zum Einsatz (KSG, MUR). Beim Museum Ritter erzeugen die Pelletkessel 80 % der Wärme für eine Absorptionskältemaschine, 20 % kommen von thermischen Kollektoren (→ Kapitel 8.5). Damit gelingt eine Wärme- und Kälteversorgung, die fast zu 100 % auf erneuerbaren Energien basiert.

Referenzen, Anmerkungen

Ref 8.6-1
Deutsches Institut für Normung DIN e. V., Berlin (Hrsg.): DIN EN ISO 17225-2:2014-09: Feste Biobrennstoffe-Brennstoffspezifikation und -klassen-Teil 2: Holzpellets für nichtindustrielle Verwendung. Berlin: Beuth Verlag, 2014

Ref 8.6-2
Bost, M. (Bearb.); Neumann, A. (Bearb.); Hirschl, B. (Bearb.): Überarbeitung der Vergabegrundlagen für die Umweltzeichen „Holzpelletöfen" (RAL-ZU 111) und „Holzpelletkessel" (RAL-ZU 112) sowie Überprüfung des Rahmens für ein Umweltzeichen für Hackschnitzelanlagen. Ufoplan-Vorhaben FKZ 3709 95 302. Weiterentwicklung des Blauen Engels. Institut für ökologische Wirtschaftsforschung (IÖW), Berlin (Hrsg.). 2010

Ref 8.6-3
Deutsches Institut für Normung DIN e. V., Berlin (Hrsg).: DIN V 18599 Beiblatt 1:2010-01: Energetische Bewertung von Gebäuden – Berechnung des Nutz-, End- und Primärenergiebedarfs für Heizung, Kühlung, Lüftung, Trinkwarmwasser und Beleuchtung – Beiblatt 1: Bedarfs-/Verbrauchsabgleich.
Berlin: Beuth Verlag, 2010

Ref 8.6-4
Memmler, M.; Merkel, K.; Pabst, J. u. a.: Emissionsbilanz erneuerbarer Energieträger. Bestimmung der vermiedenen Emissionen in Jahr 2012. Umweltbundesamt (UBA), Dessau (Hrsg.). 2013. Climate change 15/2013

Ref 8.6-5:
Centrales Agrar-Rohstoff Marketing- und Energie-Netzwerk C.A.R.M.E.N. e. V., Straubing (Hrsg.): Preisentwicklung bei Holzpellets - Der Holzpellet-Preis-Index.
http://www.carmen-ev.de/infothek/preisindizes/holzpellets (Aufruf 10.12.2015)

Ref 8.6-6
Deutsches Institut für Normung DIN e. V., Berlin (Hrsg).: DIN V 18599 Teil 1: Energetische Bewertung von Gebäuden – Berechnung des Nutz-, End- und Primärenergiebedarfs für Heizung, Kühlung, Lüftung, Trinkwarmwasser und Beleuchtung – Teil 1: Allgemeine Bilanzierungsverfahren, Begriffe, Zonierung und Bewertung der Energieträger.
Berlin: Beuth Verlag, 2011

Ref 8-6-7
Gesetz zur Förderung Erneuerbarer Energien im Wärmebereich (Erneuerbare-Energien- Wärmegesetz - EEWärmeG). Erneuerbare-Energien-Wärmegesetz vom 7. August 2008 (BGBl. I S. 1658), das zuletzt durch Artikel 9 des Gesetzes vom 20. Oktober 2015 (BGBl. I S. 1722) geändert worden ist
http://www.gesetze-im-internet.de/bundesrecht/eew_rmeg/gesamt.pdf (Aufruf 9.12.2015)

Ref 8.6-8:
Marktanreizprogramm zur Förderung erneuerbarer Energien – Pelletheizung
http://www.energiefoerderung.info/zvo/foerderprogramm/7675/inhalt(Aufruf 9.12.2015)

Ref 8.6-9
Bundesministerium für Verkehr, Bau und Stadtentwicklung (BMVBS), Berlin (Hrsg.): Ermittlung von spezifischen Kosten energiesparender Bauteil-, Beleuchtungs,- Heizungs- und Klimatechnikausführungen bei Nichtwohngebäuden für die Wirtschaftlichkeitsuntersuchungen zur ENEV 2012. 2012. ISSN 1869-9324. BMVBS-Online-Publikation 08/2012
http://www.bbsr.bund.de/cln_032/nn_629248/BBSR/DE/Veroeffentlichungen/BMVBS/Online/2012/ON082012.html
(Aufruf 9.12.2015)

8.7 Lüftungsanlagen

Karsten Voss
Susanne Hendel

Der Einsatz einer mechanischen, also durch Ventilatoren unterstützten Lüftung, ist bei den hier wissenschaftlich untersuchten Gebäuden die Regel – die ausschließliche Fensterlüftung die Ausnahme. Diese Tendenz wird sich auch in der Baupraxis in den kommenden Jahre fortsetzen. Dabei geht es in erster Linie um eine ganzjährig verbesserte Luftqualität (→ Kapitel 6.2). Erst an zweiter Stelle kommen die Energieeinsparung im Winter und die Einbindung in Konzepte zur Gebäudekühlung im Sommer. Bei der Konzeptentwicklung sind Aspekte wie Brandschutz, Schallschutz, Regelbarkeit, Wartung und Wirtschaftlichkeit entscheidend. Voraussetzung für einen sinnvollen Einsatz einer Lüftungsanlage ist eine luftdichte Gebäudehülle (→ Kapitel 7.1). Andernfalls gehen wesentliche Anteile des Luftaustausches unkontrolliert an der Anlagentechnik vorbei. Eine Übersicht der bei den untersuchten Demonstrationsprojekten eingesetzten Lüftungsanlagen zeigt die Technologiematrix im Anhang dieses Buches. Dabei kommen auch hybride Konzepte zum Einsatz, wie beispielsweise bei der Schule in Hohenneuendorf (GNH).

Lüftungsanlagen sind in Nichtwohngebäuden bei den Sanitärräumen, Küchen, Werkstätten, Laboren etc. eine notwendige Ausstattung. Für Gebäude mit einem Heizwärmebedarf deutlich unter 40 kWh/m²a sind darüber hinaus flächendeckende Lüftungsanlagen mit Wärmerückgewinnung Voraussetzung, bei großen Luftmengen (> 4.000 m³/h) sogar gemäß EnEV seit 2009 gesetzlich gefordert. Den Einsparungen bei der Wärmebereitstellung stehen die Investitionskosten, die Wartungs- und Instandhaltungskosten sowie ein zusätzlicher Stromverbrauch zum Betrieb gegenüber. Eine regelmäßige, professionelle Wartung ist einerseits notwendig, andererseits ein wesentlicher Kostenfaktor innerhalb einer vergleichenden Wirtschaftlichkeitsbetrachtung [Ref 8.7-1, Ref 8.7-2]. Der alleinige Vergleich von Investitionskosten versus Energieeinsparung ist keine ausreichende Grundlage, zumal sich die erreichten Standards hinsichtlich Luftqualität und thermischem Komfort unterscheiden (→ Kapitel 6.2). Gut geplante, ausgeführte und gewartete Anlagen verbinden gute Luftqualität, Energieeinsparung sowie Wirtschaftlichkeit und erreichen eine hohe Nutzerakzeptanz.

Abluftanlagen – Nicht ganz so einfach wie im Wohnungsbau

Abluftanlagen werden für die Hauptnutzflächen bei Nichtwohngebäuden selten in Betracht gezogen. Sie sind kostengünstiger, benötigen weniger Platz und theoretisch weniger Strom als Zu- und Abluftanlagen (Bild 8.7-5), bieten aber auch keinen „Vollkomfort" im Sinne von konstanten Luftmengen, Zugluftfreiheit etc. Besonders bei hohen und windexponierten Gebäuden sind die Winddruckverhältnisse dominant gegenüber den aufgeprägten Druckverhältnissen durch die Lüftungsanlage, so dass Abluftanlagen hier nicht sinnvoll sind. Bei nutzungsspezifisch hohen Zuluftmengen pro Raum kommen Abluftanlagen ohne Luftvorwärmung aus Komfortgründen nicht in Frage.

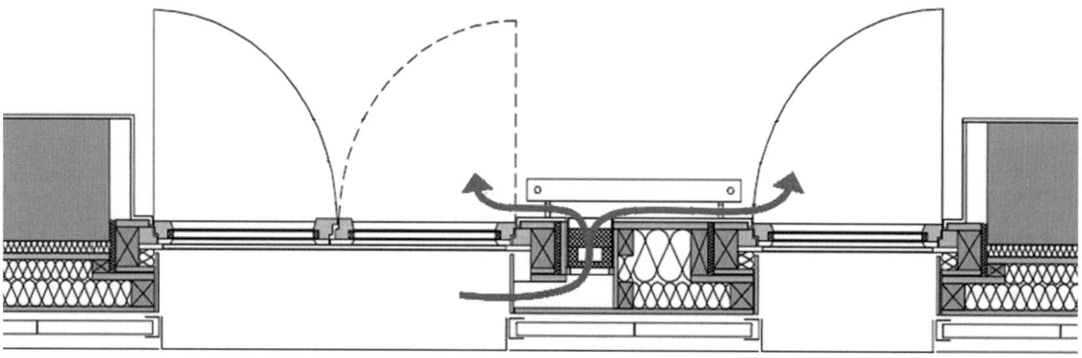

Bild 8.7-1
Außenluftventil in der Fassade des sanierten Verwaltungsgebäudes der Remscheider Entsorgungsbetriebe. Darstellung im Grundriss. Der Luftweg ist akustisch gedämpft und wird durch einen elektrischen Stellantrieb über die GLT oder den Nutzer geöffnet und verschlossen. Die Motoren der Stellantriebe erwiesen sich in der Praxis als störanfällig.
(Quelle: ACMS, Wuppertal)

Als kritischer Punkt im Hinblick auf die winterliche thermische Behaglichkeit erweist sich die Lage der Außenluftdurchlässe in Bezug auf die Heizkörperposition und den Betrieb der Heizung (Bild 8.7-1). Das gilt insbesondere vor dem Hintergrund der meist höheren Volumenströme pro Durchlass, verglichen mit dem Wohnungsbau. Eine örtliche Nähe von Lufteinbringung und Heizkörper ist notwendig. Problematisch sind Zeiten mit niedrigen Außentemperaturen kombiniert mit hohen solaren oder internen Gewinnen, wenn Thermostatventile lokal abregeln. Die Kombination von Abluftanlagen mit Flächenheizungen ist nicht sinnvoll.

Anders als in Wohnhäusern werden Lüftungsanlagen in Nichtwohngebäuden oft nicht an Wochenenden und im Winter auch nachts nicht betrieben. Somit kann es - bedingt durch windinduzierte Druckdifferenzen - zeitweise zur passiven Durchströmung der Außenluftdurchlässe kommen. Dadurch kann ein zusätzlicher Heizwärmebedarf in der Größenordnung von 10 % und mehr auftreten. Dies gilt vor allem, wenn im Gebäude Türen offen stehen [Ref 8.7-3]. Abhilfe schaffen elektrisch verschließbare Ventile. Aufgrund der großen Anzahl und häufigem Betrieb ist eine langlebige Ausführung wichtig. Die Erfahrungen sind nicht nur positiv.

Die notwendige Automatisierung steigert die Komplexität und die Kosten von Abluftanlagen im Nichtwohnungsbau gegenüber den bekannt einfachen und preisgünstigen Anlagen im Wohnungsbau. Andererseits schaffen richtig dimensionierte Abluftanlagen in Nichtwohngebäuden die Möglichkeit zur automatisierten sommerlichen Nachtlüftung bei erhöhtem Luftwechsel (→ Kapitel 8.3, Bild 8.7-2) [Ref 8.7-4].

Zuluftfenster ermöglichen auch bei einer Abluftanlage die Vorerwärmung der Zuluft (Bild 8.7-3). Die Erwärmung basiert auf passiver Solarenergienutzung und Rückgewinnung eines Teils der winterlichen Transmissionwärmeverluste der Verglasung. Dem positiven Effekt steht im Sommer die starke Erwärmung der Zuluft entgegen, wenn Fenster und Jalousien geschlossen sind.

Zu- und Abluftanlagen – Energieeffizienz ist planbar

Ventilatoren in Lüftungsanlagen sind nach der Beleuchtung meist der größte Stromverbraucher der technischen Gebäudeausrüstung (Bild 8.7-4). Daher ist es als Steuerungsinstrument konsequent, dass Wohnraumlüftungsgeräte bereits seit Jahresbeginn 2016 ein EU-einheitliches Effizienzlabel tragen müssen (A+ = grün).

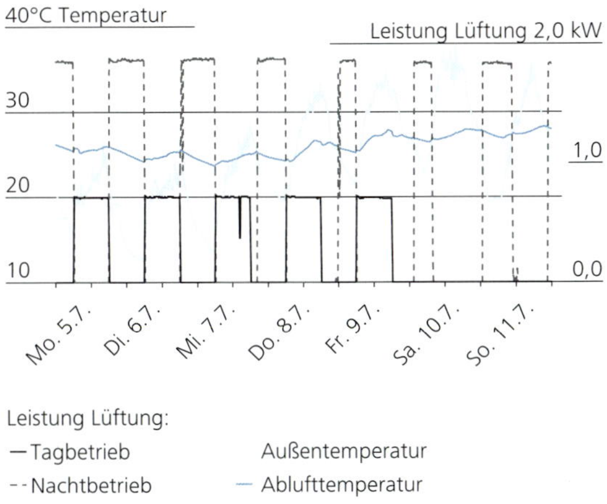

Bild 8.7-2
Verlauf von Temperaturen und elektrischer Leistungsaufnahme der Lüftungsventilatoren in einer sommerlichen Woche beim Verwaltungsgebäudes der Remscheider Entsorgungsbetriebe. Sinken die Außentemperaturen nachts nicht ausreichend, kann die Nachtlüftung nur begrenzt Wärme abführen. Der Ventilator wird daher erst ab Außentemperaturen unter 25°C eingeschaltet. (Quelle: Universität Wuppertal)

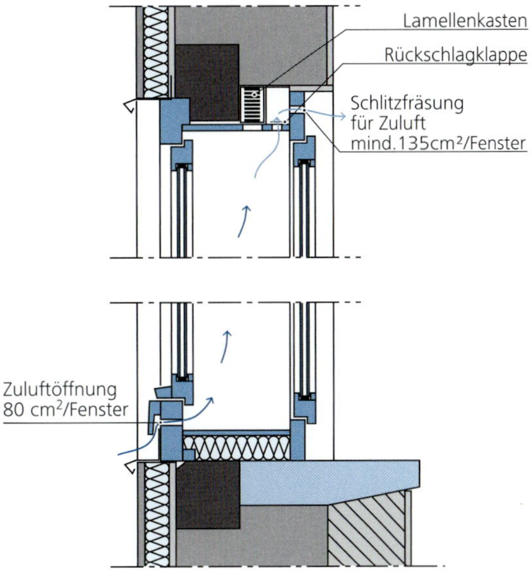

Bild 8.7-3
Zuluftfenster für die Abluftanlage bei der 2011 erfolgten Sanierung der denkmalgeschützten Schule in Olbersdorf. (Quelle: Fraunhofer IBP)

Der Energiebedarf wird neben der Effizienz der Ventilatoren durch die geförderte Luftmenge, den zu überwindenden Gesamtdifferenzdruck im Kanalnetz samt seiner Einbauten und die Betriebszeiten bestimmt. Über eine frühe konzeptionelle Berücksichtigung der Lüftung beim Gebäudeentwurf können kurze Luftwege mit wenigen Krümmern und möglichst einfache Schachtanordnungen erreicht werden. Dabei führen vor allen Dingen kompakte Gebäude zu funktional und wirtschaftlich überzeugenden Lösungen. Bei großen Unterschieden in den Nutzungszeiten einzelner Gebäudebereiche werden mehrere getrennte Anlagen ausgeführt. Dies gilt auch bei (zu) langen horizontalen Luftwegen.

Ausgehend von einem bestehenden Gebäudeentwurf entsteht immer ein Zielkonflikt zwischen einem möglichst geringen Platzbedarf für die Lüftungszentrale, die Schächte und die Kanäle einerseits und dem Streben nach niedrigen Luftgeschwindigkeiten in den Kanälen (3 bis 5 m/s), einem niedrigen Druckverlust und damit verbunden großen Kanalquerschnitten andererseits (Geschosshöhen, Bedarf an Funktionsflächen...).

Maßstab der elektrischen Energieeffizienz einer Lüftungsplanung oder der Betriebsführung einer lüftungstechnischen Anlage ist die spezifische Ventilatorleistung in Watt bezogen auf die geförderte Luftmenge in m³/h (SFP: specific fan power). Mit der DIN EN 13779 werden dazu SFP-Klassen beschrieben [Ref 8.7-7]. Weitere Kriterien enthält die VDI Richtlinie 3803 (VDI Lüftungsregeln [Ref 8.7-8]).

Die EnEV 2016 sieht für das Referenzgebäude SFP 4 vor, gleichbedeutend mit einer Leistungsaufnahme von maximal 0,69 $W_{el}/(m^3/h)$. Dabei wird von einer reinen Lüftungsfunktion ausgegangen. Zusätzliche Wärmetauscher für Heizen und Kühlen bzw. Feuchtebehandlungssysteme erhöhen den Bedarf. Für die Passivhausplanung gibt es vergleichbare Kriterien (0,45 $W_{el}/(m^3/h)$). Eine frühe integrierte Planung erlaubt erfahrungsgemäß 25 % geringere Strombedarfswerte als für die Referenzbauweise nach EnEV zu Grunde gelegt wird. Zielwerte auf Passivhausniveau sind mit erhöhtem Aufwand und Investitionen verbunden, sie sind jedoch erreichbar (Bild 8.7-5). Niedrige SFP-Werte profitieren davon, dass die Anlagen mit weniger als dem Auslegungsvolumenstrom beaufschlagt (niedrigere Geschwindigkeiten und Druckverluste im Kanalsystem) und Filter konsequent (zweimal jährlich) gewechselt werden. Vorteil niedriger SFP-Werte sind auch die geringen Strömungsgeräusche und damit niedrigere Schallemissionen. Dies ist nach der Erfahrung aus den untersuchten Gebäuden ein zentraler Aspekt bei der Nutzerakzeptanz mechanischer Lüftung.

Werden mechanische Lüftungsanlagen auch zur sommerlichen Nachtlüftung [Bild 8.7.2] eingesetzt, ist früh planerisch zu beachten, dass die Volumenströme zeitweise erhöht sind und damit meist ungünstigere SFP-Werte auftreten. Die Untersuchungen zeigen, dass bei richtiger Planung (Auswahl der Ventilatoren, Bypass-Klappen ..) und Betrieb ausschließlich bei Außentemperaturen unter 20 °C Leistungszahlen von 5 bis 20 erreicht

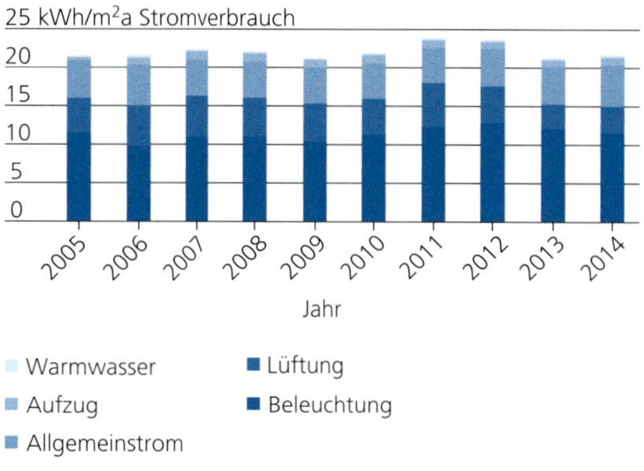

Bild 8.7-4
Jährlicher Stromverbrauch der Zu- und Abluftanlagen in einem Bürogebäude im Kontext der weiteren Stromverbräuche (ohne Heizen und Kühlen) über einen Zeitraum von 10 Jahren.
(Quelle: BOB energy efficiency AG)

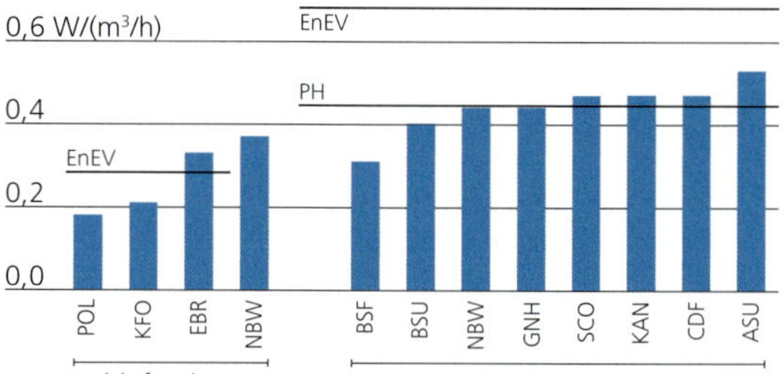

Bild 8.7-5
Auswertung der SFP-Werte auf der Basis von Messwerten untersuchter Anlagen verglichen mit dem Anforderungsniveau des Referenzgebäudes gemäß EnEV 2016 und an ein zertifiziertes Passivhaus.
(Quelle: Forschungsinitiative EnOB)

werden (→ Kapitel 8.3). Die Leistungszahl beschreibt in diesem Falle das Verhältnis von Stromaufnahme zur abgeführten Wärmemenge.

Der energetische Standard von Wärmeübertragern für Lüftungsanlagen hat sich in den letzten Jahren deutlich verbessert. Auch wenn die normative Anforderung für das Referenzgebäude der EnEV 2016 bei einer Rückwärmzahl von 60 % liegt, sind Geräte mit deutlich höheren Werten am Markt üblich [Ref 8-7-9]. Für zertifizierte Passivhäuser liegt das Anforderungsniveau bei 85 %. Die Rückwärmzahl gibt das Verhältnis des übertragenen Temperaturunterschieds zum Temperaturunterschied der Eintrittsmedien an. Bild 8.7-7 zeigt die aus Messung der Temperaturdifferenzen an den Lüftungsgeräten im Einsatz ermittelten Rückwärmzahlen. Sie liegen zwischen den Anforderungsniveaus von EnEV und Passivhaus-Standard. Dabei ist allerdings je nach Sensorposition die Abwärme der Ventilatoren berücksichtigt. Auch unterschiedliche Massenströme auf Zu- und Abluftseite, Leckage-Luftströme und Gehäuseverluste wirken sich auf die Messwerte aus. Vergleichbar mit Prüfstandsmessungen sind die Werte nicht.

Neben den Eigenschaften von Lüftungsgeräten und Kanalnetz spielt auch der Aufstellungsort eine Rolle für die Anlagenperformance. Große Lüftungsanlagen im Gebäude aufzustellen ist eine Frage des Platzes und damit der Kosten des umbauten Raumes, der Einbringung in der Bauphase und beim Ersatz sowie der Wartungsfreundlichkeit im Betrieb. Eine oft gewählte Alternative bietet die Außenaufstellung auf dem Dach, wobei vielfach gestalterisch wenig ansprechende Dachlandschaften in Kauf genommen werden. Bei solchen Anlagen sind die höheren Wärmeverluste über die Gehäusewände und mehr oder weniger lange Luftkanäle im Freien bei der Energiebilanz zu berücksichtigen. Geräte und Kanäle weisen in aller Regel nicht den Wärmeschutzstandard einer hochwertigen Gebäudehülle auf (Bild 8.7-8).

Energieverbrauch im Gebäudebetrieb

Zur Beurteilung des Energieverbrauchs der Lüftungsanlagen wurden bei den untersuchten Gebäuden nach Möglichkeit sämtliche Lüftungsanlagen über einen gemeinsamen Stromkreis erfasst. Demnach werden je nach Gebäude gemischte Anlagenkonzepte betrachtet, da z. B. Küchen oder Besprechungsräume mechanisch be- und entlüftet werden, während Büroräume nur eine Abluftanlage besitzen. Zusätzlich erfolgt bei manchen Gebäuden eine mechanische Nachtlüftung im Sommer. Insofern kann man aus den festgestellten SFP-Werten der Anlagen für die Hauptnutzung nicht ohne weiteres Schussfolgerungen für das gesamte Gebäude herleiten. Bei den Bürogebäuden liegen die Stromverbräuche der Abluftanlagen zumeist etwas niedriger als bei den Zu- und Abluftanlagen (Bild 8.7-11). Bedingt durch die Kombination von einem niedri-

Bild 8.7-8
Dachlandschaft mit Lüftungstechnik beim Studentenwohnheim „Neue Burse" in Wuppertal.
(Quelle: Universität Wuppertal)

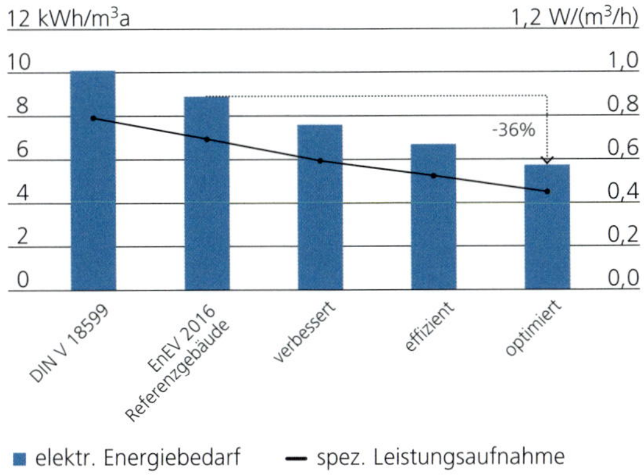

Bild 8.7-6
Rechnerische Ermittlung des Einflusses des SFP-Wertes auf den spezifischen Stromverbrauch der Lüftung am Beispiel eines Modellgebäudes für einen Verwaltungsbau. Die optimierte Variante entspricht dem Passivhauskriterium.
(Quelle: Universität Wuppertal)

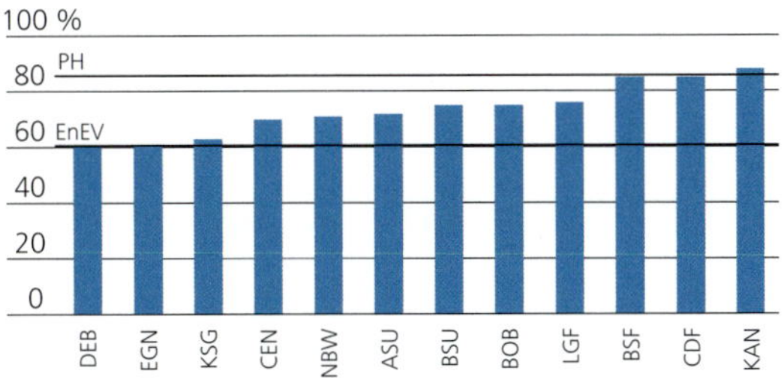

Bild 8.7-7
Auswertung der Rückwärmzahlen der Lüftungsgeräte auf der Basis gemessener Temperaturverhältnisse der Anlagen in den untersuchten Gebäuden verglichen mit dem Anforderungsniveau des Referenzgebäudes gemäß EnEV 2016 und an ein zertifiziertes Passivhaus. Anm.: Bei der Anlage im Energon (EGN) handelt es sich um ein Kreislaufverbundsystem. Bei den Hörsaallüftungsanlagen (LGF) wurde der Mittelwert von zwei Anlagen ausgewertet.
(Quelle: Forschungsinitiative EnOB)

gen SFP-Wert mit nutzungsbedingt geringen Laufzeiten liegt der Wert für die Zu- und Abluftanlage des Hotels in München (CDF) besonders niedrig. Auch das zum Passivhaus sanierte Bürogebäude in Tübingen (BPT) und der Supermarkt (ASU) fallen durch extrem niedrige Werte auf, was an gegenüber der Auslegung reduzierten Luftmengen liegt. Sehr hoch liegen dagegen die Verbräuche beim aktiv über Luft gekühlten Verwaltungsgebäude in Bietigheim-Bissingen (CEN). Bei dem sanierten, kombinierten Produktions- und Verwaltungsgebäude in Karlsruhe (DEB) sind rund 40 % der Fläche Produktionsräume einer Druckerei mit hohen Anforderungen an die Luftwechsel sowie 3-Schicht-Betrieb. Auch die dazugehörigen Sozialräume mit hohen Luftmengen steigern den Energieverbrauch merklich.

Bild 8.7-9
Detail eine Lüftungsanlage am sanierten Mathematikgebäude des KIT. Neben dem Ansaugbauwerk der zentrale Lüftung sind die Lamellen vor den Fassadenöffnungen für die freie Nachtlüftung ablesbar. (Quelle: KIT)

Bild 8.7-10
Detail einer schallgedämmten Überströmöffnung (Schlitzdurchlass zwischen Decke und Tür) in einem Büroraum des Neubaus der Behörde für Stadtentwicklung in Hamburg (Quelle: Universität Wuppertal)

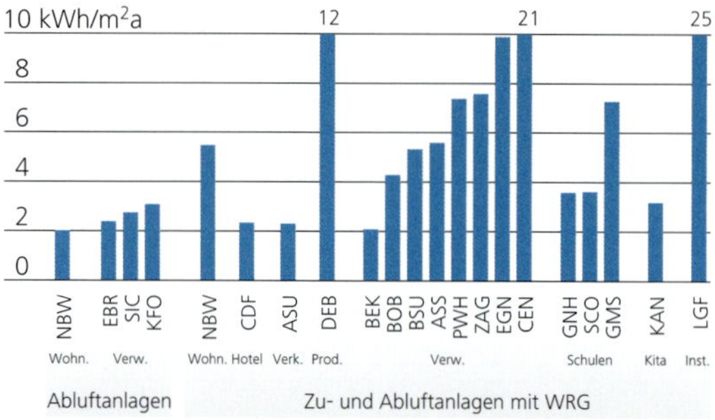

Bild 8.7-11
Stromverbrauch von Lüftungsanlagen auf der Basis von Messwerten in den hierfür untersuchten Gebäuden. Da die Gebäude z. T. mehrere Lüftungskonzepte beinhalten ist die Zuordnung zu Bild 8.7-4 nicht immer eindeutig möglich. (Quelle: Forschungsinitiative EnOB)

Primärenergiebilanz

Die Bilanz einer Lüftung mit Wärmegewinnung wird auf der Ebene von Primärenergie und Klimaschutz auch durch den eingesetzten Energieträger für die Wärmebereitstellung geprägt. Biomassekessel oder Fernwärme mit günstigen Primärenergie- und Klimagasfaktoren verschlechtern rechnerisch die Bilanz, da dem zusätzlichen Stromverbrauch geringere Primärenergieeinsparungen gegenüber stehen. Auf der anderen Seite bewirkt der sinkende Primärenergiefaktor für Strom eine Verbesserung der Bilanz (→ Kapitel 11.1-1).

Das gilt ausdrücklich nicht in Bezug auf die Wirtschaftlichkeit: Niedrige Primärenergie- oder Emissionsfaktoren bedeuten nicht niedrige Bezugskosten eines Energieträgers. Niedrige Faktoren täuschen darüber hinweg, dass die genutzten Energiequellen wie z. B. Biomasse eine begrenzte Verfügbarkeit aufweisen. Insofern sollte insbesondere die Primärenergiebilanz nicht als Entscheidungskriterium herangezogen werden.

Betriebszeiten und Luftmengen anpassen

Dass in der Praxis oft geringere Stromverbräuche erreicht werden als in der Planung berechnet, ist zumeist das Ergebnis einer optimierten Betriebsführung. Normative Nutzungsprofile geben nur Anhaltspunkte für übliche Betriebszeiten und Volumenströme. Die Betriebszeiten und Luftvolumenströme an die realen Nutzungsanforderungen anzupassen, ist ein wesentlicher Erfolgsfaktor guter Projekte (→ Kapitel 3.4).

So wurden bei vielen Gebäuden aufgrund von temporären CO_2 Messungen die Volumenströme reduziert und die Betriebszeiten verringert. Drei Beispiele hierfür sind:

- Beim Supermarkt in Rastatt (ASU) wurde der Sollwert für die CO_2 geregelte Lüftung von 1.000 auf 1.600 ppm angehoben. Der damit verbundene reduzierte Luftwechsel führte ohne Komfortverschlechterung zu einer Einsparung an elektrischer Hilfsenergie für die Lüftung von 30 %. In den begleitenden Nutzerbefragungen wurde keine Veränderung bei der Bewertung der Luftqualität festgestellt [Ref 8.7-10].

- Bei der Schule in Biberach (GMS) wurden erhebliche Stand-By-Verluste der RLT-Anlagen im Rahmen des Monitorings detektiert. 2009 betrugen sie 16 % des RLT-Stromverbrauchs. Allein die Tatsache, dass Lüfter nicht laufen, bedeutet nicht, dass der Stromverbrauch der RLT auf Null geht. Ferien, Wochenenden, Feiertage, Nächte usw. summierten sich auf rund 70 % Stand-By-Zeit pro Jahr. Die konsequente Trennung der Anlagen vom Netz sparte 13 MWh Strom ein [Ref 8.7-11].
- In einem Bürogebäude war im Zeitprogramm der Lüftungsanlage fälschlicherweise ein durchgehender Betrieb von Samstag 0:00 Uhr bis Sonntag 24:00 Uhr hinterlegt. Dies wurde korrigiert. Stattdessen wurde ein sogenannter Spülbetrieb von einer Stunde am Montagmorgen hinzugefügt. Durch diese Maßnahme ließ sich der Strombezug der Lüftungsanlage um rund 30 % senken.

Referenzen, Anmerkungen

Ref 8.7-1
Verband Deutscher Maschinen- und Anlagenbau e.V., Frankfurt a. M. (Hrsg.): Leistungsprogramm für die Wartung von technischen Anlagen und Ausrüstungen in Gebäuden. Teil 1: Lüftungstechnische Geräte und Anlagen. 2002. VDMA 24186-1

Ref 8.7-2
Verein Deutscher Ingenieure (VDI), Düsseldorf (Hrsg.): VDI 6022, Blätter 1-7: Raumlufttechnik, Raumluftqualität. Berlin: Beuth Verl., 2011-2015

Ref 8.7-3
Voß, T.: Wärmeverluste durch Lüftungsgitter in den Fassaden. Aktennotiz zum Projekt REB. Universität Wuppertal, Fakultät für Architektur und Bauingenieurwesen. Lehrgebiet Bauphysik und Technische Gebäudeausrüstung (btga). 2011

Ref 8.7-4
Engelmann. P., Musall, E., Voss, K.: Sanierung eines Bürogebäudes der 60er Jahre zu einem Niedrigenergiehaus. Schlussbericht. FKZ 0329750X. Universität Wuppertal, Fakultät für Architektur und Bauingenieurwesen. Lehrgebiet Bauphysik und Technische Gebäudeausrüstung (btga) (Hrsg.). 2010

Ref 8.7-5
Kriegel, M.; Schaub, M.: Dimensionierungsfaktoren für Luftleitungen. In: HLH - Lüftung/Klima, Heizung/Sanitär, Gebäudetechnik. Jg. 66 (2015), H. 8, Sonderteil Lüftung und Brandschutz

Ref 8.7-6
Effizienz ist wichtig. Luftförderung in Gebäuden und bei industriellen Anlagen. 2012. Merkblatt 24 http://www.topmotors.ch/Download/ (Aufruf 10.12.2015)

Ref 8.7-7
Deutsches Institut für Normung DIN e. V., Berlin (Hrsg).: DIN EN 13779:2007-09: Lüftung in Nichtwohngebäuden - Allgemeine Grundlagen und Anforderungen an Lüftungs- und Klimaanlagen. Berlin: Beuth Verlag, 2007

Ref 8.7-8
Verein Deutscher Ingenieure (VDI), Düsseldorf (Hrsg.): VDI Richtlinie 3803-Blatt 4: Raumlufttechnik- Geräteanforderungen, Luftfiltersysteme (VDI Lüftungsregeln). Berlin: Beuth Verlag, 2012

Ref 8.7-9
Deutsches Institut für Normung DIN e. V., Berlin (Hrsg).: DIN EN 13053: 2012-02: Lüftung von Gebäuden – Zentrale raumlufttechnische Geräte – Leistungskenndaten für Geräte, Komponenten und Baueinheiten. Berlin: Beuth Verlag, 2012

Ref 8.7-10
Réhault, N.: Aldi 2010 – Hocheffizienter Supermarkt mit geothermiegestütztem CO2-Kälteverbund. Abschlussbericht. FKZ 0327894A. Fraunhofer Institut für Solare Energiesysteme (ISE), Freiburg i. Br. (Hrsg.). 2013

Ref 8.7-11
Lüftung in Schulen. BINE-Themeninfo I/2015. FIZ Karlsruhe GmbH. BINE Informationsdienst, Bonn (Hrsg.) http://www.bine.info/publikationen/themeninfos/publikation/lueften-in-schulen/ (Aufruf 10.12.2015)

8.8 Gebäude interagieren mit dem Netz

Konstantin Klein
Doreen Kalz

Die fortschreitende Umstellung des deutschen Energiesystems auf erneuerbare Energien bringt es mit sich, dass zu bestimmten Zeiten Strom aus regenerativen Quellen im Überfluss vorhanden ist, wohingegen zu anderen Zeiten der Strom emissionsbelastet mit fossilen Spitzenlastkraftwerken erzeugt werden muss (→ Kapitel 1.3). Da Strom im Gegensatz zu anderen Energieformen nur schwierig speicherbar ist, müssen Stromerzeugung und Stromverbrauch zu jedem Zeitpunkt im Gleichgewicht sein. Um dies zu gewährleisten, stehen verschiedene technische Maßnahmen – sogenannte Flexibilitätsoptionen – zur Verfügung, die den Ausgleich von „zu viel" und „zu wenig" Strom liefern [Ref 8.8-1].

Flexibilitätsoptionen

Unter „Flexibilitätsoption" werden Maßnahmen zusammengefasst, welche das Ziel haben, kurzfristig auf Schwankungen in der Stromproduktion oder Stromnachfrage zu reagieren. Dazu zählen:

- flexibilisierte und bedarfsorientiert betriebene konventionelle Kraftwerke und KWK-Anlagen,
- Energieumwandlungsprozesse wie Power-to-gas oder Power-to-liquid,
- bedarfsgerechte Erzeugung aus erneuerbaren Energien (z. B. Einspeisemanagement von Windkraft- und PV-Anlagen, stromgeführte Fahrweise von Biomasseanlagen und
- Lastmanagement (z. B. abschaltbare Lasten in Haushalt, Gewerbe und Industrie).

Die jeweiligen Flexibilitätsoptionen weisen unterschiedliche Eigenschaften auf, z. B. positive und negative bereitstellbare Ausgleichsleistung, Abrufgeschwindigkeit, saisonale Verfügbarkeit und Ausbaupotenzial. Heute nehmen Flexibilitätsoptionen z. B. über die Regelleistungsmärkte oder die Strombörse EEX am Energiemarkt teil [Ref 8.8-3].

Unter „Lastmanagement" (demand-response) versteht man die Änderung des zeitlichen Verlaufs des Strombezuges von Endverbrauchern als Reaktion auf ein Preissignal oder andere Anreizmechanismen. Gebäude, die Strom zur Wärme- und Kälteerzeugung nutzen (z. B. mit elektrischen Wärmepumpen oder Kältemaschinen) oder regelbar Strom produzieren (z. B. mit Anlagen in Kraft-Wärme-Kopplung (KWK)), können zum Lastmanagement genutzt werden und somit zur Flexibilisierung des Energiesystems beitragen. Verhalten sich Gebäude konform zu den Zielen eines Lastmanagements (z. B. Integration erneuerbarer Energien), spricht man von einem netzdienlichen Verhalten [Ref 8.8 2].

Kennzahlen für Netzdienlichkeit

Im Zusammenhang mit Nullenergiegebäuden (→ Kapitel 3.3) wurden eine Reihe von Kennzahlen entwickelt, um die zeitliche Übereinstimmung von lokaler Stromproduktion am Gebäudestandort und lokalem Stromverbrauch zu analysieren (Bild 3.3-12). Die Eigenverbrauchsquote gibt an, welcher Anteil des lokal produzierten Stroms im Gebäude genutzt wird. Der Autonomiegrad oder die Eigenstromversorgung beschreiben, welcher Anteil des im Gebäude benutzten Stroms aus der lokalen Erzeugung stammt [Ref 8.8-4].

Um festzustellen, ob Gebäude den benötigten Strom im Mittel zu günstigen oder ungünstigen Zeiten bzw. bei einer hohen oder niedrigen Verfügbarkeit von Strom aus erneuerbaren Quellen beziehen, wurden zwei weitere Kennzahlen entwickelt: der absolute und der relative Grid- Support-Coefficient (GSC_{abs} und GSC_{rel}) [Ref 8.8-2].

Der Ansatz von GSC_{abs} besteht darin, den zeitaufgelösten Strombezug mit einer Referenzgröße zu „gewichten". Als Referenz können zum Beispiel die in Kapitel 1.3 vorgestellten netzbasierten Kennzahlen (EEX-Preis, Residuallast, Anteil von Wind- und Solarstrom, kumulierter Energieverbrauch) dienen. So bedeutet etwa ein Wert GSC_{abs}(EEX) von 0,95, dass Strom im gewichteten Mittel zu 95 % des durchschnittlichen EEX-Preises im Analysezeitraum bezogen wird. Die Auswertung ist für beliebige Zeitskalen von wenigen Stunden bis zu mehreren Betriebsjahren möglich.

Die Kennzahl GSC_{abs} ist einfach zu interpretieren, es ist jedoch in der Regel nicht unmittelbar bekannt, ob es sich um einen Wert nahe dem Optimum handelt oder ob noch großes Verbesserungspotenzial besteht. Als Ergänzung dient daher die relative Netzdienlichkeit GSC_{rel}, die den erreichten Wert von GSC_{abs} auf einer Skala von -100 bis 100 einordnet. Hierbei entspricht ein GSC_{rel}–Wert von 100 einem „netzoptimale" Profil, bei dem der Strombezug in den aus Sicht des Netzes günstigsten Tagesstunden stattfindet, wohingegen dem aus Netzsicht ungünstigsten Profil ein GSC_{rel}-Wert von -100 zugeordnet wird. Bei der Berechnung dieser Extremfälle wird vereinfachend davon ausgegangen, dass der Strombezug innerhalb eines Tages, aber nicht zwischen verschiedenen Betriebstagen verschoben werden kann. Weiterhin liegt die idealisierte Annahme zugrunde, dass bei der Lastverschiebung die Maximalleistung und Effizienz der betrachteten Wärme- und Kälteerzeuger sowie Speicherverluste trotz möglicherweise veränderter Temperaturniveaus konstant bleiben.

Netzdienlichkeit heutiger Gebäude

Eine Auswertung von 52 Bestandsanlagen, darunter 8 Wärmepumpen und 4 Kältemaschinen in Bürogebäuden, 2 BHKW in Mehrfamilienhäusern und 38 Wärmepumpen in Einfamilienhäusern, zeigt, dass sich der Großteil der heutigen Anlagen „netzadvers" bis hin zu „netzneutral" verhält. Dies liegt unter anderem daran, dass die Anlagen zumeist im Teillast- oder Taktbetrieb während des gesamten Tages und nicht nur während der Stunden mit der niedrigsten Residuallast oder dem höchsten Anteil Erneuerbarer Energien im Strommix betrieben werden (Bild 8.8-2).

Das Beispiel der zwei BHKW, die mit prädiktiven, auf den EEX-Preis optimierten Regelungen ausgestattet sind, macht deutlich, dass sich durch entsprechende Maßnahmen schon heute sehr hohe relative Netzdienlichkeiten (GSC_{rel}(EEX) über 70) erreichen lassen.

Ansätze zur Steigerung der Netzdienlichkeit

Im Folgenden wird nach vier Maßnahmen zur Steigerung der Netzdienlichkeit unterschieden: Umschaltung zwischen Energieträgern, Nutzung technischer Speicher, Nutzung der Gebäudemasse als Energiespeicher und Einbeziehung lokaler Energiequellen.

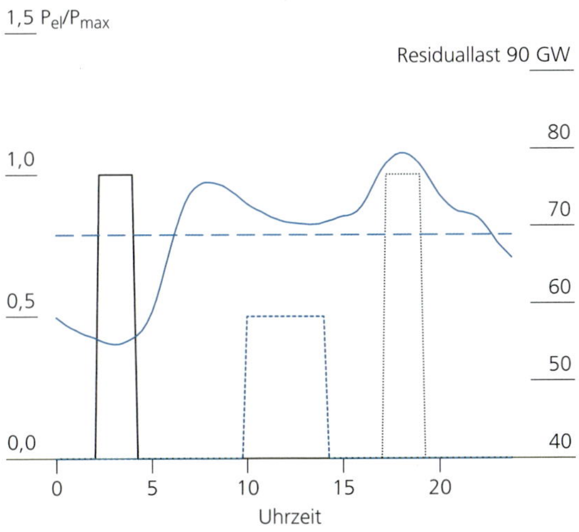

— Netzdienlich: GSC_{abs} = 0,80 / GSC_{rel} = 100
······ Netzadvers: GSC_{abs} = 1,14 / GSC_{rel} = -100
----- Ungeregelt: GSC_{abs} = 1,03 / GSC_{rel} = -35
— Residuallast [GW]
– – Mittelwert der Residuallast [GW]

Bild 8.8-1
„Netzdienliches" (schwarz), „netzadverses" (grau) und ungeregeltes (hellgrau) Strombezugsprofil in Bezug auf die Residuallast, dargestellt für einen Beispieltag. (Quelle: Fraunhofer ISE)

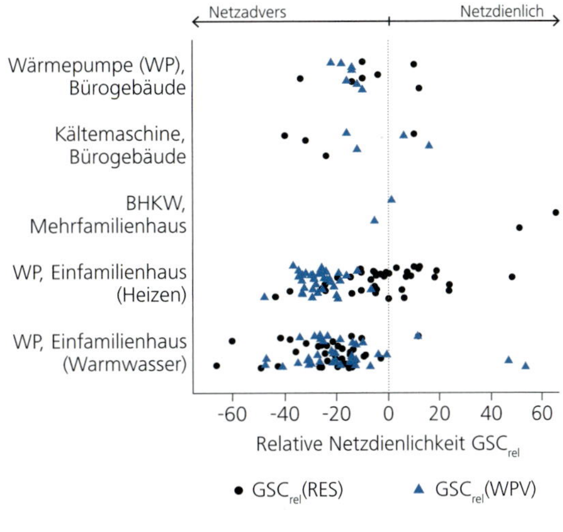

Bild 8.8-2
Gemessene Netzdienlichkeit von 52 Bestandsanlagen in Bezug auf die Residuallast und den Anteil erneuerbarer Energien im Strommix. Grid support coefficient bezogen auf die Residuallast (RES) und den Anteil erneuerbarer Energie im System (WPV) [Ref 8.8-2].

Ansatz 1: Umschaltung zwischen unterschiedlichen Energieträgern

Ein Ansatz zur Steigerung der Netzdienlichkeit von Gebäuden besteht in dem gezielten Wechsel zwischen elektrischen und nicht-elektrischen Wärme- und Kälteerzeugern. Beispielsweise kann eine Wärmepumpe gerade dann betrieben werden, wenn viel erneuerbarer Strom im Netz vorhanden ist, während ein Gaskessel zu Zeitpunkten mit zu wenig Ökostrom zum Einsatz kommt. Zur Umsetzung dieses Konzeptes ist ein multivalentes Versorgungssystem notwendig, was zu höheren Investitionskosten in Erwartung günstigerer Energiebezugskosten führt.

Beispiel: Liegenschaft mit Kraft-Wärme-Kälte-Kopplung

Für eine Liegenschaft mit ca. 60.000 m² Nutzfläche und Kraft-Wärme-Kälte-Kopplung wurden verschiedene Betriebskonzepte mit einer Umschaltung zwischen unterschiedlichen Energieträgern entwickelt und in dynamischen thermohydraulischen Simulationen getestet. Bei durchschnittlichen Anteilen erneuerbarer Energien im Netz werden die vier BHKW der Liegenschaft so betrieben, dass sie den lokalen Stromverbrauch der Liegenschaft decken. Wenn besonders wenig bzw. viel erneuerbarer Strom verfügbar ist, wird die Betriebsfolgeschaltung so angepasst, dass die Netzeinspeisung bzw. der Netzbezug maximiert wird. Gleichzeitig kann die Kältelast entweder durch Kompressionskältemaschinen aus Strom oder durch eine Absorptionskältemaschine aus BHKW-Abwärme erzeugt werden. Simulationen zeigen, dass die Liegenschaft im netzdienlichen Betrieb bis zu 600 kW_{el} zusätzlich vom Netz beziehen bzw. 400 kW_{el} zusätzlich ins Netz einspeisen kann - dies entspricht rund 50 % bzw. 33 % der maximalen Stromlast der Liegenschaft. Durch eine Kombination mit technischen Speichern lässt sich das Lastverschiebungspotential weiter steigern.

Ansatz 2: Nutzung von technischen Speichern

Um die Wärme- und Kälteerzeugung in die „netzgünstigsten" Stunden zu verlagern, aber weiterhin jederzeit die thermischen Lastanforderungen des Gebäudes zu decken, ist der Einsatz von Speichern erforderlich. Grundsätzlich können sowohl elektrische (Batterie-) Speicher als auch thermische Speicher, d. h. Warm- und Kaltwasserspeicher, Phasenwechselspeicher oder Trinkwarmwassertanks genutzt werden.

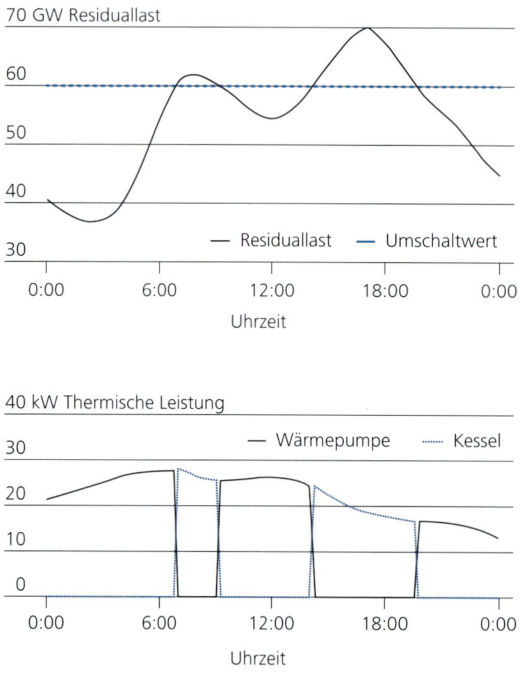

Bild 8.8-3
Beispiel für die Umschaltung zwischen strom- und gasgeführter Wärmeerzeugung bei „Fuel Switch"-Betriebskonzepten.
(Quelle: Fraunhofer ISE)

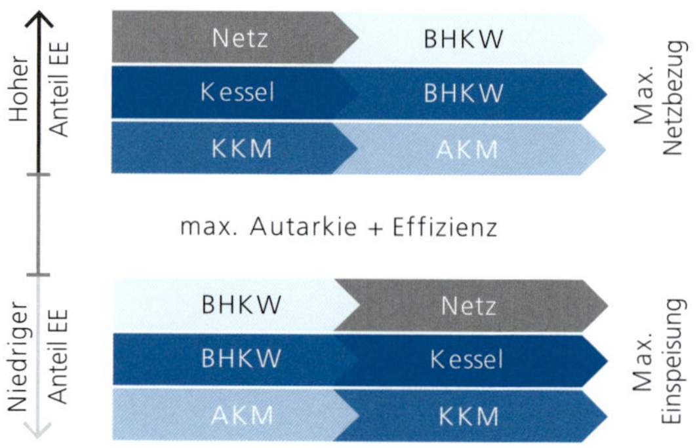

Bild 8.8-4
Betriebsfolgeschaltung der Strom- (grau), Wärme- (dunkelblau) und Kälteversorgung (hellblau) einer Liegenschaft mit ca. 60.000 m² Nutzfläche in Abhängigkeit der Situation im Stromnetz. Absorptionskältemaschine (AKM), Kompressionskältemaschine (KKM).
(Quelle: Fraunhofer ISE)

Beispiel: Bedarf an technischen Speichern für gesteigerte Netzdienlichkeit

Ein Vergleich der gemessenen und der aus Netzsicht optimalen Strombezugsprofile von 38 Wärmepumpen in Wohngebäuden zeigt, dass mindestens 5 Volllaststunden Speicherkapazität notwendig sind, um ganzjährig einen netzoptimalen Betrieb zu erreichen und gleichzeitig die thermische Lastanforderung des Gebäudes zu decken – dies entspricht gut 430 Liter Speichervolumen pro Kilowatt thermischer Nennleistung des Wärme- bzw. Kälteerzeugers bei einer Temperaturdifferenz zwischen Vor- und Rücklauf von 10 Kelvin. Etwa 2 Volllaststunden Speicherkapazität, dies entspricht 170 l/kW$_{th}$ *bei einer Temperaturspreizung von 10 Kelvin, reichen aus, um die Wärme- und Kälteerzeugung an rund der Hälfte der Betriebstage „netzoptimal" zu betreiben und den Großteil der möglichen Steigerung der Netzdienlichkeit zu realisieren. Diese Werte übersteigen die heute typischerweise in Wohn- und Nichtwohngebäuden installierten Speicher im Bereich von 25 l/kW*$_{th}$ *bis 50 l/kW*$_{th}$ *um ein Vielfaches [Ref 1.3-3].*

Ansatz 3: Die Gebäudemasse als Speicher

Auch Anlagen mit vergleichsweise kleinen Wasserspeichern können netzdienlich betrieben werden, wenn das zeitliche Profil der Wärme- und Kälteübergabe an die Räume entsprechend angepasst wird. Dabei wird die Gebäudemasse als thermischer Speicher genutzt. Niedertemperatur-Wärmeübergabesysteme wie thermoaktive Bauteilsysteme (TABS) verfügen über eine hohe thermische Trägheit und somit eine große Speicherkapazität (→ Kapitel 6.4). Die Einhaltung thermischer Komfortanforderungen stellt aufgrund des hohen Zeitverzuges zwischen Beladung und Übergabe der thermischen Energie an die Zone eine große regelungstechnische Herausforderung dar, die durch die zusätzliche Nutzung der Gebäudemasse als Wärme- oder Kältespeicher noch weiter gesteigert wird.

Dass sich TABS grundsätzlich als Speicher nutzen lassen, zeigen erste Simulationen. So wurde untersucht, wie sich unterschiedliche Beladungsstrategien auf den thermischen Raumkomfort in einer Zone mit für ein europäisches Bürogebäude typischer Architektur und Nutzung auswirken. Durch ein Wärmelieferungsprofil, welches „netzoptimal" in Bezug auf den EEX-Preis ist, wurden kaum höhere Abweichungen der Raumtemperatur vom Komfortbereich verzeichnet.

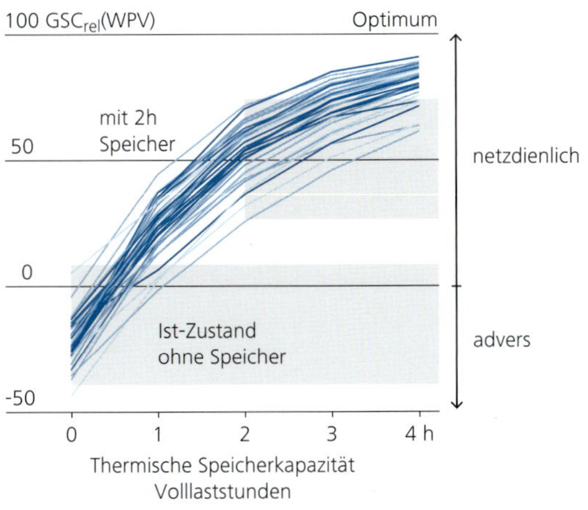

Bild 8.8-5
Erreichbare relative Netzdienlichkeit GSC$_{rel}$ von 38 Wärmepumpen in Einfamilienhäusern (Nennleistungen 5,9-18,5 kW$_{th}$) in Abhängigkeit der thermischen Speicherkapazität [Ref 8.8-2].

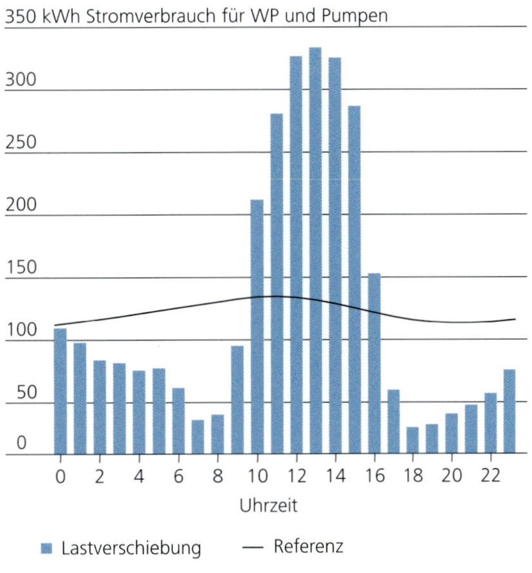

Bild 8.8-6
Stündlich aggregierter Stromverbrauch für Wärmepumpe (WP) und Hydraulikpumpen für Nullenergiegebäude ohne und mit Lastverschiebung, Beispielmonat Februar.
(Quelle: Fraunhofer ISE, basierend auf [Ref 8.8-5])

Optimale Nutzung lokaler Stromerzeugung

Sofern ein Gebäude über eine lokale Stromproduktion verfügt (z. B. durch eine Solarstromanlage), muss diese in die Optimierung der Netzdienlichkeit mit einbezogen werden. Zum einen ist eine bevorzugte Nutzung erneuerbarer Energien eines der wichtigsten Ziele netzdienlicher Gebäudetechnik. Zum anderen entsteht durch eine Maximierung der Eigenstromnutzung nicht nur ein technischer Mehrwert in Form einer Netzentlastung, sondern durch die unterschiedlichen Vergütungen für selbst genutzten und eingespeisten Strom bereits heute ein wirtschaftlicher Anreiz.

In einer Simulationsstudie für ein Nullenergie-Bürogebäude mit Solarstromanlage, einer Wärmepumpe mit Kühlfunktion sowie einem TABS für die Wärmeübergabe konnte gezeigt werden, dass durch einen speziellen Energiemanagement-Algorithmus Eigenverbrauch und Autarkie bei gleichzeitiger Verbesserung der Netzdienlichkeit um acht bis neun Prozentpunkte gesteigert werden konnten [Ref 8.8-5].

Forschung und Innovation

Wesentliches Hemmnis für einen flächendeckenden Einsatz netzdienlicher Gebäudetechnik sind die derzeit nicht ausreichenden finanziellen Anreize für Gebäudebetreiber. Dies äußert sich wie folgt:

- Es gibt derzeit kaum zeitvariable Stromtarife für Endkunden.
- Selbst bei einer direkten Weitergabe von Börsenstrompreisen an den Endverbraucher machen zeitlich konstante Abgaben, Umlagen und Steuern mehr als 75 % des Strompreises aus. Der durch den Markt bestimmte Preisbestandteil kann deshalb nur relativ geringe Preisschwankungen hervorrufen und liefert nur einen viel zu schwachen Anreiz zum Lastmanagement.
- Regelungen der Netzentgeltverordnung richten sich nach der maximalen Stromstärke des Netzstrombezuges und begünstigen somit eine Vergleichmäßigung des Strombezugs aus dem Netz. Ein netzdienlicher Betrieb würde ggf. zu einer deutlichen Erhöhung der Netzentgelte führen, die die möglichen Erlöse oft um ein Vielfaches übersteigen könnte.
- Für Betreiber kleiner Anlagen ist es derzeit schwierig oder unmöglich, an den Strom- und den Regelleistungsmärkten teilzunehmen.

Bild 8.8-8
oben: Laborgebäude auf dem Fraunhofer ISE-Campus mit gebäudeintegriertem 500m³ Kaltwasserspeicher
unten: Rohbau des gebäudeintegrierten 500 m³ Kaltwasserspeichers.
(Quelle: Fraunhofer ISE)

Bild 8.8-7
oben: Laborgebäude auf dem Fraunhofer ISE-Campus mit gebäudeintegriertem 500m³ Kaltwasserspeicher
unten: Rohbau des gebäudeintegrierten 500 m³ Kaltwasserspeichers.
(Quelle: Fraunhofer ISE)

Contracting-Modelle stellen einen möglichen Lösungsansatz zur Überwindung der genannten Hemmnisse dar. Ein Contractor stellt dabei sowohl die Hardware bereit (Regler, datentechnische Einbindung) und übernimmt auch die Vermarktung der flexiblen Verbraucher und Erzeuger an der Strombörse. Dem Gebäudebetreiber können zusätzlich zu den Erlösen aus der angebotenen Flexibilität weitere finanzielle Anreize dadurch entstehen, dass der neue, optimale Regler die Effizienz der Wärme- und Kälteerzeugung erhöht und so die laufenden Betriebskosten senkt. Die Zusammenfassung mehrerer Anlagen durch den Contractor erschließt Gebäude für eine Reihe verschiedener Geschäftsmodelle. So können diese als virtuelle Kraftwerke bzw. Stromspeicher direkt als Akteure am Energiemarkt auftreten, zum Bilanzkreisausgleich bei Prognosefehlern genutzt werden oder Besitzern von fluktuierenden Erzeugungsanlagen wie Windparks bei der Sicherstellung zugesagter Leistungen helfen.

Ausblick

Im Vergleich zur typischen Lebensdauer von Gebäuden verändern sich die Randbedingungen im deutschen Energiesystem derzeit schnell. Daher sollte bereits heute bei der Auslegung neuer Gebäude das Flexibilitätspotenzial des gewählten Versorgungskonzepts berücksichtigt werden.

Referenzen, Anmerkungen

Ref 8.8-1
Jansen, M.; Richts, C.; Gerhardt, N. u. a.: Strommarkt-Flexibilisierung. Hemmnisse und Lösungskonzepte. Studie im Auftrag des BEE e.V. Fraunhofer-Institut für Windenergie und Energiesystemtechnik (IWES). Bereich Energiewirtschaft & Netzbetrieb, Kassel (Hrsg.); Energy Brainpool GmbH & Co. KG, Berlin (Hrsg.). Bochum: Ponte Press, 2015. ISBN 978 3 920328 72 0

Ref 8.8-2
Klein, K.; Langner, R., Kalz, D.; Herkel, S., Henning, H.-M.: Grid Support Coefficients for electricity-based heating and cooling and field data analysis of present-day installations in Germany. In: Applied Energy. Vol. 162 (2016), January, p. 853-867

Ref 8.8-3
Lund, P.D.; Lindgren, J.; Mikkola, J. u. a.: Review of energy system flexibility measures to enable high levels of variable renewable electricity. In: Renewable and Sustainable Energy Reviews. Vol. 45 (2015), p. 785-807

Ref 8.8-4
Salom, J.; Marszal, A. J.; Widén, J. u. a.: Analysis of load match and grid interaction indicators in net zero energy buildings with simulated and monitored data. In: Applied Energy. Vol. 136 (2014), p. 119-131

Ref 8.8-5
Klein, K.; Kalz, D.; Herkel, S.: Grid impact of a net-zero energy building with BiPV using different energy management strategies. In: CISBAT 2015. Future Buildings & Districts Sustainability From Nano to Urban Scale. International Scientific Conference Lausanne (Schweiz), 9.-11. September 2015. P. 579-584

9 Gebäudeperformance in Planung und Betrieb verbessern

Sebastian Herkel

Die Gebäudetechnik wird seit Jahren komplexer und damit anspruchsvoller. Und es gibt einen Trend zu vernetzten Systemen. Das bietet Chancen, Gebäude effizienter in Betrieb zu nehmen und nutzergerechter zu betreiben. Auch die Energieeffizienz kann mit aktueller Gebäudetechnik gesteigert werden. Mit zunehmender Komplexität entstehen allerdings auch neue Risiken – die im dreistufigen Prozess Planung, Inbetriebnahme und Betrieb eine systematische Qualitätssicherung erfordern.

Die Organisation dieses Prozesses wird durch den Aufbau von Qualitätsregelkreisen unterstützt. Eine strukturierte, klare Beschreibung der Anforderungen, Funktion und des geplanten Betriebes in der Planungsphase ist Grundlage für eine Inbetriebnahme, die neben der grundsätzlichen Betriebsbereitschaft auch Funktionalitäten überprüft. Die Grundlage für den Aufbau von Qualitätsregelkreisen für Planung und Inbetriebnahme wird in Kapitel 9.1 beschrieben.

Eine zentrale Rolle für gute Performance im Betrieb übernehmen die Gebäudeautomationssysteme, die durch schnelle Datenkommunikation zunehmend in der Lage sind, auch umfangreichere Aufgaben des Qualitätsmanagements zu übernehmen, beispielsweise das Gebäudemonitoring. Neue Verfahren wie Emulation von Gebäudeautomationssystemen oder aktive Funktionsbeschreibungen ermöglichen die Prüfung der Umsetzung in Gebäudeautomationssystemen bei der Inbetriebnahme. In Kapitel 9.2 werden diese Verfahren beschrieben und an Beispielen erläutert.

Einen Schwerpunkt zur Qualitätssicherung stellt das kontinuierliche Monitoring dar. Es dient der Erhaltung des optimalen Betriebs über die gesamte Gebäudenutzungsphase. Anpassungen durch Nutzungsänderung und damit verbunden geänderten Anforderungen sowie Verschleiß und Erneuerung von technischen Anlagen wird mit Hilfe eines Monitorings überwacht und analysiert, um fortlaufend die Effizienz des Gebäudes zu gewährleisten. Methoden zur systematischen Erfassung, Verarbeitung und Analyse sowie Erfahrungen zum Monitoring werden detailliert in Kapitel 9.3 erläutert.

Verfahren zur Fehlererkennung und -identifikation, die auf Betriebsdaten aus dem Monitoring beruhen, unterstützen das Gebäudemanagement bei der kontinuierlichen Qualitätssicherung. Durch die Anpassung der Regelungsparameter an die realen Nutzungs- und Wetterbedingungen kann eine optimierte Performance erreicht werden. Im Rahmen der Förderinitiative EnOB wurden Forschungsvorhaben zur Betriebsüberwachung und -optimierung durchgeführt.

9.1 Qualitätssicherung planen / Prozesse optimieren

Stefan Plesser

Gebäude sind heute deutlich komplexer als noch vor 30 Jahren. Entsprechend sind auch die Prozesse beim Planen, Bauen und Betreiben anspruchsvoller geworden.

Heutige Gebäude erreichen zwar signifikante Fortschritte in Bezug auf Raumklima und Energieeffizienz. Gleichzeit wird aber immer wieder von erheblichen Mängeln am Bau, von Fehlern im Betrieb und über inadäquates Nutzerverhalten berichtet, wodurch die Energie-, Komfort- und Wirtschaftlichkeitsziele verfehlt werden. Aktuelle Forschungsergebnisse zeigen Effizienzverluste von bis zu 20 % durch Qualitätsdefizite [Ref. 9.1-1]. Entsprechend nimmt die Bedeutung des Qualitätsmanagements zu.

Gebäudeperformance und Qualität

Der Begriff der Integralen Planung, der im Mittelpunkt der Verbesserung der Gebäudeperformance steht, bezeichnet ein ganzheitliches Planungsverständnis, das einzelne Planungsaufgaben zu einem optimierten Ganzen zusammenführt. Um den gestiegenen Anforderungen gerecht zu werden, haben sich zunächst die frühen Phasen der Konzeptionierung von Gebäuden verändert. Gebäudehülle und Anlagentechnik werden seit 2007 in Deutschland auf Basis der Energieeinsparverordnung (EnEV) [Ref. 9.1-2] und der DIN V 18599 [Ref. 9.1-3] ganzheitlich unter Berücksichtigung von Heizung, Kühlung, Lüftung, Beleuchtung, Trinkwarmwasser und Hilfsenergie bewertet.

Die EnEV führte dabei zwei Bewertungsmethoden ein. Eine Methode berechnet den Energiebedarf auf Basis eines technisch-physikalischen Modells, die andere vergleicht den gemessenen Energieverbrauch mit Referenzwerten eines vergleichbaren Gebäudetyps. Diese Dualität ist auch Ausdruck des Bewusstseins, dass zwischen den Aussagen beider Modelle in der Regel ein Unterschied besteht (→ Kapitel 3.4). Neben der zwangsläufigen Unschärfe der Modellierung im monatlichen Bilanzverfahren und Messfehlern sowie unterschiedlichen Randbedingungen unter anderem für die Witterung und die Nutzung führen auch Fehler und Mängel in der Planung, Ausführung und Betriebsführung zu Abweichungen. Diese – im Gegensatz zu veränderten Nutzungsbedingungen – nicht intendierten Abweichungen werden als Qualitätsdefizite bezeichnet und stellen ein Risiko für den Projekterfolg dar.

Qualität und Qualitätsregelkreise

Für Produktionsprozesse außerhalb des Baugewerbes sind umfangreiche Konzepte zur Qualitätssicherung entwickelt worden. Ziel von Überwachung und Steuerung sind Prozesse, die die Erfüllung von Qualitätsanforderungen unterstützen. Liegen die zu sichernden Qualitäten innerhalb definierter Grenzen oder verhält sich der Prozess auf bekannte Art und Weise, so wird der Prozess „beherrscht". Wird der Prüfprozess als definierte Methode zur Bewertung von Soll- und Istwert zusammen mit einem Wirkmechanismus zurück in den Prozess aufgebaut, so spricht man analog zur Regelungstechnik von einem Qualitätsregelkreis.

Da die Bewertung der Gebäudeperformance aufwändig ist (→ Kapitel 2), werden Qualitätsdefizite meist erst mit dem Fokus auf einzelne Systeme oder Komponenten sichtbar. Zu einzelnen Anlagentypen wurden in den letzten Jahren Untersuchungen durchgeführt. So konnten z. B. für Lüftungsanlagen Einsparpotenziale allein durch Betriebsoptimierung von 26 % (Wärme) und 31 % (Strom) identifiziert werden ([Ref. 9.1-4], → Kapitel 8.7).

Die Ursachen sind dabei vielfältig und umfassen technische Fehler von der Hydraulik über Regelstrategien und Parametrierung bis zur Betriebsführung (→ Kapitel 8.4).

Qualität im Lebenszyklus

Im Bauprozess sind die meisten Ansätze zur Qualitätssicherung in der Honorarordnung für Architekten und Ingenieure HOAI [Ref. 9.1-5] sowie in der Vergabe- und Vertragsordnung für Bauleistungen (VOB,

Teil C) [Ref. 9.1-6] verankert. Der Fachplaner plant Gebäude und Anlagen in den frühen Leistungsphasen (LP 1-5), unterstützt die Vergabe (LP 6/7), führt die Überwachung der Ausführung durch und unterstützt bei Abnahmen und Mängelverfolgung (LP 8/9). Der Errichter schuldet dabei die ausgeschriebenen Qualitäten als Teil des mängelfreien Werks. Für die Durchführung von Qualitätssicherungsprüfungen z. B. im Rahmen von Abnahmen liegt ein umfangreiches Normen- und Richtlinienwerk vor. Als Beispiel sei hier die DIN EN 12599 [Ref. 9.1-7] genannt, die detailliert Kennwerte, Messverfahren und Prüftiefenklassen für die Abnahme von Lüftungsanlagen definiert.

Dem Fachplaner kommt hier in zweifacher Hinsicht eine Doppelrolle zu: Er ist als Planer operativer Teil des Bauprojekts und gleichzeitig prüfende Instanz gegenüber dem Errichter. Darüber hinaus muss sich der Planer in Bezug auf die eigene Leistung selbst prüfen: Eine unabhängige Prüfinstanz ist – mit wenigen sicherheitsrelevanten Ausnahmen wie der Prüfstatik oder dem Brandschutz – nicht vorgesehen. Es ist offensichtlich, dass sich unter betriebswirtschaftlichen Bedingungen ein Spannungsfeld auftut. Im Dreieck von Kosten, Terminen und Qualität ist letztere zumindest dort, wo Defizite nicht offensichtlich sind (wie z. B. bei der Energieeffizienz), die schwächste Größe, so dass sie bei den üblichen Zwängen in den anderen beiden Bereichen schnell unter Druck gerät. Entsprechend besteht gerade bei zunehmend anspruchsvollen Gebäuden ein Bedarf an zusätzlichen Mechanismen für das Qualitätsmanagement.

Bild 9.1-1
Plusenergieschule Lohr am Main
(Quelle: Fraunhofer ISE)

Beispiel: Planung der Plusenergieschule Lohr

Die komplexe Aufgabe einer Planung und Koordination der Sanierung eines Schulzentrums verdeutlicht, wie wichtig qualitätssichernde Maßnahmen im Planungsablauf sind (Bilder 9.1-1, 9.1-2). Durch notwendige Anpassungen des Konzeptes aufgrund schwieriger technischer Realisierungsmöglichkeiten sind im Planungsprozess immer wieder Iterationsschleifen notwendig, um die Qualität zu sichern.

Einführung von Konzepten zum Qualitätsmanagement

Als Konsequenz der Qualitätsprobleme wurden in der Praxis zusätzliche Mechanismen für das Qualitätsmanagement eingeführt.

Für Energiebedarfsausweise wurde mit der EnEV 2014 die Pflicht zur Meldung der Ausweise eingeführt. In Zukunft soll dieser Prozess durch eine Prüfung der Berechnung und im Einzelfall mit einer Prüfung vor Ort ausgedehnt werden. Im Rahmen des Projekts IQS 18599 wurde ein Prüfprozess für die „Integrale Qualitätssicherung" auf Basis der Berechnungen nach DIN V 18599 entwickelt [Ref. 9.1-8].

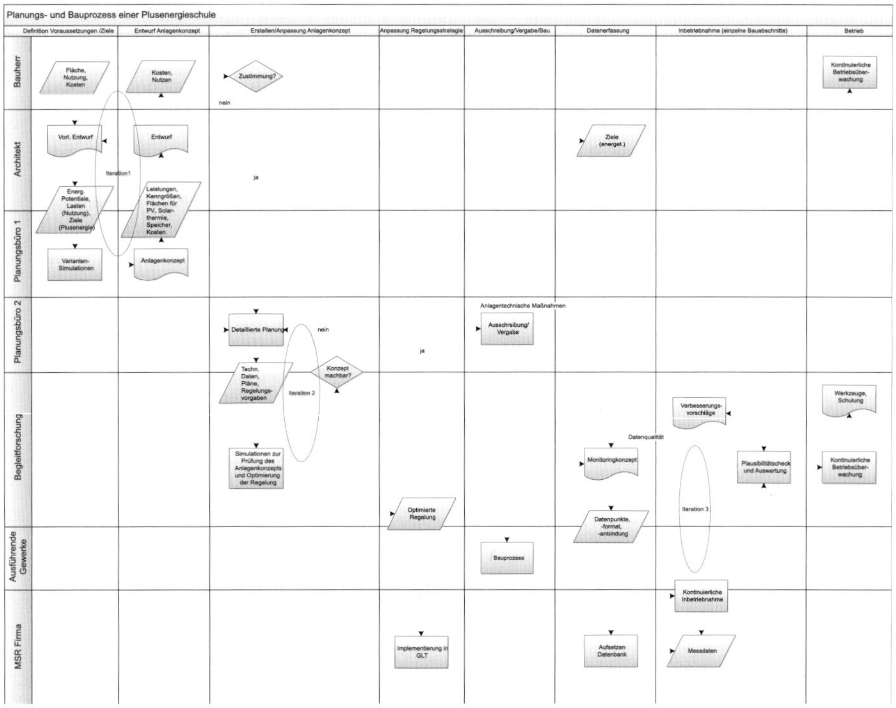

Bild 9.1-2
Ablauf der Planung bei der Sanierung der Plusenergieschule Lohr am Main
(Quelle: Fraunhofer ISE)

In VDI 6026 [Ref. 9.1-9] wurde erstmals detailliert beschrieben, welche Planungsunterlagen in den verschiedenen Leistungsphasen für einzelne Gewerke vorzulegen sind und welche Inhalte diese enthalten müssen. Damit soll die Planungsqualität verbessert werden.

Mit der Qualität der Inbetriebnahme beschäftigt sich VDI 6039 [Ref. 9.1-10]. Sie beschreibt die Aufgaben eines Inbetriebnahmemanagers (IBM). Die Inbetriebnahme moderner Gebäude ist auf Grund der komplexen Automatisierungstechnik sehr viel anspruchsvoller als noch vor 10 Jahren. Die Richtlinie beschreibt, wie eine Inbetriebnahme in Abstimmung mit den Projektbeteiligten geplant und koordiniert werden soll, um das angestrebte integrale Zusammenwirken der verschiedenen Gewerke sicherzustellen.

Da viele Defizite erst im Betrieb von Gebäuden auftreten, ist in der EnEV auch eine Pflicht zur Durchführung von energetischen Inspektionen von Klimaanlagen vorgesehen. Damit sollen Eigentümer insbesondere auf Defizite hingewiesen werden, die im Laufe des Betriebs auftreten, wie eine fehlende Anpassung an Nutzungsänderungen oder die Verschmutzung von Filtern.

Bild 9.1-3
Prüfung und Dokumentation von baukonstruktiven Details auf der Baustelle (Quelle: energydesign braunschweig GmbH)

Im Zuge der Einführung von Zertifizierungssystemen, z. B. das System BNB [Ref. 9.1-11], DGNB [Ref. 9.1-12] oder der Passivhaus-Zertifizierung nach den Vorgaben von proKlima [Ref. 9.1-13], sind ebenfalls umfangreiche Qualitätssicherungskonzepte entwikkelt worden. In der Regel werden die Zertifizierungen von unabhängigen Dritten durchgeführt. Diese Rolle ist in der HOAI bisher nicht vorgesehen und beantwortet das oben angesprochene Dilemma der Qualitätssicherung am Bau durch die Einführung einer neutralen Prüfinstanz. Dies ist eine Voraussetzung für den Aufbau effektiver Qualitätsregelkreise für Gebäude.

Aufbau von Qualitätsregelkreisen

Ein Qualitätsregelkreis sollte vier klar definierte Elemente enthalten.

Sollwert: Der Sollwert ist der angestrebte Wert, der in der Umsetzung erreicht werden soll. Sollwerte sollten bereits in der Planung präzise bestimmt und mit belastbaren Grundlagen dargestellt werden können. Werte wie Wirkungsgrade, spezifische Ventilatorleistungen, Zeitprogramme oder Systemtemperaturen sind Voraussetzungen für die Entscheidungsfindung bei Variantenuntersuchungen in der Vorentwurfsplanung und können ab der Entwurfsplanung bei Bedarf nachjustiert werden. Berechnungen, die eine komplexe Nachführung

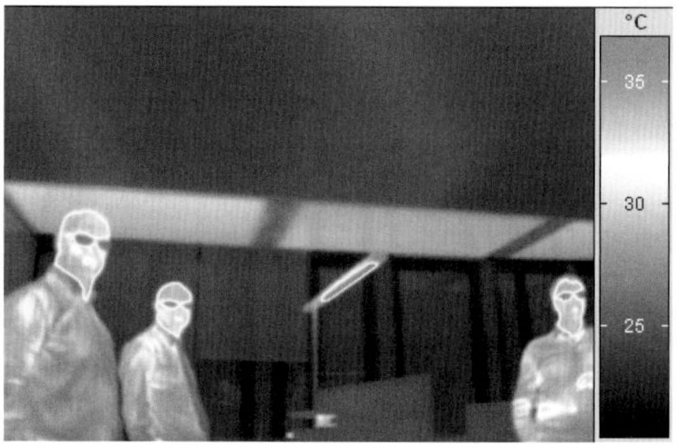

Bild 9.1-4
Prüfung der Funktionsfähigkeit der Betonkernaktivierung der Kreissparkasse Göppingen
(Quelle: Hochschule Esslingen)

einschließlich schwer zu ermittelnder Kennwerte (z. B. interne Lasten) erfordern, erschweren die Nachverfolgung im Projektverlauf.

Istwert: Jedem Sollwert steht ein Istwert des entsprechenden Parameters gegenüber. Dieser muss in der jeweiligen Projektphase angemessen einfach und präzise messbar sein. Beispielsweise ist es einfacher, die Dämmstärke einer Außenwand auf der Baustelle zu messen als den U-Wert. Der Nutzwärmebedarf eines Gebäudes kann zwar in der Theorie berechnet werden, ist aber in der Praxis kaum präzise messbar. Darüber hinaus muss für die Messung eine Dokumentationsvorgabe gemacht werden, um Ergebnisse nachvollziehen und ggf. auch belegen zu können.

Prüfung: Die Prüfung ist der nachvollziehbare Vergleich von Soll- und Istwert. Hierzu sind ggf. zulässige Toleranzen festzulegen.

Wirkung: Entscheidend für die Effektivität des Qualitätsregelkreises in der Praxis ist, ob auch eine dem Prüfergebnis entsprechende Wirkung im Projekt erzielt wird. Hierfür ist von zentraler Bedeutung, wie das Qualitätsmanagement organisatorisch in das Projekt eingebunden ist. Eine rechtzeitige und nachvollziehbare Kommunikation ist unbedingt erforderlich. Wenn möglich sollten die Qualitäten Teil der vertraglich geschuldeten Leistung sein oder durch zusätzliche Anreize, z. B. einer Förderung oder eines Zertifikats, eingefordert werden.

Bei der Einführung von Qualitätsregelkreisen ist zu beachten, dass Qualitätssicherung keinen inquisitorischen Charakter haben kann, sondern das Projekt immer konstruktiv unterstützen sollte. Entsprechend muss sich der Nachweis nicht nur nach der Kompetenz des Prüfers, sondern auch nach der des Geprüften richten. So ist es in der Regel nicht immer erfolgversprechend, dem Mitarbeiter einer ausführenden Firma kurz vor Abnahme die Ergebnisse einer dynamischen Simulation zu erläutern, um die Regelung einer Automationsstation zu korrigieren. Auch finden die Ergebnisse eines Monitorings, selbst wenn sie aufschlussreich sind, eineinhalb Jahre nach Fertigstellung häufig keine geeigneten Adressaten aus der Fachplanung mehr, da diese oft bereits im nächsten Projekt (oder in einem anderen Büro) tätig sind. Die Ansprechbarkeit und Zuständigkeit sollte in diesem Sinne über einen längeren Zeitraum gewährleistet werden.

Kosten und Nutzen des Qualitätsmanagements

Qualitätsmanagement ist kein Selbstzweck, sondern dient wie alle anderen Maßnahmen dem Ziel eines qualitativ hochwertigen Bauwerks und sollte in der Regel wirtschaftlich sein.

Der Nutzen ist auf Grund der am Bau fehlenden Serienfertigung nur schwer empirisch zu bewerten. Projekte zur Betriebsoptimierung im Bestand zeigen jedoch Amortisationszeiten für gering- und nichtinvestive Maßnahmen von weniger als einem Jahr. Bei der Qualitätssicherung im Zuge einer Baumaßnahme sind die Voraussetzungen deutlich günstiger, so dass mit mindestens ebenso kurzen Amortisationszeiten zu rechnen ist. Damit ist ein effektives Qualitätsmanagement eine der wirtschaftlichsten Maßnahmen für energieoptimiertes Bauen.

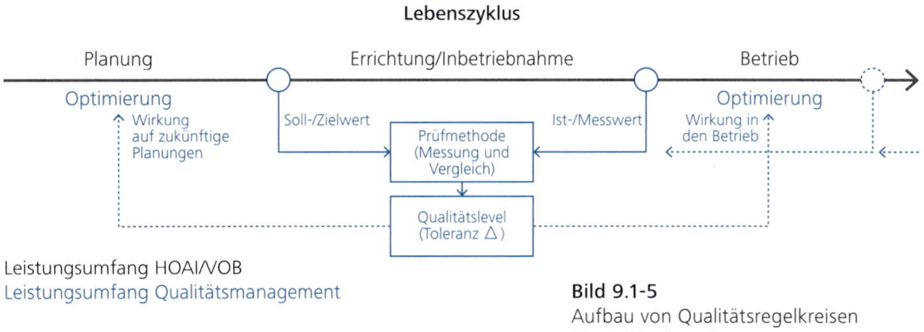

Bild 9.1-5
Aufbau von Qualitätsregelkreisen für Gebäudeperformance (Quelle: TU Braunschweig)

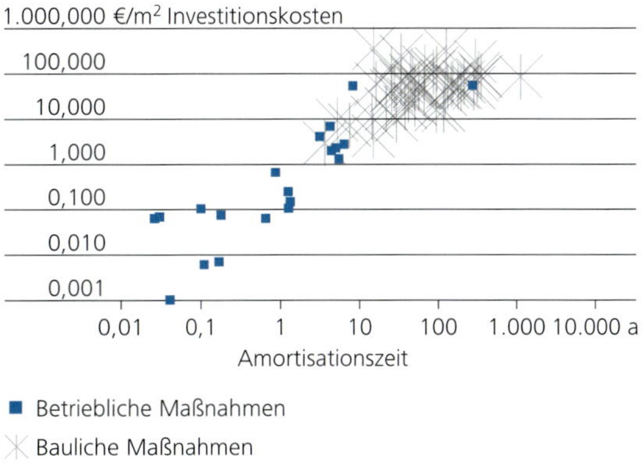

Bild 9.1-6
Amortisationszeiten von Maßnahmen der Betriebsoptimierung und von Sanierungsmaßnahmen (Quelle [Ref. 9.1-14])

[Ref. 9.1-1]
Rieger, U.; Leutgöb, K.; Ungerböck, R. u. a.: Re-Commissioning Services: Final Evaluation Report. Summary Final Evaluation Report. Summary Lessons Learned Report. Intelligent Energy – Europe (IEE) Grant agreement No. IEE/10/328/SI2.589423STZ. Steinbeis Transferzentrum Energie-, Gebäude- und Solartechnik (EGS), Stuttgart (Hrsg.). 2014

[Ref. 9.1-2]
EnEV 2007 - Energieeinsparverordnung für Gebäude Verordnung über energiesparenden Wärmeschutz und energiesparende Anlagentechnik bei Gebäuden (Energieeinsparverordnung – EnEV) vom 24. Juli 2007

[Ref. 9.1-3]
Deutsches Institut für Normung DIN e. V., Berlin (Hrsg).: DIN V 18599 Teil 1: Energetische Bewertung von Gebäuden – Berechnung des Nutz-, End- und Primärenergiebedarfs für Heizung, Kühlung, Lüftung, Trinkwarmwasser und Beleuchtung – Teil 1: Allgemeine Bilanzierungsverfahren, Begriffe, Zonierung und Bewertung der Energieträger. Berlin: Beuth Verl., 2011.

[Ref. 9.1-4]
Schiller, H.; Mai, R.; Händel, C.: Chancen der Energetischen Inspektion für Gesetzgeber, Anlagenbetreiber und die Branche. Abschlussbericht. Stuttgart: Fraunhofer IRB Verl., 2014. ISBN 978 3 8167 9180 5, Forschungsinitiative Zukunft Bau. F 2888

[Ref. 9.1-5]
Verordnung über die Honorare für Architekten- und Ingenieurleistungen (Honorarordnung für Architekten und Ingenieure - HOAI) in der Fassung vom 10.07.2013, in Kraft getreten am 17.07.2013

[Ref. 9.1-6]
VOB Teil C Allgemeine Technische Vertragsbedingungen für Bauleistungen, 2012
http://www.vob-online.de/de/norm/din-18299/148615419;jsessionid=CG9N7MC6HDMCRN7BCX1MHMNH.1? (Aufruf 10.12.2015)

[Ref. 9.1-7]
Deutsches Institut für Normung DIN e. V., Berlin (Hrsg).: DIN EN 12599:2013-01: Lüftung von Gebäuden: Prüf- und Messverfahren für die Übergabe raumluft-technischer Anlagen. Berlin: Beuth Verl., 2013

[Ref. 9.1-8]
IQS 18599:.Entwicklung einer Methodik zur Integralen Qualitätssicherung über den gesamten Gebäude-Lebenszyklus auf Basis der DIN V 18599.
Technische Universität Braunschweig. Institut für Gebäude- und Solartechnik https://www.tu-braunschweig.de/igs/forschung/IQS-18599 (Aufruf 10.12.2015)

[Ref. 9.1-9]
Verein Deutscher Ingenieure (VDI), Düsseldorf (Hrsg.): VDI 6026 Blatt 1.1:2015-04: „Dokumentation in der Technischen Gebäudeausrüstung; Inhalte und Beschaffenheit von Planungs-, Ausführungs- und Revisionsunterlagen. Berlin: Beuth Verl., 2008
Berichtigt durch:
Deutsches Institut für Normung DIN e. V., Berlin (Hrsg.): DIN V 18599-1 Berichtigung 1:2013-05: Energetische Bewertung von Gebäuden – Berechnung des Nutz-, End- und Primärenergiebedarfs für Heizung, Kühlung, Lüftung, Trinkwarmwasser und Beleuchtung - Teil 1: Allgemeine Bilanzierungsverfahren, Begriffe, Zonierung und Bewertung der Energieträger, Berichtigung zu DIN V 18599-1: 2011-12. Berlin: Beuth Verl., 2013

[Ref. 9.1-10]
Verein Deutscher Ingenieure (VDI), Düsseldorf (Hrsg.): VDI 6039:2011-06: Facility-Management – Inbetriebnahmemanagement für Gebäude – Methoden und Verfahrensweisen für gebäudetechnische Anlagen. Berlin: Beuth Verl., 2011

[Ref. 9.1-11]
Bundesministerium für Umwelt, Naturschutz, Bau und Reaktorsicherheit (BMUB), Berlin (Hrsg.): Bewertungssystem Nachhaltiges Bauen (BNB)-, http://www. www.bnb-nachhaltigesbauen.de (Aufruf 10.12.2015)
[Ref. 9.1-12]
Deutsche Gesellschaft für Nachhaltiges Bauen, Stuttgart
http://www.dgnb.de (Aufruf 10.12.2015)

[Ref. 9.1-13]
proKlima – Der enercity Fonds, proKlima-Nichtwohngebäude Förderprogramm 2015 Qualitätssicherung „Nichtwohngebäude".
https://www.proklima-hannover.de/foerderung/antrag/listen/pruefumfang/04-04_Qualitaetssicherung_Nichtwohngebaeude.pdf (Aufruf 10.12.2015)

[Ref. 9.1-14]
Plesser, S. u. a.: EnBop – Energetische Betriebsoptimierung. Posterbeitrag zum EnOB-Symposium 2014. Energieinnovationen in Neubau und Sanierung. Essen, 20.-21. März 2014

9.2 Gebäudeautomation sicher planen und in Betrieb nehmen

Stefan Plesser
Nicolas Réhault

Der Gebäudeautomation, die Komponenten und Anlagen gewerkeübergreifend miteinander verknüpft, kommt eine Schlüsselrolle für die Performance von Gebäuden zu. Umso wichtiger ist es, die gewünschten Automationsfunktionen sorgfältig zu spezifizieren, ihre Qualität in Planung, Errichtung und Inbetriebnahme zu überwachen und schließlich ihr volles Potenzial durch Anpassung an die reale Nutzung zu optimieren.

Qualitätsdefizite in der Gebäudeautomation – ein Beispiel

Die oben skizzierte Sorgfalt ist oftmals nicht die Regel, so dass die Performance der Gebäude häufig hinter den gesetzten Zielen zurückbleibt.

Eine Analyse der Demonstrationsgebäude zeigt, wie vielfältig die Ursachen für Qualitätsdefizite sind. Einige Beispiele aus dem Projekt EnergieForum Berlin können das illustrieren [Ref. 9.2-1]:

***Unvollständige Planung:** In der Planung wurde keine explizite Verriegelung zwischen Heizung und sommerlichem Nachtlüftungsbetrieb spezifiziert. Auf Grund eines defekten Außentemperatursensors wurde so zeitweise durch eine Nachtlüftung gekühlt und gleichzeitig durch statische Heizkörper geheizt.*

***Fehler in der Umsetzung:** Im Betrieb wurden einzelne Stellventile der Betonkernaktivierung nicht durch die Gebäudeautomation angesteuert, so dass die Heiz- und Kühlfunktionen in den entsprechenden Bereichen nicht vorhanden waren.*

***Softwarefehler:** Gebäudeautomationssysteme sind im Kern eine Software, für die regelmäßig Updates entwickelt und auf die Anlagen aufgespielt werden. Durch ein solches Update wurden nach der Einregulierungsphase die individuell entwickelten Einstellungen und Parametrierungen überschrieben und auf die Voreinstellungen zurückgesetzt, so dass der Einregulierungsprozess von neuem beginnen musste.*

***Optimierung im Betrieb:** In Teilen des Gebäudes kam es im Sommer zu Überhitzungen, die initial eingestellten Grenzwerte für den Heiz- und Kühlbetrieb wurden im Zuge der Einregulierung angepasst.*

Das Beispiel zeigt, dass zur Ausschöpfung aller Potenziale der Gebäudeautomation der gesamte Prozess von der Planung bis zur kontinuierlichen Überwachung im Betrieb betrachtet werden muss. Die Ursachen können sowohl in der Hardware (insbesondere der Sensoren und Aktoren), der Software und ihrer Parametrisierung liegen, aber auch in der Betriebsführung und Wartung.

In den letzten Jahren wurden vielfältige Ansätze entwickelt, um die Gebäudeperformance im Bereich der Gebäudeautomation zu verbessern. Drei Konzepte werden hier vorgestellt.

Bild 9.2-1
Das Energieforum Berlin (Quelle IGS, TU Braunschweig)

Inbetriebnahmemanagement

Mit der integralen Planung soll die Performance eines Gebäudes durch die Abstimmung und Verknüpfung der relevanten Systeme optimiert werden. In der Konsequenz erfordert dies eine Interaktion über die Planung hinaus in der Bauphase und im späteren Betrieb. Eine besondere Herausforderung ist hierbei die Inbetriebnahme, in der die verschiedenen Anlagen und Komponenten real miteinander verknüpft werden.

Die 2011 erschienene Richtlinie VDI 6039 [Ref. 9.2-1] definiert für diese Phase ein spezielles Inbetriebnahmemanagement, um „die Gesamtfunktionalität des Gebäudes durch koordinierende Maßnahmen während der Planung, dem Bau und des Betriebs zu erreichen". Zentrale Elemente des Prozesses sind ein Inbetriebnahmeplan einschließlich einer Gewerkebeziehungsmatrix, in der die Aufgaben und Abhängigkeiten der einzelnen Gewerke und Anlagen untereinander dargestellt werden, sowie die Definition eines Inbetriebnahmemanagers (IBM), der für den Bauherrn die Koordination aller Gewerke und Akteure verbessern soll. Insbesondere für komplexe Gebäude stellt die Rolle des IBMs eine sinnvolle Ergänzung des Planerteams dar.

Die Gebäudeautomation spielt bei der Inbetriebnahme eine entscheidende Rolle. Für die Gebäudeperformance sind die Planung, Durchführung und Dokumentation von Tests und Probebetrieben übergreifender Funktion von Bedeutung. Die Richtlinie unterstellt, dass eine umfassende und prüfbare Planung der Funktionen vorliegt. Dies ist aber, wie die Erfahrungen aus zahlreichen Forschungsprojekten zeigen, oft nicht der Fall. Und die Richtlinie lässt zudem die Frage unbeantwortet, wie die Prüfungen im Einzelnen durchzuführen sind.

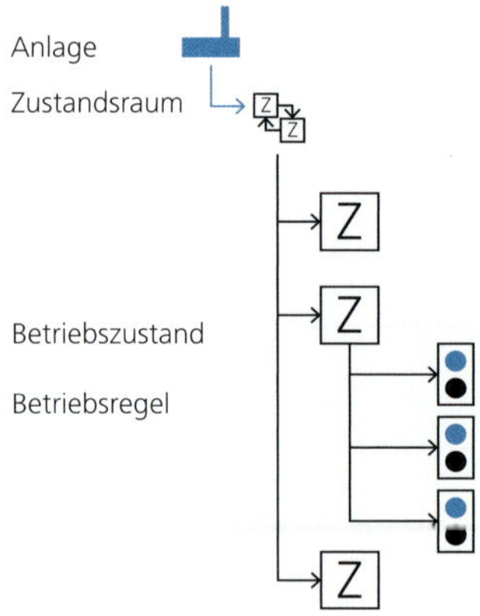

Bild 9.2-2
Methodik der aktiven Funktionsbeschreibung (Quelle: synavision GmbH)

Aktive Funktionsbeschreibungen: Spezifikation und Prüfung von Anlagenfunktionen

Ein Ansatz für eine verbesserte Qualitätssicherung in der Gebäudeautomation sind aktive Funktionsbeschreibungen (AFB) [Ref. 9.2-3]. Die Methodik ermöglicht präzise Spezifikationen von intendierten Anlagenfunktionen und deren automatisierte Prüfung im Betrieb durch Vergleich mit der Spezifikation. Die Methodik greift das in der Richtlinie VDI 3814-6 [Ref. 9.2-4] beschriebene Konzept von Zustandsgraphen zur Beschreibung von Anlagen und Automationsfunktionen auf (Bild 9.2-3). In einer aktiven Funktionsbeschreibung werden die Zustände definiert, die eine Anlage im Betrieb annehmen soll (z. B. Heizen, Kühlen, Aus). Für jeden Betriebszustand werden dann Vorgaben für einzelne Regelgrößen definiert, die im jeweiligen Betriebszustand erreicht werden sollen.

Die Gebäudeautomation liefert im laufenden Betrieb Daten, die für ausgewählte Zeitpunkte mit den Vorgaben der Spezifikation abgeglichen werden können. Die Regeln werden für einzelne Zeitpunkte des Betriebs ausgewertet („wahr" oder „falsch") und anschließend für einen Betriebszustand oder den gesamten Zustandsraum aggregiert. Dabei wird ein Betriebszustand für einen Zeitpunkt als gültig gewertet, wenn zu diesem Zeitpunkt alle ihm zugeordneten Betriebsregeln gültig sind. Der Zustandsraum ist gültig, wenn der jeweils aktive

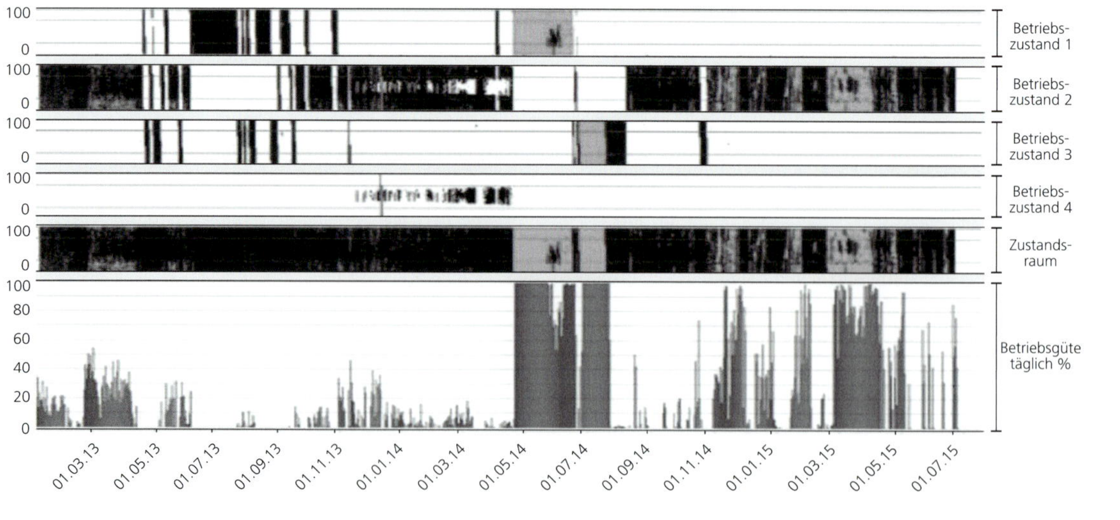

Bild 9.2-3
Auswertung eines Zustandsraums und aggregierte Auswertung der Betriebsgüte über einen Zeitraum von 30 Monaten am Beispiel des Gebäudes Berghalde (Quelle [Ref. 9.2-5])

Betriebszustand gültig ist. Die Bewertungen für einzelne Zeitpunkte können aggregiert und als Ganzes bewertet werden; eine solche „Betriebsgüte" ist dann ein Indikator für die Übereinstimmung des Betriebs mit den vorgegebenen Spezifikationen aus der Planung.

Mit einer geeigneten technischen Verknüpfung im laufenden Betrieb entsteht ein automatisierter Qualitätsregelkreis, mit dem die Funktionen der Gebäudeautomation überwacht werden können.

Emulation: Vorab-Prüfung von Regelungsbausteinen der Gebäudeautomation

Die Programmierung und Inbetriebnahme der Gebäudeautomation gehört zu den komplexesten Phasen eines Bauprozesses. Sie beginnt erst nach Fertigstellung aller Gewerke, die integriert werden sollen. Oft erfolgt diese letzte Phase vor der Abnahme unter hohem Kosten- und Zeitdruck, verstärkt durch Verzögerungen im Bauablauf. In der Folge sind die programmierten Funktionen zum Teil mangelhaft.

Eine durchgeführte „Emulation" der Gebäudeautomation kann dazu beitragen, die Qualität des Inbetriebnahmeprozesses zu erhöhen [Ref. 9.2-6]. Die Emulation – auch hardware in the loop genannt – bildet ein reales Gebäudeautomationssystem in einer Testumgebung nach. Das ermöglicht es, die Funktionen der realisierten Regelung und Steuerung zu prüfen, indem diese mit den Planungsreferenzwerten abgeglichen werden. Die Prüfung erfolgt auf diese Weise unter reproduzierbaren Randbedingungen.

Gegenüber einer ausschließlichen Kontrolle der Automationsfunktionen im laufenden Betrieb kann eine Emulation den Kostenaufwand für die Mängelbeseitigung reduzieren. Neben Fehlern in der Umsetzung der Software lassen sich Parametrierfehler identifizieren und beseitigen.

Die Emulation kann dann sinnvoll eingesetzt werden, wenn Planer und ausführende Unternehmen auf der Grundlage einer überprüfbaren und nachvollziehbaren Dokumentation ein gemeinsames Verständnis von den Regel- und Steueraufgaben entwickeln Hilfreich sind nachvollziehbar gestaltete Ablaufdiagramme zur Beschreibung der Regelungslogik.

Beispiel: Kreissparkasse Göppingen

Die Inbetriebnahme der Gebäudeautomation Kreissparkasse Göppingen wurde durch eine Emulation unterstützt [Ref. 9.2-7]. Die in der Baupraxis häufiger vorkommende Automation der Einzelraumregelung von thermisch aktivierten Bauteilsystemen (TABS) und die Folgeschaltung der Kälte- und Wärmeerzeuger ist in der Implementierung anspruchsvoll: Im Projekt wurden die zwei Gewerke analysiert.

Durch die Emulation wurden die Parameter und Funktionsabläufe bei der thermischen Beladung der Bauteilaktivierung so identifiziert, dass die Leistungsfähigkeit der Betonkernaktivierung ausgeschöpft werden kkonnte. Die Kälte- und Wärmeerzeugung mit jeweils zwei unterschiedlichen Temperaturniveaus im Kühl- und Heizbetrieb erfordert eine präzise Abstimmung der Ein- und Ausschaltzeiten sowohl der Wärme- und Kälteerzeuger als auch der Pumpen der Wärme- und Kälteverteilung. Durch Anpassung der Folgeschaltung konnte die Niedertemperaturwärme häufiger eingesetzt werden, die Verteilverluste im Betrieb waren geringer.

Bild 9.2-4
Kreissparkasse Göppingen.
(Foto: N. Kazakov)

Das Abnahme-Dilemma

Die drei genannten Konzepte bieten unterschiedliche Ansätze für die Qualitätssicherung mit Blick auf die Gebäudeperformance und unterstützen unterschiedliche Planungs- und Bauphasen.

Dabei ist zu berücksichtigen, dass sich die Gebäudeperformance grundsätzlich erst im Regelbetrieb – also erst nach der Einregulierung, nach Abnahme und Übergabe und mit realen Lasten – einstellt und damit auch erst dann prüfen lässt (→ Kapitel 2.2).

Rechtlich ist dieses Abnahme-Dilemma ein kritischer Punkt, da zu dem Zeitpunkt, an dem die „Leistung Gebäudeperformance" geprüft werden kann, die Verantwortung für Gebäude und Anlagen, mit Ausnahme der Gewährleistung, bereits beim Bauherrn und beim Facility Manager liegt und nicht mehr bei Planern und Errichtern.

Technisch ist die Durchführung von Funktionsprüfungen und die Überwachung des Regelbetriebs heute möglich: Mit einem Monitoring im Betrieb kann die Qualität der Gebäudeperformance geprüft und optimiert werden.

Bild 9.2-5
Analyse von fehlerhaften Implementierungen in der Gebäudeautomation mithilfe von Emulation. Überprüfung der Sollwertverschiebung der Raumtemperatur bei sich verändernder Außentemperatur.
(Quelle: DS-Plan)

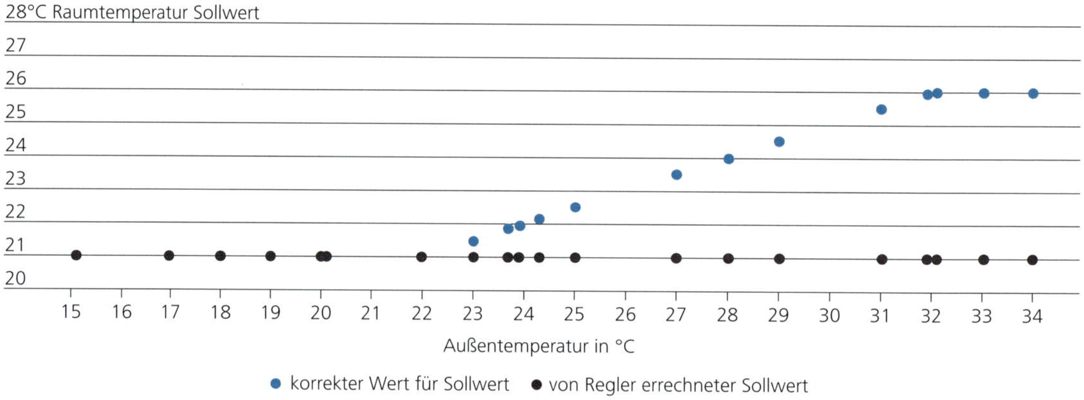

Referenzen, Anmerkungen

[Ref. 9.2-1]
Fisch, M.; Himmler, R.; Gerder, F. u. a.: Energie-Forum Berlin. Zentrum Zukunftsenergien Berlin, Internationales Solarzentrum (ZZB/IZS). Teil 2: Evaluierung. Abschlussbericht. FKZ 0335007E- Technische Universität Braunschweig. Institut für Solartechnik (IGS) (Hrsg.). 2006

[Ref. 9.2-2]
Verein Deutscher Ingenieure (VDI), Düsseldorf (Hrsg.): VDI 6039:2011-06: Facility-Management – Inbetriebnahmemanagement für Gebäude – Methoden und Verfahrensweisen für gebäudetechnische Anlagen.
Berlin: Beuth Verl., 2011

[Ref. 9.2-3]
Plesser, S.: Aktive Funktionsbeschreibungen zur Planung und Überwachung des Betriebs von Gebäuden und Anlagen. Dissertation, Technische Universität Braunschweig, 2013
http://digisrv-1.biblio.etc.tu-bs.de:8080/docportal/receive/DocPortal_document_00050696 (Aufruf 10.12.2015)

[Ref. 9.2-4]
Verein Deutscher Ingenieure (VDI), Düsseldorf (Hrsg.): VDI 3814 Blatt 6:2008-07: Gebäudeautomation (GA) – Grafische Darstellung von Steuerungsaufgaben. Berlin: Beuth Verl., 2008

[Ref. 9.2-5]
Bockelmann, F. (Bearb): EnergiePLUS-Gebäude am Beispiel der Berghalde. Abschlussbericht zum Forschungsprojekt. Forschungsinitiative Zukunft Bau/ Bundesinstitut für Bau-, Stadt- und Raumforschung (FKZ SWD – 10.08.18.7-13.33). Technische Universität Braunschweig. Institut für Gebäude- und Solartechnik (IGS) (Hrsg.). [2015]
https://www.tu-braunschweig.de/igs/forschung/netto-plus (Aufruf 10.12.2015)

[Ref. 9.2-6]
Grob, R. F.: Überprüfung von Automatisierungsfunktionen heiz- und raumlufttechnischer Anlagen. Dissertation, Universität Stuttgart. 2003.
Mitteilung Nr. 11. ISBN 3 9808572 0 4

[Ref. 9.2-7]
Grob, R. in: Tritschler, M.; Hahn, J.; Krockenberger, B. u. a.: Abschlussbericht des Forschungsvorhabens Energieoptimiertes Bauen. Monitoring und Betriebsoptimierung Kreissparkasse Göppingen. FKZ 03ET1029A. Hochschule Esslingen (Hrsg.). 2014.
S. 20 u. Lit. Angabe [58]

9.3 Gebäudemonitoring: Messwerte erfassen und verarbeiten

Sebastian Zehnle
Sebastian Herkel

Gebäudemonitoring ist die systematische, kontinuierliche und möglichst automatisierte Aufzeichnung und Auswertung von Messdaten wie Temperaturen, Massenströme, Drücke etc. mit dem Ziel, die Gebäude- und Anlagenperformance zu analysieren und zu verbessern. Je nach Gebäudegröße und -nutzung sowie Energieversorgungsstruktur erfordert jedes Gebäudemonitoring eine unterschiedliche Zahl an Messgrößen, die durchgehend erfasst und gespeichert werden. Die Messdaten werden in der Regel an andere Orte übertragen, aufbereitet und visualisiert. Um das Gebäudemonitoring effizient und praxisnah zu realisieren, sind entsprechende Methoden und Werkzeuge notwendig. Das technische Monitoring gliedert sich in die Aspekte

- Messkonzept,
- Sensorik und Messwertaufnehmer,
- Datenerfassung mit Gebäudeautomationssystemen,
- Datenübertragung,
- Datenverarbeitung und
- Analyse.

Messkonzept

Idealerweise während der Planungsphase wird das Messkonzept im Planungsteam entwickelt, um während der Bauphase mit einer geeigneten Hardware umgesetzt zu werden. In der Planungsphase bildet die Funktionalbeschreibung die Grundlage für das Messkonzept. Grundsätzlich lassen sich aus den Funktionen und ihrer formalisierten Beschreibung auch Indikatoren ableiten, die die Performance einer Anlage oder eines Teilsystems beschreiben. Am Beispiel der Kennwerte für den Energieverbrauch wird dies im Folgenden dargelegt.

Um Energieverbrauchskennwerte, samt einer Differenzierung in Teilenergiekennwerte zu ermitteln (einschließlich Hilfsenergie für Pumpen, Luftförderung und Beleuchtung), werden Energieströme nach Nutzenergie erfasst. Für die Bestimmung von Kenngrößen wie den spezifischen Heiz- oder Kühlenergieverbrauch oder Aufwandszahlen von Erzeugern ist es notwendig, die eingesetzten Endenergieträger eindeutig den „Energiedienstleistungen", z. B. der Raumheizung und Kühlung zuzuordnen.

Folgende Energieströme und Randbedingungen werden idealerweise erfasst:

- Endenergiezufuhr je Energieträger für das gesamte Gebäude.
- Alle Endenergieströme, die einem Erzeuger/Energiewandler zugeführt werden.
- Alle Energieströme, die von den jeweiligen Erzeugern/Energiewandlern geliefert werden.
- Mindestens einen der Energieströme bei Abzweigungen zu verschiedenen Energiedienstleistungen.
- Energieströme am Ein- und Ausgang von Brauchwasserspeichern, um die Speicherverluste zu ermitteln. Brauchwasser-Nutzwärme und Zirkulationsverluste sollen getrennt erfasst werden.
- Erfassung oder Bezug der Klimadaten (→ Kapitel 11.1.2) sowie Temperaturen von Referenzräumen.

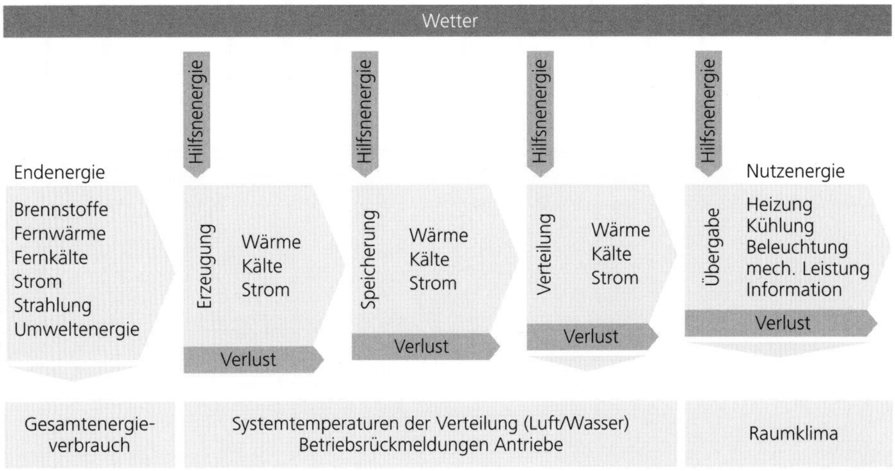

Bild 9.3-1
Vereinfachtes Schema des Energieflusses gemäß Leitfaden für das Monitoring der Demonstrationsbauten der Förderinitiative EnOB
(Quelle [Ref 9.3-1])

Bild 9.3-2
Überprüfung der Einbausituation von Temperaturfühlern eines Wärmezählers in der Kreissparkasse Göppingen (Quelle: Hochschule Esslingen [Ref. 9.3-2])

Eine vollständige Überwachung und Analyse aller Teilsysteme eines Gebäudes führt in vielen Fällen zu einer sehr großen und wirtschaftlich nicht mehr darstellbaren Anzahl von Messstellen. Um diese bei gleichzeitig möglichst genauer Erfassung der Energieströme zu reduzieren, ist eine Priorisierung der zu analysierenden Gebäudefunktionen vorzunehmen. Um den Zustand eines Gebäudes hinreichend beurteilen und Fehlererkennungs- und Diagnose-Methoden (→ Kapitel 9.4) anwenden zu können, sind ein Mindestumfang an Messgrößen und eine gute Messqualität notwendig. In Tabelle 9.3-1 sind für jedes Hauptversorgungssystem die Anforderungen der zu erhebenden Größen aufgeführt. Diese stellen einen Kompromiss zwischen der notwendigen Datenmenge und den Kosten für deren Erfassung und Auswertung dar. Weitere Checklisten und Methoden zur Erstellung von Messkonzepten finden sich im Leitfaden Monitoring (→ Kapitel 11.2.6).

Personenbezogene Daten wie Anwesenheit oder Warmwasserverbrauch einzelner Wohnungen können eine genauere Analyse der Performance unterstützen – unterliegen aber datenschutzrechtlichen Bestimmungen.

Messwertaufnehmer und Sensorik

Die Auswahl der eingesetzten Messwertaufnehmer und der Sensorik ergibt sich aus den Anforderungen, die im Spannungsfeld einer ausreichenden Genauigkeit und des Aufwandes stehen. Bei der Auswahl der Sensorik ist auch auf mögliche Betriebszustände zu achten. Bei einer Umkehr von Wärmeströmen ist es notwendig, dass der Wärmemengenzähler auch negative Temperaturdifferenzen verarbeiten kann. Die Erfassungssysteme sollten über eine Stromversorgung verfügen. Batteriegestützte Erfassungssysteme sind meist für eine monatliche Auslesung ausgelegt; werden die Messwerte in einem Intervall von fünf Minuten abgefragt, kommt es aufgrund fehlender Kapazität der Batterien schnell zu einem Ausfall.

Die Funktion der Messwertaufnehmer und der Sensorik sollte während der Inbetriebnahme überprüft werden.

Tabelle 1.3-1
Datensatz für das Gebäudemonitoring (Quelle: Fraunhofer ISE)

Bereich	Größe	Einheit	Bemerkung	Begründung
Verbrauch	Brennstoff	kWh	z.B. Gas, Öl, Biomasse	Kontrolle und Optimierung des Energieverbrauchs Wasserverbrauch lässt Rückschlüsse auf die Belegung des Gebäudes zu.
	Fernwärme/Fernkälte	kWh		
	Strom	kWh		
	Wasser	m³		
Wetter	Außenlufttemperatur	°C	Wetterstation oder Daten von externen Anbieter	Die Aufzeichnung von Wetterdaten ist notwendig, um klimaabhängige und –unabhängige Verbrauchsanteile identifizieren zu können. Dies ist eine wichtige Voraussetzung für die weitergehende Analyse des Energieverbrauchs
	relative Außenluftfeuchte	%		
	Globalstrahlung	W/m²		
Systemdaten	Vor- / Rücklauftemperaturen der Hauptwasserkreise	°C	Haupt-Wärme-/Kälteverteilung	Die Systemdaten geben wertvolle Hinweise auf die prinzipiellen Steuer- und Regelungsstrategien. Betriebszeiten, Temperaturspreizungen und Sollwerte wie Heiz- und Kühlkurven können daraus extrahiert werden.
	Zu- , Ab-, und Mischlufttemperatur Temperatur nach WRG/LK/LE der größten Lüftungsgeräte	°C		
	Relative Zu- und Abluftfeuchte der größten Lüftungsgeräte	%		
	Stellsignalen von Aktoren wie Ventile und Klappen	-		
	Betriebsrückmeldung der größten Antriebe (Pumpen, Ventilatoren)	-		
Raumklima	Raumtemperatur	°C	Von einer oder mehreren Referenzzonen	Raumtemperatur und -Feuchte geben ein Bild von den Anforderungen des Nutzers bzw. auch davon inwieweit die haustechnische Anlage behagliche Raumzustände bereitstellen kann.
	relative Raumluftfeuchte	%	Von einer oder mehreren Referenzzonen	

Datenerfassung mit Gebäudeautomationssystemen

Die Gebäudeautomation bietet eine gute Infrastruktur für das Gebäudemonitoring. Denn ein Teil der notwendigen Messgrößen werden ohnehin für Regel- und Steuerungsaufgaben erfasst. Die Gebäudeautomation bietet eine gute Infrastruktur für das Gebäudemonitoring, denn ein Teil der notwendigen Messgrößen der angeschlossenen Sensoren und Aktoren werden ohnehin für Regel- und Steuerungsaufgaben erfasst. Die verfügbaren Messwerte dienen jedoch meistens nur als Eingangsgrößen für die Regelung und Steuerung der verschiedenen gebäudetechnischen Anlagen und werden nicht dauerhaft gespeichert. Die vorhandenen Informationen aus diesen Messwerten stehen somit nur temporär für ein Monitoring und für die Analyse des Gebäude- und Anlagenbetriebs zur Verfügung. Gebäudeautomationssysteme bieten jedoch auch die Möglichkeit, die gesammelten Informationen zu speichern.

Da für die Gebäudeautomation vorwiegend nur Sensoren und Aktoren in der Automationsebene von Bedeutung sind, werden Energiezähler – soweit vorhanden – häufig nicht erfasst. Sie müssen deshalb erst auf die Gebäudeautomation aufgeschaltet werden. Für detaillierte Analysen müssen Energiezähler oftmals nachgerüstet werden, weil meist nur die Hauptzähler der Energie- und Wasserversorgung zu Abrechnungszwecken verfügbar sind. Die Messdaten werden in den verschiedenen Gebäudeautomationssystemen auf unterschiedliche Weise gespeichert. Die gespeicherten Informationen können deswegen oft nur von dem jeweiligen Gebäudeautomationssystem interpretiert werden und sind Dritten nur bedingt oder gar nicht zugänglich. Es ist deshalb notwendig, dass die gespeicherten Informationen in einem geeigneten, allgemein auslesbaren Format verfügbar gemacht werden. Hierzu eignen sich systemunabhängige Textdateien, sogenannte ASCII-Dateien. Eine weitere Möglichkeit ist die Speicherung der Messdaten in separaten Datenbanken, auf die mit gängigen Programmen zur Tabellenkalkulation unter Verwendung geeigneter Schnittstellen zugegriffen werden kann.

Die Anforderungen und die Funktionen, die das Gebäudeautomationssystem übernehmen soll, müssen in der Ausschreibung eindeutig beschrieben werden. In Bestandsgebäuden kann es sinnvoll sein, eine eigenständige Messwerterfassung aufzubauen – entweder weil in der Gebäudeautomation die Managementebene fehlt oder weil es kostengünstiger ist.

Zum Beispiel kann bei der Realisierung einer eigenen Messwerterfassung über eine geeignete Schnittstelle die Feldebene der Gebäudeautomation mittels BacNet-Protokoll ausgelesen werden. Dadurch wird ein Zugriff auf die Messdaten und deren Speicherung möglich [Ref. 9.3-4].

Datenübertragung

Wenn die erfassten Daten und die Gebäudeperformance außerhalb des Erfassungssystems oder des Gebäudeautomationssystems analysiert werden sollen, dann ist eine Übermittlung der Messwerte auf entfernte Rechner erforderlich. Die Übermittlung von Textdateien kann über verschiedene Wege realisiert werden. Zu nennen ist hierbei die Bereitstellung über einen abgesicherten Webservice bzw. Webserver, von dem die Textdateien abgerufen werden können. Gebäudeautomationssysteme verfügen in der Regel über ein eigenes Netzwerk. Um von extern auf die Messdaten zugreifen zu können, ist ein Zugang häufig nur über einen gesicherte Verbindung, z.B. einen VPN-Tunnel (Virtual Private Networking) möglich. Solch ein Zugang muss entsprechend den Sicherheitsbestimmungen der beteiligten Einrichtungen eingerichtet werden. In besonders sicherheitsrelevanten Gebäuden kann das automatisierte Versenden der Textdateien per E-Mail eine Lösung sein [Ref. 9.3-3].

Bild 9.3-3
Direkte Erfassung der Messdaten via BacNet-Schnittstelle und Datenverarbeitung mit DataStorage (→ Kapitel 11.5). (Quelle: Hochschule Biberach.)

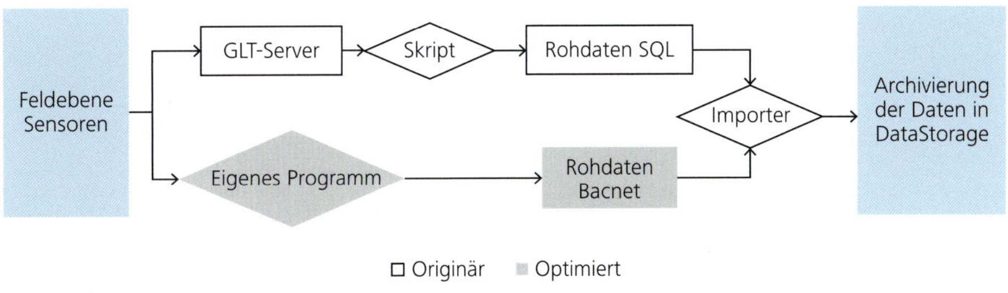

Datenverarbeitung

Zur Weiterverarbeitung ist zum einen die eindeutige Identifikation der einzelnen Datenpunkte notwendig, zum anderen die Aggregation und Bereinigung von Zeitreihen.

Datenpunkte werden in verschiedenen Systemen auf ganz unterschiedliche Weise bezeichnet. Die Bezeichnungen liefern hierbei nur teilweise Informationen zur Interpretation der einzelnen Datenpunkte. Die genaue Zuordnung der Datenpunkte zu den vorhandenen Gebäudesystemen kann in vielen Fällen nur durch eine enge Zusammenarbeit mit dem jeweiligen Planer, Ersteller oder Betreiber der Gebäudeautomation erfolgen. Durch die Abbildung der internen Datenpunktbezeichner der Gebäudeautomation auf ein hierarchisches und systematisches Bezeichnungssystem wird es möglich, auch bei Systemen mit mehreren hundert Datenpunkten Analysen durchzuführen. Eine weitreichende Automatisierung wird durch eine eineindeutige und systematische Bezeichnung der Datenpunkte möglich, so dass Datenauswertungsroutinen diese selbständig identifizieren. Mit der Systematik zur Datenbezeichnung können Messdaten automatisiert und systematisch prozessiert werden, sie umfasst die in Tablelle 9.3.2 gezeigten Kategorien, die als Schlüssel zur Automatisierung dienen.

Für eine Analyse auf Basis von Zeitreihen ist eine zeitgleiche und regelmäßige Verfügbarkeit der Messdaten notwendig. Unterschiedliche Erfassungsintervalle erfordern deshalb für die Analyse eine Aggregation und gegebenenfalls Interpolation der Messdaten. In diesem Kontext ist eine Besonderheit der Gebäudeautomationssysteme wichtig: Sie speichern Messdaten meist ereignisbasiert, was bedeutet, dass Messwerte erst gespeichert werden, wenn sich diese um einen definierten Schwellwert zum vorherigen Wert ändern. Damit soll die gespeicherte Datenmenge gering gehalten werden. Ändert sich der Wert eines Datenpunktes über einen längeren Zeitraum nicht entsprechend, so wird während diesem kein neuer Wert gespeichert. In der Praxis kann es vorkommen, dass eine Pumpe dauerhaft in Betrieb ist, und sich der Messwert

Tabelle 1.3-2
Systematische Beschreibung der Datenpunktbezeichnung
(Quelle: Fraunhofer ISE [Ref. 9.3-3])

NR	Kategorie	Bemerkung
1	Building	Gebäudename oder Abkürzung
2	Zone	Name der Zone auf die sich der Sensor bezieht (Nicht die Lage des Sensors); z.B. Name der Zone, die durch die AHU versorgt wird, zu der der Sensor gehört (z.B. Zuluft-Temperatur)
3	System	Hauptsystem zu dem der Sensor gehört (z.B. Heizkreis, Raumlufttechnische Anlagen (AHU), Wetterstation,…)
4	Subsystem1	Subsystem des Systems (z.B. Erhitzer einer AHU oder Pumpe eines Heizkreises)
5	Subsystem2	Subsystem von Subsystem1 (z.B. Pumpe des Erhitzers einer AHU)
6	Medium	Medium in dem sich der Sensor befindet (z.B. Warmwasser, Kaltwasser, Zuluft,…)
7	Position	Position des Sensors
8	Kind	Art des Datenpunktes (Messwert, Sollwert, Signal, Alarm)
9	Datapoint	(physikalische) Messgröße (z.B. Temperatur, Energie, Status)

Bild 9.3-4
Originale und systematische Datenpunktbezeichnung am Beispiel des Monitoring des Hörsaalgebäudes der FH Erfurt.
(Quelle: Fraunhofer ISE)

Datenpunktliste

Gebäude FH Erfurt

Nr	Originalnamen GLT	standard point name	SM_description
30	630166202	FHE_ATRIUM_WC.HC.FHC__MTR.HC_HCW__MEA_E.H	HK FBH Atrium: WZ Wärmemenge
31	630166203	FHE_ATRIUM_WC.HC.FHC__MTR.HC_HCW__MEA_VP.H	HK FBH Atrium: WZ Durchfluss Wäme
32	630166204	FHE_ATRIUM_WC.HC.FHC__MTR.HC_HCW__MEA_E.C	HK FBH Atrium: WZ Kältemenge
62	630170202	FHE_HOER_WC.HC.ACS__MTR.HC_HCW__MEA_E.H	HK Hörsäle: WZ Wärmemenge
63	630170203	FHE_HOER_WC.HC.ACS__MTR.HC_HCW__MEA_VP.H	HK Hörsäle: WZ Durchfluss Wäme
64	630170204	FHE_HOER_WC.HC.ACS__MTR.HC_HCW__MEA_E.C	HK Hörsäle: WZ Kältemenge
153	630194012	FHE_WBD_WTH___OA__MEA_T	Wetterstation: Aussentemperatur MW
154	630194014	FHE_WBD_WTH_GLOBSENS___S_MEA_SOL	Wetterstation: Pyranometer Globalstrahlung Süd

ihres Betriebssignals über längere Zeiträume nicht ändert und somit keinen neuen Messwert liefert. Je nach Einstellung der Schwellwerte kann es auch vorkommen, dass ein Temperaturwert nur selten gespeichert wird, weil er sich nur innerhalb des Schwellwertes ändert, insbesondere bei trägen Systemen. Um solche Daten verarbeiten und für Auswertungen grafisch darstellen zu können, muss der entsprechende Wert mit Hilfe geeigneter Routinen fortgeschrieben werden, um äquidistante Datenreihen zu erhalten. Ein Nachteil dieser Art der Speicherung ist, dass man nicht unterscheiden kann, ob sich der Wert nicht geändert hat oder ob ein Defekt vorliegt. Tiefergehende Analysen oder die Nutzung von Methoden zur Fehlererkennung und Diagnose sind dann notwendig, um den Betrieb dieser Komponente zu bewerten.

In Kapitel 11.2 und 11.5 werden Werkzeuge und Leitfäden zur Datenhaltung und zur Verarbeitung und Visualisierung von Messdaten vorgestellt. Kapitel 9.4 beschreibt Methoden zur Diagnose und Fehlererkennung.

Referenzen, Anmerkungen

[Ref. 9.3-1]
Fraunhofer-Institut für Solare Energiesysteme (ISE), Freiburg i. Br. (Bearb.); Fraunhofer-Institut für Bauphysik (IBP), Stuttgart (Bearb.); Bergische Universität Wuppertal (Bearb.) u. a.: Leitfaden für das Monitoring der Demonstrationsbauten im Förderkonzept EnBau und EnSan. Okt. 2014 http://www.enob.info/fileadmin/media/Forschungsfelder/Begleitforschung_EnOB/Materialien_fuer_Projektteams/141021_EnOB_Leitfaden_Monitoring_x.pdf (Aufruf 10.12.2015)

[Ref. 9.3-2]
Tritschler, M.; Hahn, J.; Krockenberger, B. u. a.: Abschlussbericht des Forschungsvorhabens Energieoptimiertes Bauen. Monitoring und Betriebsoptimierung Kreissparkasse Göppingen. FKZ 03ET1029A. Hochschule Esslingen (Hrsg.). 2014

[Ref. 9.3-3]
Neumann, C.: Jacob, D.; Burhenne, S.: Modellbasierte Methoden für die Fehlererkennung und Optimierung im Gebäudebetrieb. ModBen. Endbericht. FKZ 0327410A-C. Fraunhofer-Institut für Solare Energiesysteme (ISE), Freiburg i. Br. (Hrsg.). 2011

[Ref. 9.3-4]
Urhan, S.; Gerber, A.; Oehme, A.: Messtechnische Begleitung und Evaluierung des Büroneubaus der Dürr Systems GmbH. Abschlussbericht. FKZ 0327431L. Hochschule Biberach. Fakultät Architektur und Gebäudeklimatik. 2014

9.4 Gebäudemonitoring: Betriebsüberwachung, Fehlererkennung und Optimierung

Nicolas Réhault
Sebastian Herkel

Untersuchungen haben in vielen Gebäuden erhebliche Differenzen zwischen den Planungszielgrößen und den tatsächlichen Verbrauchswerten aufgezeigt [Ref. 9.4-1]. Die Ursachen für die Abweichungen liegen häufig in der Qualität des Gebäudebetriebs und insbesondere in Defiziten bei der Qualitätssicherung während der Inbetriebnahme (→ Kapitel 9.1 und 9.2). Weitere Ursachen beruhen oft auf Fehlern in der Anlagentechnik oder Nutzungsänderungen ohne adäquate Änderung der Betriebsführung. Durch ein kontinuierliches und automatisches Monitoring lassen sich Fehlfunktionen in Systemen und Anlagen zeitnah feststellen und Energieeinsparpotenziale aufdecken. Sie betragen erfahrungsgemäß zwischen 5 und 30 % des Jahresenergieverbrauchs.

Gebäudemonitoring und Energiemanagementsysteme

Die Einbettung des Gebäudebetriebes in betriebliche Prozesse der Qualitätssicherung ist für größere Unternehmen im Energiedienstleistungsgesetz geregelt. Dieses fordert die Durchführung eines Energieaudits oder die Einführung eines Energiemanagementsystems [Ref. 9.4-2]. In Gebäuden und Liegenschaften zielt das Energiemanagement auf eine Steigerung der Energieeffizienz durch eine systematische Kontrolle der Energienutzung. Die europäische Norm DIN EN ISO 50001 [Ref. 9.4-3] legt Anforderungen an eine ständige Verbesserung der Energienutzung fest. Um die Bedarfsermittlung nachzuweisen und einen wirtschaftlichen, energieeffizienten sowie funktionsgerechten Betrieb zu gewährleisten, ist die Implementierung eines technischen Gebäudemonitorings notwendig (→ Kapitel 9.3). Das Gebäudemonitoring mit automatisierten Überwachungs- und Diagnosefunktionen ist ein geeignetes Mittel zur Unterstützung des Energiemanagementprozesses. Die Kopplung von automatisierten Überwachungsfunktionen mit einem Energiemanagementsystem ermöglicht es, suboptimale Betriebszustände frühzeitig und automatisch zu erkennen. Integriert in einen PDCA-Zyklus (Planen (Plan), Handeln (Do), Überprüfen (Check) und Verbessern (Act) trägt dies zu der kontinuierlichen Verbesserung der Energieeffizienz in Gebäuden bei (Bild 9.4-1).

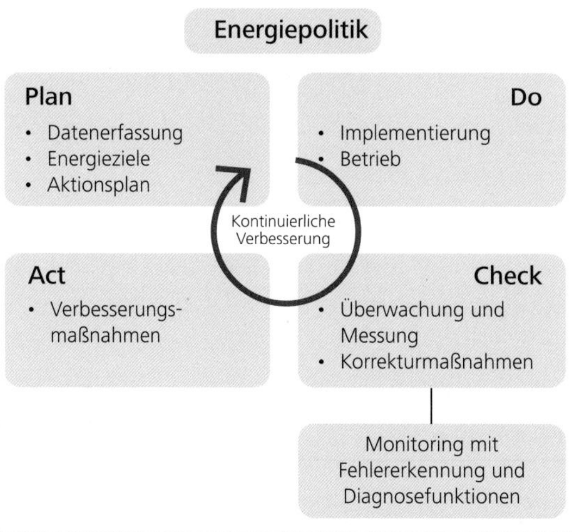

Bild 9.4-1
Energiemanagementprozess nach ISO 50001 mit PDCA-Zyklus, gekoppelt mit automatisierten Fehlererkennungs- und Diagnosefunktionen (Quelle: Fraunhofer ISE)

Methoden und Werkzeuge zur energetischen Betriebsoptimierung

Fehler im Gebäudebetrieb sind beispielsweise „Zustände oder Ereignisse, die ein gleichzeitiges Erreichen von behaglichem Raumklima und dessen energieeffiziente Bereitstellung grundsätzlich verhindern" [Ref 9.4-4]. Häufig vorkommende Fehler im Gebäudebetrieb sind

- Unter- oder Überdimensionierung: Viele haustechnische Systeme laufen im Takt- bzw. Teillastbetrieb, weil sie überdimensioniert sind.
- Falsche Betriebszeiten: Antriebe wie Pumpen und Ventilatoren werden ganztägig und am Wochenende betrieben, auch wenn keine Anforderung besteht.
- Gleichzeitiges Heizen und Kühlen: Heiz- und Kühlsysteme versorgen aufgrund falscher Regelstrategie zeitgleich dieselbe Zone.
- Fehlerhafte Regelung: Die Regelung der Systeme weist trotz korrekter Spezifikation Fehler in der Programmierung auf oder erreicht aufgrund in der Regelstrecke falsch positionierter Sensoren nicht die geplante Energieeffizienz.

- Fehlerhafte Sensorik: Sensoren, die der Steuerung und Regelung von Anlagen dienen, liefern aufgrund fehlender Kalibrierung oder von Defekten ungültige Werte.
- Fehlende Wartung: Komponenten sind aufgrund fehlender Wartung in ihrer Funktion oder Effizienz eingeschränkt (z. B. nachlassende Leistungsfähigkeit eines Wärmeübertragers durch Verschlackung).

Die Norm DIN EN 15232 „Energieeffizienz von Gebäuden – Einfluss von Gebäudeautomation und Gebäudemanagement" [Ref. 9.4-5] definiert spezielle Überwachungsfunktionen, wie z. B. die Erkennung von gleichzeitigem Heizen und Kühlen oder falschen Betriebszeiten, als Mindestanforderung an das technische Gebäudemanagement (TGM), um ein hoch energieeffizientes Gebäudeautomationssystem der Klasse A zu erreichen. Obwohl diese Norm festlegt, dass TGM-Funktionen Fehler „rasch" identifizieren sollen, definiert sie jedoch keine Anforderungen an die Methoden oder den Automatisierungsgrad dieser Funktionen. Heute ist die Anwendung automatisierter Verfahren zur Fehlererkennung und Diagnose (FED) noch selten. Die Wartung beschränkt sich oft auf die Behebung von Grundfehlern (Pumpen defekt, Filter verschmutzt, Keilriemen gerissen etc.) und Anpassungen werden in der Regel vorgenommen, um einen störungs- und beschwerdefreien Betrieb zu erreichen. Die Wahrscheinlichkeit ist groß, dass sich Fehler während der zeit- und prozesskritischen Phase der Inbetriebnahme oder während der Betriebsphase einschleichen. Weiter kann das Bedienpersonal vielfach Fehler nicht erkennen, weil die verfügbaren Werkzeuge begrenzte Analysefähigkeiten haben oder das Personal aufgrund geringer zeitlicher oder finanzieller Ressourcen das nicht leisten kann.

Vereinfachte Methodik für die Energieanalyse von Nichtwohngebäuden im Bestand

Für Nichtwohngebäude im Bestand ist eine energetische Bilanzierung gemäß DIN V 18599 oft nicht einfach realisierbar [Ref. 9.4-6]. Dies liegt wesentlich an der unzureichenden Zählerausstattung und mangelnder Wirtschaftlichkeit einer Nachrüstung. Mit der Methodik „Teilenergiekennwerte von Nichtwohngebäuden" kann eine vereinfachte energetische Bilanzierung von Nichtwohngebäuden im Bestand durchgeführt werden. Das an die DIN V 18599 angelehnte Verfahren analysiert dazu Verbrauchsdaten und Kurzzeitmessungen (→ Kapitel 11.2.2) [Ref. 9.4-7]. Auf Basis der Verbrauchskennwerte nach der VDI 3807 ist eine summarische Voranalyse für ein Gebäude möglich [Ref. 9.4-8, Ref. 9.4-9]. Die Methode umfasst auch einen Leitfaden für die Durchführung von Leistungsmessungen und für die Lastganganalyse in Gebäuden [Ref. 9.4-10]. Eine Messung über drei Tage ist für die Analyse eines Gebäudes ausreichend.

Fehlererkennung und Fehlerdiagnose

Um den fehlerfreien oder gar optimalen Betrieb eines Gebäudes zu überwachen und aufrechtzuerhalten, müssen zahlreiche Signale in ihrem zeitlichen Verlauf und ihrer gegenseitigen Abhängigkeit beobachtet und ausgewertet werden. Für komplexere Gebäude summiert sich die Anzahl der Signale (z. B. entsprechend des Mindestdatensatzes in Kapitel 9.3) leicht auf mehrere Hundert. Die meisten Nichtwohngebäude verfügen heute über Gebäudeautomationssysteme (GA-Systeme). Diese sollten in der Lage sein, Daten in einer genügenden Qualität und zeitlichen Auflösung zu liefern, um die Anwendung automatisierter Analysemethoden zu ermöglichen. Dies stellt bei älteren sowie bei manchen neueren GA-Systemen immer noch eine technische Hürde dar. Um eine hohe Übertragbarkeit auf unterschiedliche Gebäude- und Anlagentypen

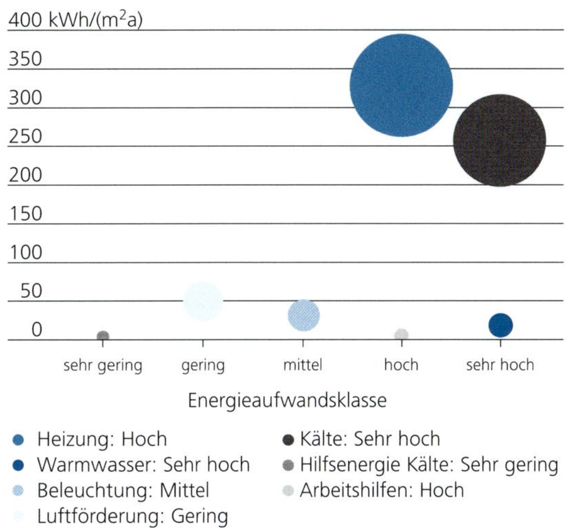

Bild 9.4-2
Beitrag der Gewerke zum Gesamtprimärenergiebedarf eines Verwaltungsgebäudes. Ergebnisse einer Untersuchung nach der Teilenergiekennwertemethode TEK
Hinweis: Blasengröße symbolisiert Höhe des Primärenergiewertes
(Quelle: Fraunhofer ISE)

zu gewährleisten, ist es zunächst notwendig, jeden Schritt der Datenverarbeitung und -auswertung zu systematisieren und zu automatisieren (→ Kapitel 9.3).

Fehlererkennung mittels intelligenter Visualisierungen

Die einfachste Methode, Fehler im Gebäudebetrieb zu erkennen und zu diagnostizieren, ist die grafisch unterstützte Auswertung von Betriebszuständen. Ein geeignetes Hilfsmittel hierfür sind Datenvisualisierungen als visuelle Muster. Diese Muster erlauben die Identifikation von Fehlern und Optimierungspotenzialen. Für die Analyse werden hauptsächlich sogenannte Scatter- und Carpetplots verwendet, da sie charakteristische Betriebsmuster liefern, die eine schnelle Fehlererkennung erlauben (Bild 9.4-3 und 9.4-7). Bei großen Liegenschaften oder komplexen haustechnischen Systemen wird jedoch täglich eine große Anzahl an Grafiken generiert. Auffälligkeiten durch Inaugenscheinnahme zu erkennen ist sehr zeitaufwändig und wirtschaftlich nicht tragbar. Weiterhin sind zur Ursachenfindung tiefergehende und zeitaufwändige Untersuchungen notwendig, welche die Praktikabilität und Wirtschaftlichkeit dieser Methode beschränken. Für die Integration solcher Methoden in tägliche Abläufe der Betriebsführung ist eine Automatisierung der Datenanalyse unerlässlich.

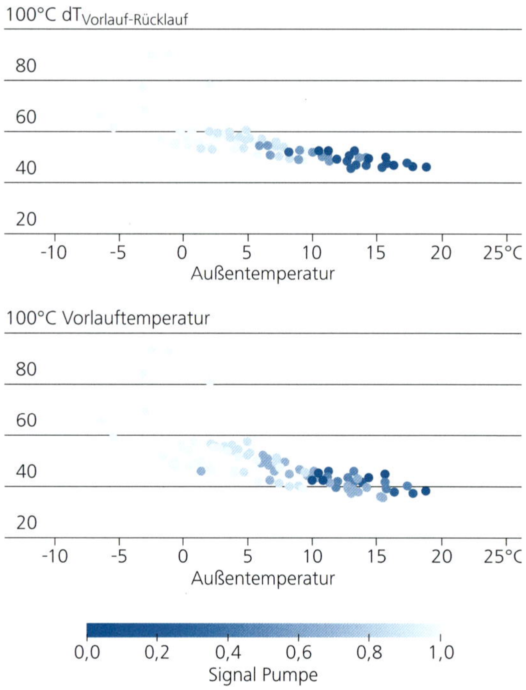

Bild 9.4-3
Scatter-Plot eines Heizkreises mit Färbung der Vorlauftemperatur und Spreizung (dT) anhand des Pumpenbetriebs (Quelle: Fraunhofer ISE)

Automatische Fehlererkennung und Diagnose

Bei der Anwendung von Methoden der Fehlererkennung und von Diagnoseverfahren folgt auf die Fehlererkennung eine Fehlerdiagnose. Damit sollen die Fehlerursache und der Fehlerort in einer Anlage bestimmt werden. Unterschiedliche Verfahren für die Fehlerdetektion und -diagnose wurden wissenschaftlich untersucht und in Gebäuden getestet. Diese reichen von regelbasierten Systemen, die den Parameterraum eines fehlerfreien Betriebs anhand von funktionalen Beschreibungen und Energiebilanzgleichungen algorithmisch mit Wenn-Dann-Sonst Anweisungen abbilden, über Black-Box-Modellen wie z. B. multiple lineare Regressionen oder künstliche neuronale Netze hin zu Methoden des „überwachten Lernen“ (eng. supervised learning) wie Entscheidungsbäume, Clusteringverfahren und qualitative Modelle.

Für die Erkennung von Ausreißern in Verbrauchsdaten haben sich Methoden auf Basis von Black-Box-Modellen, die anhand von Messdaten den Betrieb eines Gebäudes selbst lernen, als praxistauglich erwiesen. Insbesondere die automatische Anpassung der Parameter (Kalibrierung) und der geringe Erstellungsaufwand bieten einen Vorteil gegenüber Modellen, die auf einer physikalischen Beschreibung der Systeme beruhen. Die Nutzung solcher Modelle ermöglicht es den Gebäudebetrieb zu überwachen, indem die Abweichung des aktuellen Messwertes der Zielgröße (z. B. Wärmeverbrauch) zum Vorhersagewert des Modells bestimmt und bewertet wird. Bei Abweichungen, die außerhalb eines gewissen Toleranzbereiches liegen, wird eine Unregelmäßigkeit gemeldet. Um sich das Verhalten eines Gebäudes „einzuprägen“, erfordern diese Methoden einen Betrieb ohne groben Fehlern und Trainingsdatensätze über den Zeitraum von mindestens einer Heiz- und einer Kühlperiode. Unter Umständen muss eine Anpassung des Modells durch eine erneute Trainingsphase erfolgen, für den Fall, dass sich der Betrieb signifikant ändert, z. B. durch eine Nutzungsänderung oder einen Umbau. Im Ergebnis erhält man ein Modell, das die Zielgröße (z. B. täglicher Energieverbrauch) anhand der gemessenen unabhängigen Größen (z. B. Außentemperatur) genügend genau abbilden kann.

Beispiel 1: Überwachung des Energieverbrauchs mit statistischer Kontrollkarte

Zur kontinuierlichen Überwachung des Energieverbrauchs von Gebäuden haben Forscher der Hochschule Esslingen ein Fehlererkennungsverfahren basierend auf einer Methode der statistischen Qualitätskontrolle entwickelt und im Betrieb im Gebäude der Sparkasse Göppingen getestet [Ref 9.4-10]. Ziel ist, zwischen zufälliger Streuung in den Messdaten und systematischer Abweichung zwischen prognostiziertem und tatsächlichem Wärmeverbrauch zu unterscheiden. Ein kalibriertes Gebäudemodell liefert Prognosedaten. Eine CUSUM-Kontrollkarte (Cumulative Sum control chart) erfasst die kumulative Summe der Abweichungen zwischen prognostizierten und gemessenen Daten und überwacht die Differenz zwischen diesen Größen, die aus einer Störung des Gebäudebetriebs resultieren. Bei Über- bzw. Unterschreitung einer zuvor definierten Eingriffsgrenze, löst der Algorithmus einen Alarm aus. Nach der Anwendung dieser Methode benötigt der Diagnoseschritt vertiefte Analysen.

Beispiel 2: Erkennung von Ausreißern im Energieverbrauch eines Verwaltungsgebäudes durch Analyse der Energiesignatur

Mit der Methode zur Überwachung des täglichen Energieverbrauchs auf Basis von Energiesignaturen für Wärme und Strom kann der Gebäudebetrieb kontinuierlich überwacht werden [Ref. 9.4-4]. Das Beispiel zeigt, dass aufgrund der unterschiedlichen Charakteristik von Werktagen und Wochenenden sowie zu verschiedenen Jahreszeiten ein einziges lineares Modell nicht in der Lage ist, die Energiesignatur richtig abzubilden. Es ist notwendig, verschiedene Modelle für verschiedene Typtage (also Tage mit deutlich unterschiedlicher Verbrauchscharakteristik) und über- und unterhalb des Change-Point (bei Heizung: Heizgrenztemperatur) zu erstellen (Bild 9.4-5).

Fehlerkennung mit qualitativen Modellen

Qualitative Modelle bieten den Vorteil, dass nur wenige Vorkenntnisse über das physikalische Verhalten der Systeme benötigt werden und sich durch die qualitative Betrachtung der Umgang mit unscharfen Daten verbessern lässt. Qualitative Modelle beschreiben näherungsweise das Verhalten dynamischer Systeme und sind in der Lage zukünftige Zustände eines Systems anhand von Wahrscheinlichkeiten zu prognostizieren. Somit können vom optimalen Betrieb abweichende Betriebszustände erkannt werden. Bild 9.4-6 illustriert die Ergebnisse einer Fehlererkennung mittels eines qualitativen Modells einer raumlufttechnischen Anlage.

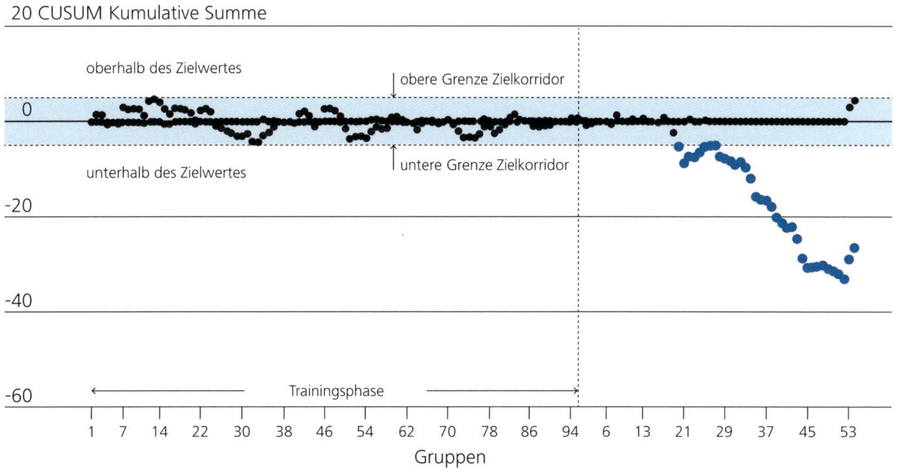

Bild 9.4-4
Überwachung des Wärmeverbrauchs mit CUSUM-Karte in der Sparkasse Göppingen. Prognose mit den Planungssollwerten der Innentemperatur. (Quelle: Hochschule Esslingen)

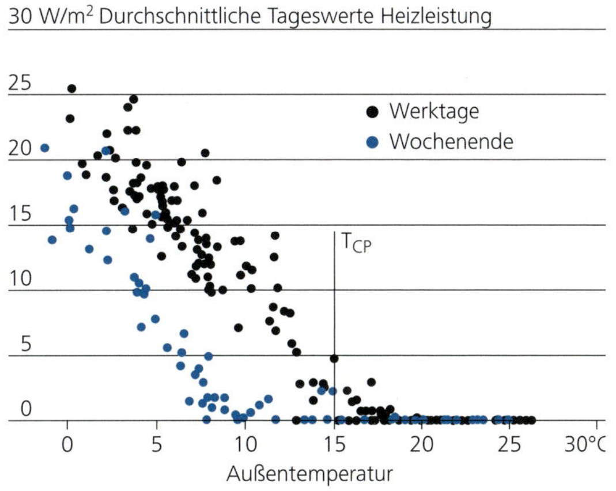

Bild 9.4-5
Beispiel für eine Energiesignatur für Wärme. Deutlich erkennbar ist die unterschiedliche Charakteristik für Werktage und Wochenenden sowie die jeweilige Heizgrenztemperatur, die im Modell als „Change-Point CP" bezeichnet wird. (Quelle: Fraunhofer ISE)

Modellbasierte Optimierung

Über den Lebenszyklus eines Gebäudes verändern sich dessen Nutzungsarten und –zeiten, aber auch die Kosten für Energieträger wie Fernwärme, Gas und Strom. Mit flexiblen Tarifen können künftig Anreize zu einem netzfreundlichen Betrieb von Gebäuden gesetzt werden. Bei der Betriebsoptimierung werden die Steuerungs- und Regelparameter der Anlagen an diese veränderten Randbedingungen angepasst. Auch eine durch Verschleiß bedingte, veränderte Performance einzelner Anlagen kann Auslöser für einen solchen Optimierungsprozess sein.

Man unterscheidet zwischen einer „Online-Optimierung", die kontinuierlich im laufenden Betrieb erfolgt, und der „Offline-Optimierung", bei der z. B. nach einer Nutzungsänderung die Betriebszeiten der Heizungs- oder Lüftungsanlage angepasst werden. Nutzungsprofile aus der Planungsphase beschreiben nur bedingt die reale Nutzung von Räumen. Dies gilt insbesondere für Küchen, Versammlungsstätten, Hörsäle und Konferenzräume. Daher dient ein Monitoring dazu, die realen Nutzungen zu erfassen und den Anlagenbetrieb daran anzupassen. Beispielhaft dafür steht die Betriebsweise von zentralen Lüftungsanlagen (Bild 9.4-7).

In der Praxis erfolgt die Energieoptimierung von Gebäuden meist auf Grundlage einfacher Berechnungen und Abschätzungen des jeweiligen Gutachters. Diese Herangehensweise beschränkt sich oft auf nur wenige Parameter, die „manuell" optimiert werden.

Die modellbasierte Optimierung hat den Vorteil, dass sie zahlreiche Einflussfaktoren berücksichtigt und die Optimierung ausgewählter Parameter numerisch und teilautomatisiert erfolgt. Weiterhin ermöglicht sie unterschiedliche Szenarien zu betrachten ohne in den realen Gebäudebetrieb einzugreifen. Ein kritischer Punkt bei der modelbasierten Optimierung ist allerdings der Aufwand für die Modellerstellung und die notwendige

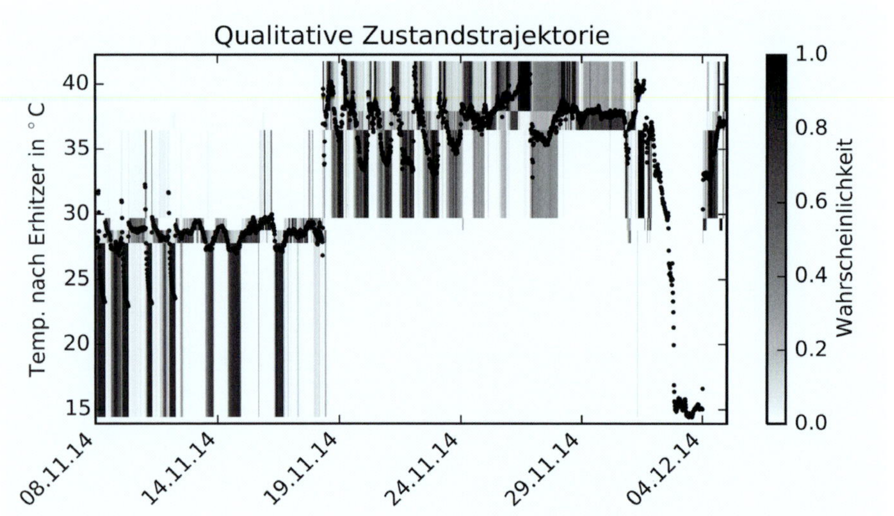

Bild 9.4-6
Automatische Fehlererkennung in der Kaltwasserversorgung einer RLT-Anlage. Gemessene Luftaustrittstemperatur (Blau) und vom qualitativen Modell prognostizierte Wahrscheinlichkeiten (Graustufen). Zwischen dem 2. und 4. Dezember liegen die Messwerte nicht mehr in dem Bereich, der vom qualitativen Modell vorhergesagt wurde.
(Quelle: Fraunhofer ISE)

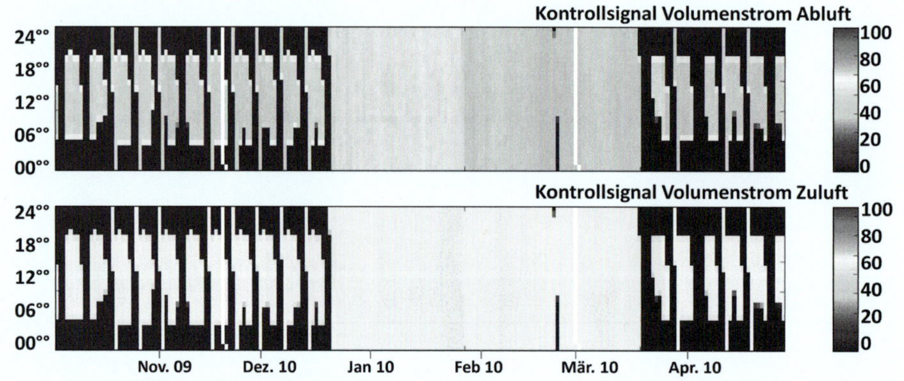

Bild 9.4-7
Betriebsmuster einer Lüftungsanlage dargestellt als Carpetplot. Im Zeitraum 15. Dezember bis 15. März wird die Lüftungsanlage kontinuierlich betrieben, um mit Umluft die Heizlast zu decken.
(Quelle: EnOB Datenbank / Fraunhofer ISE)

Rechenzeit. Neue Lösungen im Bereich der Modellbildung und der Optimierungsalgorithmen ermöglichen den Einsatz der modellbasierten Optimierung in der Praxis.

Träge Systeme zur Raumkonditionierung wie die Betonkernaktivierung können eine höhere Performance sowohl in Bezug auf Komfort als auch Energieeffizienz erreichen, wenn sie vorrausschauend durch Einbeziehung von Wetterprognosen betrieben werden und die zu erwartende Kühllast durch die Nutzer oder solare Lasten antizipiert wird. Abgestimmt auf das Teillastverhalten der Anlagentechnik kann so ein Optimum identifiziert werden (Bild 9.4-8) [Ref 9.4-12].

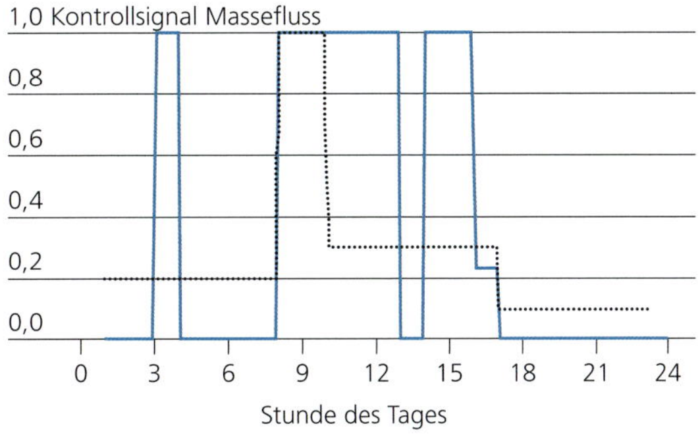

Bild 9.4-8
Vergleich der Steuerstrategie für die Pumpe einer Betonkernaktivierung, die bei der stochastischen Optimierung gefunden wurde (durchgezogene Linie). Strichpunktiert ist die Vergleichs- und Ausgangssteuerstrategie dargestellt. Durch Anwendung der Optimierung konnten die Kosten für den 24 m² großen Raum von 2,17 € auf 1,37 € pro Tag gesenkt werden.
(Quelle: Fraunhofer ISE)

Referenzen, Anmerkungen

[Ref 9.4-1]
Struck, C.; Benz, M; Dorer, V. u. a.: „Performance Gap" in der Schweiz – Brisanz, Ursachen und Einflüsse auf die Differenz von geplantem Energiebedarf und gemessenem Verbrauch in Gebäuden, 2014 – ETH Zürich

[Ref 9.4-2]
Gesetz über Energiedienstleistungen und andere Energieeffizienzmaßnahmen vom 4. November 2010 (BGBl. I S.1483), geändert durch Artikel 1 des Gesetzes vom 15. April 2015 (BGBl. I S. 578)
http://www.gesetze-im-internet.de/edl-g/BJNR148310010.html (Aufruf 10.12.2015)

[Ref 9.4-3]
Deutsches Institut für Normung DIN e. V., Berlin (Hrsg).: DIN EN ISO 50001: 2011-12: Energiemanagementsysteme. Berlin: Beuth Verl., 2011

[Ref 9.4-4]
Neumann, C.: Jacob, D.; Burhenne, S.: Modellbasierte Methoden für die Fehlererkennung und Optimierung im Gebäudebetrieb. ModBen. Endbericht. FKZ 0327410A-C. Fraunhofer-Institut für Solare Energiesysteme (ISE), Freiburg i. Br. (Hrsg.). 2011

[Ref 9.4-5]
Deutsches Institut für Normung DIN e. V., Berlin (Hrsg).: DIN EN 15232: 2012-09: Energieeffizienz von Gebäuden – Einfluss von Gebäudeautomation und Gebäudemanagement.
Berlin: Beuth Verl., 2012

[Ref 9.4-6]
Deutsches Institut für Normung DIN e. V., Berlin (Hrsg).: DIN V 18599-2: 2011-12: Energetische Bewertung von Gebäuden - Berechnung des Nutz-, End- und Primärenergiebedarfs für Heizung, Kühlung, Lüftung, Trinkwarmwasser und Beleuchtung - Teil 2: Nutzenergiebedarf für Heizen und Kühlen von Gebäudezonen.
Berlin: Beuth Verl., 2011

[Ref 9.4-7]
Lichtmeß, M. Vereinfachungen für die energetische Bewertung von Gebäuden. Dissertation, Bergische Universität Wuppertal. Fachbereich Architektur. Lehrgebiet Bauphysik und Technische Gebäudeausrüstung. 2014

[Ref 9.4-8]
Verein Deutscher Ingenieure (VDI), Düsseldorf (Hrsg.): VDI 3807 Blatt 1:2013-06: Verbrauchskennwerte für Gebäude – Grundlagen.
Berlin: Beuth Verl., 2013

[Ref 9.4-9]
Hörner, M.; Jedek, C.; Bagherian, B. u. a.: Teilenergiekennwerte – Neue Wege in der Energieanalyse von Nichtwohngebäuden im Bestand – Teil 1b. In: HLH Lüftung/Klima, Heizung/Sanitär, Gebäudetechnik. Jg. 64 (2013) Nr. 12, S. 31-34

[Ref 9.4-10]
Wagner, Andreas; Kleber, Michael; Hartloff, Moritz; Hörner, Michael: Teilenergiekennwerte - Lastgangmessungen zur Analyse von Energieeinsparpotenzialen in Gebäuden.Teil 2. In: HLH Lüftung/Klima, Heizung/Sanitär, Gebäudetechnik. Jg. 65 (2014), Nr. 1, S. 24-30

[Ref 9.4-11]
Tritschler, M.; Hahn, J.; Krockenberger, B. u. a.: Abschlussbericht des Forschungsvorhabens Energieoptimiertes Bauen. Monitoring und Betriebsoptimierung Kreissparkasse Göppingen. FKZ 03ET1029A. Hochschule Esslingen (Hrsg.). 2014

[Ref 9.4-12]
Jacob, D.: Gebäudebetriebsoptimierung – Verbesserungen von Optimierungsmethoden und Optimierung unter unsicheren Randbedingungen. Dissertation, Karlsruher Institut für Technologie. Fakultät Architektur. Fachgebiet Bauphysik und Technischer Ausbau. 2012

10 Gestaltungsqualität und Nachhaltigkeit

Patrick Sonneborn
Susanne Hendel

Die Anforderungen der Energiewende stellen Architekten und Planer auch in Bezug auf Gestaltungsqualität und Ästhetik von Gebäuden vor neue Aufgaben. Der Umgang mit den erweiterten energetischen Ansprüchen im Neu- und Bestandsbau hat unmittelbaren Einfluss auf die baukulturelle Entwicklung unserer Städte. Bereits jede fünfte Kommune sieht in den Folgen der energetischen Sanierung ein Konfliktthema für den Bereich Wohnen und gemischte Quartiere [Ref 10-1]. Kleinteilige Solaranlagen sind gerade in Ein- und Zweifamilienhaussiedlungen zu einem markanten Element der Dachlandschaften geworden. Mit der energetischen Sanierung des Siedlungsbestandes sind zudem große architektonische Herausforderungen verbunden, speziell in historischen Stadtteilen von baukulturellem Wert. Eine wesentliche Aufgabe besteht in der Entwicklung von ganzheitlichen Gebäudekonzepten und der ästhetischen Umsetzung von Klima- und Nachhaltigkeitsfragen in qualitativ hochwertiger Architektur.

Architekturwettbewerbe und Auszeichnungen

In Deutschland hat sich bisher kein einheitliches Verfahren zur Beurteilung architektonischer Qualität etabliert [Ref 10-2]. Eine wichtige Rolle zur Förderung von Architektur mit hohem gestalterischem Anspruch und baukulturellem Wert spielen daher neben Gestaltungsbeiräten vor allem Architekturwettbewerbe und Auszeichnungen.

Durch Wettbewerbsverfahren können verschiedene Herangehensweisen an komplexe Aufgabenstellungen verglichen und bewertet werden. Entscheidend für die Entwicklung architektonisch anspruchsvoller, energieeffizienter Gebäude ist eine zielgerichtete Ausformulierung geeigneter Kriterien in der Auslobung und ihre konsequente Gewichtung im Verfahrensverlauf. Dazu müssen Ausschreibungen nicht nur inhaltlich erweitert, sondern vielmehr bestehende Wettbewerbskriterien und Verfahrensabläufe mit Kriterien der Nachhaltigkeit verknüpft werden.

Bild 10-1
Dreimal, 2009, 2011 und 2014 wurde der BMWi Preis „Architektur mit Energie“ ausgelobt und an herausragende Projekte vergeben. (Quelle: Forschungsinitiative EnOB)

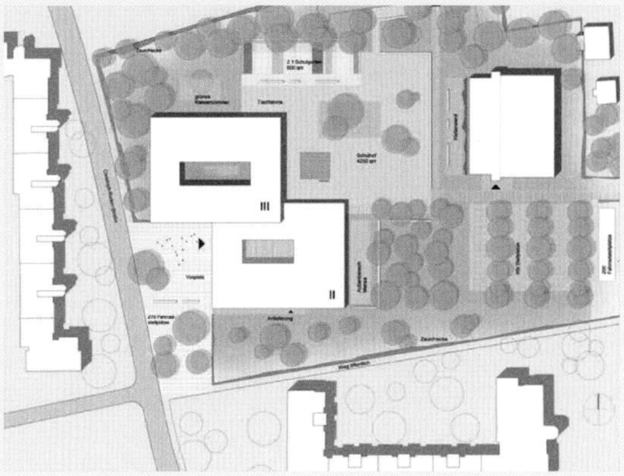

Bild 10-2
Teil des Ergebnisprotokolls (1. Preis Huber Staudt Architekten) zum nichtoffenen Wettbewerb „Neubau des Leonardo-da-Vinci-Gymnasiums“ 2014. Der Bericht dient dem Vergleich der Wettbewerbsbeiträge auf Grundlage festgelegter Kriterien (Quelle: Senatsverwaltung für Stadtentwicklung und Umwelt)

Mit Hilfe von Leitfäden wie

- „Systematik für Nachhaltigkeitsanforderungen in Planungswettbewerben" (SNAP [Ref 10-3]) oder
- „Leitfaden Nachhaltigkeitsorientierte Architekturwettbewerbe" (LeNA [Ref 10-4])

werden nachhaltigkeitsrelevante Anforderungen als bindende Vorgaben in die Bewertungskriterien von Wettbewerben integriert. Damit diese bereits im Vorentwurf zusammenfinden, werden Empfehlungen für Auslober und Planer für jede Phase eines Wettbewerbs formuliert. Sie umfassen neben Vorbereitung und Zieldefinition auch die Auslobung, Vorprüfung und Ergebnisfindung. Gleichzeitig werden allgemeine und nachhaltigkeitsrelevante Wettbewerbsziele miteinander verbunden (Bild 10-2, 10-3). Die festgelegten, nachhaltigkeitsrelevanten Beurteilungskriterien umfassen die Themen

- Funktionalität
- Komfort und Gesundheit,
- Wirtschaftlichkeit sowie
- Ressourcen und Energie.

Ergänzend werden relevante Planungskennwerte definiert und im Rahmen der Vorprüfung entwurfsspezifisch ermittelt. So können beispielsweise Energie- und Lebenszykluskosten geprüft und sämtliche Nachhaltigkeitsanforderungen evaluiert werden. Hier empfiehlt der Leitfaden SNAP für vereinfachte Abschätzungen den Einsatz der Excel-basierten Software EnerCalC, um im Rahmen der Vorprüfung schnell und übersichtlich energetische Aspekte der Gebäudeentwürfe zu vergleichen (Kapitel 11.1.6). Erhebungs- und Auswertungsbögen sollen zudem den Mehraufwand für Auslober und Planer insgesamt gering halten und so für eine erhöhte Akzeptanz sorgen.

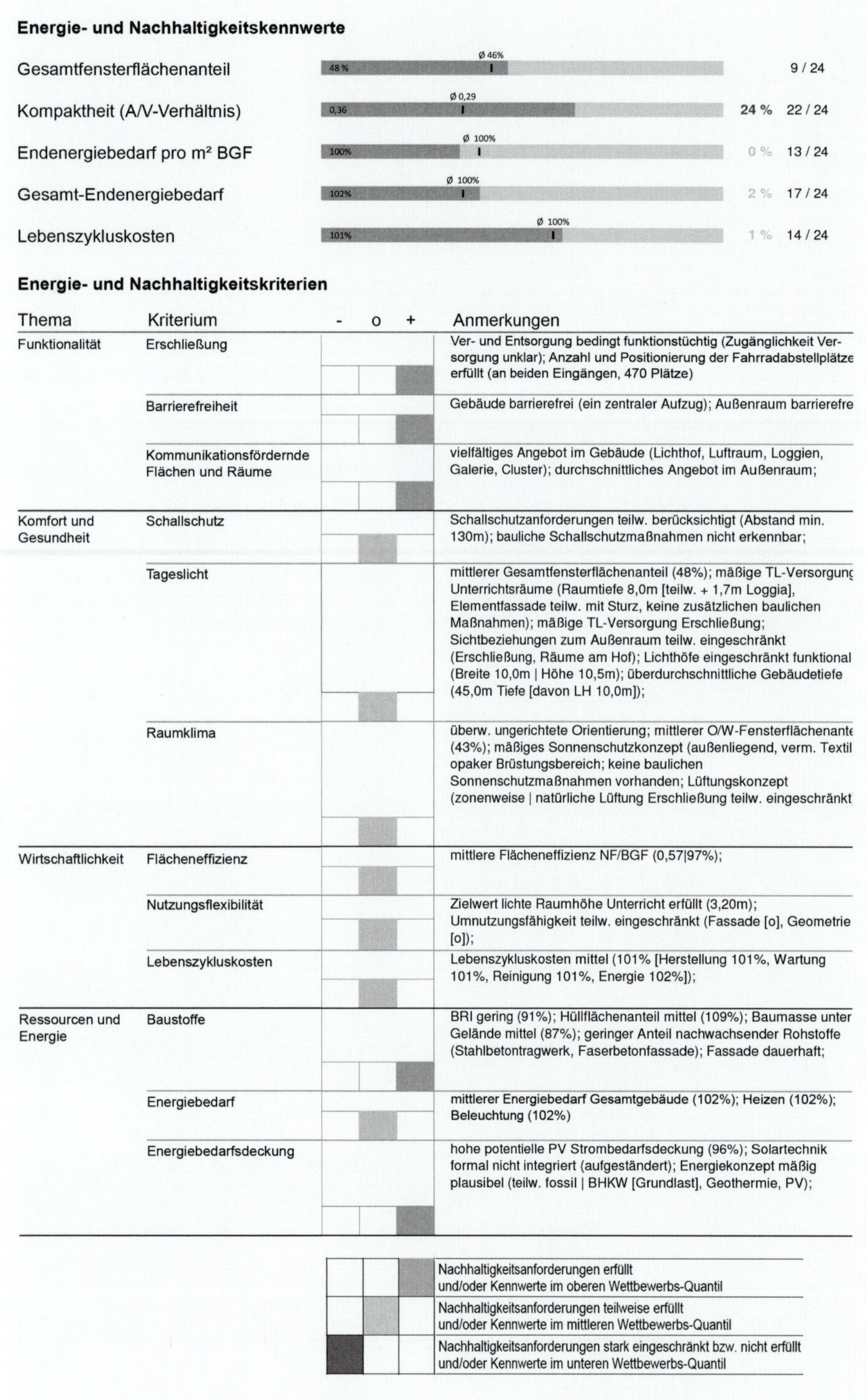

Bild 10-3
Die Vorprüfung Nachhaltigkeit beinhaltet die Kontrolle der Nachhaltigkeitskriterien durch Sachverständige für Nachhaltigkeit und Betriebsenergie mittels Ampelindikatoren
(Quelle: ee concept, Matthias Fuchs)

Bild 10-4
Tageslicht, das durch drei in die Decke integrierte Heliostate gelenkt wird, belichtet das zentral gelegene Foyer des Science College Overbach.
(Quelle: Solar-Institut Jülich)

Der Trend, eine hochwertige Gestaltung von Gebäuden mit Energieeffizienz in einer stimmigen Architektur zu vereinen, wird auch bei den beispielhaften Gebäuden deutlich, die im Rahmen der Forschungsinitiative EnOB wissenschaftlich untersucht wurden. Rund 40 % der EnOB-Neubauprojekte seit 2003 wurden auf Basis von Wettbewerbsverfahren realisiert. Diverse Auszeichnung der Neubau- und Sanierungsprojekte reichen von Gütesiegeln der Nachhaltigkeit über Fassaden- und Materialpreise bis hin zu verschiedenen Architekturpreisen und zeugen von der hohen architektonischen Qualität der Gebäude.

So wurden folgende EnOB-Projekte durch die zuständigen Landesverbände des Bundes Deutscher Architekten ausgezeichnet [Ref 10-6]:

- Verwaltungsgebäude der Behörde für Stadtentwicklung und Umwelt in Hamburg (2014),
- Bildungszentrum „Science College Overbach" (2010),
- Bürogebäude der Kreissparkasse Göppingen (2014) sowie
- Studentenwohnheim „Neue Burse" Wuppertal (2000).

Es wird deutlich, dass sich Nachhaltigkeit und Energieeffizienz durchaus mit gestalterischen und baukulturellen Ansprüchen verbinden lassen. Aktuelle Studien belegen, entgegen der Ansicht Architekturqualität sei teuer, einen positiven Einfluss auf die Rendite von Gebäuden [Ref. 10-7]. Gleichzeitig entsteht ein anhaltender Effekt auf die Umgebung: Anrainer und Passanten profitieren von Architektur hoher Gestaltungsqualität, die als Visitenkarte von Städten und Gemeinden ein identitätsstiftender Standortfaktor ist.

Gestaltungskonzepte

Um Nachhaltigkeitsanforderungen in Architektursprache und Gestaltungsqualität einzubinden, bedarf es ausgewogener Ansätze, die die unterschiedlichen Aspekte des Bauens ganzheitlich betrachten. Mit Architekten geführte Interviews bestätigen, dass diese Haltung verstärkt Einzug in Architektur- und Planungsbüros hält [Ref 10-8]. Aspekte der Energieeffizienz werden von den planenden Büros vielfach grundlegend und durchgehend in den Entwurfsprozess einbezogen, um das Risiko der Dominanz einzelner Disziplinen zu verringern. Aus den Interviews geht eine neue Selbstverständlichkeit vieler Architekten im Umgang mit Energieeffizienz hervor, die sich auch innerhalb aktueller Projekte widerspiegelt. In Bezug z. B. auf die Einbindung von Solaranlagen in den Entwurf wird weiterhin eine zurückhaltende, integrierte Lösung präferiert (Kapitel 8.5), während ein offener Umgang mit den Themen Fassadengestaltung und Haustechnik ersichtlich wird. So wurde beispielsweise die Lüftungszentrale im Neubau der Behörde für Stadtentwicklung und Umwelt

Bild 10-7
Neue Burse Wuppertal: Die vorgefertigten Fassadenelemente in Holzrahmenbauweise mit Wärmedämmung aus Mineralfaser dienen der Aussteifung der Gebäude und dem Flächenzugewinn. Das Studentenwohnheim wurde vollständig entkernt und eine neue Fassade mit einem 2 m tiefen Holzrahmen vorgesetzt. (Quelle: Tomas Riehle / ARTUR IMAGES)

Bild 10-6
Neubau der BSU Hamburg. (Quelle: Kristian Duus)

Bild 10-5
Das Museum Ritter wirkt auf den ersten Blick wie ein klar abgegrenzter Monolith aus hellen Kalksteinplatten. Erst aus der Nähe offenbart sich das komplexe Spiel von Abschottung und Durchlässigkeit. Die Ausstellungsfläche wird weitgehend natürlich mit Hilfe von kombinierten Tages- und Kunstlichtdecken belichtet.
(Quelle: Museum Ritter)

Bild 10-8
Charakterisierung von 6 Teams durch ihre Punktewertung in den 10 Disziplinen des Solar Decathlon Europe 2014. Dargestellt ist dazu der Median aller 20 Teams im Wettbewerb
(Quelle: P. Engelmann, Fraunhofer ISE).

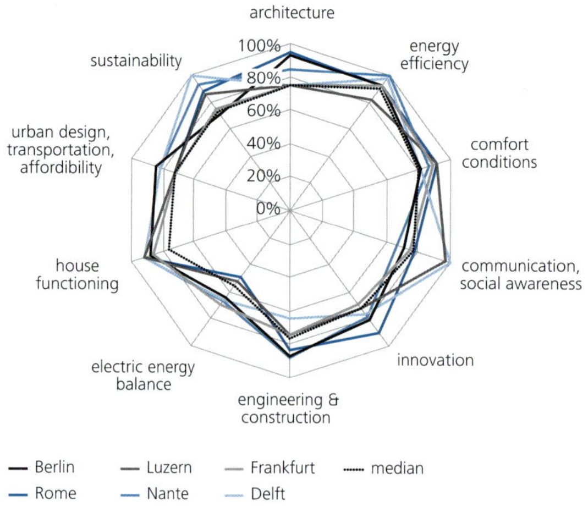

in Hamburg gezielt als Teil der Dachlandschaft gestaltet, um sich in den Entwurf zu integrieren (Bild 10-6). Beim Science College Overbach kommen die im Gebäude installierten Technologien nicht nur der Energieeffizienz bzw. Nachhaltigkeit zu Gute, sondern sind zudem wesentlicher Bestandteil des pädagogischen Konzepts. Drei in die Decke eingelassene Heliostate mit verstellbaren Sonnenspiegeln leiten Tageslicht in das zentrale Forum des Gebäudes und setzen das Thema „Tageslicht" bei sonnigem Wetter in Szene (Bild 10-4).

Bild 10-9
Platzierung der deutschen Beiträge zum Solar Decathlon Europe 2010, 2012 und 2014 in der Wertung Architektur (jeweils im Feld von 20 Teams)
(Quelle: Uni Wuppertal)

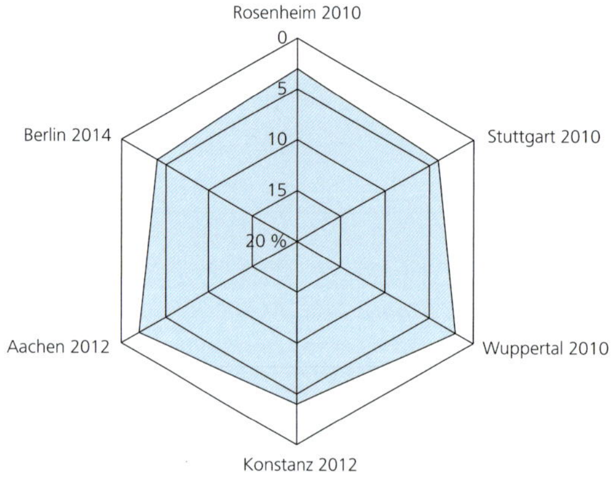

Fassaden als Visitenkarten

Materialität und Gestaltung von Fassaden beeinflussen maßgeblich, wie sich Gebäude ihrer Umwelt präsentieren und dienen vielen Architekten als Markenzeichen. Gleichzeitig hält sich das Wärmedämmverbundsystem hartnäckig als Synonym für qualitäts- und gestaltungsarme Architektur. Die untersuchten Demonstrationsgebäude zeigen, dass Energieeffizienz nicht zwangsläufig die Gestaltungsmöglichkeiten von Architekten einschränkt. Der Bau der Behörde für Stadtentwicklung und Umwelt (BSU) in Hamburg von Sauerbruch & Hutton sowie das Museum Ritter von Max Dudler erfüllen höchste energetische Standards und überzeugen zugleich mit hochwertiger Architektur. Während die Fassadengestaltung des Museums von einer minimalistischen und klaren Formensprache und dem

Bild 10-10
Solar Decathlon 2014, Team Berlin
(Quelle: Team Berlin)

Bild 10-11
Solar Decathlon 2010 Team Wuppertal. Ein Beispiel für mehrere Elemente eines energieoptimierten Bauwerks kombiniert zu ansprechender Architektur. PV, Solarthermie, Sonnenschutz
(Quelle: Peter Keil)

Bild 10-12
Solar Decathlon 2010 Stuttgart
(Quelle: HFT Stuttgart)

vorwiegenden Gebrauch von Naturstein geprägt wird (Bild 10-5), spiegelt sich das für Sauerbruch & Hutton typische Spiel mit Farben auch im Entwurf für die BSU wieder (Bild 10-6). Gleichzeitig erfüllt die Fassade alle Anforderungen an Energieeffizienz, Lüftung und Sonnenschutz und prägt durch ihr Erscheinungsbild die Umgebung.

Dass qualitativ hochwertige Architektur auch im Bestand mit höchster Energieeffizienz verbunden wird, beweist der Umbau des Studentenwohnheims „Neue Burse" Wuppertal durch das ortsansässige Architekturbüro „Architektur Contor Müller Schlüter" (Bild 10-7). Neben dem Architekturpreis „Gute Bauten" und dem Preis „Zukunft Wohnen" wurde auch der Deutsche Holzbaupreis 2005 für die konsequent ausgeführte Holzbauhülle vergeben. Ebenfalls mit dem „Bauherrenpreis 2000" ausgezeichnet verdeutlicht das Projekt, dass eine Realisierung gestalterisch, ökologisch und ökonomisch hochwertiger Bauten auch eine gesamtgesellschaftliche Verantwortung ist.

Bild 10-13
Solar Decathlon 2012: ECOLAR Home - Konstanz – neben in das Dach integrierten Photovoltaikmodulen wird auch transparentes Photovoltaik-Glas als opakes multifunktionales Fassadenelement verwendet.
(Quelle: Team Konstanz)

Architektur als Experiment

Das Wirken der Forschungsinitiative EnOB zeigt sich auch an den Architekturfakultäten an deutschen Hochschulen. Neben regelmäßigen Sommerakademien wurden studentische Teams für alle drei Wettbewerbe des „Solar Decathlon Europe" gefördert. Dabei zeigt sich besonders deutlich innovative Solartechnik als sichtbares Merkmal guter Architektur (Bilder 10-9 – 10-13). Beim „Solaren Zehnkampf" treten Studententeams aus der ganzen Welt an, um vollständig solar versorgte Wohneinheiten zu entwerfen, zu planen, zu bauen und dieses anschließend einer breiten Öffentlichkeit zu präsentieren. Mit Messungen und international besetzten Jurys wird die Performance der Gebäude in 10 Disziplinen bewertet:

- Nachhaltigkeit,
- Architektur,
- Energieeffizienz,
- Komfortbedingungen,
- Kommunikation und soziales Bewusstsein,
- Innovation,
- Planung und Konstruktion,
- Elektrische Energiebilanz,
- Funktionalität
- Städtebauliches Design und Marktfähigkeit (Bild 10-8).

Die zukunftsweisenden, experimentellen Entwürfe der Teams veranschaulichen die unterschiedlichen Herangehensweisen an das Spannungsfeld von Architektur, Energie und Nachhaltigkeit.

Bild 10-14
Solar Decathlon 2010, Rosenheim. Die Photovoltaikmodule werden außenbündig in das Flachdach integriert
(Quelle: Team Rosenheim)

Bild 10-15
Solar Decathlon 2012: Prägnantes Merkmal des Counter Entropy House der RWTH-Aachen ist das weit auskragende Flachdach. Die Konstruktion dient nicht nur der Flächenzonierung und Verschattung, sondern ermöglicht auch einen Flächenzugewinn für integrierte Photovoltaik- und Solarmodule
(Quelle: RWTH Aachen)

Referenzen, Anmerkungen

Ref 10-1
Bundesstiftung Baukultur, Potsdam (Hrsg.): Baukulturbericht 2014/15. Gebaute Lebensräume der Zukunft – Fokus Stadt. 2015

Ref 10-2
Achatzi, P.; Dahms, U.; Winkler-Kühlken, B. u. a.: Architekturqualität für ÖPP. Sicherstellung architektonischer Qualität bei Projekten öffentlich-privater Partnerschaft. Bundesministerium für Verkehr, Bau und Stadtentwicklung (BMVBS) (Hrsg.). 2011 http://www.bbsr.bund.de/BBSR/DE/Veroeffentlichungen/BMVBS/Sonderveroeffentlichungen/2011/Architekturqualitaet.html?nn=396894 (Aufruf 11.12.2015)

Ref 10-3
Bundesministerium für Verkehr, Bau und Stadtentwicklung (BMVBS) (Hrsg.): Systematik für Nachhaltigkeitsanforderungen in Planungswettbewerben. SNAP–Empfehlungen. 2013 http://www.nachhaltigesbauen.de/fileadmin/pdf/veroeffentlichungen/SNAP_1_Empfehlungen-korr.pdf (Aufruf 11.12.2015)

Ref 10-4
Freie und Hansestadt Hamburg. Behörde für Stadtentwicklung und Umwelt (BSU) (Hrsg.): LeNA. Leitfaden Nachhaltigkeitsorientierte Architekturwettbewerbe. 2011

Ref 10-5
Fuchs, M.: Nachhaltigkeitsorientierter Architekturwettbewerb „St. Trinitatis". Kriterien und Indikatoren zur Beurteilung der Nachhaltigkeit des Architekturwettbewerbes „Neubau der Katholischen Propsteikirche mit Pfarrzentrum in Leipzig" und Empfehlungen für ein nachhaltigkeitsorientiertes Wettbewerbsverfahren Abschlussbericht. ee concept GmbH, Darmstadt (Hrsg.). Dez. 2010

Ref10-6
Nach BDA Nordrhein-Westfalen „Auszeichnung guter Bauten" http://www.bda-nrw.de/architekturpreise/auszeichnung-guter-bauten.html (Aufruf 11.12.2015)

Ref 10-7
Spars, G.: Investitionen in Architektur, Rendite durch Bauqualität? In: Architektenkammer Nordrhein-Westfalen, Düsseldorf (Hrsg.): Mythos Baukunst? Zwischen kultureller Verpflichtung und Markt. Dokumentation zum Internationalen Architektenkongress der Architektenkammer Nordrhein-Westfalen. Westerland/Sylt, 22.-26. Juni 2011. S.43-46

Ref 10-8
Musall, E.: Klimaneutrale Gebäude – Die Bedeutung von Konzept- und Umsetzungsstrategien für die Architektur. Dissertation, Universität Wuppertal, 2015

11 Werkzeuge für die Praxis

Sebastian Herkel

In nachfolgenden Kapitel werden Leitfäden, Berechnungs- und Analysewerkzeuge sowie Daten- und Informationsplattformen vorgestellt, die in Forschungs- und Entwicklungsprojekten entstanden.

Für die Konzept- und Planungsphase werden in Kapitel 11.1 Datengrundlagen für Emissionsfaktoren und Klimadaten zusammengestellt und Anforderungen an die planerische Leistung der Raumklimasimulation beschrieben. Mit dem energetischen Pflichtenheft werden die energierelevanten Planungsschritte systematisch dokumentiert und Anforderungen formuliert. Physikalisch korrekte und übersichtliche Werkzeuge zur Energiebilanzierung und zur bauphysikalischen Analyse sind EnerCalC, Therakles und Wufi Plus Therm.

Die Gebäudeperformance lässt sich messen und prüfen (→ Kapitel 11.2), beispielsweise mit neuen Verfahren wie AkuCheck zur schnellen Analyse der Akustik und FensterCheck zur Bestimmung der Verglasungsqualität. Die Analyse von Teilenergiekennwerten ist mit dem TEK-Tool möglich, bei dem Verbrauchswerte Bedarfswerten gegenübergestellt werden. Die Durchführung eines Monitoring wird durch einen Leitfaden unterstützt, mit dem Werkzeug MoniSoft ist eine Aufbereitung und Darstellung von Messdaten möglich. Der Energienavigator überprüft bei der Inbetriebnahme oder im laufenden Betrieb die Übereinstimmung mit den geplanten Funktionen von Anlagen

Die Gebäudeperformance spiegelt sich aber auch in der Zufriedenheit der Nutzer wieder. Systematisch analysieren lässt sich diese mit Hilfe von Fragebogen zur Nutzerzufriedenheit (→ Kapitel 11.3).

Das Modul Gebäude „Nutzen und Betreiben" des Nachhaltigkeitszertifikates des Bundes (BNB) beschreibt und formalisiert die für den nachhaltigen und effizienten Betrieb notwendigen Prozesse (→ Kapitel 11.4).

Die EnOB-Datenbank dokumentiert umfangreich die Energiekennwerte, Zeitreihen von Messwerten und Performance der im Rahmen der Forschungsinitiative EnOB analysierten Gebäude. Als Werkzeug ist diese Plattform geeignet für die Analyse und Dokumentation größerer Gebäudebestände und Liegenschaften (→ Kapitel 11.5).

11.1.1 Emissionsfaktoren für Energieversorgungsanlagen

Matthias Unholzer

Die Berechnung der Emissionen von Klimagasen und Luftschadstoffen aus der Energieversorgung von Gebäuden erfolgt nach den in Kapitel 3.1 beschriebenen Verfahren.

Da zur Zeit keine Normen oder gesetzliche Grundlagen für die Auswahl von Emissionsfaktoren existieren, z. B. zur Berechnung der freiwilligen Angabe von CO_2-Emissionen im öffentlich rechtlichen Energieausweis, werden nachfolgend ausgewählte Emissionsfaktoren aus verschiedenen Quellen zusammengestellt (Tab. 11.1.1-1 bis 11.1.1-5).

Emissionsfaktoren sind energieträgerspezifisch auszuwählen. Zur Berechnung der Emissionen von Luftschadstoffen aus der Wärmebereitstellung von Gebäuden sind zudem Eigenschaften der Wärmeerzeuger (z. B. Nennleistung) und Informationen zur Betriebsweise (z. B. Taktung) zuzuordnen.

Um bei der Anwendung und Interpretation von Emissionsfaktoren und Emissionskennwerten Widersprüche zu vermeiden und Transparenz zu gewährleisten, sollte immer die Quelle und der zeitliche Stand des verwendeten Emissionsfaktors angegeben werden. Quellen (Weblinks) finden sich in Tab. 11.1.1-6.

Während die CO_2-Äquivalente bei Strom im Trend sinken (Bild 3.1-3), bleiben die Emissionsfaktoren für die übrigen Energieträger über die Jahre hinweg praktisch unverändert oder sinken weniger stark, z.B. bei Fernwärme: Bis zum Jahr 2000 lag der Mix für Deutschland bei 263 g/kWh (im Vergleich zu 249 g/kWh in Tab. 11.1.1-1 für das Jahr 2010).

Zur Ermittlung von Belastungen der globalen Umwelt durch Klimagase sollten Emissionsfaktoren für CO_2-Äquivalente mit Vorketten herangezogen werden. Hierdurch wird eine methodische Nähe zur Anwendung von Primärenergiefaktoren mit Vorketten gewährleistet (→ Kapitel 3.1).

	g / kWh (Endenergie)
Braunkohle-Brikett	408
Erdgas	254
Fernwärme (Mix D)	249
Flüssiggas	278
Heizöl EL	317
Holzhackschnitzel	22
Holz-Pellets	29
Koks	405
Rohbraunkohle	394
Steinkohle	446
Stadtgas	158
Elektroenergie Strom-Mix D	620
Strom aus fester Biomasse (HKW 50 %)	24

Tabelle 11.1.1-1
Emissionsfaktoren für CO_2-Äquivalente einschl. Vorketten für das Jahr 2010 – Stand 2012 (Quelle: BBSR)

	mg / kWh Endenergie		
	NO_X	Staub	CO
Heizöl EL Standard			
stationärer Dauerbetrieb	80	1,41	7
hohe Auslastung, geringe Taktung		1,4	
Heizöl EL schwefelarm			
stationärer Dauerbetrieb		0,17	9
hohe Auslastung, geringe Taktung		0,09	
Erdgas H			
stationärer Dauerbetrieb	48	0,034	57
Holzpellets			
stationärer Dauerbetrieb	262	74	658
hohe Auslastung, geringe Taktung		114	3.052
mittlere Auslastung, mittlere Taktung		110	3.082
niedrige Auslastung, hohe Taktung		121	3.557

Tabelle 11.1.1-2
Emissionsfaktoren in Abhängigkeit der Kesselauslastung und der Brennstoffqualität
(Quelle: www.zukunftsheizen.de)

	mg / kWh Endenergie		
	NO_X	Staub	CO
inkl. Vorketten (Anlagenbestand)			
Heizöl	252	19	144
Erdgas (Kessel)	176	6	136
Scheitholz	384	250	8735
Holz-Pellets	382	118	711
ohne Vorketten (Stand der Technik)			
Heizöl	144	13	47
Erdgas (Kessel)	47	0	68
Erdgas (BHKW)	95	0	85
Scheitholz	302	162	1537
Holzhackschnitzel	349	144	1062
Holz-Pellets	281	79	659

Tabelle 11.1.1-3
Durchschnittliche Emissionsfaktoren für Luftschadstoffe ohne Berücksichtigung der Auslastung
(Quelle: www.umweltbundesamt.de)

Tab. 11.1.1-2 kann zur Berechnung von ausgewählten Luftschadstoffemissionen unter Berücksichtigung der Kesselauslastung herangezogen werden. Stationärer Dauerbetrieb bedeutet Betrieb auf dem Prüfstand. Die drei unterschiedenen Auslastungsgrade (hoch, mittel, niedrig) sind realitätsnäher, wobei die hohe Auslastung mit geringer Taktung bei sehr kalter Witterung zu erwarten ist. Für die überwiegende Anzahl der Betriebsstunden ist jedoch von niedriger Auslastung (milde Witterung) und hoher Taktung auszugehen. Tab. 11.1.1-3 liefert im Vergleich Durchschnittswerte ohne Berücksichtigung der Auslastung und ohne Berücksichtigung unterschiedlichen Schwefelgehalts beim Heizöl.

Für Gas-Brennwertkessel sind die Anforderungswerte nach dem Gütezeichen „Blauer Engel" für CO und NO_X dargestellt (Tab. 11.1.1-4).

Abschließend werden in Tab. 11.1.1-5 klimarelevante Emissionsfaktoren für Gas-BHKW aufgeführt – bezogen auf die vom BHKW abgegebenen Energiemengen (Wärme und Strom).

	mg / kWh Endenergie	
	CO	NOX
Gas	≤ 20	≤ 40

Tabelle 11.1.1-4
Anforderungen an Gas-Brennwertkessel nach RAZ-UZ 61(Quelle: www.blauer-engel.de)

	g / kWh Endenergie			
	Wärme		Strom	
	CO_2-Äqu.	CO_2	CO_2-Äqu.	CO_2
Gas-BHKW ohne Vorketten	169	167	362	359
Gas-BHKW mit Vorketten	196	182	420	392

Tabelle 11.1.1-5
Outputbezogene Emissionsfaktoren für Gas-BHKW (Quelle: www.umweltbundesamt.de)

Schwerpunkt	Quelle	Information
CO_2 für Strommix Deutschland	https://www.umweltbundesamt.de/sites/default/files/medien/461/publikationen/climate_change_07_2013_icha_co2emissionen_des_dt_strommixes_webfassung_barrierefrei.pdf	Icha, P.: Entwicklung der spezifischen Kohlendioxid-Emissionen des deutschen Strommix in den Jahren 1990 bis 2012, Umweltbundesamt, 2013
CO_2-Äquivalente	http://www.bbsr.bund.de/BBSR/DE/Bauwesen/EnergieKlima/Energiebeauftragter/Berichte/berichte.html?nn=396370	Böttcher, O. et al.: Energie- und CO_2-Bericht Bundesliegenschaften 2012 auf Grundlage der Verbrauchsdaten der Jahre 1990 bis 2008; BBSR, 2012 (Tabelle S. 16)
CO_2-Äquivalente	http://www.iwu.de/fileadmin/user_upload/dateien/energie/werkzeuge/kea.pdf	Kumulierter Energieaufwand und CO_2-Emissionsfaktoren verschiedener Energieträger und -versorgungen (Stand Juli 2014)
CO_2-Äquivalente	http://www.iinas.org/gemis-de.html	GEMIS - Globales Emissions-Modell integrierter Systeme, Version 4.94 (Stand 2015)
CO_2-Äquivalente für Fernwärme	https://www.umweltbundesamt.de/sites/default/files/medien/publikation/long/3476.pdf	Fritsche, R., Rausch, L.: Bestimmung spezifischer Treibhausgasemissionsfaktoren für Fernwärme, Öko-Institut, Darmstadt, im Auftrag des Umweltbundesamtes, 2008
Luftschadstoffe	https://www.umweltbundesamt.de/sites/default/files/medien/publikation/long/3677.pdf	Struschka, M. et al.: Effiziente Bereitstellung aktueller Emissionsdaten für die Luftreinhaltung, im Auftrag des Umweltbundesamtes, 2008
Luftschadstoffe	https://www.umweltbundesamt.de/sites/default/files/medien/378/publikationen/climate_change_29_2014_schrempf_komplett_10.11.2014_0.pdf	Memmler, M. et al.: Emissionsbilanz erneuerbarer Energieträger, Bestimmung der vermiedenen Emissionen im Jahr 2013, Umweltbundesamt, 2014
Luftschadstoffe	https://www.umweltbundesamt.de/sites/default/files/medien/461/publikationen/3787.pdf	Baumbach, G. et al.: Modellrechnungen zu den Immissionsbelastungen bei einer verstärkten Verfeuerung von Biomasse in der Feuerungsanlagen der 1. BImSchv, Institut für Verfahrenstechnik und Dampfkesselwesen (IVD), 2010
Luftschadstoffe	https://www.umweltbundesamt.de/sites/default/files/medien/461/publikationen/climate_change_10_2013_strom-und_warmeversorgung_einer_siedlung_bf_0.pdf	Schuberth, J., Tschetschorke, K.: Strom- und Wärmeversorgung einer Siedlung bei unterschiedlichen Energieeffizienz-Standards, Umweltbundesamt, 2013
Feinstaub und Luftschadstoffe	https://www.zukunftsheizen.de/technik/heizen-in-zukunft-iwo-projekte/feinstaubemissionen.html	Struschka, M. et al.: Feinstaubemissionen moderner Heizkessel, Institut für Feuerungs- und Kraftwerkstechnik (IFK), im Auftrag des IWO
Luftschadstoffe Brennwertkessel (Gas)	https://www.blauer-engel.de/de/produktwelt/energie-heizen/gas-brennwertgeraete	Umweltzeichen RAL UZ-61 (Ausgabe April 2012)

Tabelle 11.1.1-6
Zusammenstellung von Quellen für Emissionsfaktoren zu Klimagasen und Luftschadstoffen

11.1.2 Klimadaten

Karsten Voss, Doreen Kalz

Gebäudeplanung

Energetische Rechenverfahren nutzen für ihre Berechnungen Klimadatensätze. Bei den statischen und quasistatischen Modellen wie der DIN V 18599 oder dem Passivhausprojektierungspaket sind es Monatsmittelwerte, bei dynamischen Simulationen sind es stündliche Werte. Tab. 11.1.2-1 zeigt die geläufigsten Quellen für stündliche Klimadaten.

Für die Testreferenzjahre (TRY) wurde Deutschland in 15 (vor 1990 in 12) Klimaregionen mit dazugehörigen Repräsentanzstationen untergliedert und für jede Region in Abgleich mit dieser Station das dazugehörige Referenzjahr erstellt. Die Daten basierten früher auf realen Witterungsabschnitten des Zeitraums 1961-1990. Mit den neuen TRY aus 2010 werden Messreihen aus dem Zeitfenster 1988 bis 2007 genutzt. Diese beinhalten damit bereits die beobachtete Temperaturzunahme und insbesondere die Rekordsommer 2003/2006. Die neuen TRY gehen mit dem Standort Potsdam (früher Würzburg) in das öffentliche Nachweisverfahren gemäß EnEV/DIN V 18599 als Referenzstandort ein. Neben den Standard TRY gibt es solche mit der Ausprägung Extremsommer bzw. Extremwinter sowie Rechenwerkzeuge zur Aufprägung von stadtklimatischen Effekten und Höheneffekten.

Die mit der kommerziellen Software „Meteonorm“ erzeugten Klimadatensätze basieren auf gemessenen Parametern am jeweiligen Standort für die alte Messperiode 1961-1990 und die neue Messperiode 2000-2009. Für Standorte ohne Wetterstation werden die Klimadaten zwischen umgebenden Stationen interpoliert. Da sich die Daten immer auf einen konkreten Standort beziehen, weichen sie von denen der TRY-Datensätze der betroffenen Klimaregion ab.

Klimadaten und Klimawandel

Seit 2011 stellt der Deutsche Wetterdienst auch TRY für Zukunftsszenarien zur Verfügung. Die „Zukunfts-TRY“ basieren auf regionalen Klimamodellen für den Zeitraum 2021 bis 2050. Dabei erfolgt eine Zusammensetzung der TRY aus Witterungsabschnitten des Zeitraumes 1993 bis 2007. Für die Auswahl der Witterungsabschnitte findet ein Abgleich mit drei unterschiedlichen Datenbasen statt. Die erste Datenbasis bezieht sich auf die Mess- und Beobachtungsdaten 1988 bis 2007. Die zweite Datenbasis sind Klimasimulationen für einen Kontrollzeitraum und ein Emissionsszenario (z. B. 1971-2000). Dritte Komponente ist das simulierte Klimamodell unter Berücksichtigung eines Emissionsszenarios. Wetterdaten für zukünftige Zeitperioden können in Meteonorm für drei Emissionsszenarien erstellt werden.

Gebäudebetrieb

Im Gebäudebetrieb werden Wetterdaten als Eingangsgrößen für die Regelung von gebäudetechnischen Anlagen verwendet. Hierbei ist zu unterscheiden zwischen Wetterdaten, die am Gebäudestandort erfasst werden und Daten aus Wetterprognosen, die von diversen Anbietern bezogen werden können.

Wetterdaten

Die Wetterdaten werden idealerweise am Standort erfasst. Viele Gebäudeautomationssysteme verfügen über entsprechende Messeinrichtungen. Insbesondere die Außentemperatur stellt eine wichtige Eingangsgröße für viele gebäudetechnischen Anlagen dar. Zur Regelung von Verschattungssystemen werden Strahlungssensoren am Gebäude installiert und mit der Gebäudeleittechnik verknüpft. Zu beachten ist, dass Montageart und -ort sowie die Sensorbauart wesentlichen Einfluss auf die Anwendbarkeit der Messdaten nehmen. In der Regel ist die Datenqualität von Sensorik der Gebäudeautomationssysteme nicht mit denen von Wetterstationen vergleichbar. Dies ist bei der Interpretation der Daten zu beachten.

Wetterprognosen

Zunehmend wird der Betrieb von Heizungs-, Lüftungs- und Klimaanlagen sowie Sonnenschutzvorrichtungen auch über Wetterprognosen gesteuert. Wetterprognose-Daten können von unterschiedlichen Anbietern über FTP-Server, Webseiten oder Webservices an das Gebäudeautomationssystem übergeben werden. So werden zum Beispiel für die nächsten drei Tage Informationen zur Lufttemperatur, Sonnenscheindauer, solare Einstrahlung, Regenwahrscheinlichkeit und Windstärke zur Verfügung gestellt. Eine Auswahl von Anbietern zeigt das Internetportal www.wetterverband.de. Ist aus sicherheitstechnischen oder infrastrukturellen Gründen keine Internetverbindung verfügbar, können Wetterprognosen auch über Langwellenfunksignale empfangen werden.

11.1.3 Anforderung an die Raumklimasimulation

Doreen Kalz, Sebastian Herkel

Bei großen Neu- und Umbaumaßnahmen werden oft Simulationsrechnungen für den sommerlichen Wärmeschutz durchgeführt. Die simulationsgestützte Planung erlaubt es, unterschiedliche Technologien und Kühlkonzepte vergleichend zu bewerten. Die teilweise deutlichen Abweichungen zwischen den Prognosen (für Energieverbrauch und Raumklima) im Planungsprozess und der sich im realen Gebäudebetrieb einstellenden Performance (→ Kapitel 3.4) unterstreichen die Bedeutung verbindlicher Vorgaben für die thermische Gebäudesimulation. Unabhängig von den eingesetzten Werkzeugen muss die Qualität der Berechnungsergebnisse gesichert werden. Fehler in der Simulation sind in der Regel auf die (falsche) Anwendung der Programme, die (unzureichende) Eingabe von Randbedingungen und teils auf (unzulässige) Modellannahmen zurückzuführen.

Die Bundesregierung hat in einer Richtlinie zu „planerischen Vorgaben … zur Gewährleistung der thermischen Behaglichkeit im Sommer"

Tabelle 11.1.2-1
Typische Quellen für stündliche Klimadatensätze für die Gebäudesimulation

Bezeichnung	Quelle	Information
Alte TRY	www.dwd.de	12 Regionen der alten Bundesländer, kostenpflichtig
TRY 2004	www.dwd.de	15 Regionen einschl. neue Bundesländer, Datenbasis 1961-1990 kostenpflichtig, zusätzliche TRY für extreme Wetterlagen, diese Wetterdaten stammen aus realen Jahren, die für alle Regionen gleich gewählt wurden
TRY 2010	www.bbsr.bund.de	15 Regionen einschl. neue Bundesländer, Datenbasis 1988-2007, auch extrem Sommer/Winter TRY, kostenfrei, zusätzliches Rechenwerkzeug zur Aufprägung von stadtklimatischen Effekten (Wärmeinseln) und Höheneffekten
Zukunfts TRY 2035	www.bbsr.bund.de	Zukunftsszenarien für den Zeitraum 2021 bis 2050 gemäß Szenario A1B, 15 Regionen einschl. neue Bundesländer, auch extrem Sommer/Winter TRY, kostenfrei
REMO	http://www.dkrz.de	Regionale Wetterdaten aus Klimamodellrechnungen des Max-Plank-Instituts für Klimatologie unter Berücksichtigung der IPCC-Szenarien, Daten liegen kostenfrei im Binärformat vor und können mit einer dazugehörigen Software in eine ASCII-Datei umgewandelt werden
TMY	http://apps1.eere.energy.gov/buildings/energyplus/cfm/weather_data.cfm	Datenbank für weltweite Datensätze ähnlich TRY, kostenfrei, ein einfach bedienbares Werkzeug zur Datenanalyse und Visualisierung steht zur Verfügung unter http://www.energy-design-tools.aud.ucla.edu/ (Climate Consult)
Meteonorm	www.meteonorm.com	Die kostenpflichtige Software berechnet typische Wetterdaten weltweit auf der Basis von Messdaten der Klimastationen und Interpolationsverfahren. Seit 2012 werden in Version 7 auch Daten für drei Klimawandelszenarien gemäß IPCC ausgegeben (B1, A1B, A2), für einen Zeithorizont bis maximal 2010. Auch Datensätze mit Extremsommer bzw. –winter können erstellt werden.

Randbedingungen und Qualitätskriterien für Simulationrechnungen festgelegt [Ref. 11.1.3-1]. Darüber hinaus existiert seit 2011 eine VDI-Richtlinie zum Anforderungsniveau für Gebäude- und Anlagensimulationen [Ref. 11.1.3-2].

Folgende Punkte sind bei der Bewertung zu berücksichtigen:

- Nutzerverhalten: Bestimmung interner Wärmequellen, Nutzungszeit des Gebäudes, Fensteröffnung und Bedienung des Sonnenschutzes.
- Sonnenschutzregelung: Minderung der Solareinstrahlung um einen festen Wert oder Berücksichtigung der veränderten strahlungsphysikalischen Eigenschaften (Modell für den zeit- und winkelabhängigen Gesamtenergiedurchlaßgrad).
- Wetterdaten: Anwenden des gültigen Testreferenzjahres (TRY), Simulation mit einem alternativen Wetterdatensatz (z. B. 14-tägige Hitzeperiode mit Wetter nach VDI 2078, Wetterdaten TRY für „extreme" Sommerperioden oder ausgewählte Messdaten) soll die Robustheit des Gebäudekonzeptes unter anderen Wetterbedingungen aufzeigen.
- Gebäude- und Raumgeometrie: Bewertung in Abhängigkeit der Raumgeometrie und -orientierung innerhalb des Gebäudes und sinnvolle Zusammenlegung von (kritischen) Räumen zu größeren Zonen.
- Lüftung: Berücksichtigung der freien Lüftung und Modellierung des interzonalen Luftwechsels (möglichst in Form von Netz-Knoten-Modellen), Bewertung des thermischen Effektes luftgeführter und passiver Kühlsysteme (insbesondere Nachtlüftung, aber auch hybride Lüftungssysteme mit maschinell unterstützter Lüftung am Tag).
- Interne Speichermassen: Wirkung von Möbeln vor Innenwänden.
- Bauphysikalische Eigenschaften: Wärmeübergangskoeffizienten (Modell oder konstanter Wert, Emissionswerte und solare Absorption).
- Thermoaktive Bauteilsysteme (TABS): Abbildung der thermischen Aktivierung der Raumumschliessungsflächen (ideale Heizung / Kühlung oder realistisches Modell).

11.1.4 Anforderungen der Normung an die Planung des Thermischen Komforts

Doreen Kalz, Sebastian Herkel

Im Kontext der Regeln zur Energieeinsparung [Ref. 11.1.4-1] und thermischen Behaglichkeit muss bei der Planung eines Gebäudes der Nachweis des sommerlichen Wärmeschutzes [Ref. 11.1.4-2] erbracht werden. Dieser Nachweis kann mit einem vereinfachten Verfahren zur Bestimmung des Sonneneintragskennwertes oder auch mit dynamisch-thermischen Simulationsrechnungen für kritische Räume geführt werden (→ Kapitel 11.1.6, 11.1.7). Die Bewertung der thermischen Behaglichkeit erfolgt anhand der operativen Innenraumtemperatur bzw. deren Überschreitung, angegeben in Übertemperaturgradstunden pro Jahr [Kh/a]. Unter Berücksichtigung vorgegebener, vereinheitlichter Randbedingungen für die Berechnungen und Nutzung soll die definierte operative Innenraumtemperatur in Abhängigkeit von drei Sommer-Klimaregion A, B oder C um nicht mehr als 500 Kh/a überschritten werden. Basis für die Berechnungen ist der Wetterdatensatz der Testreferenzjahre mit durchschnittlichen Außenklimabedingungen (→ Kapitel 11.1.2) (Infobox „Sommerlicher Wärmeschutz gemäß DIN 4108").

Die Bewertung des thermischen Komforts in der Heiz-und Kühlperiode erfolgt mit verbindlichen Vergleichskriterien nach der Europäischen Norm DIN EN 15251 [Ref. 11.1.4-3]. Für jeweils drei Komfortklassen werden für die Heiz- und Kühlperiode minimal und maximal zulässige Raumtemperatursollwerte definiert. Während der Heizperiode wird eine Raumtemperatur von 22 °C mit einem Komfortband von ±2,0 K festgelegt. Im Sommer werden Anforderungen an den thermischen Komfort gemäß des im Gebäude implementierten Kühlkonzeptes nach zwei Komfortmodellen definiert - dem adaptiven und dem PMV-Modell (Infobox „Komfortmodelle"). Mit diesen normativen Vorgaben der DIN 4108-2 und der DIN EN 15251 können somit die Anforderungen der Arbeitsstättenrichtlinie in der Regel gewährleistet werden (Infobox „Arbeitsstättenrichtlinie Raumtemperatur").

Anforderungen an den sommerlichen Wärmeschutz gemäß DIN 4108, Teil 2 [Ref. 11.1.4-2]
Der Nachweis des sommerlichen Wärmeschutzes ist seit der EnEV 2009 für alle Neubauten und Erweiterungen wichtiges Element des Nachweisverfahrens. Dies gilt sowohl für Wohn- als auch für Nichtwohngebäude. Es ist mindestens ein Nachweis für den Raum zu führen, für den sich die höchsten Anforderungen bezüglich des sommerlichen Wärmeschutzes ergeben. Dieser Nachweis kann mit einem vereinfachten Verfahren, dem Sonneneintragskennwertverfahren, oder auch mit dynamisch-thermischen Simulationsrechnungen für kritische Räume geführt werden. Das Sonneneintragskennwertverfahren basiert auf einem Vergleich zwischen einem zulässigen Sonneneintragskennwert S_{zul} und einem für den Raum ermittelten Sonneneintragskennwert S_{vorh}.

Der zulässige Sonneneintragskennwert S_{zul} ist abhängig von:

- der Sommerklimaregion, in der sich das Gebäude befindet (A, B oder C)
- der Bauart des Gebäudes (leichte, mittlere oder schwere Bauart)
- dem grundflächenbezogenen Fensterflächenanteil ($fW_G = A_W / A_G$)
- einer vorhandenen erhöhten ($n \geq 2$ h^{-1}) oder hohen ($n \geq 5$ h^{-1}) Nachtlüftung
- einer vorhandenen Sonnenschutzverglasung ($g \leq 0{,}4$)
- der Fensterneigung und Orientierung der Fenster
- dem Einsatz passiver Kühlung

Alternativ zum Sonneneintragskennwertverfahren ist auch die thermische Gebäudesimulation mit den Randbedingungen nach Nr. 8.4 DIN 4108-2 zulässig.

Komfortmodelle [Ref. 11.1.4-3]

Adaptives Komfortmodell
Gebäude ohne maschinelle Kühlung, d. h. mit ausschließlich passiven Maßnahmen zum sommerlichen Wärmeschutz und freier Lüftung, werden mit einem adaptiven Komfortmodell bewertet, welches sowohl Änderungen des Außenklimas als auch die Einflussnahme des Nutzers auf seine unmittelbare Umgebung berücksichtigt. Der geforderte Sollwert für die operative Raumtemperatur (ORT) bestimmt sich in Abhängigkeit des gleitenden Tagesmittels der Außentemperatur (AT_{rm}) und einem Komfortband von ±3 K für Komfortklasse II: ORT=18,8°C + 0,33AT_{rm}. Das gleitende Tagesmittel der Außentemperatur ergibt sich aus dem Tagesmittelwert der Außentemperatur für den vorherigen Tag, dem gleitenden Mittelwert der Temperatur für den vorherigen Tag und einer Konstanten .

Quasi-adaptives Modell, DIN EN 15251/NA
Seit Februar 2012 wird die Norm um einen nationalen Anhang ergänzt [Ref. 11.1.4-4]. Für die Bewertung behaglichkeitsrelevanter Parameter differenziert die Norm nicht nach dem Anlagenkonzept für die Kühlung. Die definierte Komforttemperatur beträgt 22 °C bei Außentemperaturen (Stundenmittelwerten) unter 16 °C sowie 26 °C bei Außentemperaturen über 32 °C. Dazwischen wird die Komforttemperatur durch ORT =18°C + 0,25 AT_h beschrieben, mit ORT in °C als operativer Raumtemperatur, AT_h in °C als aktueller Außentemperatur und einem Komfortband von ±2,0 K für die fest vereinbarte Komfortklasse II.

PMV-Komfortmodell [Ref. 11.1.4-5]
Gebäude, die durch eine maschinelle Kühlung (Klimaanlagen, aber auch thermoaktive Bauteilsysteme) aktiv konditioniert werden, sollten festgelegte Raumtemperatursollwerte einhalten, unabhängig von den vorherrschenden Außentemperaturbedingungen: ORT =24,5 °C, mit ORT in °C als operativer Raumtemperatur und einem Komfortband von ±1,5 K für Komfortklasse II.

Arbeitsstättenrichtlinie „Raumtemperatur" [Ref. 11.1.4-6]
Die ASR 3.5 stellt folgende Anforderungen an die Lufttemperatur in Arbeitsräumen: Liegt die Außenlufttemperatur unter 26 °C, ist die maximal zulässige Raumlufttemperatur auf 26 °C zu begrenzen. In sommerlichen Hitzeperioden mit Außentemperaturen über 26 °C kommt in Abhängigkeit der gemessenen Raumlufttemperatur ein Stufenmodell zur Anwendung: (1) Bei Lufttemperaturen von 26 °C bis 30 °C sollen neben einem geeigneten Sonnenschutz weitere zusätzliche Maßnahmen ergriffen werden, wie zum Beispiel effektive Steuerung der Lüftungseinrichtung und Reduzierung der inneren thermischen Lasten (Tabelle 4 in ASR 3.5). (2) Liegen die Lufttemperaturen über 30 °C bis 35 °C, müssen wirksame Maßnahmen nach Tabelle 4 der ASR 3.5 (2010) ergriffen werden. (3) Bei Lufttemperaturen über 35 °C ist der Raum während der Überschreitungszeit ohne Maßnahmen wie bei Hitzearbeit als Arbeitsraum ungeeignet.

11.1.5 Energetisches Pflichtenheft

Thomas Lützkendorf

Der Leitfaden Nachhaltiges Bauen des Bundesbauministeriums enthält als Anlage ein energetisches Pflichtenheft [Ref. 11.1.5.-1], [Ref. 11.1.5-2]. Es wurde für neu zu errichtende Bundesbauten entwickelt und wird zur allgemeinen Anwendung empfohlen. Das Pflichtenheft beschreibt die Anforderungen an

- die thermische Behaglichkeit,
- den Außenluftvolumenstrom,
- den baulichen Wärmeschutz,
- den Heizenergiebedarf,
- den Energiebedarf für Warmwasser,
- den Bedarf an elektrischer Energie,
- den Kältebedarf,
- den sommerlichen Wärmeschutz,
- den Jahres-Primärenergiebedarf,
- die Art der Berechnung des Energiebedarfs,
- die Technikkonzepte Heizung, Warmwasserbereitung, Technikkonzept Lüftung/RLT, Kühlung, Beleuchtung,
- die Einbeziehung eines Energiebeauftragten und
- die Energieversorgung.

Die Anforderungen enthalten jeweils detaillierte Vorgaben und Hinweise zur Nachweisführung.

Die Anlagen des Leitfadens enthalten Informationen zu den Themen Gebäudeautomation bzw. Energiemanagement

- Elektroenergiebedarf für Beleuchtung, Luftförderung, Kühlung
- Ermittlung von Ziel- und Grenzwerten
- Elektroenergiebilanz allgemein (Formblatt)
- Elektroenergiebilanz für Beleuchtung
- Elektroenergiebilanz für Luftförderung
- Leistungs- und Arbeitsbilanz für den Kältebedarf

Die Anlagen zum Elektroenergiebedarf für unterschiedliche Verbraucher/Dienstleistungen enthalten u. a. Angaben zu Grenz- und Zielwerten für Nutzungszonen in kWh/m²a in Anlehnung an VDI 3807 Blatt 2 [Ref. 11.1.5-3] sowie SIA 380/4 [Ref. 11.1.5-4]. Diese eignen sich insbesondere für Vorgaben und Abschätzungen in frühen Phasen der Planung (Bild 11.1.5-1). Das Energetische Pflichtenheft ist frei zugänglich unter www.nachhaltigesbauen.de.

Vor einer Anwendung des Pflichtenheftes sollte geprüft werden, ob die aktuelle Fassung vorliegt – mit einer Weiterentwicklung und Anpassung an den jeweiligen Stand von Anforderungen ist zu rechnen. Auch werden sich Grenz- und Zielwerte weiterentwickeln. Unabhängig vom Pflichtenheft sind die Energiekennwerten nach VDI 3807 Blatt 2, SIA 380/4 bzw. aus dem Leitfaden Elektrische Energie im Hochbau [Ref 11.1.5-5] für eine Abschätzung des Energiebedarfs bei konkreten Planungsaufgaben geeignet.

Bürogebäude	**Anteil Hauptnutzung**	**Zielwerte kWh/(m²a) (NGF[1])**	**Grenzwerte kWh/(m²a) (NGF[1])**
■ Hauptnutzung: Einzel- und Gruppenbüros (max. 6 Arbeitsplätze) ■ „helle" Arbeitsplätze (hier: Fenster-/Bodenlächen-Verhältnis min. 30%) ■ geringer Anteil ventilatorgestützte Lüftung (hier: Besprechung und WC) ■ geringer Anteil Kühlung (hier: Besprechung und Serverraum)	ca. 33%	15	27,5
■ geringer Anteil EDV-Großgeräte (Serverraum) ■ normale Geräteausstattung bzw. Betriebseinrichtungen ■ Cafeteria	ca. 50%	20	37,5
■ Hauptnutzung: Einzel- und Gruppenbüros (max. 6 Arbeitsplätze) ■ „helle" Arbeitsplätze (hier: Fenster-/Bodenlächen-Verhältnis min. 30%) ■ geringer Anteil ventilatorgestützte Lüftung (hier: Besprechung, WC, Küche, Kantine)	ca. 33%	25	45
■ geringer Anteil Kühlung (hier: Besprechung und Serverraum) ■ mittlerer Anteil EDV-Großgeräte (Serverraum) ■ höhere Geräteausstattung bzw. Betriebseinrichtungen ■ Küche/ Kantine	ca. 50%	35	60
■ Hauptnutzung: Einzel- und Gruppenbüros (max. 6 Arbeitsplätze) ■ „helle" Arbeitsplätze (hier: Fenster-/Bodenlächen-Verhältnis min. 30%) ■ höherer Anteil ventilatorgestützte Lüftung (hier: Besprechung, WC, Küche, Kantine,Büro)	ca. 33%	40	65
■ höherer Anteil Kühlung (hier: Besprechung, Serverraum, Büro) ■ hoher Anteil EDV-Großgeräte (Serverraum) ■ höhere Geräteausstattung bzw. Betriebseinrichtungen ■ Küche/ Kantine	ca. 50%	50	85

1 für Umrechnung auf BGF-Bezug: NGF/BGF-0,87

Bild 11.1.5-1
Beispiele für Grenz- und Zielwerte zum Elektroenergiebedarf für einzelne Nutzungszonen (Quelle: Energetisches Pflichtenheft, 2013 [Ref 11.1.5-2])

Anforderungen:
Grundsätzlich ist keine Warmwasserbereitstellung in Büros und WC-Vorbereichen vorzusehen. Ausnahmen bedürfen der ausdrücklichen Anforderung des Bedarfsträgers sowie der Zustimmung der Obersten Instanz des Bedarfsträgers und der Obersten Technischen Instanz (BMVBS).

Nachweise:
Es ist eine Leistungs- und Arbeitsbilanz für den Wärmebedarf zur Trinkwassererwärmung nach Zapfstellen und mit Zuordnung zu den Hauptverbrauchern zur Entwurfsunterlage Bau (EW-Bau) vorzulegen. Aktualisierung des Nachweises mit fortschreitender Planung.

Bild 11.1.5-2
Beispiel für Anforderungen und zu führende Nachweise gemäß energetischem Pflichtenheft
(Quelle: Energetisches Pflichtenheft, 2013 [Ref 11.1.5-2])

11.1.6 EnerCalC

Markus Lichtmeß, Karsten Voss

EnerCalC ist ein frei verfügbares, vereinfachtes Mehrzonen-Energiebedarfsberechnungsprogramm auf der Basis von Monatsbilanzen.

Wesentliches Element der EnEV ist das Berechnungsverfahren für den Energiebedarf auf Basis der DIN V 18599 [Ref. 11.1.6-1]. Das Verfahren bietet einerseits Chancen, da es die Berechnung von Nutzenergiebedarf und Versorgungstechnik zusammenführt sowie alle normativ behandelten Energiebedarfssektoren abdeckt. Andererseits folgt daraus ein hoher Aufwand zur Ermittlung und Eingabe der Eingangsparameter. Insofern wird eine normative Berechnung meist erst dann durchgeführt, wenn die wesentlichen Entscheidungen gefallen sind und der Bauantrag bevorsteht. Die Erfahrung mit der Erstellung von Energieausweisen hat gezeigt, dass rund 60 % der Zeit für die Geometrieaufnahme, die Zuweisung von Hüllflächeneigenschaften und die Zonierung verwendet wird. Vor diesem Hintergrund entstand im Rahmen einer Dissertation [Ref. 11.1.6-2] ein vereinfachtes Verfahren, woraus 2011 ein frei verfügbares, auf Excel basierendes Werkzeug entwickelt wurde. Das Verfahren wird seit 2011 in Luxemburg zur Bilanzierung von Energieausweisen für Nichtwohngebäude angewandt und wurde in angepasster Form auch mit der überarbeiten DIN V 18599-1 als Vereinfachung eingeführt.

Bis heute wurde EnerCalC über 3.000 Mal angefordert. Es ist an zahlreichen Hochschulen und Weiterbildungseinrichtungen, bei Architekturwettbewerben und für Energiekonzepte im Einsatz. Öffentlich-rechtliche Nachweise können mit EnerCalC nicht erstellt werden.

EnerCalC berechnet auf Monatsbasis Energiebilanzen auf Nutz-, End- und Primärenergieebene sowie die daraus resultierenden Klimagasemissionen. Gängige Wärme- und Kälteversorgungstechnik werden ebenso berücksichtigt wie Solaranlagen und die Kraftwärmekopplung. Seit 2013 beinhaltet EnerCalC Berechnungsverfahren für Null- und Plusenergiegebäude und berücksichtigt den nutzungsspezifischen Strombedarf (→ Kapitel 3.3).

Kerngedanke für die Reduktion des Eingabeaufwands ist eine weitgehend automatisierte Generierung von Zonengeometrien auf Basis der Gebäudegeometrie und der Zonengrundflächen. EnerCalC verteilt die Gebäudehüllfächen über einen Algorithmus automatisiert auf die Zonen, so dass neben der Grundfläche für maximal 11 Zonen keine Gebäudegeometrieangaben ergänzt werden müssen.

EnerCalC zeigt die Berechnungsergebnisse kompakt in didaktisch und grafisch aufbereiteter Form. Bei Bedarf können die Ergebnisse im Detail eingesehen werden. Sämtliche Grafiken sind für den Export und die Weiterverarbeitung verfügbar.

Erläuterungen zum Bezug der Software, zur Nutzung sowie Berechnungsdateien für Beispielgebäude bietet die Website der Forschungsinitiative EnOB unter www.enob.info/?id=enercalc.

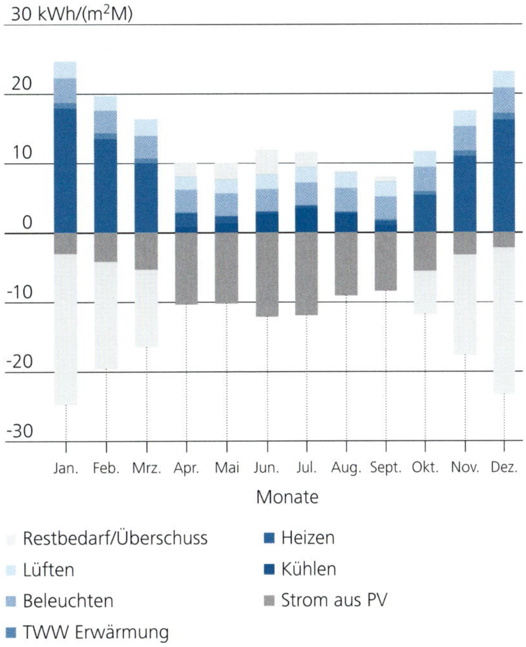

Bild 11.1.6-1
Beispiel für eine grafische Darstellung von EnerCalc
(Quelle: M. Lichtmeß)

11.1.7 Therakles

Andreas Nicolai

Mit der Neuregelung des sommerlichen Wärmeschutzes in der Norm DIN 4108-2 [Ref. 11.1.7-1] ist bei einer Vielzahl moderner Gebäude eine Auslegung und ein Nachweis nur durch Anwendung geeigneter Simulationsverfahren möglich. Ein Werkzeug für diesen Nachweis ist das Simulationsprogramm „Therakles“. Dessen Berechnungsverfahren erlaubt über den sommerlichen Wärmeschutz hinaus die ganzjährige energetische Bewertung von Gebäuden bzw. thermisch kritischen Räumen auf Basis eines 1-Zonen-Modells. Der Schwerpunkt des Modells liegt auf der genauen Abbildung thermischer Speichermassen und des dynamischen Verhaltens der Konstruktion. Damit lässt sich beispielsweise auch die Wirksamkeit einer Nachtabsenkung in der Heizperiode bewerten.

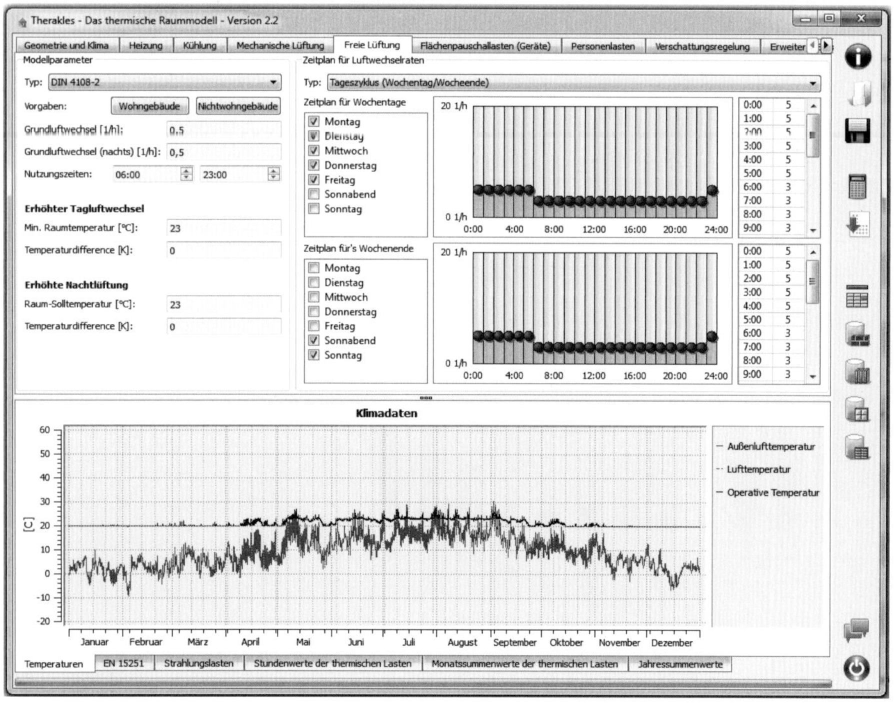

Bild 11.1.7-1
Therakles Eingabe-/Ausgabeoberfläche
(Quelle: TU Dresden [Ref. 11.1.7-2])

In Bezug auf Sonneneintrag, Verschattungsregelung, Berücksichtigung von Speichermassen und Phasenwechselmaterialien hebt sich das detaillierte physikalische Modell deutlich von der Vielzahl anderer Bilanzierungsprogramme für den sommerlichen Wärmeschutz ab. Der numerische Rechenkern von Therakles zeichnet sich durch hohe Genauigkeit und Recheneffizienz aus, wodurch ganzjährige Simulationen in wenigen Sekunden abgeschlossen sind.

Das an der TU Dresden entwickelte Simulationsprogramm ist leicht zu bedienen. Die übersichtliche Programmoberfläche fragt die notwendigen Eingaben, zum Beispiel zu Wandaufbauten, Fenstern, Decke/Fußboden, Verschattungselementen etc. in etablierter tabellarischer Form ab. Eingaben zu Lüftung, Heizung, Nutzerlasten sowie den dazugehörigen Zeitplänen erfolgen separat in übersichtlichen Dialogen.

Berechnungsergebnisse werden direkt im Programm angezeigt, wobei sowohl Stundenwerte als auch Monats- und Jahresbilanzen der relevanten Wärmeströme angezeigt werden.

Für den normgerechten Nachweis liest eine makrogestützte Tabellenkalkulation die Berechnungsergebnisse ein, berechnet die für den Normnachweis benötigten Übertemperaturgradstunden und erstellt die benötigten Diagramme. Diagramme und Berechnungsergebnisse können dann weiterverwendet werden.

Das Programm ist für Windows, MacOS und Linux Betriebssysteme frei verfügbar. Auf der Website der TU Dresden gibt es detaillierte Informationen zur Software, einschließlich Hinweisen zum Bezug und eine ausführliche Dokumentation [Ref. 11.1.7-3].

11.1.8 WUFI Plus Free

Florian Antretter

WUFI Plus Free ermöglicht eine zeitabhängige Simulation des Energiebedarfs und des Raumkomforts unter Einbeziehung aller maßgeblichen Randbedingungen. Mit der Software lassen sich vielfältige Fragestellungen, zum Beispiel zu Raumklima, thermischem Komfort und Energiebedarf, zu energieeffizientem Lüftungsverhalten, zu Strategien zur Verringerung sommerlicher Überhitzung oder zum Einfluss von Speichermassen auf Gebäudeenergiebedarf und Raumklima beantworten. Notwendige Modelle zur Abbildung des Nutzerverhaltens, der Anlagentechnik und Bauphysik wurden in einem von der Forschungsinitiative EnOB geförderten Projekt entwickelt und in die Softwarefamilie WUFI integriert [Ref 11.1.8-1, 11.1.8-2]. Heute ist eine dynamische Gebäudesimulationssoftware verfügbar, die mit überschaubarem Eingabe- und Rechenzeitaufwand umfangreiche Ergebnisse liefert. Eine grafische Benutzeroberfläche für einfache Bedienbarkeit und die Unterstützung des Nutzers bei der Visualisierung der Ergebnisse erlauben die Verwendung der Software und die Durchführung von Parameterstudien auch für Vorhaben geringeren Umfangs.

WUFI Plus Free berechnet das energetische Gebäudeverhalten auf Stundenbasis. Dabei werden insbesondere die Bauteile detailliert über ihre Schichtenfolge eingegeben und modelliert. Als Randbedingungen können Wetterdaten vorgegeben werden, so dass der Einfluss natürlicher Bewitterung durch Festlegung von Lufttemperatur und -feuchte, der Sonnenstrahlung und gegebenenfalls der Schlagregenbelastung berücksichtigt werden kann. Die Gebäudegeometrieeingabe erfolgt über einen integrierten 3-D Editor oder über Schnittstellen zu externer Software. Neben der detaillierten Bauteileingabe sind noch Sollwerte, innere Lasten und die Lüftungsgegebenheiten im Tagesprofil für verschiedene Perioden anzugeben.

Bei der Simulation der Anlagentechnik stehen wahlweise vereinfachte Modelle oder dynamische Anlagentechnikmodelle zur Verfügung. Zur dynamischen Simulation der Anlagentechnik sind vollständige Systemkonfigurationen vorgegeben, für die notwendige Eingabeparameter so weit wie möglich beschränkt wurden. Als Ergebnis erhält man Stundenwerte der Raumklimabedingungen, der Bedingungen in den Bauteilen sowie des Energiebedarfs zur Konditionierung der Gebäude.

Weitere, kostenpflichtige Module der WUFI Programmfamilie zur detaillierten Berücksichtigung von Druckdifferenz getriebener Gebäudedurchströmung, des Feuchtetransports oder von Verschattung des Gebäudes mit sich selbst oder durch umliegende Gebäude oder Objekte sind bei Bedarf aktivierbar. Ebenso stehen dann erweiterte Funktionalitäten zum Datenexport zur Verfügung [Ref. 11.1.8-3]

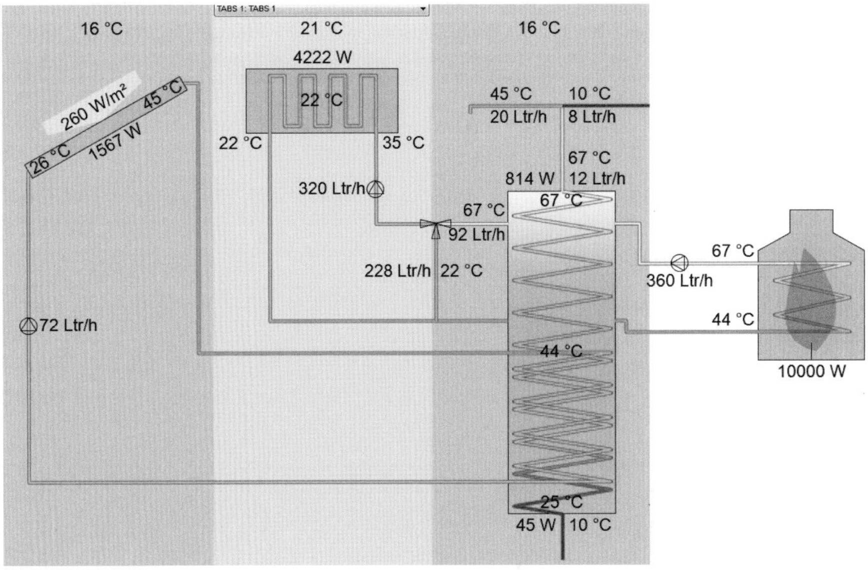

Bild 11.1.8-1
Beispiel für die Visualisierung der Simulation dynamischer Anlagentechnik in WUFI Plus Free

Ref 11.1.3-1
Bundesministerium für Verkehr, Bau und Stadtentwicklung (BMVBS), Berlin (Hrsg.): Bauliche und planerische Vorgaben für Baumaßnahmen des Bundes zur Gewährleistung der Behaglichkeit im Sommer.
Richtlinie B12-8132.1/0. 2008

Ref 11.1.3-2
Verein Deutscher Ingenieure (VDI), Düsseldorf (Hrsg.): VDI 6020 Blatt 1:2001-05: Anforderungen an Rechenverfahren zur Gebäude- und Anlagensimulation – Gebäudesimulation.
Berlin: Beuth Verl., 2001

Ref 11.1.4-1
Verordnung über energiesparenden Wärmeschutz und energiesparende Anlagentechnik bei Gebäuden (Energieeinsparverordnung - EnEV) Energieeinsparverordnung EnEV 2014. Bundesgesetzblatt Jahrgang 2013 Teil I Nr. 67
http://www.gesetze-im-internet.de/bundesrecht/enev_2007/gesamt.pdf (Aufruf 09.12.2015)

Ref 11.1.4-2
Deutsches Institut für Normung DIN e. V., Berlin (Hrsg.): DIN 4108-2: 2013-02: Wärmeschutz und Energie-Einsparung in Gebäuden – Teil 2: Mindestanforderungen an den Wärmeschutz. Berlin: Beuth Verl. 2013

Ref 11.1.4-3
Deutsches Institut für Normung DIN e. V., Berlin (Hrsg.): DIN EN 15251:2012-12: Eingangsparameter für das Raumklima zur Auslegung und Bewertung der Energieeffizienz von Gebäuden – Raumluftqualität, Temperatur, Licht und Akustik. Berlin: Beuth Verl., 2012.

Ref 11.1.4-4
Deutsches Institut für Normung DIN e. V., Berlin (Hrsg.): DIN EN 15251/NA:2012-02: Nationaler Anhang. Eingangsparameter für das Raumklima zur Auslegung und Bewertung der Energieeffizienz von Gebäuden – Raumluftqualität, Temperatur, Licht und Akustik; Deutsche Fassung EN 15251:2007. Nationale Ergänzungen und Hinweise zur Verwendung dieser europäischen Norm für die Umsetzung der Energieeinsparverordnung (VDI 4706, Kriterien für das Raumklima).
Berlin: Beuth Verl., 2012
http://www.beuth.de/de/norm/din-en-15251/155677389
(Aufruf 11.12.2015)

Ref 11.1.4-5
Deutsches Institut für Normung DIN e. V., Berlin (Hrsg.): DIN EN ISO 7730: 2006-0: Gemäßigtes Umgebungsklima – Ermittlung des PMV und des PPD und Beschreibung der Bedingungen für thermische Behaglichkeit.
Berlin: Beuth, 2006.
Berichtigt durch:
Deutsches Institut für Normung DIN e. V., Berlin (Hrsg.): DIN EN ISO 7730 Berichtigung 1:2007-06: Ergonomie der thermischen Umgebung - Analytische Bestimmung und Interpretation der thermischen Behaglichkeit durch Berechnung des PMV- und des PPD-Indexes und Kriterien der lokalen thermischen Behaglichkeit (ISO 7730:2005). Berichtigungen zu DIN EN ISO 7730:2006-05. Berlin: Beuth Verl., 2007

Ref 11.1.4-6
Raumtemperatur. Technische Regeln für Arbeitsstätten. ASR 3.5. Ausgabe: Juni 2010 zuletzt geändert GMBl 2014, S. 287. Bundesanstalt für Arbeitsschutz und Arbeitsmedizin (BAuA), Dortmund (Hrsg.)
www.baua.de (Aufruf 07.12.2015)

Ref 11.1.5-1
Bundesinstitut für Bau-, Stadt- und Raumforschung (BBSR), Berlin (Bearb.): Leitfaden Nachhaltiges Bauen. Bundesministerium für Umwelt, Naturschutz, Bau und Reaktorsicherheit (BMUB); Berlin (Hrsg.). Sept. 2014
http://www.nachhaltigesbauen.de/fileadmin/pdf/Leitfaden_2013/B7.pdf
(Aufruf 11.12.2015)

Ref 11.1.5-2
Bundesinstitut für Bau-, Stadt- und Raumforschung (BBSR), Berlin (Bearb.): Leitfaden Nachhaltiges Bauen. Bundesministerium für Umwelt, Naturschutz, Bau und Reaktorsicherheit (BMUB); Berlin (Hrsg.). Sept. 2014
Anlage B7 Energetisches Pflichtenheft

Ref 11.1.5-3
Verein Deutscher Ingenieure (VDI), Düsseldorf (Hrsg.): VDI 3807 Blatt 2:2014-11: Verbrauchs-kennwerte für Gebäude – Verbrauchskennwerte für Heizung, Strom und Wasser.
Berlin: Beuth Verl., 2014

Ref 11.1.5-4
Schweizerischer Ingenieur- und Architektenverein (SIA), Zürich (Schweiz) (Hrsg.): Elektrische Energie im Hochbau. Schweizer Norm SIA 380/4: 2006 Bauwesen. 2006

Ref. 11.1.5-5
Hennings, D.; Hinz, E.; Steinmüller, B. u. a.: LEE. Leitfaden Elektrische Energie im Hochbau. Institut Wohnen und Umwelt (IWU), Darmstadt (Hrsg.). 2000

Ref 11.1.6-1
Deutsches Institut für Normung DIN e. V., Berlin (Hrsg.): DIN V 18599: Energetische Bewertung von Gebäuden - Berechnung des Nutz-, End- und Primärenergiebedarfs für Heizung, Kühlung, Lüftung, Trinkwarmwasser und Beleuchtung Beuth Verlag

Ref 11.1.6-2
Lichtmeß, M.: Vereinfachungen für die energetische Bewertung von Gebäuden. Dissertation, Bergische Universität Wuppertal. Fachbereich Architektur. Lehrgebiet Bauphysik und Technisch Gebäudeausrüstung. 2010
http://elpub.bib.uni-wuppertal.de/servlets/DocumentServlet?id=1648
(Aufruf 11.12.2015)

Ref 11.1.7-1
Deutsches Institut für Normung DIN e. V., Berlin (Hrsg.): DIN 4108-2: 2013-02: Wärmeschutz und Energie-Einsparung in Gebäuden – Teil 2: Mindestanforderungen an den Wärmeschutz. Berlin: Beuth Verl. 2013

Ref 11.1.7-2
Nicolai, A.: Physikalische Grundlagen des thermischen Raummodells THERAKLES. Jan. 2013
http://nbn-resolving.de/urn:nbn:de:bsz:14-qucosa-102112 (Aufruf 11.12.2015)
http://www.qucosa.de/fileadmin/data/qucosa/documents/10211/nicolai_THERAKLES.pdf (Aufruf 11.12.2015)

Ref 11.1.7-3
Nicolai, A.: Therakles Software und Dokumentation. 2015
http://tu-dresden.de/die_tu_dresden/fakultaeten/fakultaet_architektur/ibk/software/therakles/therakles_index_html (Aufruf 11.12.2015)

Ref. 11.1.8-1
Pazold, M.; Antretter, F.; Radon, J.: Anbindung von detaillierter Anlagetechnik an hygrothermische Gebäudesimulation. In: BauSim. Conference Proceedings and Keynote Lecture Presentations, Aachen, 22-24 Sept. 2014. S. 263-271.
http://www.ibpsa.org/?page_id=475
(Aufruf 11.12.2015)

Ref. 11.1.8-2
Website der Forschungsinitiative EnOB, http://www.enob.info/de/software-und-tools/projekt/details/wufi-plus-therm-reduzierte-komplexitaet-fuer-die-thermische-gebaeudesimulation/
(Aufruf 11.12.2015)

Ref. 11.1.8-3
Download und Informationen zur Produktfamilie WUFI:
www.wufi.de (Aufruf 11.12.2015)

11.2.1 Raumakustik-Analyse mit AkuCheck

Detlef Hennings

In der Raumakustik werden Methoden und Werkzeuge benötigt, um die Raumeigenschaften anhand vorgegebener Kriterien zu bewerten. Seit gut hundert Jahren werden Nachhallzeiten als primäres Maß eingesetzt. Sie lassen sich – auch ohne Computer – gut messen und können in der Planung mit einfachen Formeln vorherberechnet werden. Damit sind Nachhallzeiten gut einsetzbare und leicht überprüfbare Planungsgrößen. Andererseits beschreiben sie die raumakustische Qualität nur unvollständig. Wird zum Beispiel bei einer Kommunikation ein Hindernis zwischen Sprecher und Hörer gebracht, so bleibt die Nachhallzeit meist unverändert, die Übertragungsqualität kann dies jedoch drastisch verschlechtern. Hier bedarf es zusätzlicher Maße für die Übertragungsqualität und die Klarheit einer Übertragungsstrecke (Ts, C80, C50, D50). Diese messen den Effekt, daß für die Verständlichkeit von Sprache wichtige, 50 bis 200 ms lange Artikulations-Elemente (Bild 11.2.1-1) durch Schallwege unterschiedlicher Länge vermischt werden, was die Klarheit vermindert.

Am Markt gibt es diverse Messgeräte und Softwareprodukte, mit denen sich Nachhallzeiten und andere raumakustische Parameter messen lassen. Besonders für Lehr- und Lernzwecke entwickelt ist die Software ‚AkuCheck', die einen Notebook-PC mit angeschlossenem Mikrofon in ein raumakustisches ‚Messgerät' mit didaktisch gestalteter Benutzerführung verwandelt. Mittels integrierter Schallabsorberdatenbank kann auch die Wirkung raumakustischer Verbesserungsmaßnahmen prognostiziert werden.

Im ‚Einsteiger-Modus' können Nachhallzeiten mit Impulsanregung (Händeklatschen, platzender Ballon etc.) gemessen und verarbeitet werden. Der ‚Erweiterte Modus' für fortgeschrittene Nutzer erlaubt auch präzisere Messungen mit ‚sinus-sweep' (einem durch das Hörspektrum gleitenden Sinuston) und Messungen von Klarheitsmaßen. Dank Förderung durch die Forschungsinitiative Zukunft Bau und Sponsoring aus der Industrie ist die Software einschließlich Schallabsorberdatenbank und ausführlicher Anleitung frei verfügbar [Ref. 11.2.1-1].

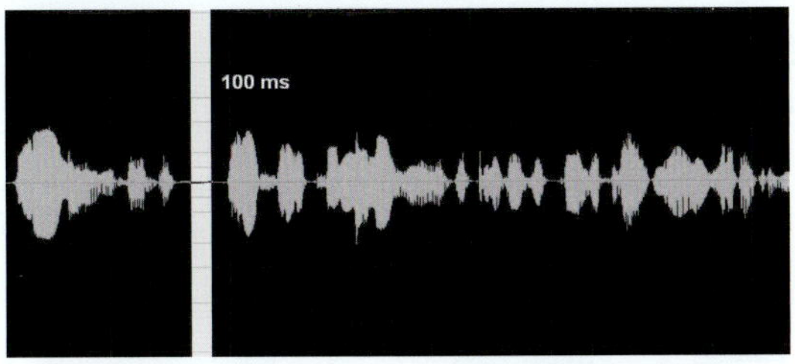

Bild 11.2.1-1
In dem Oszillogramm ist der Lautstärke-Verlauf einiger Sekunden Sprache dargestellt. Zur Zeitskalierung ist ein Abschnitt von 1/10 Sekunde weiß eingefärbt.
(Quelle: D. Hennings)

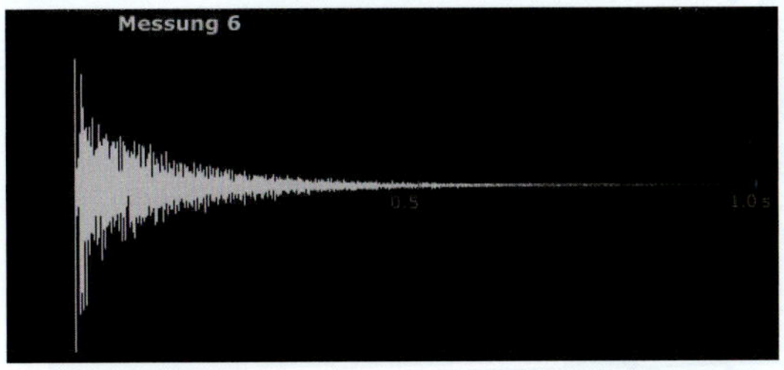

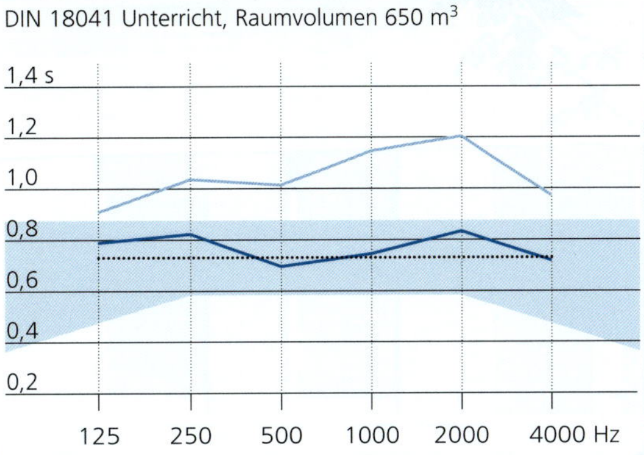

Bild 11.2.1-2
Bildschirm-Ausschnitte der Software ‚AkuCheck'.
links: eine gemessene Raumimpulsantwort.
unten: gemessene Nachhallzeiten eines unbesetzten Hörsaals und mittels Personenabsorptionsdaten auf volle Besetzung umgerechnete Werte.
(Quelle: D. Hennings)

11.2.2 Fenstercheck

Helmut Weinläder, Sven Hippeli

Bild 11.2.2-1
Messgerät Uglass zur Bestimmung des U_g-Wertes
(Quelle: ZAE Bayern)

Die energetischen Eigenschaften von Fenstern im Gebäudebestand sind oft unbekannt. Mit dem Verfahren „Fenstercheck" können die energetischen Eigenschaften von kompletten Fenstern inklusive Luftdichtheit und Einbau untersucht und bewertet werden. Bei fehlenden Verglasungsdaten wird der Wärmedurchgangskoeffizient (U_g) mit einem mobilen Messgerät bestimmt. Die Bewertung erfolgt über ein Software-Tool, mit dem einfach, schnell und zuverlässig Einzelfenster bis hin zu kompletten Gebäuden erfasst werden können. Die Messeinrichtung und die Software wurden in einem Projekt der Forschungsinitiative EnOB entwickelt [Ref. 11.2.2-1, 11.2.2-5].

Mobiles U_g-Wert-Messgerät Uglass

Oft besteht Ungewissheit über den tatsächlichen Wärmedämmwert von Bestandsverglasungen. Um hier mehr Sicherheit zu schaffen, wurde das mobile Messgerät Uglass zur Bestimmung des U_g-Wertes von Isolierverglasungen entwickelt. Der U_g-Wert der Verglasung kann vor Ort bestimmt werden. Das Gerät ist vielseitig einsetzbar (Zwei- und Dreifachisolierglas, Fassaden- und Dachverglasungen) und deckt den heutzutage relevanten Bereich der U_g-Werte zwischen 0,5 und 4 W/m^{2}K vollständig ab. Das Gerät besteht aus zwei Hälften, die mittels Saugpumpe auf die beiden Seiten der Verglasung aufgesetzt werden. Anschließend heizt der Sensor die Verglasung bei Bedarf einseitig auf und detektiert die Temperaturänderungen auf beiden Seiten. Der zeitliche Temperaturverlauf wird analysiert und daraus der U_g-Wert der Verglasung bestimmt. Die dynamische Auswertung erlaubt typische Messzeiten von nur wenigen Minuten. Die Messgenauigkeit des Prototyps liegt im Bereich von ± 10 % bei U_g-Werten über 1,0 W/m^{2}K, bei U_g-Werten unter 1,0 W/m^{2}K beträgt sie ± 0,1 W/m^{2}K. Die ermittelten Daten werden per WLAN an den Rechner übertragen und ausgewertet und bilden so die Grundlage einer fundierten energetischen Bewertung von Bestandsfenstern.

Softwaretool Uwin

Das kommerzielle Programm berechnet auf Basis anerkannter Rechenalgorithmen (modifizierte DIN EN 832, DIN EN 10077 Teil 1, DIN 4108-6) die zu erwartende energetische Verbesserung durch einen Austausch der Bestandsfenster. Die adaptiven Algorithmen erlauben dabei auch eine Bewertung bei Eingabe von nur minimalen Daten (Grobanalyse). Je detaillierter die Dateneingabe, desto genauer errechnet das Tool den Energiebedarf durch die Bestandsfenster. Dies kann bis zu einer Feinanalyse erfolgen.

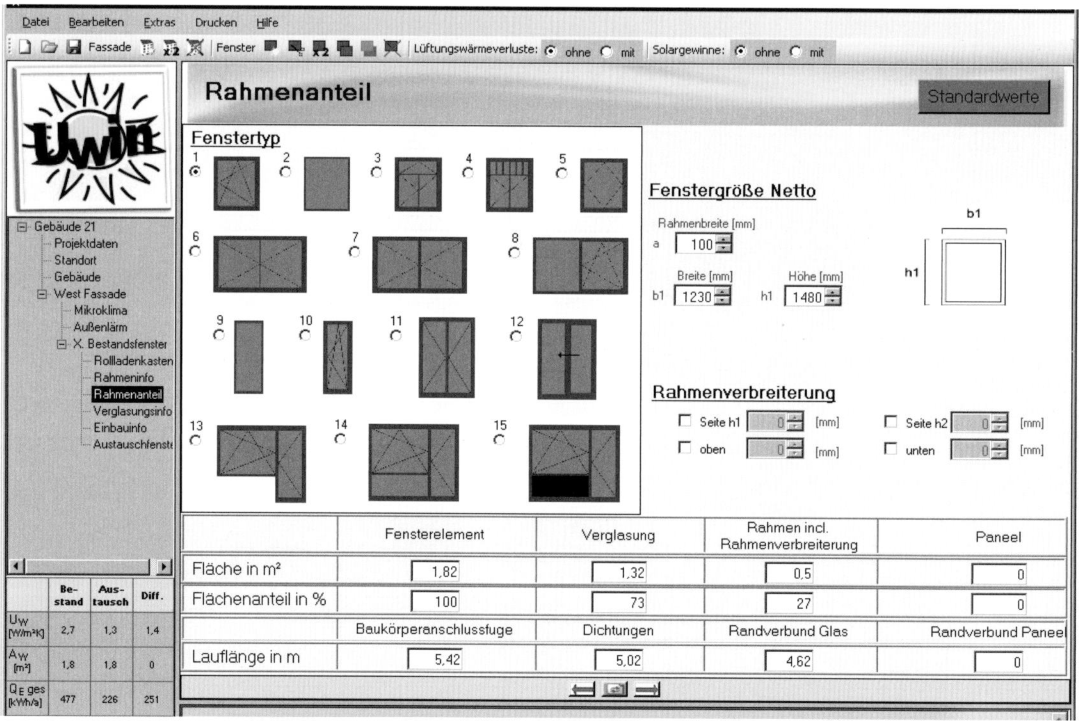

	Bestand	Austausch	Diff.
Uw [W/m²K]	2,7	1,3	1,4
Aw [m²]	1,8	1,8	0
QE ges [kWh/a]	477	226	251

	Fensterelement	Verglasung	Rahmen incl. Rahmenverbreiterung	Paneel
Fläche in m²	1,82	1,32	0,5	0
Flächenanteil in %	100	73	27	0
	Baukörperanschlussfuge	Dichtungen	Randverbund Glas	Randverbund Paneel
Lauflänge in m	5,42	5,02	4,62	0

Bild 11.2.2-2
Screenshot des Programms Uwin .
(Quelle: Kurz & Fischer)

11.2.3 Teilenergiekennwerte (TEK)

Jens Knissel, Michael Hörner

In dem EnOB-Forschungsprojekt „Teilenergiekennwerte von Nichtwohngebäuden", kurz TEK, wurde eine vereinfachte Methodik der Energiebilanzierung und der Schwachstellenanalyse für Nichtwohngebäude im Bestand erarbeitet. Anders als WUFI Plus Therm (→ Kapitel 11.1.8) und Therakles (→ Kapitel 11.1.7) rechnet TEK quasistationär auf Monatsbasis. Den Ist-Verbrauch zu verstehen (Bild 11.2.3-1), Teilverbräuche zu bewerten, Schwachstellen zu erkennen sowie Einsparpotenziale verlässlich zu berechnen, ist das Ziel von TEK.

Wichtige Vereinfachungen erlauben die Analyse in nur einem Bruchteil des Aufwandes für den Bedarfsausweis. Rechenkern für die Mehrzonen-Nutzenergiebilanz, die sich an die Norm DIN V 18599 anlehnt [Ref. 11.2.3-1], ist das Werkzeug EnerCalC (→ Kapitel 11.1.6). Technische Anlagen werden ebenfalls vereinfacht durch vor Ort erhobene Bestandsdaten für Beleuchtung, Raumlufttechnik und Kälteerzeugung sowie Anlagenaufwandszahlen für Wärmeerzeuger abgebildet, auf iterative Berechnungenwird verzichtet.

Der rechnerische Bilanzraum des TEK-Tools wird gegenüber der DIN V 18599 um nutzungsabhängige Stromverbräuche für Arbeitshilfen, zentrale Einrichtungen und diverse Technik erweitert. Erst damit wird der Bedarfs-Verbrauchs-Abgleich sinnvoll, mit dem jede Berechnung kalibriert werden muss.

Wesentlich ist die konsequente Verwendung von nach Zonen und Gewerken differenzierten Teilenergiekennwerten. Mit Hilfe von Referenz-Teilenergiekennwerten (Ref-TEKs), die für definierte Parameterkombinationen berechnet wurden, können die Ist-Teilenergiekennwerte bewertet und Schwachstellen schnell identifiziert werden. Die Ref-TEKs liegen für alle Nutzungsprofile der DIN V 18599 in 5 Energieaufwandsklassen (EAK) vor. Die Differenz zur EAK „gering" erlaubt die Abschätzung eines strategischen Einsparpotenzials.

Tools

Mehrere Tools wurden im Projekt entwickelt. Das TEK-Tool setzt die Teilenergiekennwert-Methode in ein Tabellenkalkulations-Werkzeug um. Der Erfassungsaufwand für eine Gebäudeenergiebilanz mit TEK verkürzt sich damit bei guter Datenlage auf ca. drei Tage.

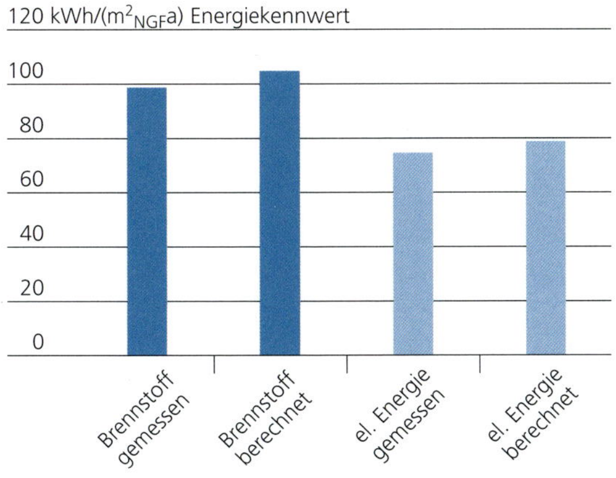

Bild 11.2.3-1
Bedarf und Verbrauch wird gemeinsam erfasst und abgeglichen
(Quelle: IWU) [Ref 11.2.3-2]

Bild 11.2.3-2
Einfluss der Nutzungsparameter auf das Verhältnis von Brennstoffbedarf und Verbrauch in der Querschnittsanalyse des Feldtests von TEK
(Quelle: IWU) [Ref. 11.2.3-3]

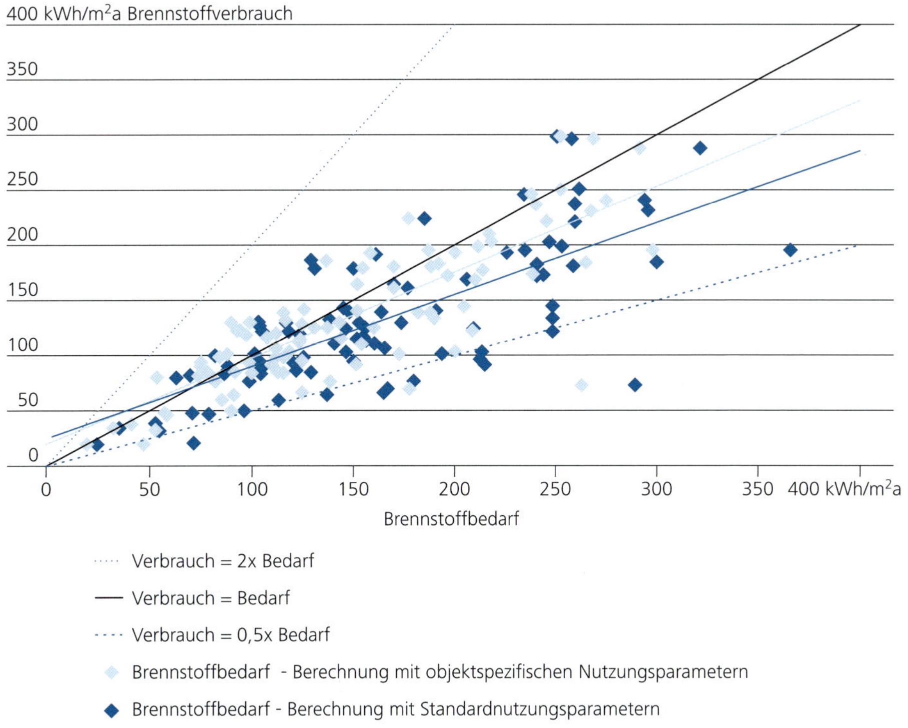

Das TEK-Tool steht zusammen mit dem Tool „Lastganganalyse“, dem Tool „Hochrechnung von Kurzzeitmessungen“ und dem „TEK-Wirtschaftlichkeitstool“ zur kostenfreien Nutzung zur Verfügung. Die Verwendung der Werkzeuge und der hinterlegten Algorithmen zu Erstellung kommerzieller Software-Produkte bedarf der Genehmigung durch die Institut Wohnen und Umwelt GmbH.

Feldtest

Insgesamt 93 Gebäude wurden im Feldtest mit dem TEK-Tool analysiert, die Daten des Ist-Zustands und mehrerer Maßnahmenvarianten sind in der TEK-Datenbank gespeichert. Querschnittsanalysen dieses einmaligen Datenbestandes haben wichtige Erkenntnisse für den Bedarfs-Verbrauchs-Abgleich ergeben, die in einer nächsten Version des TEK-Tools implementiert sein werden.

11.2.4 Leitfaden Monitoring und ökonomische Kennwerte

Sebastian Herkel

Durch die systematische Erstellung von Monitoringkonzepten werden die Qualitätssicherung der Inbetriebnahme und die dauerhafte Gewährleistung einer guten Gebäudeperformance erleichtert.
Der Leitfaden Monitoring ist eine Arbeitshilfe für Konzepte des technischen Gebäudemonitorings und zur Erhebung von elementaren ökonomischen Daten in der Betriebsphase. Dabei geht es um die Messung des Energieverbrauchs und weiterer Kriterien der Gebäudeperformance, Raumklima und ökonomische Kennwerte. Darüber hinaus werden Bilanzierungsgrundsätze für Null- und Plusenergiegebäude dargestellt und Lösungsansätze für eine automatisierte Datenübertragung und -auswertung beschrieben.

Die Entwicklung des Messkonzeptes erfolgt sinnvollerweise entlang des Energieflusses im Gebäude. Ausgehend von der Endenergiezufuhr werden die Endenergieträger Gas, Öl, Holz,

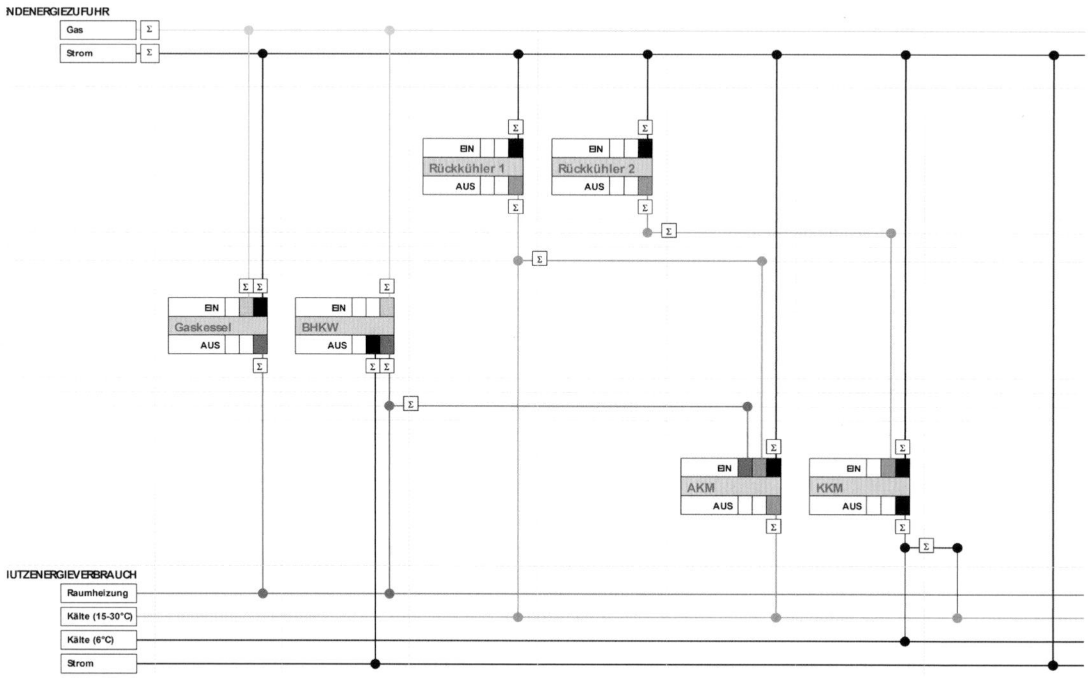

Bild 11.2.4-1
Messschema eines Ausschnitts des Versorgungssystems des Institutsgebäudes des Fraunhofer ISE. Ganz oben sind die zugeführten Endenergieträger zu erkennen (Gas, Strom), in der Mitte die einzelnen Erzeuger und unten die Abnehmer auf Nutzenergieebene. Prinzipiell wird Endenergiezufuhr und Energieabgabe jedes Erzeugers gemessen. Bei den Erzeugern BHKW und Rückkühler 1 wird die erzeugte Energie für mehrere Energiedienstleistungen verwendet (BHKW: Raumheizung + Antrieb Adsorptionskältemaschine, Rückkühlwerk 1: Direktkühlung und Kühlwasserbereitstellung). Daher sind hier nach dem jeweiligen Abzweig zusätzliche Energiemengenzähler notwendig, um die Energieeffizienz der Versorgung bewerten zu können.
(Quelle: Fraunhofer ISE)

Fernwärme, Fernkälte, Strom erfasst. Die Energiequellen wie Umweltenergie (Geothermie, Solarstrahlung, Außenluft) oder Abwärme aus Prozessen werden ebenfalls gemessen. Durch die Messung der Energieabgabe der Energiewandler, wie zum Bespiel einer Wärmepumpe, kann die Performance im Betrieb bestimmt werden.

Bei einer automatisierten Übertragung von Messwerten über das Internet gibt es unterschiedliche Verfahren, um die Datensicherheit zu gewährleisten, der Leitfaden erläutert hier Beispiellösungen.

Zur Bestimmung des Komforts ist die Erfassung der Raumlufttemperatur die wesentliche Messgröße, um in Korrelation zu den Umgebungsbedingungen den thermischen Komfort bewerten zu können. Für eine detaillierte Analyse sind die Raumluftfeuchte und der CO_2-Gehalt weitere wichtige Größen.

Zur Bewertung der ökonomischen Vorteilhaftigkeit von Energieeffizienzmaßnahmen ist ein Monitoring der Kosten auch in der Betriebsphase sinnvoll, um bewerten zu können wie sich Minderverbräuche bei der Energie auch in den Energie-, Wartungs- und Instandhaltungskosten niederschlagen.

11.2.5 MoniSoft

Mathias Wambsganß, Johannes Zauner

Beim Monitoring und bei der Betriebsanalyse von Gebäuden treten immer wiederkehrende Fragestellungen und Bearbeitungsroutinen auf. Größere Datenmengen werden in vielen Projekten auch heute noch individuell mit Tabellenkalkulationssoftware ausgewertet. Aussagekräftige Grafiken zur Visualisierung der Gebäudeperformance konnten und können meist nur mit einem sehr hohen Aufwand erstellt werden. Vor diesem Hintergrund wurde MoniSoft als ein universell nutzbares Werkzeug entwickelt, mit dem die beim Monitoring von Gebäuden anfallenden Aufgaben weitgehend automatisiert und mit hohem Bedienkomfort bearbeitet werden können. Das Werkzeug lässt sich zudem an den vorhandenen Gebäude- oder Liegenschaftskontext oder an individuelle Forschungsfragen anpassen.

MoniSoft ist komplett mit public domain-Werkzeugen erstellt und zudem plattformunabhängig implementierbar; es wird lediglich eine Java-Laufzeitumgebung benötigt. Das Werkzeug ist flexibel mit sämtlichen derzeit genutzten Gebäudeleitsystemen koppelbar. Ein Monitoring kann also auch im Nachhinein und unabhängig von der im Gebäude befindlichen Gebäudeleittechnik implementiert werden. MoniSoft fungiert als Schnittstelle zwischen der Datenerfassung und der Auswertung durch den Anwender.

Funktionsumfang

MoniSoft zeichnet sich durch eine stringente Messdatenverarbeitung mit Qualitätssicherungsfunktionen und vielfältigen Möglichkeiten der kontextbezogenen Datenvisualisierung aus. Die Software nutzt eine Datenbank, die neben den eigentlichen Messdaten auch Informationen über das Gebäude, Flächen, Messpunkteigenschaften, Messdatenqualität und -plausibilität sowie Nutzereinstellungen enthält. Die Software kann von Experten für detaillierte Auswertungen und von weniger erfahrenen Personen für eine schnelle Schwachstellenerkennung genutzt werden. Hierzu kann die Vielzahl an Datenpunkten einfach strukturiert werden. Die Software lässt sich über eine graphische Oberfläche wie auch über die Kommando-

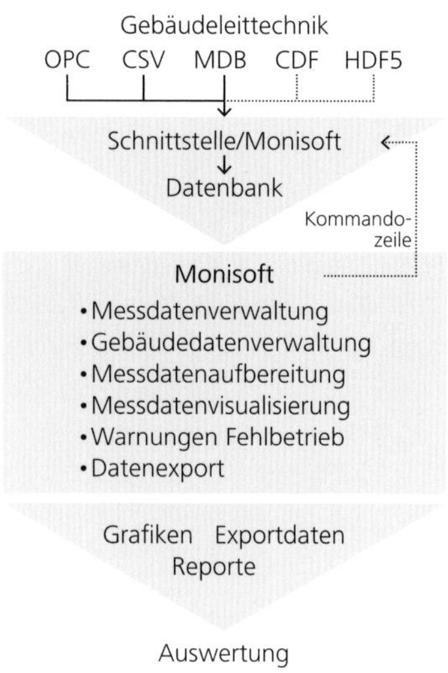

Bild 11.2.5-1
MoniSoft bindet unterschiedlichste Datenquellen in eine Projektdatenbank ein. An realen Projekten entwickelte Mechanismen ermöglichen die automatische und individuelle Kontrolle der Datenqualität bei höchster Datenintegrität. Eine Reihe von Grafik-Werkzeugen erlauben sowohl die umfassende Auswertung in MoniSoft, als auch den bequemen Export für weiterführende Programme
(Quelle: KIT / HS Rosenheim)

zeile nutzen. Auf diese Weise können Web-Grafiken automatisch erzeugt und ausgewertet werden.

Grundlagen für eine zielgerichtete Gebäudeanalyse sind, neben den üblichen grafischen Darstellungsformen wie Linien-, Balken- oder XY-Diagrammen, vor allem spezielle Grafiken, mit denen Messdaten im Kontext dargestellt werden. So lassen sich Regelmäßigkeiten und Abhängigkeiten erkennen sowie die Daten nach Zeitintervallen (z. B. „Regelarbeitszeit ohne Wochenenden") und Zustand (z. B. „nur bei eingeschalteter Zuluft-Anlage") filtern. Carpet-Diagramme sorgen beispielsweise für einen Überblick zu Unregelmäßigkeiten im Gebäudebetrieb und Dauerlinien helfen bei der Abschätzung von Anlagenlaufzeiten. Immer wiederkehrende Zusammenstellungen von Messdaten, wie etwa für Heizkennlinien, können im Kontext mit der Darstellung gespeichert und mit Daten neuer Zeiträume „beladen" werden. Dadurch können Optimierungsmaßnahmen überprüft oder Verbrauchsdaten mit dem gleichen Zeitraum des Vorjahres verglichen werden. Zur Beurteilung der Daten können in vielen Grafiken bestimmte Werte oder selbst definierbare Wertebereiche markiert werden, um etwa Grenzwerte oder Zielbereiche hervorzuheben.

Der Zugriff auf beliebige Datensätze und Zeiträume erlaubt eine effektive Analyse und energetische Betriebsoptimierung einzelner technischer Systeme. Auch ein Benchmarking innerhalb eines großen Gebäudebestandes ist bei unterschiedlichen Quellen der Ursprungsdaten in einheitlicher Form möglich. MoniSoft ist als umfassendes Monitoringwerkzeug für alle Projektgrößen geeignet.

11.2.6 Prüfstand für Gebäudeperformance

Stefan Plesser

Das Konzept Aktiver Funktionsbeschreibungen (→ Kapitel 9.2) wurde im Projekt Energie-Navigator im Rahmen der Forschungsinitiative EnOB entwickelt [Ref. 11.2.6-1]. Seit 2014 steht mit dem Prüfstand für Gebäudeperformance eine erste kommerzielle Umsetzung der Methodik als Software zur Verfügung

Spezifikation von Funktionen in der Planung

Mit der Software können TGA- oder GA-Fachplaner Automationsfunktionen für einzelne Anlagen mit Hilfe von Betriebszuständen und Betriebsregeln in einer einfachen Baumstruktur spezifizieren. Die Spezifikation – die aktive Funktionsbeschreibung – liegt anschließend in der Software vor, kann aber auch als Textdokument, z. B. für Ausschreibungen, genutzt werden. Wichtiger Baustein der aktiven Funktionsbeschreibung ist eine Liste sämtlicher spezifizierter Parameter. Für diese Datenpunkte sind später im Betrieb Daten aus der Gebäudeautomation zu übergeben.

Prüfung von Funktionen im Betrieb

Für die Überprüfung des Anlagenbetriebs werden Betriebsdaten aus der Automationsanlage exportiert und in die Software importiert. Dort werden sie den spezifizierten Parametern zugewiesen. Nun kann die Software die Einhaltung der spezifizierten Betriebsregeln für jeden Zeitpunkt der Betriebsphase, für die Daten importiert wurden, automatisch überprüfen. Als Ergebnis erhält der Anwender eine Auswertung, die in ihrer Struktur der Spezifikation gleicht. So sieht er zunächst in aggregierter Form, wie oft die Anlage innerhalb eines Prüfzeitraums entsprechend dem gesamten spezifizierten Zustandsraum mit all seinen Betriebsregeln betrieben wurde. Bei Auffälligkeiten kann der Anwender gezielt einen einzelnen Betriebszustand und einzelne Betriebsregeln prüfen, um anschließend für einzelne, als kritisch identifizierte Funktionen eine detaillierte technische Analyse durchzuführen.

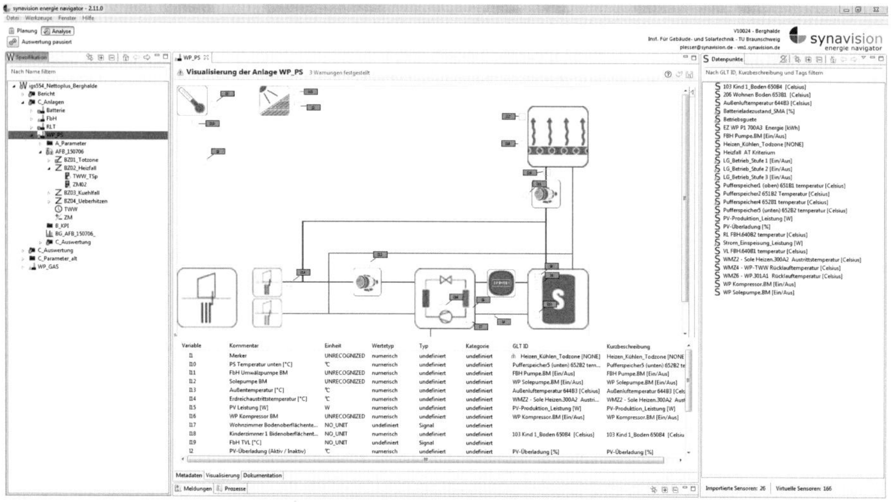

Bild 11.2.6-1
Analyse mit dem Energienavigator.
(Quelle: [Ref 11.2.6-1])

Anwendungsmöglichkeiten in der Praxis

Der Prüfstand ermöglicht ein effektives Qualitätsmanagement für die Gebäudeperformance. Durch den geschlossenen Qualitätsregelkreis aus eindeutiger Spezifikation und klar definierter Prüfmethodik kann die Performance von Anlagen als geschuldete Leistung definiert werden. Damit bieten sich verschiedene Anwendungsmöglichkeiten:

- Fachplaner für technische Gebäudeausrüstung oder Gebäudeautomation können Funktionsbeschreibungen erstellen oder ergänzen.
- Auf Basis der aktiven Funktionsbeschreibung können sie erweiterte Funktionsprüfungen nach HOAI LPH8 als besondere Leistungen der Objektüberwachung anbieten.
- Automationserrichter können digitale Pflichtenhefte für ihre Leistungen und einen standardisierten Leistungsnachweis für die Abnahme erstellen.
- Alle genannten Akteure können die Software auch für eine unabhängige Prüfung der Gebäudeperformance einsetzen, zum Beispiel im Rahmen von Probebetrieben, zur Bestandsanalyse oder als Monitoring-Werkzeug.

Die eindeutige Prüfmethodik ermöglicht auch die Definition und Prüfung von technischen Service-Leveln für das Betreiben von Gebäuden, sodass alle Leistungen, die die Gebäudeperformance beeinflussen – Fachplanung, Errichtung, Betreiben – kontinuierlich und automatisiert überwacht werden können.

Ausblick

Die Methode wurde bereits an unterschiedlichen Gebäuden und Anlagen modellhaft erprobt. Zurzeit werden im Rahmen des Forschungsprojekts „GA Spec&Check" in Zusammenarbeit mit der TU Braunschweig und der Westfälischen Hochschule Gelsenkirchen Konzepte und Hilfsmittel für die praktische Anwendung entwickelt und in Pilotprojekten erprobt [Ref. 11.2.6-2].

Der Prüfstand für Gebäudeperformance wird als Software-as-a Service von der synavision GmbH, Bielefeld, angeboten [Ref. 11.2.6-3].

Referenzen, Anmerkungen

Ref 11.2.1-1
AkuCheck – Software für raumakustische Messungen,
http://www.akucheck.de
Aufruf 11.12.2015)

Ref 11.2.2-1
Glaser, S. (Red.): FeC Fenstercheck. Abschlussbericht zum Verbund Fenstercheck. FKZ 0327654K-Q. Siegfried Glaser, Glaser FMB, Beverungen (Hrsg.). April 2013

Ref 11.2.2-2
http://www.fenstercheck.info
(Aufruf 11.12.2015)

Ref 11.2.2-3
http://www.webfactor.de/shop
(Aufruf 11.12.2015)

Ref 11.2.2-4
http://www.ug-wert-messen.com
(Aufruf 11.12.2015)

Ref 11.2.2-5
Qualitätssicherung für Fenster und Verglasung. Online-Präsentation des Projekts auf der Website der Forschungsinitiative EnOB
http://www.enob.info/de/neue-technologien/projekt/details/qualitaetssicherung-fuer-fenster-und-verglasung/
(Aufruf 11.12.2015)

Anm. [11.2.3-1]
Download der Tools:
http://www.iwu.de/forschung/energie/laufend/teilenergiekennwerte-von-nicht-wohngebaeuden/

Ref [11.2.3-1]
Deutsches Institut für Normung DIN e. V., Berlin (Hrsg.): DIN V 18599: Energetische Bewertung von Gebäuden - Berechnung des Nutz-, End- und Primärenergiebedarfs für Heizung, Kühlung, Lüftung, Trinkwarmwasser und Beleuchtung Beuth Verl.
Die Norm enthält 11 Teile und 2 Beiblätter

Ref [11.2.3-2]
Knissel, J.; Hörner, M.: Teilenergiekennwerte von Nichtwohngebäuden. Berechnungsgrundlagen des TEK-Tools Version TEK 6.2. Abschlussbericht. FKZ 0327431J. Institut Wohnen und Umwelt (IWU), Darmstadt (Hrsg.). 2014. ISBN 978-3-941140-36-3

Ref [11.2.3-3]
Hörner, M.; Bagherian, B; Jedek, C.: Teilenergiekennwerte von Nichtwohngebäuden. Querschnittsanalyse der Ergebnisse der Feldphase. Abschlussbericht. FKZ 0327431J. Institut Wohnen und Umwelt (IWU), Darmstadt (Hrsg.). 2014. ISBN 978-3-941140-37-0

Ref [11.2.4-1]
Fraunhofer-Institut für Solare Energiesysteme (ISE), Freiburg i. Br. (Bearb.); Fraunhofer-Institut für Bauphysik (IBP), Stuttgart (Bearb.); Bergische Universität Wuppertal (Bearb.) u. a.: Leitfaden für das Monitoring der Demonstrationsbauten im Förderkonzept EnBau und EnSan. Okt. 2014
http://www.enob.info/fileadmin/media/Forschungsfelder/Begleitforschung_EnOB/Materialien_fuer_Projektteams/141021_EnOB_Leitfaden_Monitoring_x.pdf (Aufruf 10.12.2015)

Ref 11.2.5-1
http://monitoring.fue@fh-rosenheim.de
(Aufruf 11.12.2015)

Ref 11.2.5-2
http://fbta.ieb.kit.edu/monisoft.php
(Aufruf 11.12.2015)

Ref 11.2.6-1
Plesser et al: " Der Energie-Navigator: Entwicklung eines teilautomatisierten Werkzeugs für die energieoptimierte Betriebsführung von Gebäuden", EnOB/EnBop, Förderung Bundesministerium für Wirtschaft und Energie (bzw. damals Technologie) (FKZ: 0327444A), TU Braunschweig, 2013

Ref 11.2.6-2
Plesser, Büchel et al. „GA Spec&Check - Entwicklung und Erprobung einer Methodik zur Beschreibung, Abnahme und Überwachung von Funktionen der Gebäudeautomation", Forschungsinitiative Zukunft Bau/Bundesinstitut für Bau-, Stadt- und Raumforschung (FKZ SWD-10.08.18.7-14.37),
www.tu-braunschweig.de/igs/forschung/specundcheck

Ref 11.2.6-3
http://www.synavision.de
(Aufruf 11.12.2015)

11.3 INKA - Instrument für Nutzerbefragungen zum Komfort am Arbeitsplatz

Andreas Wagner
Karin Schakib-Ekbatan

INKA wurde entwickelt zur Erfassung und Bewertung der Zufriedenheit am Arbeitsplatz. Ziel ist die Analyse subjektiver Bewertungen durch die Gebäudenutzer auf der Basis systematischer Erhebungen insbesondere zur Zufriedenheit mit Komfortkriterien wie Temperatur, Licht, Akustik, Luftqualität und räumliche Bedingungen. Die Bewertung der einzelnen Komfortbereiche bildet die Grundlage für einen zusammenfassenden Gebäude-Gesamtindex, der eine schnelle Einordnung des Gebäudes im Vergleich mit anderen Büro-Immobilien erlaubt. Das Instrument ist kompatibel mit dem Bewertungssystem Nachhaltiges Bauen für Büro- und Verwaltungsgebäude des Bundes (BNB). Es ist geeignet für Fachkräfte der Immobilienwirtschaft und Facility Manager; zudem eignet sich der Leitfaden zur Information für weitere Gebäudeverantwortliche und Betriebs- bzw. Personalräte.

Das Verfahren ist geeignet für Büro- und Verwaltungsgebäude ab einer Mitarbeiterzahl von etwa 40 Personen. Das Instrument lässt sich für verschiedene Fragestellungen einsetzen (Tab. 11.3-1), insbesondere soll die Qualitätssicherung in Bezug auf gute Komfortbedingungen am Arbeitsplatz in Verbindung mit der Energieeffizienz des Gebäudes unterstützt werden.

Im Rahmen einer standardisierten schriftlichen Befragung (Bild 11.3-1) werden Komfortparameter erfasst, die sich sowohl auf den unmittelbaren Arbeitsplatz als auch auf gebäudebezogene Komfortaspekte beziehen:

Anlass der Befragung	Ziele	Empfehlungen
erste Bestandsaufnahme	IST-Stand dokumentieren, Stärken-Schwächen-Profil feststellen	bei Neubauten oder nach Komplettsanierung etwa ein Jahr nach Bezug des Gebäudes
Folgebefragung	jahreszeitliche Unterschiede erfassen	jeweils im Sommer und Winter, bei Bedarf auch Übergangszeiten
regelmäßiges Monitoring	Qualitätssicherung	Befragung im Intervall von drei Jahren
Evaluation von Maßnahmen	Erfolgskontrolle von Maßnahmen im Gebäude	ggfs. zeitnahe Befragung nach Abschluss der Maßnahme

Tabelle 1.3-1
Einsatzmöglichkeiten von INKA (Quelle: KIT, fbta)

Komfort am Arbeitsplatz

- Lichtverhältnisse (u. a. Tageslicht, Kunstlicht, Blendschutz) und Ausblick
- Raumtemperatur
- Luftqualität
- Zugluft
- Einflussmöglichkeiten auf Lichtverhältnisse, Temperatur, Luftqualität, Möblierung/Gestaltung
- Akustik und Geräuschpegel (u. a. Trittschall)
- Räumliche Bedingungen (u. a. Bürogröße, Privatheit)
- Möblierung und Gestaltung des Büros
- Wichtigkeit und Veränderungsbedarf der einzelnen Komfortbereiche
- Informationsbedarf zu energiesparendem Verhalten am Arbeitsplatz, Vereinbarkeit von Komfort und Energiesparen
- Gesundheitliche Aspekte (u. a. allgemeines Wohlbefinden)

Gebäudebezogene Außenraumqualität

- Service-Leistungen (Verpflegung, Wartung, Reinigung)
- Komfortbereiche (u. a. Lichtverhältnisse, Temperatur)
- Funktionsräume (u. a. Sanitärräume, Sozialräume)
- Sicherheit (baulich-technisch, subjektives Sicherheitsempfinden)

Jeder Fragenblock schließt mit einer Gesamtbewertung ab.

Darüber hinaus werden ergänzende Informationen erhoben. Hierzu zählen beispielsweise gesundheitliche Beschwerden, Informationsbedarf zu energieeffizienzrelevanten Aspekten oder Bewertungen zur Standortqualität. Um weitere mögliche Einflussfaktoren bei der Auswertung berücksichtigen zu können, werden Angaben zu Spezifika der Arbeitstätigkeit und der Arbeitsumgebung sowie persönliche Angaben (Geschlecht, Altersgruppe etc.) erfasst. Insbesondere diese Fragen müssen im

Vorfeld im Detail mit den zu Befragenden, den Personalvertretern und dem Arbeitgeber abgestimmt werden. Grundsätzlich ist es wichtig, von vornherein eine hohe Transparenz bzgl. des Verfahrens herzustellen und dafür Sorge zu tragen, dass die Ergebnisse auch allen Personengruppen zugänglich gemacht werden.

Der Fragebogen ist modular aufgebaut. Für eine erste Befragung bietet sich eine fundierte IST-Analyse auf Basis eines Gesamtindexes an. Ergänzend wurde für Raumklima-Analysen ein reduzierter Fragebogen mit einem Teil-Index entwickelt. Zusätzlich zu der Papierversion existiert ein Rechner- und webbasierter Fragebogen, der eine kostengünstige Durchführung und eine schnell auswertbare Ergebnisdarstellung liefert. In einem begleitenden Leitfaden [Ref 11.3-1] werden grundlegende Informationen zur Durchführung von Befragungen gegeben und die Datenerhebung und Auswertung der webbasierten Befragung erläutert. Referenzwerte aus einer Gebäude-Stichprobe mit Daten aus Winter- und Sommererhebungen komplettieren den Leitfaden. Alle Materialien zur Durchführung sind kostenfrei zugänglich [Ref 11.3-1].
Die Befragungsergebnisse werden in einem Reportblatt aufgeführt (Bild 11.3-2), das folgende Informationen enthält:

Informationen zum Gebäude und zum Befragungsanlass. Die prozentuale Beteiligung an der Befragung wird automatisch angezeigt, wenn von Hand die Anzahl der Nutzer, an die ein Fragebogen verteilt wurde, eingetragen wird.

Gebäude-Gesamtindex - basiert auf einem Mittelwert aus den 7 Mittelwerten der Bewertungen zur Gesamtzufriedenheit mit einzelnen Komfortparametern.

Teilindex - setzt sich aus 4 Mittelwerten (Akustik/Geräuschpegel, Luftqualität, Temperatur- und Lichtverhältnisse) zusammen.

Mittelwerte für die einzelnen Komfortbereiche auf Basis der abschließenden zusammenfassenden Fragen.

Häufigkeitsverteilungen als zusätzliche Information schlüsseln die Mittelwerte in eine positive (‚zufrieden' / ‚sehr zufrieden'), eine neutrale (‚teils/teils') und eine negative (‚unzufrieden' / ‚sehr unzufrieden') Kategorie auf.

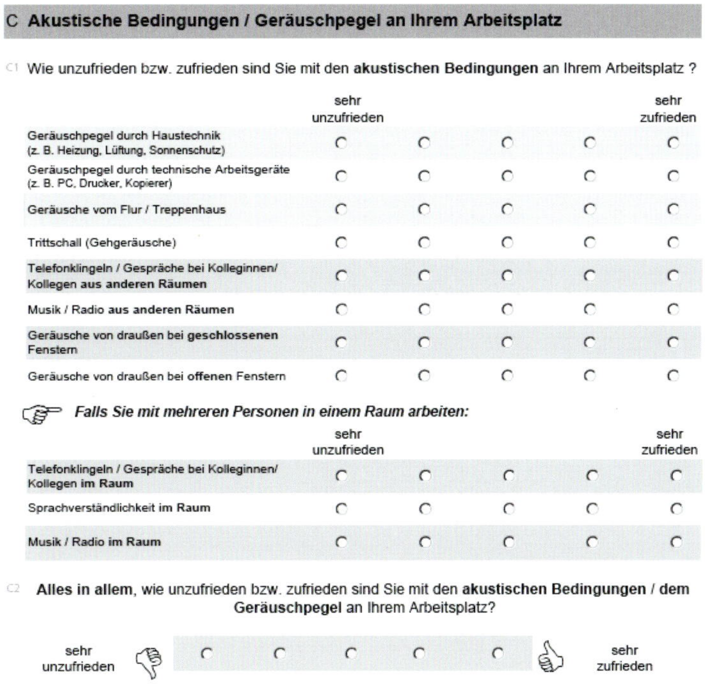

Bild 11.3-1
Auszug aus dem Fragebogen zum Themenbereich Akustik. (Quelle: KIT, fbta [Ref 11.3-1])

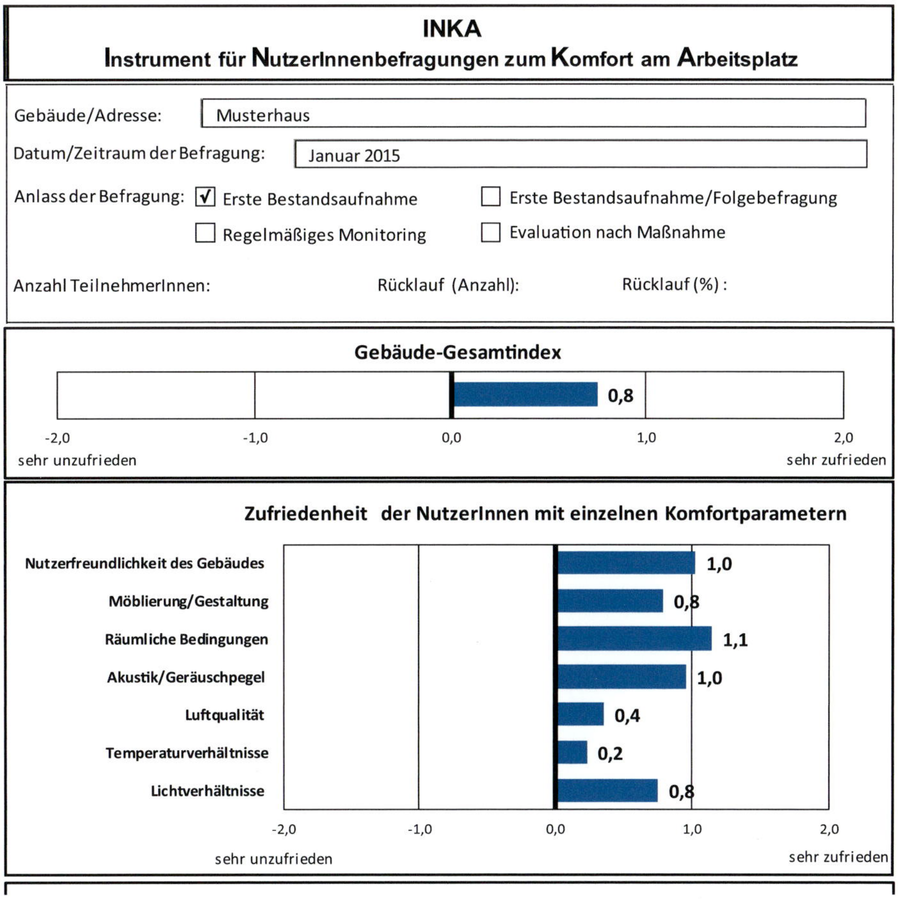

Bild 11.3-2
Exemplarisches Reportblatt zur Ergebnisdarstellung. (Quelle: KIT, fbta [Ref 11.3-1])

Hinweise zur Durchführung von Befragungen

Grundsätzlich sollten alle Mitarbeiter befragt werden. Dies ist insbesondere zu empfehlen, wenn man ein erstes umfassendes Meinungsbild erhalten möchte; zudem fühlen sich dadurch alle Personen einbezogen und die Befragung erfährt intern eine höhere Akzeptanz. Häufig gibt es in Unternehmen Außendienstmitarbeiter oder externe Kräfte, die nur sporadisch die Räumlichkeiten nutzen. Hier gilt es abzuwägen, ob man diesen Personenkreis in eine Erhebung einbeziehen möchte. Soll nur eine Teilstichprobe befragt werden, ist zu beachten, dass diese zufällig ausgewählt wird (z. B. jede x-te Person aus der Gesamt-Beschäftigtenliste) und repräsentativ für das Gebäude ist. ‚Zufällig' bedeutet, dass in dem Auswahlverfahren prinzipiell alle Beschäftigten die gleiche Chance haben müssen, ausgewählt zu werden. Auch bei Teilstichproben sollte der gesamten Belegschaft das Auswahlverfahren erläutert werden, da sonst Ungleichheitsempfinden und Unruhe entstehen können. Je nach Anlass können auch bereits identifizierte Problemzonen des Gebäudes in den Fokus von Befragungen genommen werden. Zu berücksichtigen ist ebenfalls, wie hoch der Prozentsatz ausgefüllter Fragebogen vermutlich sein wird. Hier können Erfahrungswerte aus Mitarbeiterbefragungen zu anderen Themen eine Orientierung geben.

Bei Neubauten empfiehlt es sich, eine Befragung frühestens ein Jahr nach Bezug durchzuführen, wenn die Nutzer ausreichend Zeit zur Eingewöhnung hatten und erste Anpassungsmaßnahmen bei der Einregelung des Gebäudes erfolgen konnten (Bild 11.3-3).

Zur Berücksichtigung jahreszeitlicher Unterschiede sollten Befragungen sowohl im Winter als auch im Sommer durchgeführt werden. Bei Bedarf geben natürlich auch Ergebnisse zu den Übergangszeiten wichtige Hinweise. Es ist jedoch abzuwägen, in welchem Turnus Beschäftigte um Feedback gebeten werden, da erfahrungsgemäß zu viele Umfragen in kurzen Abständen die Motivation zur Teilnahme senken. Die Ergebnisse sollten den Befragten stets rückgemeldet und gegebenenfalls diskutiert werden.

Bild 11.3-3
Empfehlung zur Umsetzung von Befragungen.
(Quelle: KIT, fbta [Ref 11.3-2])

Referenzen, Anmerkungen

Ref 11.3-1
Alle Materialien zum Befragungsinstrument INKA stehen kostenlos zum Download zur Verfügung http://www.forschungsinitiative.de/forschung/projekte/1008187-1008/ Die Online-Version des Fragebogens läuft unter Internet Explorer. (Aufruf 10.11.2015)

Ref 11.3-2
Schakib-Ekbatan, K.; Wagner, A.; Lützkendorf, T.: Bewertung von Aspekten der soziokulturellen Nachhaltigkeit im laufenden Gebäudebetrieb auf Basis von Nutzerbefragungen. Karlsruher Institut für Technologie (KIT). Fachgebiet Bauphysik und Technischer Ausbau (fbta), Karlsruhe (Hrsg.). Stuttgart: Fraunhofer IRB Verl., 2011. ISBN 978 3 8167 8657 3

Ref 11.3-3
Wagner, A.; Höfker, G; Lützkendorf, T. u. a.: Nutzerzufriedenheit in Bürogebäuden. Empfehlungen für Planung und Betrieb. Stuttgart: Fraunhofer IRB Verl., 2015. ISBN978-3-8167-9305-2

11.4.1 BNB Modul „Nutzen und Betreiben"

Thomas Lützkendorf

Das Modul „Nutzen und Betreiben" des Bewertungssystems Nachhaltiges Bauen (BNB 2012/2013) liefert eine Grundlage für die Beschreibung und Beurteilung von Gebäuden in der Nutzungsphase. Diese Grundlage kann u. a. genutzt werden für

- die Erfassung der Performance eines Gebäudes und seines Betriebes, ggf. auch Erstaufnahme eines Bestandsgebäudes
- die Vorbereitung einer Modernisierungsplanung
- die Erfolgskontrolle nach Neubau-, Umbau- oder Modernisierungsvorhaben
- eine kontinuierliche Verbesserung des Betriebs
- die Nachhaltigkeitsbewertung
- eine Zuarbeit zur Nachhaltigkeitsberichterstattung
- eine Zuarbeit zur Portfolioanalyse.

Eine Anwendung des Moduls ist auch unabhängig von einer Nachhaltigkeitsbewertung im Sinne einer Checkliste oder strukturierten Sammlung von Informationen möglich.

Das Modul umfasst u. a. Hinweise zur Erfassung und Beurteilung der Performance von Bürogebäuden in ihrer aktuellen Betriebs- und Nutzungsphase in Bezug auf

- den Verbrauch an Energie
- den Verbrauch an Wasser
- die Emissionen an Treibhausgasen
- die sich einstellende Nutzerzufriedenheit
- die Situation der Raumhygiene.

Die Grundlagen, Kriterien und Maßstäbe für eine Bewertung werden in Form von Steckbriefen zusammengefasst und sind über das Informationsportal zum Nachhaltigen Bauen www.nachhaltigesbauen.de frei zugänglich.

Die Grundlagen zur Beurteilung der Qualität des Gebäudes werden ergänzt durch Hinweise für das Management und den Gebäudebetrieb. Dieser Teil umfasst u. a. Hilfestellungen und Bewertungsgrundlagen für

- ein Energieverbrauchsmonitoring
- ein Betriebskostencontrolling
- ein Nutzerzufriedenheitsmanagement
- Reinigungsprozesse
- die Fortschreibung der Objektdokumentation
- die Information und Motivation der Nutzer
- die Weiterbildung des Betriebspersonals
- die technische Betriebsführung

Auf einen wichtigen Teilaspekt während der Nutzung von Gebäuden und bei der Beeinflussung der Performance – die Information und Motivation der Nutzer – wird detailliert eingegangen (Bild 11.4.1-1). Das Modul enthält Hinweise zur Entwicklung von aktuellen Soll-Größen für die Nutzungskosten, um diese anschließend mit Ist-Werten vergleichen zu können. Grundlage ist eine detaillierte Analyse der geplanten und der tatsächlichen Nutzung sowie des Nutzerverhaltens, der geplanten und tatsächlichen Ausstattung sowie der geplanten und tatsächlichen Klimatisierung (Bild 11.4.1-2). Mit dieser Vorgehensweise können Soll-Größen für die Performancemessung ermittelt werden, die den tatsächlichen Gegebenheiten entsprechen. Veränderungen seit der Planung können so berücksichtigt werden.

Bild 11.4.1-1
Maßnahmen zur Beeinflussung des Nutzerverhaltens
(Quelle: Leitfaden Nachhaltiges Bauen, 2013 [Ref. 11.4.1-1])

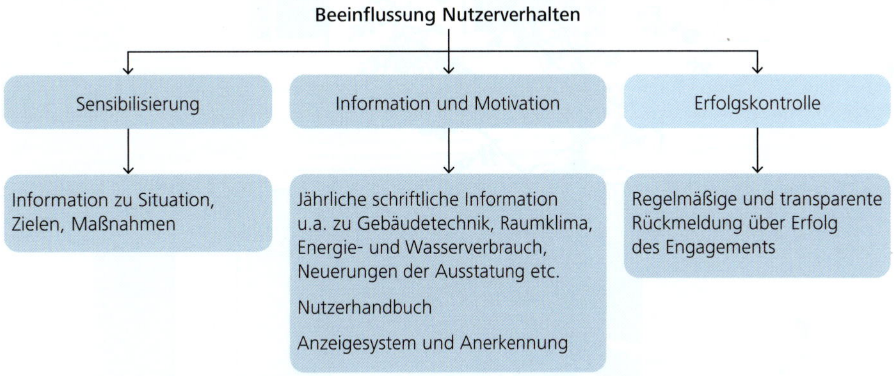

Weitere Informationen können dem Leitfaden Nachhaltiges Bauen [Ref. 11.4.1-1], der Vorstellung des Moduls „Nutzen und Betreiben" im Bewertungssystem Nachhaltiges Bauen [Ref. 11.4.1-2] sowie dem Informationsportal zum Nachhaltigen Bauen [Ref. 11.4.1-3] entnommen werden.

Bild 11.4.1-2
Analyse des Betriebskonzepts (Quelle: Leitfaden Nachhaltiges Bauen, 2013 [Ref. 11.4.1-1])

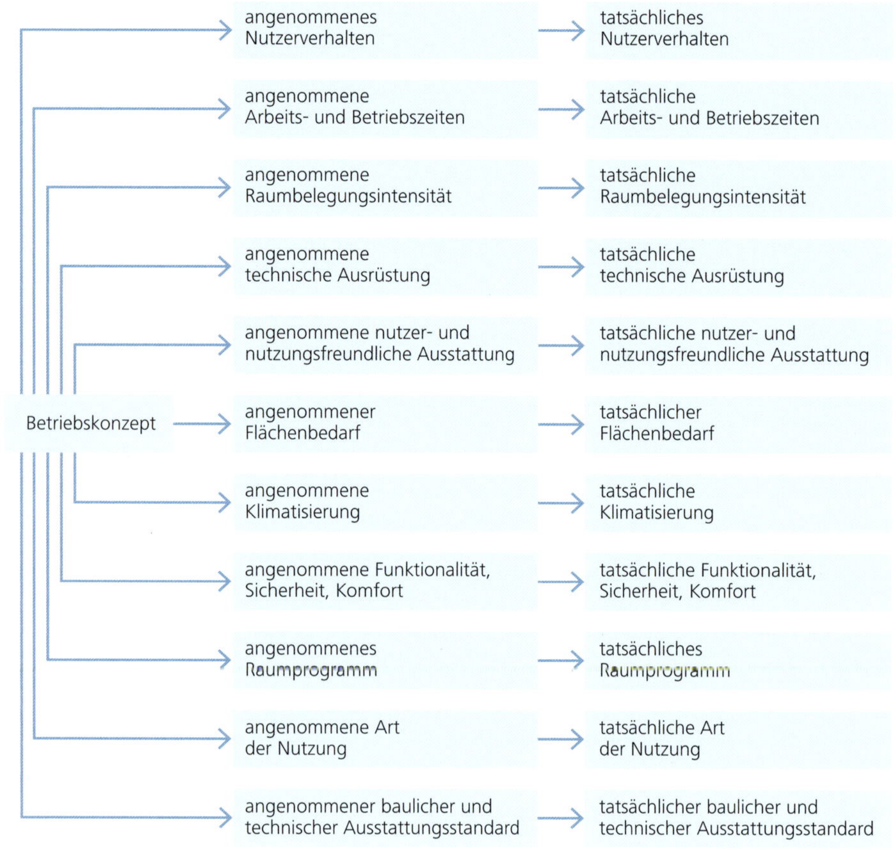

Referenzen, Anmerkungen

Ref 11.4.1-1
Bundesinstitut für Bau-, Stadt- und Raumforschung (BBSR), Berlin (Bearb.): Leitfaden Nachhaltiges Bauen. Bundesministerium für Umwelt, Naturschutz, Bau und Reaktorsicherheit (BMUB); Berlin (Hrsg.). Sept. 2014 http://www.nachhaltigesbauen.de/leitfaeden-und-arbeitshilfen-veroeffentlichungen/leitfaden-nachhaltiges-bauen-2013.html (Aufruf 11.12.2015)

Ref 11.4.1-2
Bundesministerium für Umwelt, Naturschutz, Bau und Reaktorsicherheit (BMUB), Berlin (Hrsg.):
BNB Büro- und Verwaltungsgebäude – Nutzen und Betreiben. 2012 https://www.bnb-nachhaltigesbauen.de/bewertungssystem/bnb-buerogebaeude/bnb-bb-2013-3/kriterien-bnb-nutzen-und-betreiben-bnb-bb.html (Aufruf 11.12.2015)

Ref 11.4.1-3
Bundesministerium für Umwelt, Naturschutz, Bau und Reaktorsicherheit (BMUB), Berlin (Hrsg.): Informationsportal Nachhaltiges Bauen http://www.nachhaltigesbauen.de (Aufruf 11.12.2015)

Ref 11.4.2-1
Fraunhofer-Institut für Solare Energiesysteme (ISE), Freiburg i. Br. (Bearb.); Fraunhofer-Institut für Bauphysik (IBP), Stuttgart (Bearb.); Bergische Universität Wuppertal (Bearb.) u. a.: Leitfaden für das Monitoring der Demonstrationsbauten im Förderkonzept EnBau und EnSan. Okt. 2014 http://www.enob.info/fileadmin/media/Forschungsfelder/Begleitforschung_EnOB/Materialien_fuer_Projektteams/141021_EnOB_Leitfaden_Monitoring_x.pdf (Aufruf 10.12.2015)

11.4.2 Hilfsmittel zur Erfassung und Beurteilung von Kostendaten

Matthias Unholzer, Olivera Obadovic

Als Hilfestellung zur Beurteilung der ökonomischen Performance von Gebäuden wurde im Rahmen der Forschungsinitiative EnOB für Planer, Betreiber und Eigentümer, die in der Regel bei der Kostendatenerfassung angesprochen sind, ein Leitfaden entwickelt [Ref. 11.4.2-1].

Der Leitfaden soll die Anwendung zur Datenerfassung sowohl durch Grundlagenvermittlung als auch durch Hilfsmittel in Form von Abfragetabellen im Excel-Format unterstützen. Die entwickelten Excel-Tools machen genaue Vorgaben zu Struktur und Umfang der erforderlichen Daten sowie von Zusatzinformationen, wie beispielsweise dem Kostenstand bei den Baukosten oder der Ausführungsqualität des Gebäudes. Die methodischen Grundlagen hierzu werden in Kapitel 4.1 erläutert. Wesentliche Inhalte der Datenerfassungstabellen sind:

- Stammdaten zum Objekt
- Flächenangaben
- Angaben zur Nutzung
- Angaben zur Ausstattung und zum baulichen Standard
- Baukosten nach DIN 276
- Nutzungskosten nach DIN 18960
- Erlöse durch Energielieferungen an Dritte

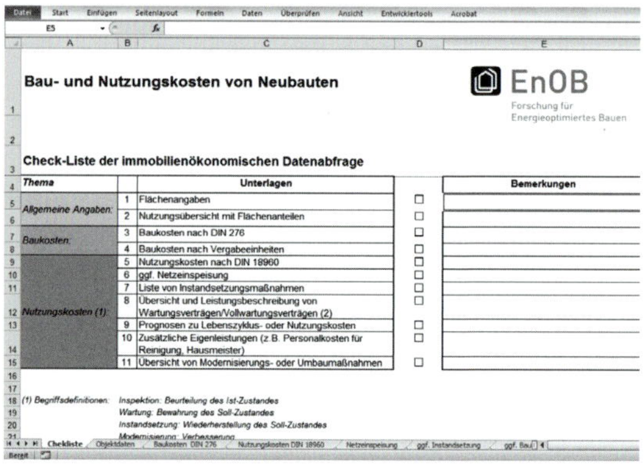

Bild 11.4.2-1
Checkliste zur Datenerfassung im Excel-Tool (Quelle: Universität Wuppertal / KIT [Ref 11.4.2-1])

Datenbanken für die Gebäudeanalyse

Susanne Hendel
Sebastian Herkel
Karsten Voss

Alle im Rahmen der Forschungsinitiative EnOB untersuchten Gebäude werden einem detaillierten Monitoring unterzogen. Die gemessenen Daten stellen einen wertvollen Informationspool dar, der für viele Akteure im Bereich Forschung und Entwicklung aber auch für Planer und Ausführende von Interesse ist.

Die Analyse der Performance einer größeren Anzahl von Gebäuden erfordert eine systematische Archivierung sowohl der Beschreibung eines Gebäudes und seiner Anlagentechnik als auch von Kennwerten und Messdaten. Mit zwei Werkzeugen werden verschiedene Anforderungen an die Art der Informationshaltung wie Umfang und Charakteristika der Daten und Fakten abgebildet – zum einen die Erfassung von Kennwerten und Dokumenten, zum anderen von Zeitreihen: www.enob.info/enob-datenbanken.

EnOB-Datenbank: Demonstrationsgebäude

Funktionalitäten

Die EnOB-Datenbank „Demonstrationsgebäude" ist ein erweitertes Content-Management-System. Sie bildet das Datenarchiv der Forschungsinitiative. Es werden Energiekennwerte, Projektstammdaten, Metadaten und Randbedingungen sowie Bilder und Dokumente gespeichert. Die Energiekennwerte stammen aus dem Intensivmonitoring, das in den ersten drei Jahren nach Inbetriebnahme durchgeführt wurde. Es werden monatliche und jährliche Energieverbräuche dargestellt. Neben den Verbrauchskennwerten liefern Projekt- und Stammdaten Informationen zum jeweiligen Gebäude, die durch Fotos, Pläne und Berichte weiter spezifiziert werden. Auf der Ebene der Verbrauchskennwerte liefern Metadaten zur Anlagentechnik und den Energieträgern weitere Information.

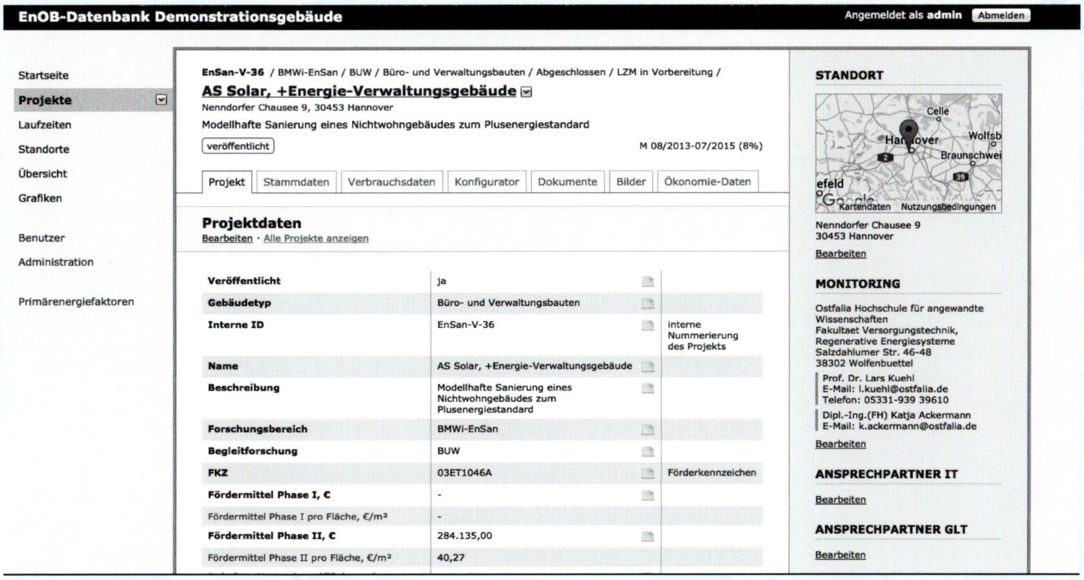

Bild 11.5-1
Eingabe und Auswahlmenü der Datenbank Demonstrationsgebäude. (Quelle: Universität Wuppertal)

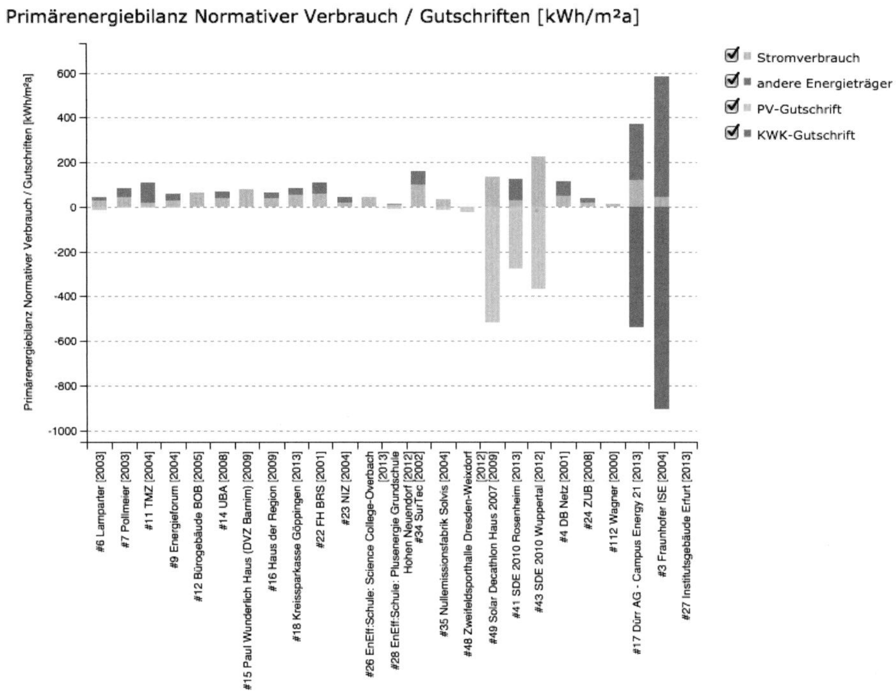

Bild 11.5-2
Primärenergiebilanz von 26 EnOB-Neubauprojekten als Screenshot aus der Datenbank „Demonstrationsgebäude"
(Quelle: Universität Wuppertal)

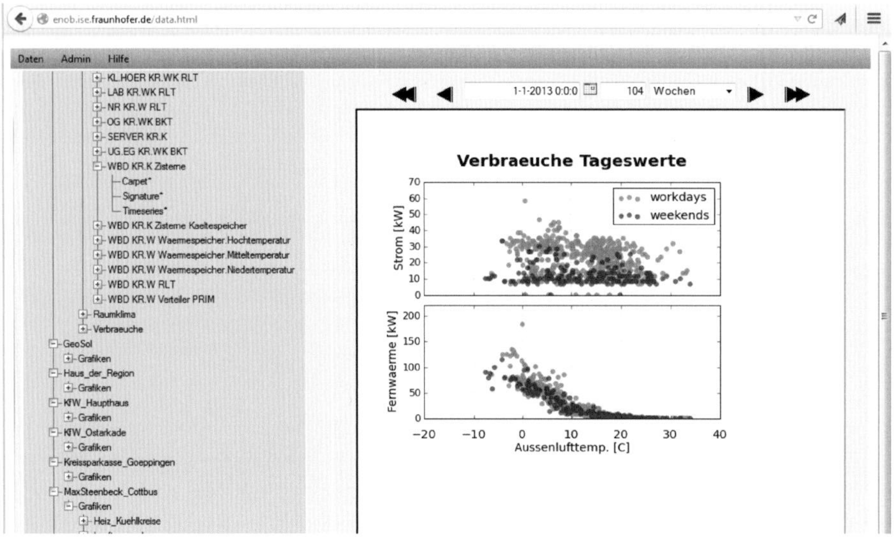

Bild 11.5-3
Signatur des Stromverbrauchs und des Fernwärmebezugs des Max-Steenbeck Gymnasiums in Cottbus der Jahre 2013 und 2014, Screenshot aus der Datenbank
(Quelle: Fraunhofer ISE)

Datenhaltung

Daten und Dokumente werden manuell eingepflegt oder über eine Excel-Datei importiert. Die Datenbank ermöglicht die interaktive Dateneingabe und Bearbeitung. Ein abgestuftes Rechtemanagement gestattet den verschiedenen Nutzergruppen ein vernetztes Arbeiten und der interessierten Fachöffentlichkeit den Zugang zu aktuellen und detaillierten Projektinformationen und Energiekennwerten.

Ausgabe

Die Projekte lassen sich grafisch miteinander vergleichen. Für die Queranalyse von Verbrauchskennwerten können Balkendiagramme für ausgewählte Projekte generiert werden. Die vordefinierten Projektlisten sind Zusammenstellungen von Projekten gleicher Nutzung, aller Sanierungs- und Neubauprojekte, die eine verwertbare Datenmenge und Qualität aufzeigen. Die grafische Ausgabe der Energieverbräuche sind immer Jahreswerte. Die auszuwertenden Jahre werden je Projekt gewählt. Aufgrund der Datenschutzrechte benötigen Nutzer eine erweiterten Berechtigung als die Öffentlichkeit, um auf sämtliche Daten zugreifen und diese auch exportieren zu können.

EnOB-Datenbank: Monitoring im Detail

Funktionalitäten

Die Datenbank Monitoring im Detail dient der Speicherung, Aufbereitung und Visualisierung von zeitlich hoch aufgelösten Messdaten. Die Messdaten werden in der Datenbank über ein Web-Frontend zugänglich gemacht. Die Daten stehen als Rohdaten sowie zeitlich verdichtet in Stunden-, Tages- und Wochenwerten zur Verfügung. Standardisiert werden Balkengrafiken für die Hauptverbräuche, Signaturen für Tageswerte von Energiekenngrößen über der Außentemperatur und Carpet-Plots für meteorologische Daten und Temperaturen bereitgestellt.

Datenhaltung und Implementierung

Die Datenhaltung und Speicherung von Zeitreihendaten aus unterschiedlichen Gebäuden erfolgt im Werkzeug datastorage durch eine gemeinsame Ablage der Zeitreihendaten und der dazugehörigen Metadaten. Metadaten enthalten Informationen zur Lage und Zuordnung des Messwertes und zur Art der erfassten Daten. Mit einheitlichen Datenbezeichnungen wird eine hierarchische Strukturierung der Datenpunkte realisiert.

Neben Standardfunktionen wie Interpolation und zeitliche Verdichtung, sind Filterungen und Gruppierungen von Daten anhand beliebiger Bedingungen möglich. Für die Analyse von Betriebszuständen von Anlagen ist dies zweckmäßig. Aufgrund der Vereinheitlichung und hierarchischen Struktur können Algorithmen entwickelt werden, die selbstständig die notwendigen Datenpunkte identifizieren. Damit ist die Grundlage für eine weitreichende Automatisierung der Analyse geschaffen. Der externe Zugriff auf die Daten und Grafiken erfolgt über ein Web-Frontend unter Berücksichtigung der Belange des Datenschutzes.

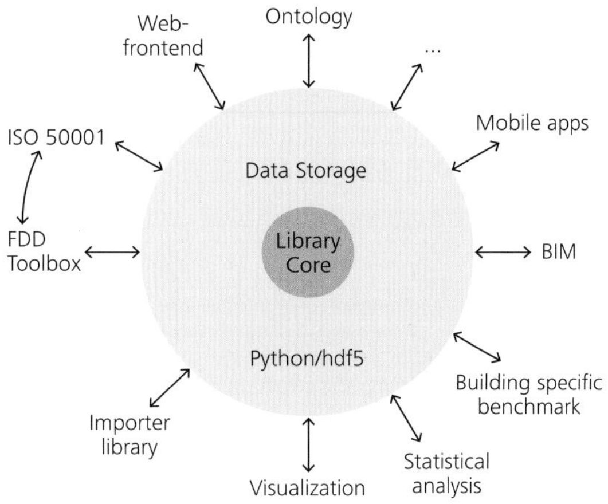

Bild 11.5-4
Struktur des für die Datenbank „Monitoring im Detail" verwendeten Werkzeugs datatstorage
(Quelle: Fraunhofer ISE)

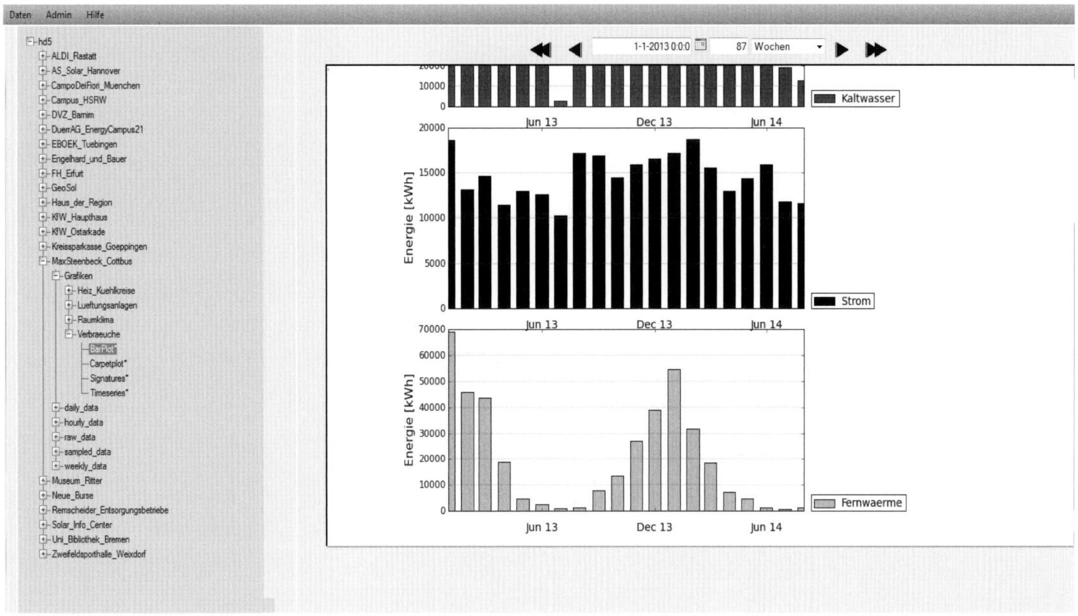

Bild 11.5-5
Strom- und Fernwärmebezug beim Max-Steenbeck-Gymnasium, Cottbus
(Quelle: Fraunhofer ISE)

Referenzen, Anmerkungen

Ref. [11.5-1]
www.enob.info

Projekt-Steckbriefe

UKF 2016

Universitätsklinikum
Frankfurt am Main

Foto: Universitätsklinikum Frankfurt

SFG 2014

Sankt Franziskus-Grundschule
Halle

Foto: Hochschule Magdeburg

KAN 2013

Kinderhaus „Arche Noah"
Höhenkirchen-Siegertsbrunn

Foto: Fraunhofer IBP

BBZ 2015

Berufsbildungszentrum
Detmold

Foto: Pape oder Semke Architekturbüro, Detmold

BTU 2013

Forschungsgebäude des
Zentrums für Energie_
technologie Cottbus

Foto: BTU Cottbus-Senftenberg

BSU 2013

Verwaltungsgebäude der
Behörde für Stadtentwicklung
und Umwelt (BSU), Hamburg

Foto: Kristian Duus

GHL 2014

Grund- & Hauptschule
„Uhlandschule"
Stuttgart Rot

Foto: Lamott + Lamott Architekten BDA

WMM 2013

Wohngebäude Mannheim

Foto: Fraunhofer IBP

EEC 2013

Forschungsgebäude
„Energy Efficiency Center"
Würzburg

Foto: ZAE Bayern

KGM 2014

Kollegiengebäude Mathematik
des Karlsruher Instituts für
Technologie, Karlsruhe

Foto: HG Esch Photography

KHM 2013

Kunsthalle Mannheim

Foto: Fraunhofer IBP

LGF 2012

Institutsgebäude der Fakultät
Landschaftsarchitektur,
Gartenbau und Forst FH Erfurt

Foto: Jürgen Norwig

ZAG 2012

Bürogebäude
„Z3" Züblin AG
Stuttgart

Foto: ED.Züblin AG

WCH 2012

Wohngebäude
„Claudius-Höfe"
Bochum

Foto: Fernuniversität Hagen

CDF 2011

Hotel am Viktualienmarkt
München

Foto: Universität Wuppertal

BSF 2012

Bürogebäude
„Sonnenforum" Wagner
Cölbe

Foto: Fotografie Neuhaus

SBB 2011

Sport- und Freizeitpark
„Bambados"
Bamberg

Foto: Stadtwerke Bamberg Bäder GmbH

ASS 2011

Industriegebäude
AS Solar
Hannover

Foto: AS Solar GmbH, Tom Baerwald

LPH 2012

Stadtbibliothek
„Luitpoldhaus" Nürnberg

Foto: Werner Huthmacher, Berlin

KSG 2011

Bürogebäude
Kreissparkasse Göppingen

Foto: N. Kazakov

GYR 2011

Gymnasium Reutershagen
Rostock

Foto: Fraunhofer IBP

GYS 2012

Max-Steenbeck-Gymnasium
Cottbus

Foto: Fraunhofer IBP

GNH 2011

Grundschule Niederheide
Hohen-Neuendorf

Foto: IBUS Architekten und Ingenieure, Berlin/Bremen

ASU 2011

Aldi Süd
Rastatt

Foto: Aldi Süd

Projekt-Steckbriefe

SBK 2010

Sport- und Wellnessbad Kelsterbach

Foto: Sport- und Wellnessbad Kelsterbach

CEN 2009

Verwaltungsgebäude „Campus Energy 21" Bietigheim-Bissingen

Foto: Dürr AG

PWH 2007

Dienstleistungs- und Verwaltungszentrum „Paul-Wunderlich-Haus", Eberswalde

Foto: Andreas Wagner

FFS 2010

Förderschule „Friedrich-Fröbel-Schule" Olbersdorf

Foto: Fraunhofer IBP

AMG 2009

Archiv Magdeburg Magedeburg

Foto: Dr. Detlev Heiden

WHM 2006

Wohngebäude Hofheim

Foto: IWU, Institut Wohnen und Umwelt GmbH

GGS 2009

Gerhard-Grafe-Sporthalle Dresden-Weixdorf

Foto: TU Dresden, Juliane Schmidt

HDR 2007

Verwaltungsgebäude „Haus der Region" Hannover

Foto: Universität Wuppertal, Karsten Voss

GZF 2006

Gründerzeithaus „Kleine Freiheit" Hamburg

Foto: steg Hamburg mbH

SCO 2009

Bildungszentrum „Science College Overbach" Jülich-Barmen

Foto: Hahn Helten + Assoziierte

KFW 2007

Verwaltungsgebäude KfW-Haupthaus Frankfurt

Foto: KfW Bildarchiv, Rüdiger Nehmzow

EBR 2006

Entsorgungsbetrieb Remscheid

Foto: Karsten Voss

DEB 2006

Druckerei Engelhard
und Bauer
Karlsruhe

Foto: Jens Pfafferott

GMS 2004

Berufsschule
„Gebhard-Müller-Schule"
Biberach

Foto: PG Elwert & Stottele, Rädle + Textor

KFO 2002

Verwaltungsgebäude
KfW-Ostarkade
Frankfurt

Foto: KfW Bankengruppe

MUR 2005

Museum Ritter
Waldenbuch

Foto: Museum Ritter

PYT 2003

Laborgebäude
„Pytosphäre" des Forschungs-
zentrum Jülich

Foto: Solar-Institut Jülich

EGN 2002

Bürogebäude „Energon"
Ulm

Foto: Software AG Stiftung

PLP 2005

Kindertagesstätte
„Plappersnut", Wismar

Foto: Institut für Gebäude + Energie +
Licht-Planung (Igel), Wismar

NBW 2003

Studentenwohnheim
„Neue Burse"
Wuppertal

Foto: Thomas Riehle / ARTUR IMAGES

BOB 2001

Bürogebäude
„Balanced Office Building"
Aachen

Foto: Vika Ingenieure

UBA 2005

Verwaltungsgebäude
des Umweltbundesamt
Dessau

Foto: UBA, Marcus Bredt

SON 2003

Altenpflegeheim
„Generationenzentrum
Sonnenberg", Stuttgart

Foto: Fraunhofer IBP

	UBA	PWH	HDR	CEN	KSG	ZAG	BSU	SCO	LGF	GNH	BTU	EEC	SFG	SOL	WLH	MUR	SBK	SBB
Baukonstruktive Strategien																		
Schaumglas-Granulat													■					
Vakuum-Dämmung		■							■			■		■				
kapillaraktive Innendämmung																		
Transparente Wärmedämmung		■																
3-fach Verglasung		■			■	■	■	■	■		■		■	■				■
4-fach Verglasung													■					
Aerogel-Verglasung												■						
Vakuumisolierglas												■						
hochwärmedämmende Fenster-/Fassadenprofile							■					■	■					■
Doppelfassade					■						■							
Fensteraufdopplung (Kastenfenster)													■					
thermisch optimierte Balkenköpfe																		
Wärmebrückenoptimierung							■		■				■					■
Folien-Membrandach												■					■	
Kompaktlüftungsgerät mit WRG									■				■					
CO_2-Ampeln als Lüftungsanzeige																		
Nachtlüftung	■						■			■			■					
thermische Bauteilaktivierung		■	■	■	■	■	■	■	■			■			■	■		
windfester außenliegender Sonnenschutz					■													
Lichtlenkende Systeme						■	■	■										
lichtlenkende/-streuende Verglasungen										■					■			
Tageslichtdecke												■				■		
Micro-Raster-Dachverglasung																		
lichtlenkender Sonnenschutz				■	■	■								■				
schaltbare elektrochrome Verglasung								■		■								
präsenz-/tageslichtabhängige Kunstlichtregelung		■		■	■	■	■	■		■	■	■	■	■			■	
LED					■	■	■		■	■		■						
TGA Strategien																		
Zu - und Abluftanlage mit WRG	■	■		■	■	■	■	■	■	■	■	■	■		■	■	■	■
Abluftanlage																		
Luft-Erdreich-Wärmetauscher	■			■									■					
Sole-Erdreich-Kollektor							■				■							
Solarthermie	■											■	■	■		■	■	
Saisonalspeicher											■							
Holzpellet-Kessel					■					■					■	■		
Wärmenutzung aus Fernwärme-Rücklauf													■					
Abwasserwärmenutzung					■													
Regenwasserzisterne als Wärmequelle/ -senke									■									
regenerative Nah-/Fernwärme							■						■					■
BHKW (Holzpellet, Rapsöl, Stirling)					■					■				■				■
Kraft-/Wärme-/Kälte-Kopplung				■														
ORC-Anlage mit Fernwärme																		
Prozesswärmenutzung						■					■							
Wärmepumpe		■		■	■	■	■	■	■		■				■			■
Absorptions-Kältemaschine/WP				■												■		
Adsorptions-Kältemaschine/WP	■								■									
offenes Sorptionskühlsystem												■						
passive Infrarot-Nachtkühlungsanlage (PINC)												■						
geothermisch gestützter CO_2-Kälteverbund																		
Schwerkraftkühlung																		
Frequenzumformer-Regelung							■						■				■	
für Ventilatoren und Pumpen							■						■				■	
dezentrale Heizungspumpen																		
Photovoltaik	■			■		■				■			■	■	■	■		
Windkraftanlage													■					
Bremsenergierückgewinnung Aufzug						■												

AMG	ASU	GGS	UKF	WCH	WMM	GZF	WHM	NBW	PLP	LPH	FFS	GYR	GYM	GYS	KGM	BBZ	GHK	BEK	KFW	EBR	DEB	ASS	KHA	KHM	CDF
							■		■			■												■	
						■																		■	
		■		■	■		■	■										■				■			■
									■		■	■												■	
						■																			
		■						■										■							
									■			■			■										
		■																							
					■				■		■		■					■	■	■	■				
	■	■	■		■							■		■							■			■	
																			■						
												■										■			
																								■	
	■																								
											■	■								■	■				
											■														
		■							■		■							■	■	■					
																								■	
	■	■	■		■	■		■	■	■		■	■	■	■	■		■	■		■		■	■	■
								■			■									■					
		■																							
					■									■				■							
		■		■		■			■			■		■						■		■			■
				■										■											
							■															■			
														■											
													■												
					■																				
												■							■				■		
																					■				
	■	■							■												■				■
		■	■								■								■			■	■	■	
	■																								
														■											
		■		■					■			■	■	■								■			
												■													

Herausgeber

Sebastian Herkel, Dipl.-Ing.
Fraunhofer ISE, Freiburg
Abteilungsleiter Solares Bauen
www.ise.fraunhofer.de
email: sebastian.herkel@ise-fraunhofer.de
Kapitel: 1.3, 6.1, 8.2, 8.3, 9.0, 9.3, 9.4, 11.0, 11.1.3, 11.1.4, 11.2.4, 11.5

Doreen Kalz, Dr.-Ing.
Fraunhofer ISE, Freiburg
Leiterin der Gruppe Gebäudeanalyse und Energiekonzepte im Bereich Thermische Anlagen und Gebäudetechnik
www.ise.fraunhofer.de
email: doreen.kalz@ise.fraunhofer.de
Kapitel: 6.1, 8.0, 8.2, 8.3, 8.4, 8.8, 11.1.2, 11.1.3, 11.1.4

Thomas Lützkendorf, Prof. Dr.-Ing.habil.
Karlsruher Institut für Technologie (KIT)
Leiter des Lehrstuhls für Ökonomie und Ökologie des Wohnungsbaus im Fachgebiet Immobilienwirtschaft, wirtschaftswissenschaftliche Fakultät KIT
www.oew.kit.edu/
email: thomas.luetzkendorf@kit.edu
Kapitel: 1.0, 1.1, 2.1, 2.2, 2.3, 2.4, 2.5, 3.1, 4.0, 4.1, 4.2, 4.3, 4.4, 5.1, 5.2, 5.4, 11.1.5, 11.4.1

Anton Maas Prof. Dr.-Ing.
Universität Kassel
Universitätsprofessor am Fachgebiet Bauphysik
https://www.uni-kassel.de/fb06/fachgebiete/architektur/bauphysik/startseite.html
email: maas@uni-kassel.de
Kapitel: 1.2, 7.0, 7.2, 7.4, 7.5

Karsten Voss, Prof. Dr.-Ing.
Bergische Universität Wuppertal
Universitätsprofessor am Fachgebiet Bauphysik und Technische Gebäudeausrüstung
www.btga-arch.uni-wuppertal.de
email: kvoss@uni-wuppertal.de
Kapitel: 1.0, 1.2, 2.0, 2.1, 2,2, 3.0, 3.2, 3.3, 3.4, 3.5 6.0, 6.2, 7.1, 7.2, 7.3, 8.1, 8.5, 8.6, 8.7, 11.1.2, 11.1.6, 11.5

Andreas Wagner, Prof. Dipl.-Ing.
Karlsruher Institut für Technologie (KIT)
Universitätsprofessor am Fachgebiet Bauphysik und Technischer Ausbau
http://fbta.ieb.kit.edu/
email: wagner@kit.edu
Kapitel: 1.4, 5.0, 5.1, 5.2, 5.3, 11.3

Autoren

Florian Antretter, M.Eng.
Fraunhofer IBP
Gruppenleiter Hygrothermische Gebäudeanalyse
www.ibp.fraunhofer.de
email: florian.antretter@ibp.fraunhofer.de
Kapitel: 11.1.8

Susanne Hendel, M.Sc.
Bergische Universität Wuppertal
Wissenschaftliche Mitarbeiterin am Fachgebiet Bauphysik und Technische Gebäudeausrüstung, EnOB-Begleitforschung
www.btga-arch.uni-wuppertal.de
email: s.hendel@uni-wuppertal.de
Kapitel: 3.2, 6.2, 7.1, 7.3, 8.1, 8.6, 8.7, 10, 11.5

Hans-Martin Henning, Prof. Dr.
Fraunhofer ISE, Freiburg
Stellvertretender Institutsleiter und Bereichsleiter Thermische Anlagen und Gebäudetechnik
Professur Technische Energiesysteme, Karlsruher Institut für Technologie (KIT)
www.ise.fraunhofer.de
email: hans-martin.henning@ise.fraunhofer.de
Kapitel: 1.3

Detlef Hennings, Dr. rer. nat.
Freiberufler mit eigenem Büro
Tätigkeitsschwerpunkt: Forschung, Entwicklung, Lehre mit den Schwerpunkten: Raumakustik, energetisch und thermisch optimierte Gebäude
www.eclim.de
email: d.hennings@eclim.de
Kapitel: 6.4, 11.2.1

Sven Hippeli, Dipl.-Ing. (FH)
ZAE Bayern
Wissenschaftlicher Mitarbeiter im Bereich Energieoptimierte Gebäude
www.zae-bayern.de
email: sven.hippeli@zae-bayern.de
Kapitel 11.2.2

Michael Hörner, Dipl. Phys.
Institut Wohnen und Umwelt GmbH
Wissenschaftler im Arbeitsbereich Energie (Nichtwohngebäude)
www.iwu.de
email: m.hoerner@iwu.de
Kapitel 11.2.3

Konstantin Klein, M.Sc.
Fraunhofer ISE, Freiburg
Wissenschaftlicher Mitarbeiter
Tätigkeitsschwerpunkt: Gebäude-Netz-Interaktion
www.ise.fraunhofer.de
email: konstantin.klein@ise.fraunhofer.de
Kapitel 8.8

Jens Knissel, Prof. Dr.-Ing.
Universität Kassel
Universitätsprofessor am Fachgebiet Technische Gebäudeausrüstung
www.tga.uni-kassel.de/
email: knissel@uni-kassel.de
Kapitel: 11.2.3

Markus Lichtmeß, Dr.-Ing.
Goblet Lavandier & Associés S.A.
Leitung der Abteilung Energie und Bauphysik
Angewandte Forschung im Bereich Gebäudeenergieeffizienz und Nachhaltigkeit, Umsetzung EU-Richtlinien
www.enec.de
email: lichti@enec.de
Kapitel: 3.5, 11.1.6

Cornelia Moosmann, Dr.-Ing.
Karlsruher Institut für Technologie (KIT)
Wissenschaftliche Mitarbeiterin, Lehrtätigkeit
Fachgebiet Bauphysik und Technischer Ausbau
Energieeffizientes Bauen, Tageslichtnutzung
http://fbta.arch.kit.edu
email: cornelia.moosmann@kit.edu
Kapitel: 3.2, 6.3, 7.5

Andreas Nicolai, Dr.
TU Dresden, Institut für Bauklimatik
Leiter Softwareentwicklung und –schulungsabteilung
www.tu-dresden.de/bauklimatik
email: andreas.nicolai@tu-dresden.de
Kapitel: 11.1.7

Olivera Obadovic, M.A.
Bergische Universität Wuppertal
Wissenschaftliche Mitarbeiterin
Fachgebiet Ökonomie des Planens und Bauens
www.oekonomie-arch.uni-wuppertal.de/
email: obadovic@uni-wuppertal.de
Kapitel: 4.1, 4.2, 4.3, 11.4.2

Stefan Plesser, Dr.-Ing.
synavision GmbH, Geschäftsführender Gesellschafter
Softwareentwicklung für Energie- und Qualitätsmanagement für Gebäude
www.synavision.de
email: plesser@synavision.de
Kapitel: 9.1, 9.2, 11.2.6

Nicolas Réhault, Dipl.-Ing.
Fraunhofer ISE, Freiburg
Leiter der Gruppe „Betriebsführung von Gebäuden"
www.ise.fraunhofer.de
email: nicolas.rehault@ise.fraunhofer.de
Kapitel: 9.2, 9.4

Alexander Saurbier, M.Sc.
Bergische Universität Wuppertal
Wissenschaftlicher Mitarbeiter am Fachgebiet Bauphysik und Technische Gebäudeausrüstung
www.btga-arch.uni-wuppertal.de
email: s.saurbier@uni-wuppertal.de
Kapitel 3.4

Karin Schakib-Ekbatan, Dr. phil. B.A.
IREES, Karlsruhe
Wissenschaftliche Mitarbeiterin,
Lehrtätigkeit Architekturpsychologie,
Mensch-Technik-Interaktion
www.irees.de
email: k.schakib@irees.de
Kapitel: 5.1, 5.3, 5.4, 5.5, 11.3

Patrick Sonneborn, M.Sc.
Bergische Universität Wuppertal
Wissenschaftlicher Mitarbeiter am Fachgebiet Bauphysik und Technische Gebäudeausrüstung
www.btga-arch.uni-wuppertal.de
email: p.sonneborn@uni-wuppertal.de
Kapitel: 10

Matthias Unholzer, Dipl.-Wi.-Ing.
Karlsruher Institut für Technologie (KIT)
Wissenschaftlicher Mitarbeiter am
Lehrstuhl für Ökonomie und Ökologie des Wohnungsbaus im Fachgebiet Immobilienwirtschaft,
wirtschaftswissenschaftliche
Fakultät
www.oew.kit.edu/
email: matthias.unholzer@kit.edu
Kapitel: 2.5, 3.1, 3.2, 4.1, 4.2, 4.3, 11.1.1, 11.4.2

Mathias Wambsganß, Prof. Dipl.-Ing.
Hochschule Rosenheim
Professur für Lichtplanung und Gebäudetechnik
http://innenarchitektur.fh-rosenheim.de
email: mathias.wambsganss@fh-rosenheim.de
Kapitel: 11.2.5

Helmut Weinläder, Dr.
ZAE Bayern
Gruppenleiter im Bereich Energieoptimierte Gebäude
www.zae-bayern.de
email: helmut.weinlaeder@zae-bayern.de
Kapitel: 11.2.2

Dominik Wystrcil, Dipl.-Ing.
Fraunhofer ISE, Freiburg
Wissenschaftlicher Mitarbeiter
Abteilung Solares Bauen
www.ise.fraunhofer.de
email: dominik.wystrcil@ise.fraunhofer.de
Kapitel: 8.4

Johannes Zauner, M.Sc
Hochschule Rosenheim
Wissenschaftlicher Mitarbeiter
Administration eines Monitoring-Projektes
www.fh-rosenheim.de/forschung-entwicklung/
email: johannes.zauner@email.fh-rosenheim.de
Kapitel: 11.2.5

Sebastian Zehnle, Dipl.Ing. (FH)
Fraunhofer ISE, Freiburg
Technischer Angestellter
www.ise.fraunhofer.de
email: sebastian.zehnle@ise.fraunhofer.de
Kapitel: 9.3

Stichwortverzeichnis

Bildnachweis

Titelbilder

Atrium im Karlsruher Institut für Technologie, Kollegiengebäude Mathematik
(Foto: Stephan Baumann)
Raumklimamessstation mit Probandin
(BINE Informationsdienst. Foto: Johannes Lang)

Schmuckbilder (am Kapitelanfang)

Seite	Beschreibung	Quelle
10	Verwaltungsgebäude KfW-Haupthaus, Frankfurt	KfW-Bildarchiv. Rüdiger Nehmzow
32	Stadtbibliothek Nürnberg (baum-kappler architekten)	Werner Huthmacher, Berlin
62	Behörde für Stadtentwicklung und Umwelt, Hamburg	Kristian Duus, TU Hamburg
89	Energieausweis, Kindergarten Höhenkirchen	Ingenieurbüro Prof. Dr. Hauser GmbH
90	Bürogebäude „Z3" Züblin AG, Stuttgart	Ed. Züblin AG
114	Bürogebäude Kreissparkasse Göppingen	N. Kazakov
123	Architekturplan im Besprechungszimmer	Sophia Winterwerber, ZFW
139	Raumklimamessstation mit Probandin	BINE Informationsdienst. Foto: Johannes Lang
140	Ausstellungsraum Museum Ritter	Victor S. Brigola
172	Innenraum des textilen Membrandaches, ZAE Bayern	ZAE Bayern
200	Solar Decathlon 2010, Team Wuppertal	Peter Keil
254	Studentenwohnheim „Neue Burse", Wuppertal	Tomas Riehle / ARTUR IMAGES
276	Science College Overbach, Jülich-Barmen	Hahn-Helten Architekten
282	Verwaltungsgebäude des Umweltbundesamtes	Marcus Bredt